Friedrich Wilhelm Karl Thimme

Die inneren Zustände des Kurfürstentums Hannover unter der französisch-westfälischen Herrschaft von 1806-1813

Friedrich Wilhelm Karl Thimme

Die inneren Zustände des Kurfürstentums Hannover unter der französisch-westfälischen Herrschaft von 1806-1813

ISBN/EAN: 9783741123443

Hergestellt in Europa, USA, Kanada, Australien, Japan

Cover: Foto ©ninafisch / pixelio.de

Manufactured and distributed by brebook publishing software (www.brebook.com)

Friedrich Wilhelm Karl Thimme

Die inneren Zustände des Kurfürstentums Hannover unter der französisch-westfälischen Herrschaft von 1806-1813

Die inneren Zustände

des

Kurfürstentums Hannover

unter der

Französisch-Westfälischen Herrschaft.
1806 — 1813.

Von der Philosophischen Fakultät
der Georg-Augusts-Universität zu Göttingen mit dem
ersten Preise der Beneke-Stiftung gekrönte Schrift

von

Friedrich Thimme,

Erster Band.

Hannover und Leipzig.
Hahn'sche Buchhandlung.
1893.

VORWORT.

Das vorliegende Werk verdankt seine Entstehung einem von der philosophischen Fakultät der Universität Göttingen namens der Beneke-Stiftung erlassenen Preisausschreiben vom 1. Mai 1889. Am 11. März 1892 wurde der von mir eingereichten Arbeit der erste Preis zuerkannt. Der philosophischen Fakultät schulde ich für die wohlwollende Beurteilung (vgl. Nachrichten von der Königlichen Gesellschaft der Wissenschaften und der Georg-Augusts-Universität zu Göttingen J. 1892, Nr. 4) grossen Dank. Dieser gilt insbesondere Herrn Professor Dr. von Kluckhohn, welcher sich auch dadurch ein Verdienst um das Werk erworben hat, dass er mir Winke in Bezug auf die Vervollständigung und Vervollkommnung desselben erteilte. Auch Herrn Geh. Justizrat Professor Dr. Frensdorff verdanke ich manche freundliche Anregung.

Für den Gang der Arbeit ist das Preisausschreiben vom 1. Mai 1889 massgebend gewesen. Die Fakultät sprach in demselben den Wunsch aus, dass für die quellenmässige Darstellung der inneren Geschichte Hannovers, und zwar sowohl derjenigen Landesteile, die früher oder später mit dem Königreiche Westfalen vereinigt, als auch jener, die dem französischen Kaiserreiche einverleibt wurden, auch das bisher nicht benutzte archivalische Material nach Möglichkeit herangezogen werden möchte. Es sollte ferner der Arbeit zur Empfehlung gereichen, wenn sie auf die erste Okkupation Hannovers durch die Franzosen und die nachfolgende preussische Besitznahme zurückgreifen und also auch aus den Jahren 1803—1806 Neues beibringen würde. Als die Hauptaufgabe wurde die Darstellung der Verwaltung in ihren wichtigeren Zweigen mit besonderer Rücksicht auf das Finanzwesen und den Volkswohlstand bezeichnet. Endlich sollten neben den politischen Zuständen auch Personen, einheimische und fremde, welche in hervorragender Weise in der Verwaltung des Landes oder einzelner Teile desselben thätig gewesen sind, ihre Würdigung finden. Es wurde der Hoffnung Ausdruck gegeben, dass zu diesem Zwecke auch ungedruckte Familienpapiere nutzbar gemacht werden könnten.

Ich habe mich bei meiner Arbeit möglichst an die im Vorstehenden wiedergegebenen Bedingungen gehalten. Nur insofern bin ich über den Rahmen der Preisaufgabe hinausgegangen, als ich, statt nur einleitungsweise auf die Geschichte der Jahre 1803—1806 zurückzugreifen, vielmehr der ersten französischen Okkupation und der preussischen Besitznahme besondere Abschnitte widmete. Auch habe ich nicht allein die inneren Zustände des Kurfürstentums geschildert, sondern auch den Gang der äusseren Ereignisse zur Darstellung gebracht und bei der Geschichte der mit dem Königreiche Westfalen vereinigten Landesteile mich nicht auf diese beschränkt, sondern eine Darstellung der gesamten westfälischen Verwaltung gegeben.

Im wesentlichen beruht die Schrift, namentlich die von den französischen Okkupationen und der preussischen Besitznahme handelnden Abschnitte, auf bisher von der Forschung unberührtem archivalischen Materiale. Die grösste Ausbeute lieferte das Königliche Staatsarchiv zu Hannover, in dem sich eine geradezu ungeheure Aktenmasse aus der französisch-westfälischen Zeit findet. In zweiter Linie habe ich das Königliche Geheime Staatsarchiv zu Berlin und die Königlichen Staatsarchive zu Marburg und Osnabrück benutzt. Das Geheime

Staatsarchiv kommt vorzugsweise für die Geschichte der preussischen Okkupation in Betracht, die Staatsarchive zu Marburg und Osnabrück für das Königreich Westfalen, das letztgenannte Archiv auch für die Frankreich einverleibten Gebiete. Den Beamten der von mir besuchten Archive sage ich auch an dieser Stelle für ihre freundliche Unterstützung meinen aufrichtigen Dank.

Ungedruckte Familienpapiere sind mir nicht in dem gehofften Masse zugänglich geworden. Auf zahlreiche Anfragen erhielt ich meist zur Antwort, entweder dass Familienpapiere nicht vorhanden, oder dass über deren Verbleib nichts bekannt sei. Hier und da stiess ich auch auf ein geringeres Entgegenkommen, als im Interesse der Sache wünschenswert gewesen wäre. Um so dankenswerter ist die liebenswürdige Bereitwilligkeit, mit welcher Frau Major von der Decken in Hannover mir Einsicht in die hinterlassenen Aufzeichnungen ihres Vaters, des Oberamtmanns Meyer gestattete, welcher während der französisch-westfälischen Herrschaft als Polizeidirektor von Hannover und später als Präfekt des Norddepartements eine bedeutsame Rolle spielte. Auch Herr Oberlehrer a. D. Dr. Stüve in Osnabrück hat sich durch Überlassung der Papiere des Bürgermeisters und Maires von Osnabrück H. D. Stüve ein Verdienst um die Arbeit erworben.

Vor der Drucklegung haben einzelne Teile der Schrift, so namentlich die Abschnitte über das Königreich Westfalen und die mit dem Kaiserreich vereinigten hannoverschen Gebietsteile grosse Erweiterungen erhalten.

Den von der philosophischen Fakultät gewählten Titel habe ich, obwohl er sich mit der Arbeit nicht völlig deckt, dennoch beibehalten zu sollen geglaubt.

Der vorliegende erste Band umfasst ausser einer Einleitung über die inneren Zustände der hannoverschen Lande zu Beginn des 19. Jahrhunderts die Geschichte der ersten französischen Okkupation von 1803—1805, der preussischen Besitznahme im Jahre 1806 und der zweiten französischen Okkupation von 1806—1810. Der zweite Band, welcher das Königreich Westfalen und die mit Frankreich vereinigten Landesteile behandelt, wird noch im Laufe dieses Jahres folgen.

Für Nachweisung weiteren Materials zur Geschichte der Fremdherrschaft, insbesondere hinterlassener Papiere von hervorragenden hannoverschen Persönlichkeiten, werde ich sehr dankbar sein.

Göttingen, im Mai 1893.

Friedrich Thimme.

Inhaltsübersicht.

Vorrede.

Einleitung: Hannoversche Zustände zu Beginn des 19. Jahrhunderts 1

Erstes Buch: Die erste Okkupation Hannovers durch die Franzosen.
1803—1805 35

Kapitel I: Die Katastrophe 37

Kapitel II: Die Verwaltung des Kurfürstentums während der ersten französischen Okkupation 59

Zweites Buch: Die Okkupation Hannovers durch die Preussen. 1806.... 127

Kapitel I: Die Besetzung des Kurfürstentums durch die Preussen 127

Kapitel II: Die Verwaltung des Kurfürstentums während der preussischen Okkupation 148

Drittes Buch: Die zweite Okkupation Hannovers durch die Franzosen. 1806—1810 185

Erster Abschnitt: Die französischen Forderungen 187

Kapitel I: Verhandlungen der Exekutivkommission und des Landes-Deputationskollegiums mit den französischen Behörden 187

Kapitel II: Verhandlungen der Gouvernementskommission mit den französischen Behörden bis zu der Aufstellung eines Budgets für die hannoversche Verwaltung 220

Kapitel III: Verhandlungen der Gouvernementskommission mit den französischen Behörden von der Aufstellung eines Budgets für die hannoversche Verwaltung bis zur Einverleibung des Kurfürstentums in das Königreich Westfalen.. 250

Kapitel IV: Die Okkupation des Fürstentums Osnabrück 286

Zweiter Abschnitt: Die Hauptverwaltungszweige während der zweiten französischen Okkupation 301

Kapitel I: Die ständische Verwaltung 301

	Seite
Kapitel II: Die Domanialverwaltung	311
1) Die Dotationen	311
2) Die innere Verwaltung der Domänen	333
3) Das Forst-, Berg-, Post-, Wegebau-, Zoll- und Gestütswesen	345
Kapitel III: Justiz und Polizei	365
Dritter Abschnitt: Der Volkswohlstand und die Volksstimmung während der zweiten französischen Okkupation	383
Kapitel I: Der Volkswohlstand	383
Kapitel II: Die Volksstimmung	418

Einleitung.

Hannoversche Zustände zu Beginn des 19. Jahrhunderts.

Wenn von dem Kurfürstentume Hannover[1]) zu Beginn des 19. Jahrhunderts die Rede ist, so darf man nicht an den Umfang denken, den es durch die Schlussakte des Wiener Kongresses erlangt hat. Weder gehörten damals die Fürstentümer Hildesheim und Ostfriesland, noch das Herzogtum Arenberg-Meppen oder die Grafschaft Lingen zu den Kurlanden. Die Grafschaft Bentheim befand sich bloss in hannoverschem Pfandbesitze (seit 1753) und kann daher als ein wirklicher Bestandteil des hannoverschen Staatswesens nicht angesehen werden. Eine ganz junge Erwerbung war das Fürstentum Osnabrück: es war erst infolge des Luneviller Friedens, kurz vor dem Eintritte der französischen Okkupation in welfischen Besitz gelangt. Der gesamte hannoversche Staat, bestehend aus den welfischen Stammlanden Lüneburg, Calenberg und Grubenhagen und den späteren Erwerbungen Hoya, Diepholz, Bremen-Verden, Lauenburg, Hadeln und Osnabrück, zählte gegen 550 Quadratmeilen und 900 000—1 000 000 Einwohner.

Man kann nicht sagen, dass diese vielen Provinzen in einer engen Verbindung gestanden hätten. Nur das Band des gemeinsamen Herrschers und der den letzteren vertretenden höchsten Staatsbehörden hielt sie zusammen, im übrigen waren Verfassung und Verwaltung der einzelnen Landesteile durchaus verschieden. Nichts charakterisiert die Trennung besser als der Umstand, dass die Landschaften durch Zollschranken von

---

[1]) Unter dem Kurfürstentum Hannover sind die gesamten Besitzungen des Kurhauses Braunschweig-Lüneburg in Deutschland zu verstehen. Zu dem Kurstaate als solchem gehörten allerdings nur die Provinzen, welche bei Erlangung der Kurwürde (1692) in welfischem Besitze waren. Also weder Bremen und Verden, noch Lauenburg und Hadeln. Vgl. Spittler, Geschichte des Fürstentums Hannover, 2. Aufl. II, 359, 368.

einander abgesperrt waren. Es mangelte eben dem hannoverschen Staatswesen ganz und gar an der Kraft der Centralisation. Dass dem so war, findet seine Erklärung zum grossen Teile darin, dass die Kurlande seit der Übersiedelung des Welfenhauses auf den englischen Thron im Jahre 1714 das persönliche Regiment des Fürsten entbehrten. Unter den beiden ersten Georgen machte sich das weniger fühlbar; denn diese waren von Haus aus mit den hannoverschen Verhältnissen vertraut und frischten die Beziehungen zu dem Stammlande durch wiederholte längere Reisen nach Hannover auf. Zudem hatte Georg II. das Glück, in Gerlach Adolf von Münchhausen einen Minister zu finden, wie Hannover ihrer nur wenige gesehen hat; der nicht allein im 7jährigen Kriege das Kurfürstentum auf den Gipfel politischer Bedeutsamkeit erhob, sondern auch in der friedlichen Thätigkeit für das innere Wohl des Landes Erfolgreiches und Ausgezeichnetes leistete. Doch vermochte auch er nicht den Nachteilen ganz zu wehren, welche die Verwaisung des Landes im Gefolge führte, und welche sich namentlich seit dem Tode Georgs II. (1760) geltend machten.

Der Regierungsantritt Georgs III. bezeichnet für das Kurfürstentum sowohl in Bezug auf die Politik, als auf die innere Landesverwaltung eine unheilvolle Wendung. Hatte Georg II. sich in seiner äusseren Politik vielfach durch die Rücksichtnahme auf Hannover leiten lassen, so liess sein Enkel es ruhig geschehen, dass das Land seiner Väter rücksichtslos der englischen Politik dienstbar gemacht wurde. Georg III. war sich eben im Gegensatze zu seinen Vorgängern seiner deutschen Abkunft nicht mehr bewusst, sondern fühlte und handelte ganz als Engländer[1]). Für seine deutschen Lande hat er, so eifrig man auch in Hannover an seine väterliche Liebe zu den angestammten Unterthanen glaubte, ein sonderliches Interesse nicht gehabt. Er hat es nicht für nötig gehalten, während seiner langen Regierungszeit auch nur ein einziges Mal die Reise über das Meer zu machen, um seine deutschen Unterthanen zu besuchen und bei ihnen nach dem Rechten zu sehen. Da er nun die Kurlande nie betreten hatte, so fehlte es ihm auch an jeglicher Einsicht in die hannoverschen Angelegenheiten und Verhältnisse. Zwar richtete er eine sogenannte „Deutsche Kanzlei" in London ein, welche ihm über alle Vorgänge von Erheblichkeit Bericht zu erstatten hatte; das vermochte aber die mangelnde eigene Anschauung in keiner Weise zu ersetzen.

---

[1]) Vgl. O. v. Heinemann, Geschichte von Braunschweig und Hannover III, 223, 286 ff.

Bei einer solchen Sachlage konnte es nicht ausbleiben, dass das Regiment mehr und mehr aus den Händen des Landesherrn auf die „Königlich Grossbritannischen, zur Kurfürstlich Braunschweig-Lüneburgischen Regierung verordneten heimgelassenen Geheimen Räte" überging. Sie waren bereits durch das Regierungsreglement vom 29. August 1714[1]) mit den ausgedehntesten Vollmachten bekleidet worden. Nur bei wichtigen politischen Angelegenheiten, wenn „es auf Exekution schon gemachter foederum oder sonst auf res pacis et belli" ankam, waren sie verbunden, Instruktionen und Befehle von London einzuholen, und auch dann bloss, wenn „kein periculum in mora war, sondern die Zeit es erleiden konnte". Wohl hatten die Geheimen Räte daneben fortlaufende Berichte an den König, bzw. an den „deutschen Minister bei der Person des Königs", welcher an der Spitze der Deutschen Kanzlei stand, einzusenden und es war Regel, alle Sachen von einiger Bedeutung dem Könige zur Bestätigung vorzulegen. Allein bei der steten Abwesenheit des Königs und seiner dadurch bedingten Unkenntnis der hannoverschen Verhältnisse und Angelegenheiten war es nahezu unvermeidlich, dass die Entscheidungen nach dem Gutachten der Geheimen Räte in Hannover ausfielen. Sie brauchten, um dessen gewiss zu sein, nur einige Rücksicht auf die geradezu krankhafte Abneigung Georgs III. gegen alle Neuerungen und nebenbei auf die Person des Londoner Kollegen zu nehmen. — Liess der König-Kurfürst einmal selbständige Befehle über das Meer ergehen, so hatten die Behörden in Hannover es in ihrer Macht sie unwirksam zu machen. Es ist nicht selten vorgekommen, dass Weisungen aus London in der Hauptstadt des Kurfürstentums so interpretiert wurden, dass das Gegenteil von dem geschah, was der König beabsichtigte[2]). Wer wollte die Geheimen Räte auch in ihrem Thun und Lassen überwachen? Der Minister von Lenthe in London hat es selbst ausgesprochen, dass er es nicht für seinen Beruf halte, „jede Vernachlässigung im Lande auszuforschen und dann zum Vorwurfe eines Vortrags an des Königs Majestät zu machen"[3]). Von den Unterthanen aber wagte niemand so leicht, sich direkt an den König zu wenden. Der Zutritt zum Könige war, wenn auch nicht geradezu verboten, so doch dermassen erschwert, dass der Versuch im Publikum als aussichtslos und für den Petenten gefahrbringend galt [4]).

[1]) Gedruckt bei Spittler II, Anhang, S. 120 ff.
[2]) Beispiele dafür werden wir noch kennen lernen. Vgl. auch Rehberg, Sämtliche Schriften II, 159.
[3]) Zeitschrift des Historischen Vereins für Niedersachsen J. 1856, S. 167.
[4]) Vgl. darüber die Broschürenlitteratur des Jahres 1803, namentlich die Schriften des Dr. jur. Seumnich.

So waren die Geheimen Räte zu Hannover die eigentlichen Regenten im Lande. Zumal in Personenfragen entschieden sie mit souveräner Willkür. Im Grunde genommen ernannte nicht Georg III. die Geheimen Räte und andere einflussreiche Staatsdiener, sondern diese kooptierten sich genehme Persönlichkeiten. Es war „nur menschlich", wenn sie dabei „die Interessen ihrer Freundschaft und Familie" wahrnahmen. Unter solchen Umständen waren Nepotismus und Protektionswesen unausbleiblich. „Einflussreichen Familien galt", um mit Havemann zu reden, „die Bekleidung der höchsten Ämter als Erbe und umsonst suchen wir (unter Georg III.) nach Männern, welche, wie unter Ernst August und Georg Ludwig, durch Talent und Unverdrossenheit eine Stellung errangen, die sich später von den Vorzügen der Geburt abhängig zeigen sollte"[1]).

So ausgedehnt aber die Machtvollkommenheiten des Geheime-Ratskollegiums nach oben hin waren, so wenig kamen sie auf dem Gebiete der inneren Landesverwaltung zur Entfaltung. Denn hier war dem Kollegium durch die Befugnisse der Provinzialstände eine enge Schranke gezogen. Es gab nicht etwa eine Gesamtvertretung des Landes; nein, mit Ausnahme von Diepholz hatte eine jede Provinz ihre besonderen Stände[2]). Alle wollten gefragt sein, wenn es sich um wichtige Veränderungen in Verfassung und Verwaltung, etwa um die Einführung einer neuen Steuer handelte. Dies machte die Regierungsmaschine, welche schon durch die weite Entfernung zwischen Hannover und London sehr behindert war, vollends zu einer unsäglich unbeholfenen und schwerfälligen. In Sachen, wo die Zustimmung der Stände eingeholt werden musste, ist es zu einer einheitlichen, über den Rahmen der einzelnen Provinzen hinausgehenden Gesetzgebung niemals gekommen.

Auch hier erwies sich die Abwesenheit des Landesherrn von nachteiligem Einflusse. Wie anderwärts, so war auch in den Braunschweig-Lüneburgischen Landen seit dem Emporkommen der absoluten Fürstenmacht im 16. Jahrhundert die Bedeutung der Provinzialstände mehr und mehr gesunken. Die letzten Herzöge von Calenberg und Lüneburg hatten bereits so gut wie ganz unabhängig

---

1) Geschichte der Lande Braunschweig und Lüneburg III, 635.
2) Zur Zeit der schwedischen Herrschaft waren die Stände der Provinz Verden mit den Bremischen Ständen vereinigt worden. Im Jahre 1722 aber hatten sich beide Stände wieder von einander getrennt. (Manecke, Kur- und fürstlich Braunschweig-Lüneburgisches Staatsrecht S. 296.) Im Jahre 1801 setzte die Regierung nach langen Verhandlungen die Vereinigung der grubenhagenschen Stände mit den calenbergischen durch. Rehberg, Sämtliche Schriften II, 170 f.

von ihnen geherrscht. Nach der Entfernung des Fürstengeschlechtes erhoben aber die Stände wieder ihr Haupt und setzten der Regierung überall, wo sie ihre Rechte und Privilegien gefährdet glaubten, einen zähen und ermüdenden Widerstand entgegen. Ein Geheime-Rats-Kollegium konnte begreiflicherweise längst nicht den Einfluss auf die Stände gewinnen, welchen ein kraftvoll auftretender Herrscher durch persönliche Einwirkung ausgeübt haben würde. Durch besonders hartnäckige Opposition thaten sich die calenbergischen Landstände hervor. Erst im letzten Jahrzehnte des 18. Jahrhunderts, als A. W. Rehbergs geschickte Hand die Regierung unterstützte, konnte diese hier einigen Einfluss erringen.

Aus dem Gesagten lässt sich mit Leichtigkeit ersehen, welchen Charakter die innere Regierung Hannovers, namentlich in der zweiten Hälfte des 18. Jahrhunderts tragen musste. Auf der einen Seite wollte der König keine Neuerungen, auf der anderen sperrten sich die Stände gegen alle vernünftigen Reformen; wie sollten die hannoverschen Behörden es da fertig bringen, das Staatswesen aus den Bahnen des mittelalterlichen Feudalstaats herauszulenken? In ohnmächtiger Schwäche liess die Regierung die Dinge ihren herkömmlichen Gang nehmen, ohne viel einzugreifen, und suchte, aus der Not eine Tugend machend, ihre Ehre darin, sich jedes energischen Vorgehens, jeder durchgreifenden Strenge zu enthalten[1]). Dies trug ihr den Ruhm väterlicher Milde ein. Eine Zeit lang galt sie gar als die mildeste Regierung im ganzen Deutschland[2]). Selbst einsichtsvolle Männer, wie der Professor Spittler in Göttingen konnten mit Bezug auf Hannover sagen: „Wo ist das deutsche Land, das gerad' in dem Zeitalter, da alles nach despotischer Gewalt ringt, da alles unter despotischer Gewalt immer tiefer versinkt, seine mildeste Regierungen genoss, seine ausgebildeteste Freiheit ungekränkt behauptete"?[3]) Gewiss war dieses Lob nicht ganz unberechtigt. Das ergiebt sich sofort, wenn man die Zustände anderer deutscher Territorien, etwa von Hessen-Kassel zur Vergleichung heranzieht.

Über den wahren Charakter der hannoverschen Regierung unter Georg III. darf man sich aber dadurch nicht täuschen lassen. Aus der Zeit Georgs II. lassen sich doch eine Reihe schöpferischer Regierungsthaten von bleibender Bedeutung verzeichnen: der Bau der für jene Zeit grossartigen Weserschleuse bei Hameln (1734), die

---

[1]) Vgl. Lehmann, Scharnhorst I, 84 ff.
[2]) Historische Berichtigungen des öffentlichen Urteils über die durch die französische Okkupation des Kurfürstentums Hannover daselbst veranlassten militärischen Massregeln S. 10.
[3]) II, 378.

Errichtung des Landgestüts zu Celle (1735), die Gründung des Schullehrerseminars zu Hannover (1751) und vor allem die Gründung der Universität Göttingen (1737), das eigenste Werk des unsterblichen Münchhausen. Vergebens sehen wir uns aber während des Zeitraumes von 1760—1803 nach solchen Thaten um¹). Am ersten geschah noch etwas auf denjenigen Gebieten der Staatsverwaltung, wo der Widerstand der Stände nicht in Frage kam, wie in der Landesökonomiegesetzgebung. Dagegen that man „nicht viel zur Verbesserung und Abstellung sogar auffallender Mängel" in Verfassung und Verwaltung und „sehr wenig in der Gesetzgebung, weder der bürgerlichen noch der peinlichen" u. s. w.²). — Will man den Gesamtcharakter der Periode von dem Regierungsantritte Georgs III. bis zum Beginn der französischen Okkupation im Jahre 1803 mit einem Worte bezeichnen, so kann man nur sagen, dass sie keinen Fortschritt, sondern Stagnation bedeute.

Was die Organisation des hannoverschen Staatswesens anbetrifft, so haben wir, wie bereits angedeutet ist, in dem Geheime-Ratskollegium die oberste Regierungs- und Verwaltungsbehörde des Kurfürstentums zu sehen. Diese Behörde bildete von Haus aus die Regierung für die altwelfischen Provinzen. In den Gebietsteilen, welche nach 1714 zu dem Kurfürstentum kamen, in Bremen-Verden, Lauenburg und Osnabrück bestanden besondere Regierungen zu Stade, Ratzeburg und Osnabrück. Doch waren die letzteren dem Geheime-Ratskollegium untergeordnet, welches auf solche Weise zur allgemeinen Landesregierung der hannoverschen Provinzen wurde. Überhaupt waren alle Landesbehörden dem Geheime-Ratskollegium subordiniert mit alleiniger Ausnahme der Domänenkammer und der Kriegskanzlei. Faktisch standen auch diese unter jenem Kollegium, da an ihrer Spitze Geheime Räte standen, welche die wichtigeren Ressortangelegenheiten vor das Plenum des Geheimen Rates zu bringen pflegten.

In den Jahren 1801 und 1802 wurde das Geheime-Ratskollegium einer Reorganisation unterzogen. Der Charakter derselben kündigt sich in der Bezeichnung „Königlich-kurfürstliches Staats- und Kabinettsministerium", an. Es wurde eine Zweiteilung des Kollegiums herbeigeführt, in der Weise, dass ein Teil der Regierungsgeschäfte von der Behandlung im Plenum eximiert und einem besonderen Kabinettsministerium übertragen wurde. In erster Linie waren dies die Sachen, „welche aus besonderen politischen Ursachen ein genaueres Geheimnis erfordern", mit anderen Worten,

---

¹) Vgl. Historische Berichtigungen S. 10 f.
²) Rehberg, Sämtliche Schriften II, 160.

die Angelegenheiten der äusseren Politik. Dazu kamen alle „Hauptveränderungen in der Einrichtung des Dienstes", und die allgemeine Aufsicht über die Verfassung und Verwaltung des Landes.

Die Geschäfte, welche dem Staatsministerium verblieben, gelangten entweder vor das Plenum, — die „interna generalia" — oder wurden in den Departements erledigt. — Gewisse Departements hatten sich bereits im Laufe des 18. Jahrhunderts gebildet. Durch das Reglement vom 5. Januar 1802 wurden von dem Könige 17 solcher Departements festgesetzt und den einzelnen Ministern zugewiesen. Es waren folgende: 1) Das General-Polizeidepartement; 2) das calenberg-grubenhagensche Polizei- und Städtedepartement; 3) das lüneburgische und hoyasche Polizei- und Städtedepartement; 4) das landschaftliche Licent-Kontributions- und Schatzdepartement; 5) das bremensche und verdensche Departement; 6) das lauenburgische und hadelnsche Departement; 7) das bentheimsche Departement; 8) das Grenz- und Hoheitsdepartement, zu welchem auch die Landesökonomiesachen gehörten; 9) das Lehnsdepartement; 10) das Justizdepartement; 11) das Konsistorialdepartement; 12) das Post-; 13) das Kloster-; 14) das Universitäts- und Schul-; 15) das Harz-; 16) das Kommerz- und Manufaktur-, und 17) das Wegebau-Departement[1]).

Man sieht, es fand eine Verquickung des sogenannten Realsystems mit dem System der Provinzialverwaltung statt. Im übrigen war die Verfassung des Staats- und Kabinettsministeriums eine rein kollegialische. In dem Kabinettsministerium hatten nur die eigentlichen Kabinettsminister Sitz und Stimme, im Plenum des Staatsministeriums sowohl die Kabinetts- als auch die Staatsminister. Die unter den Ministern stehenden Referenten, die Geheimen Kabinettsräte (vor 1802 „Wirkliche Geheime Sekretäre" genannt) und die Geheimen Kanzleisekretäre, welchen die Bearbeitung und Expedition der Ministerialgeschäfte oblag, hatten nur ein votum consultativum. Wenn sie gleichwohl einen grossen Einfluss besassen und nicht selten ihre Vorgesetzten beherrschten, so hatte das seinen natürlichen Grund darin, dass die Referenten in der Regel die Akten allein bearbeiteten und durch ihren Vortrag auf die Entscheidungen der Minister einen bestimmenden Einfluss ausübten. Im Publikum wurde die Einrichtung, dass die Sekretarien, welche die Entscheidung thatsächlich in den Händen hatten, weder ein votum decisivum besassen, noch irgend welche Verantwortung trugen, vielfach als unnatürlich und unhaltbar getadelt.

---

[1]) Die Verteilung dieser Departements unter die einzelnen Minister und Geh. Kanzleisekretäre s. im Königlich Grossbritannischen und Kurfürstlich Braunschweig-Lüneburgischen Staatskalender auf das Jahr 1803 S. 4 ff.

Die zweite Centralbehörde im Kurstaate war das Kammerkollegium. Gleich dem Ministerium stand die Kammer unmittelbar unter dem Könige und hatte die Befugnis direkt an denselben zu berichten. — Ihre Verfassung war ebenfalls eine kollegialische. An der Spitze stand eine Anzahl Geheimer Kammerräte, unter welchen stets mehrere Minister waren. Der erste Minister pflegte zugleich Kammerpräsident zu sein. Auch in der Kammer lag die eigentliche Bearbeitung der Geschäfte und der Vortrag den Subalternbeamten, oder, wie sie hier genannt wurden, den Kameralen ob[1]). Das Kammerkollegium hatte die gesamte Verwaltung der landesherrlichen Domänen unter sich. Bedenkt man, dass die Domänen zu jener Zeit im Staatshaushalte eine bei weitem grössere Rolle spielten als heutzutage, und dass die landesherrlichen Einnahmen sich hauptsächlich aus den Überschüssen der Domanialämter zusammensetzten, so wird man es begreiflich finden, dass die Kammer noch im 18. Jahrhundert als die wichtigste Staatsbehörde angesehen wurde.

Die Kompetenz der Kammer war jedoch nicht auf die Verwaltung der Domänen beschränkt. Das ganze Forstwesen, die Bergwerke und Salinen, die Deich- und Strombausachen, das Zollwesen, das Landgestüt zu Celle und eine Reihe anderer Gegenstände standen unter ihrer Direktion. Über die ihr unterstehenden Beamten — das Gros der Staatsdienerschaft — übte die Kammer eine nahezu unumschränkte Disciplinargewalt aus. Sie durfte die Beamten selbst nach Belieben absetzen, ohne dass die Betroffenen Rekurs einlegen konnten. Ferner hatte die Kammer eine Menge polizeilicher und gerichtlicher Befugnisse. Ihr kam es zu, gewissen Klassen von Gewerbetreibenden, den Gastwirten und Krügern auf dem Lande, den Branntweinbrennern, Musikanten, Schornsteinfegern etc. die nötigen Konzessionen zu erteilen. Sie übte die gutsherrlichen Rechte über die zahlreichen herrschaftlichen Meier und Neubauer aus. Etwaige Streitigkeiten über den „modus serviliorum" bei den Meiergütern entschied sie eigenmächtig in erster und letzter Instanz[2]). Diese Kameraljustiz war um so bedenklicher, als nicht etwa innerhalb des Kollegiums eine besondere Kammerjustiz-Deputation bestand, wie das bei den Kriegs- und Domänenkammern im Preussischen der Fall war. Vielmehr wurden die Entscheidungen

---

[1]) Es waren ein Kammermeister, ein Geheimer Kammersekretär, 10 Kammersekretäre, 2 Kammerregistratoren etc. Vgl. Manecke, Kur- und fürstlich Braunschweig-Lüneburgsches Staatsrecht S. 192.

[2]) Vgl. die Göhrder Konstitution vom 19. Okt. 1719. Corpus Constitutionum Ducatus Luneburgici et Comitatus Hoyensis IV, 2 ff.

im Plenum der Kammer gefällt. Wie es da um die Garantie einer unparteiischen Rechtsprechung bestellt war, lässt sich denken. Auch die dritte Centralbehörde, die Kriegskanzlei, hatte eine kollegialische Verfassung. In der Regel gehörten ihr zwei Minister, ein Geheimer Kriegsrat und vier Kriegsräte an, von denen aber nur die wenigsten in Hannover anwesend zu sein und ihren Sitz einzunehmen pflegten [1]). Der Kriegskanzlei fiel die Sorge für „die Erfordernisse und die Verpflegung" des Militärs, mit anderen Worten der ganze militärische Haushalt zu. Die Ausgaben für das Militär wurden von ihr aus der Kriegskasse bestritten, deren Einnahmen sich vornehmlich aus den bedeutenden Beiträgen der Landschaften zum Militäretat zusammensetzten [2]). Die Bewilligung der Ausgaben, welche nicht stehend waren, stand allerdings nicht der Kanzlei, sondern dem Ministerium zu. — In die Militärgerichtsbarkeit teilte sich die Kriegskanzlei mit dem Generalkommando, erstere übte die Civil-, letzteres die Kriminaljustiz aus [3]). Die Angelegenheiten, welche sich auf den eigentlichen militärischen Dienst bezogen, oder, wie man damals sagte, die „pure militaria", waren ausschliesslich dem Generalkommando vorbehalten. Das Verhältnis zwischen Generalkommando und Kriegskanzlei war ein wenig freundliches und „artete immer mehr in das eines fast offenbaren Krieges aus" [4]). Denn die letzgenannte Behörde, welche lange Zeit hindurch nur aus Nichtmilitärs bestand, betrachtete als ein vorwiegend finanzielles Kollegium die militärischen Angelegenheiten lediglich aus dem „ökonomischen" Standpunkte und war überall auf Ersparungen bedacht [5]). Das System des Sparens ging soweit, dass die Kanzlei und das von dem gleichen, engherzigen Geiste beseelte Ministerium sich allen von der Generalität beantragten militärischen Reformen widersetzten, nur weil sie Geld kosteten. Das hatte natürlich die schlimmsten Folgen für den Dienst und führte schliesslich eine völlige Desorganisation im Militärwesen herbei, die nachmals im Jahre 1803 verhängnisvoll werden sollte.

---

[1]) Im Jahre 1803 waren von den 7 Mitgliedern der Kriegskanzlei nur 3 im Inlande. Die übrigen bekleideten zugleich gesandtschaftliche Posten im Auslande, wie denn überhaupt die Akkumulation von Ämtern in einer Hand im Hannoverschen etwas Gewöhnliches war.
[2]) Vgl. S. 20.
[3]) Manecke S. 199.
[4]) Historische Berichtigungen S. 43.
[5]) Das. S. 37 ff.; vgl. v. Ramdohr, Versuch einer kurzen aber treuen Darstellung des von den Franzosen im Monate Juni 1803 unternommenen und vollführten Einfalls in die Kurhannöverschen Lande. Archiv des Histor. Vereins für Niedersachsen J. 1846, S. 30 f.

Ebenfalls erstreckte sich auf das ganze Land die Kompetenz der obersten Justizbehörde, des Ober-Appellationsgerichts zu Celle. Dieses hatte im Jahre 1713 eine sonst treffliche Ober-Appellationsordnung erhalten, welcher im Jahre 1733 ein neues Reglement „wegen verbesserter Einrichtung des Ober-Appellationsgerichts" folgte. Nur schade, dass der Geschäftskreis des Appellationshofes nicht klar und scharf gegen das Ministerium und die Kammer abgegrenzt war.

Jüngeren Datums waren zwei andere Centralbehörden: das 1786 gegründete Kommerzkollegium und das im Jahre 1800 errichtete General-Postdirektorium. In dem Kommerzkollegium, welchem die „beständige Besorgung aller Kommerz-, Fabrik- und Manufakturangelegenheiten" oblag, sassen zwei Minister und vier Kommerzräte; ausserdem gehörte ihm eine Anzahl teils von den Landschaften und den Städten präsentierter, teils von der Regierung aus der Kaufmannschaft hinzugezogener Personen an. — Das General-Postdirektorium, bestehend aus 3 Mitgliedern, darunter einem Oberpostdirektor und einem Postdirektor, hatte unter Aufsicht eines Ministers „überhaupt alle und jede Postsachen, mithin auch die Öconomica und Rechnungssachen zu respiciren"[1]).

An Provinzial- oder Mittelbehörden finden wir ausser den schon erwähnten Provinzialregierungen zu Stade, Ratzeburg und Osnabrück die Justizkanzleien und Hofgerichte zu Hannover (für Calenberg-Grubenhagen, Hoya und Diepholz), zu Celle, Stade und Ratzeburg, die Konsistorien zu Hannover, Stade, Ratzeburg und Osnabrück, sowie die Oberforstämter zu Hannover, Göttingen, Celle, Nienburg, Harburg und Lauenburg. — Die Regierungsgeschäfte des Landes Hadeln besorgte der sogenannte Gräfe, welcher mit dem ersten Mitgliede der Bremen- und Verdenschen Regierung zu Stade identisch zu sein pflegte.

Einen besonderen Blick müssen wir auf die osnabrückschen Verhältnisse werfen. Da nämlich das Hochstift erst gegen Ende 1802 an Hannover gekommen war, so hatte in den Verhältnissen desselben durch die hannoverschen Organisations-Kommissäre bis zum Eintritt der französischen Okkupation noch nicht viel geändert werden können. Immerhin war genug geschehen, um eine lebhafte Unzufriedenheit mit dem hannoverschen Regimente herbeizuführen [2]). —

---

[1]) Verordnung wegen Errichtung des General-Postdirectorii vom 9. Mai 1800. Ebhardt, Sammlung der Verordnungen für das Königreich Hannover aus der Zeit vor dem Jahre 1803 II, 522.

[2]) Vgl. v. Bülow, Bemerkungen, veranlasst durch des Herrn Hofrats Rehberg Beurteilung der Kgl. Preussischen Staatsverwaltung und Staatsdienerschaft S. 260

Die höchste Behörde im Osnabrückschen war der Geheime Rat oder die Regierung, welche auch im Jahre 1802 intakt blieb, nur dass sie dem Ministerium in Hannover untergeordnet wurde. Sie bestand aus einem bis zwei Geheimen Räten, einem Geheimen Referendar, dessen Stelle längere Zeit hindurch Justus Möser bekleidet hatte, zwei Sekretären, einem Oberzahlkommissar und anderen Beamten. Ihre Qualität war eine doppelte; einmal war sie Domänenkammer und zweitens Provinzialregierung. Auch die „Land- und Justizauch Lehnskanzlei", war nicht bloss eine Justiz-, sondern zugleich eine Regierungsbehörde. Sie berief z. B. die Landstände, erkannte in den Steuersachen und übte die mannigfaltigsten polizeilichen Befugnisse aus. Ausser diesen beiden Behörden und dem evangelischen Konsistorium existierten zu Osnabrück ein katholisches Officialatgericht und ein Generalvikariat. Von hannoverscher Seite wurde endlich eine General - Interims - Administrationskommission zur Verwaltung der säkularisierten geistlichen Güter errichtet.

Unter den Unterbehörden im Hannoverschen nahmen die erste Stelle die Domanialämter ein, welchen ein Amtmann oder „erster Beamter" und ein, bei grösseren Ämtern auch mehrere Amtsschreiber, oder „zweite Beamte"[1]) vorstanden. Hinsichtlich ihrer Grösse und ihrer Gliederung in Unterabteilungen wiesen die Ämter die erheblichsten Unterschiede auf. Während manche von ihnen nur wenig gegliedert waren, zerfiel die Mehrzahl in mehrere Vogteien, Gografschaften, Gogerichte, Börden u. s. w., diese wieder in Kirchspiele, Dorf- und Bauernschaften und ähnliche Abteilungen. Es zeigte sich hier ein Reichtum historischer Entwickelungen, wie er kaum grösser gedacht werden konnte. Von oben herab aber hatte man nichts gethan, um durch Amts- oder Landgemeindeordnungen in das Chaos Ordnung zu bringen.

Die Domanialämter vereinigten die gesamte niedere Verwaltungs- und Regierungsthätigkeit in sich. Regelmässig waren die Amtmänner Pächter des Domanialgutes. Erst zu Beginn des 19. Jahrhunderts begann man, die Pachtungen von den Ämtern zu trennen. Die „Beamten" verwalteten die mannigfaltigen Domanial- und Amtsgefälle, führten die Amtsregister und legten der Kammer von dem gesamten Amtshaushalte Rechnung ab. In die Polizeistrafgewalt über die Amtsunterthanen teilten sich die „Beamten" mit der

---

Anm. und Heinrich David Stüve, Doktor der Rechte und Bürgermeister der Stadt Osnabrück S. 59 f.

¹) Unter „Beamten" verstand man damals im Hannoverschen ausschliesslich die Amtmänner, Amtsschreiber und Amtsauditoren. Die übrigen Staatsdiener nannte man Bediente oder Angestellte.

Domänenkammer. Die ersteren hatten bei allen Vergehen gegen die Sicherheits-, Haus- und Feuer-, Feld- und Forstpolizei die Untersuchung zu führen. Die Strafansetzung wurde aber bis zur Abhaltung der jährlichen „Landgerichte" verschoben, und hier durch landesherrliche Kommissäre aus der Kammer, meist durch die Minister selbst vorgenommen. Gegen die Erkenntnisse dieser Kommissäre gab es (nach der Göhrder Konstitution) keinerlei Appellation.

Die „Landgerichte" waren zugleich eine Art Amtsvisitation. Die Kommissäre hatten die Pflicht, sich davon zu überzeugen, ob die „Beamten" die Haushaltungen gut verständen und auf zweckmässige und gemeinnützige Verbesserungen, sowohl in Hinsicht auf die Domänen, als auch auf die Wohlfahrt der Unterthanen Bedacht nähmen[1]). Bei der Eilfertigkeit, mit welcher solche Visitationen von den Kammerräten abgehalten wurden[2]), kam ihnen jedoch nur geringe praktische Bedeutung zu.

Ausser der polizeilichen Strafgewalt hatten die Ämter auch die Civil- und Kriminalgerichtsbarkeit in erster Instanz. In Civilsachen entschieden die Beamten selbständig, in Kriminalsachen hatten sie bloss die Instruktion, während das Urteil von den Justizkanzleien gesprochen wurde. Im übrigen erfreuten sich die Beamten in ihrer Qualität als Justizbeamte einer völligen Unabhängigkeit von den höheren Justizkollegien und dem Justizdepartement; sie waren ja lediglich dem Kammerkollegium subordiniert. Wenn nicht mehr über die Rechtspflege bei den Ämtern geklagt wird, so ist das nur der anerkannten Rechtlichkeit des hannoverschen Beamtenstandes zuzuschreiben[3]).

Eine Trennung von Jurisdiktion und Verwaltung findet sich bloss im Lande Hadeln, welches eine ganz eigentümliche Gerichtsverfassung besass, und im Osnabrückschen. In letzterer Provinz waren die von einem Landdrosten und einem Rentmeister versehenen Ämter durchaus getrennt von den Gogerichten, welche die Jurisdiktion in erster Instanz über die landsässigen Unterthanen ausübten.

Eine zweite Klasse von Untergerichten wurde durch die zahlreichen Patrimonialgerichte gebildet. Die Patrimonialgerichtsbarkeit

---

[1]) Kammerausschreiben vom 3. April 1778. Spangenberg, Sammlung der Verordnungen und Ausschreiben, welche für sämtliche Provinzen des hannoverschen Staats bis zur Zeit der feindlichen Usurpation ergangen sind. II, 672 ff.

[2]) Vgl. v. Bülow, Bemerkungen S. 189, Anm.

[3]) Vgl. übrigens v. Bülow, Bemerkungen S. 193 und Stüve, Über die gegenwärtige Lage des Königreichs Hannover S. 27.

stand bald Stiftern und Klöstern, bald den Städten, bald auch Privatpersonen zu. In den Städten befand sich ihre Ausübung durchweg in den Händen der Magistrate. Die adeligen Gerichte bestanden in der Regel nicht aus geschlossenen Bezirken, sondern umfassten, je nach der Ausdehnung der Gutsherrlichkeit eine grössere oder geringere Anzahl von zerstreut liegenden Höfen. — Die Kompetenz der Patrimonialgerichte war eine beschränkte. Im Besitze der peinlichen Gerichtsbarkeit befand sich nur ein Teil derselben; meist erstreckten sich ihre Befugnisse nur auf die niedere Civil-, hier und da bloss auf eine Art Pfahlgerichtsbarkeit.

Sehr fühlbar machte sich in der Justizpflege der Mangel an einheitlichen Gerichtsordnungen. Es gab eine namhafte Anzahl von Untergerichtsordnungen, alle längst veraltet und in keiner Hinsicht mehr genügend. Eine rühmliche Ausnahme bildete allein die Bremen- und Verdensche Untergerichtsordnung vom 5. November 1753. Von den höheren Landesjustizkollegien hatte fast ein jedes seine besondere Gerichts- und Prozessordnung. Noch mehr tritt der Mangel an Einheitlichkeit in dem Sportelwesen hervor. Angeblich existierten in dem Kurfürstentume „wenigstens hundert verschiedene und doch unvollständige Taxen dieser Art" [1]).

Bei solchen Verhältnissen ist es nicht verwunderlich, dass man es zu der Ausbildung eines eigenen Landrechts nicht gebracht hatte [2]). War man doch nicht einmal soweit gekommen, die empfindlichsten Lücken des römischen Rechtes zu ergänzen. Vergebens suchen wir nach angemessenen Konkurs- [3]) und Hypothekenordnungen. Auch an Vormundschaftsgesetzen fehlte es; die einzige Instruktion vom 1. Mai 1801 galt nur für das platte Land in den älteren Provinzen. Ganz verwahrlost war das Notariatswesen, welchem noch immer die Notariatsordnung Kaiser Maximilians I. vom Jahre 1512 zu Grunde lag. — Nicht weniger zurückgeblieben war man im Strafrechte. In der Kriminaljustiz machte die „peinliche Halsgerichtsordnung" Kaiser

---

[1]) Das Königreich Hannover nach seinen öffentlichen Verhältnissen etc., zum Druck befördert durch H. Luden, S. 284; v. Bülow, Bemerkungen S. 45.

[2]) Dieser Mangel war einsichtsvollen Männern nicht verborgen geblieben. So machte G. H. v. Rühling (118 Entscheidungen des kurhannöverschen Oberappellationsgerichts zu Celle. 1805. Einl.) den Vorschlag, das preussische Landrecht in Hannover einzuführen. Für die hannoverschen Staaten, in denen seit 30 Jahren nichts Erhebliches für die Gesetzgebung geschehen sei, meinte Rühling, könne nicht wohlthätiger gesorgt werden, als wenn man das preussische Landrecht mit denjenigen Modifikationen, welche Landesobservanzen, Statuten und Lokalitäten nötig machen möchten, als förmliches Landesgesetz annähme.

[3]) Eine Ausnahme bildete allein die Osnabrücksche Konkursordnung vom 20. November 1777.

Karls V. das Grundstrafgesetz aus. So kam auch die Tortur noch häufig in Anwendung.

Doch nahmen die Kriminalprozesse seit der Kriminalinstruktion vom 11. Mai 1736 einen einigermassen prompten Verlauf, während bei den übrigen Prozessen eine ungeheuerliche Weitläufigkeit und ein unsagbar schleppender Geschäftsgang herrschte. Es galt schon als ungemein viel, wenn ein durch alle Instanzen laufender Prozess binnen 2—3 Jahren zum Ende gelangte. Dass solche Prozesse 10 bis 20 Jahre dauerten, war nichts Seltenes, ja, es wird von Rechtshändeln berichtet, deren Dauer weit über das gewöhnliche Menschenalter hinaus reichte [1]. Der Ruhm einer musterhaften Rechtspflege, in welchem die hannoversche Beamtenwelt sich sehr gefiel, stand demnach nicht auf festen Füssen [2].

Das landesherrliche Finanzwesen, zu dem wir jetzt übergehen, beschränkte sich auf die sogenannten ganz- oder halbprivatwirtschaftlichen Staatseinnahmen; das Steuerwesen unterstand der landständischen Verwaltung. Leider sind wir über die landesherrlichen oder herrschaftlichen Finanzen nur wenig unterrichtet. Denn es ruhte damals über ihnen ein undurchdringlicher Schleier. Den Ständen und dem Publikum war jegliche Kenntnis des kurfürstlichen Finanzwesens gänzlich vorenthalten [3]. Niemand wusste zu sagen wie es mit den herrschaftlichen Einnahmen bestellt sei, und es war eine oft aufgeworfene Frage, ob die Überschüsse der Domanialeinkünfte nach England gingen, oder insgeheim zu Hannover aufgehäuft würden. In Wirklichkeit sind wenigstens unter der Regierung Georgs III. beträchtliche Überschüsse überhaupt nicht erzielt worden [4].

Die Einnahmen des Landesherrn waren, wenn man von den an die Kriegskasse abgelieferten landschaftlichen Beiträgen zum

[1] v. Bülow, Bemerkungen S. 187.

[2] Vgl. auch Historische Berichtigungen S. 13 und (Oppermann), Zur Geschichte der Entwickelung und Thätigkeit der allgemeinen Stände des Königreichs Hannover S. 15.

[3] Noch im Jahre 1815 durfte der Vorstand der Generalkasse auf eine Frage des präsumptiven Thronfolgers nach der Grösse des Domanialeinkommens nicht eher Antwort erteilen, als bis der König und das Ministerium ihn ausdrücklich dazu ermächtigt hatten. Roscher, System der Finanzwissenschaft, S. 16, Anm. 8. Das Publikum ist über das landesherrliche Finanzwesen erst durch die Aufschlüsse aufgeklärt worden, welche der Geh. Kabinettsrat Rose in einer vor der zweiten Kammer der Allgemeinen Ständeversammlung am 30. Juni 1832 gehaltenen Rede gab.

[4] Vgl. Meiners und Spittler, Göttingisches Historisches Magazin II, 79 ff. und die Ausführungen des Geh. Kabinettsrats Rose über das sogen. „Gewölbe" und die königliche Schatullkasse in seiner Rede vom 30. Juni 1832. Hannoversches Portfolio II, 361 ff.

Militäretat absieht, wesentlich identisch mit den Einkünften der unter dem Kammerkollegium stehenden Hauptkammerkasse oder Rentkammer. Zwar hatten auch die Ministerial-Departements eine Reihe verschiedener Kassen unter sich, z. B. die Klosterkasse, die Chausseebaukasse, die Altfürstlich-Braunschweigsche Allodialkasse, die Universitätskasse, die Lotteriekasse etc.; allein von diesen Kassen hatte jede ihre besonderen Zuflüsse und Ausgaben und bildete so einen für sich bestehenden, von der eigentlichen Finanzverwaltung völlig abgeschlossenen Haushalt. Reichte eine jener Kassen mit ihren Einnahmen nicht aus, so empfing sie nicht etwa Zuschüsse aus Staatsmitteln, sondern musste die nötigen Summen anleihen, vielleicht von solchen Kassen, welche Überschüsse aufzuweisen hatten.

Die Einkünfte der Rentkammer[1]) bestanden in der Hauptsache aus den Überschüssen der Domanialämter. Die letzteren setzten sich aus den verschiedenartigsten Einnahmen zusammen. Da waren zunächst die Pachtgelder von den Domanialgrundstücken. Wenn sie nicht mehr als etwa 200 000 ₰ im Jahre betrugen, so lag das daran, dass die Domanialgüter regelmässig zu einem überaus billigen, mit dem wahren Ertrage in keinem Verhältnisse stehenden Preise, meist an die Beamten selbst verpachtet wurden[2]). Weit grösseren Ertrag lieferten die verschiedenen Zinsen und Zehnten: von ihnen brachten in dem Rechnungsjahre vom 1. Mai 1802 bis dahin 1803 die Meier- und Grundzinsen nebst den Weinkaufsgefällen 112 960 ₰ ein, die Herrendienstgelder, mit welchen die herrschaftlichen Meier die Hand- und Spanndienste abzukaufen pflegten, 251 102 ₰, die mannigfaltigen Korn- und Schmalzehnten 222 013 ₰, die Häuslings-, Schutz- und Dienstgelder 22 055 ₰ u. s. w.

Auch die Zölle, namentlich die Elbzölle, warfen dem Landesherrn bedeutende Überschüsse ab, die sich im Durchschnitte auf $1/3$ Million Thaler veranschlagen lassen. Nach ihnen kamen die Forst- und Masteinnahmen mit einem jährlichen Ertrage von etwa 250 000 ₰. Ferner standen der Kammer beträchtliche Aktivkapitalien zu, welche eine Höhe von 4 660 205 ₰ erreichten, und von denen 4 210 522 ₰ zu 3 % bei der englischen Bank angelegt waren. Geringer waren die Erträge des Postwesens, der Salinen u. s. w.,

---

[1]) Die Angaben über die Einnahmen und Ausgaben der Kammer sind durchweg aus den Akten der Okkupationszeit entnommen.

[2]) Haben die Kurbraunschweigischen Unterthanen Ursache, sich über die in Ansehung ihrer 1806 getroffenen Königlich Preussischen Entschliessungen zu freuen? S. 68. Vgl. (Oppermann), Zur Geschichte und Thätigkeit der allgemeinen Stände des Königreichs Hannover S. 8.

da sie grossenteils durch die Betriebskosten aufgezehrt wurden. Die Bergwerke des Harzes, weit entfernt grosse Überschüsse abzuwerfen, erforderten im Gegenteil Zuschüsse. So hatte die Harzer Bergbaukasse in dem Rechnungsjahre 1801/2 neben einer Einnahme von 610 035 ℳ eine Ausgabe von 634 658 ℳ, wies also ein Defizit von 24 623 ℳ auf. — Alles in allem haben sich die jährlichen Einkünfte der Kammer zu Beginn des 19. Jahrhunderts auf etwa 2 Millionen Thaler belaufen.

Ein nicht unbeträchtlicher Teil von den landesherrlichen Einkünften ward nun auf das hannoversche Militär verwandt. Im Ordinarium sollen jährlich 200 000 ℳ aus den Kammerintraden zum Militäretat zugeschossen sein, in vielen Jahren stieg dieser Zuschuss aber auf das Doppelte und Dreifache[1]). — Die Hofhaltung zu Hannover, welche trotz der Abwesenheit des Herrschers beibehalten wurde, erforderte einschliesslich des kurfürstlichen Marstalls jährlich an die 250 000 ℳ. Auch die Zinsen der sich auf etwa 4 Millionen Thaler belaufenden Domanialschuld waren recht beträchtlich. — Eine andere Hauptausgabe der Kammerkasse bestand in den Besoldungen der Staatsdienerschaft, welche wenigstens $1/3$ Million Thaler in Anspruch nahmen. Zu ihnen gesellten sich die unverhältnismässig hohen Pensionen, mit deren Erteilung man im Hannoverschen geradezu verschwenderisch umging[2]). Es kam selbst vor, dass auswärtige Fürsten mit Pensionen bedacht wurden: so erhielt der regierende Herzog von Mecklenburg-Strelitz eine Pension von 2000 ℳ, ein anderer Prinz aus demselben Hause, welcher hannoverscher General gewesen war, erfreute sich einer solchen von 6000 ℳ[3]). — Weiter sind die Bau- und Unterhaltungskosten der herrschaftlichen Gebäude zu erwähnen: sie erforderten Jahr aus Jahr ein an die 100 000 ℳ und darüber. Nicht minder kostspielig waren die Deich- und Strombauten, besonders in solchen Jahren,

---

[1]) Nach Akten aus der Okkupationszeit. — Der Geheime Kabinettsrat Rose hat in seiner Rede vom 30. Juni 1832 angeführt, das Domanium habe unter Georg III. jährlich 343 000 ℳ zum Militäretat hergegeben. Dagegen giebt ein anderer Kenner der hannoverschen Verhältnisse, Kammermeister Hofrat Patje, (Anmerkung zu den vielen Schriften über die hannoverschen Angelegenheiten) an, auf das Militär sei aus den landesherrlichen Einkünften jährlich eine halbe Million Thaler verwandt worden. Vgl. auch Meiners und Spittler, Göttingisches Historisches Magazin II, 81.

[2]) Vgl. Hausmann, Erinnerungen S. 20.

[3]) Das galt nicht bloss vom Civil- sondern auch vom Militärdienst. Im Jahre 1803 sollen bei einer Armee von nicht völlig 13 000 Mann über 7000 pensionierte Soldaten und Unteroffiziere im Lande gewesen sein. Historische Berichtigungen des öffentlichen Urteils I, 17.

wo Hochfluten und Überschwemmungen stattgefunden hatten. Weniger erheblich gestalteten sich die Kosten für die sehr im Argen liegenden Gefängnisanstalten, an deren Spitze das Zuchthaus zu Celle stand, für den Strassenbau, die Mooranlagen im Bremischen, das Landgestüt zu Celle und für andere Zwecke mehr: alles in allem erreichten sie aber gewiss die Summe von mehreren 100 000 Thalern. — Nach allem diesen wird es begreiflich scheinen, dass von hohen Überschüssen der landesherrlichen Finanzen nicht die Rede sein konnte.

Dass die Verwaltung der kurfürstlichen Finanzen an manchen Fehlern krankte, kann nicht überraschen. Wir haben in der Zersplitterung des Kassenwesens einen der schwersten kennen gelernt. Dieser hing wieder eng damit zusammen, dass es an einer einheitlichen Finanzbehörde fehlte. In die Regelung des Finanzwesens teilten sich nicht weniger als drei Kollegien: das Ministerium, die Kammer und die Kriegskanzlei. Die erstgenannte Behörde hatte insofern den Vorrang, als ihr die Bewilligung aller nicht ständigen Ausgaben über 50, später über 100 Thaler vorbehalten war. Dagegen wurden die laufenden Ausgaben bei der Civil- und Militärverwaltung allein durch die Kammer und die Kriegskanzlei geregelt und bestritten. Eine eigene Kasse stand dem Geheime-Ratskollegium bis zum Schlusse des 18. Jahrhunderts nicht zu. Erst im Jahre 1800 wurden die Einnahmen und Ausgaben, welche nicht zu den eigentlichen Domänen gehörten, der Rentkammer abgenommen, und einer neu errichteten, unmittelbar unter dem Ministerium stehenden „Generalkasse" beigelegt. — Kurze Zeit darauf ward auch die Einrichtung getroffen, dass die Ministerialdepartements, welche bis dahin ihre Bedürfnisse in unbestimmten Summen aus der Kammerkasse erhoben hatten, eine gewisse nicht zu überschreitende Summe angewiesen erhielten[1]). Das war ein grosser Fortschritt gegen früher; zu einem jährlichen, nach der Höhe der wahrscheinlichen Einkünfte berechneten Finanzplane hatte man es aber damit noch lange nicht gebracht. Mit einem Worte, es fehlte dem landesherrlichen Finanzwesen ganz und gar an der notwendigen Klarheit und Übersichtlichkeit.

Neben der landesherrlichen Regierung und Verwaltung, welche bislang unsere Aufmerksamkeit gefesselt hat, nahm die landständische Administration ein grosses Gebiet ein. Eine jede Provinz hatte ihre besondere ständische Verfassung. Nur in dem einen Punkt glichen sich die verschiedenen provinzialständischen Verfassungen, dass von einer organischen Vertretung aller Volksklassen in ihnen

---

[1]) Auch ein Wort über die Civiladministration der Kurhannoverschen Lande S. 25.

auch nicht entfernt die Rede war. Sieht man von dem Ländchen Hadeln[1]) ab, so behauptete der Adel überall ein grosses Übergewicht. Am wenigsten war dies noch im Calenbergischen der Fall, wo sich die Dreikurienteilung faktisch erhalten hatte, und wo dem Adel auf den Landtagen nur eine Kuriatstimme zustand. Auf den übrigen Landtagen, wo die Abstimmung nicht nach Kurien, sondern nach Stimmenmehrheit erfolgte und jede Stimme gleichviel galt, übte dagegen die Ritterschaft eine unbestrittene Herrschaft aus. Obendrein war es der letzteren im Lüneburgischen gelungen, den Stand der Prälaten in den Hintergrund zu drängen. In den Provinzen Hoya, Bremen, Verden und Lauenburg hatten sich die Prälaten ganz aus den Landtagen verdrängen lassen. Auch die Zahl der landtagsfähigen Städte war mehr und mehr herabgegangen. Der Bauernstand als solcher war in den Landtagen überhaupt nicht vertreten; von ihm galt ja das klassische Wort des Wiener Reichshofrats vom Jahre 1792, „dass der angebliche Bauernstand in der deutschen Verfassung unerfindlich sei"[2]).

Das Plenum der Provinzialstände wurde nur in seltenen Fällen, namentlich bei landschaftlichen Wahlen, einberufen. Statt dessen traten in kürzeren Zwischenräumen engere ständische Ausschüsse zusammen. Calenberg-Grubenhagen und Hoya zählten drei solche Ausschüsse: den grösseren Ausschuss oder das landschaftliche Deputations-Kollegium, den engeren Ausschuss und das Schatzkollegium. In den übrigen Provinzen war nur ein Ausschuss, die sogenannte Landschaft, vorhanden. In den calenbergischen Ausschüssen, aber auch nur hier, hielten die Vertreter der Prälatur und der Städte dem Adel wenigstens numerisch das Gleichgewicht. In Hoya lag das Verhältnis bereits zu Gunsten des Adels und in den Ausschüssen der übrigen Provinzen dominierte der Adel ganz entschieden. — Sehr bald konzentrierte sich in den Ausschüssen die gesamte Macht der Landstände. In Calenberg konnte es schon um das Jahr 1700 geschehen, dass der landschaftliche Ausschuss dem Kurfürsten Georg Ludwig zum Zwecke seiner englischen Thronbesteigung 300 000 ℳ aus der ständischen Kasse bewilligte, ohne dass die übrigen Mitglieder des Landtages davon die mindeste Kenntnis erhielten[3]).

Die hauptsächliche Bedeutung der Stände lag auf dem Gebiete des Steuerwesens. Ohne Zustimmung und Mitwirkung der Stände durfte von der Landesherrschaft weder eine neue Steuer eingeführt

---

[1]) Über die dortigen eigentümlichen Verhältnisse vgl. Manecke S. 274 ff.
[2]) Göttinger Prorektoratsrede vom 4. Juni 1889 von L. Weiland S. 12.
[3]) Rehberg, Sämtliche Schriften II, 153.

noch eine Veränderung der bestehenden Steuern vorgenommen werden. Auch an der Verwaltung des Steuerwesens hatten die Stände grossen Anteil. In den älteren Provinzen, welche den Kurstaat im engeren Sinne ausmachten, in Calenberg-Grubenhagen, Lüneburg und Hoya, verwalteten die Stände die Steuern so gut wie ganz allein. Organe der ständischen Steuerverwaltung waren in Calenberg-Grubenhagen die Licent-Kommissarien und Inspektoren nebst dem Schatzkollegium, in Lüneburg und Hoya die Landkommissarien und das Schatzkollegium. Die Erhebung der Steuern erfolgte in Calenberg-Grubenhagen und Lüneburg durch eigene landschaftliche Einnehmer, in Hoya dagegen durch landesherrliche Bediente. In Bremen-Verden, Lauenburg und Osnabrück war der Einfluss der Regierung auf das Steuerwesen ein grösserer. Hier lag die Erhebung der Steuern ausschliesslich in den Händen landesherrlicher Beamten, während die Veranlagung der Steuern und die Überwachung des gesamten Steuerwesens von der Regierung und den Ständen gemeinsam besorgt wurde.

Die Bewilligung sämtlicher Steuern, selbst derjenigen, welche nach der Verfassung des Landes nicht wieder abgeschafft werden durften, erfolgte immer nur auf ein halbes Jahr, damit, „wenn ein besserer modus contribuendi würde erforschet werden, solcher sofort zur Hand genommen werden könne". Mit solchen Verbesserungen des Steuerfusses hatte es freilich seine guten Wege. Vielleicht gab es im hannoverschen Staatswesen kein Gebiet, wo ein ärgerer Schlendrian und eine grössere Stagnation stattgefunden hätte, als in dem Steuerwesen. Eine neue Katastrierung der Grundstücke war bis zu Ende des 18. Jahrhunderts bloss im Osnabrückschen in Angriff genommen worden. In den übrigen Provinzen behalf man sich schlecht und recht mit dem althergebrachten Grundsteuerfusse, mochte dieser auch gänzlich veraltet sein. Und doch bildete die Grundsteuer oder „Kontribution" in allen Landesteilen die Hauptsteuer. Nur im Calenbergischen und in einigen Städten des Lüneburgischen war an ihre Stelle eine indirekte Steuer, der Konsumtionslicent, getreten [1]),

[1]) Der calenbergische Konsumtionslicent ist eine der wenigen Steuern, über welche wir genauer unterrichtet sind. Im Jahre 1784/85 belief sich der Ertrag des Licents auf 310 004 ₰. Diese Summe setzte sich in der Hauptsache aus folgenden Posten zusammen:

Wein und Most	33 342 ₰
Branntweinschrot	32 506 „
Malz	26 958 „
Brotkorn	64 163 „
Mahlweizen	14 582 „
Schlachtvieh	58 457 „
Kaffee, Thee, Kakao	9 805 „
	239 813 ₰

welcher ausser dem Brotkorn und Schlachtvieh besonders die geistigen Getränke traf. An diese Steuer schloss sich eine bunte Reihe der verschiedenartigsten Abgaben. Jede Provinz hatte ihr besonderes Steuersystem, wenn man es so nennen darf, eins immer komplizierter und verworrener als das andere. Bloss darin stimmten sie überein, dass sie vorwiegend auf dem Landmann und dem Bürger lasteten, den Adel und die Geistlichkeit aber so ziemlich ganz freiliessen. Wir können hier nicht näher auf die einzelnen Steuern der verschiedenen Provinzen eingehen, schon weil wir, von dem calenbergischen Steuerwesen abgesehen, nur höchst ungenügend darüber unterrichtet sind.

Die Erträge der landschaftlichen Steuern fanden eine zwiefache Verwendung. Den einen Teil der Gelder lieferten die Stände an die landesherrlichen Kassen, und zwar vorwiegend an die Kriegskasse als Beitrag zum Militäretat ab, den anderen verwandten sie zu eigenen Ausgaben. Zu Ende des 18. Jahrhunderts beliefen sich die Beiträge der Provinzialstände zur Kriegskasse insgesamt auf
1 023 551 ₰ 14 mgr 5 ₰ [1]).

Davon entfielen auf die einzelnen Landschaften:

Calenberg-Grubenhagen	363 278	₰ 32	mgr 5	₰,
Lüneburg	297 539	. 27	.	—
Hoya	78 381	. 18	.	—
Diepholz	14 500	. —	.	—
Amt Wildeshausen [2])	300	. —	.	—
Hohnstein	4 200	. —	.	—
Lauenburg	15 100	. —	.	—
Hadeln	11 200	. —	.	—
Bremen-Verden	239 051	. 9	.	—
	1 023 551	₰ 14	mgr 5	₰ [3]).

Meiners und Spittler, Göttingisches Historisches Magazin VII, 537. Der durchschnittliche Jahresertrag des Licentes betrug in den Jahren 1798—1803 279 857 ₰ 11 mgr 2 ₰. Die übrigen calenbergischen Steuern ergaben zu Beginn des 19. Jahrhunderts eine Totalsumme von 171 060 ₰ 5 mgr. Davon waren

Schatzgefälle und Viehtriftsgelder	42 372 ₰ 10 mgr
Personen- und Pferdesteuer	64 538 . 29 .
Defensionssteuer	64 149 . — .
	171 060 ₰ 5 mgr

(Akten der Okkupationszeit.)

[1]) Manecke S. 460. Vgl. Meiners und Spittler, Göttingisches Historisches Magazin II, 76 und Havemann III, 648 f.

[2]) 1803 an Oldenburg abgetreten.

[3]) Etwas anders stellen sich die Zahlen nach Akten aus der Zeit der preussischen Okkupation (1806). Darnach war die Gesamtsumme der Beiträge (exkl. Osnabrück) 1 010 018 ₰ 16 mgr 1 ₰.

Hierzu kamen im Jahre 1803 die osnabrückschen Beiträge. Die Landstände des Fürstentums erklärten am 6. April 1803 jährlich 131 000 ℳ an die Kriegskasse abführen zu wollen[1]. Die kurz darnach eintretende französische Okkupation machte diese Bewilligung freilich illusorisch.

Ausser den Beiträgen an die Kriegskasse hatten die Landschaften an die landesherrlichen Kassen fixierte Geldsummen zu verschiedenen Zwecken zu zahlen, so für die Universität Göttingen[2]), für das Ober-Appellationsgericht[3]) und die Hofgerichte, den Chausseebau (Calenberg und Lüneburg) und andere Gegenstände mehr. Die Gesamtsumme dieser Beiträge mochte sich auf 60 000—70 000 Thaler stellen. Über die Höhe der Gelder, welche die Stände für die eigenen Bedürfnisse, als für Verwaltung des Steuerwesens, Zinsenzahlung etc. verwandten, liegen keine Angaben vor. Man wird aber kaum fehl gehen, wenn man annimmt, dass sie zwischen ½ und 1 Million Thaler betragen haben[4]). Danach würde die Gesamt-

Die Beiträge der einzelnen Landschaften waren:

Calenberg-Grubenhagen	358 598 ℳ	26 mgr	5 ₰
Lüneburg	293 428 ,	3 ,	— ,
Hoya	77 842 ,	— ,	— ,
Diepholz	15 245 ,	22 ,	4 ,
Hohnstein	4 590 ,	— ,	— ,
Lauenburg	17 313 ,	— ,	— ,
Hadeln	11 200 ,	— ,	— ,
Bremen-Verden	231 800 .	27 .	— .
	1 010 018 ℳ	16 mgr	1 ₰.

1) Nämlich:
   120 000 ℳ ad statum militiae,
   5 000 , Magazinkosten,
   6 000 . Legationskosten.
   Sa. 131 000 ℳ.

Ausserdem bewilligten die osnabrückschen Stände 2800 ℳ für den Wegebau, 12 000 ℳ für die Universität Göttingen und erklärten „verhältnismässig" für das Ober-Appellationsgericht zu Celle zahlen zu wollen. (Akten aus der preussischen Okkupationszeit.)

2) Die Beiträge der Landschaften für die Universität betrugen 12 805 ℳ. E. Brandes, Über den gegenwärtigen Zustand der Universität Göttingen S. 387.

3) Die von den verschiedenen Landschaften aufzubringenden Gelder für das Ober-Appellationsgericht betrugen im Jahre 1720 22 750 ℳ. In den 50er Jahren des 18. Jahrhunderts trat eine Erhöhung der Beiträge ein. v. Bülow, Über die Verfassung, die Geschäfte und den Geschäftsgang des Ober-Appellationsgerichts zu Celle I, 354 ff.

4) Im Calenbergischen (exkl. Grubenhagen) trugen die sämtlichen Steuern nach einem 5jährigen Extrakt der Licentrechnungen und Steuerregister (1798 bis 1803) durchschnittlich im Jahre 450 917 ℳ 16 mgr 2 ₰ ein. Das Quantum ordinarium für die Kriegskasse betrug 245 887 ℳ 26 mgr 5 ₰, folglich wären für

summe der vom Lande aufgebrachten Steuern sich auf etwa 2 Millionen Thaler belaufen.

Von hannoverschen Geschichtschreibern wie Havemann ist die Anschauung verbreitet worden, als habe sich das hannoversche Volk unter dem wohlwollenden, väterlichen Regimente Georgs III. und seiner Räte, welches einem jeden gestattet habe, sich innerhalb seiner Sphäre bequem auszubreiten, überaus wohl und glücklich gefühlt[1]). Das ist aber nichts weniger als richtig. Wohl und glücklich befanden sich im Grunde bloss die „privilegierten" Klassen der Bevölkerung; die breiten Schichten des Bürger- und Bauernstandes hatten wenig Anlass zufrieden zu sein. Was zunächst den Bauernstand betrifft, so waren die Zeiten zu Ende des 18. Jahrhunderts allerdings für die Landwirtschaft verhältnismässig günstig. Die seit den achtziger Jahren erheblich gestiegenen Kornpreise hatten den Erwerb der ackerbautreibenden Klassen nicht wenig erhöht. Auch war in Hannover manches zur Hebung der Landwirtschaft geschehen. Am bedeutsamsten war in dieser Hinsicht die Gründung der landwirtschaftlichen Gesellschaft zu Celle im Jahre 1764. Ihrem Einflusse ist es hauptsächlich zuzuschreiben, dass ein rationeller Betrieb der Landwirtschaft in weiteren Kreisen eingeführt wurde. Vielseitig, wie die Gesellschaft war, wandte sie ihre Aufmerksamkeit nicht allein dem Ackerbau zu, sondern auch der Hebung der Manufakturen, des Handels und der Künste. Den grössten Erfolg hatte sie in ihren auf die Gemeinheitsteilungen und Verkoppelungen gerichteten Bestrebungen zu verzeichnen. Es war wesentlich ihr Werk, wenn sich auch die Landesbehörden für die Sache erwärmten und im Jahre 1802 eine ausführliche Gemeinheitsteilungs-Ordnung zunächst für das Lüneburgische erliessen, zu deren Ausführung ein besonderes Landesökonomie-Kollegium mit dem Sitze zu Celle eingerichtet wurde. Andere Massregeln der Regierung kamen der Landwirtschaft wenigstens mittelbar zu gute: so die Errichtung des Landgestüts zu Celle, die den Grund zu der hohen Blüte der hannoverschen Pferdezucht gelegt hat, die Anlage umfassender Moorkulturen im Bremischen, der Erlass zweckmässiger Deich- und Wegeordnungen u. s. w.

Alles dieses hatte aber doch nicht die Wirkung, die materielle und rechtliche Lage des Bauernstandes erheblich zu bessern. Man

---

die landschaftliche Verwaltung nicht viel weniger als 200 000 ℳ geblieben. In Lüneburg soll sich die Summe sämtlicher Steuern nach einem 6jährigen Durchschnitte von 1797—1802 auf 447 122 ℳ 11 *mgr* 2 ₰ belaufen haben. (Vgl. v. Bülow, Bemerkungen S. 241.) Das würde für die ständischen Bedürfnisse, Zinsenzahlung etc. ca. 140 000 ℳ ergeben.

[1]) Vgl. Havemann III, 636.

muss wissen, dass der Bauer damals sich nur selten im Besitze freien Eigentums befand. Wo dieses der Fall war, in den fruchtbaren Elbmarschen und im Lande Hadeln, da zeigte sich auch grosse Wohlhabenheit, ja Reichtum. In den Elbmarschen soll die Landbevölkerung einen Aufwand getrieben haben, wie er sonst im ganzen Lande, selbst in der Hauptstadt nicht anzutreffen war [1]). Von den hadelnschen Bauern heisst es: „Man wird in Deutschland schwerlich eine Gegend finden, wo der Bauer so gar nicht gedrückt wird, und wo er so vieler Freiheiten und eines so hohen Wohlstandes gewiss ist, als in dem an dem äussersten Winkel von Deutschland hingeworfenen hadeler Ländchen". Grosse Bauernhöfe mit 30—40 Pferden sollen hier nichts Seltenes gewesen sein [2]). Solche Zustände waren indessen Ausnahmen. Durchgehends herrschte im Hannoverschen die Meierverfassung, welche den Landmann bald von dem Domanium, bald von dem Adel, weniger von der Kirche abhängig machte. — War der vielgeplagte Bauer schon unverhältnismässig mit Steuern belastet, so drückten ihn noch mehr die mannigfachen gutsherrlichen Dienste und Abgaben. Dazu gesellten sich Kommunallasten und öffentliche Frohnden. Zusammengenommen erreichten diese Lasten vielfach eine solche Höhe, dass sie den Ertrag des Ackerbaus ganz absorbierten. Die zahlreichen Steuerremissionen und der Nebenverdienst, den insbesondere die bedeutende Leinenindustrie dem Bauer verschaffte, erklären allein, wie ein Meierhof trotz fortlaufenden Deficits bestehen konnte[3]).

Ein grosser Übelstand war, dass es an hinreichenden gesetzlichen Bestimmungen über die Meierverfassung fehlte[4]). In manchen Gegenden, wie im Göttingischen war am Schlusse des 18. Jahrhunderts noch nicht einmal die Vererblichkeit der Meiergüter durchgedrungen[5]). Anderwärts herrschte die Vererbung thatsächlich, aber ohne rechtsgültig festgelegt zu sein. Nur die einzige von dem Vicekanzler Strube entworfene calenbergische Meierordnung vom Jahre 1772 erhob die Vererbung zur gesetzlichen Norm. In der Provinz Lüneburg unterbrach die französische Okkupation die

---

[1]) Patje, Kurzer Abriss des Fabriken-, Gewerbe- und Handlungszustandes in den Kurbraunschweig-Lüneburgischen Landen S. 21 f.
[2]) Meiners und Spittler, Göttingisches Historisches Magazin II, 513.
[3]) Vgl. v. Berlepsch, Pragmatische Geschichte des landschaftlichen Finanz- und Steuerwesens der Fürstentümer Calenberg und Göttingen S. 39, Anm. und Stüve, Über die Lasten des Grundeigentums und Verminderung derselben in Hücksicht auf das Königreich Hannover S. 56.
[4]) Vgl. v. Bülow, Bemerkungen S. 43 ff.
[5]) Grefe, Hannovers Recht II, 168.

geplante Einführung einer Meierordnung¹); dort wie in den Grafschaften Hoya und Diepholz existierten nur wenige Bestimmungen über einzelne Zweige des Meierwesens, während es in Bremen und Verden so gut wie ganz an solchen fehlte²). Von einer Ablösungsgesetzgebung fand sich keine Spur. Als natürliche Folge ergab sich eine grosse Rechtsunsicherheit auf diesem ganzen Gebiete, die nach eigener Angabe der lüneburgischen Stände „unzählige" Prozesse erzeugte und dem ganzen gemeinen Wesen „häufigen und sehr nachteiligen Schaden" zufügte³).

Neben den freien Eigentümern und Meiern gab es auf dem platten Lande noch eine grosse Menge Häuslinge und Anbauer. Ihre Lage war eine besonders gedrückte. Spittler berechnet, dass im Calenbergischen ein armer Häusling mit Frau und 2 Kindern über 14 Jahre, wenn er auch keinen Schuh breit Landes besitze, und kein einziges Stück Vieh halte, jährlich 9 ₰ an Steuern und Abgaben entrichten müsse⁴).

Eigentümliche Verhältnisse bemerken wir im Osnabrückschen. Hier fanden sich noch vielfach Anklänge an die altgermanischen Agrarzustände. Freies Eigentum war in dem Hochstifte in viel grösserem Umfange vorhanden als im übrigen Hannover; noch im Jahre 1667 kamen 18 602 Morgen freies Ackerland auf 71 506 gutsherrenpflichtiges⁵). Die Freien auf dem Lande zerfielen in die sogenannten Biesterfreien, welche in Ermangelung ehelicher Leibeserben von dem Landesherrn beerbt wurden, und in die Not- und Kurfreien, welche sich, um der Beerbung durch den Landesherrn zu entgehen, in die Hode d. h. Pflege eines Schutzherrn begaben und dafür dem letzteren eine jährliche „Urkunde" an Wachs oder Geld, das sogenannte Hodegeld, entrichteten⁶). Die zahlreichen

---

¹) Das landschaftliche Kollegium der Provinz Lüneburg hatte bereits am 17. Dec. 1779 dem Geheime-Ratskollegium die Notwendigkeit und den Nutzen einer für das Lüneburgische zu erlassenden Meierordnung vorgestellt. Die Geheimen Räte hielten es aber nicht einmal für nötig, auf diese Vorstellung eine Antwort zu erteilen. Auch eine zweite Eingabe vom 2. Mai 1788 blieb gänzlich unbeachtet. Erst eine dritte dringendere Vorstellung vom 18. Dec. 1797 führte dazu, dass von der Kammer ein Entwurf zu einer Meierordnung für das Lüneburgische ausgearbeitet wurde. Die Verhandlungen zogen sich aber bis zum Beginn der französischen Okkupation hin, ohne zum Abschluss zu kommen. v. Lenthe, Archiv für Geschichte und Verfassung des Fürstentums Lüneburg V, 288.

²) Vgl. Grefe, Hannovers Recht II, 152 ff.

³) Lenthe, Archiv V, 272.

⁴) II, 349. Anm.

⁵) Stave, Über die Lasten des Grundeigentums S. 142 f.

⁶) Möser, Osnabrückische Geschichte, 3. Aufl. I, 69 ff.; Klöntrup, Handbuch der besonderen Rechte und Gewohnheiten des Hochstifts Osnabrück I, 151 ff.; II, 166 ff.

„Heuerlinge" oder Heuerleute, welchen von den Besitzern der Höfe oder sogenannten Erbe, eine Wohnung und ein Stück Land „verheuert" wurde, besassen in der Regel kein freies Eigentum, waren aber doch persönlich frei. Dagegen war die einen grossen Teil der Bevölkerung ausmachende Klasse der Leibeigenen oder, wie man sie vorzugsweise nannte, der Eigenbehörigen, nicht bloss wirtschaftlich, sondern auch persönlich unfrei. Die zu Mösers Zeit gemachten Versuche, die Leibeigenschaft in freie Erbpacht zu verwandeln, hatten keinen Erfolg gehabt. Die hauptsächlichen, aus der Eigenbehörigkeit entspringenden Rechte des Gutsherrn waren folgende: Der Eigenbehörige hat seinem Gutsherrn für die Überlassung des Hofes jährlich eine bestimmte Geldsumme als Pacht zu entrichten, ausserdem die üblichen Naturaldienste zu leisten. Stirbt er, so hat der Gutsherr auf die Hälfte aller hinterlassenen beweglichen Habe Anspruch. Der Eigenbehörige, bzw. sein Anerbe muss die vom Hofe abgehenden Kinder vermittelst des Freibriefes, der durchschnittlich 20—25 Thaler kostete, loskaufen. Vor dem Abgange muss ein jedes dieser Kinder dem Gutsherrn noch den Zwangsdienst leisten, d. h. ihm ein Jahr lang ohne Lohn als Knecht oder Magd dienen. Zum Eingehen von Heiraten, zum Abschluss der meisten Rechtsgeschäfte etc. bedarf der Eigenbehörige der gutsherrlichen Einwilligung [1]).

Ausserhalb der Provinz Osnabrück existierte die Leibeigenschaft im Hannoverschen nur hier und da, so namentlich in der Grafschaft Hoya. Hier waren aber die Bestimmungen weniger hart [2]).

Aus dem Gesagten erhellt, dass das Los der ländlichen Bevölkerung in Hannover zu Ende des vorigen Jahrhunderts, wenn auch relativ günstig, so doch keineswegs zufriedenstellend zu nennen war. Ein Gleiches gilt von der Lage des Bürgerstandes. Keine einzige Stadt hatte sich von den vernichtenden Schlägen des 30jährigen Krieges ganz zu erholen vermocht. Vielmehr waren die Städte in

[1]) Über die Leibeigenschaft in Osnabrück vgl. die osnabrücksche Eigentumsordnung vom 25. April 1722, (Ebhardt, Sammlung der Verordnungen vor 1813 I, 370 ff.) und den Aufsatz „Über die Leibeigenschaft in Westfalen" in Schlözers Staatsanzeigen III, 408 ff. Interessant sind die kräftigen Randbemerkungen Schlözers zu diesem Aufsatze. Nach ihm ist die Unterdrückung, in welcher die Gutsbesitzer den bei weitem grösseren Teil ihrer Landsleute hielten, mit anderen Worten die Leibeigenschaft, nicht besser wie Strassenraub. Den Menschen, welcher sich ohne Not einem anderen zum Leibeigenen ergebe, erklärt der berühmte Publicist für einen Unsinnigen, der sich „ultra dimidium lädiere" und an keinen Kontrakt gebunden sei. Noch weniger, behauptet Schlözer, seien es die Regierungen; diese dürften, ja müssten vielmehr, wenn sie anders könnten, den Kontrakt rescindieren.

[2]) Stüve, Über die Lasten des Grundeigentums S. 132; Grefe, Hannovers Recht II, 329.

der zweiten Hälfte des 17. und im Verlaufe des 18. Jahrhunderts mit alleiniger Ausnahme der Residenzstadt Hannover, die, nebenbei bemerkt, zu Ende des 18. Jahrhunderts nicht mehr als 16 500 Einwohner zählte, in stetem Niedergange begriffen. In rechtlicher Beziehung trat an die Stelle der früheren städtischen Autonomie Abhängigkeit von dem Landesherrn und seinen Behörden und innerhalb der Städte selbst eine drückende Magistratsoligarchie, neben welcher die ehemalige lebhafte Beteiligung der Bürgerschaft am Stadtregimente keinen Platz fand[1]). Noch schlimmer stand es um die „bürgerlichen Nahrungs- und Erwerbszweige". Der Handel, diese Hauptquelle des städtischen Wohlstandes, war trotz der günstigen Lage des Kurfürstentums[2]) überall in den grössten Verfall geraten; nur der Transithandel behauptete sich auf einiger Höhe. Börsen, Banken und ähnliche Institute waren im ganzen Umfange der hannoverschen Lande nicht vorhanden; ja man hatte es nicht einmal zu der Einführung eines Wechselrechts gebracht, während doch die Staaten ringsum schon längst — unter anderen das Herzogtum Braunschweig seit dem Jahre 1715 — ihre Wechselordnungen hatten[3]). Mit dem benachbarten Braunschweig konnte sich keine einzige Stadt im Hannoverschen an Bedeutung für den Handel auch nur entfernt messen.

Nicht weniger lagen Industrie und Gewerbe darnieder. Umsonst sehen wir uns nach grösseren Fabriken und industriellen Betrieben um: was davon vorhanden war, fristete ein kümmerliches Dasein. Von wirklicher Bedeutung war bloss die Leinenindustrie, die aber längst ihren Hauptsitz auf dem Lande gefunden hatte, und meist als Nebengewerbe vom Bauer betrieben wurde[4]). Das städtische Handwerk war durch die engherzig ausgeübte Zunftverfassung lahmgelegt. So fehlte viel daran, dass der Warenbedarf durch die einheimische Industrie gedeckt wäre. Es gab kein Land in ganz Deutschland, das mehr von englischen Waren überschwemmt, mehr von dem englischen Handel und der englischen Industrie abhängig gewesen wäre als gerade Hannover[5]).

[1]) Stove, Über die gegenwärtige Lage des Königreichs Hannover S. 24; (Oppermann), Zur Geschichte der Entwickelung und Thätigkeit der allgemeinen Stände des Königreichs Hannover S. 16 f.; Havemann III, 470 ff., 662 ff.; Heinemann III, 193 ff.
[2]) Vgl. Patje, Kurzer Abriss S. 7 f.
[3]) Vgl. Patje S. 60 ff., v. Martens, Versuch einer historischen Entwickelung des wahren Ursprungs des Wechselrechts S. 78 f. und Dedekind, Vergangenheit und Gegenwart des deutschen Wechselrechts S. 25, 73.
[4]) Vgl. über dieselbe Patje S. 181 ff. und (Schelver), Das Kurfürstentum Hannover unter den Franzosen in den Jahren 1803, 1804, 1805 S. 23.
[5]) (Oppermann), Zur Geschichte der Entwickelung und Thätigkeit der allgemeinen Stände S. 17.

Von offiziöser Seite wurde der Niedergang von Handel und Gewerbe auf den Charakter des hannoverschen Volkes zurückgeführt. Ein hervorragender hannoverscher Beamter jener Zeit, der zugleich ein gründlicher Kenner der wirtschaftlichen Verhältnisse Hannovers war, versichert uns: in der Denkungsart der Nation liege vieles, was dem Handlungsgeiste zuwiderlaufe. Es fehlte den Hannoveranern an der Lebhaftigkeit des Geistes, welche zu dem Betriebe der Handlung erforderlich sei, an schnellem Umhersehen, schnellem Entschliessen und schnellem Zugreifen. Auch der Unternehmungsgeist und die Lust etwas zu wagen sei bei den Bewohnern des Landes gering entwickelt. Vor Neuerungen habe man eine solche Abneigung, dass man in einem Manne, der eine neue Idee äussere, gemeiniglich einen Projektenmacher oder gar einen Windbeutel sehe. An mechanischen und chemischen Kenntnissen mangele es im Hannoverschen fast gänzlich, so dass man Mühe habe, gewöhnliche Maschinen in Gang zu bringen und nur selten jemanden finde, der angegebene Ideen auszuführen im stande sei. Selbst „gut gesinnte" Leute seien vielfach von Vorurteilen gegen die Verbreitung der Maschinen eingenommen. Endlich sei auch die Simplicität und Genügsamkeit der Bevölkerung dem Handlungsgeiste nicht günstig. Durchweg ziehe man einen kleineren aber gewisseren und gemächlicheren Zuwachs des Vermögens einem grösseren aber turbulenteren Gewinne vor. Daher finde man es bequemer, leichter und sicherer „ein Rentenirer zu sein oder eine gute Bedienung zu bekleiden, als ein Kaufmann zu sein"[1]).

So unrecht hatte man ja damit nicht. Allein man wird nicht behaupten können, dass die Regierung an dem Verfall von Handel und Wandel ohne Schuld gewesen sei. Nicht, als ob sie es gänzlich an Bemühungen hätte fehlen lassen, Handel und Industrie zu heben. Der Einsetzung eines besonderen Kommerzkollegiums ist schon oben gedacht. Diese Behörde setzte sofort eine Enquête über den Zustand der Handlung, der Gewerbe und der Fabriken in das Werk[2]) und war nach Möglichkeit bemüht, die Fabrikanten durch Bewilligung von Prämien und ansehnlichen Gelddarlehen aufzumuntern und zu unterstützen. Die Vorschüsse erreichten am Schlusse des Jahres 1794 bereits eine Höhe von über 100 000 ₰[3]). — Dem städtischen Handwerk suchte die Regierung dadurch aufzuhelfen, dass sie die Niederlassung von Handwerkern auf dem Lande erheblich erschwerte, ja wohl ganz verbot. Die Leinenindustrie förderte man durch die

---
[1]) Vgl. Patje, Kurzer Abriss S. 13 ff.
[2]) Das. S. 4.
[3]) Das. S. 50.

Einrichtung von Schauanstalten oder Leggen. Von grosser Bedeutung für Handel und Wandel war auch die Inangriffnahme von Chausseen (1768). Bis dahin hatte es an gepflasterten Strassen gänzlich gefehlt, und die „natürlichen" Heer- und Landstrassen, deren Unterhaltung den angrenzenden Gemeinden zukam, befanden sich durchweg in einem ganz vernachlässigten und trostlosen Zustande[1]).

Um so nachlässiger zeigte sich aber die hannoversche Regierung in den Bestrebungen, die heimische Industrie, dem Auslande und namentlich England gegenüber konkurrenzfähig zu machen. Einige schwache Versuche, die ausserhalb Hannovers verfertigten Waren einem Eingangszolle zu unterwerfen, hatten bei der laxen Kontrole so wenig Erfolg, dass der gesamte jährliche Ertrag aller Imposten von den z. T. hoch belegten Waren nur die lächerlich geringe Summe von 2000 ₰ erreichte[2]). Freilich darf man nicht ausser Acht lassen, dass bei der Verbindung, in welcher das Kurfürstentum mit England stand, eine kräftige Zollpolitik gerade diesem Lande gegenüber kaum möglich war. Schwerer fällt zu Ungunsten der Regierung in das Gewicht, dass sie nicht das Geringste that, um die Zollschranken, welche die einzelnen Provinzen Hannovers von einander trennten und den Handelsverkehr zwischen ihnen sehr erschwerten, zu beseitigen.

So unbefriedigend nun die Lage des Bauern- und Bürgerstandes war, so sehr hatte die Aristokratie Grund zufrieden zu sein. — Der Adel hat im Lande an der Leine so gut wie in anderen deutschen Territorien von jeher eine grosse Rolle gespielt. Das lag in der historischen Entwickelung der Dinge begründet und nicht zum mindesten in den Verhältnissen des Grundeigentums: weite Kreise der ländlichen Bevölkerung befanden sich ja in wirtschaftlicher Abhängigkeit von dem Adel. Bis zum Beginn des 18. Jahrhunderts war die Macht und der Einfluss des Adels aber von der fürstlichen Macht in Schranken gehalten worden. Noch im vorhergehenden Jahrhunderte war es nichts Seltenes gewesen, dass Männer ohne Ahnen, wie Ludolph Hugo u. a. m., zu den höchsten Staatsämtern befördert wurden. Das hörte mit der Entfernung des Fürstenhauses, welche das Regiment in die Hände der adeligen Geheimen Räte legte, auf. Dass der Adel, einmal an das Ruder gekommen, darauf ausging, die wichtigeren Stellen des Staatsdienstes mit seinesgleichen zu besetzen, kann kaum befremden. Bald gab es keinen Zweig der

---

[1]) Eine ergötzliche Schilderung des Strassenwesens, wie es zu Beginn dieses Jahrhunderts war, findet sich in (Petri), Aus deutscher Kulturgeschichte S. 168 ff.

[2]) Patje, Kurzer Abriss S. 46. Vgl. die Verordnung über die Erhebung des Handlungsimpostes vom 26. Juni 1770. Das. S. 514 ff.

Staatsverwaltung mehr, bei dem die vornehmsten und einträglichsten Stellen nicht dem Adel zugewandt wären. Unter anderem wurden die Ministerstellen, die Ratsstellen in der Kammer, der Kriegskanzlei und den Regierungen zu Stade und Ratzeburg, die Gesandtschaftsposten, die sämtlichen Hofchargen, die Offizierstellen in den beiden Garderegimentern etc. ausschliesslich mit Adeligen und in der Regel mit Personen aus dem alten stiftsmässigen Adel besetzt[1]). Besonders frappant zeigte sich die Begünstigung des Adels in dem sogenannten Beamtenstande. Ein Adeliger wurde meist nach kurzem Dienst als Auditor gleich zu einer der lukrativen ersten Beamtenstellen mit dem Drostentitel befördert, während seine bürgerlichen Kollegen zunächst eine zweite Beamten- oder Amtsschreiberstelle erhielten und erst nach längerer Zeit in die ersten Beamtenstellen aufrückten.

Durch die gerade bei den höheren Staatsämtern reichlich bemessenen Besoldungen und Pensionen floss ein grosser Teil der Staatseinkünfte dem Adel zu. Dasselbe galt von den oft unglaublich billigen Domanialpachtungen, welche mit den ersten Beamtenstellen verbunden waren. — Dass trotz der Abwesenheit des kurfürstlichen Hauses der Hofstaat in Hannover beibehalten wurde, hatte freilich das Gute, der Residenzstadt eine wichtige Erwerbsquelle und dem Lande einen Teil der Domanialeinkünfte zu erhalten; die zahlreichen Hofämter bildeten aber einträgliche Sinekuren für den Adel.[2]) So wurde „ungemeiner Reichtum aus den Mitteln des Staats dem Adel zugewendet"[3]).

Kaum bedarf es der Erwähnung, dass auch die landständische Verfassung den Adel hervorragend begünstigte. Dass die Ritterschaft in den Provinziallandschaften ein entschiedenes Übergewicht über die anderen Stände hatte, haben wir bereits gesehen. An der althergebrachten Exemption des Adels von den ordinären Steuern und Zöllen konnte darum mit Erfolg nicht gerüttelt werden. Der Adel verstand es selbst, sich solchen Lasten zu entziehen, zu denen er nach der Natur der Sache hätte beitragen müssen. So brachte er es im Calenbergischen dahin, dass der Zehnt- und Scheffelschatz, eine Abgabe von den gutsherrlichen Gefällen, welche der Adel im Jahre 1614 zur Tilgung fürstlicher Schulden übernommen hatte, in den 20er Jahren des 18. Jahrhunderts auf die Hälfte herabgesetzt und bald darauf ganz aufgehoben wurde, während eine zu gleichem

---

[1]) Man vergleiche darüber die Broschürenlitteratur des Jahres 1803, insbesondere die Schrift: „Über den hannoverschen Adel und die hannoverschen Sekretarien".
[2]) Stüve, Über die gegenwärtige Lage S. 24.
[3]) Das. S. 25.

Zwecke auf den Bauern- und Bürgerstand gelegte Steuer, der sogenannte Dorf- und Städte-Dingtaxt, bestehen blieb¹). Als die durch den 7jährigen Krieg herbeigeführten Schulden in der Provinz Calenberg die Anlage neuer Steuern erheischten, da wusste der Adel, nicht zufrieden mit der Einführung einer Personensteuer, die jeden Einwohner über 14 Jahre, gleichviel ob reich oder arm, ob der erste Gutsbesitzer oder der letzte Häusling, einem Kopfgelde von 4 Groschen monatlich unterwarf, abermals einen geringeren Ansatz seiner Beiträge zu erwirken²).

Es begreift sich leicht, dass diese so weit getriebene Bevorzugung des Adels bei den niederen Volksklassen viel böses Blut erregte. Dies war um so mehr der Fall, als die Aristokratie im Hannoverschen sich durchgehends eines offen zur Schau getragenen Hochmuts befleissigte. So exklusiv wie im Hannoverschen war der Adel vielleicht in keinem anderen deutschen Lande. Freilich die bürgerliche Beamtenhierarchie machte es nicht besser: auch sie schloss sich nach unten auf das Strengste ab. Das „Kastenwesen" feierte im Hannoverschen seine höchste Blüte³). — Und wie die verschiedenen Stände sich gegen einander nach Möglichkeit absperrten, so auch das ganze Volk gegen das Ausland. „Man bekümmert sich", schrieb ein hannoverscher Schriftsteller im Jahre 1789, „wenig oder gar nicht um die kleineren Streitigkeiten des grossen allgemeinen Vaterlandes. Wir leben wie Insulaner, und sind auch oft so ununterrichtet, wie diese es gewöhnlich sind"⁴). Fremde kamen nur selten nach Hannover, wo „nichts Auffallendes die Augen auf sich zog"⁵). Auch verhielten sich die Bewohner des Kurfürstentums Ausländern gegenüber im allgemeinen so steif und unliebenswürdig⁶), dass sie bei den Reisenden vielfach in den Ruf einer „nation inculte et presque sauvage" kamen⁷). Die Verbindung mit England führte zu einer lächerlichen Anglomanie, besonders in Adelskreisen, ohne, dass der freiere Geist, der jenseits des Meeres herrschte, auf die Hannoveraner übergegangen wäre.

---

¹) Rehberg, Sämtliche Schriften II, 168.
²) Das. S. 164 (Oppermann), Zur Geschichte S. 9 f.
³) Vgl. den Aufsatz von E. Brandes: „Über die gesellschaftlichen Vergnügungen in den vornehmsten Städten des Kurfürstentums" in den Annalen der Braunschweig-Lüneburgischen Kurlande J. III, Bd. I, S. 761 ff. und Hausmann, Erinnerungen aus dem achtzigjährigen Leben eines hannoverschen Bürgers S. 30 f.
⁴) Brandes a. a. O. S. 770.
⁵) Das. S. 768.
⁶) Das. S. 770 f.
⁷) Aperçu statistique de l'Électorat d'Hanovre dans son etat actuel et de ce qu'il deviendrait par sa réunion aux États du Roi de Prusse. Paris. An IX S. 6.

Von einer gesunden öffentlichen Meinung und unabhängigen Gesinnung konnte bei solchen Verhältnissen kaum die Rede sein. „Eine wahre Geistessperre", schrieb der damalige hannoversche Kapitän Scharnhorst im Jahre 1793, „bezeichnet unser Land in jedem Betracht, man scheut hier alle Publicität"[1]). Zu freimütigen Äusserungen über die hannoverschen Verhältnisse war der phlegmatische, „nicht leicht in ein lebhaftes Interesse zu versetzende" und sich nur schwer aus geistiger Trägheit emporarbeitende niedersächsische Charakter schon an sich wenig disponiert[2]); zudem konnten derartige Urteile infolge der streng gehandhabten Censur nicht an die Öffentlichkeit dringen[3]). Eine Presse im heutigen Sinne gab es damals noch nicht. Die wenigen Blätter, welche in Hannover erschienen, — die von dem Intelligenz-Comptoir herausgegebenen „Hannöverischen Anzeigen von allerhand Sachen, deren Bekanntmachung dem gemeinen Wesen nötig und nützlich" und das „Hannöversche Magazin" — waren durch und durch unpolitisch: das erstere war lediglich Anzeigenblatt, das zweite nur der Verbreitung gemeinnütziger, speziell wirtschaftlicher Kenntnisse gewidmet. — Schlözers gewaltige Staatsanzeigen, die so viel dazu beigetragen haben, eine öffentliche Meinung in Deutschland zu erwecken, haben gerade im Hannoverschen weniger Wirkung gehabt, als in dem übrigen Deutschland, in Österreich, in der Schweiz u. s. w.; aus dem einfachen Grunde, weil der welterfahrene Schlözer, ein so abgesagter Feind aristokratischer Regierungen er sonst auch war, es sorgfältig unterliess, die heimischen Zustände und Behörden seiner schneidenden Kritik zu unterziehen. Als er diese Vorsicht später ausser acht liess, blieb das Interdikt nicht aus[4]).

Auch die Universität Göttingen, welcher Schlözer angehörte, hat auf die Erweckung politischen Bewusstseins in der hannoverschen Bevölkerung keinen nennenswerten Einfluss gehabt. Wohl genoss sie der Lehr- und Censurfreiheit, wie sie sich überhaupt einer liberalen Behandlung von Seiten der Regierung zu erfreuen hatte dank den Männern, welche ihre Geschicke vorzugsweise leiteten: dem hochverdienten Münchhausen und den beiden Brandes. Jene Lehr- und

[1]) Lehmann, Scharnhorst I, 86.
[2]) Vgl. den erwähnten Aufsatz von E. Brandes S. 763 ff., wo sich eine ausführliche Schilderung des hannoverschen Volkscharakters findet.
[3]) Die Behauptung von Brandes (a. a. O. S. 765), es sei nicht möglich, eine edlere und aufgeklärtere Denkungsart über die Sprechfreiheit zu haben, als das hannoversche Ministerium hege, würde mehr Glauben verdienen, wenn jener nicht zu eben diesem Ministerium gehört und sich weniger beflissen gezeigt hätte, die Massnahmen der Regierung panegyrisch zu verherrlichen.
[4]) Allgemeine Deutsche Biographie XXXI, 589.

Censurfreiheit bestand aber nur dem Namen nach. Münchhausen, dem sie zu grossem Ruhme angerechnet worden ist, verstand es im gegebenen Falle sehr wohl, sie illusorisch zu machen[1]). Im übrigen huldigten die Göttinger Gelehrten durchweg, wie in der Lehre so auch in der Politik, einem untadeligen Konservatismus und liessen sich, um mit dem grossen Juristen Pütter zu reden, alles gefallen, was ihre Oberen beschlossen[2]).

Von grösserer Bedeutung für die Erstarkung politischen Bewusstseins im Hannoverschen ist die französische Revolution gewesen. Dass es nicht an begeisterten Anhängern der Revolution fehlte, mag das Beispiel des begabten, mit Unrecht in Vergessenheit geratenen osnabrückschen Dichters Th. W. Broxtermann beweisen, den die Hinneigung zu den republikanischen Grundsätzen in den Dienst der batavischen Republik führte[3]). — Bekannter sind der Freiherr A. von Knigge[4]) und der „calenbergische Mirabeau" F. L. von Berlepsch, der im Landtage von 1793 jenen famosen Antrag stellte, man möge den König von England auffordern, mit der französischen Republik Frieden zu schliessen, und im Falle dieser nicht darauf eingehen sollte, der französischen Nation erklären: die calenbergische Nation wolle keinen Krieg mit ihr und nehme keinen Anteil an dem, welchen der König von England in seiner Eigenschaft als Kurfürst mit ihr führe[5]).

Nach welcher Richtung sich die durch die französische Revolution geweckten Wünsche des hannoverschen Volkes bewegten, mag man aus einer Eingabe ersehen, die von einigen aufgeklärten Männern in Celle der lüneburgischen Landschaft (December 1792) eingereicht wurde[6]). „Auch in unserm Lande", heisst es da, „dünkt uns, sei die Menschheit zu einer solchen Periode gekommen, wo manches des alten Hergebrachten nicht mehr passt. Privilegierte z. Ex. müssen jetzt cessieren, weil ihr in allen Einrichtungen liegender Grund schon längst weggefallen ist. — Rühmlich ist die Gerechtigkeitsliebe, welche dieses schon in Ansehung einiger Punkte des Steuersystems ausgeführt hat. Legen Sie nun, erhabene Volksrepräsentanten(!) die letzte Hand an dieses grosse Werk, heben Sie allen Unterschied, alle Vorzüge im Staatssystem auf; machen Sie alles gleich: nur das

---

[1]) Vgl. Frensdorff in der Allgemeinen Deutschen Biographie XXII, 742.
[2]) Vgl. Göttinger Prorektoratsrede vom 4. Juni 1889 von L. Weiland S. 16 f.
[3]) Vgl. Th. W. Broxtermanns sämtliche Werke, gesammelt und herausgegeben von Ed. Wedekind. (Osnabr. 1841) S. 25.
[4]) Vgl. die oben erwähnte Prorektoratsrede von L. Weiland S. 3.
[5]) Rehberg, Sämtliche Schriften II, 173 ff.
[6]) Schlözers Staatsanzeigen XVIII, 255 ff.

sei inskünftige der Unterschied, dass der Staatsbürger, welcher viel besitzt, auch für den mehreren Schutz, welchen ihm der Staat für sein mehreres Eigentum gewährt, mehr zu den Kosten des Staates beitrage; dass also jeder proportioniert, nach den Regeln der distributiven Gerechtigkeit, die Last des Staates trage". Weiter wurde Publicität in den landschaftlichen Rechnungen und eine gerechtere Repräsentation der steuerzahlenden Volksklassen gefordert[1]). Charakteristisch ist die Antwort der Landschaft. Sie ging dahin, Vorstellungen, welche auf die Vernichtung von Gerechtsamen hinausliefen, die in Recessen und in dem Herkommen begründet seien, könne man nicht an den König gelangen lassen, „weil man es im Diensteide übernommen habe, die Privilegien aller Stände aufrecht zu erhalten."

Die Gährung im Lande wuchs, als sich im Jahre 1793 die französischen Heere dem Lande näherten. In Calenberg, wo längst grosse Unzufriedenheit mit der Steuerverfassung herrschte[2]), nahm die Bewegung einen drohenden Charakter an. „Es erschienen", berichtet uns der oben genannte Berlepsch[3]), „zu der Zeit nicht nur verschiedene ausgestreuete unanständige Pamphlets, hin und wieder hingeworfene aufrührerische Zettel und Pasquille, vorzüglich gegen einige Mitglieder der Ritterschaft, welche man nicht undeutlich mit dem Laternenpfahl bedrohte, sondern es entstanden wirklich zwischen einigen grossen und kleinen Städten und vielen Landgemeinden des platten Landes Zusammenkünfte, Konventikel und Associationen, welche nichts weniger zum Gegenstande hatten, als die bisherige Landesrepräsentation und die Grundverfassung der Fürstentümer Calenberg und Göttingen völlig abzuändern." Die hannoversche Regierung war klug genug, das Kopfgeld, gegen welches sich die Unzufriedenheit besonders richtete, in eine klassificierte Personensteuer umzuwandeln. So wurde hier der drohende Sturm beschworen. — Im Osnabrückschen, wo namentlich die gutsherrlichen Verhältnisse zur Unzufriedenheit Anlass gegeben hatten, kam aber die Gährung zu offenem Ausbruch und konnte nur durch militärische Massregeln gedämpft werden[4]).

[1] Vgl. auch den „Aufruf an die Calenberg-, Göttingen- und Grubenhagenschen Land- und Städtebewohner", in welchem zur Abschaffung „aller verjährten Missbräuche und offenbaren Ungerechtigkeiten, zur Wiederherstellung der wahren Rechte des Menschen und Bürgers", mit anderen Worten zu einer gründlichen Reform von Verfassung und Verwaltung aufgefordert wurde. v. Berlepsch, Pragmatische Geschichte Anlage VII, S. 493.
[2] Vgl. Rehberg, Sämtliche Schriften II, 155.
[3] Pragmatische Geschichte S. 243 f.
[4] Vgl. die interessanten Angaben in der Monographie „Heinrich David Stüve, Doktor der Rechte und Bürgermeister der Stadt Osnabrück" S. 15, 29 ff., 48 ff.

Nachhaltige Wirkungen hat die französische Revolution im Hannoverschen nicht hinterlassen. Sieht man von der Abschaffung des Kopfgeldes im Calenbergischen ab, so blieb äusserlich alles beim Alten. Die hochgesteigerte Unzufriedenheit mit den bestehenden Verhältnissen war freilich nicht wieder zu tilgen. Mehr und mehr machte sich die Erkenntnis geltend, dass die Abwesenheit des Kurfürsten das Hauptübel sei, an dem der Staat kranke. Ein grosser Teil des Volkes wünschte darum eine Veränderung in den politischen Verhältnissen des Landes, etwa in der Weise, dass das Kurfürstentum an einen englischen Prinzen, z. B. an den im Lande bekannten und allbeliebten Herzog von Cambridge abgetreten werden möge[1]). In Osnabrück sehnte man sich nach dem Krummstabe[2]), im Herzogtume Bremen-Verden nach der schwedischen Herrschaft zurück[3]). — Der Wunsch nach einer politischen Veränderung sollte nur zu bald in Erfüllung gehen, aber in sehr unerwünschter Weise: durch die Invasion der Franzosen im Jahre 1803.

[1]) Vgl. (Schelver), Das Kurfürstentum Hannover unter den Franzosen S. 79 und Aperçu statistique de l'Électorat d'Hanovre S. 10, wo behauptet wird, der Wunsch nach einer Veränderung sei allerdings nicht vorhanden, „dans la foule immense des grands et des petits nobles qui jouissent des prérogatives les plus étendues, étant exempts de toute espèce d'impôts, ni parmi les employés du gouvernement, qui sous un souverain toujours présent et exerçant une surveillance exacte, et sous une constitution moins bigarrée seraient moins nombreux et auraient des places moins lucratives; mais on le (le désir) rencontre tout entier dans le citoyen laborieux.

[2]) Heinrich David Stüve S. 59 f.
[3]) Aperçu statistique 10 f.

Erstes Buch.

Die erste Okkupation Hannovers durch die Franzosen.
1803--1805.

Die erste Okkupation
Hannovers durch die Franzosen. 1803—1805.

Kapitel I.
Die Katastrophe [1]).

Wie kam es, dass Hannover in die Hände der Franzosen geriet? Um diese Frage zu beantworten, müssen wir etwas weiter ausholen.

An dem 1793 unternommenen Reichskriege gegen Frankreich hatte sich Hannover direkt nicht beteiligt, vielmehr die Stellung seines Kontingents zur Reichsarmee mit Geld abgelöst. Dagegen hatte es ganz unnötigerweise 16 000 Mann in englischem Solde gegen die Republik kämpfen lassen und so den Zorn der französischen Regierung herausgefordert. — Bei dem unglücklichen Verlaufe des Feldzuges in Flandern musste der Kurstaat bereits des Einfalls französischer Truppen gewärtig sein, als der Friede von Basel die Gefahr vorläufig beseitigte (1795).

Durch den Baseler Frieden geriet Hannover in eine eigentümliche Lage. Es wurde gleich den übrigen norddeutschen Ständen von dem preussischen Nachbar durch die Demarkationslinie recht eigentlich in den Friedenszustand hineingezogen. Leider verabsäumte die hannoversche Regierung dem von Kurhessen gegebenen Beispiele zu folgen und den blossen Friedenszustand durch den Abschluss eines Separatfriedens mit Frankreich in einen festen und förmlichen Frieden umzuwandeln. Wäre das doch geschehen! Man hätte damit den

---

[1]) Die Geschichte der Katastrophe von 1803 ist bereits von F. v. Ompteda in dem trefflichen, wenn auch einseitig zu Gunsten der Hannoveraner gehaltenen Werke „Die Überwältigung Hannovers durch die Franzosen" quellenmässig dargestellt worden. Ausser dieser, den Rang einer Quelle einnehmenden Arbeit kommen als Quellen für unsere Darstellung insbesondere die Verteidigungsschriften des hannoverschen Ministers von Lenthe in London und des Befehlshabers der hannoverschen Armee, Grafen von Wallmoden-Gimborn, von denen weiter unten die Rede sein wird, in Betracht.

Franzosen gezeigt, dass zwischen England und Hannover, von dem lockeren Bande der Personalunion abgesehen, eine nähere Verbindung nicht existiere, und dass ein englisch-französischer Krieg das Kurfürstentum nichts angehe. So schien es aber den englisch-hannoverschen Politikern nicht angängig, dass Georg III. als König den Krieg gegen Frankreich fortsetze und gleichzeitig als Kurfürst mit demselben Feinde Frieden schliesse[1]). Man begnügte sich darum auf hannoverscher Seite damit, dem Baseler Frieden zu „acquiescieren", das heisst, man machte sich verbindlich, bis zum allgemeinen Friedensschlusse Waffenruhe zu beobachten.

Der so geschaffene Zustand war für den Kurstaat nicht gerade in jeder Hinsicht erfreulich. Er legte dem Lande beträchtliche pekuniäre Opfer auf: als der zunächst beteiligte Staat musste Hannover sich dazu verstehen, einen unverhältnismässig hohen Beitrag zu den Kosten zu zahlen, welche die von Preussen und Hannover gemeinsam bewerkstelligte Besetzung der westlichen Demarkationslinie erforderte[2]). Unangenehmer mochten die Geheimen Räte zu Hannover es noch empfinden, dass der Baseler Friede die Kurlande in ein gewisses Abhängigkeitsverhältnis zu Preussen brachte, auf dessen emporsteigende Macht man längst mit eifersüchtigen und argwöhnischen Blicken geschaut hatte.

Objektiv betrachtet war die preussische Tutel ein geringes Übel im Vergleiche zu der französischen Okkupation, die Hannover sonst schon damals dauernd getroffen haben würde. Selbst nach dem Baseler Frieden hätte das französische Direktorium nicht übel Lust gehabt, die deutschen Lande Georgs III. zu besetzen. Der Plan scheiterte nur an der Festigkeit des Berliner Hofes, welcher

---

[1]) Vgl. v. Ompteda, Die Überwältigung Hannovers durch die Franzosen S. 4.
[2]) Vgl. v. Lenthe, Aktenmässige Darstellung meines Verfahrens in der Zeit, wie unser Land mit der nachher wirklich erfolgten französischen Invasion bedrohet wurde. Zeitschrift des Histor. Vereins für Niedersachsen J. 1856 S. 148 f. — Wie hoch die Kosten des Kordons sich für Hannover belaufen haben, lässt sich nicht genauer bestimmen. Die Angabe von Heinemann, (Geschichte von Braunschweig und Hannover III, 314) dass sie 8 Millionen Thaler betragen hätten, dürfte doch übertrieben sein. Der Geheime Kabinettsrat Rose giebt in seiner bekannten Rede vom 30. Juni 1832 an, die Kosten für den Kordon hätten sich auf etwa 5 Millionen Thaler belaufen. (Hannoversches Portfolio II, 365.) — Von zeitgenössischer Seite wird berichtet, die Unterhaltung der Kordontruppen habe dem Lande so wenig zum Nachteile gereicht, dass vielmehr Handel und Wandel dadurch erweitert, die Industrie belebt und die arbeitende Menschenklasse in einen höheren Wohlstand versetzt worden sei. A. von Ramdohr, Versuch einer kurzen aber treuen Darstellung des von den Franzosen im Monate Juni 1803 unternommenen und vollführten Einfalls in die Kurhannöverschen Lande. Archiv des Histor. Vereins für Niedersachsen N. F., J. 1846, S. 29.

eine Invasion in Hannover für einen Friedensbruch erklärte[1]), den er mit Waffengewalt abwehren werde.

Anders gestaltete sich die Sachlage, als der Luneviller Friede den Vertrag über die Demarkationslinie hinfällig machte. Nun hatte König Friedrich Wilhelm III. keinen rechtlichen Anspruch mehr, Hannover gegen Frankreich in Schutz zu nehmen. Gleichwohl erforderte das Interesse des preussischen Staates gebieterisch, dass das Kurfürstentum vor einer feindlichen Okkupation bewahrt werde. Damit stand und fiel ja der vornehmste Gesichtspunkt der damaligen Politik Preussens: die Neutralität Norddeutschlands unter seiner Schutzherrschaft. Wurde es schon hierdurch der Berliner Regierung nahe gelegt, das Kurfürstentum mit den eigenen Truppen zu besetzen, so kam noch ein anderer Grund hinzu. Friedrich Wilhelm III. war im December 1800 der „nordischen Seeneutralität" beigetreten und wurde von Russland und Frankreich unaufhörlich gedrängt, kräftige Massregeln gegen das unnachgiebige England zu ergreifen. So musste er sich entschliessen, den Engländern die Mündungen der Weser und Elbe zu versperren. Es war nur ein Schritt weiter auf dieser Bahn, wenn der König in den letzten Tagen des März 1801 seinen Truppen Befehl gab, in das Hannoversche einzurücken. Ein Manifest erklärte, „zur Handhabung des angefochtenen Bündnisses, und zur Wiedervergeltung des dagegen unternommenen feindlichen Benehmens" sehe man sich genötigt, nicht nur die Mündungen der Elbe, Weser und Ems zu verschliessen, sondern auch „alle in Deutschland gelegene Staaten Sr. britt. Majestät in Besitz zu nehmen". Das hannoversche Truppenkorps, welches die Demarkationslinie im Verein mit preussischen Regimentern besetzt hielt, ward auf den Friedensfuss gesetzt, von dem übrigen Militär ein „verhältnismässiger Teil" beurlaubt. „Der bisherige Administrationsnexus zwischen den kurfürstlichen Landeskollegien und des Königs von Grossbritannien Majestät" wurde „fürs erste" aufgehoben.

Von hannoverschen Geschichtsschreibern sind der preussischen Politik aus Anlass dieser Besetzung die schwersten Vorwürfe gemacht worden. Noch neuerdings hat man das Verfahren Preussens ein „unerhörtes" genannt[2]). Man behauptet, der Berliner Hof habe schon damals eine „bleibende Eroberung" beabsichtigt, und sucht dies damit zu beweisen, dass Preussen auch nach der Ermordung des Kaisers Paul von Russland, die das Auseinandergehen des nordischen Seebundes zur Folge hatte, seine Soldaten im Lande belassen und sie erst im Oktober 1801, als der Friede zwischen Frank-

---
[1]) Bailleu, Preussen und Frankreich von 1795 bis 1807 II, Einleitung S. XXX.
[2]) Heinemann III, 315.

reich und England seinem Abschlusse nahe gewesen sei, herausgezogen habe¹). Nichts kann ungerechter sein, als eine solche Argumentation. Friedrich Wilhelm III. hätte je eher je lieber seine Truppen zurückgezogen, wenn nicht die Gefahr eines französischen Einmarsches zu augenfällig gewesen wäre²). Die französischen Truppen am Niederrheine, welche eben damals auf den Kriegsfuss gesetzt wurden, warteten nur auf eine Gelegenheit, um in das Kurfürstentum einzufallen³). Im August 1801 machte Napoleon der preussischen Regierung ganz offen den Vorschlag, man möge das Hannoversche räumen, damit die Franzosen dasselbe okkupieren könnten⁴). Preussischerseits lehnte man diese Zumutung entschieden ab, nicht etwa aus eigensüchtigen Motiven, sondern um sich nicht mit England unversöhnlich zu verfeinden. Graf Haugwitz, der damalige Leiter der preussischen Politik, führt in einer Denkschrift vom 21. August aus, man werde sich durch die Übergabe des Kurfürstentums an Frankreich für immer mit England überwerfen. Auch habe man zu einem so unloyalen und feindseligen Vorgehen gegen England um so weniger das Recht, als man sich nicht im Kriege mit dieser Macht befinde⁵). — Aus den Haugwitzschen Ausführungen ergiebt sich, dass Preussen im Einvernehmen mit der brittischen Regierung handelte, wenn es Hannover bis zum Friedensschlusse besetzt hielt. Die offiziellen Noten, in welchen Georg III. gegen die preussische Besetzung protestierte, waren nicht ernst gemeint, und wurden schon damals von einem grossen Teile des Publikums nicht für ernst genommen⁶). Auch im Hannoverschen hielt sich die Bevölkerung überzeugt, dass die Besetzung im geheimen Einverständnis mit Georg III. und nur zu dem Zwecke erfolgt sei, um eine Überziehung der Kurlande von seiten Frankreichs zu verhindern⁷). Das hinderte aber die Hannoveraner nicht, die Preussen mit grosser Kälte und Missgunst aufzunehmen und laut über die finanziellen Lasten zu jammern, welche die Verpflegung der preussischen Truppen dem Lande auferlegte⁸).

---

¹) Das.; Havemann III, 703 f.
²) Vgl. Bailleu II, Einleitung S. XVII.
³) Vgl. den Bericht Lucchesinis vom 25. Mai. Bailleu II, 44.
⁴) Note Talleyrands an Beurnonville vom 8. Aug. Bailleu II, 52.
⁵) Bailleu II, 53 f.
⁶) Bericht Lucchesinis vom 25. Mai. Bailleu II, 44.
⁷) Havemann, Das Kurfürstentum Hannover unter zehnjähriger Fremdherrschaft S. 4.
⁸) Angeblich hat die preussische Besetzung dem Lande 1 200 000 ℳ gekostet. Heinemann III, 316. Der hannoversche Minister von Lenthe in London spricht von einer täglichen Ausgabe von mehr als 6000 ℳ. Aktenmässige Darstellung S. 159.

Die Ruhe, welche dem hannoverschen Lande nach dem Aufhören der preussischen Besetzung beschieden war, sollte nicht lange dauern. Die Gefahr eine Beute Frankreichs zu werden trat von neuem an den Kurstaat heran, als zu Beginn des Jahres 1803 der eben erst geschlossene Friede zwischen England und Frankreich ins Wanken geriet. Napoleon machte aus seiner Absicht, im Kriegsfalle England in Hannover anzugreifen und durch die Besetzung des Kurfürstentums ein Kompensationsobjekt für den künftigen Frieden zu gewinnen, durchaus kein Hehl. Bereits im Herbste 1802 musste Talleyrand im Auftrage des ersten Konsuls nach London schreiben, allerdings vermöge England die französische Küste zu blockieren; allein in demselben Augenblicke, wo es den Blockadezustand über Frankreich verhängen sollte, würde es einem gleichen Schicksale verfallen. Unverzüglich würden in solchem Falle französische Truppen die Küsten von Hannover, Holland, Portugal und Italien besetzen [1]). Grössere Truppenanhäufungen mussten dieser Drohung Gewicht verleihen. So sammelte sich an der holländischen Grenze ein Armeekorps, dessen zunächst verschleierte Bestimmung, bald durch die Benennung: „Armée d'Hanovre" offenkundig hervortrat. Das Berliner Kabinett, welches anfänglich nicht an den Ernst der Situation glauben wollte, wurde in der zweiten Hälfte des März durch die Ankunft des Generals Duroc aufgeschreckt. Dieser erklärte im Auftrage Napoleons ohne jeden Rückhalt, die französische Regierung sei entschlossen, das Hannoversche sofort nach Ausbruch des Krieges mit den am Niederrhein zusammengezogenen Truppen zu besetzen.

Natürlich war das Kurfürstentum nicht im stande der drohenden Gefahr mit eigenen Kräften zu begegnen. Es konnte seine Rettung bloss in der Dazwischenkunft anderer Mächte suchen; die Frage war lediglich, welche Macht Hülfe gewähren könne und wolle.

Gewiss war niemand moralisch mehr verpflichtet, dem Kurstaate beizustehen, als die englische Schwesternation. Hatte doch allein die unglückselige Union Hannovers mit dem Inselreiche die Gefahr einer französischen Okkupation heraufbeschworen. Gleichwohl durften die Hannoveraner von England keinerlei Beistand erwarten. Es wäre mehr als vermessen gewesen, hätte dieses mit seiner mässigen Truppenmacht dem Vordringen Napoleons auf dem Festlande entgegentreten wollen. Und selbst, wenn ein solcher Kampf nicht aussichtslos gewesen wäre, so würde die englische Regierung ihn doch um Hannovers willen nimmer unternommen haben.

---

[1]) v. Ompteda S. 21.

England hat, wie hier hervorgehoben werden muss, sein Verhalten gegen die Kurlande stets von dem rücksichtslosesten Egoismus leiten lassen. Dass hannoversche Regimenter in seinen Sold traten und für seine Interessen Siege erfochten, liess es sich gern gefallen. Kam aber der eigene Vorteil nicht in Frage, so betrachtete man Hannover als ein fremdes Land, das England ganz und gar nichts angehe. Mit der grössten Eifersucht wachte das Parlament darüber, dass die brittische Politik nicht durch die hannoverschen Angelegenheiten beeinflusst werde[1]. Dies ging so weit, dass das Londoner Kabinett dem Könige Georg III. nicht gestatten wollte, einen Hannoveraner nach Amiens zu schicken, um bei den Friedensunterhandlungen das Interesse Hannovers zu vertreten. Dem englischen Unterhändler Lord Cornwallis aber wurde ausdrücklich untersagt, sich des Kurstaats irgendwie anzunehmen, obgleich der König ihm das Land seiner Väter in einem eigenhändigen Schreiben empfohlen hatte[2].

Die englische Nation wäre von dem unbequemen Anhängsel nicht ungerne befreit gewesen[3]. Dies wird uns von keinem Geringeren als dem hannoverschen Minister bei der Person des Königs E. L. J. von Lenthe bezeugt. „Ich glaube", schrieb Lenthe kurz nach den unglücklichen Ereignissen des Jahres 1803, „nicht zu viel zu sagen, wenn ich behaupte, dass ein Friedenstraktat, durch welchen der König alle seine deutschen Staaten aufgäbe, von vielen für vorteilhaft angesehen und allgemein weit weniger Tadel finden würde, als die Abtretung irgend einer unbedeutenden Insel"[4].

Jene gleichgiltige, um nicht zu sagen, unfreundliche Haltung gegenüber dem Kurfürstentum ist von dem brittischen Ministerium auch bei der Krisis des Jahres 1803 nicht verleugnet worden. Als der preussische Gesandte in London, Baron Jacobi, den Lord Hawkesbury auf die schlimmen Folgen aufmerksam machte, welche die Ablehnung der preussischen Mediationsvorschläge für die deutschen Lande Georgs III. nach sich ziehen müsse, entgegnete dieser gleichmütig, Hannover sei im Falle einer Invasion sehr zu beklagen; die englische Nation könne aber auf dasselbe bei der Wahl ihrer politischen Massregeln niemals Rücksicht nehmen[5].

---

[1] Vgl. v. Ompteda S. 5 ff.
[2] Dass Georg III. sich solches gefallen liess, ist ein Beweis dafür, dass ihm das angestammte Land nicht eben am Herzen lag. Unter Georg II. wäre eine derartige Vernachlässigung der hannoverschen Interessen nicht denkbar gewesen.
[3] Lenthe, Aktenmässige Darstellung. Zeitschrift des Histor. Vereins für Niedersachsen J. 1856 S. 162 f.
[4] Das. S. 162.
[5] Häusser II, 447 (3. Aufl.).

In Hannover war man mit allem diesen zu wohl vertraut, als dass man sich auf englische Hilfe Hoffnung gemacht hätte. Auch von dem deutschen Reiche oder dem Kaiser erwartete man keinen Beistand. Es heisst der hannoverschen Regierung Unrecht thun, wenn ihr schuld gegeben wird [1]), sie habe in dem Glauben, das heilige römische Reich werde eine Überziehung des Kurfürstums durch die Franzosen nicht zugeben, ihr Auge vor der Gefahr verschlossen. Wohl wurde noch in letzter Stunde (28. Mai) dem Reichstage zu Regensburg und den auswärtigen kurfürstlichen Gesandten eine Neutralitätserklärung von Hannover aus zugestellt, welche mit dem Satze schloss, Georg III. vertraue auf den allgemeinen Reichsfrieden und die allgemeine Reichsgarantie [2]). Einen praktischen Erfolg hat aber niemand von einem solchen Schritte erwartet. Am wengisten die hannoverschen Minister, die auch nach dem Eintritte der Invasion es für zwecklos erachteten, sich mit Beschwerden, die „ohnehin nichts Wirksames hervorbringen würden", an das Reich zu wenden [3]).

So blieben nur noch zwei Mächte, auf welche sich die Hoffnungen der Hannoveraner richten konnten: Russland und Preussen. Das erstere hatte kaum ein unmittelbares Interesse an der Integrität Hannovers; desto mehr musste der preussischen Regierung daran liegen, die Franzosen von Norddeutschland fern zu halten [4]). Dies war dem hannoverschen Minister in London wohlbekannt. Lenthe war von der Überzeugung beseelt, Friedrich Wilhelm III. werde sich auch ohne Zuthun von hannoverscher Seite erbieten, das Kurfürstentum durch seine Truppen besetzen zu lassen; Napoleon aber werde das preussische Anerbieten acceptieren, um nicht in kriegerische Verwickelungen mit dieser Macht zu geraten [5]). Lenthe hielt es also für überflüssig Preussens Beistand anzurufen. Ja, sein kurzsichtiges Misstrauen gegen die Berliner Politik führte ihn dazu, dem Petersburger Kabinette durch den hannoverschen Gesandten am russischen

[1]) Häusser hat dies gethan (Bd. II, 441), gestützt auf einen Aufsatz in Archenholz, Minerva J. 1803 III, 113 f. Der anonyme Verfasser dieses Aufsatzes ist aber nichts weniger als gut unterrichtet, sondern giebt bloss landläufige Gerüchte wieder. Vgl. Ompteda S. 68. — Wenn Havemann, Das Kurfürstentum Hannover S. 6 anführt, man habe sich in Hannover auf die Neutralität, welche Frankreich den Ländern innerhalb der Demarkationslinie zugestanden habe gesteift, so ist das ganz falsch. Seit dem Luneviller Frieden war ja der Vertrag über die Demarkationslinie hinfällig.

[2]) Gedruckt bei Ompteda, Die Überwältigung Hannovers S. 345 f.

[3]) Das. S. 189.

[4]) Eine rechtliche Verpflichtung Preussens, das Kurfürstentum vor einer französischen Invasion zu schützen, lag seit dem Luneviller Frieden nicht mehr vor. Die gegenteilige Angabe von Heinemann (III, 318) ist unrichtig.

[5]) Aktenmässige Darstellung. Zeitschrift des Histor. Vereins für Niedersachsen J. 1856 S. 109 f.

Hofe, Grafen von Münster, zu insinuieren, es möge sich der preussischen Besitznahme widersetzen [1]). Eine französische Okkupation, sagte sich Lenthe, würde freilich das Land mehr belasten, aber sie würde eine vorübergehende sein, während eine preussische Okkupation leicht in eine dauernde verwandelt werden könne.

Ob Lenthes Politik den Intentionen Georgs III. völlig entsprach, erscheint zum mindesten zweifelhaft. Von zuständiger Seite wird berichtet, der König-Kurfürst habe gegen Ende März seinem in der hannoverschen Armee als Generalleutnant dienenden Sohne, dem Herzoge von Cambridge, durch dessen damals in London befindlichen Adjutanten, Major von der Decken, als seinen Wunsch melden lassen, dass man sich zuvörderst um den Beistand Preussens bemühen möge [2]). Auch die Geheimen Räte zu Hannover dachten vernünftiger als Lenthe. Wenn sich der letztere der Hoffnung hingab, Russland werde den ersten Konsul durch eine kräftige Sprache von den Okkupationsgedanken abbringen, so schloss man in der Hauptstadt des Kurfürstentums ganz richtig, dass der Zar bei seiner bekannten Friedensliebe einen Bruch mit Frankreich nicht riskieren werde und auf alle Fälle durch die grosse Entfernung ausser stand gesetzt sei, den Einmarsch französischer Truppen zu hindern. Zum Unglück hielt sich das hannoversche Kabinettsministerium ohne schriftliche Autorisation von London nicht für befugt, die preussische Regierung um Beistand anzugehen [3]). Erst zu Anfang Mai, als die Gefahr auf das höchste gestiegen war, rafften die Geheimen Räte sich zu selbständigem Vorgehen auf und entsandten den Major von der Decken nach Berlin mit dem Auftrage, Friedrich Wilhelm III. zu bestimmen [4]), dass er Hannover in irgend einer Form seinen Schutz angedeihen lasse, wäre es auch selbst durch eine preussische Okkupation.

Leider hatten aber die Bemühungen Lenthes und Münsters, den russischen Hof gegen eine Besetzung der Kurlande durch Preussen einzunehmen, vollauf gewirkt. Im Jahre 1801 war Friedrich Wilhelm III. von dem Zaren Paul geradezu genötigt worden, seine Truppen in Hannover einrücken zu lassen; jetzt machte dessen Nachfolger seinen Einfluss im entgegengesetzten Sinne geltend. Kein Wunder, wenn der preussische König, der schon vor zwei Jahren

---

[1]) Das. S. 175. Vgl. Ompteda S. 104.
[2]) Beamish, Geschichte der Königlich Deutschen Legion I, 4. (Deutsche Übersetzung von Nagel.) Ompteda hält (S. 85) die Angabe von Beamish für irrtümlich, bringt aber dafür keine durchschlagenden Gründe bei.
[3]) Kollegialschreiben an Lenthe vom 8. Mai. Ompteda S. 84.
[4]) Das. S. 84 ff.

den Befehl zum Einmarsche nur mit grossem Widerstreben ¹) gegeben hatte, und seither durch die Verdächtigungen, welche sich an die Besetzung des Kurfürstentums geknüpft hatten, aufs höchste verstimmt war, zu einer neuen Okkupation nicht bewogen werden konnte ²). Nicht, als ob Friedrich Wilhelm es an Bemühungen hätte fehlen lassen, die von Napoleon angekündigte Besitznahme Hannovers abzuwenden. Er beeilte sich, dringende Vorstellungen gegen einen solchen Schritt in Paris zu erheben, und liess sich auch den undankbaren Versuch nicht verdriessen, zwischen Frankreich und England zu vermitteln. Als das eine wie das andere sich als verlorene Mühe erwies, kam der preussische König auf den Gedanken, das Kurfürstentum möge die französische Okkupation vermittelst einer Geldzahlung abkaufen ³). In Hannover wäre man herzlich froh gewesen auf solche Weise loszukommen. Man bot der preussischen Vermittelung alsbald zu diesem Behufe bis zu 6 Millionen Livres an ⁴), eine Summe, welche Graf Haugwitz freilich zu niedrig fand. Der letztere war überhaupt der Meinung, dass jener Plan bei Napoleon nur dann Gehör finden werde, wenn er von der Ankündigung umfassender militärischer Rüstungen begleitet sei. Mit dem Vorschlage solche Rüstungen vorzunehmen konnte Haugwitz aber bei dem friedfertigen Könige und dessen Umgebung nicht durchdringen. Erst zögerte Friedrich Wilhelm III. mit der Entschliessung, um dann in der Konferenz zu Cörbelitz den Mobilisierungsplan seines Ministers endgültig zurückzuweisen. Schwerlich hätte auch ein bejahender Entschluss den Einmarsch der Franzosen noch zu hindern vermocht. Am 28. Mai fand die Beratung zu Cörbelitz statt, und schon der folgende Tag sah einen Teil der französischen Okkupationsarmee im Osnabrückschen ⁵).

Es wäre von grosser Wichtigkeit gewesen, wenn die französischen Truppen hier energischen Widerstand gefunden hätten. Durften die Hannoveraner auch nicht hoffen, es mit dem Feinde auf die Dauer aufzunehmen, so konnten sie ihn doch bei zäher Verteidigung eine Zeit lang hinhalten; sie konnten, um mit Häusser zu reden ⁶) „durch mutigen Widerstand die Grösseren aufrichten und vielleicht den Anstoss zu einem Weltkriege gegen Napoleon geben, der sich doch nicht mehr lange abwenden liess". Davon abgesehen liess sich

---

¹) Vgl. Bailleu II, Einl. S. XVI.
²) Vgl. Ompteda S. 197 f.
³) Vgl. Ompteda S. 100 und Lenthe, Aktenmässige Darstellung S. 176 f.
⁴) Ompteda S. 107.
⁵) Oncken, Das Zeitalter der Revolution II, 106.
⁶) II, 442.

unschwer erkennen, dass man vom Feinde bessere Bedingungen erlangen werde, wenn man ihm mutig und kampfgerüstet entgegentrete. Solcher Ansicht war auch Graf Haugwitz, wenn er das hannoversche Ministerium durch den Major von der Decken wissen liess, man möge alles aufbieten, um den Franzosen das Vordringen so viel als möglich zu erschweren¹). In Hannover selbst ist es ausgesprochen worden, „wenn man sich in respektabeler Verfassung befinde, könne im schlimmsten Falle eine ehrenvolle und leidliche Negociation sich leichter treffen lassen" ²).

Unglücklicherweise war die Lage, in welcher sich die hannoverschen Wehranstalten zu Beginn der Krisis befanden, nichts weniger als respektabel. Sie muss im Gegenteil eine trostlose genannt werden. Herrschte in der hannoverschen Heeresverwaltung seit langer Zeit ein arger Schlendrian, so war seit dem Frieden zu Basel, welcher die Regierung des Kurfürstentums in falsche Sicherheit eingewiegt hatte, kaum noch das Nötigste für das Militär geschehen. Die preussische Okkupation im Jahre 1801 hatte die Verwirrung im Militärwesen nur vermehren können. Im Frühjahr 1803 fehlte es in der hannoverschen Armee selbst an den notwendigsten Ausrüstungsgegenständen³). Namentlich waren Reiterei und Artillerie nur unzureichend mit Pferden versehen, und das in einem Lande, welches 160 000 Pferde, worunter 120 000 Armeepflichtige, zählte⁴). Die Festungen Hameln und Nienburg waren völlig verwahrlost und daher in wehrlosem Zustande⁵). Was das Schlimmste war, auch die Mannschaft wies grosse Lücken auf. Die etatsmässige Friedens-

---

[1] Ompteda S. 120, 140.

[2] Das. S. 51. Auch Graf Wallmoden-Gimborn, der Befehlshaber der hannoverschen Armee, schrieb am 5. Mai 1803 an das Ministerium: „Jede geduldige und zahme Unterwerfung hat noch nie etwas anders als Verachtung und noch härteren Druck bewirkt, wenn hingegen Beweise von vernünftigem und überlegtem Mute und Entschlossenheit jederzeit Achtung und leidlichere Behandlung bewirkt haben". (Wallmoden-Gimborn), Darstellung der Lage, worin sich das hannoversche Militär in den Monaten Mai, Juni und Juli des Jahres 1803 befand. Beilagen S. 15. Ähnl. Äusserungen Wallmodens S. 11 f., 26, 33. Vgl. auch Ompteda S. 222. — In der That machte der russische Kanzler nach der Konvention von Sulingen dem Grafen von Münster Vorwürfe, dass man Russland „durch nicht geleisteten Widerstand" die Mittel benommen habe, dem Kurfürstentum nützlich zu werden. Ompteda S. 195.

[3] Vgl. Historische Berichtigungen des öffentlichen Urteils über die durch die französische Okkupation des Kurfürstentums Hannover daselbst veranlassten militärischen Massregeln S. 37 ff. Lenthe, Aktenmässige Darstellung S. 179. Wallmoden, Darstellung der Lage, Beilagen S. 9 f.

[4] Major von Ompteda an seinen Bruder, den hannoverschen Geschäftsträger in Berlin, 5. Mai 1803. Ompteda S. 221.

[5] Wallmoden, Beilagen S. 10. Ompteda S. 248 ff.

stärke der hannoverschen Armee betrug 11 440 Mann Infanterie in 13 Regimentern, 4158 Mann Kavallerie in 11 Regimentern (mit 3872 Pferden) und 760 Mann Artillerie in 5 Fuss- und 2 reitenden Batterien [1]). Wie gross der thatsächliche Bestand der hannoverschen Truppen im März 1803 war, lässt sich nicht genau feststellen. Am zutreffendsten wird die auch sonst bestätigte Angabe des Majors von Ompteda (vom 16. Mai) sein, dass man im Augenblicke wenig über 12 000 Mann auf den Platz bringen könne [2]). Der Oberkommandierende der hannoverschen Armee, Feldmarschall Graf von Wallmoden-Gimborn, behauptet sogar in einer offiziellen Note vom 5. Mai, dass sich die gesamte hannoversche Macht noch nicht auf 10 000 Mann belaufe [3]). Das würde einen Fehlbetrag von über 6300 Mann, mehr als 1/3 der etatsmässigen Stärke, bedeuten.

Der Grund für diese unliebsame Erscheinung ist in erster Linie in der Unzulänglichkeit des hannoverschen Werbesystems zu suchen. Für die Landesunterthanen bestand eine gesetzliche Verpflichtung zum Kriegsdienst nicht. Die freiwillige Werbung im Lande reichte um so weniger aus, als sich gegen Ende des Jahrhunderts im Hannoverschen eine wachsende Abneigung gegen den Soldatenstand geltend machte, die in eine förmliche Animosität gegen das Militär ausartete [4]). Auch die Werbung im Auslande war in den letzten Jahren des 18. Jahrhunderts mehr und mehr zurückgegangen. Einen tötlichen Schlag erhielt sie, als die preussische Regierung im Jahre 1802 in den neuerworbenen säkularisierten Provinzen, von welchen das Bistum Hildesheim und das Eichsfeld die ergiebigsten hannoverschen Werbebezirke gewesen waren [5]), die fremde Werbung verbot.

Wie kläglich das Werbesystem in Hannover funktionierte, hatte sich so recht bei der Mobilmachung des Jahres 1793 gezeigt [6]). Damals war es trotz der gewagtesten Mittel [7]) und trotz der Zuhilfenahme einer gewaltsamen Aushebung nicht gelungen, die Feldarmee vollzählig zu machen. Seither hatte die hannoversche Regierung den Versuch gemacht, dem Übelstande durch die Einführung eines Kantonsystems nach Art des preussischen abzuhelfen. Die Provinzial-

---

[1]) Ompteda S. 49, Anm. Nach einem Reskripte Georgs III. an die Lüneburgsche Landschaft (2. Dec. 1796) sollte das Heer sogar aus 4070 Pferden und 15 069 Fussgängern bestehen. Havemann, Geschichte der Lande Braunschweig und Lüneburg III, 707.

[2]) Ompteda S. 220.

[3]) Wallmoden, Darstellung, Beilagen S. 13.

[4]) Historische Berichtigungen S. 24 f. Ompteda S. 230.

[5]) Ompteda S. 46 f. Lenthe, Aktenmässige Darstellung S. 165 f.

[6]) Lehmann, Scharnhorst I, 93 f.

[7]) Vgl. auch v. Bülow, Bemerkungen S. 255, Anm.

stände widersetzten sich aber der geplanten Reform auf die schroffste und hartnäckigste Weise. Erst im Frühjahr 1800 kam man einer Verständigung nahe: da liess die Regierung — ein sprechender Beweis für ihre Indolenz — die Verhandlungen mit den Landschaften einschlafen [1]). Überhaupt sind die leitenden Kreise in Hannover nicht ohne Schuld daran, dass das Militär nur noch einen Schatten von dem vorstellte, was es im 7jährigen Kriege gewesen war. Der unzeitigen Sparsamkeit, welche Ministerium und Kriegskanzlei gerade in militärischen Angelegenheiten beobachteten, haben wir schon früher gedacht. Und nicht genug, dass man die Werbung nur nachlässig betrieb, man musste auch durch die grosse Leichtfertigkeit, mit der man bei der Erteilung von Abschieden und Pensionen verfuhr, zu der unaufhörlichen Verminderung des Militärs beitragen. Im Jahre 1803 sollen bei einer Armee von nicht völlig 13 000 Mann mehr als 7000 pensionierte Soldaten und Unteroffiziere in den Kurlanden gelebt haben [2])! — Dass man bald nach dem flandrischen Kriege zwei Infanterieregimenter eingehen liess und deren Mannschaft unter die übrigen Regimenter verteilte, mochte durch die schwachen Bestände der Kadres gerechtfertigt sein. Dagegen hiess es sich mutwillig eines nützlichen Mittels zur Verteidigung des Landes berauben, wenn die Regierung im Jahre 1800 zur Auflösung der sogenannten Landregimenter schritt, einer sich auf 5000 Mann belaufenden, „sehr brauchbaren, wohl exerzierten und den Kern der Nation ausmachenden Landmiliz" [3]).

Das Kurfürstentum Hannover befand sich demnach zu Beginn des Jahres 1803 in einem keineswegs wehrfähigen Zustande. Vielleicht haben die hannoverschen Behörden aber bei der Annäherung der Gefahr das Versäumte nachgeholt und es durch kräftige Massregeln zu einer „respektablen Verfassung" gebracht? Die Antwort auf diese Frage fällt sehr beschämend aus, für den Minister von Lenthe in London nicht minder als für seine Kollegen in Hannover und für den Feldmarschall Wallmoden: sie geht dahin, dass von ihnen allen keiner sich darüber klar gewesen ist, was zu thun war, keiner es zu planmässigem und thatkräftigem Handeln gebracht hat. Die Schriften, welche Lenthe und Wallmoden zur Rechtfertigung ihres Verhaltens während der Krisis geschrieben haben [4]), können

---

[1]) Lenthe, Aktenmässige Darstellung S. 166. Lehmann, Scharnhorst I, 279.
[2]) Historische Berichtigungen S. 17 ff.
[3]) Ramdohr, Versuch einer kurzen aber treuen Darstellung. Archiv des Histor. Vereins für Niedersachsen J. 1846 S. 30.
[4]) Lenthe, Aktenmässige Darstellung. Niedergeschrieben im Decbr. 1804. Wallmoden-Gimborn, Darstellung der Lage Niedergeschrieben und veröffentlicht

uns auf keine Weise von dem Gegenteil überzeugen; sie liefern vielmehr auf jeder Seite Beweise von dem kopflosen und schwächlichen Benehmen ihrer Verfasser. Was zunächst den Minister von Lenthe betrifft, so hat er von vornherein das Kurfürstentum verloren gegeben. Er war der Ansicht, dass in Ermangelung fremder Hilfe selbst die kräftigste Gegenwehr das Land nicht vor einer fremden Okkupation retten könne. Daher sei es nicht zu rechtfertigen, dem Volke die grossen Opfer zuzumuten, welche energische Rüstungen erfordern würden. Wolle man bloss die Ehre der Truppen wahren und dieselben etwa durch Einschiffung nach England retten, so habe es keinen Zweck, eine Verstärkung der heimischen Heeresmacht vorzunehmen noch überhaupt grosse Zurüstungen zu machen [1]).

Wenn Lenthe wirklich so dachte, so that er sehr Unrecht, das Ministerium und den Feldmarschall in Hannover darüber nicht aufzuklären. Lenthe hat dieselben die ganze Zeit hindurch in peinlicher Ungewissheit über seine und des Königs Intentionen gelassen. Dass es zum Wiederausbruche des Krieges kommen werde, konnte nach der königlichen Botschaft an das Parlament vom 8. März 1803 niemandem zweifelhaft sein, am wenigsten dem hannoverschen Minister, der immer um die Person des Monarchen war. Gleichwohl hat Lenthe nach dem 8. März noch an die vier Wochen verstreichen lassen, ohne von Georg III. „Befehle zu Anstalten oder Rüstungen im Lande" einzuholen, und ohne auch nur eine Warnung über das Meer gelangen zu lassen. Erst am 4. April trug er bei dem Könige auf die Vornahme der notwendigsten Rüstungen an. Nach sofort erhaltener Genehmigung sandte er am 8. (!) April den Befehl nach Hannover, man möge „die jetzige Exerzierzeit dazu benutzen, um die Beurlaubten herbeizuziehen und die Anstalten zu einem Übungslager zu treffen, um ohne Aufsehen die Regimenter zusammenzuziehen und wenigstens den Fall zu vermeiden, dass die zerstreuten Garnisons plötzlich abgeschnitten werden könnten" [2]). Diese Weisung liess aber die Hauptfrage, ob man sich mit dem Feinde schlagen solle oder nicht, unentschieden. Dem Ministerium in Hannover kam es nicht zu, hierüber eigenmächtig zu entscheiden; es fragte also, ehe es einen Schritt unternahm, am 24. April in London an, ob man gegen eine Invasion

im August 1804. Die Wallmodensche Schrift ist in der Zeitschrift für Kunst, Wissenschaft und Geschichte des Krieges J. 1854, Heft 7 und 8 einer scharfen Kritik unterzogen worden. Der Verfasser derselben dürfte allerdings in seinem abfälligen Urteile über den Feldmarschall, nach welchem dessen Verhalten an Landesverrat grenzen würde, zu weit gehen. Dagegen urteilt Lehmann in seinem Scharnhorst (I, 168) über Wallmoden entschieden zu günstig.

[1]) Lenthe, Aktenmässige Darstellung S. 177 ff.
[2]) Ompteda S. 322.

„thätlichen militärischen Widerstand leisten und wie weit solcher gehen solle". Die Antwort (vom 10. Mai) blieb lange aus, obendrein war sie nichtssagend. Bei der Ungewissheit der Lage, hiess es, und bei der weiten Entfernung sei Georg III. ausser stande, bestimmte Befehle zu erteilen. Der König habe sich daher begnügt, die in jedem Falle nötige Zusammenziehung der Truppen vorzuschreiben; alles übrige müsse dem Ermessen des Ministeriums und des Feldmarschalls anheimgestellt werden [1]). — Ebenso unbestimmt war die Weisung, welche Lenthe dem letzteren unter dem 13. Mai erteilte; sie besagte, dass auch die äussersten Kräfte des Landes nicht geschont werden dürften, wenn man Aussicht habe, das Land vor einer Invasion zu schützen; müsse man sich aber auf die Rettung der Truppen und Effekten beschränken, so solle man keine Massregeln treffen, deren Druck das unvermeidliche Unglück noch verschlimmern würde [2]).

Unverkennbar ist dem ganzen Verhalten Lenthes das Bestreben aufgeprägt, die Verantwortung von den eigenen Schultern auf das Ministerium in Hannover und den Feldmarschall abzuwälzen. In Hannover aber war man von gleichem Bestreben erfüllt. Wallmoden war ein bald 70jähriger Greis, dem es nicht an persönlichem Mute, wohl aber an militärischem Fachkenntnissen und vor allem an der Entschlossenheit und Thatkraft gebrach, die in seiner verantwortlichen Stellung so nötig waren [3]). Das Kabinettsministerium, bestehend aus den Herren von Kielmansegge, von Arnsswaldt, von der Decken und von Grote, zählte unter seinen Mitgliedern kein einziges, welches den moralischen Mut gehabt hätte, die Verantwortung auf sich zu nehmen. Auch der „allmächtige" Geheime Kabinettsrat Rudloff, der allgemein als der eigentliche Leiter und die Seele des Kabinetts galt, war einer solchen Situation nicht gewachsen. In der gegenwärtigen Krisis suchte das Ministerium die höchste Tugend darin, sich den von London erhaltenen Befehlen auf das genaueste anzupassen und sich sorgfältig jedes selbständigen Schrittes, aller eigenen Initiative zu enthalten. Um dies zu erhärten, brauchen wir bloss auf die Korrespondenz zwischen dem Ministerium und dem Feldmarschall etwas näher einzugehen.

In der königlichen Verfügung vom 8. April, welche die Zusammenziehung der hannoverschen Truppen unter dem Vorwande eines Übungslagers befahl, fand das Ministerium gemäss dem

[1]) Ompteda S. 330 f.
[2]) Das. S. 328.
[3]) Vgl. das. S. 45 und die Kritik der Wallmodenschen Schrift in der Zeitschrift für Kunst, Wissenschaft und Geschichte des Krieges J. 1854, Heft 7, S. 8 f.

genauen Wortlaute nur den Befehl, vorbereitende Anstalten zu einem
Übungslager zu treffen, damit die Truppen eintretenden Falls schleunig
konzentriert werden könnten. Ausserdem entnahmen die Geheimen
Räte jener Verfügung die Weisung kein Aufsehen zu erregen.
Folgerichtig gaben sie, als der Feldmarschall ihnen am 20.
April eine Reihe von Fragen zur Entscheidung vorlegte: Wann die Truppen
zusammengezogen werden sollten, wo man sich versammeln, wo
hinziehen wolle; welches die Mittel zur Gegenwehr seien und
in welcher Ausdehnung von ihnen Gebrauch gemacht werden solle,
die Antwort (22. April): Man erkenne vollkommen an, dass zu der
Zusammenziehung der Truppen noch manche näheren Bestimmungen
notwendig seien. „Allein selbige hingen so sehr von der noch un-
entwickelten Lage der Dinge ab, dass es nicht allein bedenklich,
sondern auch selbst unthunlich sei, darunter vorauszugehen und
detaillierte Punkte schon mit Zuverlässigkeit festzusetzen". Hauptsächlich scheine es darauf anzukommen, „dass man zur Zeit vermeiden müsse, was Ombrage und Aufsehen erwecken könnte, und
dadurch etwas zu alliieren vermögend wäre", und dass man,
„was möglich und diensam sei, zu veranstalten und vorzubereiten
suche, um die bereits vorhandene Willensmeinung des Königs zu
erfüllen" [1]). Unter der „bereits vorhandenen Willensmeinung des
Königs" verstand das Ministerium, wie wir wissen, nichts weiter als
vorbereitende Massregeln zum Zweck einer eventuellen Zusammenziehung der Truppen. Erst am 6. Mai erklärte das Ministerium dem
Feldmarschalle, es müsse dafür halten, „dass der Zeitpunkt eingetreten
sei, wo der Befehl des Königs, die Regimenter in einem Übungslager zusammenzuziehen, in Erfüllung zu setzen sein werde" [2]).

Wallmoden hat denn auch bis zu dem 6. Mai nicht die geringsten Vorkehrungen zur Konzentrierung der Truppen getroffen.
Er las aus dem Schreiben des Ministeriums vom 22. April heraus,
dass „fürs erste wohl alles auf sich beruhen müsse". Denn,
kalkulierte er, eine jede Massregel müsse Aufsehen erregen und
Mutmassungen veranlassen, da dergleichen unmöglich ganz unbekannt
bleiben könne. Mithin könnten auch nicht die geringsten Vorkehrungen irgend einer Art getroffen werden [3]). — So beschränkte
der Feldmarschall sich darauf, das Lauenburgische und die Umgegend von Bremerlehe und Stade untersuchen zu lassen, um zu er-
gründen, ob sich etwa feste Positionen finden liessen, wo Hülfe
erwartet werden könne, oder wo wenigstens eine Rettung der Truppen

---

[1]) Wallmoden, Darstellung der Lage, Beilagen S. 7.
[2]) Das. S. 18.
[3]) Note Wallmodens an das Ministerium vom 5. Mai. Das. S. 14.

durch Einschiffung möglich werde. Alles übrige setzte er beiseite, „bis er von dem Ministerio erfahren würde, ob und was geschehen könne"¹). Das Ministerium wartete hinwieder auf die Anträge des Feldmarschalls. Die lose hingeworfene Frage des letzteren, ob man die Truppen vermehren könne und wolle (5. Mai), liess es unbeantwortet. Endlich lief am 11. Mai von seiten des Grafen der Antrag ein, das hannoversche Militär durch ein allgemeines Aufgebot auf 25 000—30 000 Mann zu verstärken. Einem so bestimmt gestellten Antrage war nicht auszuweichen; das Ministerium erklärte sich einverstanden und rechtfertigte diesen Schritt in einem Berichte nach London mit dem „periculum in mora"²).

Für die Frage, wie weit Wallmoden an der Katastrophe des Jahres 1803 schuld trage, ist das Verhältnis in Betracht zu ziehen, in welchem er zu dem Kabinettsministerium stand. Man glaube nicht, dass der Feldmarschall während der Krisis mit diktatorischen Befugnissen ausgestattet gewesen wäre. Vielmehr blieb die ganze Zeit über der unsäglich schleppende Geschäftsgang bestehen, wonach über jeden einzelnen Gegenstand zwischen dem Generalkommando einerseits, dem Ministerium und der Kriegskanzlei andererseits weitläufig korrespondiert werden musste. Wallmoden legt auf diesen Punkt in seiner Rechtfertigungsschrift grosses Gewicht; er betont wiederholt, dass jede Vorkehrung, um Menschen und Pferde zu bekommen, der Zustimmung und der speziellen Befehle des Ministeriums bedurft habe³). War Wallmoden so auf Schritt und Tritt an die Einwilligung des Kabinetts gebunden, so war es auf der anderen Seite nicht Sache der Regierung, für militärische Massregeln Bewilligungen zu machen, welche nicht von dem Generalkommando ausdrücklich beantragt waren. Wem es nun im einzelnen Falle zukam, die Initiative zu ergreifen und Massregeln vorzuschlagen, welche zugleich eine militärische und politische Bedeutung hatten, dürfte sich schwerlich feststellen lassen.

Es muss demnach dahingestellt bleiben, ob Graf Wallmoden die Autorisation des Ministeriums abwarten musste, um die vom

---

¹) Note Wallmodens an das Ministerium vom 5. Mai. Das. S. 17. Vgl. Darstellung S. 16 f.
²) Ompteda S. 51.
³) Darstellung der Lage S. 21. In allem, was „von seinem alleinigen Ressort war", soll Wallmoden die unermüdlichste Anstrengung und „den sorgfältigsten Vorbedacht" gezeigt haben. Major von Ompteda an Kriegsrat von Ompteda. 20. Mai 1803. Ompteda S. 223. Der Major von Ompteda urteilt indessen offenbar zu günstig von seinem Chef. Vgl. den Brief vom 17. Mai (Ompteda S. 228), wo von der „sich wahrlich jetzt sehr eklatant zeigenden Überlegenheit und Stärke" des Feldmarschalls die Rede ist.

Könige befohlene Truppenkonzentration vorzunehmen. Jedenfalls gereicht es aber dem hannoverschen Feldmarschall zu schwerem Vorwurfe, dass er sie auch nach dem 6. Mai nicht anordnete. Statt dessen fragte der Graf am 9. Mai bei dem Ministerium an, was zuerst erfolgen solle, die Zusammenziehung des Lagers oder die systematische Aufzeichnung und Klassifikation der Pferde, die zur Ergänzung des Pferdebestandes nötig seien. Gleichzeitig behauptete er, „dass von dem Tage an, wo alle Regimenter die Ordre zum Aufbruche erhielten, bis zur möglichst schleunigen Einrückung" wenigstens drei Wochen vergehen würden [1]). Ja, noch 14 Tage später machte der Feldmarschall in London allerlei konfuse Vorstellungen gegen den Plan, die Truppen in einem Lager zusammenzuziehen [2]), Vorstellungen, die nur dahin zielen konnten, seine bisherige Unthätigkeit zu bemänteln und die Sache weiter hinauszuschieben. Ziehe man die Truppen in ihrer gegenwärtigen Verfassung zusammen, meinte der Graf, so würden sie nicht mobil sein und gegen einen mobil gemachten und vielleicht stärkeren Feind nichts ausrichten können; daher empfehle es sich, die Truppen gleich völlig auf den Kriegsfuss zu setzen und sie „zu einer respektabelen Stärke zu vermehren", wozu bloss weitere 14 Tage (?) erforderlich sein würden.

Der Antrag, die Truppen auf 25 000 bis 30 000 Mann zu vermehren, der von Wallmoden am 11. Mai eingebracht worden war, hätte zu Anfang März Zweck gehabt. Jetzt im Mai war keine Aussicht mehr vorhanden, den Plan verwirklichen zu können. Noch dazu ging man mit der denkbar grössten Ungeschicklichkeit zu Werke. Den Anfang machte man am 16. Mai mit einer Proklamation, welche die ganze männliche Bevölkerung des Kurfürstentums von 15 bis zu 50 Jahren aufforderte, sich „im Notfalle zur Verteidigung des Vaterlandes unweigerlich stellen zu wollen". Wer sich seiner Pflicht entziehe, drohte die Regierung, solle „ohne alle zu hoffende Begnadigung seines sämtlichen Vermögens verlustig gehen". Dieses Machwerk, allgemein als ein Aufruf zu einem Landsturm aufgefasst, machte das Volk kopfscheu. Ganze Amtsbezirke weigerten sich, dem Befehle Folge zu leisten. Vielfach entwichen die jungen Leute ins Ausland, um der Aushebung zu entgehen. Hier und da brach offene Empörung aus [3]). Die Strafandrohung wollte um so weniger

---

[1]) Mehrere Regimentschefs erhielten erst Mitte Mai Winke über ein eventuelles Zusammenziehen ihrer Regimenter. Archiv des H. V. für Niedersächs. J. 1846 S. 32.
[2]) Note des Feldmarschalls vom 23. Mai. Wallmoden, Darstellung der Lage, Beilagen S. 29 ff.
[3]) Vgl. Ompteda S. 52 ff., 235; Ramdohrs Aufsatz im Archiv des Histor. Vereins für Niedersachsen J. 1846 S. 33 und Historische Berichtigungen S. 68.

verfangen, als die Regierung früher bei ähnlichen Gelegenheiten niemals die Energie besessen hatte, die Strafe auch wirklich zu vollziehen¹). Schon nach 8 Tagen (24. Mai) sah sich das Ministerium zu der Erklärung genötigt, ein Volksaufgebot habe gar nicht in seiner Absicht gelegen; es handele sich im Gegenteil allein um die Ergänzung der regulären Armee. Was man aber auch sagen mochte, das allgemeine Misstrauen liess sich nicht beschwichtigen und die Rekrutenaushebung hatte nur geteilten Erfolg aufzuweisen.

Man hat denn auch für die Landesverteidigung nicht den geringsten Nutzen von den Rekruten gehabt. An demselben Tage, wo die Regierung die erste Bekanntmachung erliess (16. Mai), erfolgte die Kriegserklärung Englands an Frankreich. Zehn Tage später marschierten die französischen Truppen schon in das Bentheimische ein. Wie hätten die Rekruten binnen dieser kurzen Frist und in den nächstfolgenden Tagen den Regimentern zugeteilt, eingekleidet und notdürftig einexerziert werden können? So wie sie waren, ohne jegliche militärische Vorbildung, nicht einmal im stande ein Gewehr abzufeuern, dienten sie dem Heere nur zu einer „unbeschreiblichen" Last. Die bei den Regimentern eintreffenden Rekruten mussten wieder zurückgesandt werden²).

So hatte man dem Feinde bloss die ursprüngliche Truppenzahl (12—13 000 Mann) entgegenzusetzen. Sie würde Manns genug gewesen sein denselben zurückzuschlagen, wenn sie nur beisammen gewesen wäre. Die französische Okkupationsarmee zählte nach Napoleons eigener Aussage nicht mehr als 16 000 Mann, nach anderen Angaben nicht einmal so viel, und war zudem mangelhaft ausgerüstet³). Der erste Konsul hat selbst eingestehen müssen, dass der ausgesandten Truppen „zu wenige gegen eine tapfere und verzweifelte Armee" gewesen seien, und dass er, um in Berlin nicht durch Absendung grösserer Streitkräfte Besorgnisse zu erwecken, riskiert habe, seine Waffen im Hannoverschen zu kompromittieren⁴). Nichts kann beschämender für die hannoversche Truppenleitung sein, als dies Geständnis des Korsen⁵). Dank seiner Saumseligkeit standen dem Feldmarschall Wallmoden in der entscheidenden Zeit

---

¹) Vgl. Historische Berichtigungen S. 12.
²) Major von Ompteda an Kriegsrat von Ompteda in Berlin, 1. Juni 1803. Ompteda S. 243 f. Vgl. auch Schreiben vom 16. Juni S. 254 und Historische Berichtigungen S. 76 f.
³) In der Schrift „Das Kurfürstentum Hannover unter den Franzosen in den Jahren 1803, 1804, 1805. . ." S. 10 wird die Zahl der Franzosen auf 14 000 bis 15 000 Mann angegeben. Häusser (II, 457) spricht sogar von nur 12 000 Mann.
⁴) Bailleu, Preussen und Frankreich II, 184.
⁵) Historische Berichtigungen S. 81.

kaum 8000 Mann zu Gebote[1]). Der Rest der hannoverschen Armee blieb ruhig in den Quartieren im Bremischen, Lüneburgischen, Göttingischen etc. oder diente zur Besetzung von Hameln und anderen Plätzen[2]). Selbst jene 8000 Mann waren keineswegs auf einen Punkt konzentriert, sondern bestimmt, eine Strecke von 30 Meilen längs des Weserstromes zu verteidigen[3]). Bei Nienburg, dem Hauptquartier und natürlichen Sammelpunkte der Truppen, lagen höchstens 4000 Mann[4]).

Dass man „zerstückelt einer Armee keinen bedeutenden Widerstand leisten" konnte, war klar genug. Immerhin wäre es nicht unmöglich gewesen, dem durch die Grafschaften Diepholz und Hoya heranziehenden Feinde den Übergang über die Weser eine Zeit lang streitig zu machen. Denn auch die Franzosen hatten ihre Macht nicht zu einem geschlossenen Heerhaufen vereinigt, sondern rückten ziemlich unordentlich in mehreren getrennten Kolonnen vorwärts. Es schien, als ob sie es darauf angelegt hätten eine Schlappe im Hannoverschen zu erleiden. In der That endete ein leichtes Vorpostengefecht zu Borstel unweit Nienburg (2. Juni) trotz der Übermacht der Franzosen mit ihrer Zurückweisung. — Zu einem weiteren Zusammenstosse der beiden feindlichen Truppenkörper ist es nicht gekommen. Man dachte in Hannover nicht an Kampf, sondern an Unterwerfung. Denn man war dort über die wahre Stärke und die Bewegungen des Feindes herzlich schlecht unterrichtet. In der Angst vervielfachte man die Anzahl der feindlichen Truppen und glaubte 40—60 000 Mann vor sich zu haben[5]). Von den eigenen Zurüstungen hatten die leitenden Kreise in Hannover eine recht geringe Meinung. „In den ersten Tagen des Juni", lässt sich der hannoversche Feldmarschall über dieselben aus, „bildeten alle unsre übereilten und auf einander gehäuften Zurüstungen nur noch ein unförmliches Chaos, welches, wenn es in diesem Augenblick gebraucht werden sollte, einer unfehlbaren Verwirrung und

---

[1]) Das 4. Regiment zu Stade erhielt den Befehl zum Abmarsch so spät, dass es erst in Harburg ankam, als Wallmoden bereits auf dem Rückzuge in Ülzen eintraf. „Über die Besitznahme des Kurfürstentums Hannover durch die Neufranken" S. 17.

[2]) Historische Berichtigungen S. 81.

[3]) Wallmoden, Darstellung S. 50.

[4]) Historische Berichtigungen S. 97; Ramdohr, Versuch einer kurzen, aber treuen Darstellung S. 40. Vgl. die Klagen des einsichtigen Majors von Ompteda über die Zerstückelung der hannoverschen Truppen. Ompteda S. 240, 243.

[5]) Ompteda S. 242, 256. Napoleon äusserte in seiner bekannten Unterredung mit dem preussischen Kabinetsrate Lombard zu Brüssel: „Vous savez ce que c'est que le secret militaire; il importait, pour épargner le sang que la terreur marchât devant mes troupes et c'est elle qui en a grossi le nombre". Bailleu II, 184.

Vernichtung auf keine Weise entgehen konnte". Angesichts solcher
Lage hielt Wallmoden es für „wahre Tollheit" die Gegenwehr zu
versuchen. Das Ministerium war der gleichen Ansicht. Man beschloss
daher, als die Nachricht von dem Ausbruche des Krieges in
Hannover ankam, sein Heil in Unterhandlungen zu suchen und eine
Deputation in das feindliche Hauptquartier zu senden, welche Abwendung der französischen Okkupation gegen eine Geldverwilligung
und Übernahme der Sperrung der Elbe und Weser mit den
hannoverschen Truppen beantragen sollte [1]). Man hoffte, dass
Preussens Dazwischenkunft die Franzosen geneigt machen würde,
auf ein solches Anerbieten einzugehen. Eitele Hoffnung! Die
preussische Vermittelung blieb aus. Der feindliche Befehlshaber,
General Mortier, hatte bestimmte Anweisung das ganze Kurfürstentum
zu besetzen. Die Vorschläge der hannoverschen Deputierten, Hofrichter und Landrat von Bremer und Oberstleutnant von Bock [2]),
welche am 29. Mai Hannover verlassen hatten und den französischen
Befehlshaber nach langem Umherirren in der Nacht vom 31. Mai
zum 1. Juni zu Vechta im Oldenburgischen trafen, stiessen demnach
auf ein rundes Nein.

Mortier forderte kurz und gut Unterwerfung des Landes und
Kriegsgefangenschaft des Heeres. Erst nach vielem Hin- und Herreden
gab er etwas nach und rückte mit einem Konventionsprojekt heraus.
Die hannoversche Armee sollte darnach ihren Aufenthalt jenseits
der Elbe im Lauenburgischen nehmen. Soldaten und Offiziere sollten
versprechen, so lange sie nicht von England ausgewechselt sein
würden, nicht gegen Frankreich zu fechten. Bei der Okkupation
des ganzen übrigen Landes aber sollte es bleiben.

Als die Abgesandten mit diesem Bescheide nach Hannover
zurückkehrten, konnte sich die Regierung nicht zu dem Entschlusse
aufraffen, die Bedingungen Mortiers zu verwerfen und es auf die
Entscheidung des Schwertes ankommen zu lassen, um so weniger,
als die hannoverschen Militärs die Stellung des Heeres an der Weser
für unhaltbar erklärten, und als man nachgerade einsah, dass die
Hoffnungen auf preussische Hülfe trügerisch seien. Auch
Wallmoden hat in seiner Furcht vor Verantwortung keinen Widerspruch gegen die Annahme des französischen Konventionsprojektes
erhoben. War ihm doch von London aus bedeutet worden, dass
man dem „Ganzen des Landes und der Unterthanen" grössere Rücksicht
und Sorgfalt schuldig sei, als dem Schicksale der Truppen. Zudem
hatte der hannoversche Feldmarschall schon früher auf einen Rückzug

---
[1]) Ompteda S. 130.
[2]) Auf ihren Wunsch schloss sich ihnen noch der Kommerzrat E. Brandes an.

der Truppen nach dem Lauenburgischen Bedacht genommen und sah, wie die Sachen lagen, darin den einzigen Weg das Heer zu retten [1]).

So mussten die hannoverschen Deputierten den Gang in das feindliche Lager erneuern, diesmal mit umfassenden Vollmachten versehen. Sie sollten freilich versuchen mildere Bedingungen zu erlangen und haben sich auch redlich darum bemüht, doch ohne viel Erfolg. Das Produkt der Verhandlungen, die berüchtigte Sulinger Konvention vom 3. Juni, ein Seitenstück zu der Konvention vom Kloster Zeven[2]) aus dem 7jährigen Kriege, wich nur in unwesentlichen Stücken von dem ersten Mortierschen Entwurfe ab. Die hauptsächlichen Bestimmungen der Sulinger Konvention waren folgende: Die hannoversche Armee zieht sich hinter die Elbe zurück. Offiziere und Soldaten verpflichten sich, in dem gegenwärtigen Kriege nicht weiter gegen Frankreich zu kämpfen. Alles Kriegsgerät wird der französischen Armee ausgeliefert. Das Kurfürstentum verfällt der Okkupation durch die französische Armee. Es hat für die Löhnung, Bekleidung und den Unterhalt der Okkupationstruppen aufzukommen, nicht minder für die Remontierung der französischen Kavallerie. Zu diesem Zwecke wird eine Kriegskontribution ausgeschrieben, deren Höhe der kommandierende General nach Gutdünken bestimmt. Alle Landeseinkünfte, landesherrliche sowohl als auch ständische, werden der französischen Regierung zur Verfügung gestellt, alle Kassen, die einzige Universitätskasse ausgenommen, sequestriert. Die gegenwärtige Regierung des Kurstaates hat sich jedweder Ausübung der Regierungsgewalt in dem Kurfürstentum, so weit es von dem französischen Heere besetzt ist, zu enthalten. Überhaupt bleibt es dem kommandierenden Generale vorbehalten, in der Organisation der Landesverwaltung jede ihm angemessen scheinende Änderung vorzunehmen.

Einzelne Bestimmungen der Konvention kehren auch den Hass des ersten Konsuls gegen England heraus: nach der einen sollen

---

[1]) Wallmoden, Darstellung der Lage S. 50 f. Ompteda S. 163, 172. Die Bemerkung Omptedas (S. 172 Anm.), Wallmoden habe eine Wegführung der hannoverschen Truppen aus dem Lauenburgischen auf englischen Transportschiffen beabsichtigt, ist unrichtig. Eine solche Absicht wäre mit der Sulinger Konvention unvereinbar gewesen. Wallmoden sagt selbst, nach dem 3. Juni habe „natürlich von einer Einschiffung der Truppen, wozu die Franzosen hätten einwilligen müssen, gar nicht mehr die Rede sein können". S. 71 f.

[2]) Auch bei der Zevener Konvention (18. Sept. 1757) hatte man sich hannoverscherseits verbindlich gemacht, das hannoversche Heer nach dem Herzogtum Lauenburg zu überführen. Havemann, Geschichte der Lande Braunschweig und Lüneburg III, 549.

alle Gegenstände, welche dem englischen Könige gehören, beschlagnahmt werden, nach der anderen sind alle im Lande befindlichen englischen Soldaten oder Agenten festzunehmen und nach Frankreich abzuführen. Das waren recht harte Bestimmungen, welche der Habsucht und Willkür der Franzosen kaum irgend welche Grenzen zogen. Und doch hat Napoleon mit den Vorteilen, welche ihm die Sulinger Konvention bot, sich nicht begnügen wollen. Ein hannoversches Armeekorps jenseits der Elbe war ihm ein Dorn im Auge: es galt dasselbe auf die eine oder andere Weise unschädlich zu machen. Hier soll das schnöde Spiel nicht verfolgt werden, wie der ränkevolle Korse die von den hannoverschen Behörden unbegreiflicherweise übersehene oder unbeachtet gelassene Klausel „sauf l'approbation du premier consul" benutzte, um die Konvention für ungültig zu erklären, nachdem sie ihm bei der gewissenhaft eingehaltenen Ausführung durch die hannoversche Armee jeden nur möglichen Vorteil gebracht hatte.

Leider ist es dem hannoverschen Militär versagt geblieben, für solche Hinterlist Rache zu nehmen. Wohl war die Position hinter der Elbe, die man nunmehr einnahm, stark genug, um dem Feinde wenigstens eine Zeit lang zu widerstehen. Auch waren Wallmoden und das gesamte hannoversche Offizierkorps entschlossen, lieber tapfer kämpfend unterzugehen und so die militärische Ehre zu retten, als dem entehrenden Vorschlage der Kriegsgefangenschaft sich zu fügen. Eine Reihe unglücklicher Ereignisse aber, die schmachvolle Erklärung der Landstände, sie würden für den Unterhalt der hannoverschen Soldaten in Zukunft nur dann sorgen, wenn sie das Land nicht durch ihren Widerstand in grösseres Unglück brächten, die damit in engem Zusammenhange stehende Meuterei einzelner Heeresteile, endlich der Umstand, dass Mortier im letzten Momente mildere Saiten aufzog und auf die Kriegsgefangenschaft der hannoverschen Soldaten verzichtete, liessen es zu der Konvention von Artlenburg, der sogenannten „Elb-Konvention" (5. Juli 1803), kommen[1]). Gemäss derselben wurde die kurfürstliche Armee aufgelöst, das Militär gegen das Versprechen, in dem Kriege nicht weiter zu dienen, in die Heimat entlassen. Die Waffen der hannoverschen Soldaten, das noch vorhandene Geschütz und die Pferde der hannoverschen Kavallerie fielen der französischen Armee anheim.

---

[1]) Ausführlicheres über die Ereignisse zwischen der Sulinger und der Elb-Konvention findet man in Wallmodens Darstellung der Lage, in der Kritik dieser Schrift (Zeitschrift für Kunst, Wissenschaft und Geschichte des Krieges J. 1854, Heft 7 und 8), in Ramdohrs Versuch einer kurzen aber treuen Darstellung, in den „H. Berichtigungen", in den Handbüchern von Havemann und Heinemann und a. a. O. mehr.

Nur die Offiziere durften Degen, Pferde und Gepäck behalten; doch mussten sie sich verpflichten, den Kontinent nicht zu verlassen. Die Konvention von Artlenburg betraf, wie man sieht, lediglich das Militär. Keine einzige Bestimmung war in ihr vorhanden, die sich auf das Land und seine Verwaltung bezogen hätte. Da die Sulinger Konvention nun durch die Nichtbestätigung von Seiten Napoleons annulliert war, so war das Kurfürstentum ganz der Gnade des Feindes anheimgegeben. Nichts verpflichtete die Franzosen, das Land zu schonen; durfte man hoffen, dass sie es thun würden?

Kapitel II.
Die Verwaltung des Kurfürstentums während der ersten französischen Okkupation[1]).

Am Nachmittage des 5. Juni 1803 zogen die Franzosen in die Residenzstadt Hannover ein. Kurze Zeit darauf war das ganze Kurfürstentum in ihren Händen. Auch das Herzogtum Lauenburg wurde nach der Elb-Konvention von den französischen Truppen besetzt. Achtundzwanzig Monate (2¹/₃ Jahre) sollte diese erste französische Okkupation andauern: erst im Oktober 1805 hat die französische Armee das Land wieder verlassen, um sich dem Kriegsschauplatze an der Donau zuzuwenden.

Das kurfürstliche Ministerium hatte den Einmarsch des Feindes in die Stadt Hannover nicht abgewartet, sondern schon einige Tage vorher seinen Sitz nach dem Lauenburgischen verlegt. Nach der

---

[1]) Die im folgenden gegebene Darstellung von der ersten Okkupation Hannovers durch die Franzosen beruht grösstenteils auf Akten des Königlichen Staatsarchivs zu Hannover. Doch konnte auch die zeitgenössische Litteratur oft herangezogen werden. Vorzüglich ergiebig für unsere Kenntnis der ersten Okkupation sind folgende beiden Schriften: 1) Tagebuch der Vorfälle seit dem Ausbruche der Feindseligkeiten zwischen dem Könige des vereinten Reichs Grossbritannien und der französischen Republik im Hannoverschen, besonders in der Stadt Lüneburg, vom 18. Mai 1803. Heft I und II. Oktob. 1803 — Jan. 1804. 2) Das Kurfürstentum Hannover unter den Franzosen in den Jahren 1803, 1804, 1805, und dessen fernere Schicksale nebst einer genauen Charakteristik des französischen Militärs. Von einem Augenzeugen (i. e. L. H. Schelver aus Osnabrück) 1806. Von Wichtigkeit sind auch die im Archiv für Geschichte und Verfassung des Fürstentums Lüneburg Bd. I veröffentlichten Aktenstücke der lüneburgischen Stände aus den Jahren 1803—5.

Kapitulation von Artlenburg suchten und fanden die beiden Kabinettsminister von Kielmansegge und von Arnsswaldt eine Freistätte bei dem Herzoge von Mecklenburg zu Schwerin, wo sie im Verein mit dem Geheimen Kabinettsrat Rudloff eine Art von Scheinregierung bildeten [1]). In Hannover verblieb nur der Kabinettsminister von der Decken, äusserlich als Privatmann und, wie ein Ausschreiben des Ministeriums vom 30. Mai besagte, „ohne alle Funktion und Autorisation zu Geschäftsverfügungen, um denjenigen, welche sich an ihn wenden würden, mit gutem Beirate behülflich zu sein". — Vor seinem Abgange hatte das Ministerium Deputationen in den verschiedenen Provinzen angeordnet, teils aus Ministerialbeamten, teils aus Mitgliedern der Stände bestehend, „zur unmittelbaren Verfügung desjenigen, was von den französischen Generälen und Kommandanten an Fuhren, Lieferungen oder sonstigen Prästationen erfordert werden würde". Die landesherrlichen Abgeordneten der Deputation für Calenberg-Grubenhagen waren: Kammermeister Hofrat Patje, Geh. Kanzleisekretär Kommerzrat Brandes und Geh. Kanzleisekretär Arenhold: die ständischen: Konsistorialrat Salfeld, Abt von Loccum, die Landräte von Münchhausen, Hofrichter von Bremer und Generalmajor von Wangenheim, ferner die Bürgermeister der Alt- und Neustadt Hannover Iffland und Biester, der Syndikus Köpp und der Syndikus Zwicker. In der Provinz Lüneburg setzte sich die Deputation zusammen aus dem Ober-Appellationsrate von Ramdohr als landesherrlichem Bevollmächtigten und aus acht landschaftlichen Abgeordneten: zwei Landräten (oder einem Landrate und einem Schatzrate) und je einem Deputierten der Ritterschaft, der Prälatur und der drei grösseren Städte. Die Land- und Schatzräte, wie auch die ritterschaftlichen Deputierten wechselten nach einem vierwöchentlichen Turnus, bei welchem die Reihenfolge durch das Los bestimmt wurde [2]).

Mortier liess die in den einzelnen Provinzen angeordneten Deputationen bestehen, weil sie seine Geschäfte erleichterten. Nur war es ihm unbequem, mit so vielen zerstreuten Autoritäten zu thun zu haben [3]). Er dehnte daher den Wirkungskreis der Calenberg-Grubenhagenschen Deputation auf das ganze Land aus und übertrug

---
[1]) Vgl. v. Ompteda, Politischer Nachlass des hannoverschen Staats- und Kabinetts-Ministers L. v. Ompteda aus den Jahren 1804—13 I, 31. — Die beiden Minister in Schwerin mussten dem Könige wöchentlich einen Bericht „sowohl über den Zustand und die Lage der Dinge überhaupt, als auch über die etwa eingetretenen Vorfälle" einsenden.

[2]) Archiv für Geschichte und Verfassung des Fürstentums Lüneburg ed. E. L. von Lenthe I, 166.

[3]) (Rehberg), Zur Geschichte des Königreichs Hannover in den ersten Jahren nach der Befreiung von der westfälischen und französischen Herrschaft S. 15.

ihr an Stelle der bisherigen Landesregierung die ganze oberste Landesadministration [1]). Letztere wurde aber dem „Landesdeputations-Kollegium" in kurzer Frist wieder genommen. Am 22. Juni erliess der französische Heerführer ein Arrêté [2]), welches den Gang der allgemeinen Landesverwaltung definitiv ordnen sollte. Darnach sollte die höchste Regierungsgewalt dem kommandierenden französischen General zustehen. Die hannoverschen Behörden sollten „in ihrer bisherigen Verfassung" erhalten bleiben, nur die Landesregierung oder das Ministerium sollte fortfallen. Um die Befehle und Beschlüsse des französischen Generals zu vollziehen, wurde eine „Exekutivkommission" eingesetzt. Zu deren Mitgliedern wurden von Mortier ernannt: Kammermeister Patje, Hofrichter von Bremer, Landrat von Meding, Postdirektor und Wegbauintendant Hofrat von Hinüber und Landesökonomierat Meyer. Die Erwählten waren gewissenhaft genug, bei dem in Hannover weilenden Minister von der Decken anzufragen, ob sie das ihnen übertragene Amt auch annehmen dürften. Dem französischen General erklärten sie bei ihrem Amtsantritt, „dass sie das Geschäft nur insofern übernähmen, als es ihren obhabenden Pflichten gegen König und Land nicht entgegen sein würde, und in der Absicht, das Interesse des Königs und Landes, soweit es in ihrem Vermögen stehen würde, zu bewahren". Mortier, weit entfernt, über eine solche freimütige Erklärung aufgebracht zu sein, versicherte, er bezwecke mit der Niedersetzung der Kommission nur das eigene Beste des Landes, „damit nicht von den französischen Ministern aus Paris Leute geschickt würden, welche die Regierungsangelegenheiten zum Nachteile des gemeinen Besten ausrichteten". Das war nun freilich kaum das wahre Motiv: das Wohl des Landes galt den französischen Generälen längst nicht soviel wie der eigene Vorteil; und dieser fand seine Rechnung weit mehr, wenn man die Beute, welche die Besetzung eines Landes im Kriege einem französischen General zu bringen pflegte, mit keinem Dritten zu teilen brauchte.

Um auf das Arrêté vom 22. Juni zurückzukommen, so wurde ausser der Exekutivkommission ein (französischer) Gouvernementskommissar neu eingesetzt. Mortier übertrug dieses Amt seinem Schwager, dem „citoyen" C. F. Durbach, vormaligem „Generaladministrator der eroberten Rheinlande". Durbach erhielt weitgehende Befugnisse. Er hatte der Exekutivkommission die Befehle Mortiers zu übermitteln. In den Sitzungen der Kommission durfte

---

[1]) Verordnung Mortiers vom 12. Juni 1803. Hannöversche Anzeigen J. 1803, St. 48.

[2]) Das. St. 52. Tagebuch der wichtigsten Vorfälle S. 41 ff.

er nach Belieben erscheinen und hatte alsdann den Vorsitz zu führen. Es kam ihm ferner zu, die sämtlichen Ausgaben mit Mortiers Genehmigung zu autorisieren. Auch hatte er sich von den öffentlichen Einkünften und Ausgaben genaue Rechenschaft ablegen zu lassen und dafür zu sorgen, dass die Überschüsse der Centralkassen unmittelbar an den „Payeur général de l'Armée française" abgeliefert würden; kurz, er hatte die ganze Administration des Landes zu überwachen.

Das Landesdeputations-Kollegium und die Provinzial-Deputations-Kollegien blieben neben der Exekutivkommission bestehen; doch erkannte Mortier von jetzt an in ihnen nicht mehr Regierungsbehörden, sondern bloss die Repräsentanten der Stände, deren Aufgabe sich darauf beschränkte, Steuern auszuschreiben, Anleihen zu negociieren und Kontrakte abzuschliessen, welche durch die Lieferungen für die französische Armee erfordert würden.

Entsprechend dem durch Mortier auf das ganze Land ausgedehnten Geschäftskreise des Landesdeputations-Kollegiums gesellten sich zu den Calenberg-Grubenhagenschen Deputierten, welche sämtlich in die allgemeine Deputation eintraten, Abgeordnete der übrigen Landschaften: aus Lüneburg die Landräte von Grote und von Meding und der Kommissar Müller, aus Hoya der Assessor von Pape, aus Bremen-Verden der Ober-Appellationsrat von Zesterfleth, aus Lauenburg der Justizrat von Bülow und endlich aus Osnabrück der Justizrat von Bar.

Damit das numerische Übergewicht der Calenberg-Grubenhagenschen Deputierten nicht zu einer Übervorteilung der übrigen Landschaften führe, wurde gleich anfangs ausdrücklich festgestellt, dass alle vom ganzen Lande geforderten Lasten verhältnismässig auf sämtliche Provinzen zu verteilen seien [1]). Die Frage, welche Lasten als allgemeine anzusehen seien, ward demnächst dahin entschieden, „dass alle Forderungen an Kontributionen, Rationen und Portionen, alle geheime und öffentliche Ausgaben, die zum Wohle des Ganzen und zur Verminderung der Lasten gereichten, wie auch die Kommissariats- und ähnliche Kosten" von sämtlichen Provinzen gemeinschaftlich getragen werden sollten [2]). Des weiteren vereinbarte man, um das Übergewicht der calenbergischen Deputierten völlig auszugleichen, dass bei den Abstimmungen im Landesdeputations-Kollegium nicht viritim, sondern nach Landschaften abgestimmt werden sollte. Die landesherrlichen Bevollmächtigten hatten dabei nicht innerhalb der einzelnen Landschaften zu stimmen, sondern

[1]) Lenthe, Archiv I, 167.
[2]) Das. S. 170 f.

machten zusammen ein votum aus, bildeten gewissermassen eine eigene Kurie [1]).

Bei der Fülle der Geschäfte, welche dem Landesdeputations-Kollegium oblagen, stellte es sich bald als notwendig heraus, nur diejenigen Angelegenheiten vor das Plenum zu bringen, welche von erheblichem allgemeinen Interesse waren, die übrigen Sachen aber in gesonderten Ausschüssen zu erledigen. Solcher Ausschüsse wurden vier gebildet: 1) Ein engerer Ausschuss für die mündlichen, oft sehr delikaten Verhandlungen mit der französischen Generalität. Er bestand für gewöhnlich aus Palje, Bremer und Meding; bei besonders wichtigen Sachen wurden noch einige andere Mitglieder des Kollegiums hinzugezogen; 2) ein Verpflegungsausschuss zur Anordnung und Leitung des Verpflegungs- und Fuhrenwesens; 3) ein Finanzausschuss zur Ausmittelung und Herbeischaffung der Geldmittel, deren man zur Befriedigung der französischen Forderungen bedurfte; 4) ein Rechnungsausschuss zur Direktion und Überwachung des Rechnungswesens [2]).

In welchem Verhältnisse das Landesdeputations-Kollegium zu den landschaftlichen Deputationen in den Provinzen stand, lässt sich nicht genauer feststellen. Wir wissen darüber bloss, dass die Mitglieder des Landesdeputations-Kollegiums aus der Provinz Lüneburg in allen „mit keiner sichtbaren, nahen Gefahr für das Land und seine Bewohner verbundenen Sachen" gehalten waren, vor der Abstimmung an das Deputations-Kollegium zu Celle zu berichten, und nach der von dem letzteren erteilten Instruktion zu votieren. Nur bei eiligen Angelegenheiten, deren schleunige Erledigung keinen Aufschub litt, oder bei Gegenständen, welche „offenbar eine ganz unbedeutende Beschaffenheit" hatten, waren die lüneburgischen Deputierten befugt, ohne weitere Anfrage oder Instruktion zu handeln, zu beschliessen und zu verfügen [3]).

Jedenfalls war es kein leichtes und erfreuliches Amt, welches den verschiedenen Deputations-Kollegien und der Exekutivkommission zu teil geworden war. Wir dürfen glauben, dass es den Mitgliedern dieser Behörden überaus hart angekommen ist, die Befehle der französischen Machthaber, welche der Hauptsache nach in zahllosen

---

[1]) Lenthe, Archiv I, 168.
[2]) Vgl. auch Hausmann, Erinnerungen aus dem 80jährigen Leben eines hannoverschen Bürgers, S. 258 (Anlage I), wo die Mitglieder der einzelnen Ausschüsse aufgeführt sind. Es finden sich indessen dort mehrere Irrtümer, z. B. sind Ökonomierat Meyer und Postdirektor v. Hinüber nicht Mitglieder des geheimen Ausschusses gewesen.
[3]) Lenthe, Archiv I, 168 f.

Requisitionen und Forderungen bestanden, auszuführen. „Sorgenvoll, betrübend und angreifend", heisst es in einem offiziellen Aktenstücke, „sind ihre Bemühungen gewesen. Sie konnten nur durch Verhütung grösserer Übel und durch Milderung des unvermeidlichen Unglücks Gutes zu schaffen suchen, da sie der gebieterischen Waffenmacht nichts als Bitten und Vorstellungen, der unerbittlichen Habsucht nichts als Klagen über das gegenwärtige Elend, der schlauen Arglist nichts als behutsame Vorsicht, der verfänglichen Hintergehungskunst nur redlichen Biedersinn [1] entgegenzusetzen hatten". Und der Kommerzrat Brandes, der eine der landesherrlichen Kommissare im Landesdeputations-Kollegium, schrieb im Januar 1805: „Ich für mich persönlich wünsche nichts mehr, als der für mich unerträglich quälenden und drückenden Bürde meines Anteils an der Landesdeputation entbunden zu sein" [2].

Um so höher ist es den patriotischen Männern anzurechnen, dass sie persönliche Gefühle hintansetzten und sich der unerquicklichen Aufgabe unterzogen, Vermittler zwischen den Franzosen und dem Lande zu sein. Es kann keinem Zweifel unterliegen, dass die Mitglieder der Deputationen und der Exekutivkommission sich während der französischen Okkupation die grössten Verdienste um das Land erworben haben. Dem Landesdeputations-Kollegium stellten die hannoverschen Minister nach dem Abzug der Franzosen in einem Berichte an Georg III. vom 27. Oktober 1805 das lobende Zeugnis aus, das Land habe den unermüdeten, standhaften Bemühungen desselben sehr vieles zu verdanken. Das Kollegium habe zur Erleichterung und möglichsten Schonung des Landes alles gethan, was man von „unerschrockenen, der höchsten Landesherrschaft und dem Lande treu und innigst ergebenen Männern nur irgend erwarten könne" [3]. Ein Gleiches lässt sich von den Männern der Exekutivkommission sagen. Als ihnen von dem französischen Generale ein Gehalt von 12000 Fr. ausgesetzt wurde, lehnten sie ab und baten, dass dieser Geldbetrag zu der Erhöhung der für die landesherrliche Dienerschaft ausgeworfenen Besoldungssumme verwandt werde [4].

[1] Das ist nicht ganz richtig. „Verfängliche Hintergehungskunst" haben auch die hannoverschen Behörden recht wohl gekannt und ausgeübt. Ihre ganze Taktik gegenüber den französischen Machthabern bestand in nichts anderem als einer solchen „Hintergehungskunst", wie sich im weiteren Verlaufe unserer Darstellung zeigen wird.
[2] Lenthe, Archiv I. 169.
[3] Vgl. auch (Rehberg), Zur Geschichte Hannovers S. 15 f.
[4] Vgl. Havemann, Das Kurfürstentum Hannover S. 20.

Die hervorragendsten und thätigsten Mitglieder der Exekutivkommission und zugleich des Landesdeputations-Kollegiums waren Patje und Bremer. Der erstere hatte sich schon in seinem 1796 erschienenen „Kurzen Abriss des Fabriken-, Gewerbe- und Handlungszustandes in den Kurbraunschweigisch-lüneburgischen Landen" als einen vorzüglichen Kenner der wirtschaftlichen Verhältnisse Hannovers erwiesen. Er war ein Mann von umfassender staatswirtschaftlicher Bildung, wohl vertraut mit den Werken der Physiokraten und Adam Smith's und von ihren Grundsätzen nicht unbeeinflusst[1]. Dabei war er eine ausgezeichnete Verwaltungskraft und ohne Frage einer der tüchtigsten Beamten des hannoverschen Staates. Den Franzosen mochte ihn neben der Geschäftsgewandtheit namentlich seine vollkommene Kenntnis der französischen Sprache empfehlen. Wenn er weniger als manche seiner Kollegen den französischen Befehlshabern gegenüber die Taktik des geheimen, zähen Widerstandes befolgte, so hat ihm das später den Vorwurf schwächlicher Nachgiebigkeit eingetragen. Thatsächlich bewies Patje damit eine gründliche Kenntnis des französischen Charakters. Nichts konnte die Franzosen mehr erbittern als versteckte Opposition; hingegen liessen sie leicht mit sich handeln, wenn man ihnen offen und loyal begegnete[2]. Patje verstand es vorzüglich, sich das Vertrauen der französischen Befehlshaber zu erwerben; der Marschall Bernadotte, welcher im Juli 1804 dem General Mortier im Kommando folgte, nannte ihn bloss „mon cher ami". Von allen hannoverschen Beamten hat darum auch niemand einen solchen Einfluss bei den Franzosen erlangt, als gerade Patje[3].

Bremer war von 1786—1796 kurhannoverscher Beisitzer des Reichskammergerichts zu Wetzlar gewesen und hatte dort bereits den General Mortier kennen gelernt. Gewiss hatte er dieser Bekanntschaft die Ernennung zum Mitgliede der Exekutivkommission zu verdanken[4]. Bei den oft schwierigen und heiklen Geschäften mit der französischen Generalität bewies Bremer grosse Geschicklichkeit und ein hervorragendes diplomatisches Talent. Bei den französischen Befehlshabern war er gleichfalls persona grata.

Die übrigen Mitglieder der Exekutivkommission sind weniger bedeutend. Meding war ein echter Vertreter des geheimen, oft bis

---

[1] Vgl. die Einleitung zu dem Patjeschen Werke.
[2] Belege dafür wird die Geschichte der zweiten französischen Okkupation liefern.
[3] Vgl. (Schelver), Das Kurfürstentum Hannover unter den Franzosen S. 30 und Hausmann, Erinnerungen S. 44.
[4] Vgl. Historische Berichtigungen S. 89 f.

zur Borniertheit starren Widerstandes gegen die Franzosen. Er witterte überall zu grosse Nachgiebigkeit und pflegte bei den Abstimmungen in der Exekutivkommission und dem Landesdeputations-Kollegium ein negatives Votum abzugeben. — Dem Landesökonomierat Meyer, Amtmann des einträglichen Amtes Coldingen, fiel namentlich die Besorgung der Lieferungsangelegenheiten zu. Er stand zugleich an der Spitze des Kriegskommissariats und der General-Magazindirektion, welche die Verpflegung des französischen Heeres zu leiten hatte. In derartigen Geschäften legte er grosse Gewandtheit an den Tag, doch hat er sich von dem Vorwurfe des Eigennutzes nicht frei zu halten vermocht[1]). Das am wenigsten fähige Mitglied der Kommission scheint der Postdirektor von Hinüber gewesen zu sein. Er hat in ihr nur eine untergeordnete Rolle gespielt. Auch um seine Postverwaltung war es schlecht bestellt, wenigstens wurde viel über sie geklagt[2]).

Unter den Mitgliedern des Landesdeputations-Kollegiums finden wir gleichfalls manchen tüchtigen, um das hannoversche Land wohlverdienten Mann. Was Ernst Brandes für die Universität Göttingen gethan hat, wird stets unvergessen bleiben, mag im übrigen sein Charakter auch manche Schwäche zeigen. Der Land- und Schatzrat O. von Münchhausen hatte sich als Drost zu Hardegsen (1778 bis 1796) in besonderem Masse durch väterliche Fürsorge für seine Amtsuntergebenen ausgezeichnet: man rühmte ihm nach, dass in seinem Amtsbezirk während seiner langen Dienstzeit nie ein schriftlicher Prozess anhängig gemacht worden sei[3]). Um die Hebung des Kirchen- und Schulwesens hat sich der Abt Salfeld manches Verdienst erworben. Den Generalmajor und Landrat von Wangenheim nannte der preussische Staatsminister von Schulenburg im April 1806 „einen alten Mann und distinguierten Soldaten", der sich in Indien ausgezeichnet und unter anderem den Marschall Bernadotte als Unteroffizier gefangen genommen habe. Der letztere soll bei seiner Anwesenheit in Hannover den hannoverschen General oft an diese Episode erinnert haben[4]).

Es schien, als ob durch die Einsetzung des Landesdeputations-Kollegiums und der Exekutivkommission der bisherige Geschäftsgang

[1]) (Müller), Hannover, wie es war, ist und werden wird. Heft II, S. 68 ff. Vgl. auch Spangenberg, Vaterländisches Archiv J. 1827, II, 160 ff.
[2]) Hannover, wie es war S. 12 f.
[3]) Spangenberg, Vaterländ. Archiv J. 1828, II, 316 f.
[4]) Leider bieten die Akten kaum irgend welches Material über die Persönlichkeiten der Mitglieder des Landesdeputations-Kollegiums; von einer weiteren Charakteristik muss daher hier abgesehen werden.

in den Regierungsangelegenheiten des Landes gänzlich gestört werden müsste. Dies nach Möglichkeit zu verhindern, liess sich der in Hannover zurückgebliebene Minister von der Decken, zu dem sich bald wieder der Minister von Grote gesellte, angelegen sein. Decken traf gleich anfangs mit dem Landesdeputations-Kollegium unter der Hand die Verabredung, dass alle vor dasselbe gebrachten Regierungssachen, welche nicht zu der dem Kollegium von dem Ministerium angewiesenen Kompetenz gehörten, sofort den Referenten der verschiedenen Ministerial-Departements zugestellt würden. Die Referenten sollten ihm (dem Minister) über die fraglichen Angelegenheiten Vortrag halten und nach getroffener Entscheidung die Beschlüsse ostensibel im Auftrage des Landesdeputations-Kollegiums ausfertigen, ohne dass sich dieses weiter in die Sache einmische. — Demgemäss wurden die Regierungs- oder Kanzleisekretäre und Expedienten von dem Landesdeputations-Kollegium angewiesen, sich „ex commissione hujus collegii der ferneren Besorgung der ihnen angewiesenen Geschäfte nach obhabenden Pflichten und geprüften Kenntnissen und Überzeugung ohne Unterbrechung" zu unterziehen. Die Einsetzung der Exekutivkommission änderte an diesem Abkommen nichts. Die Mitglieder derselben haben sich jeder Einmischung in die Regierungssachen sorgfältig enthalten[1]). So wurden die unmittelbar vor das Ministerium gehörenden Departements- und inneren Regierungssachen von Decken und Grote ganz nach alter Weise besorgt, mit der alleinigen Abänderung, dass die Ausfertigungen nicht die Namensunterschrift der Minister, sondern die des betreffenden Kanzleisekretärs trugen. Die beiden Minister verfuhren dabei in der Weise, dass Angelegenheiten, welche sonst vor das Ministerialplenum gehörten, auch von ihnen gemeinschaftlich in geheimen Privatzusammenkünften beraten und entschieden, die blossen Departementssachen dagegen unter sie beide verteilt und von jedem einzeln erledigt wurden.

Nicht ganz leicht erschien es, den Ausfertigungen eine solche Form zu geben, dass ihre Rechtsbeständigkeit und öffentliche Gültigkeit unbezweifelt sei. Dieser Schwierigkeit wurde dadurch abgeholfen, dass der Staatsminister und Ober-Appellationsgerichts-Präsident von der Wense[2]), der das Justizdepartement unangefochten von Celle aus versah, sich bereit finden liess, diejenigen Reskripte unter seiner Namensunterschrift „aus dem Justizdepartement" ausfertigen zu lassen, welche, um rechtsgültig zu sein, einer „öffentlich anerkannten Autorität" bedurften. Angelegenheiten, bei denen eine Entscheidung des Königs notwendig war, suchten die beiden Minister

---
[1]) (Schelver), Das Kurfürstentum Hannover S. 30 f., 33.
[2]) Über denselben s. Spiel, Vaterländisches Archiv J. 1819, I, 73 ff.

von der Decken und Grote „in einer solchen interimistischen Lage zu erhalten, dass man der Königlichen Entscheidung in nichts vorgreife". Überhaupt wurden alle wichtigen und mit besonderen Schwierigkeiten verknüpften Sachen auf bessere Zeiten vertagt, soweit das ohne Nachteil für den Dienst geschehen konnte. Dahin gehörten unter anderem die Lehenssachen und die osnabrückschen Angelegenheiten.

Solchergestalt blieb der verfassungsmässige Gang in der Landesverwaltung während der ganzen ersten Okkupation bestehen, wenngleich Decken und Grote nicht öffentlich funktionieren durften. Allemal, wenn Sachen vorkamen, welche von den Referenten nach der Verfassung nicht eigenmächtig entschieden werden durften, beeilten sich diese, die Willensmeinung der Minister einzuholen, um sich dann auf das genaueste nach derselben zu richten. Wie sorgsam die Referenten selbständigem Denken und Handeln in der verantwortungsvollen Zeit aus dem Wege gingen, mag eine Äusserung des uns bekannten Geh. Kanzleisekretärs und Kommerzrats Brandes darthun. Es handelte sich darum, Stellung zu einem Projekte zu nehmen, nach welchem ein jüdischer Negociant dem französischen Kommandierenden für die Löhnung und Verpflegung der Armee eine bedeutende Summe vorstrecken wollte. Über diesen Gegenstand sprach sich Brandes in einem Promemoria an die Minister (29. Jan. 1805) folgendermassen aus: „Noch habe ich keine entschiedene Privatmeinung. Kommen mir gnädige hohe Befehle zu, so handele ich bestimmt nach diesen. Kommen mir selbige zur rechten Zeit zu, so giebt es vielleicht Gelegenheit, dass ich noch auf die Ansichten anderer etwas einwirken kann. Erhalte ich keine bestimmten höheren Befehle, so werde ich, falls sich keine entschiedene Privatmeinung zur Zeit der Deliberation über erwähnte Angelegenheit bei mir festsetzt, mich den Wünschen des Landes konformieren".

Wie bei den Departements- oder Kanzleisachen, so blieb der Einfluss der Minister auch bei der Domanialverwaltung gewahrt. Zwar durften sie es nicht wagen, an den offiziellen Sitzungen der Kammer teil zu nehmen. Es konnte ihnen aber nicht schwer fallen, sich von den vorkommenden wichtigen Angelegenheiten eine fortlaufende Kenntnis zu verschaffen und durch die Eröffnung ihrer Meinungen und durch Erteilung von Ratschlägen insgeheim die Kammerangelegenheiten nach ihrem Willen zu leiten. Ein „ausnehmend grosser Gewinn" war es, wie Decken und Grote in einem Berichte an König Georg III. vom 3. Februar 1804 hervorheben, dass das Domanium nicht, wie es bei der Okkupation im 7jährigen Kriege geschehen war, unter eine französische Regie gezogen, oder gar einer Kompagnie französischer Financiers in Pacht gegeben wurde. An Anträgen dazu hat es auch dieses Mal nicht gefehlt. So befand sich im Juli 1804 ein Unternehmer aus Paris, Namens Levasseur, in Hannover, welcher die sämtlichen Einkünfte des Kurfürstentums in Pacht zu nehmen begehrte. Glücklicherweise wurde die Gefahr hintertrieben, und die Kammer blieb während der Dauer der ersten Okkupation von nachteiligen Eingriffen in ihren Geschäftskreis im grossen und ganzen verschont.

Anfänglich schien es freilich, als ob einzelne Zweige der Domanialverwaltung, nämlich das Bergwerks- und das Forstwesen, französischer Einmischung unterliegen würden. Denn es fanden sich auf dem Harze zwei französische Bergbeamte ein, um die dortigen Bergwerke zu inspizieren. Wir vernehmen aber, dass ihr Eingreifen in die Geschäfte durch das ebenso einsichtsvolle als vorsichtige Benehmen des Geh. Kammerrats und Berghauptmanns von Meding unschädlich gemacht worden sei. Ebenso durchstrichen mehrere französische Forstbeamte, deren oberster ein „Inspecteur des Forêts" Chauvet war, die hannoverschen Waldungen, um das für die französischen Schiffswerfte brauchbare Holz auszusuchen [1]). Doch wusste man hannoverscherseits auch diese Nachforschungen so zu lenken, dass daraus kein Nachteil für die Forsten entstand.

Von grosser Bedeutung war es, dass die heimische Administration der Kammerkasse, und sonstigen öffentlichen Kassen während der französischen Besitznahme erhalten blieb. Gleich nach ihrer Einsetzung hatte die Exekutivkommission in grösster Eile eine Generalkasse eingerichtet [2]), um dadurch der drohenden Ernennung eines französischen „Caissier général" zuvorzukommen. Die Einnahmen dieser direkt unter der Exekutivkommission stehenden Kasse setzten sich aus den Überschüssen der sämtlichen Hauptkassen, namentlich der Kammerkasse und der landschaftlichen Landrentereikassen zusammen. Wöchentlich mussten die Rechnungsführer der Hauptkassen einen Etat des Bestandes an die Exekutivkommission gelangen lassen; bei welcher Gelegenheit anzugeben war, wie viel von dem Vorrate entbehrlich sei und mithin zur Disposition der Kommission stehe. Letztere hatte ihrerseits aus den Beständen der Generalkasse die von den französischen Befehlshabern geforderten Gelder an den Generalzahlmeister der französischen

---
[1]) Vgl. auch „Prüfung der öffentlichen Erklärung und feierlichen Verwahrung des Hofrichters, auch Land- und Schatzrats von Derlepsch" S. 14 f., 54.

[2]) Cirkular der Exekutivkommission an die landschaftlichen Kollegien vom 6. Juli 1803. Gedruckt in Lenthe, Archiv I, 157 f. Die Rechnung über die Einnahme und Ausgabe der Generalkasse führte der Kommissar Eisendecher.

Armee auszuzahlen. Über die Verwendung der übrigen, von ihr selbst verwalteten Kassenbeträge musste sie der höchsten französischen Behörde die genaueste Rechenschaft ablegen. Kein Pfennig durfte auf die heimische Administration des Landes verwandt werden, ohne dass Durbach und Mortier ihre Einwilligung gegeben hatten. Ebensowenig war es der Kammer gestattet, beträchtliche Summen auf Besoldungen, Baukosten, Zinsen etc. ohne vorherige französische Bewilligung auszahlen zu lassen; nur geringe kurrente Geldzahlungen durften direkt von ihr verfügt werden.

Man glaube nicht, dass es den hannoverschen Behörden von den französischen Befehlshabern gestattet worden sei, die Bedürfnisse der Landesverwaltung in dem gewohnten Umfange zu befriedigen. Zu Beginn der Okkupation hatte Mortier die Bezahlung der sämtlichen Besoldungen und Pensionen bis dahin suspendiert, dass er ein namentliches Verzeichnis der Empfangsberechtigten erhalten und genehmigt haben würde. Bei dem Michaelistermin 1803 musste daher ein grosser Teil von den Besoldungen der Staatsdienerschaft rückständig bleiben; nur allmählich und der Hauptsache nach erst im Jahre 1804 konnte die Auszahlung nachgeholt werden. Am 16. Februar 1804 ermächtigte Mortier die Exekutivkommission, jährlich eine Summe von 120 000 ₰ auf die Besoldung der Civilbedienten und 20 000 ₰ auf die Pensionen zu verwenden. Er bedang sich dabei aus, dass kein halbjährlicher Besoldungsbetrag über 450 ₰ hinausgehen dürfe. Die Besoldung der Minister und der sonstigen Ministerial- oder Kanzleibeamten, der gesandtschaftlichen und Hofbeamten wurde von Mortier vollständig gestrichen. Trotz der vielfachen Kürzungen und Streichungen reichte aber die ausgesetzte Summe nicht hin, um dem Gros der Staatsdienerschaft den Gehalt ganz auszuzahlen.

Indessen waren den Franzosen manche Zuflüsse der Kammerkasse, welche separiert berechnet wurden und darum bei der allgemeinen Kammerrechnung, die Durbach vorgelegt werden musste, nicht zum Vorschein kamen, verborgen geblieben. Von der Existenz einer Reihe von Kassen, welche den verschiedenen Ministerialdepartements anvertraut waren, als der Klosterkasse, der Manufakturund Impostkasse, der Hamelnschen Schleusekasse, der Weggelds-, Lotterie-, Allodial-, Intelligenzcomptoir-, Celleschen Beneficialkasse und anderen Kassen mehr haben die französischen Behörden entweder gar keine Kenntnis erhalten, oder sie haben sich doch nicht im geringsten um deren Verwaltung gekümmert. Die Zersplitterung des Kassenwesens, die in Friedenszeiten als ein grosser Übelstand empfunden war, und das hannoversche Finanzwesen zu einem äusserst verwickelten und ganz unübersichtlichen gestaltete, hatte während der Okkupation die segensreichsten Folgen. War dadurch einerseits für jene abgeschlossenen Verwaltungsgegenstände auf das beste gesorgt, so konnte auf der anderen Seite mit den Überschüssen der erwähnten Kassen und den anderen geheimen Zuflüssen der Kammerkasse manchen Bedürfnissen der Landesadministration, für welche die Franzosen die nötigen Gelder nicht bewilligen wollten, abgeholfen werden. Auf diese Weise wurde es erreicht, dass Ostern 1804 die öffentlichen Civilbeamten den vollen Betrag ihrer halbjährlichen Besoldung ausgehändigt erhielten. Nur diejenigen Beamten waren davon ausgenommen, deren Gehalt von den Franzosen gestrichen war. In einem Berichte, den die Minister am 9. August 1805 an Georg III. richteten, konnten sie bemerken, man habe es bislang noch unter der Hand ermöglicht, die fälligen Besoldungen an die im Lande sich aufhaltenden Beamten sowie die Witwenpensionen ganz und ohne Abzug zu bezahlen. Dasselbe gelte von den Zinsen solcher Kapitalien, welche der Kammer von Privatpersonen dargeliehen seien, wenngleich hier einige Verspätung nicht zu vermeiden gewesen sei. Selbst die Gehälter der Geheimen Kanzleibeamten seien ganz berichtigt worden, und auf den Gehalt der adeligen Hofdienerschaft sei wenigstens eine Abschlagszahlung geleistet.

Übler als die Civildienerschaft war das Militär daran. Wohl hatten die Provinzialstände gelegentlich der Artlenburger Konvention versprochen, für das Militär zu sorgen. Den Unteroffizieren und verheirateten Gemeinen war die hannoversche Pension, den Offizieren Halbsold zugesagt worden. An dem guten Willen, dieses Versprechen zu erfüllen, hat es den Ständen auch nicht gefehlt. Auf einer Generalversammlung der landschaftlichen Deputationen, welche zu Anfang September 1803 in Hannover stattfand, wurde einmütig beschlossen, „zu provisorischer Versorgung des hannoverschen Militärs, sowohl des dienenden als auch des pensionierten, monatlich 30 000 ℳ zusammenzubringen und diesen Beitrag durch eine in Hannover etablierte Militärkommission unter die dahin gehörigen Individuen verteilen zu lassen" [1]).

Allein Mortier hatte der Exekutivkommission schon im Juli, als sie sich für das hannoversche Militär verwandte und um Anweisung der erforderlichen Geldsummen bat, erklärt, er wolle es ignorieren, wenn die Stände etwas für die Truppen thun wollten, könne aber eine Autorisation dazu keineswegs erteilen; auch dürfe diese Ausgabe nicht den Forderungen für das französische Heer

---

[1]) Vgl. Lenthe, Archiv I, 173 f.

nachteilig sein. Da war guter Rat teuer! Denn jene Forderungen waren bereits in einem solchen Massstabe angelegt, dass ihre Befriedigung unmöglich schien. Woher sollte man da die beträchtlichen Summen für die Unterhaltung des hannoverschen Militärs nehmen? In der That sind aus manchen Landschaften die Beiträge zu den monatlichen 30 000 Thalern überhaupt nicht, aus den anderen nur spärlich und mit Unterbrechungen in Hannover eingegangen [1]). So konnten nur höchst bescheidene Zahlungen an das hannoversche Militär geleistet werden. Im September 1804 mussten auch diese wegen des zunehmenden Geldmangels eingestellt werden. — Vorschüsse, welche der Herzog von Braunschweig den hannoverschen Behörden zur Unterhaltung der nach der Elb-Konvention im Lande verbliebenen Offiziere und Soldaten hergab [2]), reichten nicht hin, auch nur die Hälfte der Pensionen zu bezahlen. Umsonst wandte man sich von Hannover aus an die Minister von Kielmansegge und von Arnsswaldt zu Schwerin, welche bei ihrem Fortgange die beträchtlichen Bestände der Generalkasse mit sich genommen hatten, mit der dringenden Bitte um Unterstützung. Ob es nun Hartherzigkeit war, oder ob andere Gründe vorlagen, genug, die beiden Minister weigerten sich hartnäckig, Geld in das von den Franzosen besetzte Land zu schicken. Unter diesen Umständen konnte es nicht ausbleiben, dass ein grosser Teil des hannoverschen Militärs in grosse Not geriet.

Die Thätigkeit der Kriegskanzlei wurde natürlich während der ersten Okkupation sehr eingeengt: sie beschränkte sich auf die Fürsorge für das heimische Militär. Mit der Verpflegung des französischen Heeres und mit der Regelung der Einquartierungslast hat die Kriegskanzlei nichts zu thun gehabt; diese Sorge fiel den Deputationskollegien und der von der Kriegskanzlei ganz unabhängigen General-Magazindirektion zu. Auch die Militärgerichtsbarkeit der Kriegskanzlei hörte während der französischen Besetzung auf, da es hannoverscherseits im Jahre 1803 für zweckmässig befunden ward, die heimischen Soldaten der Rechtsprechung der Civilgerichte zu unterstellen [3]).

In ungestörter und uneingeschränkter Thätigkeit verblieben dagegen die Justizkollegien während der ersten Okkupation. Bei

---

[1]) Mit der Verteilung derselben unter das hannoversche Militär wurde der Oberstleutnant und Ritterschaftsdeputierte von Hedemann beauftragt. Aktenstücke der provisorischen oder ersten allgemeinen Ständeversammlung des Königreichs Hannover I, 314 f.
[2]) Ompteda, Politischer Nachlass I, 36 f.
[3]) Vgl. Tagebuch der Vorfälle I, 58 f.

dem Anmarsch der Franzosen war von dem hannoverschen Ministerium die Anordnung getroffen worden, dass das Justizdepartement durch den Staatsminister und Ober-Appellationsgerichts-Präsidenten von der Wense von Celle aus versehen werden sollte. Französischerseits ist daran nichts geändert worden. Die Minister von der Decken und von Grote führen dies in ihren Berichten an Georg III. darauf zurück, dass nach der französischen Verfassung mit dem Präsidium des höchsten Justizhofes zugleich die Besorgung aller zum eigentlichen Justizministerio gehörigen Sachen verbunden sei; hiervon hätten die Franzosen sogleich auf die hannoverschen Verhältnisse Anwendung gemacht. — Wie dem auch sei, jedenfalls hat Mortier zu wiederholten Malen ausdrücklich erklärt, dass in den Gang der Justiz bei den höheren und niederen geistlichen und weltlichen Gerichten der hannoverschen Lande auch nicht auf die entfernteste Weise eingegriffen werden solle. Das war auch keine blosse Phrase. Die französischen Befehlshaber haben in Fällen, wo sich verurteilte Personen um Milderung des Urteilspruches an sie gewandt hatten, die Petenten gänzlich abgewiesen. Selbst wenn es sich um Civilklagen französischer Militärs gegen hannoversche Landesunterthanen handelte, gestatteten sich die französischen Behörden keine Einmischung, sondern liessen der Administration der Justiz bei den ordentlichen Gerichtshöfen freien Lauf. Nur wurde für solche Fälle ein mehr summarisches Verfahren angeordnet.

So machte sich auf dem Gebiete des Justizwesens kaum eine Störung bemerklich. Man müsste es denn als solche betrachten, dass die Bestätigung mancher Kriminalerkenntnisse, welche verfassungsmässig dem Plenum des Staatsministeriums vorbehalten war, jetzt lediglich von seiten Wenses erfolgte. Hinsichtlich der Todesurteile glaubte Wense allerdings die Verantwortlichkeit einer solchen Bestätigung nicht auf sich nehmen zu dürfen. Er fragte daher in London bei dem Minister Lenthe an, ob es genüge, wenn die Minister von der Decken und von Grote in den betreffenden Fällen mit ihm einverstanden wären. Lenthe konnte wegen der Krankheit des Königs den Fall der königlichen Entscheidung nicht vorlegen; doch meinte er, es leide nicht den geringsten Zweifel, dass Georg III. den Vorschlag vollkommen billigen werde; man solle nur ruhig nach demselben handeln.

Was die übrigen höheren Landesbehörden betrifft, so stellte das Kommerzkollegium seine Zusammenkünfte offiziell ein, um die in ihm präsidierenden Minister nicht blosszustellen. Die laufenden Geschäfte wurden durch Cirkulation der Akten und Ausfertigungen besorgt. Bei den öffentlichen Ausschreiben des Kollegiums ward die Vorsicht gebraucht, sie nicht von einem der Minister, sondern von dem ältesten Kommerzrate unterschreiben zu lassen. — Bei dem General-Postdirektorium tritt keinerlei Einwirkung der Okkupation zu Tage; es blieb unter der geheimen Leitung des Postdepartements in ungestörter Thätigkeit. Ein Gleiches gilt von dem Konsistorium zu Hannover. Der geheime Einfluss des Ministeriums wurde auch hier gewahrt, insofern die Besetzung von Pfarrstellen erst dann erfolgte, wenn den Ministern davon Anzeige gemacht worden war. Die Bestätigung des Königs, welche hierbei ebenfalls erforderlich war, musste freilich für spätere Zeiten vorbehalten bleiben.

Auch die ständische Verfassung und Verwaltung wurde durch die französische Okkupation längst nicht so sehr beeinträchtigt, als man erwarten sollte. Von einer ordnungsmässigen Konvokation der Provinzialstände konnte freilich bei der offiziellen Auflösung der hannoverschen Regierung keine Rede sein. Soviel man sehen kann, haben die halbjährlichen Zusammenkünfte der grösseren ständischen Ausschüsse oder sogenannten landschaftlichen Kollegien, in welchen dem Herkommen nach die ordinären Steuern bewilligt wurden, während der Dauer der ersten französischen Okkupation nicht stattgefunden. Jene Bewilligung liess sich aber um so leichter entbehren, als sie seit langer Zeit zu einer blossen Form herabgesunken war, auf welche nirgends Gewicht gelegt wurde. Zudem ermangelte Mortier nicht, den hannoverschen Behörden und Unterthanen durch ein Arrêté vom 12. Juni 1803 einzuschärfen, dass „die bisher eingeführte ordnungsmässige Verfassung in Entrichtung und Erhebung der öffentlichen Abgaben" auch fernerhin gebührend beobachtet werden solle. Die stillschweigende Forterhebung der ordinären Steuern fand unter solchen Umständen nirgends Anstand.

Schwieriger lag die Sache hinsichtlich der ausserordentlichen Steuern, welche man hannoverscherseits zur Befriedigung der französischen Forderungen einführen musste. Nach Braunschweig-Lüneburgischem Staatsrechte durfte ohne die Einberufung und Zustimmung der „allgemeinen Landtage" in den verschiedenen Provinzen keine neue Steuer ausgeschrieben werden. Nun war aber die Konvokation eines allgemeinen Landtages ebensowenig zulässig, als ein Zusammentreten der Landtage ohne landesherrliche Konvokation. Nur im Lüneburgischen scheint die eigenmächtige Versammlung der Landstände Rechtens gewesen zu sein[1]). Man musste sich darum bequemen, die Rücksicht auf „sonst gebräuchliche weitläufige Formalia" fahren zu lassen und die „verfassungsmässige

[1]) Manecke, Staatsrecht S. 210.

Konkurrenz der sämtlichen Herrn Stände" durch irgend ein Surrogat zu ersetzen.

In den meisten hannoverschen Provinzen sind die ausserordentlichen Steuern von den Deputationskollegien ausgeschrieben worden. Im Calenbergischen und Bremischen wurde das erste Steuerausschreiben noch von einer grösseren landständischen Versammlung erlassen. Das calenbergische Ausschreiben (vom 16. Juli 1803)[1]) ist unterschrieben von den „allhier anwesenden Landständen der Fürstentümer Calenberg und Grubenhagen von der Prälatur, Ritterschaft, grossen und kleinen Städten", und es heisst in demselben, dass die Unterzeichner zu dem Erlass der Steuer „von ihren Mitständen auf dem jüngst verflossenen Landtage" ermächtigt worden seien.

Erwähnt zu werden verdient, dass der bekannte ehemalige Hofrichter von Berlepsch Ende August 1803 eine Schrift unter dem Titel: „Öffentliche Erklärung und feierliche Verwahrung des Hofrichters, auch Land- und Schatzrats von Berlepsch die Besteuer- und Beschatzung des Fürstentums Göttingen betreffend" erscheinen liess, in welcher er die Rechtsbeständigkeit des calenbergischen Deputationskollegiums negierte und die von demselben ausgeschriebenen Steuern als „landesverfassungswidrig, ungültig und für die Unterthanen ganz unverbindlich" hinstellte. In der That wurde durch diese Schrift die Bevölkerung im Göttingischen hier und da verleitet, die Bezahlung der Abgaben zu verweigern. Die Folge war, dass auch die Fürstentümer Göttingen und Grubenhagen, in welche bis dahin keine französischen Truppen eingerückt waren, von den Franzosen besetzt wurden[2]). Dies und eine Reihe von Gegenschriften, in welchen die Ausführungen Berlepschs widerlegt und mit Recht betont wurde, dass es bei dem Drange gebieterischer Umstände nicht auf die „publicistischen Formen" ankommen könne, brachten das aufgewiegelte Publikum in Göttingen wieder zur Ruhe.

In den übrigen Provinzen fand die Schrift von Berlepsch weder Verbreitung noch Erfolg, obgleich auch hier eine strenge Beobachtung der verfassungsmässigen Formen nicht möglich war. In der Grafschaft Hoya schrieb das Deputationskollegium die extraordinären Steuern „mit Zustimmung des grösseren Ausschusses von Ritter- und Landschaft aus, während doch der grössere Ausschuss zur Einführung ausserordentlicher Steuern nicht kompetent war, sondern nur der allgemeine Landtag. — Im Lauenburgischen wurden die

---

[1]) Hannöversche Anzeigen J. 1803, St. 57.
[2]) Über die Befugnis des Calenberg-Grubenhagenschen Landesdeputations-Kollegiums bei jetziger Okkupation des Landes, gegen von Berlepschs öffentliche Erklärung und feierliche Verwahrung S. 4 f.

Steuerausschreiben von der Regierung zu Ratzeburg „mit Beistimmung der Stände" erlassen; im Osnabrückschen von der Land- und Justizkanzlei, ebenfalls mit Zustimmung einer landschaftlichen Konferenz. In der Provinz Lüneburg, wo die Stände wohl die umfassendsten Prärogative hatten, bot das Recht, auch ohne die Konvokation des Landesfürsten zusammenzutreten, die Möglichkeit, die Steuern vor ihrer Ausschreibung durch das lüneburgische Deputationskollegium von einer grösseren ständischen Versammlung beraten und genehmigen zu lassen. Die erste ausserordentliche Steuer musste allerdings, weil Gefahr im Verzuge war, von dem Deputationskollegium selbstständig angeordnet werden; man suchte aber die Gerechtsame der Stände dadurch zu wahren, dass man die gedachte Steuer bloss provisorisch ausschrieb [1]). Um „den ferneren Gebrauch einer verfassungsmässigen Ordnung möglichst aufrecht zu erhalten", wurden dann von dem Landschaftsdirektor von Lenthe die im Lande sich aufhaltenden „Herrn Begüterte", die Mitglieder des landschaftlichen Ausschusses und die Vertreter der landtagsfähigen Städte auf den 29. September 1803 zu einer ständischen Versammlung im landschaftlichen Hause zu Celle eingeladen [2]). Die „Eigenschaft eines wirklichen allgemeinen Landtages" sollte diese Versammlung nach dem Einladungsschreiben Lenthes nicht annehmen, sie unterschied sich aber von einem solchen nur durch den Mangel der wenn auch nicht erforderlichen, so doch hergebrachten landesherrlichen Berufung. Die Versammlung, welche drei Tage währte, war von 38 Personen besucht, darunter von dem Staatsminister von der Wense und dem Geheimen Rat von Grote. Am ersten Tage brachte der Landschaftsdirektor u. a. eine historische Darstellung der Begebenheiten seit der französischen Invasion zur Verlesung, welche zu den wichtigsten Quellen für die Geschichte der ersten Okkupation zählt [3]). Demnächst wurden verschiedene Fragen diskutiert: ob man zur Unterstützung der von der Einquartierung zumeist betroffenen Ortschaften eine Hülfssteuer einführen solle; wie die Kriegerfuhren und Magazinlieferungen auf die Bevölkerung zu repartieren seien; in welcher Weise die Exempten zu den ausserordentlichen Lasten beitragen sollten u. s. w. Zum Schlusse ward die Frage erörtert, wie es in Zukunft gehalten werden solle, wenn neue Steuern ausgeschrieben werden müssten. Es wurden drei Vorschläge gemacht: 1) Das Deputationskollegium möge entscheiden. 2) Der landschaftliche Ausschuss möge zur Entscheidung berufen werden. 3) Zu dem

[1]) Lenthe, Archiv I, 172.
[2]) Das. S. 158 f.
[3]) Das. S. 165 ff.

landschaftlichen Ausschusse möchten noch acht Deputierte aus der Ritterschaft hinzutreten. Diese Vorschläge fanden aber keinen Beifall. Statt dessen wurde beschlossen, bei neuen Auflagen eine ähnliche Versammlung wie die gegenwärtige zu berufen[1]). Thatsächlich haben während der ersten Okkupation noch viermal ähnliche, wenn auch nicht so stark besuchte Konferenzen zur Entscheidung über Steuerfragen getagt, am 27. Februar 1804, am 10. December 1804, am 3. April 1805 und am 24. September 1805.

Hier sei auch einer Generalversammlung der landschaftlichen Deputationen gedacht, welche der französische General Mortier auf Anfang September 1803 nach Hannover einberufen hatte, wie berichtet wird, aus Eitelkeit, um in einer grossen ständischen Versammlung den Fürsten spielen zu können[2]). Sie fand statt im grossen Rittersaale des königlichen Schlosses und dauerte sieben Tage, vom 2.—8. September. Eröffnet ward sie von dem General Mortier mit einer langen Rede, in welcher er die Berichtigung des seit zwei Monaten rückständigen Soldes und die Sicherstellung der für die französische Armee in der nächsten Zeit erforderlichen Ausgaben verlangte. Die Generalversammlung musste infolgedessen das Landesdeputations-Kollegium zu Anleihen auf den Kredit der sämtlichen Landschaften ermächtigen[3]). Einen anderen Beschluss der Deputierten, für das hannoversche Militär monatlich 30 000 ₰ zu verwenden, so lange die nötigen Mittel vorhanden sein würden, haben wir schon früher erwähnt.

Dass die Generalversammlung es nicht an Vorstellungen um Verminderung der französischen Truppen im Lande fehlen liess, versteht sich von selbst. Die Sprecher der Stände, Landschaftsdirektor von Lenthe und Hofrat Patje, versprachen in deren Namen für jedes abziehende Regiment die sofortige Auszahlung des rückständigen Soldes. Auch bat man Mortier um Festsetzung „eines die Kräfte des Landes nicht übersteigenden monatlichen unwandelbaren" Pauschquantums, ohne aber mit solchen Vorstellungen Erfolg zu haben.

Was die Erhebung der Steuern betrifft, so haben sich die Franzosen in dieselbe nur insoweit gemischt, als sie ein oder das andere Mal auf das Ersuchen der hannoverschen Behörden eine „colonne de punition" gegen widerspenstige Steuerzahler aussandten. Auch die Verwaltung des landschaftlichen Kassenwesens blieb von

---

[1]) Lenthe, Archiv I, 165.
[2]) Heinrich David Stüve S. 63.
[3]) Lenthe S. 174 f. Vgl. Tagebuch der Vorfälle I, 75; (Schelver), Das Kurfürstentum Hannover S. 49 und Hausmann, Erinnerungen S. 43.

den Franzosen unbehelligt. Es verblieb bei diesen Verwaltungszweigen alles beim Alten. Nur lieferten die Landrentereien die Gelder zum Militäretat, welche sonst in die Kasse der Kriegskanzlei geflossen waren, jetzt an die neu errichtete Generalkasse ab. Ob auch die „etwaigen Überschussgelder" der Landschaften an die Generalkasse abgeliefert sind, wie ein Ausschreiben der Exekutivkommission vom 6. Juli 1803 verlangte, muss dahingestellt bleiben. Jedenfalls haben die Stände überall die zur Bestreitung der landschaftlichen Verwaltung und namentlich zu der Auszahlung der Zinsen erforderlichen Geldsummen zurückbehalten. Die Berichtigung der Zinsen von den landschaftlichen Schulden ist während der Jahre 1803—5 stets prompt erfolgt.

Im grossen und ganzen blieb also die Administration des hannoverschen Landes in den Händen der heimischen Behörden und konnte, worauf die hannoverschen Minister besonders Wert legten, „nach den verfassungsmässigen Principiis" besorgt werden[1]). Daran änderte auch der Wechsel der französischen Befehlshaber nichts. Der General Mortier wurde nämlich im Februar 1804 nach Paris zurückberufen, um dort ein Kommando in der Konsulargarde zu übernehmen. In Hannover glaubte man allgemein, dass die Abberufung Mortiers das Werk einer Intrigue seines Generalstabs-Chefs Berthier, eines Bruders des französischen Kriegsministers, sei. An Mortiers Stelle trat nach einem kurzen Interimskommando des Generals Dessolle der Marschall Bernadotte, welcher Anfang Juli 1804 in Hannover eintraf. Wie gesagt, auch er enthielt sich der Einmischung in die hannoversche Landesverwaltung.

An Drohungen der französischen Befehlshaber, die hannoversche Verwaltung durch eine französische zu ersetzen, hat es freilich nicht gefehlt. Namentlich Bernadotte war mit solchen Drohungen schnell bei der Hand, wenn das Geld für die Löhnung und Verpflegung der Truppen einmal ausging und die Befriedigung der französischen Forderungen Anstand fand. So drohte der französische Marschall z. B. um die Mitte des Jahres 1804, als die Bezahlung des Truppensoldes auf grosse Schwierigkeiten stiess, mit allerlei gewaltsamen Massregeln. Er sprach von Einziehung der Besoldungen, Pensionen und aller bislang noch bewilligten Zahlungen, von Verkauf der Domanialwaldungen, Verpachtung der

---

[1]) Anders war es im 7jährigen Kriege gewesen, wo es „seiner allerchristlichsten Majestät" gefallen hatte, dem Chevalier Baron de Lucé die „Generaladministration der Justiz, Polizei und Finanzen in allen eroberten und zu erobernden, dem Kurfürsten von Hannover zugehörigen Landen aufzutragen". (Ausschreiben vom 14. Aug. 1757.) Vgl. Havemann III, 668.

Landesrevenuen an französische Unternehmer, von einer aufzulegenden schweren monatlichen Kriegssteuer, ja von einer vollständigen französischen Administration, nicht bloss in dem Finanzfache, sondern auch in den übrigen Verwaltungszweigen, selbst in der Justiz [1]). — Wirklich wurde damals Befehl erteilt, alle und jede Ausgaben mit Ausnahme der Zahlungen für die französische Armee einzustellen und die Vorräte sämtlicher dem Kammerkollegium untergeordneter Kassen binnen 24 Stunden abzuliefern. Der Marschall liess sich aber durch die dringenden Vorstellungen der hannoverschen Behörden sogleich die Modifikation abdringen, dass alle zur Administration der Justiz notwendigen Ausgaben mit Einschluss der geringeren Besoldungen, ferner die durchaus erforderlichen Hebungskosten im Steuerfache, ebenfalls mit Einschluss der geringeren Besoldungen, dann die unbedingt notwendigen und unaufschiebbaren kleinen Bausachen und endlich kleinere Gnadenbewilligungen an notdürftige Personen bewilligt sein sollten.

Um die gleiche Zeit suchte sich Bernadotte durch geforderte Berichte auf das genaueste und bis in das kleinste Detail von der gesamten Verwaltung des Landes zu unterrichten. Darnach scheint die Einführung der französischen Administration, als deren Grundlage jene Berichte offenbar dienen sollten, für einen Moment ernstlich ins Auge gefasst zu sein. Hannoverscherseits merkte man diese Absicht wohl; man trug daher Sorge die Beantwortung der gestellten Fragen so lange hinzuziehen, bis man durch eine nach langen vergeblichen Unterhandlungen in Bremen bewerkstelligte Anleihe in den Stand gesetzt war, den Forderungen Bernadottes wenigstens teilweise Genüge zu leisten. Nun war von der Einführung einer französischen Verwaltung vorläufig keine Rede mehr, und auch die Zahlungen für das Land wurden wieder frei gegeben.

Später tauchte das Projekt einer französischen Verwaltung von neuem auf. Im Januar 1805, wo wiederum eine kritische Lage eingetreten war, hatte Bernadotte mehrere Unterredungen mit E. Brandes, in welchen er sich ausführlich über jenen Plan verbreitete. Brandes entwickelt in einem Promemoria vom 29. Januar 1805 die Absichten des französischen Marschalls folgendermassen: Bernadotte denke daran, falls man zu seinen Forderungen nicht Rat schaffe, auf alle Revenuen der Kammer und der Landschaften Beschlag zu legen und zu deren Erhebung französische Beamten einzusetzen. Diese sollten einen schlechten Gehalt empfangen, sich aber auf Kosten

---

[1]) Bericht der Minister zu Hannover an ihre in Schwerin weilenden Kollegen (12. Juli 1804). Vgl. Lenthe, Archiv I, 204 f.

der Unterthanen ernähren, wenn nicht gar bereichern. Die Auszahlung der Zinsen, Besoldungen und aller übrigen Verwaltungskosten solle unterbleiben. Bernadotte habe mit Emphase versichert: „Ich bedarf Eurer Beamten gar nicht. Die wenigen Leute, welche ich nötig habe, werden mich nur ein Geringes kosten. Gerichtshöfe und Amtmänner sind entbehrlich, denn meine Armee wird die Ruhe im Lande aufrecht erhalten und die Justiz wird durch das Militär verwaltet werden. Wenn unter den Einwohnern des Landes einige sind, die von dem hergebrachten Prozessgange nicht lassen wollen, so brauchen sie bloss den ehemaligen Richtern Sporteln zu zahlen; Gehalt bekommen die letzteren unbedingt nicht. Die Unterhaltung der Strassen wird mir keinen Pfennig kosten; die nötigen Reparaturen werde ich vermittelst Frohnden (corvées) machen lassen. Auch Eure Schulen und milden Stiftungen gehen mich nichts an, ich werde deren Einkünfte einziehen." Das waren schlimme Drohungen. Glücklicherweise gelang es den hannoverschen Behörden auch dieses Mal durch die äusserste Anspannung der Steuerkräfte des Landes, die französischen Forderungen zu befriedigen und so die Gefahr zu beseitigen.

Man darf annehmen, dass den französischen Befehlshabern der geheime Einfluss, den die hannoverschen Minister auf die Administration des Landes ausgeübt haben, nicht unbekannt geblieben sei. Sie gaben sich aber den Anschein, als ob sie jenen Einfluss nicht bemerkten und ignorierten während der ganzen Okkupation die Thätigkeit von der Deckens und von Grotes vollständig. So weit ging indessen die Nachsicht der französischen Behörden nicht, dass sie eine öffentliche Wirksamkeit der hannoverschen Minister gestattet hätten. Wenn man sich hannoverscherseits wiederholt bemühte, den Ministern einen öffentlichen Wirkungskreis in den Regierungsangelegenheiten zu verschaffen, in der Art, wie er während der Okkupation im 7jährigen Kriege stattgefunden hatte, so war das völlig vergeblich. Die französischen Generäle konnten sich nicht von der Vorstellung losmachen, als ob das Ministerium des Landes ein englisches sei. Napoleon selbst soll die fixe Idee gehabt haben, die hannoverschen Minister seien fortwährend bemüht, die Schätze des Kurfürsten (welche er sich sehr gross vorstellte) seiner Macht und seinem Besitze zu entziehen. Überhaupt sahen die Franzosen das Land als eine englische Provinz an. Es galt ihnen als ausgemachte Sache, dass Hannover eine wahre Goldgrube für das Inselreich sei, und dass die grössere Hälfte der Landeseinkünfte über das Meer gehe. Vielfach erregte es unter den französischen Soldaten, selbst den Offizieren grosse Verwunderung, in Hannover als einer englischen Provinz deutsch sprechen zu hören¹). Mortier soll allen Ernstes geglaubt haben, dass die Appellationen von dem Tribunal in Celle an die höchsten englischen Gerichtshöfe gingen, und er war nur mit Mühe davon abzubringen, dies förmlich zu untersagen. Unter solchen Umständen mussten die zu Hannover weilenden Minister sich sorgfältig darauf beschränken, im Verborgenen zu wirken. Dabei mussten sie sich auf das Äusserste vor dem Verdachte hüten, als hielten sie die Verbindung mit England aufrecht. Insgeheim haben sie das freilich gethan und, wie wir gesehen haben, mehrfach (am 3. Februar 1804, am 11. April 1804 und am 9. August 1805) Berichte an den englischen König abgesandt, welche die wertvollste und zuverlässigste Quelle für die Geschichte der ersten Okkupation sind.

Zur Beförderung der Berichte nach England benutzten die Minister in Hannover die Vermittelung ihrer zu Schwerin befindlichen Kollegen ²). Zwischen Hannover und Schwerin wurde eine fortlaufende Kommunikation unterhalten, die zu Zeiten eine grosse Lebhaftigkeit annahm. Den Franzosen, welche überall ihre Spione hatten, konnte diese Kommunikation, so sehr sie auch im Verborgenen betrieben wurde, und so sorgfältig die Schweriner Minister auch „alle Behutsamkeit gebrauchten, nicht collegialiter als ein aktives Ministerium äusserlich zum Vorschein zu kommen", kein Geheimnis bleiben. Sie waren alsbald entschlossen, derselben ein Ende zu bereiten. Am liebsten hätten sie den Aufenthalt der beiden Minister von Kielmansegge und von Arnsswaldt zu Schwerin, der ihnen zu grossem Ärgernisse gereichte, gänzlich hintertrieben. Mortier schickte darum im Oktober 1803 zwei Offiziere dorthin, um den beiden Ministern den Vorschlag zu machen, sie möchten nach Hannover zurückkehren und sich der dortigen Regierungsgeschäfte wieder annehmen. Die Rückkehr der Minister war freilich den Franzosen nur Nebensache; die Hauptabsicht ging dahin, die aus dem Lande geretteten landesherrlichen Gelder ³) und die ebenfalls in das Mecklenburgische überführten königlichen Marstalls-

---

¹) Historische Berichtigungen des öffentlichen Urteils S. 104, Anm. Vgl. (Schelver), Das Kurfürstentum Hannover S. 25.

²) Über andere Verbindungswege mit England s. (Mierzinsky) Erinnerungen aus Hannover und Hamburg aus den Jahren 1803—1813 S. 12.

³) Die geflüchteten Gelder betrugen insgesamt 430000 ₤. Da ihr Verbleiben zu Schwerin bei den Nachstellungen der Franzosen bedenklich schien, wurden sie durch den hannoverschen Gesandten am Berliner Hofe v. Ompteda insgeheim nach Hamburg geschafft und dort bei dem englischen Bankhause Thornton deponiert. (L. v. Ompteda, Politischer Nachlass 1, 31 f.) Ebenso transportierte man die Marstallspferde, um nicht zu ihrer Auslieferung genötigt zu werden, nach England.

und Gestütspferde ausgeliefert zu erhalten. Die französischen Offiziere drohten in Schwerin, im Weigerungsfalle werde man in Hannover zu den härtesten Massregeln greifen: das Domanium veräussern und das Privateigentum der Landesunterthanen angreifen, auch öffentlich proklamieren, dass die Schweriner Minister an allem schuld wären.

Dieser Erpressungsversuch verfehlte jedoch seine Wirkung. Kielmansegge und Arnsswaldt wandten sich nach Petersburg und Berlin um Hülfe. Von letzterem Hofe wurde der Gesandte Lucchesini angewiesen, Reklamationen bei dem ersten Konsul zu erheben. Die Antwort, welche aus Paris einlief, bestand nach einem Berichte des hannoverschen Gesandten von Ompteda an Georg III. (17. Nov. 1803) wesentlich in folgendem: Napoleon habe alle Ursache gehabt, mit Gewissheit anzunehmen, dass in Schwerin sich ein hannoversches Ministerium befinde, welches seine Autorität trotz der Besetzung Hannovers durch das französische Heer fortgesetzt habe. Da der König von Preussen aber das Gegenteil versichere, und der erste Konsul sich diesem in allen Stücken gefällig zu erweisen wünsche, so wolle er jenen Versicherungen gerne Glauben beimessen. Die ganze Reklamation sei eine Angelegenheit, von der er direkt keine Notiz genommen habe, und die lediglich den kommandierenden General in Hannover angehe. Er hoffe, dass weiter keine Rede davon sein werde.

Eine Zeit lang verstummten nun die Beschwerden der Franzosen, zumal da die beiden hannoverschen Minister auf den Rat des preussischen Ministers von Haugwitz auf einige Zeit Schwerin verliessen und nach ihrer Rückkehr die „Sorgfalt in erforderlicher Verheimlichung der stattfindenden Kommunikationen" verdoppelten. Es dauerte aber nicht lange, so hatte Bernadotte sich von neuem zu beklagen. Im Oktober 1804 äusserte der französische Marschall „in ernstem Tone" zu dem Hofrichter von Bremer, er wisse, dass die Schweriner Minister noch immer einen thätigen Anteil an den hannoverschen Landesangelegenheiten nähmen und Vorschriften und Befehle in das Land ergehen liessen. Namentlich geschehe dies von seiten des Grafen von Kielmansegge: wenn ein Amt im Hannoverschen zu vergeben sei, so schreibe dieser vor, wer dasselbe haben solle. Er (Bern.) dürfe und könne solches nicht gestatten und werde, wenn es nicht hinfort unterbleibe, bei dem mecklenburgischen Hofe darauf dringen, dass sich die beiden Minister aus Schwerin entfernten. Ende Februar 1805 kam Bernadotte in einer Unterredung mit dem Minister von Grote auf jenen Gegenstand zurück und erklärte, es durchaus nicht mehr zulassen zu können, dass Graf Kielmansegge sich in die Landesadministration mische, oder irgend eine Verfügung in das hannoversche Land von Schwerin aus erlasse. Als Grote seinem Zweifel, ob dies wirklich geschehen sei, Ausdruck gab, versicherte Bernadotte „mit steigender Heftigkeit", er sei seiner Sache ganz gewiss und könne, was Kielmansegge unterschrieben habe, vorzeigen. Hannoverscherseits bemühte man sich angelegentlichst, dem französischen Marschall den Verdacht auszureden. Wie die beiden Minister von Kielmansegge und von Arnsswaldt am 12. November 1804 an ihren Kollegen Lenthe berichteten, waren die Behauptungen Bernadottes thatsächlich „fast ganz unrichtig", indem sie seit langer Zeit keine Vorschriften oder Verfügungen erlassen, sondern sich bei ihrer Korrespondenz mit den zu Hannover weilenden Ministern auf „Mitteilung ihrer Meinungen, Benachrichtigungen und Erläuterungen, die für Geschäfte notwendig gewesen und gutenteils von Hannover aus veranlasst worden seien", beschränkt hätten. — Es gelang denn schliesslich auch den französischen Marschall zu beschwichtigen. Graf Kielmansegge und Arnsswaldt haben ihren Aufenthalt zu Schwerin bis zum Ende der ersten französischen Okkupation ruhig fortgesetzt.

Kapitel III.

Die französischen Forderungen während der ersten Okkupation.

Wenn die Franzosen während der ersten Okkupation die Verfassung und Verwaltung des hannoverschen Landes im grossen und ganzen unangetastet liessen, so geschah es aus dem einfachen Grunde, weil sie gar kein Interesse daran hatten, eine französische Administration im Lande einzuführen. Sie hätten von einer solchen Einführung wohl Mühe und Arbeit, aber kaum einen beträchtlichen materiellen Vorteil gehabt. Andere als finanzielle Gründe aber waren für die französischen Befehlshaber nicht massgebend. Die Zeiten waren längst vorbei, wo die Franzosen im ersten Taumel der Freiheit auch den benachbarten Völkern eine Umwälzung ihrer Verfassung zu bringen trachteten. Es kam den französischen Machthabern jetzt in erster und letzter Linie darauf an, möglichst viele pekuniäre Vorteile aus den eroberten Ländern zu ziehen. Wir werden sehen, dass die Bemühungen der hannoverschen Behörden, eine Milderung der mit einer feindlichen Besetzung verbundenen Lasten zu erlangen, vergeblich blieben.

Eins der ersten Geschäfte des Landesdeputations-Kollegiums war gewesen, eine Abordnung, bestehend aus dem Ober-Appellationsrate von Ramdohr und dem Legationsrate von Hinüber, an den ersten Konsul abzusenden. Die Deputation sollte Napoleon vorstellen, dass das hannoversche Land mit dem gegenwärtigen Kriege nichts zu thun habe und darum von der Gerechtigkeit und Milde der französischen Regierung die Befreiung von den Kriegslasten erwarte. Die beiden Abgesandten trafen am 23. Juni in Paris ein. Unterwegs hatten sie den König Friedrich Wilhelm III., der sich damals in Wilhelmsbad befand, aufgesucht. Hier hatten sie die „gnädigste Aufnahme und allenthalben das teilnehmendste Bedauern über die traurige Lage Hannovers gefunden", auch ein königliches Schreiben an den Marquis Lucchesini erhalten, welches diesem befahl, sich nach Kräften für die Sache der Hannoveraner zu verwenden.

In Paris erfuhren Ramdohr und Hinüber zu ihrem Schrecken, dass Napoleon nach den Niederlanden abgereist sei. Erst um die Mitte des Juli erhielten sie die Erlaubnis, dem ersten Konsul nach Brüssel zu folgen. Inzwischen hatte sich die Sachlage durch die Nichtbestätigung der Sulinger Konvention und den Abschluss der Artlenburger Kapitulation wesentlich geändert. Die Deputierten mussten sich jetzt darauf beschränken, um eine schonende Behandlung des Landes und namentlich um Verminderung der französischen Truppenzahl in Hannover, welche mittlerweile auf 30 000 Mann und darüber angewachsen war, zu bitten. — Verhandlungen, in welche Ramdohr und Hinüber über diesen Punkt zu Brüssel mit dem Generaladjutanten Napoleons, Rapp, eingetreten sind, scheinen zu keinem Resultate geführt zu haben. Rapp forderte, Hannover solle 24 000 Mann unterhalten und daneben monatlich eine Kontribution von 1 Million Francs zahlen. Dafür sollten alle Requisitionen aufhören, alle Truppen, die über jene Anzahl hinaus im Lande wären, zurückgezogen und die Civiladministration sofort den Ständen allein übertragen werden. Eine Beaufsichtigung der Stände durch einen französischen Kommissar (Durbach), meinte der General, sei freilich nicht zu umgehen; alle übrigen Personen aber, welche nicht unmittelbar zur Armee gehörten, als Forstadministratoren, Bergwerksbeamte etc. würden das hannoversche Land unverzüglich zu verlassen haben.

Nach Rapps Versicherungen waren dieses die äussersten Konzessionen, welche von dem ersten Konsul zu erwarten standen. Napoleon, so liess er sich vernehmen, glaube bei der jetzigen Lage der Dinge durchaus 36 000 Mann im nördlichen Deutschland haben zu müssen und sei schon entschlossen gewesen, die im Hannoverschen stehende Armee bis zu dieser Anzahl zu vermehren. Um das überbürdete Land zu schonen, wolle aber der erste Konsul die Truppen bis auf 24000 Mann vermindern und ein Reservekorps von 8000 Mann in Holland stehen lassen. Vielleicht werde Napoleon es in einigen Monaten ermöglichen können, ein Mehreres für die Erleichterung Hannovers zu thun, dadurch dass er die Truppenzahl bis auf 12000 Mann verringere; dies hänge von der Gestaltung der politischen Dinge im nördlichen Deutschland ab.

Wir sind nicht genauer unterrichtet, ob jene Vorschläge hannoverscherseits in ernsthafte Erwägung gezogen sind. Vermutlich ist das Verhalten der hannoverschen Deputierten ein ablehnendes gewesen. Zu einem Abkommen ist es jedenfalls nicht gekommen.

Auch die Audienz, welche Ramdohr und Hinüber am 25. Juli zu Brüssel bei dem ersten Konsul hatten, hat keine wesentliche Klärung in der Lage des Kurstaates herbeigeführt. Napoleon soll bei der Gelegenheit gesagt haben: „Ich will nicht, dass das hannoversche Volk zu Grunde gerichtet werde; ich will, dass der französische Name bei Euch in Achtung stehe"[1]. Ferner erhielten die beiden Deputierten von dem ersten Konsul das Versprechen, er wolle alle unnützen Personen, welche nicht zur französischen Armee gehörten, abberufen und den Ständen die freie Administration des Kassenwesens lassen. Die übrigen Napoleonischen Zusicherungen: es sollten nicht mehr Truppen in das Hannoversche gelegt werden, als das Land wirklich zu unterhalten vermöge, und die von Hannover zu tragenden Lasten sollten so genau festgesetzt werden, dass darüber kein Zweifel obwalten könne, waren zu unbestimmt gehalten, um von erheblichem Werte zu sein.

Der Legationsrat von Hinüber ist nach der Brüsseler Audienz nach Hannover zurückgekehrt. Seinen Kollegen Ramdohr finden wir im Herbste 1803 wieder in Paris, wo er seine Bemühungen um eine Verminderung des Okkupationsheeres fortsetzte und bis zum Juli 1806 in hannoverschem Interesse thätig war. — Wirklich verliessen im Oktober 1803 7000 Mann französischer Truppen, grossenteils Kavallerie[2], die Kurlande, welchen dadurch eine merkliche Erleichterung zu Teil wurde. Das dürfte aber nicht sowohl durch Ramdohrs Bemühungen als durch die Intervention der preussischen

---

[1] „Je ne veux pas que le peuple hanovrien soit percé, je veux que le nom français soit aimé chez vous". Archenholz, Minerva J. 1804 I, 503. Vgl. (Schelver), Das Kurfürstentum Hannover S. 36.

[2] 3 Regimenter Kavallerie und 3 Halbbrigaden Infanterie.

Regierung erreicht worden sein, wie denn Ramdohrs Stärke nicht auf dem Gebiete der Diplomatie, sondern auf ganz anderen Gebieten: der Schriftstellerei über Kunst und Jurisprudenz lag[1]).

Im April 1804 haben sich die hannoverschen Stände von neuem veranlasst gesehen, eine Deputation — diesmal waren es der Hofrichter von Bremer und der Landrat von Grote — an Napoleon abzuschicken. Diese hatten am 15. April eine Audienz zu St. Cloud. Napoleon unterhielt sich mit den hannoverschen Deputierten fast eine Viertelstunde über die Angelegenheiten des Kurstaates. Wie der Minister von der Decken seinen Schweriner Kollegen mitteilte, hatte der erste Konsul unter anderem geäussert, es sei unbillig, dass die Hannoveraner, welche mit dem Kriege nichts zu schaffen hätten, die Lasten desselben tragen sollten. Die Unterthanen müssten nur die ordinären Steuern zahlen; was darüber hinaus für die Zwecke der französischen Armee erforderlich sei, möge man durch Verkauf von Domänen herbeischaffen. Als die Deputierten hierauf bemerkten, dass die Stände einen Verkauf der landesherrlichen Domänen nicht vornehmen könnten, da die Domanialeinkünfte von jeher zu des Landes Nutz und Frommen verwandt worden wären, und da sich zudem bei der ungewissen Lage Hannovers schwerlich Käufer finden würden, erwiderte Napoleon, er werde den Verkauf der Kammergüter garantieren, was auch das zukünftige Schicksal des Landes sein werde. Auf die Klage der Deputierten, dass täglich grosse Mengen von französischen Konskribierten in dem Lande ankämen und die Zahl der sich dort aufhaltenden französischen Truppen vermehrten, gab der erste Konsul endlich zur Antwort, es handele sich dabei nur um die Ergänzung der durch Krankheit etc. entstandenen Lücken, indessen werde er einen Teil der Truppen zurückziehen.

Einen sichtbaren Erfolg hat auch die zweite Deputation an den ersten Konsul nicht gehabt. Napoleon hat überhaupt während der ganzen ersten Okkupation wenig Neigung gezeigt, persönlich in das Geschick Hannovers einzugreifen. Wie Rapp einmal den hannoverschen Deputierten mitteilte, war er im Gegenteil sehr geneigt, alles, was sich auf die Besetzung des Landes bezog, seinen Generalen zu überlassen und sich nicht weiter darum zu bekümmern. Eine Verminderung der Truppenzahl hat Napoleon ungeachtet seines Versprechens nicht eintreten lassen. Wohl haben mehrfach Truppenteile das hannoversche Land verlassen, an ihre Stelle traten aber andere. Im November 1803 wird das Okkupationsheer von Napoleon selbst

[1]) Vgl. über ihn F. von Strombeck, Darstellungen aus meinem Leben und aus meiner Zeit. 2. Aufl. I, 206.

auf 29 600 Mann angegeben ¹). Die hannoverschen Angaben variieren zwischen 24 000 und 28 000 Mann. In ihrem Berichte vom 11. April 1804 bemerken die kurfürstlichen Minister, es scheine zum französischen System zu gehören, die wahre Stärke der Besetzungstruppen durch allerhand Mittel nach Möglichkeit zu verbergen, so dass es schwer halte genaue Angaben zu machen. Man wird von der Wahrheit nicht weit abirren, wenn man annimmt, dass sich durchschnittlich 25 000 Mann französischer Truppen im Lande befunden haben. Erst im Spätsommer des Jahres 1805 sank diese Anzahl auf etwa 20 000 Mann herab.

Dass Napoleon seine Generale im Hannoverschen gewähren liess, hat dem Kurstaate manche nachteilige Veränderungen in der Landesadministration erspart. Dafür musste das Land aber recht beträchtliche Geldsummen aufwenden, um sich die Geneigtheit der Generalität zu erwerben und zu erhalten. Uneigennützigkeit war ein Begriff, der den französischen Befehlshabern jener Zeit mit wenigen rühmlichen Ausnahmen gänzlich fremd gewesen zu sein scheint. Ein ausgiebiges Beweismaterial dafür bieten uns die Protokolle des geheimen Ausschusses vom Landesdeputations-Kollegium.

Am weitesten in seinen Ansprüchen ging derselbe General Mortier, von welchem der französische Gesandte in Berlin, Laforest, versichert hat, dass man gerade ihn mit der Besetzung des Landes betraut habe, um dieselbe in möglichst schonenden Formen auszuführen²). Gleich nach seiner Ankunft forderte Mortier eine Kontribution von 2½ Millionen Fr. von dem hannoverschen Lande³): angeblich, um sie zu Gratifikationen für das Heer zu verwenden. Sie war aber vorwiegend, vielleicht ausschliesslich für die Tasche Mortiers und seiner nächsten Vertrauten bestimmt. Hören wir, was der Hofrichter von Bremer in der Sitzung des geheimen Ausschusses vom 24. August 1803 darüber vortrug. Durbach, der Schwager Mortiers, berichtete er, habe ihm zu erkennen gegeben, es sei soviel Gerede, selbst in Paris über die beim Einmarsch der französischen Truppen entrichteten 2½ Millionen Fr. entstanden, dass Mortier wohl oder übel eine Million Fr. an den Staatsschatz habe abliefern müssen. Da nun dem General diese Summe entgangen sei, so sei es billig, dass er sie auf andere Weise ersetzt erhalte. Dies lasse

---

¹) Bericht Lucchesinis vom 30. Nov. 1803. Bailleu, Preussen und Frankreich II, 216.

²) Ompteda, Die Überwältigung Hannovers S. 148, Anm. 1.

³) Ursprünglich soll die Forderung Mortiers 3 Millionen Fr. betragen haben; auf die Vorstellungen der hannoverschen Behörden soll aber von dieser Summe ein Sechstel abgesetzt worden sein. Havemann, Das Kurfürstentum Hannover S. 18.

sich in jedem Falle leicht bewerkstelligen, da Mortier verordnet habe, dass die Magazine für die französische Armee im voraus auf 2 Monate gefüllt werden sollten. Die deswegen abzuschliessenden Kontrakte böten sichere Gelegenheit, jene Million ohne Aufsehen wieder einzubringen. Wolle man aber hannoverscherseits dem General Mortier die Million erstatten, ohne dass solches im mindesten bekannt werde, so sei derselbe geneigt, sich jenes Auskunftsmittels zu enthalten und werde dem Lande volle Freiheit bei der Eingehung von Lieferungs- und Verpflegungskontrakten lassen.

Im geheimen Ausschusse hielt man es für geraten auf den Vorschlag Durbachs einzugehen. Es war nur zu wohl begründet, dass der General Mortier auf dem bezeichneten Wege mit Leichtigkeit eine Million und darüber herausschlagen konnte. Man überlieferte also dem Schwager Mortiers jene Summe in ständischen Obligationen und empfing dafür das Versprechen, sich auf keine Weise in das Lieferungswesen einmischen zu wollen.

Damit war jedoch die Reihe der „Geschenke", welche Mortier erhielt, noch nicht zu Ende. Von den Ständen des Landes bekam er ein „don gratuit" von 100 000 Fr. Bei einer anderen Gelegenheit erhielt er sechs Gedecke des feinsten Tischzeuges. — Ein besonders beliebtes und begehrtes Geschenk waren Wagen und Pferde. Die ganze französische Generalität im Lande, Mortier an der Spitze, musste damit versehen werden. Es kam sogar vor, dass französische Generäle ein Pferd, welches ihnen aus irgend einem Grunde nicht gefiel, oder welches unbrauchbar geworden war, zurückschickten und sich ein neues, besseres ausbaten.

Wir hören, dass die vornehmsten und ersten Würdenträger des französischen Staates auf den General Mortier wegen seiner Einnahmen und Geschenke im Hannoverschen ungemein eifersüchtig gewesen seien. Es fehlte in Paris nicht an findigen Köpfen, welche Lust verspürten, auch etwas von dem Reichtume zu erhalten. So liess Madame Talleyrand, die Frau des bekannten französischen Ministers, eines Tages dem Oberappellations-Rate von Ramdohr mitteilen, die hannoverschen Deputierten (von Bremer und von Grote) hätten ihr zu erkennen gegeben, dass man in Hannover die Absicht hege, auch ihr ein Geschenk zu machen, sie würde aber höchstens einiges Tafelservice annehmen. Wie Bremer nachher im geheimen Ausschusse versicherte, hatte man auch nicht im entferntesten zu solcher Äusserung Anlass gegeben. Einem so unverblümt ausgesprochenen Wunsche konnte man indessen nicht auf gute Art ausweichen, und so erhielt Madame Talleyrand ebenfalls sechs Gedecke feines Tischzeug.

Recht reichlich liess sich auch der Schwager Mortiers, Durbach, von den Ständen bedenken. Gleich bei Beginn der Besetzung hatte er „um nachteilige Veränderungen in der Administration des Landes abzuwehren", 5000 ℳ erhalten. Gegen das Ende des Jahres 1803 gab Durbach einen scheinbaren Beweis von Uneigennützigkeit, indem er auf eine ihm von Mortier ausgesetzte Besoldung von monatlich 4000 Fr. verzichtete. Wie er dem Hofrichter von Bremer bei diesem Anlass mitteilte, war es ihm „Belohnung genug, in seiner Lage vieles zur Erleichterung des Landes beitragen zu können". Auch setze ihn, fügte er hinzu, sein eigenes Vermögen über die Notwendigkeit hinweg, eine Besoldung anzunehmen. — Es war aber dem französischen Gouvernementskommissar mit solcher Gesinnung nicht Ernst. Wenig später musste ein vertrauter Sekretär zur Kenntnis des geheimen Ausschusses bringen, dass Durbach „ein Geschenk zum Andenken und zum Beweise des Zutrauens und der Zufriedenheit mit seinem Benehmen abseiten der Hannoveraner gerne sehen werde". Der Wunsch des Kommissars richtete sich auf einen kostbaren Ring, der ihm bei einem Kaufmanne in der Stadt Hannover aufgefallen war, und welcher einen weit höheren Wert besass, als die von ihm ausgeschlagene Gehaltssumme betrug. Wenn er diesen Ring zum Geschenk erhalte, liess der habsüchtige Mann sagen, so werde er sich gewiss möglichst bemühen, dass das Land Erleichterungen erhalte und vor neuen Anforderungen gesichert werde. — Im geheimen Ausschusse erwog man, dass Durbach thatsächlich manches zum Besten des Kurfürstentums gethan und sich den beabsichtigten Eingriffen anderer französischer Beamten in die Landesverwaltung stets widersetzt habe. Gleichwohl nahm man Anstand, jenem ein so kostspieliges Geschenk zu machen. Als aber Durbach sich im Februar 1804 zu einer Reise nach Paris anschickte und als deren Hauptmotiv angab, er wünsche Napoleon zu überzeugen, dass das hannoversche Land über Gebühr und Vermögen belastet sei und darum einer Erleichterung dringend bedürfe, hielt der Ausschuss es für notwendig, den Schwager Mortiers in so löblichen Gesinnungen zu bestärken. Der betreffende Ring wurde für 29 000 ℳ angeschafft und ging in Durbachs Besitz über.

Sehr charakteristisch für die französische Generalität ist folgende Geschichte. Bekanntlich war durch die Konvention von Artlenburg das gesamte Waffenmaterial der hannoverschen Armee den Franzosen zugefallen und zur Fortschaffung nach Frankreich bestimmt. Im Oktober 1803 erbot sich nun der Artilleriegeneral Dulauloy, er wolle gegen Zahlung von 50 000 ℳ einen Teil des Geschützes im Lande zurücklassen. Als man hannoverscherseits einwandte: Dulauloy könne abberufen werden, und alsdann sei das Geld umsonst verausgabt, bemerkte Durbach, der auch hier den Zwischenhändler spielte, man erhalte mehr Sicherheit durch den Umstand, dass der Chef des französischen Artilleriewesens, General Marmont, um die Sache wisse. Dieser pflege von einer jeden Armee im Auslande Einkünfte zu beziehen und habe den General Dulauloy selbst durch einen seiner Adjutanten auf die fragliche Idee gebracht. — Unter solchen Umständen ging man in Hannover auf das Geschäft ein, zumal da der um Rat gefragte Minister von der Decken die Zusicherung gab, dass die 50 000 ₰ den Ständen später aus den königlichen Kassen ersetzt werden sollten. Dulauloy versprach bei der Ablieferung der ersten Hälfte des Geldes wenigstens 200 Stück Kanonen, 10 000—15 000 Gewehre, und eine beträchtliche Menge Pulver und Blei zurückzulassen. Das aufgewandte Geldopfer verfehlte aber seinen Zweck. Es dauerte richtig nicht lange, so wurde Dulauloy abberufen und Marmont vom Artilleriekommando in Paris zur französischen Armee in Holland versetzt. Der Nachfolger des ersteren, General Eblé, einer der wenigen unter den französischen Generalen, dem eine „edle, uneigennützige Denkungsart" nachgerühmt werden kann, wollte sich auf ein ähnliches Übereinkommen nicht einlassen und begann gleich nach der Übernahme seines Kommandos wieder mit der Absendung von Geschützen und Waffen nach Frankreich.

In etwas besserten sich diese Zustände, welche die französische Generalität in wenig günstigem Lichte erscheinen lassen, seit Mortier und Durbach im Februar 1804 nach Frankreich zurückgekehrt waren. Der interimistische Nachfolger Mortiers, General Dessolle, hat keinerlei Geschenke für seine Person angenommen und nur um eine Gratifikation für seinen Adjutanten und ersten Sekretär gebeten. Auch der Marschall Bernadotte hat darauf geachtet, dass dieser oder jener General nicht allzu unverschämte Forderungen stellte. Er selbst durfte freilich nicht leer ausgehen. Als die Stände ihm bei seiner Ankunft nicht gleich ein grösseres Geldgeschenk darbrachten, musste der Adjutant des Marschalls recht deutliche Anspielungen machen. Danach sollte Talleyrand geäussert haben, Napoleon selbst wünsche, dass der Marschall seine Umstände in Hannover verbessern möge und sich dort ein Vermögen sammele. Früher, „dans le temps où on parlait encore de vertu", (!) habe der Marschall das nicht thun wollen. — Gelegentlich liess Bernadotte selbst in einem Gespräche mit dem Kommerzrate Brandes einfliessen, er sei arm, obgleich er Gelegenheit gehabt habe, sich ein Vermögen von 400 000 Fr. Renten zu erwerben. So mussten die Stände sich wohl oder übel dazu verstehen, dem Marschall ein Geschenk von 100000 Fr. zu machen. Später, im Jahre 1805, musste demselben noch zweimal eine gleiche Summe verabfolgt werden. Es war also nicht völlig richtig, wenn die hannoverschen Minister am 9. August 1805 an Georg III. berichteten, Bernadotte vereinige „mit einem sehr hellen Scharfblicke einen zwar etwas heftigen, aber zugleich edelmütigen, uneigennützigen und menschenfreundlichen Charakter" [1]).

Alle jene geheimen Verwendungen für die französischen Generale etc. wurden aus einer zu solchem Zwecke besonders etablierten Kasse bestritten, welche ihre Zuschüsse aus den verschiedenen landschaftlichen Kassen, namentlich der calenbergischen Landrenterei, empfing. Die Rechnung über diese sogenannte „Geheime" Kasse führte der calenbergische Landrentmeister Dr. Wendeborn, nach dessen Abgang sein Amtsnachfolger Hansing. Die Einnahme der Geheimen Kasse betrug in der Zeit vom 12. Juli 1803 bis zum 31. März 1806 482778 ₰ 5 ₰ 5 ₰, die Ausgabe 455850 ₰ 29 ₰ 7 ₰. Zusammen mit den 3½ Millionen Fr., welche an Durbach für den General Mortier ausgezahlt und nicht aus der geheimen Kasse, sondern teils aus öffentlichen Landeskassen, teils in ständischen Obligationen entrichtet worden waren, macht die Ausgabe eine Gesamtsumme von über 5½ Millionen Fr. aus.

Zu diesen von dem ganzen hannoverschen Lande aufgebrachten Summen kommen noch die oft beträchtlichen „Geschenke", mit denen die einzelnen Städte und selbst Dörfer sich das Wohlwollen ihrer Kommandanten oder anderer französischer Befehlshaber erkaufen mussten. Die Gesamtsumme derselben festzustellen ist begreiflicherweise nicht möglich. Die grössten Geldopfer brachte die Stadt Osnabrück. Der osnabrücksche Kanzleirat von Bar schrieb darüber am 5. Juli 1803 an den Geheimen Rat von dem Bussche: „Leider hat man in Osnabrück mehr als in irgend einer anderen Stadt des Kurfürstentums — Hannover nicht ausgenommen — und ich fürchte ohne allen weiteren Nutzen für das Land, verschenkt" [2]). Von zuverlässiger Seite wird berichtet, dass allein der General Drouet in Osnabrück 125000 Fr. erhalten habe [3]).

Legten die geheimen Verwendungen und Geschenke für die französische Generalität dem Lande und seinen Bewohnern schon bedeutende Geldsummen auf, so wollten sie doch nicht viel besagen

---

[1]) Vgl. auch (Schelver), Das Kurfürstentum Hannover S. 58 f.
[2]) St. A. Osnabrück.
[3]) Heinrich David Stüve S. 60. — Wegen Hannovers vgl. Hausmann, Erinnerungen aus dem 80jährigen Leben eines hannoverschen Bürgers S 45.

gegenüber den ungeheuren Kosten, welche die Anwesenheit des französischen Heeres in Hannover mit sich brachte. Wir haben oben gesehen, dass die Zahl der französischen Truppen im Lande zwischen 20000 und 30000 Mann schwankte, zeitweise wohl gar über 30000 stieg. Der ganze Unterhalt derselben — Sold, Kleidung, Verpflegung und sonstige Bedürfnisse — musste von dem Kurfürstentume bestritten werden. Zu Anfang September 1803, wo die Truppenzahl am höchsten war, erforderte allein der Sold monatlich 900000 Fr.[1]). In ihrem Berichte an Georg III. vom 11. Apr. 1804 geben die hannoverschen Minister an, die Löhnung der französischen Armee betrage gegenwärtig im Monate 178000 ₤ (ca. 800000 Fr.). Die Verpflegung werde zum Teil durch die Naturallieferungen der Landesunterthanen beschafft, doch seien diese so wenig hinreichend, dass vielmehr monatlich an die 70—75000 ₤ aus den landständischen Kassen zugeschossen werden müssten. — Darnach erforderten Sold und Verpflegung zusammen pro Monat aus den öffentlichen Kassen ca. 250000 ₤. Für ein ganzes Jahr würde das eine Summe von 3 Millionen Thalern oder 13½ Millionen Francs ausmachen.

Diese Summen sind sich während der Dauer der französischen Okkupation ziemlich gleich geblieben. Während der zweiten Hälfte des Jahres 1804 beanspruchte die monatliche Verpflegung des französischen Heeres 148883 ₤[2]). Hiervon sollten vermittelst der Naturallieferungen 76539 ₤ aufgebracht werden. In Wirklichkeit kamen aber bloss etwa 67000 ₤ auf. Folglich reichte auch der Zuschuss der landschaftlichen Kassen nicht aus, den Bedarf der Generalmagazin-Direktion, welche die Verpflegung der Truppen leitete, zu decken. Die Generalmagazin-Kasse blieb somit mit ihren Zahlungen beträchtlich im Rückstande, was den französischen Generälen wiederholt zu lebhaften Beschwerden Anlass gab.

Gegen das Ende der Okkupationszeit sind die Kosten für die Löhnung und Verpflegung entsprechend dem verminderten Bestande der Okkupationsarmee etwas gesunken. Nach dem ministeriellen Berichte vom 9. August 1805 betrug der Sold der französischen Truppen im Mai 1805 statt der bisherigen 800000 Fr. etwa 700000 Fr. und die Verpflegung 136000 ₤.

Auch für die Bekleidung und Ausrüstung der Truppen hatten die Kurlande recht hohe Aufwendungen zu machen[3]). Dieselben steigerten sich dadurch, dass fast täglich aus dem Inneren Frankreichs

---

[1]) Tagebuch der Vorfälle S. 75.
[2]) Promemoria des Landesdeputations-Kollegiums vom 20. Juli 1805.
[3]) Vgl. Tagebuch der Vorfälle, Heft II, S. 85 f. und Lenthe, Archiv I, 170.

zur Ergänzung der französischen Regimenter Transporte von Rekruten anlangten, welche auf hannoversche Kosten neu eingekleidet werden mussten. Es wird behauptet, dass die jährliche Ausgabe für diesen Zweck 1 840 000 Fr. betragen habe[1]). Hierher gehören auch die Ausgaben für die Remontierung der französischen Kavallerie. Nicht allein war nach der Kapitulation von Artlenburg der gesamte Pferdebestand der hannoverschen Armee (ca. 3500 Pferde) den Franzosen überliefert worden, sondern auch nachher mussten dem Feinde mehrfach grössere Mengen Pferde geliefert werden[2]). Der französische Geschichtsschreiber Thiers giebt an, dass der Besitz Hannovers der Kavallerie seines Landes von sehr grossem Nutzen gewesen sei und ihr ein vorzügliches Pferdematerial verschafft habe[3]).

Zu den bisher angeführten ständigen kam noch eine grosse Menge anderer Ausgaben hinzu. So mussten mehrere Hospitäler für die französischen Soldaten unterhalten werden, welche auch nach der ersten Einrichtung monatlich noch 15 000 ℳ in Anspruch nahmen[4]). Auch die Tafelgelder der Offiziere verschlangen grosse Summen. Anfänglich sollen sie allein für das Hauptquartier zu Hannover mehr als 12 000 ℳ im Monate betragen haben[5]); später wurden sie durch den Marschall Bernadotte auf die Hälfte reduziert. Letzterem wird überhaupt nachgerühmt, dass er eine genaue Sparsamkeit in Betreff der Lieferungen für die Armee beobachtet habe[6]).

Keine Ausgabe erschien aber der hannoverschen Bevölkerung gehässiger, als die für eine in dem Kurfürstentum zu bildende „Hannoversche Legion". Wenn die Franzosen glaubten, die hannoverschen Unterthanen würden mit Freuden in den glorreichen Dienst der Republik treten, so irrten sie sehr. Statt der 5000 Mann, auf welche man gerechnet hatte, brachte man mit Mühe 3000 Mann zusammen, unter denen sich nur wenige Hannoveraner befanden. Die meisten Angeworbenen waren Braunschweiger und andere Deutsche[7]). Anwerbung, Ausrüstung und Unterhaltung dieses Korps erfolgten natürlich auf hannoversche Kosten. Nach einem Schreiben des Ministers von der Decken vom 11. Juli 1804 an seine

---

[1]) Diese Angabe dürfte allerdings stark übertrieben sein. Wenigstens wird in dem Tableau über die Kosten der ersten französischen Okkupation die gesamte Ausgabe der öffentlichen Kassen für den fraglichen Gegenstand auf bloss 1 546 074 Fr. angegeben. Vgl. S. 94.
[2]) Lenthe, Archiv I, 170.
[3]) Thiers, Histoire de l'Empire IV, 405 f.
[4]) Vgl. (Schelver), Das Kurfürstentum Hannover S. 39.
[5]) Das. S. 41 f. Vgl. Tagebuch der Vorfälle II, 84, 86.
[6]) Vgl. (Schelver), Das Kurfürstentum Hannover unter den Franzosen S. 58 f.
[7]) Vgl. Hausmann S. 47, Mierzinsky S. 10, Schelver S. 56 f.

Kollegen zu Schwerin „zeichnete sich dieses verhasste Korps durch seine Indisciplin aus und veranlasste wegen der häufigen Desertion immer neue Requisitionen von Pferden, Montierungs- und Armaturstücken, und viele Vexationen und Bedrückungen". Es bedeutete darum eine fühlbare Erleichterung für den Kurstaat, als die Legion im Winter 1804/5 nach Frankreich aufbrach.

Nach dem vorstehenden wird es keineswegs übertrieben erscheinen, wenn in den Berichten der hannoverschen Behörden angegeben wird, dass in der Zeit vom Einmarsche der französischen Truppen bis zum 23. December 1803 aus den öffentlichen Kassen bereits 13 463 395 Fr. oder etwa 3 325 000 ₰ für die französische Armee wirklich bezahlt, während 5 880 861 Fr. teils rückständig, teils vorläufig mit Wechseln und ständischen Obligationen berichtigt seien. Darin waren weder die von den Kommunen wegen der französischen Armee aufgewandten oft sehr beträchtlichen Kosten, noch die von den einzelnen Unterthanen getragenen Einquartierungs-, Kriegerfuhren- und sonstigen Lasten einbegriffen. — Bis zum 21. Mai 1804 stiegen die Ausgaben der Landeskassen für die französische Armee auf 25 597 882 Fr.

Für die folgende Zeit fehlen leider die Angaben; doch liegt ein Tableau über die Kosten der ganzen ersten französischen Okkupation vor, welches von den hannoverschen Behörden zu Beginn der zweiten französischen Okkupation (27. Februar 1807) dem Intendanten Belleville überreicht wurde. Wir geben es im folgenden wieder:

1) Kriegskontribution beim Einmarsche des französischen Heeres .... 2 497 432 ½ Fr.
2) Sold .... 22 484 399 ½ „
3) Truppenverpflegung (Nourriture) .... 25 381 791 „
4) Durchmarsch des französischen Heeres durch neutrales Gebiet[1] .... 663 858 „
5) Hospitäler .... 2 476 125 „
6) Tafelgelder .... 2 038 990 ½ „
7) Kleidung (Habillement) .... 1 546 074 „
8) Remontierung der französischen Kavallerie ... 1 351 863 „
9) Hannoversche Legion .... 190 845 „
10) Artillerie, befestigte Plätze und Lager[2] ..... 431 590 ½ „

Zu übertragen 59 062 969 Fr.

[1] Es handelt sich dabei um den Marsch der Bernadotteschen Armee im Oktober 1805 nach Süddeutschland, dessen Kosten von dem Kurfürstentum getragen wurden.
[2] Es ist nicht recht ersichtlich, was mit diesem Artikel gemeint ist. Wahrscheinlich handelt es sich um Befestigungs-arbeiten, welche an den Küsten der Nordsee und bei den Festungen Nienburg und Hameln vorgenommen wurden.

		Übertrag 59 062 969	Fr.
11)	Feuerung...............................	198 760 $^1/_2$	„
12)	Transportkosten.......................	440 986 $^1/_2$	„
13)	Besoldungen und Bureaukosten der im Dienst der französischen Armee stehenden Beamten.	675 625 $^1/_2$	„
14)	Agio, Provisionen und Verluste bei den Anleihen	824 710 $^1/_2$	„
15)	Ausserordentliche Ausgaben...............	1 172 916	„
		Sa. 62 375 868	Fr.

Wir haben keinen Grund an der Richtigkeit dieser Zahlen zu zweifeln. Nur muss von der Totalsumme abgerechnet werden: einmal der darin enthaltene Betrag von 1 029 056 Fr., welcher den hannoverschen Ständen im Jahre 1806 von der preussischen Regierung vorgeschossen wurde, um den Sold der in der Festung Hameln zurückgebliebenen französischen Garnison zu berichtigen, und zweitens eine Summe von 813 164 Fr., welche der Graf von Bentheim an den „Payeur général" der französischen Armee als einen Teil der Auslösungssumme für die Grafschaft Bentheim erlegte[1]). Durch die Absetzung dieser beiden Beträge reduziert sich die den öffentlichen Kassen des Kurfürstentums zur Last gefallene Geldsumme auf

60 533 648 Fr.

Das war zu jener Zeit für ein Land wie Hannover eine gewaltige Summe, welche das gesamte Staatseinkommen um mehr als das Dreifache überstieg. Wir erinnern uns, dass die öffentlichen Einkünfte des Kurfürstentums sich in Friedenszeiten im Maximum auf 4—4$^1/_2$ Millionen Thaler[2]) beliefen. Während der Okkupation gingen die Einnahmen aber um ein Beträchtliches herunter. Denn bei der wachsenden Notlage im Lande brachten die gewöhnlichen Steuern längst nicht dasselbe „Quantum" ein, welches sie vor der französischen Invasion eingetragen hatten. — Ein Gleiches galt von den Domanialintraden. Insbesondere wurden durch die über Weser und Elbe verhängte Sperre die bedeutenden Einnahmen namentlich der Elbzollämter erheblich geschmälert. Ebenso stockte zum grossen Teile der Eingang der Zinsen von den Aktivkapitalien der General- resp. Kammerkasse. Von den 4 Millionen Thalern, welche bei der

---

ferner um die Verproviantierung der letzteren Festung im Oktober 1805, und um die Sommerlager, welche 1805 bei Verden, Lüneburg und Hannover für die französischen Truppen eingerichtet wurden.

[1]) Bekanntlich befand sich die Grafschaft Bentheim seit 1753 in hannoverschem Pfandbesitze. Jetzt benutzte der Graf von Bentheim, die französische Okkupation, um durch Auszahlung der (halben) Pfandsumme an Frankreich wieder in den Besitz der Grafschaft zu gelangen. Vgl. Schelver S. 55 f.

[2]) Siehe das einleitende Kapitel.

englischen Bank belegt waren, sind die Zinsen z. B. nur bis zum Beginn des Jahres 1804 ausgezahlt worden. In einem dem französischen Gouvernement zu Beginn des Jahres 1804 eingereichten Promemoria wird die Summe aller Einkünfte des Kammerkollegiums auf 1 345 112 ℳ und die Summe der diesen gegenüberstehenden Ausgaben auf 792 925 ℳ angegeben, nämlich:

A. Einnahme.
1) Reineinkommen der sämtlichen Domänen (inkl. Zölle) 1 100 000 ℳ
2) Bergwerke und Forsten des Harzes . . . . 70 000 .
3) Überschüsse der Postämter . . . . 83 672 .
4) An Agio . . . . 21 237 .
5) Zahlungen von der Kriegskanzlei . . . . 14 400 .
6) Zinsen . . . . 13 821 .
7) Salzwerk zu Rothenfelde . . . . 14 000 .
8) Einkünfte aus Bentheim . . . . 10 000 .
9) Einkünfte des Gutes zu Palsterkamp . . . . 4 448 .
10) Ausserordentliche Einnahmen . . . . 6 034 .
                 1 345 112 ℳ

B. Ausgabe.
1) Unterhaltung des Hofstaates . . . . 90 880 ℳ
2) Unterhaltung des adeligen Erziehungsinstituts Georgianum . . . . 18 300 .
3) Jagddepartement . . . . 12 385 .
4) Schlösser, landesherrliche Gebäude etc . . . . 44 400 .
5) Besoldungen . . . . 159 487 .
6) Pensionen und Gratifikationen . . . . 39 611 .
7) Chausseebau, wenigstens . . . . 27 600 .
8) Pacht der Saline zu Salzderhelden . . . . 4 200 .
9) Landesgestüt zu Celle, sonst 22 400 ℳ, jetzt . . . . . 1 591 .
10) Vorschüsse (darunter allein 100 000 ℳ für die Harzbergwerke) . . . . 124 000 .
11) Öffentliche Institute . . . . 10 768 .
12) Kommissionen . . . . 3 342 .
13) Verschiedene Kosten der öffentlichen Verwaltung . 91 333 .
14) Zinsen . . . . 130 000 .
15) Pensionen an mecklenburgische Prinzen . . . . 8 000 .
                  792 925 ℳ

Was die Einnahme der Kammer betrifft, so wird sie ohne Zweifel mehr betragen haben, als der obige Etat angiebt. Wir haben ja bereits gesehen, dass manche Zuflüsse der Kammerkasse den Franzosen verborgen geblieben sind. Die Ausgabe hinwieder würde eine weit grössere gewesen sein, wenn nicht nach der Besetzung des Landes manche Verwendungen, so für das Marstallsdepartement, für die Gesandtschaften (40 496 ℳ) und namentlich für das hannoversche Militär (220 000 ℳ) hinweggefallen, andere wenigstens gekürzt wären.

Im übrigen nahmen die französischen Befehlshaber auch nach der Einreichung jenes Promemorias (Anfang 1804) noch beträchtliche Streichungen und Kürzungen in den Ausgaben für die hannoversche Verwaltung vor. Wenn dadurch auch grössere Summen für die Kosten der französischen Okkupation disponibel wurden, so ergiebt sich doch ohne weiteres, dass mit den gewöhnlichen Einkünften des Kurfürstentums nur der kleinere Teil jener Kosten aufgebracht werden konnte. Thatsächlich sind aus den Kammerintraden nur 10 735 308 Fr. und aus den landschaftlichen Einkünften oder Steuern nur 8 668 629 Fr., insgesamt also aus den ordinären Einnahmen 19 403 937 Fr. auf die Befriedigung der französischen Forderungen verwandt worden [1]).

Wie sich die 8 668 629 Fr. im einzelnen auf die verschiedenen Landschaften verteilen, vermögen wir nicht anzugeben. Die auf die Kammer entfallenden 10 735 308 Fr. setzten sich nach dem vorhin erwähnten Berichte an den Intendanten Belleville aus folgenden Summen zusammen:

1) Kassenbestand am 5. Juni 1803	149 715	Fr.
2) Eingelaufene Domanialrückstände	840 001 ½	„
3) Laufende Domanialeinkünfte	7 957 831 ½	„
4) Osnabrücksche Einkünfte	448 960 ½	„
5) Bentheimische Rückstände	16 267 ½	„
6) Überschüsse und Zahlungen der Postämter . .	1 322 532	„
	10 735 308	Fr.

Da nun die ordinären Einkünfte bei weitem nicht hinreichten, die Ausgaben für die französische Okkupation zu decken, so musste in ausgedehntem Masse von ausserordentlichen Hülfsmitteln Gebrauch gemacht werden.

Die Massregel, zu welcher das Landesdeputations-Kollegium in erster Linie seine Zuflucht nahm, war die Anlage ausserordentlicher Steuern und Auflagen. In den meisten Landschaften sind während der ersten Okkupation drei ausserordentliche Kriegssteuern ausgeschrieben worden, die erste gleich zu Beginn der Okkupation, die zweite im Februar 1804 und die dritte im April 1805. Das Landesdeputations-Kollegium hatte dabei nichts weiter zu thun, als das Steuerquantum, welches man aufgebracht haben wollte, auf die grösseren und

---

[1]) Wie hoch die Summen gewesen sind, welche während der französischen Okkupation auf die heimische Verwaltung des Landes verwandt wurden, lässt sich leider aus den Akten nicht ersehen.

kleineren Provinzen zu reparlieren[1]). Bei dem gänzlichen Mangel eines einheitlichen Steuerwesens musste es den Landschaften überlassen bleiben, auf welche Art und Weise sie die von ihnen zu erlegende Steuersumme aufbringen wollten. Da mussten natürlich die in den einzelnen Provinzen eingeführten Kriegssteuern in jeder Hinsicht grosse Unterschiede aufweisen.

Die in Calenberg-Grubenhagen unter dem 16. Juli 1803 ausgeschriebene „allgemeine extraordinäre Kriegssteuer" ging in der Hauptsache auf die „Defensionssteuer" vom 25. Mai 1798, die zur Tilgung der durch die militärische Besetzung der Demarkationslinie verursachten Kosten eingeführt worden war, zurück[2]). Die sehr komplizierte Defensionssteuer ward erhoben „von allen Einkünften aus dem Grundvermögen des Fürstentums und dem Ertrage des Gewerbes und der Besoldungen, auch übrigen Dienstemolumenten, und von allen weder zum Landhaushalte noch zum Gewerbe erforderlichen männlichen Bedienten". Die taxpflichtigen Insassen des platten Landes und der kleineren Städte mussten dabei das Anderthalbfache des gewöhnlichen Dorf- und Städte-Dingtaxtes bezahlen, einer Abgabe vom Grundbesitze, welche allerdings ziemlich unerheblich war und beispielsweise im Fürstentum Göttingen kaum den zehnten Teil des Licentes eintrug[3]). Besitzer von taxfreien Immobilien, also alle Inhaber von Rittergütern und sonstigen exemten Grundstücken auf dem Lande und in den kleineren Städten, sowie die Besitzer von Immobilien in den dem Taxt überhaupt nicht unterworfenen Städten Hannover, Göttingen, Northeim, Hameln und

---

[1]) Im Spätsommer 1803 einigten sich die hannoverschen Stände dahin, dass, so oft von den Provinzen die Summe von 100 000 ℳ aufgebracht werden müsse, die einzelnen Provinzen folgende Summen tragen sollten:

1) Calenberg-Grubenhagen	30 775 ℳ	6 mgr	2 ₰
2) Lüneburg	27 114 „	24 „	7 „
3) Bremen-Verden	20 036 „	18 „	4 „
4) Hoya	7 320 „	31 „	5 „
5) Lauenburg	1 915 „	23 „	4 „
6) Hadeln	1 129 „	28 „	1 „
7) Diepholz	1 195 „	27 „	2 „
8) Separierte Örter	305 „	1 „	4 „
9) Kloster Marienrode	38 „	15 „	— „
10) Osnabrück	10 168 „	— „	3 „
	Sa. 100 000 ℳ.		

Lenthe, Archiv I, 171.
[2]) Hannoverische Anzeigen J. 1798, St. 53 und 54.
[3]) Vgl. S. 19 f. — Der Licent trug nach einem Durchschnitt von 8 Jahren (1799—1807) im Göttingischen jährlich 78 420 ℳ, der Taxt nach einem sechsjährigen Durchschnitte (1801—1807) 7839 ℳ ein.

Münden hatten jährlich 2 % vom Ertrage ihrer Besitzungen zu entrichten. Von den Pächtern verlangte die Defensionssteuer 1 % des Pachtgeldes. Das Gewerbe wurde von ihr in der Weise herangezogen, dass die kleinen Bürger und Inquilinen, welche „bloss von ihrer Hände Arbeit und zufälligem Verdienst lebten oder sonst eine unbeträchtliche Hantierung trieben", jährlich 12 *mgr* entrichten mussten. Handwerker zahlten in drei Klassen 18 *mgr*, 24 *mgr*, 1 ₰, ausserdem für einen jeden Gesellen 12 *mgr*. Die übrigen Gewerbetreibenden in Stadt und Land: Kaufleute, Bierbrauer, Gastwirte, Ärzte, Advokaten u. s. w. erlegten 1 % ihres jährlichen Erwerbes. Auch die Staatsdienerschaft hatte 1 % ihrer gesamten Diensteinkünfte zu entrichten. Endlich wurden ganz allgemein für jeden nicht ausschliesslich zum Ackerbau oder Gewerbe verwandten Dienstboten jährlich 4 ₰ gezahlt.

Diese Defensionssteuer ward, wie gesagt, der Kriegskontribution von 1803[1]) zu Grunde gelegt. In zwei Zahlungsterminen (1. August 1803 und 15. November 1803) musste der ganzjährige Betrag einer solchen Defensionssteuer entrichtet werden. Eine Veränderung trat nur insofern ein, als die Kriegssteuer auch auf die reinen Einkünfte von Aktivkapitalien (2 %) ausgedehnt wurde. Auf der anderen Seite wurden die wirklich mit Einquartierung belasteten Häuser diesmal von der Steuer befreit.

Die zweite allgemeine extraordinäre Kriegssteuer für Calenberg-Grubenhagen ward am 10. Februar 1804 ausgeschrieben. Sie glich durchweg der ersten Auflage, nur fand eine Ermässigung der Ansätze auf den 1½ fachen Betrag des zweiten Termins, mithin auf ¾ der ersten Steuer überhaupt statt.

Eine beträchtliche Erhöhung der ursprünglichen Ansätze brachte hingegen die dritte Steuer vom 2. April 1805. Die Abgabe von dem taxtpflichtigen Grundeigentume und den Pachtungen, von den Pensionen und den männlichen Bedienten wurde verdoppelt, die Abgabe von den taxtfreien Immobilien, von den Besoldungen und Zinsen verdreifacht. Die städtischen Erwerbs- und Nahrungszweige mussten sogar, „in dem Betracht, dass dieses Steuerobjekt im Verhältnis dessen, was vom Grundeigentum durch Naturallieferungen, Fuhren, Einquartierung und andere Prästationen zu den allgemeinen Kriegskosten beigetragen sei und noch ferner geleistet werde, weniger belegt worden sei", das Sechsfache der Auflage vom Jahre 1803 zahlen. Erweitert wurde die neue Steuer noch durch eine Hausgenossen-

1) Das Steuerausschreiben vom 16. Juli 1803 ist gedruckt in den „Hannöverischen Anzeigen" J. 1803, St. 57. In diesem Blatte findet man sämtliche Kriegssteuerausschreiben für Calenberg-Grubenhagen, Lüneburg und Hoya.

und Gesindesteuer, gemäss deren das Gesinde in vier Klassen 2 bis 12 mgr zu entrichten hatte. Zu dem Gesinde und den Hausgenossen wurden auch Hofmeister und Instruktoren, Gouvernanten, Verwalter, Comptoir- und Handlungsgehülfen und andere Personen mehr gerechnet.

Ausser den drei allgemeinen Kriegssteuern legte das Calenberg-Grubenhagensche Deputations-Kollegium den von der Einquartierung nicht betroffenen Ortschaften eine Hülfssteuer auf, deren Zweck die Unterstützung der durch Einquartierung besonders belasteten Dörfer und Städte war. Die Norm der Hülfssteuern war sehr einfach. In der Stadt ward ein jedes Haus im Durchschnitt zu 1 ₰, auf dem Lande und in Flecken zu ½ ₰ angesetzt. Später, im Jahre 1804. wurden die Beiträge etwas verringert[1]).

Im Fürstentume Lüneburg wurde die erste Kriegssteuer von dem lüneburgischen Deputations-Kollegium unter dem 20. Juli 1803 angeordnet. Es handelte sich hier um eine kombinierte „Standes- und Aufwands-, Gewerbe- und Landhaushaltssteuer". Stand und Aufwand wurden nach der Anzahl der Dienstboten oder, wie man damals vorzugsweise zu sagen pflegte, der Domestiken bemessen. Im allgemeinen mussten für einen jeden derselben 10 ₰ entrichtet werden, nur für Hausknechte und Dienstmägde galt ein geringerer Satz, nämlich 2 ₰. Die Beiträge der Staatsdienerschaft waren besonders geregelt und zwar nach der Höhe des Einkommens. Beamte, welche ein Diensteinkommen von 1000 ₰ und darüber genossen, mussten für einen männlichen Domestiken 10 ₰, für zwei oder mehrere 20 ₰ zahlen. Betrug jenes zwischen 400 und 1000 ₰, so entrichteten die „Angestellten" nur 5 ₰, sie mochten nun Dienstboten halten oder nicht. Bei einem Einkommen von 200—400 ₰ waren 2 ₰ zu erlegen und endlich bei einem solchen von 150—200 ₰ 1 ₰. — Kaufleute entrichteten für Handlungsgehülfen 5 ₰. Handwerker zahlten insgemein 1 ₰, dazu für jeden ihrer Gesellen und Lehrjungen 18 mgr; sonstige Gewerbetreibende aber 2 ₰ und für Gehülfen 1 ₰. — Was die Abgabe vom Landhaushalte betraf, so waren für einen Verwalter 15 ₰, für einen Schreiber 10 ₰ zu erlegen. Besitzer von Rittergütern und anderen kontributionsfreien Ländereien zahlten, von der Aufwands- oder Domestikensteuer abgesehen, für jedes Ackerbaupferd 2 ₰ 18 mgr und für jeden Ochsen, der zur ländlichen Arbeit verwandt wurde, 1 ₰ 6 mgr. Die Pächter von Domanial- und anderen exemten Gütern über 50 Morgen wurden

---

[1]) Auch im Bremischen wurde eine Hülfssteuer ausgeschrieben (26. Mai 1804). Im Lüneburgischen wurde eine solche beantragt, aber abgelehnt. Vgl. Lenthe Archiv 1, 176 ff.

wie freie Eigentümer behandelt; betrug die Pachtung weniger als 50 Morgen, so hatten sie 5 % des Pachtgeldes zur Steuer beizutragen. — Recht erheblich wurden auch die kontributionspflichtigen Bewohner des platten Landes zur Steuer herangezogen; sie hatten ein doppeltes monatliches Kontributionstriplum, also den sechsfachen Betrag einer monatlichen Kontribution in zwei Terminen zu entrichten.

Bei der zweiten Steuer, welche am 29. Februar 1804 ausgeschrieben wurde[1]), machte sich das Bestreben geltend, die unteren Volksklassen, welche durch die Lasten der Okkupation besonders niedergedrückt waren, zu erleichtern. Diese Auflage wurde in sechs Klassen entrichtet. Der monatliche Beitrag in den beiden Abteilungen der ersten Klasse betrug 1 ℳ bezw. 24 mgr, in der zweiten Klasse 18 mgr, der dritten 9 mgr, der vierten 6 mgr, der fünften 3 mgr und in der sechsten 1 mgr. Zur ersten Klasse gehörten alle Personen, welche einen oder mehrere männliche, nicht ausschliesslich für den Ackerbau bestimmte Dienstboten hielten, ebenso Kaufleute, welche einen oder mehrere Comptoir- und Ladenbedienten, Burschen etc. beschäftigten. In der untersten Klasse befanden sich die geistlichen und weltlichen Beamten, deren Einkommen unter 100 ℳ betrug, alle ohne Gehülfen arbeitenden Handwerker in Stadt und Land, Gesellen und Lehrlinge, welche nicht bei ihrem Meister wohnten, Tagelöhner und geringere Dienstmägde.

Es stellte sich aber bald heraus, dass diese Ansätze nicht genügten. In den Monaten September und Oktober mussten die Beiträge daher verdoppelt werden[2]).

Die dritte Kriegssteuer endlich vom 4. April 1805[3]) verfügte im allgemeinen eine Verdreifachung der Ansätze vom vorigen Jahre. Nur den öffentlichen Beamten ward eine Vergünstigung zu teil, indem sie bloss mit dem doppelten Betrage angesetzt wurden. Besondere Bestimmungen setzten fest, dass von den immatrikulierten Gütern der Prälatur und Ritterschaft ausser der Klassensteuer noch ein Simplum des Matrikularanschlages, von anderen exemten Grundstücken aber drei Simpla im Monate erlegt werden sollten. Der pflichtige Bauernstand zahlte in gleicher Weise die Hälfte eines monatlichen Kontributionstriplums. Die Domestiken mussten dieses Mal eine Gesindesteuer in drei Klassen (6 mgr, 3 mgr, 1 mgr 4 ₰) entrichten.

---

[1]) Vgl. die Verhandlungen der ständischen Versammlung vom 27. Februar 1804. Lenthe Archiv I, 196 f.
[2]) Lenthe Archiv I, 206.
[3]) Vgl. Lenthe Archiv I, 211 f.

Die in der Grafschaft Hoya am 23. Juli 1803 angeordnete Kriegskontribution stellt sich als eine Klassensteuer dar. Bei derselben waren Adel und Staatsdienerschaft in fünf Klassen geschieden, deren Sätze sich auf 9, 6, 4½, 3 und 2 Thaler beliefen. Der Bürgerstand zerfiel in vier Klassen zu 4, 2, 1½ ₰ und 18 mgr; der Bauernstand in fünf Klassen zu 4, 3, 2, 1 ₰ und 18 mgr. Das Gesinde endlich zahlte in zwei Klassen. In der ersten entrichteten männliche Dienstboten 1½ ₰ in der zweiten 1 ₰; weibliche Dienstboten erlegten dort 27 mgr, hier 18 mgr.

Das zweite Kriegssteuerausschreiben vom 12. Februar 1804 setzte fest, dass von allen in der ritterschaftlichen Matrikel eingeschriebenen Gütern und Pertinenzien der zwölfte Teil des Matrikularertrages, von den kontributionspflichtigen Unterthanen aber in den Monaten Februar, März und April je ein „extraordinäres Triplum contributionis" aufgebracht werden solle. Im übrigen ward die Bevölkerung nach Stand und Vermögen in fünf Steuerklassen zu 6, 4, 3, 2 und 1 ₰ geteilt. Die Haushaltungsvorstände, welche in eine dieser Klassen gehörten, mussten ausser dem Betrage für die eigene Person für jeden Angehörigen ihrer Familie über 14 Jahre die Hälfte des Steuersatzes entrichten. Das Gesinde scheint dieses Mal mit der Steuer verschont geblieben zu sein.

Die dritte in der Grafschaft Hoya am 1. April 1805 ausgeschriebene Kriegssteuer brachte wie im Calenbergischen und Lüneburgischen eine Erhöhung der Steuersätze. Doch ging dieselbe nicht so weit, als in jenen Landschaften.

In ähnlicher Weise wie in den bisher erwähnten Provinzen wurden auch in den übrigen Landschaften Kriegskontributionen eingeführt[1]). Sie waren durchweg von recht komplizierter Natur und suchten in oft sehr wenig rationeller Weise das Einkommen der Landesunterthanen zu treffen. Eine gerechte Verteilung der Steuerlast auf die verschiedenen Volksklassen wurde zwar in dieser und jener Provinz angestrebt, aber nirgends erreicht. Die schwerste Last lag überall auf dem dritten Stande. Adel und Geistlichkeit gingen zwar nirgends frei aus, wurden aber in den meisten Provinzen verhältnismässig nur schwach herangezogen. Zudem waren sie von den ordinären Abgaben befreit, während auf dem Bürger- und Bauernstande die doppelte Bürde ruhte.

Die Ungerechtigkeit eines solchen Zustandes, konnte den französischen Befehlshabern nicht entgehen. Schon Mortier hatte

---

[1]) Die Steuerverordnungen von Bremen, Lauenburg und Osnabrück haben mir nur zum Teil vorgelegen. Ich bin daher nicht in der Lage auf dieselben näher einzugehen.

gelegentlich der allgemeinen Ständeversammlung im September 1803 an die Deputierten geschrieben: „Sollten Sie genötigt sein, auf Ihre Administrierten neue Kontributionen zu legen, so empfehle ich Ihnen ausdrücklich, so viel wie immer möglich die niedrige Volksklasse zu schonen und bei der Verteilung besonders die Klassen der Edelleute, der reichen und wohlhabenden Landeseinwohner zu belasten" [1]).

Bernadotte griff die Sache noch energischer an. Als Anhänger physiokratischer Ideen bewegte er sich in der Vorstellung, dass man durch Grundsteuern in erster Linie den Adel treffe. Deshalb drang er mit Nachdruck darauf, dass bei der Anlage von ausserordentlichen Steuern der Grundsteuermodus gewählt werde [2]). Überhaupt hat der französische Marschall den hannoverschen Behörden zu wiederholten Malen eingeschärft, dass der Adel vornehmlich zu den Steuern herangezogen werden müsse. Im August 1805, als der Sold der französischen Truppen wieder einmal für längere Zeit rückständig war, befahl Bernadotte sogar, dass das Manko ausschliesslich durch eine Steuer auf das adlig-freie Grundeigentum gedeckt werden sollte. Von jedem Morgen adligen Acker- und Weidelandes sollte eine Abgabe von 1 Fr. und von Waldungen eine solche von 75 Cts. erhoben werden. Falls der Ertrag dieser Adelssteuer hinter der Erwartung zurückbleiben würde, sollten die Ansätze noch um 50 resp. 25 Cts. erhöht werden. „Ich hege die Hoffnung", schrieb Bernadotte am 23. August an die Exekutivkommission, „dass der Adel des Kurfürstentums in Anbetracht dessen, dass er seit dem Einmarsche der französischen Truppen keinerlei ordinäre Steuern bezahlt hat, meinen Entschluss nur gerecht finden wird. Bisher hat die bürgerliche Klasse alle Lasten getragen; es ist billig, dass dieselbe etwas erleichtert wird."

Die Stände fanden freilich die von Bernadotte beabsichtigte Steuer durchaus nicht gerecht. Sie machten die lebhaftesten Vorstellungen und erlangten wenigstens so viel, dass die aufzubringende Summe auf 200 000 Fr. herabgesetzt wurde. Von der Forderung, dass die Steuer allein vom Adel getragen werden müsse, liess der Marschall sich jedoch nicht abbringen. In der zweiten Hälfte des September 1805 ist in mehreren Provinzen des Kurfürstentums wirklich eine Adelssteuer ausgeschrieben worden [3]). Bei dem um dieselbe Zeit beginnenden Abmarsche der Bernadotteschen Armee ist es aber nur zur Zahlung des ersten Termins gekommen.

---

[1]) Archenholz, Minerva J. 1803, III, 512.
[2]) Heinrich David Stüve S. 64.
[3]) Für Lüneburg vgl. die Verhandlungen der ständischen Versammlung vom 24. September 1805. Lenthe Archiv 1, 215 ff.

Ausser den Geldsteuern wurden, wie uns bereits bekannt ist, während der ersten Okkupation auch eine Reihe von Naturallieferungen ausgeschrieben. Mit Recht hielt man es auf hannoverscher Seite für das Zweckmässigste, „die erforderlichen Vorräte an Heu und Stroh, Hafer und Roggen von sämtlichen freien und pflichtigen Einwohnern des platten Landes aufbringen zu lassen". Hatte sich doch die Herbeischaffung der Fourage und der Mundrationen durch eine Kompagnie von Lieferanten in den ersten Monaten der Okkupation als überaus kostspielig erwiesen [1]). In der That führten die Naturallieferungen grosse Ersparungen herbei. Man fuhr darum mit deren Anordnung von Vierteljahr zu Vierteljahr fort. Insgesamt sind in den Jahren 1803/5 neun Naturallieferungen ausgeschrieben worden [2]). Doch blieb sich die Grösse der Rationen nicht immer gleich. Bei der zuerst ausgeschriebenen Lieferung bestand die Tagesration aus 10 Pfd. Heu, 10 Pfd. Stroh, 8 Pfd. Hafer und $1/_{15}$ Himten Roggen.

Was die Anlage der Naturallieferungen anbelangt, so geschah sie wie bei den Steuern in der Weise, dass das Landesdeputations-Kollegium einer jeden Provinz eine bestimmte Rationenzahl auferlegte. Die Subrepartition auf die Landesunterthanen wurde von den Landschaften vorgenommen. Der Beitrag der pflichtigen Landleute erfolgte nach dem Verhältnisse des in Friedenszeiten für die heimische Kavallerie zu liefernden Quantums. Was von ihnen über den gewohnten Beitrag hinaus entrichtet wurde, erhielten sie aus der Generalmagazinkasse nach dem marktgängigen Preise vergütet. Im Grunde genommen bedeuteten die Naturallieferungen somit für die pflichtigen Einwohner keine ausserordentliche Kriegskontribution. Ob auch die freien oder exemten Grundbesitzer, deren Beitrag sich nach der Grösse ihrer Besitzungen richtete, eine Vergütung empfangen haben, muss dahingestellt bleiben.

Die Provinz Osnabrück hatte während der französischen Okkupation ihr besonderes Verpflegungswesen. Es wird berichtet, dass die Bewohner des Hochstifts diese Absonderung von dem übrigen Hannover mit Freude begrüsst hätten [3]). So wenig Sympathien brachten sie dem welfischen Regimente entgegen! Auch scheint die Trennung der Provinz Osnabrück zum Vorteil gereicht zu haben; zum mindesten wurden dort während der ersten Okkupation bloss vier Naturallieferungen ausgeschrieben.

---

[1]) Vgl. Lenthe Archiv I, 173.

[2]) Der durchschnittliche Wert des monatlich gelieferten Quantums wird im März 1804 auf 67 000 ₰ angegeben. Vgl. S. 92.

[3]) Heinrich David Stüve S. 60. „Die Massregel gefiel, weil sie von Hannover trennte".

Die Totalsumme alles dessen, was während der Jahre 1803—1805 durch Kriegssteuern und Naturallieferungen aufkam und zur Befriedigung der französischen Forderungen verwandt wurde, belief sich auf 16 420 877 Fr.

Neben den ausserordentlichen Auflagen bedienten sich die Stände der Anleihen, um das nötige Geld für die Kosten der französischen Okkupation herbeizuschaffen. Am 11. April 1804 berichten die Minister von der Decken und von Grote darüber an den König: dem Landesdeputations-Kollegium müsse man das Zeugnis erteilen, dass es bei Kontrahierung neuer Anleihen mit rühmlichster Vorsicht und Zurückhaltung verfahre. Teils „erschwere es die ihm angesonnenen Bewilligungen standhaft, so lange es, ohne dem Besten des Landes merklich zu schaden und die Domänen, namentlich die Forsten und den Harz, der Gefahr einer auf lange Zeit hinaus fühlbaren Zerrüttung auszusetzen, möglich sei"; teils suche es durch ausserordentliche Steuern herbeizuschaffen, was ohne die Landesunterthanen zu ruinieren irgend aufgebracht werden könne. Das Kollegium nehme demnach „nur in wahren Notfällen zu dem äussersten Mittel einer Geldanleihe seine Zuflucht". Derartige Notfälle traten indessen häufig genug ein, so dass man sich hannoverscherseits wieder und wieder genötigt sah, zu jenem „äussersten Mittel" zu greifen.

Anfänglich fanden die Stände ohne Schwierigkeiten Kredit. Gleich im August 1803 erhielten sie durch Vermittelung Kasseler Banquiers von dem Kurfürsten von Hessen 500 000 ℳ vorgestreckt[1]). Stadthannoversche Banquiers und Geschäftsleute gaben bis zum 24. December 1803 547 325 ℳ gegen Wechsel her, welche allerdings in kurzem bis auf einen Rest von 75 000 ℳ eingelöst wurden. Bedeutende Summen kamen auch durch Anleihen auf, welche von den verschiedenen Landschaften im Lande selbst eröffnet wurden. — Bis zum Ende des Jahres 1803 waren alles in allem 2 877 056 ℳ angeliehen, teils auf den Kredit der sämtlichen, teils auf den der vier grösseren (Calenberg, Lüneburg, Bremen-Verden und Osnabrück) und teils auf den Kredit der einzelnen Landschaften. So gross diese Schuldenlast sei, bemerken die Minister in ihren Berichten an Georg III., so könne sie immerhin bis fast an das Doppelte hinangehen, ehe die auf das Fürstentum Calenberg entfallende Quote die Höhe von 1 400 000 ℳ erreicht habe, zu welcher Summe die calenbergische Kriegsschuldenlast im 7jährigen Kriege angewachsen sei. Und doch sei jene Schuld ohne den Ruin des Landes glücklich abgetragen worden.

---

[1]) Vgl. Ompteda, Überwältigung, S. 189.

Im Jahre 1804 wurden beträchtliche Anleihen bei den Hansestädten aufgenommen. Mit der Elbstadt ward im Januar eine Konvention abgeschlossen, wonach den hannoverschen Ständen eine Summe von 1 500 000 Mark Banko, etwa 707 500 ℳ, vorgeschossen wurde. Später, im Oktober desselben Jahres, gewährte Hamburg noch einmal ein Darlehen von 284 000 ℳ. Lübeck lieh im April 1804 350 000 Mark Banko her, im April 1805 47 700 ℳ. Auch Bremen streckte den hannoverschen Ständen im September 1804 ein Kapital von 250 000 ℳ vor.

Man glaube nicht, dass die Hansestädte ihr Geld freiwillig gegeben hätten. Sie wurden vielmehr von den französischen Befehlshabern zur Hergabe gezwungen. Als Bremen sich zuerst entschieden weigerte, den hannoverschen Ständen Geld vorzuschiessen, liess Bernadotte dasselbe umzingeln und ihm alle Zufuhr abschneiden. Dies dauerte so lange, bis die Stadt sich zu dem Darlehen verstand [1]).

Das Widerstreben der Hansestädte ist leicht zu begreifen. Die Sicherheit, welche die hannoverschen Stände zu bieten vermochten, war bei den kritischen Zeitläufen nicht eben gross zu nennen. Vollends schwand sie dahin, als Georg III. im November 1803 allenthalben publizieren liess, er werde sich durch keinerlei Handlungen, die seinem und seiner Lande Interesse zuwiderliefen, für gebunden halten und allen auf den Kredit des Landes zu machenden Anleihen seine Sanktion versagen. Die Tendenz dieser Massregel ging dahin, „diejenigen zu warnen, die etwa aus Gewinnsucht oder anderen gefährlichen Absichten ihr Geld leichtsinnig herzugeben geneigt sein möchten". Der Überbürdung des Landes mit Schulden sollte gewehrt und zugleich den Forderungen des Feindes durch die Unmöglichkeit dieselben zu befriedigen eine Grenze gesetzt werden [2]).

---

[1]) Betr. Hamburgs vgl. Mönckeberg, Hamburg unter dem Drucke der Franzosen S. 4.

[2]) Die hannoverschen Minister waren denn auch keineswegs willens, die Rechtsverbindlichkeit der hanseatischen Anleihen anzuerkennen. Kielmansegge und Arnswaldt bemerken in einem Berichte an den König vom 10. Jan. 1805, die königliche Deklaration sei um so eher auf die Hansestädte anzuwenden, als dieselbe diesen wohl bekannt gewesen sei, und als sie im Grunde sich durch die gewährten Darlehen nur vor grösseren Vexationen und französischer Okkupation gerettet hätten. Die Minister trugen deshalb darauf an, Lenthe möge bei Zeiten bei dem englischen Ministerium Schritte thun, damit bei dem künftigen Friedensschlusse ja nicht eine Klausel eingerückt werde, durch welche jene Anleihen garantiert würden — Zu Anfang des Jahres 1806 hat Georg III. thatsächlich die Ungültigkeit aller während der ersten Okkupation ohne seine Zustimmung gemachten Anleihen proklamiert. Mierzinsky S. 19. Das Landesdeputations-Kollegium führte dagegen zur Zeit der preussischen Okkupation (25. Juni 1806) in einem gutachtlichen Berichte aus, es sei allerdings wahr, dass die betreffenden Anleihen

Aus dem gleichen Grunde weigerte man sich auch in London auf das bestimmteste, den Kurlanden durch Überweisung von Vorschüssen beizustehen, so dringend auch die hannoverschen Stände darum baten, und so nötig die Hülfe war. Der Fall lag folgendermassen: Im April 1804 sahen sich die Stände aus Mangel an Geld gänzlich ausser stande, das Verlangen des Generals Dessolle nach Sicherstellung des Truppensoldes für die drei folgenden Monate zu erfüllen. Dessolle wandte sich darum an ein hannoversches Handelshaus mit dem Antrage, ihm gegen Verpfändung sämtlicher Domanial- und Landeseinkünfte und gegen Vornahme eines beträchtlichen Holzhiebs in den Domanialwaldungen nebst freien Fuhren für das gefällte Holz bis Bremen eine Summe von einer Million Thaler vorzustrecken. Das betreffende Handelshaus war allerdings patriotisch genug gesinnt, den Antrag abzulehnen; allein es stand zu befürchten, dass andere Bankhäuser zu Frankfurt und Berlin oder auch der Finanzrat Crelinger zu Hannover, ein Spekulant niedrigster Art, den E. Brandes eine „wahre Pest des Landes" nennt[)], sich dem für das Kurfürstentum ungemein nachteiligen Geschäfte unterziehen würden. In dieser Notlage wandte sich der geheime Ausschuss des Landesdeputations-Kollegiums am 12. April 1804 mit einem Promemoria an die Minister. Könne man zu dem Solde der französischen Truppen nicht Rat schaffen, hiess es darin, so würden die Franzosen sich die nötigen Summen selbst mit den gewaltsamsten Mitteln verschaffen; den Weg dazu biete der gänzliche Ruin der königlichen Forsten und willkürlich angelegte, durch die härtesten Exekutionsmittel beizutreibende Steuern auf den noch nicht ganz verarmten Teil der Unterthanen. Es sei unmöglich, die nötigen Gelder angeliehen zu erhalten, da der Kredit des Landes gänzlich erschöpft sei. Das einzige Mittel der Rettung bestehe darin, dass der König auf ein sicheres Haus in Hamburg eine Summe von wenigstens 600 000 ₰ anweisen lasse. Die Sache lasse sich ja unter dem Scheine eines Anlehens im tiefsten Geheimnisse betreiben; nicht einmal die übrigen Mitglieder des Deputationskollegiums brauchten den wahren Sachverhalt zu erfahren.

Die Minister von der Decken und von Grote kamen mit den Mitgliedern des geheimen Ausschusses überein, dieses Gesuch durch von der französischen Generalität vorbereitet, und dass die Verhandlungen durch Insinuationen, zum Teil auch durch Drohungen und militärische Vorkehrungen unterstützt worden seien; gleichwohl seien die hannoverschen Lande durch die mit dem Bevollmächtigten der drei Hansestädte auf ständische Treue und Glauben abgeschlossenen und von jener Seite pünktlich erfüllten Konventionen in eine vollkommene Verbindlichkeit gesetzt worden.

[)] Vgl. (Müller) Hannover, wie es war, ist und werden wird I, 97 ff.

einen Expressen nach London befördern zu lassen. Der, Oberstleutnant und göttingische Ritterschaftsdeputierte von Hedemann unterzog sich der Sendung. Seine Mission scheiterte aber. Wie er am 11. Mai 1804 von London aus an die hannoverschen Minister schrieb, war ihm der Zutritt zu Georg III. wegen dessen Gemütskrankheit nicht gestattet worden. Dagegen hatte ihm der Prinz von Wales in „höchst bestimmten Ausdrücken" erklärt: Das Unglück, welches Hannover so unverschuldet getroffen habe, rühre ihn tief, und er werde sich auf keinen Fall das Erbteil seiner Väter nehmen lassen. An eine Unterstützung mit Geld sei aber unter den gegenwärtigen Umständen nicht zu denken. Man müsse es sich gefallen lassen, wenn der Feind die Domänen ruiniere; und wenn eins sein solle, so sei es ihm selbst lieber, wenn das grössere Unglück auf das Eigentum seines Hauses fiele, als wenn es die unschuldigen Unterthanen träfe. Die Franzosen würden ihre Forderungen nur in die Höhe schrauben, sobald sie merkten, dass Geld von England komme. Auf die Dauer könne aber die Sache nicht verborgen bleiben, da die nötigen Summen nur mit Bewilligung des Parlaments zu erhalten seien.

In demselben Sinne schrieb Lenthe unter dem 15. Mai 1804 an seine Kollegen zu Hannover, er habe zwar dem kranken Könige den Antrag der hannoverschen Stände nicht vorlegen können, dürfe aber, da ihm die Gesinnungen desselben durch wiederholte Äusserungen bekannt seien, mit Sicherheit behaupten, dass König Georg III. sich in der jetzigen Lage nie zu einer Unterstützung entschliessen würde. Es sei nur zu gewiss, dass die Franzosen nach Ablauf der nächsten Monate mit neuen Forderungen hervortreten würden, mit um so grösserem Nachdrucke vielleicht, je vollständiger den vorherigen Genüge geleistet sei. Dies sei der Grund, welcher höchsten Orts immer für überwiegend gehalten worden sei, und welchem er (Lenthe) nichts entgegen zu stellen wisse, so traurig auch die Folgen für das Land sein könnten.

Nicht minder ablehnend verhielten sich der Prinz von Wales und der Minister von Lenthe gegenüber dem von dem hannoverschen Geschäftsträger zu Berlin, L. von Ompteda, gemachten Vorschlage, der Herzog von Braunschweig möge von London aus veranlasst werden, den hannoverschen Ständen monatlich 12000 Pfd. Sterl. vorzuschiessen[1]). Die Antwort lautete wiederum, den unermesslichen Forderungen könne nur durch deren Nichterfüllung eine Grenze gesetzt werden.

Es war nicht möglich, sich dem unglücklichen Lande vollständiger zu versagen, als es das angestammte Fürstenhaus that. Die Argumente

---
[1]) Ompteda, Politischer Nachlass I, 35 f.

des Prinzen von Wales und des Ministers von Lenthe können als stichhaltig nicht anerkannt werden. Dem reichen Welfenhause wäre es ein Leichtes gewesen, grössere Geldsummen nach Hannover gelangen zu lassen, auch ohne das Parlament anzugehen. Auch sind die Forderungen der Franzosen während der ersten Okkupation ziemlich stabil geblieben. Was sie verlangten, war die Unterhaltung der im Lande befindlichen Truppen; darüber sind sie (von den Privatforderungen französischer Befehlshaber abgesehen) nie wesentlich hinausgegangen. Die für jenen Zweck erforderlichen Geldsummen würden sie aber unter allen Umständen erzwungen haben, nötigenfalls mit den härtesten Mitteln. Und es fehlte nicht viel, dass sie wirklich zu den gewaltsamsten Massregeln gegriffen hätten. Zum grossen Glücke für den Kurstaat und seine Bewohner kam eben damals die Bremische Anleihe zu stande, sonst hätten die Unterthanen es mit ihrem Ruine zu büssen gehabt, dass man in London ihnen in der Not kaltherzig den Rücken zuwandte.

Wie hoch der Gesamtbetrag der Anleihen gewesen ist, welche die hannoverschen Stände während der ersten Okkupation aufgenommen haben, vermögen wir nicht zu bestimmen. Es fehlen hinreichende Angaben über die Wechsel und Darlehen, welche den Darleihern noch während der Jahre 1803—5 zurückgezahlt worden sind. Dagegen ist uns die Summe überliefert, um welche sich die Schulden der hannoverschen Stände während dieser Zeit thatsächlich vermehrt haben. Sie wird bei Beginn der zweiten französischen Besetzung auf 21 678 498 Fr. angegeben. Diese Summe stimmt ungefähr mit den Angaben überein, welche die hannoverschen Behörden der preussischen Administrations- und Organisationskommission im Jahre 1806 machten, und nach welchen sich die Totalsumme der aus jener Zeit herrührenden Schulden auf 4 684 546 ℳ oder 21 080 457 Fr. stellte. Davon waren gemeinschaftliche Schulden der Stände 2 736 335 ℳ, Partikularschulden der einzelnen Landschaften 1 948 211 ℳ. Auf die einzelnen Provinzen verteilten sich diese Summen folgendermassen:

Provinz	Gemeinschaftliche Schulden	Partikularschulden
Calenberg-Grubenhagen	874 801 ℳ	489 906 ℳ
Lüneburg	758 005 „	436 590 „
Hoya	166 161 „	199 686 „
Bremen-Verden	558 465 „	391 271 „
Lauenburg	43 479 „	57 635 „
Hadeln	25 642 „	85 730 „
Osnabrück	282 632 „	251 420 „
Diepholz	27 140 „	36 003 „
	2 736 335 ℳ	1 948 211 ℳ

An dieser Stelle sei noch einiger anderer ausserordentlicher Hülfsquellen gedacht, welche man sich in Hannover eröffnete, um die französischen Forderungen zu befriedigen. Da ist zunächst die Vorausbezahlung der herrschaftlichen Pachtgelder im Jahre 1805 zu nennen. Weil die hannoverschen Behörden ihre Mitwirkung zu dieser als „hart und ungerecht" empfundenen Massregel versagten, musste Bernadotte das erforderliche Ausschreiben unter eigenem Namen ausgehen lassen. Dies geschah am 27. Februar[1]). Danach sollten alle und jede Pächter der Domanialgüter und Parzellen gehalten sein, die Hälfte des einjährigen Pachtgeldes bis zum 21. Mai als eine Vorausbezahlung zu entrichten. Ein jeder Pächter, welcher nicht binnen der gesetzten Frist Zahlung leisten würde, sollte seiner Pacht sofort verlustig gehen. Trotz dieser Drohung liefen aber bloss 985 518 Fr. ein, etwa 150 000 Fr. weniger, als man erwartet hatte.

Ein weiteres Hülfsmittel zur Herbeischaffung von Geld bot die Vornahme ausserordentlicher Hauungen in den landesherrlichen Forsten. Man hat sich hannoverscherseits während der ersten Okkupation wiederholt genötigt gesehen zu diesem Mittel zu greifen. Aus dem Verkaufe des Holzes erzielte man insgesamt 2 044 809 Fr. Den Waldungen gereichten die ausserordentlichen Holzschläge zu schwerem Nachteile. Im Jahre 1805 wird von den hannoverschen Ministern geklagt, die Forsten seien bereits weit über Gebühr angegriffen. Müsse das einerseits zum Ruin des Forstbestandes führen, so verfehle auf der anderen Seite die fragliche Massnahme zum grossen Teile ihren Zweck, indem das plötzlich gesteigerte Angebot die Holzpreise erheblich herabgedrückt habe.

Rechnet man den Ertrag der ausserordentlichen Einnahmequellen, welche sich die Regierung durch die Kriegskontributionen und Anleihen, die Vorausbezahlung der Pachtgelder und die extraordinären Holzschläge in den landesherrlichen Forsten eröffnete, zusammen, so ergiebt sich die Summe von 41 129 711 Fr.

Vergegenwärtigen wir uns hier zwecks grösserer Übersichtlichkeit, wie viel die ordentlichen und ausserordentlichen Einkünfte des hannoverschen Staatswesens zu der Gesamtausgabe von 60 533 648 Fr.[2]), welche die französische Okkupation den Landeskassen verursachte, beigetragen haben.

Es haben geliefert

---

[1]) Hannöversche Anzeigen J. 1805, St. 20.
[2]) Vgl. S. 95.

A. Die ordentlichen Einnahmen . . . . 19 403 937 Fr.
    und zwar
    1) landesherrliche (Domanial-) Ein-
       künfte . . . . 10 735 308 Fr.
    2) ständische Einkünfte (Steuern) . . 8 668 629 „
B. Die ausserordentlichen Einnahmen . . . . 41 129 711 .
    und zwar
    1) Steuern und Naturallieferungen . 16 420 887 Fr.
    2) Anleihen . . . . 21 678 498 „
    3) Vorausbezahlung der Pachtgelder   985 518 .
    4) extraordinäre Holzschläge . . . . . 2 044 809 .
                                                 Totalsumme 60 533 648 Fr.

    Damit sind jedoch die Kosten, welche die französische Besitznahme den hannoverschen Landen auferlegt hat, noch lange nicht erschöpfend angegeben. Zunächst müssen zu der auf die öffentlichen Kassen entfallenden Summe von 60 533 648 Fr. die bedeutenden Ausgaben hinzugerechnet werden, welche den Kommunalkassen durch die Anwesenheit der französischen Truppen erwuchsen. Wie hoch sich dieselben belaufen haben, lässt sich begreiflicherweise nicht feststellen. In einer Bittschrift des Landesdeputations-Kollegiums an Napoleon vom 5. Januar 1804 werden sie bereits auf 7 bis 8 Millionen Fr. veranschlagt. Das Kriegskostenregister der Neustadt Hannover weist bis zum Ende des Jahres 1805 eine Ausgabe von etwa 50 000 ₰ auf. Die Altstadt Hannover hatte nach Berichten der hannoverschen Minister schon im Februar 1804 mehr als 100 000 ₰ behufs der fremden Gäste verausgabt[1]).
    Ferner muss der Wert der aus dem Kurfürstentum nach Frankreich geschleppten Gegenstände in Betracht gezogen werden. Der Geldwert des den Franzosen ausgelieferten und von diesen fortgeschafften Geschützes wird allein auf 10 Millionen Thaler angegeben. Von erheblichem Werte war das Pferdematerial der hannoverschen Armee, welches nach der Kapitulation von Artlenburg in französische Hände überging[2]). Die prächtigen Pferde aus dem kurfürstlichen Marstalle waren zum Glücke grossenteils in das Mecklenburgische gerettet worden; immerhin fiel den Franzosen noch eine Anzahl jener weissgeborenen Rassepferde in die Hände, durch welche der Herrenhäuser Marstall so berühmt war. Sie wurden in Paris für würdig befunden, bei der Krönung Napoleons zum französischen Kaiser den Krönungswagen zu ziehen. — Das kostbare

---
[1]) Vgl. Hausmann, Erinnerungen S. 48 f.
[2]) Vgl. Tagebuch der Vorfälle I, 41, 71.

Jagdgerät Georgs II. ward auf nicht weniger als 50 sechsspännigen Wagen nach der französischen Hauptstadt geschafft. Andere weniger kostbare Sachen wurden wegen ihrer Merkwürdigkeit annektiert, so die antiken Kaiserbüsten in dem Orangeriesaale des Herrenhäuser Schlosses, das grosse Jagdnetz in Linden, die Kanonenbohrmaschine des Giesshofes und andere Gegenstände mehr [1]). Selbst die schönsten Hirsche des Deisters mussten die heimatlichen Wälder verlassen und sich auf die Wanderschaft nach Paris begeben. Neunzehn Fahnen und sechzehn Standarten, welche die Hannoveraner in früheren Kriegen den Franzosen abgenommen hatten, fielen jetzt in die Hände der Franzosen zurück: sie wurden im Invalidentempel zu Paris aufgehängt [2]).

Ganz unberechenbar sind endlich die wirtschaftlichen und pekuniären Verluste, welche Einquartierung, Durchmärsche und Kriegerfuhren den einzelnen Landeseinwohnern bereiteten. In dem Berichte vom 11. April 1804 führen die hannoverschen Minister an, der bei weitem grösste Druck der Unterthanen erwachse aus der Einquartierung. Nach der Versicherung sachkundiger Männer komme den Einwohnern jeder Mann im Durchschnitte täglich auf 18 *mgr.* zu stehen. Bei einer Zahl von 25 000 Mann bedeute das eine tägliche Ausgabe von 12 500 ₰ und eine jährliche von 4½ Millionen. Wäre diese Berechnung richtig, so würde die Einquartierung den Unterthanen während der ersten Okkupation auf 10½ Millionen Thaler zu stehen gekommen sein. Indessen dürfte hier eine Übertreibung vorliegen. Dass ein Soldat im Durchschnitte den Unterthanen täglich 18 *mgr.* gekostet habe, kann höchstens für die erste Zeit der französischen Okkupation zutreffen [3]), als die Soldaten sich noch zu jeder Forderung berechtigt glaubten. — Später wurde genau bestimmt, welche Ansprüche die Truppen an ihre Quartierwirte zu erheben befugt waren. Wie das Landesdeputations-Kollegium am 21. November 1803 durch ein Publikandum [4]) zur allgemeinen Kenntnis brachte, durften die Soldaten von ihren Wirten nur „Salz, Feuerung, Licht, die zum Kochen erforderlichen

[1]) Hausmann, Erinnerungen S. 43.
[2]) Tagebuch der Vorfälle II, 87 ff.
[3]) In einer im Oktober 1803 erschienenen Schrift: „Prüfung der öffentlichen Erklärung und feierlichen Verwahrung des Hofrichters, auch Land- und Schatzrats von Berlepsch . ." wird angegeben, ein Gemeiner habe nach Abzug der ihm aus den Magazinen zu liefernden Portion dem Bequartierten täglich wenigstens 8 *mgr* gekostet. S. 8. Nach (Schelver), Das Kurfürstentum Hannover S. 50 kostete die Unterhaltung eines Gemeinen dem Quartierwirte täglich 8—10 *ggr*, die Beköstigung eines Offiziers jährlich 300—360 ₰. Vgl. Tagebuch II, 84 f.
[4]) Gedruckt, Tagebuch II, 79 ff.

Gerätschaften nebst Teller, Messer und Löffel" verlangen. — Die Beköstigung der Soldaten erfolgte von seiten der Lieferanten. Jedem Soldaten wurden tagtäglich 1 1/2 Pfd. Brot, 1/2 Pfd. Fleisch, 2 Lot Reis oder statt dessen 4 Lot trockenes Gemüse und eine Portion Bier ausgehändigt. In dem (gewöhnlichen) Falle, dass die Einquartierten ihre Portionen nicht selbst zubereiteten, sondern sich von ihren Wirten beköstigen liessen, waren sie verpflichtet, die ihnen von den Lieferanten verabreichten Portionen an ihre Quartiergeber abzuliefern. Nur die Offiziere mussten von ihren Wirten beköstigt werden.

Man sollte nach diesen Bestimmungen meinen, dass die Last, welche mit der Einquartierung verbunden war, nur eine mässige gewesen sei. Die Bestimmungen schienen aber bloss da zu sein, um übertreten zu werden. Von allen Seiten ertönen laute Klagen über die übertriebenen Forderungen, welche die französischen Soldaten an ihre Wirte stellten [1]). Etwas besser wurde es damit, seit Bernadotte den Oberbefehl übernommen hatte [2]). Eine grosse Wohlthat für die Unterthanen war die von dem letzteren erlassene Verfügung, dass die den französischen Offizieren bisher von ihren Hauswirten geleistete Beköstigung gänzlich aufhören und durch Tafelgelder aus den öffentlichen Kassen ersetzt werden solle. Einige Erleichterung verschaffte auch die Errichtung von Sommerlagern für die französische Armee in der Nähe von Hannover (Ohe bei Linden) [3]), Lüneburg und Verden. Dennoch mussten die hannoverschen Minister am 9. August 1805 an Georg III. berichten, die Einquartierungslast sei zwar durch einige Massregeln Bernadottes merklich gemindert, aber noch immer äusserst drückend. Die geringeren Klassen der Landeseinwohner seien gutenteils schon so weit heruntergekommen, dass sie mit der Reiheeinquartierung übergangen werden müssten. Mithin falle die ganze Last jetzt auf die besser situierten Klassen; dadurch müssten auch diese auf die Dauer zu Grunde gerichtet werden.

Lastete die Einquartierung vorwiegend auf den Städten, so trafen die zahllosen Kriegerfuhren hauptsächlich das platte Land. Es wird vielfach geklagt, dass die Landleute ihrer Pferde und Knechte fast ganz entraten müssten. Kämen die Pferde von den Fuhren zurück, so seien sie so abgetrieben, dass sie auf lange Zeit zur ländlichen Arbeit untauglich seien und in häufigen Fällen ganz eingingen. Besonders mitgenommen durch die Kriegerfuhren wurden

---
1) Vgl. z. B. Tagebuch der Vorfälle I, 54 f.; II, 83, 86 f.
2) Vgl. Schelver S. 59.
3) Vgl. Hausmann, Erinnerungen S. 48.

die Provinzen Lüneburg und Osnabrück, erstere, weil bei ihrer dünnen Bevölkerung und ihren spärlich zerstreuten Ortschaften den einzelnen Gespannen längere Wegstrecken zugemutet wurden als anderwärts, letztere, weil sie den Durchmärschen am meisten ausgesetzt war, eine natürliche Folge ihrer geographischen Lage [1]). Es leuchtet von selbst ein, dass der Volkswohlstand bei so schweren Lasten die grössten Einbussen erleiden musste. Ganz allgemein sind die Klagen über die fortschreitende Verarmung, namentlich der niederen Volksklassen. Viele Leute suchten sich dem unerträglichen Drucke durch Auswanderung zu entziehen. Andere verkauften ihre Häuser, um wenigstens der am schwersten empfundenen Bürde, der Einquartierung, zu entgehen. Das Mittel verfehlte aber seinen Zweck, da sie nun zu Inquilinen- und Einquartierungs-Hülfssteuern herangezogen wurden. Eine erhebliche Steigerung des allgemeinen Notstandes wurde im Jahre 1804 durch das Missraten der Ernte herbeigeführt, welche schon im vorigen Jahre wenig befriedigend ausgefallen war. Die Folge war eine Teurung der notwendigsten Lebensmittel, namentlich des Brotes, wie man sie seit Jahrzehnten nicht gekannt hatte, selbst nicht in den berüchtigten Jahren 1770 und 1771 [2]). Am höchsten stieg dieselbe während des Sommers 1805 [3]). Sie wird illustriert durch die Thatsache, dass die von der Magazindirektion zu Hannover im Anfange dieses Jahres abgeschlossenen Lieferungskontrakte 300 000 ₰ mehr erforderten als die vorhergehenden [4]). Nur den menschenfreundlichen Bemühungen des Marschalls Bernadotte war es zu danken, dass nicht eine förmliche Hungersnot entstand. Unter anderem erwirkte dieser von Napoleon die Erlaubnis, dass aus Frankreich Weizen nach Hannover eingeführt werden dürfe [5]). Als die Bäcker in der Hauptstadt des Landes die obrigkeitliche Brottaxe

---

[1]) Vgl. Tagebuch der Vorfälle I, 80 f.
[2]) Bericht der Minister an Georg III. vom 9. August 1805.
[3]) Der durchschnittliche Marktpreis in der Stadt Hannover betrug:

	Weizen			Roggen		
1803	1 ₰ 23 mgr	—	₰	1 ₰ 5 mgr	2	₰
1804	1 , 25	, 2	,	1 , 9	, 2	,
1805	2 , 19	, 6	,	1 , 27	, 3	,
1806	2 , 5	, —	,	1 , 28	, 7	,
1807	1 , 18	, —	,	1 , 4	, 6	,

Die Angaben verstehen sich für den Neubraunschweigischen Himten. — Die Preise der Jahre 1800, 1801 und 1802 gleichen im grossen und ganzen den Preisen für 1803. (Akten der westfälischen Zeit.)
[4]) Havemann, Das Kurfürstentum Hannover S. 23.
[5]) Publikandum vom 24. Februar 1805. Hannoverische Anzeigen J. 1805, St. 17.

dadurch zu umgehen suchten, dass sie dem Brote nicht das gehörige
Gewicht gaben, visitierte Bernadotte die Läden öfters in eigener
Person und liess das zu leicht befundene Brot unter die Armen
verteilen [1]). Auch sonst liess der französische Marschall sich die
Lebensmittelpolizei sehr angelegen sein.

Von dem Drucke der französischen Okkupation wurde niemand
härter getroffen als die Kaufleute und Gewerbetreibenden. Bei der
schweren Zeit schränkte sich jedermann im Lande möglichst ein, so
dass Bestellungen und Einkäufe auf ein Minimum herabsanken [2]).
Die Anwesenheit des französischen Heeres bot den Geschäftsleuten
— von einigen Lieferanten abgesehen — keinen Ersatz, da die
französischen Soldaten ihre persönlichen Bedürfnisse meist aus
Frankreich bezogen [3]).

Ein schwerer Schlag wurde dem Handel und Verkehr durch die
gegen den englischen Handel angeordneten Massregeln versetzt.
Sofort nach der Besitznahme des Kurfürstentums hatten die Franzosen die Einfuhr aller englischen Manufaktur- und Fabrikwaren und
nicht minder die Einfuhr sämtlicher fremden Erzeugnisse, welche in
England auf Lager gelegen oder auch nur irgendwelche Abgaben
erlegt hatten, verboten. Die Engländer antworteten damit, dass sie
die Weser und Elbe in Blockadezustand erklärten und mehrere
Kriegsschiffe an die Mündungen dieser Ströme entsandten, welche
kein Schiff, sei es unter englischer oder neutraler Flagge, ein- und
auslaufen liessen. Dadurch wurde alle Schiffahrt auf der Elbe
und Weser gehemmt und der binnenländische Handel enorm geschädigt. Allmählich lernten die Kaufleute freilich, die ihnen durch
die Blockade in den Weg gelegten Schwierigkeiten zu umgehen. So
hören wir von den Osnabrücker Kaufleuten, welche einen schwung-
haften Handel mit Leinwand betrieben, dass sie während der ganzen
Zeit ihre auswärtigen, grossenteils überseeischen Verbindungen sich
erhalten und Mittel und Wege gefunden haben, die Leinwand sicher
über das Meer ihren Abnehmern zuzuführen [4]).

Dem englischen Handel, gegen den sich doch die französischen
Verfügungen richteten, scheint noch am wenigsten Schaden durch
die Sperre zugefügt zu sein. Statt ihre Waren auf der Elbe und
Weser nach Hamburg und Bremen zu senden, schickte die englische
Handelswelt sie jetzt nach Tönningen an der Eidermündung und

---

[1]) (Mierzinsky), Erinnerungen aus Hannover und Hamburg S. 14. Vgl. auch
Schelver S. 60.
[2]) Vgl. (Schelver), Das Kurfürstentum Hannover S. 54.
[3]) Hausmann, Erinnerungen S. 42.
[4]) Schelver S. 23.

nach dem Jahdebusen¹). Von Tönningen wurden die Waren entweder auf der Eider und dem Rendsburger Kanal zur Ostsee übergeführt oder auf dem Landwege nach Hamburg gebracht. Ebenso ward ein grosser Teil der im Jahdebusen angelangten englischen Waren vermittelst Wagen durch das Oldenburgische nach Bremen geschafft. Ein anderer Teil gelangte auf grossen Kähnen durch die Watten in die Weser hinein bis nach Bremen. Wohl wäre es den Franzosen ein Leichtes gewesen, diesen Schleichhandel zu hindern. Die französischen Beamten waren aber der Bestechung leicht zugänglich. Es wird berichtet, wenn jemand englische Waren nach Bremen habe schaffen wollen, so sei es vollkommen hinreichend gewesen, dem französischen Konsul in Bremen zu sagen, dass die Gegenstände nicht englischen Ursprungs seien. Der Konsul habe daraufhin ohne alle Umstände das erforderliche Certifikat ausgestellt, natürlich gegen Entrichtung eines guten Stückes Geld. Jede weitere Untersuchung sei durch das Certifikat, welches von dem französischen Militär stets respektiert worden sei, abgeschnitten. Die ganze Sache habe im Grunde bloss dazu gedient, um den Konsul und mehrere mit ihm einverstandene Personen zu bereichern²). — Von anderer Seite wird das Verfahren der Franzosen folgendermassen geschildert: In den Häfen und an den gewöhnlichen Landungsplätzen seien Wachen aufgestellt gewesen. Jedes einlaufende oder Anker werfende Schiff sei durch die Wache dem diensthabenden Offizier oder Unteroffizier gemeldet. Dieser habe sich von dem Kapitän die Pässe und sonstigen Papiere vorzeigen lassen und sodann einen Unteroffizier auf das Schiff geschickt, der sich überzeugen musste, ob englische Manufakturwaren an Bord befindlich seien oder nicht. Im letzteren Falle habe das Schiff seinen Lauf fortsetzen dürfen. Dass hierbei massenhafte Prellereien vorgefallen seien, sei unzweifelhaft; nur einmal solle eine Konfiskation englischer Waren erfolgt sein³).

Es lässt sich nach dem Vorstehenden leicht begreifen, dass in der Okkupationszeit eine recht gedrückte Stimmung im ganzen Lande herrschte. Zuerst, im Frühjahr 1803, hatte man an die Nähe der Gefahr gar nicht glauben wollen. Es sei auffallend, schrieb am 17. April 1803 der hannoversche Major von Ompteda an seinen Bruder, den Gesandten in Berlin, wie „das Gros der Menschen in Hannover die Straussennatur charakterisiere — die Eigentümlichkeit

---

¹) Schelver S. 17 ff.
²) So der preussische Generalmajor von Tschammer an den Minister von Schulenburg d. d. Bremen, 12. April 1806. Akten des Geh. St.-A. zu Berlin.
³) Generalleutnant von Pletz an Schulenburg d. d. Stade, 17. April 1806.

der Geschöpfe, die den stupiden Kopf in einen hohlen Baum verbergen, um sich über die herrannahende Gefahr der Jagd zu täuschen"[1]). Als dann die Katastrophe wirklich hereingebrochen war, hatte sich ein Sturm der Entrüstung gegen die Regierung erhoben. Man erblickte in dem ganzen Verfahren derselben allgemein eine unverantwortliche Nachlässigkeit und höchst strafbare Feigheit; ja ein grosser Teil des Volkes glaubte in der Bitterkeit der ersten Aufwallung steif und fest an vorsätzliche Landesverräterei[2]). Der allgemeine Unwille machte sich in einer Flut von Broschüren und Flugschriften Luft, in welchen die heftigsten und bittersten Vorwürfe gegen die Regierung des Landes geschleudert werden[3]). Wurde in denselben zunächst das unwürdige, kopf- und mutlose Verhalten der leitenden Kreise während der Krisis beleuchtet, so blieben doch die meist anonymen Verfasser dabei nicht stehen, sondern unterzogen die Mängel und Schäden in der Verfassung und Verwaltung der Kurlande einer scharfen und oft nur zu sehr begründeten Kritik. Aller Groll trat jetzt zu Tage, der sich in den verflossenen Jahrzehnten gegen die eigensüchtige Adelsoligarchie aufgehäuft hatte und nur durch die Zensur zurückgehalten worden war. Es fand herben Tadel, dass der Adel in der Verwaltung des Landes so überaus vor der bürgerlichen Klasse bevorzugt sei, und dass bei der Besetzung von Staatsämtern nicht das Verdienst entscheide, sondern lediglich Geburt und Konnexionen. Man schalt auf den masslosen Hochmut der Aristokratie, nicht minder auf die Unthätigkeit und Trägheit der höchsten Staatsbeamten, welche alle Arbeit von den Sekretären thun liessen und daher gewöhnlich von den letzteren beherrscht würden. Man kritisierte die Stagnation, welche in der Mehrzahl der Verwaltungszweige seit langen Jahren herrschte, und beklagte die Abwesenheit des Königs, auf die man mit Vorliebe alles Üble im Staatswesen zurückführte. Mit besonderer Bitterkeit

---

[1]) Ompteda, Die Überwältigung Hannovers durch die Franzosen S. 216.
[2]) Über die Besitznahme des Kurfürstentums Hannover durch die Neufranken S. 28.
[3]) Historischen und litterarischen Wert haben nur die wenigsten von diesen Broschüren. Manche von ihnen gehen in leidenschaftlichen Angriffen auf die Regierung des Landes entschieden zu weit und lassen die guten Seiten derselben gänzlich ausser acht. Die zahlreichen Verteidigungsschriften verfallen meist in das entgegengesetzte Extrem. Hier wie dort fehlt es an der wünschenswerten Objektivität. Eine ausführliche und, wie man anerkennen muss, ziemlich unbefangene und sachgemässe Besprechung dieser Broschürenlitteratur findet sich in der Jenaischen allgemeinen Litteraturzeitung J. 1806, Nr. 27—34 und 57, 58, auf welche hiermit verwiesen wird.

wandte sich eine Reihe von Flugschriften gegen die Verordnung, welche den Unterthanen verbot, den König unmittelbar mit Gesuchen und Bittschriften anzugehen. Vielfach scheute man sogar nicht vor der Erörterung der Frage zurück, ob es nicht besser sei, die Verbindung mit England, welche dem Kurfürstentum so viel Böses gebracht habe, in irgend einer Weise zu lösen. Die Antwort auf diese Frage fiel nicht immer zu Gunsten jener Verbindung aus[1]).

Im vollsten Masse entlud sich aber der allgemeine Unwille über die Personen, welche im Frühjahr 1803 an leitender Stelle gestanden hatten. Es war nur eine Stimme darüber, dass sie sich alle als völlig unfähig erwiesen hätten. Hören wir, wie der Verfasser der Schrift „Gedanken eines Hannoveraners", die den Reigen der Broschüren eröffnete und wegen ihres bis dahin unerhörten Freimutes im ganzen Lande die grösste Sensation erregte, von den Ministern urteilt[2]). Vom Grafen von Kielmansegge heisst es, er sei ein guter Mann, liebe aber die Geschäfte nicht, sondern eine gute Tafel — notabene wenn sie ihm nichts koste —, Unterhaltung und Anhäufung von Geld. Seine Politik beschränke sich darauf, auf die französische Republik und Bonaparte zu schimpfen und alles zu vermeiden, was in London missfallen könne. Da er in den Geschäften nur oberflächlich beschlagen sei, so lasse er sich völlig leiten. — Lenthe in London wird dahin charakterisiert, er habe wohl gute Absichten, es fehle ihm aber an Kopf und gründlichen Kenntnissen. Dabei sei er der grösste Despot und schmiege sich unter niemanden als den bei der Deutschen Kanzlei in London angestellten Geheimen Kabinettsrat Best, weil dieser das völlige Vertrauen des Königs und der Königin besitze. — Dem Minister von Arnsswaldt wird jede Fähigkeit für sein Amt abgesprochen. Obgleich er „äusserst aufbrausend, heftig und despotisch" sei, lasse er sich doch leicht lenken. Bewandert sei er allein in der Kunst Geld zu sammeln. — Nicht weniger schlecht kommt der Minister von Grote weg: „ungeheurer Stolz und Eigendünkel, auch grosse Parteilichkeit für seine Verwandten und Freunde" werden ihm schuld gegeben. Der einzige Minister, dem der Verfasser der „Gedanken eines Hannoveraners" Gnade widerfahren lässt, ist von der Decken. Es wird dem letzteren nachgerühmt, dass er ein „Biedermann im eigentlichsten Wortverstande" und äusserst arbeitsam sei. Dem

---

[1]) Vgl. z. B. die Broschüre des Dr. jur. Seumnich, Über die Verbindung Hannovers mit England und deren Folgen, über die hannoversche Verfassung und über das Verhalten der Hannoveraner bei der jetzigen Besetzung des Landes.
[2]) S. 6 ff.

Posten eines Kabinettsministers soll allerdings auch er ganz und gar nicht gewachsen gewesen sein [1]).

Es ist anzunehmen, dass dieses Bild zu sehr in Schwarz gemalt ist. Die Thatsache aber steht fest, dass die Kabinettsminister die Achtung der Unterthanen verloren hatten. Eine Ausnahme machte bloss der Minister von der Decken, dem man es zu hohem Ruhme anrechnete, dass er in Hannover ausharrte, während seine Kollegen „schmählicherweise aus dem Lande flohen". Der letzteren nimmt sich von den zahlreich erschienenen Entgegnungs- und Verteidigungsschriften auch nicht eine einzige an. Man müsste es denn als eine Verteidigung auffassen, wenn in einer Broschüre, die sich speziell gegen den Verfasser der „Gedanken" wendet, gesagt wird: die Minister seien freilich nur zu wahr charakterisiert, aber der Verfasser thue Unrecht daran, sie so öffentlich an den Pranger zu stellen. Es sei nicht zu bezweifeln, dass bei dem dereinstigen Abzuge der Franzosen jene Männer wieder an die Spitze des Staates treten würden. Da würde es denn von dem grössten Nachteile für den Gang der Regierungsgeschäfte und für die Bewohner des Landes sein, dass den obersten Staatsbeamten öffentlich alle Achtung benommen sei, während sie solche ohne die Publikation der „Gedanken" nur im Stillen verloren haben würden [2]).

Was den Geheimen Kabinettsrat Rudloff betrifft, so erfuhr er von seiten des Publikums um so heftigere Angriffe, als von ihm überall angenommen wurde, dass er bei seinem ungemessenen Einflusse auf die Minister thatsächlich an der Spitze des Ministeriums gestanden und dieses auch während der Krisis nach seinem Willen gelenkt habe [3]). Wie weit das wirklich der Fall gewesen ist, lässt sich heute nicht mehr feststellen. Jedenfalls war er seit der Invasion der bestgehasste Mann im ganzen Lande. Allgemein wurde er als der Hauptschuldige angesehen. Man hörte es öffentlich aussprechen, dass er den Strick verdient habe [4]), und seine Freunde sollen ihn gewarnt haben, ja nicht nach Hannover zurückzukehren, da man bei

---

[1]) Eine ähnliche Charakteristik der verschiedenen Minister, wenngleich nicht ganz so scharf gehalten, findet sich in (Müller), Hannover, wie es war, ist und werden wird.

[2]) Berichtigung der Broschüre: Gedanken eines Hannoveraners S. 4 ff.

[3]) Vgl. Archenholz, Minerva J. 1803 III, 112, wo es von Rudloff heisst: „Der eigentliche Minister der auswärtigen Angelegenheiten ist der Geheime Kabinettsrat Rudloff, Abt zu Bursfelde. Was dieser Mann sagt, das wurde sonst in Hannover betrachtet, als habe es Gott gesagt, und die Herren von Kielmansegge und von Arnswaldt waren immer gewöhnt zu seinen Vorträgen Amen zu sagen".

[4]) Gedanken eines Hannoveraners S. 10.

der Stimmung des Publikums durchaus nicht für die Sicherheit seines Lebens bürgen könne [1]).

Das Verhalten des Grafen von Wallmoden wurde besonders von den Militärs bitter getadelt. Die öffentliche Meinung richtete sich — wohl mit Unrecht — weniger gegen ihn, als gegen die Minister. Zum guten Teile mag das auf die geschickte Verteidigung zurückzuführen sein, die dem Feldmarschall von seiten des Verfassers der „Historischen Berichtigungen des öffentlichen Urteils über die durch die französische Okkupation des Kurfürstentums Hannover daselbst veranlassten militärischen Massregeln" zu teil wurde [2]).

Die leidenschaftliche Erregung gegen die Regierung, welche sich in den vielen Broschüren und Pamphleten Luft gemacht hatte, verlor sich im Laufe der französischen Okkupation mehr und mehr. Nichts war geeigneter, dem Volke die guten Seiten und Vorzüge seiner Regierung in die Erinnerung zurückzurufen und die grossen Schwächen, welche jener unläugbar anhafteten, vergessen zu machen, als das harte Regiment der Franzosen.

Zuerst war man hier und da im Volke geneigt gewesen, in den Franzosen Retter und Befreier zu sehen, welche dem Bürger und Bauern alle Abgaben und Lasten abnehmen und sie der Aristokratie auflegen würden [3]). Im Osnabrückschen hoffte man, die Franzosen würden die unbeliebte Verbindung mit dem Kurfürstentume wieder lösen. Hier und vielerorten kam man in der ersten Zeit den fremden Gästen freundlich und willfährig entgegen [4]). Das änderte sich aber schnell, als man die schweren Lasten spürte, welche die Okkupation mit sich brachte. Es dauerte nicht lange, so erhoben sich im Volke Groll und Erbitterung gegen die Franzosen, die nicht selten zu Streitigkeiten und Schlägereien führten. Um solche unliebsamen Vorkommnisse nach Möglichkeit zu verhüten, verbot die Exekutivkommission im Februar 1804 den Krügern und Gastwirten, Abends nach 9 Uhr in ihren Lokalen Gäste zu dulden, weder Einheimische, noch französische Soldaten. Aus dem gleichen Grunde ward den

---

[1]) Archenholz, Minerva J. 1803 III, 356.
[2]) Der Verfasser derselben ist wahrscheinlich der nachmalige preussische Geheime Regierungsrat Koppe. S. Ompteda, Die Überwältigung Hannovers S. 87, Anm. 2.
[3]) Vgl. Historische Berichtigungen S. 117, Anm.
[4]) Schelver S. 118 ff. Vgl. auch Stüve S. 61. „Wohl in keiner Stadt hat man so sorglos, ohne Rücksicht auf eigene Ehre dem Feinde sich hingegeben, wie dies die höheren Stände in Osnabrück thaten. Hier war von einem Vaterlande nicht mehr die Rede, seit man von Deutschland kaum wusste, dass es das eigentliche Vaterland sei, und man doch ohne Recht einem fremden Herrscher (Georg III.) zugeworfen".

Einwohnern von Hannover und anderen Städten das Tragen von Waffen untersagt, es sei denn, dass ein Erlaubnisschein der französischen Stadtkommandanten hinterlegt werden konnte. Auf dem Lande wurden die Schützenfeste, Bauernbiere und ähnliche Festlichkeiten verboten.

Auf der anderen Seite hielten die französischen Befehlshaber, Mortier sowohl als auch Bernadotte, strenge Manneszucht. Excesse, welche die französischen Soldaten sich gegen die Landeseinwohner zu schulden kommen liessen, wurden stets prompt untersucht und scharf bestraft [1]). Die hannoverschen Minister erkennen in ihren Berichten an Georg III. wiederholt an, dass die Handhabung der Disciplin von seiten der französischen Generalität nichts zu wünschen übrig lasse.

Die vereinten Bemühungen der hannoverschen und französischen Behörden hatten denn auch den Erfolg, dass äusserlich ein leidliches Verhältnis zwischen den Unterthanen und dem fremden Militär gewahrt wurde. Die vereinzelten Streitigkeiten, welche vorkamen, nahmen nirgends einen besorgniserregenden Charakter an. Der bekannte Professor H. Steffens fand auf einer Reise durch das Hannoversche (1804) bei dem unterjochten Volke „eine Ruhe und Gleichgültigkeit", die ihm völlig unbegreiflich war [2]).

Man muss sich auch hüten, den Grund, weshalb so viele hannoversche Soldaten die Heimat verliessen, um jenseits des Meeres in die neugegründete „Königlich Deutsche Legion" einzutreten, allein in dem auflodernden Hasse gegen die Franzosen zu suchen. Gewiss spielte dieses Motiv eine Rolle; entscheidend dürfte aber für die Mehrzahl der Auswandernden die Existenzfrage gewesen sein. Durch die „Elbkonvention" war das hannoversche Militär, wie wir wissen, in eine sehr prekäre Lage geraten und zum grossen Teile brotlos geworden. Auf die Versprechungen der hannoverschen Stände war, wie sich alsbald herausstellte, kein Verlass. Die einzige Rettung vor dem drohenden Elende bot somit der von England aus ertönende Werberuf. Rechtliche Bedenken konnten das hannoversche Militär um so weniger hindern, diesen Ausweg einzuschlagen, als es bei der Hast und Überstürzung, mit welcher die Bestimmungen jener Konvention ins Werk gesetzt wurden, verabsäumt worden war, den Soldaten das Versprechen abzunehmen, nicht gegen Frankreich kämpfen zu wollen [3]). Zudem hatte Georg III. sich beeilt, die Konvention für null und nichtig und alle Abmachungen derselben

---
[1]) Vgl. Tagebuch der Vorfälle I, 21, 94 und Hausmann, Erinnerungen S. 43.
[2]) Steffens, Was ich erlebte V, 112 f.
[3]) Heinemann III, 323.

für unverbindlich zu erklären. So zogen die hannoverschen Soldaten in hellen Scharen nach den Küstengegenden, wo der Oberstleutnant von der Decken und der Major Halkett Werbestellen eingerichtet hatten[1]). Im November 1803 betrug die Anzahl der in England angekommenen und dort in die Legion eingetretenen hannoverschen Soldaten bereits gegen 1000 Mann[2]). Zu Anfang 1805 bestand die Legion aus 2 Reiterregimentern, 6 Bataillonen Infanterie, 2 reitenden und 3 Fussbatterien[3]). In der Folge sollte sie im Kampfe gegen den französischen Erbfeind unverwelkliche Lorbeeren erringen.

In der ersten Zeit wurden der Auswanderung der hannoverschen Soldaten von den Franzosen kaum irgendwelche Hindernisse in den Weg gelegt. Man scheint dieselbe sogar nicht ungern gesehen zu haben, weil man auf diese Weise unbequeme Elemente los wurde, von deren Gesinnung man sich nichts Gutes versprechen konnte. Als die Auswanderung aber grössere Dimensionen annahm, ergriff der General Mortier scharfe Massregeln, welche ihr Einhalt thun sollten. Die Exekutivkommission musste am 10. Oktober 1803 eine Proklamation veröffentlichen, welche alle Personen, die sich mit englischen Werbungen beschäftigen würden, mit dem Tode bedrohte. In der That wurde noch in demselben Monate ein hannoverscher Sergeant, Namens Ahrens, von einer dazu niedergesetzten Militär-Spezialkommission wegen „verräterischer Werbung" zu 15 Jahren Galeerenstrafe verurteilt[4]). Dies hatte aber nur die Wirkung, dass die Werbung weniger auffällig betrieben wurde. Aus dem Jahre 1804 wird uns berichtet, dass die Werbungen für die Englisch-Deutsche Legion guten Fortgang gehabt hätten[5]). Von seiten der einheimischen Behörden fanden sie wirksame und so wenig verhehlte Unterstützung[6]), dass der Marschall Bernadotte darauf aufmerksam wurde. In einem Ausschreiben desselben vom 18. Juni 1805 findet sich der bemerkenswerte Passus: „Englische Werber scheinen sich der Unterstützung angesehener Männer im Lande, namentlich der Beamten, zu erfreuen". An diesen Satz schliesst sich die Drohung, jeder Beamte, der in seinem Gerichtssprengel wissentlich solche Agenten dulde, solle verhaftet und ausser Landes gebracht; jeder Einwohner,

---

1) Heinemann III, 323 f.
2) Beamish, Geschichte der Königlich Deutschen Legion I, 81.
3) Das. S. 85.
4) Tagebuch der Vorfälle II, 66 ff.
5) Mierzinsky S. 12.
6) Eine hübsche Geschichte, wie ein französischer General von einem Werbeoffizier mit Hilfe eines angesehenen Hannoveraners dupiert wurde, findet sich bei Dammers, Erinnerungen und Erlebnisse S. 7 f.

welcher verdächtig sei, sich direkt oder indirekt an den Werbungen beteiligt zu haben, solle vor eine Militärkommission gestellt werden. Während so viele junge Männer die Heimat verliessen, bemächtigte sich der im Lande Zurückbleibenden eine tiefe, von Tag zu Tage steigende Niedergeschlagenheit. Die Forderungen, welche die Franzosen dem Lande auferlegten, schienen unerschwinglich zu sein und stürzten zahlreiche Familien in bittere Not. In ihrem mehrerwähnten Berichte vom 9. August 1805 klagen die hannoverschen Minister über den schweren Druck, der infolge der unaufhaltsam fortschreitenden Verarmung der unteren und mittleren Klassen auf allen Gemütern liege, über den daraus entstehenden zunehmenden Hang zur Emigration und über die stetig wachsende Immoralität unter den niederen Volksklassen, die sich in immer häufiger werdenden Diebstählen und Ehestreitigkeiten kund gebe. Auch von anderer Seite wird betont, dass die Anwesenheit der Franzosen die Sitten des Landes gewaltig verdorben habe. Namentlich die geschlechtlichen Ausschweifungen der Franzosen sollen daran schuld gewesen sein [1]).

Eine heisse Sehnsucht nach dem Frieden erfüllte die ganze Bevölkerung. Von dem Frieden allein versprach man sich die Befreiung des Landes von den Franzosen. Woher sollte auch die Rettung sonst kommen? England wollte nicht helfen und hätte es auch nicht vermocht [2]). Ein Appell an den deutschen Reichstag, welchen der kurfürstliche Gesandte Freiherr von Reden „im Namen Seiner Grossbritannischen Majestät" im August 1803 eingereicht hatte, war wirkungslos verhallt. Auch der deutsche Kaiser hatte der hannoverschen Gesandtschaft in Wien sein absolutes Unvermögen, für Hannover etwas zu thun, kund geben müssen [3]). Die einzige Macht, welche für das unglückliche Kurfürstentum eintrat, war Preussen. Die Vorschläge, welche die preussische Regierung in Paris machte, gingen dahin, Napoleon solle Hannover gänzlich räumen oder doch die dort befindlichen Truppen auf ein Minimum reduzieren und den Handel auf der Weser und Elbe freigeben; dagegen werde Preussen die französische Republik gegen jede feindliche Unternehmung im nördlichen Deutschland schützen. Der erste Konsul erklärte indessen dem Gesandten Lucchesini am 27. November 1803, so leicht werde es der preussischen Regierung nicht gelingen, ihn zur Räumung Hannovers zu bewegen, da die Kurlande das einzige Pfand seien, welches er gegenüber den Eroberungen

---

[1]) Schelver S. 146 f.
[2]) Über die Teilnahmlosigkeit der Engländer bei dem unglücklichen Schicksale des Kurstaates vgl. Ompteda, Überwältigung S. 186 ff.
[3]) Das. S. 194.

Englands in den Kolonien besitze [1]). Nicht einmal zu einer Verringerung des Okkupationsheeres hat Napoleon sich verstanden, so dass man auf preussischer Seite die Verhandlungen als aussichtslos abbrach. (April 1804.) Später wurden sie wieder aufgenommen. Im Spätsommer 1805 begehrte Preussen die sofortige Übergabe Hannovers bis zum Frieden; die Gegenleistung sollte in der Erhaltung der Ruhe und des Friedens in Norddeutschland bestehen. Eine Verständigung wurde auch dieses Mal nicht erzielt: die preussischen Bemühungen für Hannover blieben also ohne allen positiven Erfolg [2]).

Es verdient Erwähnung, dass man hannoverscherseits im Herbst 1803 durch den Abgesandten von Ramdohr in Paris einen Plan vorlegen liess, der sich mit den preussischen Intentionen nahe berührte. Danach sollte Napoleon eine zu zahlende Summe angeben, welche den Vorteilen entspräche, die ihm die wirkliche Besetzung des Kurfürstentums bot. Gegen die Auszahlung dieser Summe von seiten Hannovers sollte der erste Konsul seine Truppen aus dem Lande zurückziehen und das letztere an Preussen als Depot übergeben, welches dann eine Besatzung von etwa 6000 Mann hineinlegen würde. Ramdohr erbot sich dem französischen Gouvernement gegenüber, selbst nach England zu gehen und die Zustimmung des Königs Georg zu erwirken. — In Paris dürfte man aber den Vorschlag kaum in ernstliche Erwägung gezogen haben. Man schien es dort auf eine möglichst lange andauernde Okkupation des Kurfürstentums abgesehen zu haben. Da brachte im Oktober 1805 nicht der Friede, sondern ein neuer Krieg dem hannoverschen Volke eine kurze Erlösung. Unter dem Jubel der Hannoveraner verliess das Bernadottesche Armeekorps das Land, um im Süden Deutschlands an dem Kriege gegen Österreich teilzunehmen. Nur der General Barbou blieb mit etwa 3200 Mann [3]) in Hannover zurück, zog sich aber bei der Nachricht von der Annäherung eines preussischen Armeekorps am 25. Oktober in die Festung Hameln zurück. Am 26. Oktober löste sich die Exekutivkommission auf. An dem gleichen Tage trafen die Minister von der Decken und von Grote — sie hatten sich nach dem Abzuge der Bernadotteschen Hauptmacht nach Hildesheim geflüchtet, weil dem General Barbou die Absicht nachgesagt wurde, sich ihrer Person zu bemächtigen und sie als Geiseln

---

[1]) Vgl. das Schreiben Talleyrands an Laforest, 8. frimaire an XII. Bailleu, Preussen und Frankreich II, S. 221.
[2]) Vgl. Bailleu II, Einleitung S. XLII, LIV, LX.
[3]) Vgl. den Brief Scharnhorsts an den Gesandten von Ompteda in Berlin vom 29. Oktober 1805. Ompteda, Politischer Nachlass I, 94.

nach Hameln mitzuführen [1]) — wieder in Hannover ein. Sie liessen es ihr Erstes sein, sich sofort auf dem Ministerium zu einer Session zu vereinigen und „dadurch die glückliche Wiederherstellung der vorherigen Verhältnisse öffentlich kund zu geben". In dieser Sitzung wurde dem Landesdeputations-Kollegium, dessen Mitglieder in corpore erschienen waren, um Glückwünsche darzubringen, eröffnet, es möge vorläufig noch nicht auseinandergehen, sondern „in Absicht aller aus seiner bisherigen Geschäftsführung noch rückständigen Sachen in seiner bisherigen Thätigkeit verbleiben".

In der Zusammensetzung des Ministeriums traten nach dem Abzuge der Franzosen grosse Veränderungen ein. Gegen das Ende des Jahres 1805 ward der Hofrichter von Bremer in Anerkennung seiner hervorragenden diplomatischen Gewandtheit und der grossen Verdienste, die er sich während der französischen Okkupation um das Land erworben hatte, zum Staats- und Kabinettsminister ernannt. Bald darauf wurde den beiden Staats- und Kabinettsministern von Kielmansegge und von Arnsswaldt auf ihr Gesuch der Abschied erteilt. (11. März 1806.) Ebenso erhielt der Geh. Kabinettsrat Rudloff seine Entlassung; an seiner Stelle wurden Patje und Brandes „wegen ihres besonderen Wohlverhaltens während der unglücklichen Invasion des Landes" zu Kabinettsräten befördert.

Auch in der Organisation der Landesverwaltung wurden durchgreifende Veränderungen geplant. Man hatte in London eingesehen, dass die unglückliche Zweiteilung des Ministeriums in die Deutsche Kanzlei zu London und das Staats- und Kabinettsministerium zu Hannover wesentlich schuld an der Katastrophe des Jahres 1803 trage, und gedachte jetzt das Ministerium in Hannover der Deutschen Kanzlei entschieden unterzuordnen und so das Kurfürstentum hinfort einheitlich von London aus zu regieren. Zur Durchführung dieser Reform erschien der Graf von Münster, der im Mai 1805 an Lenthes Stelle Staats- und Kabinettsminister bei der Person des Königs geworden war, in den ersten Decembertagen in Hannover. Noch war er aber über die ersten Einleitungen zu der geplanten Neuordnung der Administration nicht hinausgekommen, als die preussische Okkupation im Jahre 1806 seiner Wirksamkeit ein schnelles Ende bereitete.

[1]) Immediatbericht vom 27. Oktober 1803.

Zweites Buch.

Die Okkupation Hannovers durch die Preussen.
1806.

Die Okkupation Hannovers durch die Preussen. 1806.

Kapitel I.

Die Besetzung des Kurfürstentums durch die Preussen[1].

Die mehrjährige Anwesenheit eines französischen Heeres im Kurfürstentum Hannover (1803—1805) war von der preussischen Regierung als ein schwerer Schlag für ihre Machtstellung im nördlichen Deutschland und als eine beständige Gefahr für die Sicherheit der preussischen Monarchie empfunden worden. Als daher die französischen Truppen unter dem Marschall Bernadotte im September 1805 bis auf einen schwachen Rest das Kurfürstentum verliessen, um dem Kriegsschauplatze an der Donau zuzueilen, erwuchs der Berliner Regierung die Aufgabe, einer abermaligen Besetzung Hannovers durch die Franzosen vorzubeugen. Das sicherste Mittel dazu bot die Besetzung des Landes mit den eigenen Truppen; es fragte sich bloss, ob ein solcher Schritt mit der Rücksicht, welche man auf die französische Regierung zu nehmen hatte, vereinbar war. Da trat ein Ereignis ein, welches die preussische Politik jeder Rücksicht auf Frankreich enthob: die Verletzung des ansbachisch-preussischen Gebietes durch das Bernadottesche Armeekorps. Dies hatte zur Folge, dass König Friedrich Wilhelm III. sich entschloss, Hannover ohne alle Übereinkunft mit Frankreich in Besitz zu nehmen

---

[1] Die im folgenden gegebene Darstellung der preussischen Okkupation beruht vorwiegend auf bisher ungedruckten Akten des Geheimen Staatsarchivs zu Berlin und des Staatsarchivs zu Hannover. In dem ersteren befindet sich der Schriftwechsel der preussischen Behörden in Hannover mit König Friedrich Wilhelm III. und den Organen der preussischen Politik, im letzteren die Korrespondenz zwischen den preussischen und hannoverschen Behörden.

und auch dem Einmarsche der mit Österreich verbündeten Mächte in das Kurfürstentum nicht zu wehren. Am 13. Oktober 1805 erhielt ein Teil der preussischen Truppen den Befehl, nach Hannover vorzurücken. Zwei Wochen später, am 26. Oktober, zogen die ersten Regimenter in die Hauptstadt des Landes ein [1]). Gleichzeitig setzte sich von Schwedisch-Pommern her ein russisches Armeekorps in Marsch. Am 10. November ging es bei Lauenburg über die Elbe und breitete sich zunächst in der Provinz Lüneburg aus. Den Russen folgten die Schweden auf dem Fusse. Zuletzt erschien (am 16. und 17. November) die „Kings German Legion" nebst einer Anzahl englischer Truppen an der Mündung der Weser. Alle diese Truppen zusammen, Preussen, Russen, Schweden und Engländer zählten etwa 60 000 Mann.

Die beschämende Thatsache, dass die englisch-hannoverschen Truppen, welche doch den ersten Anspruch auf die Befreiung des Kurfürstentums gehabt hätten, zuletzt kamen, wurde hinterher von englischer Seite auf die „hartnäckige Dauer eines widrigen Windes zurückgeführt, der ein früheres Auslaufen der Transportschiffe verhindert habe" [2]). Allein wie Graf Münster, der hannoversche Minister bei der Person des Königs in London, an das Ministerium zu Hannover schrieb (15. Oktober), hielt man es im brittischen Kabinett noch um die Mitte Oktober nicht für ratsam, eine Landung an der hannoverschen Küste in das Werk zu setzen. Allenfalls gedachte man die Infanterie und Artillerie der Deutschen Legion nebst einem kleinen Detachement Kavallerie nach Stralsund zu entsenden. Dort sollte die Expedition sich mit den Russen vereinigen und aus dem Hannoverschen so viel Rekruten als möglich an sich ziehen, um demnächst mit mehrerem Nachdrucke wirken zu können. So wenig glaubte man in London an die dauernde Befreiung des Kurfürstentums von der französischen Okkupation, dass Münster in dem erwähnten Schreiben den Rat gab, „alle voreiligen Explosionen im Lande zu verhüten, die, ohne von allgemeinem und bleibendem Nutzen zu sein, nur dazu dienen würden, einzelne Personen oder Gegenden der Rache des Feindes preiszugeben" [3]).

---

[1]) Vgl. Lehmann, Scharnhorst I, 351.

[2]) Kollegialschreiben des Grafen Münster vom 8. November 1805. Vgl. die Proklamation Georgs III. vom 3. December 1805. Ranke, Denkwürdigkeiten des Staatskanzlers Fürsten von Hardenberg V, 183.

[3]) Erst am 25. Oktober erhielt die Deutsche Legion Befehl unter Segel zu gehen. Münster an die hannoverschen Minister zu Schwerin, London, 25. Okt v. Ompteda, Politischer Nachlass I, 93.

Was die Russen, Schweden und Engländer im nördlichen Deutschland wollten, ist nicht recht ersichtlich. Der einzige greifbare Zweck, den sie verfolgten, war die Belagerung der Festung Hameln, welche von dem General Barbou mit einigen tausend Mann besetzt gehalten wurde. Vielleicht war weiterhin eine Diversion in das Niederländische geplant; die Franzosen wenigstens fürchteten dies und suchten sich gegen einen etwaigen Einfall durch die Aufstellung eines Truppenkorps an der holländischen Grenze sicher zu stellen. — Es sollte aber weder zu der Belagerung von Hameln noch zu einem Einfalle in Holland kommen. Bekanntlich wurde der preussische Minister von Haugwitz auf Grund des Potsdamer Vertrages vom 3. November 1805 in der zweiten Hälfte dieses Monats an Napoleon abgesandt, um die bewaffnete Mediation Preussens anzubieten. — Napoleon schien nicht abgeneigt, auf dieselbe einzugehen, machte aber die doppelte Vorbedingung, dass die preussische Regierung einen Einfall der englischen, russischen und schwedischen Truppen in das Holländische nicht dulde, und dass ein Rayon um die Festung Hameln zugestanden werde, innerhalb dessen die französische Garnison sich unbehelligt mit Lebensmitteln versehen könne [1]). Hierzu liess man sich in Berlin bereit finden, vorausgesetzt, dass Napoleon sich verpflichte, während der Dauer der Unterhandlungen nichts gegen Hannover zu unternehmen und kein französisches Truppenkorps in das nördliche Deutschland einrücken zu lassen [2]). Demgemäss wurde von dem preussischen Oberstleutnant Krusemarck ein Abkommen mit dem General Barbou getroffen, nach welchem die Verpflegung der französischen Garnison von den hannoverschen Behörden durch Lieferanten besorgt und dem französischen Befehlshaber die drei Ämter Ärzen, Grohnde und Ohsen eingeräumt werden sollten, um seine Truppen daselbst in Kantonirung zu legen [3]). Unter diesen Umständen verstand es sich von selbst, dass die Engländer, Schweden und Russen alle Operationen gegen die Franzosen im nördlichen Deutschland einstellen mussten.

Dabei blieb es indessen nicht. Unter dem frischen Eindrucke der Schlacht von Austerlitz schloss Graf Haugwitz am 15. December zu Schönbrunn einen Vertrag mit Napoleon ab, nach welchem

---

[1]) Note Hardenbergs an Laforest vom 19. December 1805. Ranke, Denkwürdigkeiten des Staatskanzlers Fürsten von Hardenberg II, 371.

[2]) Das. Vgl. Duncker, Abhandlungen aus der neueren Geschichte. S. 170.

[3]) Vgl. die Note Hardenbergs an Lord Harrowby vom 22. December 1805. Ranke, Denkwürdigkeiten Hardenbergs II, 384 und das Schreiben Münsters an den hannoverschen Gesandten von Ompteda vom 5. Januar 1806. v. Ompteda, Politischer Nachlass I, 125 f.

Preussen gegen die Abtretung von Ansbach, Cleve, Neuchatel und gegen Garantie des französischen Besitzstandes das Kurfürstentum Hannover zu eigen erhalten sollte [1]).

[1]) Die Ansicht Lehmanns (Scharnhorst I, 354 Anm.), König Friedrich Wilhelm habe dem Grafen Haugwitz bei dessen Abreise in das französische Hauptquartier die geheime Instruktion gegeben, er solle auf alle Fälle den Frieden zwischen Preussen und Frankreich sichern, dürfte sich schwerlich aufrecht erhalten lassen. Die Erzählung des französischen Gesandten Laforest, auf welche sich Lehmann stützt, ist nichts weniger als beweiskräftig. Ich lasse dahingestellt, ob die Worte Laforests sichere Gewähr dafür geben, dass Haugwitz den Empfang einer solchen Instruktion positiv behauptet habe. (Vgl. Häffer, Die Kabinettsregierung in Preussen und J. W. Lombard, S. 178 Anm.) Soviel ist aber gewiss, dass Haugwitz' Glaubwürdigkeit nicht über jeden Zweifel erhaben ist. Und wenn wir vor die Alternative gestellt sind: Hat Haugwitz in der Unterredung mit Laforest die Linie der Wahrheit überschritten? Oder hat Friedrich Wilhelm, dessen Gewissenhaftigkeit ausser Frage stehen dürfte, seinem Minister eine Instruktion erteilt, die einen Bruch des Potsdamer Vertrages vom 3. November und einen Verrat gegen seine Bundesgenossen involvierte? So, meine ich, kann die Entscheidung nicht zweifelhaft sein. Übrigens beweisen, um von anderen Zeugnissen (Berichte des Obersten Crenneville, Schreiben Friedrich Wilhelms an Kaiser Alexander vom 23. Nov. etc.) abzusehen, schon die militärischen Massregeln des preussischen Königs, dass er durchaus am Potsdamer Vertrage festhielt. Vgl. Duncker, Abhandlungen aus der neueren Geschichte, S. 160 ff., S. 253 f. und Lehmann, Scharnhorst I, 357 ff. — Auch die Nachrichten von der Schlacht bei Austerlitz haben die Abwendung von jenem Vertrage nicht herbeigeführt. Das ergiebt sich aus der Konferenz vom 9. Dec. (Denkwürdigkeiten Hardenbergs II, 357 ff.), dem Schreiben Friedrich Wilhelms an den Zaren vom 10. Dec. (das. 363 ff.) und vor allem aus dem Erlasse an Haugwitz vom 11. Dec. (Bailleu II, 417. Vgl. Duncker a. a. O., S. 167). Entscheidend für den Systemwechsel in Berlin — und das ist meines Erachtens bisher nicht genügend hervorgehoben worden — war erst die Nachricht von dem zu Austerlitz (16 Dec.) geschlossenen Waffenstillstande, von der Eröffnung von Friedensverhandlungen zwischen Österreich und Frankreich und von dem Abmarsche der russischen Truppen nach Russland. Von dem Augenblicke, wo dies in Berlin bekannt wurde, war ein Festhalten an der Potsdamer Konvention ein Unding. Die preussischen Truppen konnten ja nicht einmal in Böhmen einrücken, wozu die Befehle schon gegeben waren (Denkwürdigkeiten Hardenbergs II, 365), denn Art. 6 des Waffenstillstandes besagte, dass keine fremde Armee den Boden Österreichs betreten dürfe. (Duncker a. a. O., S. 169.) Auch hatte Preussen, wie Hardenberg mehrfach ausführt (vgl. z. B. die erste Denkschrift Hardenbergs über den Vertrag vom 15. Dec. Denkwürdigkeiten V, 247), keinerlei Verpflichtungen gegen Österreich, namentlich seit dieses einseitig Friedensunterhandlungen begonnen und sich damit gewissermassen der Defektion schuldig gemacht hatte. Und was die Verpflichtungen Preussens gegen Russland betrifft, so hat das letztere nach der Schlacht von Austerlitz und der Trennung von Österreich selbst auf die Fortsetzung des Krieges und damit auf die Durchführung des Vertrages vom 3. Nov. verzichtet. Sonst wäre es ja ganz unbegreiflich, warum die russische Regierung nicht den Eintritt Preussens in den Kampf verlangt hat. Dass dies nicht geschehen ist, muss scharf betont werden. Mit keinem Worte gedenkt der russische Kaiser in seinem Briefe an Friedrich Wilhelm vom

Es war nicht das erste Mal, dass das Projekt von der Erwerbung Hannovers durch Preussen zur Sprache gebracht wurde. Bereits bei den Entschädigungsverhandlungen im Jahre 1801 hatten Russland und Frankreich das Kurfürstentum in aller Form dem Könige Friedrich Wilhelm III. angeboten²). Später — im August 1805 — war Napoleon darauf zurückgekommen und hatte sich erboten, Hannover, über welches er kraft des Rechtes der Eroberung disponieren zu können meinte, an Preussen abzutreten³). Dagegen sollte letzteres sich zur Unterstützung Frankreichs für den Fall verpflichten, dass irgend eine Macht zu einer gewaltsamen Änderung des Besitzstandes in Italien schreiten würde.

In Berlin war man keineswegs blind für die grossen politischen, militärischen und kommerziellen Vorteile, welche der Besitz Hannovers bieten musste. Es war für Preussen eine Lebensfrage, eine feste Position im nördlichen Deutschland einzunehmen, ohne welche es einem Angriffe Frankreichs nicht standzuhalten vermochte; und

6. Dec. (Denkwürdigkeiten Hardenbergs II, 366) der preussischen Hülfe. Fürst Czartoryski schrieb am gleichen Tage an den russischen Gesandten Alopaeus in Berlin, nicht etwa, er solle Preussens Hülfe sollicitiren, sondern: unter den gegenwärtigen Verhältnissen sei es das Geratenste, „de se tenir tranquille, de se fortifier chez soi et d'attendre le cours des événements". Auch in der bekannten Unterredung, welche Alopaeus am 21. Dec. mit Hardenberg hatte, war von dem kriegerischen Beistande Preussens nur insofern die Rede, als der russische Gesandte an Hardenberg die Frage richtete, ob Friedrich Wilhelm den aus dem Potsdamer Vertrage entspringenden casus foederis für den Fall anerkenne, dass die russisch-französischen Verhandlungen sich zerschlügen und der Krieg von neuem beginne. (Das. S. 380.)

Dem zweiten Argumente Lehmanns für die Existenz der obenerwähnten geheimen Instruktion: bei der herkömmlichen Darstellung müsse es völlig unbegreiflich erscheinen, dass Haugwitz, obwohl er seine Instruktion in so unverantwortlicher Weise überschritten habe, von dem Könige bis an sein Lebensende mit Achtung und Auszeichnung behandelt worden sei, kann ich ebenfalls keine Beweiskraft zugestehen. In der ersten Zeit hat Friedrich Wilhelm den Minister gewiss nicht mit Auszeichnung behandelt. Aus dem (von Hardenberg zurückgehaltenen) Erlass an Haugwitz vom 11. Dec. (Bailleu II, 417) spricht unverhüllter Tadel. Nach der Rückkehr des Grafen von seiner Mission konnte der König zwar nicht bewogen werden ihn zu desavouieren, aber ebensowenig wollte er sich dazu verstehen, jenen „öffentlich für den Wiener Traktat zu belohnen". Die Insinuation Lombards, Friedrich Wilhelm möge Haugwitz aus Anlass des Vertrages zum Fürsten ernennen, wurde von diesem mit grösster Entschiedenheit zurückgewiesen. Haugwitz soll darüber auf das höchste aufgebracht gewesen sein. (Ranke, Denkwürdigkeiten Hardenbergs II, 416.) — Dass Friedrich Wilhelm III. sich später innerlich mit dem Verhalten des Grafen aussöhnte, erklärt sich zur Genüge aus dem vornehmsten Charakterzuge des Königs, seiner Friedensliebe.

²) Bailleu II, Einl., S. XVI und XVIII.
³) Das. S. LXII f.

wie die Sachen lagen, konnte nur der Besitz Hannovers eine solche verschaffen. Mit Recht hat Ranke darauf hingewiesen, dass Friedrich Wilhelm III. so wenig auf den Besitz der Kurlande gedrungen haben würde als seinerzeit Friedrich der Grosse, wenn die Verbindung Grossbritanniens mit Hannover dahin geführt hätte, dass dieses Land um so kräftiger gegen die Franzosen verteidigt worden wäre, wie das im 7jährigen Kriege geschehen war[1]). Da dieses nicht der Fall war, musste Preussen um der Selbsterhaltung willen nach der Erwerbung des Kurfürstentums streben.

Allerdings war König Friedrich Wilhelm nicht gesonnen, auf einem anderen als dem legitimen Wege in den Besitz Hannovers zu gelangen. Er hatte bei den Verhandlungen mit Frankreich stets darauf bestanden, dass die Erwerbung des Kurfürstentums nur mit der Einwilligung des Königs von England bei dem allgemeinen Frieden vor sich gehen könne. Der preussischen Diplomatie war es gelungen, auch die russische Regierung für diesen Plan zu gewinnen; in dem Potsdamer Vertrage hatte Kaiser Alexander versprochen, seinen ganzen Einfluss bei Georg III. zu verwenden, dass dieser gegen gebührende Entschädigung in die Abtretung Hannovers willige[2]).

Auch jetzt, als Graf Haugwitz mit dem Entwurfe des Schönbrunner Vertrages nach Berlin zurückkehrte, war man hier nicht Willens von dem Grundsatze der Legitimität abzuweichen. Im Prinzipe mit dem Austausche von Ansbach, Cleve und Neuchatel gegen Hannover einverstanden, wollte man doch den Vertrag nur mit der Einschränkung annehmen, dass der Austausch der erwähnten Gebiete erst nach dem allgemeinen Frieden, also unter Zustimmung Englands, vor sich gehen solle. Bis dahin wollte Preussen das Kurfürstentum blos militärisch besetzt halten.

Einen Augenblick glaubte die preussische Regierung der Einwilligung Napoleons zu dem solchergestalt modifizierten Vertrage sicher zu sein. Verhängnisvolle Täuschung! Napoleon hielt, als Haugwitz zu Paris die kaiserliche Genehmigung für den neugestalteten Schönbrunner Vertrag zu erwirken suchte, nicht nur an der sofortigen, unbedingten Besitznahme Hannovers fest, sondern forderte, darüber hinausgehend, dass Preussen seine Häfen dem englischen Handel und der englischen Schiffahrt verschliessen sollte. Unglücklicherweise hatte man in Berlin durch die übereilte

---

[1]) Ranke, Denkwürdigkeiten Hardenbergs I, 604 f.
[2]) Das. I, 534 f.

Abrüstung¹), welche man im Glauben an die Annahme des modifizierten Vertrages angeordnet hatte, sich selbst in die Hände Napoleons gegeben. Eine Ablehnung der neuen Forderungen würde zugleich Krieg und Untergang bedeutet haben. Notgedrungen unterzeichnete Friedrich Wilhelm III. am 25. Februar den neuen Pariser Vertrag, der ihn einerseits zur Preisgabe von Ansbach, Cleve, Neuchatel, andererseits zu der unmittelbaren Besitznahme Hannovers mit dem Titel der Souveränität und zur Verschliessung der Nordseehäfen gegen England verpflichtete.

Ob Friedrich Wilhelm III. sich seit diesem Momente für den rechtmässigen Besitzer des Kurfürstentums gehalten hat? Wir werden das bei dem loyalen Charakter des Königs kaum annehmen dürfen. Jedenfalls hoffte der König mit Bestimmtheit, dass der Friedensschluss zwischen England und Frankreich ihm den Besitz Hannovers bestätigen werde. Ihn bis dahin zu behaupten, nötigenfalls mit gewaffneter Hand, war er fest entschlossen. „Hannover," schreibt er am 1. Juli 1806 an den Kaiser Alexander, „ist für die Verteidigung Preussens unentbehrlich. So lange der Krieg zwischen England und Frankreich dauert, muss ich es ungestört in Besitz behalten; darnach will ich mich gern mit England freundschaftlich auseinandersetzen"²).

---

¹) Bereits am 24. Januar (demselben Tage, wo in Abwesenheit des erkrankten Hardenberg die Konferenz stattfand, in welcher die Demobilisierung der preussischen Armee beschlossen wurde) richtete Friedrich Wilhelm III. an Hardenberg ein Kabinettsschreiben, worin er ihn von den gefassten Beschlüssen in Kenntnis setzte. „Da nun, wie Euch bekannt ist, der Abschluss der mit Frankreich gepflogenen Unterhandlungen erfolgt ist," hiess es darin, „und Ich zufolge desselben die Hannöverschen Lande durch meine Truppen vorläufig in Besitz nehmen lasse, auch der Hauptzweck der Mobilmachung Meiner Armee, das nördliche Teutschland vor einem verheerenden Kriege sicher zu stellen, erreicht ist, so habe Ich beschlossen, die zur Besetzung des Hannöverschen nicht erforderlichen Truppen in die Friedensquartiere zurückmarschieren und sie grösstenteils gleich nach deren Ankunft in selbigen wieder demobil machen zu lassen." Es ist sehr auffallend, dass Hardenberg in seinen Memoiren mit keinem Worte dieses Kabinettsschreiben erwähnt. Er behauptet dort (II, 436), erst am 25. Januar von dem Befehle, die Armee zu demobilisieren, Kenntnis erhalten zu haben. Man wird aber kaum daran zweifeln können, dass jenes Kabinettsschreiben bereits am 24. Januar in seine Hände gelangt ist. Übrigens hat Hardenberg in demselben eigenhändig an den Rand geschrieben: „Ich bemerke hiebey, dass ich wegen dieser wichtigen Sache gar nicht zu Rate gezogen wurde, widrigenfalls ich Gegenvorstellungen gemacht haben würde. Hardenberg." Vgl. Duncker, Abhandlungen aus der neueren Geschichte, S. 178 ff. und Höffer a. a. O., S. 100 f.

²) Duncker, Aus der Zeit Friedrichs des Grossen und Friedrich Wilhelms III., S. 266.

In demselben Augenblicke, wo die preussische Regierung die Annahme des modifizierten Schönbrunner Vertrages von Seiten Napoleons für gesichert hielt, erliess sie auch die notwendigen Befehle zur Räumung der hannoverschen Lande von den russischen, schwedischen und englischen Truppen und zum Einmarsche eines preussischen Armeekorps. Bereits am 24. Januar 1806 sandte Friedrich Wilhelm III. dem Befehlshaber der russischen Streitkräfte in dem Kurfürstentum, Grafen Tolstoy, welcher seit dem Potsdamer Vertrage unter den Befehlen des Königs stand, die Weisung, durch Mecklenburg, Pommern, West- und Ostpreussen nach der russischen Grenze zurückzumarschieren. Auch wurde Graf Tolstoy von dem preussischen Könige ersucht, den Rückmarsch der Schweden zu veranlassen. — Der englischen Gesandtschaft ward von dem Grafen Haugwitz anheimgegeben, die englisch-hannoverschen Truppen möchten sich „in das Herzogtum Bremen auf das rechte Ufer der Wumme zurückziehen, wo sie vorläufig kantonieren und, den Einschiffungsplätzen nahe, die Beendigung der Anstalten zu ihrer Rückkehr abwarten könnten"[1]).

Die preussischen Truppen, welche im Oktober 1805 in das Kurfürstentum eingerückt waren, hatten sich gegen Ende November nach Westfalen und Franken gezogen. Jetzt wurde ein Bruchteil der preussischen Armee — 23 Bataillone Infanterie, 25 Schwadronen Kavallerie, 7 Batterien Artillerie — beordert, von neuem nach Hannover vorzurücken und die militärische Besetzung des Kurfürstentums zu vollziehen. Das Generalkommando über diese Truppen erhielt der Herzog von Braunschweig. Da Herzog Karl Ferdinand aber noch im Januar 1806 in diplomatischer Mission nach Petersburg abreiste, ging das faktische Kommando auf den Staatsminister und General der Kavallerie Graf von Schulenburg-Kehnert über, welcher von Friedrich Wilhelm III. zunächst mit der Civiladministration des Kurfürstentums beauftragt war.

Von grossem Interesse ist ein königliches Kabinettsschreiben vom 24. Januar, in welchem Friedrich Wilhelm III. dem Grafen Schulenburg die Ernennung zum Administrations-Kommissar mitteilt: es giebt uns Aufschluss, wie der preussische König die provisorische Besitznahme der hannoverschen Lande ausgeführt wissen wollte. „Da ich," so begann das Schreiben, „zu Behauptung der Neutralität meiner Staaten und des nördlichen Deutschland in dem noch fortdauernden Kriege zwischen Frankreich und England mit der zuerst genannten Macht übereingekommen bin, die Staaten des Königs von

---

[1]) Kabinettsschreiben an Hardenberg vom 24. Januar. Desgleichen an den Herzog von Braunschweig von demselben Tage.

Grossbritannien in Deutschland durch meine Truppen besetzen und bis zum künftigen Frieden administrieren zu lassen, so ist es nötig, zur zweckmässigen Anordnung und Führung dieser Administration einen besonderen Kommissarius zu ernennen, der mit dem nötigen Ansehen von Rang und Würden alle die persönlichen Eigenschaften verbindet, die zu einem so wichtigen Auftrage erfordert werden." Alles dieses, hiess es weiter, sei in Schulenburgs Person auf eine so glückliche Weise vereinigt, dass er (der König) ihm jenen Auftrag mit vollem Vertrauen erteile. Um dem General die Last des Geschäftes möglichst zu erleichtern, subordiniere er ihm den Geh. Oberfinanzrat und Kammerpräsidenten von Ingersleben und ermächtige ihn ausserdem, alle sonst erforderlichen Offizianten aus den verschiedenen Ministerialdepartements auszuwählen. Einer besonderen Instruktion bedürfe es bei Schulenburgs „bewährten dienstlichen Einsichten und Erfahrungen" nicht. Sie liege schon in dem Begriffe der Administration, wonach die Landesverwaltung auf dem Fusse und mit den Behörden, wie sie vorhanden seien, fortgeführt werden müsse, „doch so, dass alle direkte oder indirekte Verbindung mit dem Könige von England zu suspendieren, die Geschäfte nicht in dessen Namen, sondern im Namen des Landes zu führen und vor allen Dingen dahin zu sehen sei, dass die Neutralität des Landes bei dem Kriege zwischen Frankreich und England nicht auf die entfernteste Weise verletzt, mithin auch weder Geld noch Geldeswert dem Könige von England zugeführt noch irgend eine Aushebung von Mannschaften oder Werbung gestattet werde". Dagegen müsse Schulenburgs ganze Sorgfalt auf die Wohlfahrt des Landes und Verminderung der Lasten desselben gerichtet sein. Zu dem Ende werde er den Friedensetat der zu der Besetzung erforderlichen Truppen aus seinen Kassen fortzahlen lassen, so dass das Kurfürstentum nur die Verpflegung und Zuschüsse nach dem Feldetat aufzubringen habe.

Am 27. Januar wurde auch dem kurhannoverschen Ministerium durch ein Schreiben des Ministers von Hardenberg die bevorstehende Besetzung des Landes angekündigt [1]). Das einzige Mittel, hiess es in demselben, das abermalige Vorrücken einer grossen französischen Kriegsmacht in die hannoverschen Lande abzuwehren, habe in einem mit dem Kaiser von Frankreich zu treffenden Übereinkommen bestanden, wodurch die deutschen Lande des englischen Königs bis zur Bestimmung ihres Schicksals bei dem allgemeinen Frieden dem Könige von Preussen zur Verwahrung durch seine Truppen allein, und zur Administration übergeben würden. Diese Übereinkunft sei

---

[1]) Gedruckt u. a. bei Voss, Zeiten V, 222 ff.

wirklich getroffen worden, und demgemäss werde die Besetzung des Landes durch ein preussisches Armeekorps in kurzem erfolgen. König Friedrich Wilhelm intendiere bei der Übernahme des Kurfürstentums nur die Sicherheit und Ruhe des nördlichen Deutschlands und wünsche nichts lebhafter, als dass die Verwaltung zum grössten Wohle des Landes und dessen Einwohner gereiche.

In der Verfassung der Landesbehörden werde nichts geändert werden; nur sollten sie vor der Hand die einfache Bezeichnung „hannoversche Behörden" führen. Auch sollten sie „in Rücksicht ihrer Verwaltung und Dienstpflichten, wie aus dem Begriffe einer ausschliesslichen Administration von selbst folge, lediglich dem preussischen Könige und seinem Administrations-Kommissar mit gänzlicher Ausschliessung alles auswärtigen Nexus" verantwortlich sein.

An dem gleichen Tage (27. Januar) wurde den hannoverschen Ministern ein königliches Manifest eingehändigt[1]), welches die Landeseinwohner mit der preussischen Besetzung bekannt machen sollte. Die Unterthanen wurden darin angewiesen, den Verfügungen des Administrations-Kommissars und der von demselben einzusetzenden Administrations - Kommission unweigerlich nachzukommen und sich in allen höheren und allgemeinen Landesangelegenheiten allein an den Administrations-Kommissar, als die nunmehrige oberste Behörde zu wenden. Das Manifest enthielt ferner die uns bekannte Zusicherung, dass der Friedensetat der Besetzungstruppen aus den preussischen Landeskassen bezahlt, und dass bloss die mehreren Kosten des Kriegsetats von den Unterthanen getragen werden sollten. Überhaupt solle dafür gesorgt werden, dass die Einkünfte des Kurfürstentums während der preussischen Administration nach Abzug der Verwaltungskosten allein zu dessen Nutzen verwandt würden.

Auf das Schreiben Hardenbergs vom 27. Januar liess der Graf von Münster, welcher seit November 1805 auf hannoverschem Boden weilte, ein Antwortschreiben (30. Januar) ergehen, welches auf das feierlichste gegen alle Einschränkungen der Rechte Georgs III. und namentlich gegen die Publikation des Manifests vom 27. Januar protestierte. Es wurde in dieser Antwort unverblümt erklärt, das hannoversche Ministerium würde es vor seinem Landesherrn und vor dem eigenen Gewissen nicht verantworten können, wenn es sich dem Ansinnen der preussischen Regierung, es solle lediglich dem preussischen Könige und seinem Administrations-Kommissar mit gänzlicher Ausschliessung alles auswärtigen Nexus verantwortlich bleiben, füge. — Damit nicht zufrieden, veröffentlichte

---

1) Das. S. 220 ff.

Münster unter dem 3. Februar 1806 eine Proklamation, worin er seinen Protest gegen die preussische Besitznahme, welche den Rechten des Königs zuwiderlaufe und von demselben missbilligt werde, zur allgemeinen Kenntnis brachte und seine Rückkehr nach England ankündigte. Des weiteren forderte Münster die Staatsdienerschaft auf, auf dem ihr anvertrauten Posten auszuharren und ermahnte die Unterthanen, sich der bevorstehenden Okkupation nicht zu widersetzen, da solches für sie selbst nachteilig und für das Land ohne Nutzen sein würde.

Man kann kaum anders annehmen, als dass der Münsterschen Proklamation die Absicht zu Grunde lag, bei den Landeseinwohnern eine üble Stimmung gegen Preussen zu erregen. Thatsächlich hat sie diesen Erfolg gehabt. Wie Graf Schulenburg am 10. Februar aus Hildesheim berichtete, war das von preussischer Seite erlassene und in mehreren öffentlichen Blättern erschienene Patent vom 27. Januar „den Umständen nach" im Lande sehr günstig aufgenommen worden. Allein die Proklamation des Grafen Münster hatte die Stimmung so nachteilig verändert, dass man laut sagte, öffentliche Feinde seien heimlichen vorzuziehen[1]).

Am 14. Februar marschierte das erste preussische Regiment in die Residenzstadt Hannover ein. Ihnen folgten nach und nach die anderen Truppen. Am 15. Februar traf der Administrations-Kommissar, General von Schulenburg, in der Hauptstadt des Landes ein und am 17. das Personal der Administrations-Kommission.

Die Ankunft der Preussen bildete das Abzugssignal für die englischen, russischen und schwedischen Truppen. Die Einschiffung der englisch-hannoverschen Truppen begann bereits am 28. Januar zu Bremerlehe[2]). Am 1. Februar meldete der preussische Konsul in Bremen, dass der Abzug der Engländer mit fast ängstlich scheinender Eile betrieben werde. Bis zum 17. Februar war derselbe völlig bewerkstelligt. In Schulenburgs Berichten[3]) wird erwähnt, dass die Anzahl der zur Deutschen Legion gehörigen Mannschaft anfänglich nur 13 000 Mann betragen habe. Bei der rührigen Werbung, die im Kurfürstentum entfaltet worden, sei sie aber in kurzer Zeit auf 19 000 Mann angewachsen. Über die Einschiffung nach England sei in der Legion ein grosser Unwille entstanden. Mehrere Bataillone sollten sich geweigert haben, sich derselben zu unterziehen. Die Desertion nehme unter den hannoverschen Soldaten in dem Masse

---

[1]) Vgl. Lehmann, Scharnhorst I, 366.
[2]) Hardenberg an Schulenburg, 4. Februar.
[3]) Hildesheim, 8. Februar.

überhand, dass ein grosser Teil der Legion wohl nicht nach England kommen werde[1]).
Grössere Schwierigkeiten als die englisch-hannoverschen Truppen machten die Russen, von denen 18—19000 Mann im Lande lagen. Sie setzten sich nur widerwillig und sehr langsam in Bewegung. Schulenburg glaubte den Grund dafür in einem Einverständnisse zwischen Münster und Tolstoy suchen zu sollen. Die Absicht dieser beiden Männer ging nach seinem Dafürhalten dahin, durch die Verzögerung des Abmarsches der russischen Regimenter die preussischen Truppen zum Stehenbleiben zu nötigen und so den Einmarsch derselben in das Hannoversche eine Zeitlang hinzuhalten[2]).

Das schwedische, etwa 6000 Mann starke Armeekorps endlich zog sich im Anfang Februar über die Elbe in das Lauenburgische und von dort weiter in das Mecklenburgische zurück. Nur ein kleiner Teil der Schweden, etwa 400 Mann stark, blieb im Lauenburgischen stehen. Ihr Führer, Oberst Graf von Löwenhielm, erliess am 1. Februar im Namen seines Königs ein Publikandum, wonach die hannoverschen Lande auf dem rechten Elbufer auch ferner unter dem Schutze der schwedischen Truppen bleiben sollten, bis darüber eine nähere Übereinkunft zwischen Gustav IV. und Georg III. getroffen sei. Der starrköpfige Schwedenkönig war auf keine Weise zu bewegen, den Rest seiner Truppen aus dem Lauenburgischen herauszuziehen. So blieb den preussischen Truppen nichts anderes übrig, als das schwedische Detachement mit Gewalt aus dem Herzogtume zu vertreiben. Es geschah am 23. April.

Als der Pariser Vertrag vom 15. Februar von dem preussischen Könige bestätigt, und die Ratifikationen desselben am 8. März zu Paris ausgewechselt waren, kam der Augenblick, wo auch die französische Besatzung in Hameln das Kurfürstentum verlassen sollte. Der Abmarsch erfolgte auf Grund einer Konvention, die am 8. März zwischen dem Grafen von Haugwitz und dem General Duroc zu Paris abgeschlossen war. Diese Konvention, welche Hardenberg in seinen Memoiren „ein höchst seichtes, unbestimmtes und nachteiliges Machwerk" nennt[3]), setzte im 1. Artikel fest, dass Hameln am 18. März von den französischen Truppen geräumt und den Preussen übergeben werden sollte. Der 5. Artikel enthielt die Bestimmung, dass die hannoverschen Stände der französischen Besatzung den Sold bis zum ersten April auszahlen und ihr die Transportmittel bis zur französischen Grenze liefern sollten.

[1]) Vgl. Beamish I, 88 ff.
[2]) Immediatbericht Schulenburgs, Hildesheim 9. Februar.
[3]) Ranke, Denkwürdigkeiten Hardenbergs II, 518.

Schulenburg sprach gleich, als er von dieser Konvention Kenntnis erhielt, die Befürchtung aus, dass der so überaus unbestimmt abgefasste Art. 5 den Franzosen zu ungeheuren Reklamationen Veranlassung geben, und dass die Räumung der Festung nicht eher erfolgen würde, als bis die französischen Forderungen samt und sonders befriedigt sein würden. — Der preussische General hatte nur zu richtig geahnt. General Barbou in Hameln erklärte dem von preussischer Seite zur Entgegennahme der Übergabe nach Hameln gesandten Oberst von Elsner[1]), er werde die Festung erst dann räumen, wenn er von den Ständen alles erhalten haben werde, was er zu fordern habe. Auf die Vorstellungen Elsners hatte er nur die Antwort: „Sie bezahlen bis auf den letzten Heller, oder ich bleibe unbeweglich in Hameln; so befiehlt es mein Kaiser"[2]). Anfänglich verlangte Barbou 1200000 Fr.; nur mit Mühe gelang es den Deputierten der hannoverschen Stände diese Summe bis auf eine Million herabzuhandeln. — Die hannoverschen Kassen waren aber bei ihrem erschöpften Zustande gänzlich ausser stande, eine so erhebliche Summe in kurzer Frist zu liefern. Man entschloss sich preussischerseits darum, dem Kurfürstentum jene Summe vorzuschiessen. Das geschah: die hannoverschen Deputierten gaben das schriftliche Versprechen, die Schuld aus den Mitteln des Landes zu erstatten, sobald man dazu im stande sein würde[3]), und die verlangte Summe wurde dem General Barbou verabfolgt. Davon erhielt die Garnison auf ihren seit September 1805 rückständigen Sold 800000 Fr., 100000 Fr. wurden dem General Barbou als „Gratifikation" zu teil, eine gleiche Summe dem General Rapp, welcher den Befehl Hameln zu räumen überbracht hatte[4]). Auch

[1]) Über denselben vgl. Boyen, Erinnerungen I, 360.
[2]) Ähnlich erklärte der General Rapp den Deputierten der hannoverschen Stände, welche um eine Milderung der französischen Forderungen baten, „que la volonté de l'Empereur était et que les instructions du Général Barbou portaient, qu'il ne quittât Hameln qu'après être contenté de toutes ses prétentions, jusqu'au dernier sol." Dass dies den ausdrücklichen Bestimmungen der Konvention vom 8. März, wonach Hameln am Mittage des 18. März den Preussen übergeben werden sollte, zuwiderlief, kümmerte die Franzosen nicht.
[3]) Die Schuldurkunde ist ausgestellt d. d. Hameln 21. März 1806 und unterschrieben von Patje, den Landräten von Münchhausen und von Meding und dem Landesökonomie-Rat Meyer. Es hiess in derselben u. a.: „Wir quittieren in Auftrag des Landesdeputations-Kollegiums über diesen erhaltenen Vorschuss und versprechen dessen Erstattung aus den Mitteln des Landes, sobald die Kräfte und Umstände desselben solches gestatten."
[4]) Hiernach ist die Angabe von Hardenberg (II, 519), dass Graf Schulenburg den beiden Generälen die Summe von 100000 Thlr. geschenkt habe, zu berichtigen. Vgl. Lehmann, Scharnhorst I, 367 f. Im Jahre 1814 trug der preussische Finanz-

der Ordonnateur Bourdon und ein Oberst Passelac, wahrscheinlich Chef von Barbous Generalstab, verlangten Gratifikationen für sich. Sie erhielten je 100 Stück Friedrichsdor. Erst nachdem dies widerwärtige Geschäft abgethan war, ging die Räumung Hamelns vor sich. Am 24. März unterzeichneten Barbou und Schulenburg das Protokoll der Übergabe Hannovers an Preussen [1]). Am 26. März marschierte die erste Abteilung der Franzosen ab, die letzte am 30. März. Die ganze Art und Weise, wie die Franzosen bei der Räumung verfuhren, war für die preussische Regierung äusserst verletzend. Schulenburg schrieb darüber an den Marquis Lucchesini in Paris (25. März): "Alles, was sich zu Hameln zugetragen hat, ist so bitter für einen alten preussischen Staatsdiener, dass ich es nicht beschreiben kann."

Mit der Übergabe Hamelns waren aber die französischen Vexationen in Hannover noch nicht zu Ende. Wie Schulenburg am 19. März nach Berlin meldet, hatte der General Rapp bei seiner Anwesenheit in Hannover angegeben, er habe den Auftrag, die Anstalten zu besichtigen, welche auf preussischer Seite gegen den englischen Handel ergriffen würden [2]). Desgleichen habe der General Barbou den Befehl, in Hannover als Minister zu residieren, und die Ausführung des Vertrages vom 15. Februar zu überwachen. — Wirklich hat der General Rapp die Anstalten, welche von den Preussen zur Sperrung der Elbe und Weser getroffen waren, in Augenschein genommen. Er war mit ihnen zufrieden und machte bei seiner Rückkehr nach Hannover am 28. März dem Grafen Schulenburg das Kompliment: "Eure Anstalten sind so vollkommen, dass ich glaube, wir würden hinter Euch zurückgeblieben sein" [3]).

General Barbou kam zu Anfang April in Hannover an, bezog dort ein gemietetes Quartier und gab bei seinen Visiten eine Karte mit der ominösen Aufschrift: "Commissair de Sa Majesté l'Empereur des Français et Roi d'Italie" ab. Doch scheint er in Hannover keine amtliche Thätigkeit entfaltet zu haben. Auf die Vorstellungen

---

minister von Bülow bei Hardenberg auf die Wiedererstattung der Million Francs an. Hardenberg erklärte jedoch, er sei ausser stande, die Erstattung jener Summe von der hannovrrschen Regierung zu fordern. Schulenburg habe damals bezahlt, um die schleunige Räumung des Landes, nicht zu Gunsten Hannovers, sondern Preussens zu erlangen. Durch eine königliche Kabinettsordre vom 30. April 1814 wurde jene Summe dann niedergeschlagen.

[1]) Der erste Artikel dieses Protokolls lautete: "L'entière occupation et possession de l' Électoral d'Hanovre est remise dès ce moment aux troupes de S. M. Prussienne."
[2]) Vgl. Lehmann, Scharnhorst I, 368.
[3]) Bericht Schulenburgs vom 28. März.

der preussischen Regierung wurde Barbou zu Anfang Mai nach Paris zurückberufen; Rapp war schon früher dorthin zurückgereist. Das Auftreten, namentlich des Generals Rapp bei der obigen Gelegenheit, war ein dermassen ungeschliffenes und arrogantes[1]), dass Schulenburg nur mit der grössten Anstrengung seine Mässigung bewahren konnte. Er bat aber den König (19. März), ihn von seinem Posten zu entbinden, da sein Charakter auf keine Weise dazu passe, Demütigungen hinzunehmen, und er nicht dafür bürgen könne, dass er Herr seiner Empfindlichkeit bleibe[2]). Die Antwort Friedrich Wilhelms III. vom 22. März lässt uns einen tiefen Blick in die damalige Stimmung des Königs thun. „Eure Empfindung", schrieb er an den Grafen, „ist sehr begreiflich, obgleich sie nicht dazu geeignet ist, der Meinigen von ihrer Bitterkeit etwas zu benehmen. Steht es mit der gemeinen Sache so, dass manches, was nicht hätte möglich sein sollen, doch möglich geworden ist, so folgt zuerst daraus, dass Ich der Liebe, des Eifers und der Beharrlichkeit meiner getreuen Diener noch mehr als unter gewöhnlichen Umständen bedürftig bin. Euer Selbstgefühl wird Euch sagen, dass Ihr mir jetzt unersetzlich seid, und dass auf dem Fleck, wo Ihr gegenwärtig steht, nur die Vereinigung Eurer vielfältigen Erfahrungen dem schweren Berufe genug thut"[3]).

Was nun die preussischen Massregeln gegen den englischen Handel betrifft, so hatte König Friedrich III. Schulenburg am 24. März angewiesen, möglichst schleunig ein Publikandum über die Sperrung der Elbe, Weser und Ems für die englische Schiffahrt und Handlung zu erlassen und alle Anstalten zu treffen, um demselben die strengste Folge zu geben. Zur Richtschnur müsse dabei das Verfahren der französischen Befehlshaber in den Jahren 1803—5 dienen. Demgemäss brachte Schulenburg am 28. März zur öffentlichen Kenntnis, die Häfen an der Nordsee, sowie die Ströme, welche sich in dieselbe ergössen, sollten der englischen Schiffahrt und dem englischen Handel ebenso wie zu den Zeiten der französischen Okkupation gesperrt sein. Die preussischen Truppen hätten den Befehl erhalten, allen englischen Schiffen das Einlaufen in jene Häfen und Ströme zu wehren. Auch sollten alle zur Sache gehörenden Anstalten ge-

[1]) In einem Schreiben an Lucchesini vom 25. März spricht Schulenburg von den „insinuations, que le Général Rapp m'a faites d'un ton et avec des manières, auxquelles jamais je n'avais été exposé".

[2]) Am 22. März wiederholte Schulenburg sein Abschiedsgesuch. Vgl. Lehmann, Scharnhorst I, 368.

[3]) Nach Lehmann, Scharnhorst I, 368, ist dem Grafen Schulenburg ausserdem (24. März) die Weisung zugegangen, dem General Rapp artig und zuvorkommend zu begegnen.

troffen werden, um das Ein- und Durchbringen der englischen Waren zu verhüten.

Mit der Sperrung der Elbe ward von Schulenburg der Generalleutnant von Pletz, mit der Sperrung der Weser der Generalmajor von Tschammer beauftragt. Kuxhaven und Bremerlehe wurden als Hauptlandungsplätze von den preussischen Truppen stark besetzt; nach den übrigen Häfen und Landungsplätzen gingen nur schwache Abteilungen.

Wie Friedrich Wilhelm III. die gegen den englischen Handel gerichteten Verfügungen ausführt wissen wollte, ergiebt sich aus einer geheimen Instruktion, welche er dem Grafen von Schulenburg am 24. März erteilte. Darin hiess es: „Mein fester Wille ist, den mit Frankreich abgeschlossenen Vertrag in seinem ganzen Umfang und ganz im Geiste desselben zu erfüllen[1]). Dieser Ernst schliesst aber nicht aus, die Ausführung so zu modifizieren, dass alles sorgfältig vermieden werde, was England noch mehr als die Sache selbst reizen könnte, zu Erreichung des Zweckes aber nicht wesentlich und unumgänglich erforderlich ist. Dahin rechne Ich besonders das Feuern auf englische Fahrzeuge, die sich nicht abweisen lassen wollen, welches so lange es nur irgend möglich zurückzuhalten ist."

Am 14. April berichtete Schulenburg an den König, die Sperrung der Nordseehäfen, sowie der Weser und Elbe sei vollzogen. Es komme jetzt darauf an, die Massregeln zu treffen, um den Eingang und das Ausladen englischer Waren, worunter er jedoch nur englische Manufaktur- und Fabrikwaren — also keine Kolonialwaren — verstehe, zu verhüten. Er glaube, dass hierbei die Absicht sein müsse und sei, auch nicht den kleinsten Schritt weiter zu gehen, als die Franzosen während der Jahre 1803—5 gegangen seien. — Konfiskationen englischer Waren im Lande, berichtete Schulenburg ein anderes Mal (27. April), würde man kaum vornehmen können. Es möchten sich wohl hier und da englische Waren in kleinen Mengen befinden; allein diese seien z. T. schon vor der preussischen Besitznahme eingeführt. Auch seien die Vorräte gewiss zu unbedeutend, als dass man sie zu berücksichtigen brauche. Als er bei der neulichen Anwesenheit des Generals Rapp gelegentlich zu diesem bemerkt habe, Kontrebande im kleinen werde sich nicht verhüten lassen, sei ihm geantwortet: „Der Kaiser vermag sie nicht einmal in Frankreich zu unterdrücken; wie solltet Ihr es hier können?"

---

[1]) Nach dem Vertrage vom 15. Februar 1806 sollte die Sperrung ausgeführt werden „de la même manière que l'ont fait les troupes françaises occupant l'Électorat de Hanovre". Ranke, Denkwürdigkeiten Hardenbergs II, 184.

Ein nennenswerter Schaden ist dem englischen Handel unter diesen Umständen durch die Sperrung der Nordsee nicht erwachsen. Die Hauptwege, welche derselbe zur Zeit der französischen Okkupation eingeschlagen hatte, die Verbindung mit Hamburg und Lübeck über Tönningen und Husum, die Landfahrt vom Jahdebusen durch das Oldenburgische nach Bremen und die Wattenfahrt zwischen der Jahde und Weser, blieben auch während der preussischen Okkupation unverschlossen. Das alles hinderte aber die englische Regierung nicht, ihrerseits die schärfsten Massregeln gegen Preussen zu ergreifen. Auf die preussischen Schiffe, welche in ihrem Machtbereiche waren, legte sie ein Embargo. Über Elbe, Trave, Weser und Ems ward der Blockadezustand verhängt (8. April)[1]) und an Preussen der Krieg erklärt. Die Blockade über die gedachten Flüsse wurde von den Engländern sehr streng gehandhabt: alles Ein- und Auslaufen von Schiffen, selbst der kleinsten Bote, ward unnachsichtlich verhindert. Die preussische Regierung hat im Hannoverschen keine weiteren Repressalien ergriffen; höchstens dass man den englischen Waren etwas eifriger nachspürte, als es ursprünglich beabsichtigt gewesen war[2]).

Eine weitere Folge des Pariser Vertrages war, dass Friedrich Wilhelm III. zu Anfang April förmlich und feierlich von dem Kurfürstentum Besitz ergriff. Bereits am 2. März fand zu Berlin eine Konferenz der Ratgeber des Königs statt, in welcher die Frage aufgeworfen und erörtert wurde: „Kann man die Dinge in Hannover auf dem gegenwärtigen Fusse belassen, oder ist es nötig, die Besitzergreifung durch einen öffentlichen Akt zu konstatieren?" Die Teilnehmer an der Beratschlagung — es waren Schulenburg, Hardenberg, Lucchesini und die beiden Kabinettsräte Lombard und Beyme — waren einstimmig der Meinung, eine Deklaration des Königs, welche die völlige Besitznahme des Kurfürstentums ankündige, sei unumgänglich notwendig. Dies erfordere schon die Rücksicht auf Napoleon, welcher der Aufrichtigkeit Preussens misstraue, nicht minder aber das Interesse der Hannoveraner selbst, welche nur dann Vertrauen zu dem preussischen Regimente fassen könnten, wenn es keinem Zweifel unterliege, wer in Zukunft ihr Landesherr sein werde. Auch

---

[1]) Aufgehoben am 25. Sept. 1806.
[2]) Am 4. Mai liess König Friedrich Wilhelm III. dem Grafen Schulenburg die Weisung zugehen, vor der Hand und bis auf weiteren Befehl seien keine Repressalien gegen England, selbst wenn sich dazu Gelegenheit bieten sollte, zu gebrauchen. Die Enthaltung davon und die strenge Beschränkung auf die blosse Sperrung der Ströme könnte vielleicht noch bewirken, dass englischerseits die beschlossenen Feindseligkeiten gemildert würden.

die öffentliche Meinung in den altpreussischen Provinzen gebiete einen solchen Schritt, denn der Patriotismus müsse dort schwinden, wenn man nicht sähe, dass der Abtretung preussischen Gebietes entsprechende Entschädigungen gegenüberständen [1]). So erliess Friedrich Wilhelm denn am 1. April ein Patent, welches die definitive Besitznahme des Kurfürstentums verkündete [2]). Er habe gehofft, liess er sich darin aus, seinen Unterthanen und den benachbarten Provinzen des nördlichen Deutschlands die Fortdauer der Wohlthaten des Friedens während des Krieges dadurch erhalten und sichern zu können, dass er die Staaten des Kurhauses Braunschweig-Lüneburg in Deutschland durch seine Truppen besetzt und in Administration genommen habe. Seitdem sei aber die wirkliche Besitzergreifung der hannöverschen Lande gegen die Abtretung dreier Provinzen der preussischen Monarchie „zu einem dauerhaften Ruhestand" der preussischen Unterthanen und der angrenzenden Staaten „unumgänglich notwendig" geworden. Er habe darum mit dem Kaiser von Frankreich eine Konvention abgeschlossen, vermöge welcher er „den rechtlichen Besitz auf die Sr. Kaiserl. Majestät durch das Eroberungsrecht zuständigen Staaten [3]) des Kurhauses Braunschweig in Deutschland" erworben habe. Er erkläre demzufolge, dass die hannoverschen Lande von nun an als in seinen Besitz übergegangen und seiner Macht allein unterworfen anzusehen seien. Es werde daher von nun an auch die Regierung und Verwaltung Hannovers lediglich und allein in seinem Namen und seiner allerhöchsten Autorität statthaben. — Des weiteren werden in dem Patente sämtliche Landesbehörden aufgefordert, die ihnen angewiesenen Funktionen im Namen des preussischen Königs und unter der obersten Leitung des Grafen von Schulenburg und der Administrations-Kommission pflichtmässig fortzusetzen. An die sämtlichen Landeseinwohner ergeht die Aufforderung, sich der neuen Ordnung der Dinge, aus welcher ihnen ein neuer Zeitpunkt der Ruhe und des Wohlstandes erblühen werde, willig zu unterwerfen. Zum Schlusse wird versprochen, der König werde gewiss nichts unterlassen, um den Landesunterthanen seine väterliche Sorgfalt und seinen Wunsch sie glücklich zu machen zu bestätigen.

Auf dieses Patent erfolgte unter dem 20. April eine vom Grafen Münster abgefasste langatmige Deklaration Georgs III., welche gegen

---

[1]) Ranke, Denkwürdigkeiten Hardenbergs II, 503.
[2]) Gedruckt das., S. 525 ff.
[3]) Die Worte „Sr. Kaiserl. Majestät durch das Eroberungsrecht zuständigen Staaten" sind laut Randnote Hardenbergs in dem Original des Patentes (G. St.-A. Berlin) auf den ausdrücklichen Befehl des Königs hineingesetzt worden.

die Besitznahme Hannovers Protest einlegte und „in wenig würdiger Weise" ¹) gegen das Verhalten der preussischen Regierung polemisierte. Hardenberg hat nicht so Unrecht, wenn er in seinen Denkwürdigkeiten von dieser Deklaration sagt, „in ihr blicke allenthalben Vorurteil, Entstellung der Thatsachen und Hass durch" ²). „Der Königlich Preussische Hof", so begann das Schriftstück, „hat die feindlichen Absichten eingestanden, welche derselbe durch seine freundschaftlichen Versicherungen zu verbergen suchte." Gleich dieser Satz enthielt eine ungerechte Beschuldigung Preussens. Allerdings hatte die preussische Regierung, wie wir gesehen haben, aus politischen Gründen nach dem Besitze des Kurfürstentums gestrebt; aber man hatte doch stets den Grundsatz im Auge behalten, dasselbe nur mit der Genehmigung des kurfürstlichen Hauses zu erwerben ³). Ein solches Streben war, wie Hardenberg mit Grund bemerkt, „ebensogut vor dem Richterstuhle der Rechtlichkeit und der Moral als vor dem der Politik zu verteidigen" ⁴). Nur die Überzeugung von der Unmöglichkeit, den Kampf gegen Napoleon aufzunehmen, hatte Friedrich Wilhelm III. zu einem Schritte vermögen können, den er freiwillig nie gethan haben würde, und der ohne Frage für die Monarchie Friedrichs des Grossen ein äusserst beschämender war ⁵).

¹) Vgl. Frensdorff in der Allgemeinen Deutschen Biographie XXIX, 476.
²) Ranke, Denkwürdigkeiten Hardenbergs II, 613.
³) Vgl. den Erlass an Lucchesini vom 10. Juli 1801, wo Friedrich Wilhelm erklärt, das Hannoversche als Entschädigung annehmen zu wollen „si à la paix future entre la France et l'Angleterre celle-ci acquiesce à cet arrangement". Bailleu, Preussen und Frankreich II, 60.
⁴) Ranke, II, 613.
⁵) Wir können es um so mehr unterlassen, auf die Münstersche Deklaration und auf die von den Gesandten von Ompteda in Berlin und von Reden in Regensburg eingereichten Protestnoten einzugehen, als sie auf den Gang der hannoverschen Angelegenheiten nicht den mindesten Einfluss ausgeübt haben. Gedruckt sind sie u. a. bei Voss, Zeiten Bd. VII, 7. Stück.

Kapitel II.
Die Verwaltung des Kurfürstentums während der preussischen Okkupation.

Um zu erfahren, „wie man preussischerseits die angekündigte Administration der hannoverschen Lande zu führen eigentlich beabsichtige," reiste der hannoversche Staats- und Kabinetts-Minister von Bremer dem Grafen von Schulenburg nach Hildesheim entgegen und hatte dort am 4. Februar eine längere Unterredung mit demselben. Das Gespräch drehte sich zunächst um die politische Lage. Schulenburg sagte unter anderem, Friedrich Wilhelm III. habe sich zu der Besetzung Hannovers genötigt gesehen, um eine neue französische Okkupation zu verhindern. Auf den Einwurf Bremers, dies habe durch die britischen, russischen und schwedischen Truppen geschehen können, erwiderte der preussische General, diese würden es gegen die französische Macht nicht verteidigen können. Übrigens stehe dem Lande die Wahl, ob man lieber die Franzosen haben wolle, noch immer frei. Er habe Grund zu der Vermutung, dass sein König zurückgehen werde, wenn die Entscheidung Georgs III. für die Franzosen ausfallen sollte. Da Bremer diesen Punkt alsbald fallen liess, darf man annehmen, dass er eine französische Okkupation für das grössere Übel hielt.

Auf die Frage des hannoverschen Ministers nach der angedrohten preussischen Verwaltung äusserte Schulenburg, von einem Königlichen Staatsministerium dürfe wegen der Franzosen keine Rede sein; er müsse daher die Erwartung aussprechen, dass die Minister sich von den Geschäften zurückziehen würden. Man habe preussischerseits bloss die Absicht, dass das Kurfürstentum „als völlig neutral konserviert" werde. Nur hierauf wolle man sehen, und zu diesem Ende werde die Administrations-Kommission sich über alle Zweige der Staatsverwaltung Auskunft geben lassen, im übrigen sich aber in die innere Verwaltung des Landes nicht einmengen. Zu wünschen sei, dass die erwähnte Kommission nur mit einer, höchstens mit zwei hannoverschen Behörden zu thun haben möge. — Gern werde man sich in allem willfährig zeigen, was von den Franzosen nicht übel genommen werden könne. Die hannoversche Regierung möge bis zu seiner bevorstehenden Ankunft in Hannover noch alles einrichten, wie sie es für gut halte, und, wenn sie nicht direkt mit ihm verkehren wolle, ihm etwa durch Bremer privatim von den gefassten Beschlüssen Kenntnis geben, damit er die Instruktion der Administrations-Kommission darnach einrichten könne [1]). Nach der Rückkehr Bremers aus Hildesheim trat das hannoversche Ministerium am 6. Februar zu einer ausführlichen Beratschlagung zusammen. Man einigte sich dahin, das Ministerium solle von dem Augenblicke an, wo die preussische Administrations-Kommission in Hannover eintreffe, sich aller öffentlichen Ausübung seiner Funktionen als Kollegium enthalten. Dagegen sollten die Ministerial-Departements ihre Geschäfte fortsetzen. Die vorkommenden Ausfertigungen sollten, so lange es möglich sei, von den Departementsministern, sonst von den als Referenten und Expedienten angestellten Geh. Kanzlei-Sekretären „ex commissione speciali" unterschrieben werden. Die übrigen Landesbehörden, einschliesslich der Justizkollegien, würden solange in ihrer bisherigen Thätigkeit zu verbleiben haben, als nicht ein preussischer Kommissar in ihrer Mitte erscheine, um sie in ihrer Thätigkeit zu überwachen, und als ihnen nichts angesonnen werde, was mit ihren beschworenen Dienstpflichten in Widerspruch stehe. In unwesentlichen Dingen könnten die Behörden sich „einige Beiseitesetzung der bisherigen Formen" gefallen lassen: so sollten sie sich mit Weglassung der königlichen Titel bloss nach ihrem Geschäftskreise benennen. — Schliesslich wurde in der erwähnten Sitzung des Staatsministeriums bestimmt, das Landesdeputations-Kollegium solle diejenige Behörde sein, welche die Kommunikationen mit der Administrations-Kommission zu führen habe [2]).

Gemäss diesem Beschlusse wurden das Landesdeputations-Kollegium und die übrigen Provinzialdeputations-Kollegien von dem Ministerium angewiesen, „alle und jede von ihnen während der französischen Okkupation besorgten Angelegenheiten wieder zu respicieren".

Grossen Anstoss nahm man auf hannoverscher Seite an der beabsichtigten Einsetzung einer Administrations-Kommission. Der Minister von Bremer wurde darum von seinen Kollegen veranlasst, sich wiederum nach Hildesheim zu begeben und bei Schulenburg

---

[1]) Promemoria Bremers über den Inhalt seiner am 4. Februar mit Schulenburg gepflogenen Unterredung. Hannover, 5. Februar. Vgl. das Schreiben Bremers an Ompteda vom 15. Februar. v. Ompteda, Politischer Nachlass I, 133.

[2]) Immediatbericht des Ministeriums vom 6. Februar.

Vorstellungen zu machen. Die zweite Unterredung fand am 7. Februar statt. Als Bremer in derselben gegen die Administrations-Kommission bemerkte, dass selbst die Franzosen nicht soweit gegangen seien, eine französische Kommission niederzusetzen, fiel ihm der General ins Wort: dafür seien von jenen unerschwingliche Abgaben verlangt. Preussischerseits wolle man nichts haben und müsse nur sich davon überzeugen, dass die Revenuen nicht ausser Landes verwandt würden. Diese Verpflichtung habe man gegenüber den Franzosen übernommen, und weiter wolle man sich um nichts bekümmern. Auch sei er gern bereit, die Instruktion für die demnächst einzusetzende preussische Kommission nach den Entschliessungen des hannoverschen Ministeriums vom 6. Februar einzurichten.

Die Einrichtung der preussischen Administrations-Kommission erfolgte gleich nach der Ankunft des Grafen von Schulenburg in Hannover am 15. Februar. Sie bestand aus dem Präsidenten der Kriegs- und Domänenkammer zu Stettin Geheimen Oberfinanzrat von Ingersleben [1]) (welcher das Präsidium führte), dem Geheimen Finanzrat Wilckens, dem Oberrechnungskammer-Direktor Schönn, dem Kriegs- und Domänenkammer-Direktor Heyer, dem Geheimen Oberrechnungsrat Gieseke, dem früheren hannoverschen Ober-Appellationsrat, jetzigen Geheimen Regierungsrat von Bülow [2]) und dem Geheimen Kriegsrat Clemen, zu denen sich noch eine Anzahl untergeordneter Beamten gesellte [3]). Wie Schulenburg in einem Immediatberichte vom 14. Juli anführte, waren diese Beamten durchweg „vorzüglich geschulte und rechtliche" Männer. Ingersleben wird als ein Mann von Talent und Arbeitsamkeit charakterisiert, dem allerdings die Erfahrung, im grossen für sich allein zu handeln, noch abgehen möge.

Der Hauptzweck der Administrations-Kommission war nach der ihr von Schulenburg (15. Februar) in teilweise wörtlicher Anlehnung an das königliche Kabinettsschreiben vom 24. Januar erteilten Instruktion [4]), „darauf zu wachen und dafür zu sorgen, dass

[1]) Über denselben vgl. „Neuer Nekrolog der Deutschen" J. IX, T. I, S. 415 f.
[2]) Über denselben vgl. Frensdorff in der Allgemeinen Deutschen Biographie III, 525 f.
[3]) Wilckens und Clemen konnten an den Arbeiten der Administrations-Kommission nur ganz geringen oder gar keinen Anteil nehmen, da sie von Schulenburg zu den Direktionsgeschäften hinzugezogen wurden. Auch der Kammerdirektor Heyer, welcher das Verpflegungswesen der preussischen Truppen übernehmen musste, ward der Administrations-Kommission entzogen. Dagegen wurden ihr eine Anzahl anderer Mitglieder zugewiesen, so ein Oberrechnungsrat Graf von Schulenburg, ein Geheimer Rat von Madeweiss, ein Kammergerichtsrat Sack etc.
[4]) G. St.-A.

alle direkte und indirekte Verbindungen mit irgend einer der Krieg führenden Mächte aufhören und suspendieret bleiben, keine derselben auch nur den mindesten Nutzen davon ziehe, mithin insbesondere weder Geld noch Geldeswert einer dieser Mächte zugeführt, viel weniger noch irgend eine Aushebung von Mannschaften oder Werbung gestattet und die Neutralität Hannovers bei dem Kriege zwischen Frankreich und England nicht auf die entfernteste Art verletzt werde." Zu diesem Zwecke hatte die Kommission sich eine genaue Kenntnis von dem Kassenwesen des Landes zu verschaffen und die Zahlungen namentlich der Hauptkassen scharf zu überwachen. — Nicht minder wurde es der Administrations-Kommission in der Instruktion zur Pflicht gemacht, alle Sorgfalt und Aufmerksamkeit darauf zu verwenden, „dass die Administration lediglich zur Wohlfahrt der hannoverschen Lande geschehe, die Lasten der Einwohner möglichst vermindert und erleichtert, und Beschwerden über Bedrückung, wenn solche vorkommen und wider Verhoffen gegründet sein sollten, ohne Anstand abgeholfen werde".

Der oberste Chef der Administration blieb Schulenburg selbst. Die Administrations-Kommission durfte ohne sein Vorwissen keinerlei Veränderungen in der Verfassung und Verwaltung des Landes vornehmen. Im übrigen brauchte sie bloss solche Sachen zu Schulenburgs Kenntnis und Entscheidung zu bringen, welche früher von dem englischen Könige selbst oder von dem hannoverschen Ministerium „ad mandatum speciale" entschieden worden waren. — Im Juli 1806 kam der Graf aus Gesundheitsrücksichten um seinen Abschied ein. Statt dessen erteilte ihm Friedrich Wilhelm III. einen unbestimmten Urlaub, und an seiner Stelle trat Ingersleben an die Spitze der Civilgeschäfte in Hannover (11. August), während die Militärangelegenheiten dem Generalleutnant von Larisch, als dem ältesten General der im Hannoverschen stehenden Truppen, unter dem Oberbefehle des Herzogs von Braunschweig übertragen wurden.

Die erste Kommunikation der Administrations-Kommission mit dem Landesdeputations-Kollegium bestand in der Anzeige, dass die Censur über das Organ der Regierung, die „Hannöverischen Anzeigen", dem Geheimen Regierungsrate von Bülow übertragen worden sei [1]). Am 21. Februar folgte ein Publikandum, durch welches alle fremden Werbungen im Lande bei schwerer Strafe verboten wurden. Wichtig war auch die Verfügung der Kommission vom 24. Februar, dass ohne ihr Vorwissen und ihre Zustimmung nichts zur Ausführung gebracht werden dürfe, wozu bislang die Genehmigung oder Bestätigung des

---

[1]) Bremer an Ompteda 23. Februar 1806. Ompteda, Politischer Nachlass I, 135.

Landesherrn oder des gesamten Ministeriums erforderlich gewesen sei. Dahin wurde namentlich gerechnet, „dass sowenig Zusammenberufungen der Landesstände der verschiedenen Provinzen der hannöverschen Lande zu der Proposition neuer Verordnungen und Auflagen vorgenommen, als auch auf andere Weise neue Landesverordnungen erlassen und Abgaben eingeführt, oder die bereits vorhandenen erhöht würden". Ferner wurde verboten, neue Belehnungen vorzunehmen, neue Besoldungen zu vergeben oder Pachtkontrakte abzuschliessen, insofern dies Sache des Landesherrn oder des gesamten Staatsministeriums gewesen sei. Am 7. März wurde diese Verordnung dahin erweitert, dass ohne ausdrückliche Zustimmung der Administrations-Kommission keine Neubesetzung von Staatsämtern stattfinden dürfe, welche bisher von der höchsten Landesbehörde erfolgt sei. Die Thätigkeit der Minister in den Departements, namentlich in dem General-Regiminaldepartement, wurde hierdurch erheblich eingeschränkt.

Dem Auftrage, sich eine möglichst genaue Kenntnis von dem Finanzwesen des Landes zu verschaffen, suchte die Administrations-Kommission dadurch nachzukommen, dass sie unter dem 20. Februar von dem Landesdeputations-Kollegium ausführliche Nachrichten über die sämtlichen Staatseinkünfte und deren bisherige Verwaltung verlangte. Zu diesem Behufe sollten die Etats und Rechnungen sowohl der landesherrlichen als landschaftlichen Kassen von den letzten 6 Jahren eingesandt werden. Daneben sollte Aufschluss erteilt werden über „die in der Landesverfassung beruhenden Verhältnisse der landschaftlichen und übrigen, die Landeseinkünfte administrierenden hannoverschen Behörden".

Hannoverscherseits ging man bei der Lieferung der verlangten Nachrichten mit möglichster Zurückhaltung zu Werke. Das Ministerium instruierte die Kammer, welche angefragt hatte, wie weit man sich auf die Mitteilung der geforderten Nachrichten und Rechnungsextrakte einlassen dürfe, insgeheim dahin, sie möge die Einsendung der Extrakte auf einen, höchstens zwei Jahrgänge beschränken. Auch möge sie die Sache so einzurichten suchen, dass die Kenntnisse der preussischen Behörde nicht weiter ausgedehnt würden, als es unbedingt erforderlich sei, d. h. mit anderen Worten, die Kammer sollte möglichst allgemein gehaltene und nichtssagende Berichte einsenden. Das ist in der That geschehen: die eingereichten Listen und Auszüge über den Jahrgang 1802/3 gewähren nichts weniger als einen klaren Einblick in die hannoversche Finanzverwaltung. — Mit weniger Zurückhaltung verbreiten die eingesandten Berichte sich über das landschaftliche Finanzwesen.

Bedeutend erweitert wurde natürlich der Geschäftskreis der preussischen Kommission seit der völligen Besitznahme des Landes durch Friedrich Wilhelm III. Dieser Akt ging im April in der Weise vor sich[1]), dass bei sämtlichen öffentlichen Behörden, von der Regierung bis zu den Posthaltereien, Stiftern und Gerichten, ein preussischer Besitzergreifungs-Kommissar erschien, das königliche Patent vom 1. April zur sofortigen Anheftung an der Thüre des Versammlungszimmers übergab und den Beamten eröffnete: „dass Se. Königliche Majestät von Preussen ihnen die Ausübung ihrer Funktionen für jetzt zu belassen geruht hätten. Sie würden also autorisiert und befehligt, diese Funktionen noch ferner auszuüben, und in Hinsicht auf diese Funktionen bis auf weitere Ordre und nähere Instruktion auf ihren geleisteten Amtseid verwiesen. Dabei gewärtige und verlange man von ihnen, dass sie von den ihnen anvertrauten und in ihrem Gewahrsam befindlichen Papieren und Geldern nichts entfernen oder vorenthalten, über dasjenige, worüber durch die jetzige höchste Staatsgewalt von ihnen Erläuterung gefordert werden möchte, solche nach ihrer Kenntnis offen abgeben, überhaupt aber den Befehlen derselben ein gehöriges und schuldiges Genüge leisten würden"[2]). Hieran knüpfte sich die Drohung: „wer sich weigern würde, jenes Versprechen zu geben und das darüber aufzunehmende Protokoll zu unterschreiben, sei eo ipso ab officio suspendiert." Dieses Schicksal traf z. B. den Gesandten von Ompteda, der seiner Stelle als Oberpostdirektor enthoben wurde[3]).

Solche Weigerungen kamen indessen nur ganz vereinzelt vor. Graf Schulenburg war rücksichtsvoll genug gewesen, dem Minister von Bremer bereits am 16. März den Inhalt des von der Staatsdienerschaft zu unterzeichnenden Reverses mitzuteilen. Die hannoverschen Minister waren dadurch in den Stand gesetzt worden, die Behörden zu instruieren, dass das geforderte Versprechen unbedenklich unterschrieben werden möge; nur sollten sie sich ausdrücklich vorbehalten, dass ihnen nichts angesonnen werde, was

---

[1]) In der Stadt Hannover fand die Besitzergreifung am 8. April statt. Am 9. April reisten die Kommissäre in die verschiedenen Provinzen ab. „Bei der Ausdehnung der hannoverschen Lande, und um die Besitznahme in den entfernten Gegenden nicht zu lange zu verzögern", wurden fast alle Mitglieder und Subalternbeamte der Administrations-Kommission ausgesandt, so dass die Geschäfte der Kommission an die 14 Tage und darüber teilweise ruhen mussten. (Bericht Schulenburgs vom 8. April 1806.)

[2]) Ompteda, Politischer Nachlass I, 150.

[3]) Ompteda, Politischer Nachlass I, 156. Auch der Auditor von Uslar bei dem Hofgericht zu Hannover wurde wegen Verweigerung des geforderten Versprechens suspendiert (19. Mai 1806).

mit der ihnen nicht erlassenen Dienstpflicht unverträglich sein würde[1]). — Die Absicht der Minister ging dahin, dass diese Klausel, wenn irgend möglich, der Unterschrift hinzugefügt werden solle. Da Schulenburg aber einen schriftlichen Vorbehalt nicht gestatten zu können erklärte, mussten die hannoverschen Beamten sich begnügen, eine dahin zielende mündliche Erklärung abzugeben. Weiter wurde den hannoverschen Behörden von den preussischen Kommissären bei der Besitznahme aufgegeben, die bisherigen landesherrlichen Wappen, Insignien und Namenszüge sofort abzunehmen und wegzuschaffen, an deren Stelle preussische Adler oder Wappenschilder aufzurichten und hinfort bei allen Versiegelungen das preussische Adlersiegel zu gebrauchen. Auch ward vorgeschrieben, dass die Behörden sich der Bezeichnung „von Sr. Königlichen Majestät von Preussen provisorisch bestätigte Kammer, Kriegskanzlei" u. s. w. bedienen sollten.

Von der allgemeinen Ableistung eines Huldigungseides sah die preussische Regierung bei der Besitznahme Hannovers ab. Man gedachte damit bis zur definitiven Erwerbung des Kurfürstentums im Frieden zu warten: ein neuer Beweis für das schonende Vorgehen Preussens.

Wie Schulenburg am 10. April nach Berlin berichtete, war bei der preussischen Besitzergreifung alles ruhig zugegangen. Nur der Drost von dem Knesebeck zu Eissen im Lüneburgischen hatte sich dem preussischen Kommissar widersetzt. Hier war ein strenges Einschreiten nötig: es wurde sogleich eine Abteilung Soldaten nach Eissen gesandt, mit dem Befehle, den widerspenstigen Beamten seiner Stelle zu entsetzen und das Amt provisorisch einem Amtsschreiber zu übertragen.

Am 8. April — gleich nach der Besitznahme des Landes — wurde von Schulenburg die gänzliche Auflösung des hannoverschen Staatsministeriums und der sämtlichen Ministerial-Departements, einschliesslich des Justizdepartements, welches während der französischen Okkupation völlig intakt geblieben war, verfügt. Die

[1]) Schon am 1. März 1806 hatten die Minister in Hannover an Münster geschrieben, es sei nicht zu bezweifeln, dass die ganze Staatsdienerschaft förmlich unter den Befehl der preussischen Administration gestellt werden würde. Sie baten deshalb um eine huldreiche Deklaration Georgs III., dass er dasjenige, wozu die Dienerschaft „nach ihrem besten Wissen und Gewissen sich bewogen finden würde", ihr nicht als eine Verletzung ihrer Dienst- und Huldigungspflichten anrechnen, noch sonst zur Verantwortlichkeit gedeihen lassen wolle. Georg III. sandte in der That am 18. März eine solche Deklaration nach Hannover, welche dort am 28. März ankam. Am 29. März eröffneten die Minister dann den Behörden, dass die Unterschreibung des Reverses unbedenklich sei.

Landesbehörden wurden angewiesen, alle Gegenstände, zu welchen bisher Einwirkung, Genehmigung oder Verfügung des Staatsministeriums erforderlich gewesen war, direkt an die Administrations-Kommission, oder wie sie jetzt hiess: „Königliche Administrations- und Organisations-Kommission der Königlich Preussischen Hannöverschen Provinzen", gelangen zu lassen.

Da es aber nicht thunlich schien, die preussische Kommission mit dem Detail der Departementsgeschäfte zu belasten, so wurde unter dem 11. April aus den Referenten der Ministerial-Departements, den Kabinettsräten und Geh. Kanzleisekretären, ein Kollegium als Provinzialregierung für die Fürstentümer Calenberg-Grubenhagen und Lüneburg und die Grafschaften Hoya und Diepholz entsprechend den bereits bestehenden Provinzialregierungen zu Stade, Ratzeburg und Osnabrück gebildet. Am 19. Mai erhielt das „Regierungskollegium" eine umfassende Instruktion von dem Präsidenten von Ingersleben. Aus derselben ist hervorzuheben, dass der Geschäftskreis des Regierungskollegiums, abgesehen von der Einschränkung auf die genannten vier altwelfischen Provinzen, sich im wesentlichen mit dem der vormaligen Ministerial-Departements decken sollte. Nur einzelne Gegenstände, wie die Konsistorial- und Universitätsangelegenheiten[1]) wurden ausschliesslich der preussischen Kommission vorbehalten, ebenso alle bisher vor das Ressort des Justizdepartements

---

[1]) Aus einem Berichte Schulenburgs vom 27. Juni entnehmen wir, dass Friedrich Wilhelm III. an jenen geschrieben hatte, es scheine auf alle Fälle geraten, den Vortrag der Universitätssachen bei dem Kuratorio — zum Kurator war, da Schulenburg abgelehnt hatte, provisorisch Ingersleben ernannt worden — dem Geh. Kabinettsrat Brandes zu übertragen, weil derselbe vorhin dieses Amt gehabt, mit Genugthuung verwaltet und davon die vollständigste Kenntnis habe. Schulenburg bemerkt in dem erwähnten Berichte dawider, dass die Universitätssachen, soweit sie die Professoren beträfen, bereits von dem Geheimen Oberfinanzrat Wilckens besonders bearbeitet würden, welcher deswegen mit Brandes Rücksprache nehme. Es sei bedenklich, jetzt Brandes den Vortrag allein zu übertragen. So gern er (Schulenburg) für seine Person den ausgebreiteten Kenntnissen und Fähigkeiten des Kabinettsrats Gerechtigkeit widerfahren lasse, so sei doch eine grosse Majorität im Publikum der Meinung, dass Brandes „durch eine gewisse Ordens- oder Sektenanhänglichkeit wenigstens den Schein und Verdacht einer Parteilichkeit und des Intriguengeistes auf sich geworfen habe". Dass Brandes die krummen Wege den geraden vorziehe, wisse er aus eigener Erfahrung. — Was dies für Erfahrungen waren, ist mir nicht bekannt. Meines Erachtens urteilt Schulenburg über Brandes ein wenig zu hart. Friedrich Wilhelm III. erwiderte übrigens jenem am 3. Juli: er wolle es Schulenburg überlassen, ob Brandes die Universitätsangelegenheiten allein bei dem Kuratorio bearbeiten oder ob dem letzteren noch ein Mitglied der Kommission, das die erforderlichen Eigenschaften besitze, beigegeben werden solle.

gehörigen Sachen [1]). Im übrigen durfte das Regierungskollegium oder die Regierung alle Geschäfte selbständig erledigen, welche verfassungsmässig keiner höheren Sanktion bedurften. Alle Sachen aber, wozu bisher die ausdrückliche Genehmigung entweder des gesamten Staatsministeriums oder auch nur eines einzelnen Ministers erfordert worden war, sollten der Administrations-Kommission zur Kenntnisnahme, Bestätigung oder Entscheidung vorgelegt werden.

Zur Erleichterung der Geschäfte sollte das Regierungskollegium in drei Abteilungen oder Senate gegliedert werden. Der erste Senat sollte die Polizei- und Städte-, Cellesche Benefizial- und Kloster-, Grenz- und Hoheits-, Justiz-, Zoll- und Abschosssachen, die Holmsteinschen Sachen und Hamelnschen Schleusesachen unter sich haben. Dem zweiten Senate waren die Harz-, Münz-, Allodial-, Intelligenz-Kontor-, Wegebau-, Lotterie-, Landesökonomie- und Salinenangelegenheiten zugewiesen. Vor den dritten Senat endlich sollten die Licent- und Kontributionssachen, die Lehensachen, die calenbergischen Klostersachen, die Schulsachen, die Stift Ilfeldischen Sachen und die Marsch- und Einquartierungssachen gehören.

Den Vorsitz im Plenum der Regierung sollte der älteste Kabinettsrat (Nieper) führen, der Spezialvorsitz in den einzelnen Senaten je einem der 3 Kabinettsräte (Nieper, Patje, Brandes) zufallen. Jeder Kabinettsrat hatte in den sämtlichen Senaten Sitz und Stimme, während den Kanzleisekretären nach wie vor bloss ein votum consultativum zukam.

Die hannoverschen Minister wurden ausdrücklich von dem Beitritte zur Regierung ausgeschlossen. Ebensowenig ward ihnen gestattet an den Sitzungen der übrigen höheren Landes-Kollegien teilzunehmen [2]). Die Minister konnten unter diesen Umständen

---

[1]) Da „die Vereinigung der Justizsachen mit den allgemeinen und besonderen Administrations- und Organisations-Gegenständen, welche die Kommission in ihren Vorträgen und Sitzungen bearbeitete und näher verfügte, teils zu einem unnötigen Zeitverluste für viele ihrer Mitglieder, teils zu einer Verzögerung in den übrigen Geschäften Anlass gab", wurde in den ersten Maitagen aus den Mitgliedern der Administrations-Kommission, welche zum Justizfache gehörten, ein besonderes Komitee für die Justizsachen unter dem Namen „Justizdeputation der Administrations- und Organisations-Kommission" gebildet. Zu dieser Deputation wurde „aus besonderen Gründen" auch der hannoversche Geh. Kabinettsrat Wackerhagen zugezogen.

[2]) In dem Schreiben der Administrations-Kommission an die hannoverschen Minister vom 8. April, in welchem die förmliche Besitznahme des Kurfürstentums angekündigt wurde, hiess es u. a.: „Ew. erleuchteten Einsicht wird es zugleich nicht entgehen, dass unter diesen Umständen nicht nur das bisherige hannöversche Staatsministerium als solches aufhört, sondern auch, dass die Funktionen der

während der preussischen Besitznahme auf die Verwaltung des Landes auch nicht entfernt denjenigen Einfluss ausüben, welchen sie während der französischen Okkupation bewahrt hatten. Sie suchten darum in London um die Erlaubnis nach, „während der jetzigen Geschäftslosigkeit sich auf eine Zeit lang von Hannover entfernen und einer Aufheiterung geniessen" zu dürfen. Diese Erlaubnis wurde den Ministern bereitwillig erteilt; nur wünschte der Graf von Münster in London, dass einer seiner Kollegen wegen der Unterhaltung der Korrespondenz in der Residenzstadt verbleiben möge [1]).

Um sicher zu gehen, „dass man die Geschäfte fortführe, ohne dass dem Allerhöchsten Interesse Sr. Majestät des Königs von Preussen im allgemeinen und den Absichten und Verfügungen der Administrations-Kommission entgegengearbeitet werde", ward preussischerseits angeordnet, dass dem neu eingerichteten Regierungskollegium zu Hannover und den übrigen höheren Verwaltungsbehörden im Lande, als der Kammer, der Kriegskanzlei, dem Konsistorium zu Hannover und den Provinzialregierungen zu Stade, Ratzeburg und Osnabrück von Anfang Mai an preussische Kommissäre zur Kontrole beigegeben werden sollten. Für jedes der genannten Kollegia wurde ein preussischer Rat ernannt [2]), welcher zwar nicht einen integrierenden Teil desselben ausmachen sollte, aber den Versammlungen beliebig beiwohnen durfte und alle Konzepte vor der Ausfertigung mit seinem „vidi" zu versehen hatte. Die ständigen Kommissäre erhielten von Schulenburg eine eingehende Instruktion. Wir heben aus derselben hervor, dass die Verantwortlichkeit für „das Materiale in den Geschäften" den betreffenden Kollegien bleiben sollte. Die Kommissäre sollten bei der Unterzeichnung der Konzepte weder sich „einer ängstlichen Beurteilung derselben unterziehen," noch sich „bei Veränderungen von Form und Fassung aufhalten". Wenn aber

---

Herrn Ministers qua tales überhaupt, mithin auch in den Departements und sonsten ganz wegfallen."

[1]) Münster an das Ministerium in Hannover, London, 20. Juni.

[2]) Beständiger Kommissar bei dem Kammerkollegium war der Geheime Oberrechnungsrat Graf von Schulenburg, bei der Provinzialregierung zu Hannover der Kammerdirektor Heyer, bei dem Konsistorium zu Hannover der Geheime Regierungsrat von Bülow, bei der Kriegskanzlei der Oberrechnungskammer-Direktor Schönn, bei dem Landesdeputations-Kollegium der Geheime Oberrechnungsrat Gieseke, bei der Regierung und dem Konsistorium zu Stade der Regierungsrat Albrecht, bei der Regierung und dem Konsistorium zu Ratzeburg der Regierungsrat Höning und endlich bei der Regierung, der Justizkanzlei und dem Konsistorium zu Osnabrück der Kriegsrat Delius. Im Laufe der preussischen Okkupation traten jedoch mancherlei Änderungen ein.

Gegenstände vorkamen, welche zu unterzeichnen in materieller Hinsicht bedenklich schien, so hatten jene die Sache näher zu untersuchen und eventuell ihr Visa zu verweigern. In diesem Falle hatten sie sofort an die Administrations- und Organisations-Kommission zu berichten und bis zum Eingang des Bescheides das Mundieren des Konzeptes zu verhindern.

Besondere Kommissäre wurden für das Bergwesen und das Salinenwesen ernannt, für jenes der Geheime Oberbergrat Gerhard, für dieses der Kriegs- und Domänenrat Meyer. Von der Entsendung preussischer Räte in die landschaftlichen Kollegia sah man vorläufig ab. Nur dem Landesdeputations-Kollegium wurde ein solcher zugewiesen.

Was das Landesdeputations-Kollegium anbetrifft, so büsste es seit der preussischen Besitznahme viel von der Bedeutung ein, welche es während der französischen Okkupation gehabt hatte. Bis zum April war es allerdings diejenige Behörde gewesen, welche die gesamte Korrespondenz mit der preussischen Kommission geführt und deren Befehle und Anweisungen den übrigen hannoverschen Behörden übermittelt hatte. Diese Korrespondenz hörte indessen mit der Besitznahme des Landes auf; an ihre Stelle traten unmittelbare Verfügungen der Administrations-Kommission an die verschiedenen hannoverschen Landeskollegien. Was dem Landesdeputations-Kollegium an Geschäften verblieb, war, neben den Marsch-, Verpflegungs- und Einquartierungssachen der preussischen Truppen in Hannover, die Bearbeitung des gemeinschaftlichen ständischen Schuldenwesens und die völlige Abtragung der aus der französischen Okkupation herrührenden Rückstände. — Preussischerseits wurde gleich nach der Besitznahme die Absicht ausgesprochen, das Landesdeputations-Kollegium, sobald das Schuldenwesen einigermassen geordnet sei, aufzulösen und seine Geschäfte vor die Administrations-Kommission zu ziehen. Um die Aufhebung vorzubereiten, trug Schulenburg dem Landesdeputations-Kollegium auf, einen und den anderen geeigneten Deputierten abzuordnen, um einige hierzu ausgewählte Mitglieder der preussischen Kommission über die Verfassung und die Geschäfte des Kollegiums auf das Genaueste zu unterrichten[1]). — Später wurde auf preussischer Seite beschlossen, die Marsch-, Verpflegungs- und Einquartierungssachen

---

[1]) Auch die Kammer und die Regierung mussten Deputierte ernennen, welche wöchentlich einmal den Sitzungen der Administrations-Kommission beizuwohnen hatten, um erforderlichenfalls mündliche Erläuterungen und Aufschlüsse geben zu können. Von Seiten der Kammer wurde zu diesem Zwecke Palje, von Seiten der Regierung Nieper und von Seiten des Landesdeputations-Kollegiums von Meding abgeordnet.

der Kriegskanzlei zu übertragen. Die Administrations- und Organisations-Kommission kündigte diesen Beschluss dem Landesdeputations-Kollegium in einem Schreiben vom 8. Oktober an und forderte zugleich Auskunft darüber, „welche Mitglieder des Kollegiums von dem Zeitpunkte an ausscheiden könnten, wo jene Massregel vor sich gehe, und welche dagegen notwendigerweise so lange beibehalten werden müssten, bis das gemeinschaftliche Schuldenwesen der Stände völlig geordnet und der Anteil der einzelnen Landschaften an der ganzen Schuldenmasse genau ausgemittelt sei". Sobald es irgend angehe, solle das Landesdeputations-Kollegium gänzlich aufgelöst werden. Diese Massregel, meinte die preussische Kommission, könne dem Lande nur zum Vorteile gereichen, da man alsdann die beträchtlichen Sustentationskosten des Kollegiums erspare. Eine noch weit grössere Ersparung werde die gleichfalls geplante Aufhebung der zu Anfang der französischen Okkupation eingesetzten und noch immer bestehenden Provinzialdeputations-Kollegien bringen. Das Landesdeputations-Kollegium solle diesen ihre demnächstige Auflösung kundgeben und sie auffordern, die etwa noch rückständigen Liquidationsgeschäfte völlig in das Reine zu bringen.

Das Landesdeputations-Kollegium erhob gegen die beabsichtigte Aufhebung nachdrückliche Vorstellungen. Es würde ein Eingriff in die Verfassung des Landes sein, antwortete es auf das Schreiben der preussischen Kommission, wenn die Einquartierungs-, Marsch- und Verpflegungssachen samt und sonders der Kriegskanzlei übertragen würden. Nach der Verfassung des Kurfürstentums habe die Kriegskanzlei die Marsch- und Einquartierungssachen in Konkurrenz mit dem Staatsministerium besorgt. Verpflegungs- und Lieferungssachen hätten überhaupt nie zum Ressort der Kriegskanzlei gehört, sondern seien stets von dem Staatsministerium und den Provinzialständen gemeinschaftlich behandelt und von besonderen Kommissären (Kriegskommissariat) ausgeführt worden. Was den Kostenpunkt anbelange, so würde die erwartete Ersparnis keine grosse sein. Namentlich könne die Aufhebung der Provinzialdeputations-Kollegien eine solche nicht im Gefolge führen. Denn alsdann würden entweder die landschaftlichen Kollegien ständig tagen müssen, oder es müssten doch ständige Ausschüsse formiert werden, wenn anders die Geschäfte, welche zum Wirkungskreise der einzelnen Landschaften gehörten, ordnungsmässig besorgt werden sollten. — Diese Vorstellung wurde der Administrations-Kommission am 17. Oktober übergeben. Da die preussische Okkupation wenige Tage nachher ihr Ende erreichte, konnte die Aufhebung des Landesdeputations-Kollegiums nicht mehr stattfinden.

Im vorstehenden ist bereits von der Thätigkeit der Administrations-Kommission als der höchsten Regierungsbehörde mehrfach die Rede gewesen. Ihrer Aufgabe, die Verwaltung des Kurfürstentums zum Wohle des Landes zu führen, ist sie redlich und in der uneigennützigsten Weise nachgekommen. Wiederholt ist sie warm für das Interesse des hannoverschen Landes eingetreten. Dasselbe lässt sich von dem Grafen von Schulenburg sagen. Als König Friedrich Wilhelm dem letzteren durch eine Kabinettsordre vom 31. Mai zu erkennen gab, dass die Generalbalance des General-Kriegs- und Domänen-Kassenetats pro 1806/07 einen Ausfall von 412 770 ₰ aufweise, hauptsächlich infolge des Fortfalls der ansbachischen und cleveschen Einkünfte, und dass dieser Ausfall schon jetzt aus hannoverschen Einkünften gedeckt werden müsse, verwandte sich Schulenburg zu Gunsten des unglücklichen Landes. Er antwortete dem Könige (4. Juni): Es sei gewiss sein Wunsch, und sein ganzes Bestreben sei darauf gerichtet, die Finanzen der hannoverschen Lande baldmöglichst so zu ordnen, dass den Staatseinkünften dadurch ein angemessener und bedeutender Zuschuss erwachse. Auch der Administrations-Kommission habe er diesen Punkt gehörig eingeschärft. Er würde aber glauben sich verantwortlich zu machen und das in ihn gesetzte königliche Vertrauen nicht zu verdienen, wenn er bei einer solchen Veranlassung die wahre Lage des Landes verschweigen wollte.

Die hannoverschen Lande seien drei Jahre von einem Feinde besetzt gewesen, der es verstehe, auch den letzten Groschen zu nehmen. Die Provinzen seien daher völlig ausgesogen und ausgehungert. Da überdies in den letzten Jahren die Ernten fast nirgends gut geraten seien, so sei in manchen Gegenden die Not so gross, dass die Bauern auswandern wollten, und er seine ganze Sorgfalt darauf richten müsse eine Hungersnot zu verhüten. Man würde dem Unterthan seinen letzten Rock und seine letzte Kuh nehmen müssen, aber kein Geld von ihm erhalten können, weil nichts da sei. — Vielleicht erwarte der König einen bedeutenden Überschuss von den Domänen? Dieselben könnten solchen nicht gewähren, weil die Franzosen einen grossen Teil der Pachtgelder pro 1806/7 im voraus erhoben hätten. Ausserdem seien manche, höchst dringende Ausgaben während der französischen Zeit nicht bestritten worden, müssten daher jetzt nachgeholt werden. Insbesondere sei in den nächsten Monaten eine Wechselschuld von 175 000 ₰ Kassengeld aus den Domanialeinkünften zu decken, mit welcher im September 1805 die Kosten des Abzugs der Bernadotteschen Armee bezahlt worden seien.

„Nach diesem allen", hiess es weiter, „ist die Lage der Sache hier so angethan, dass Ew. Königl. Majestät dieses Land keineswegs für eine in dem ersten Augenblick Revenuen bringende Erwerbung betrachten können, vielmehr erfordert solche noch Ausgaben und Kosten, vorzüglich aber Schonung, damit sich das Land wieder erhole, und der Unterthan in stand gesetzt werde seine Abgaben zu leisten. — Ich muss Ew. Kgl. Majestät allerunterthänigst bitten, für das Jahr 1806,7 aus dem Hannoverschen gar keine Revenuen zu erwarten. Es wird grosse Aufmerksamkeit und Sparsamkeit erfordert werden, um die kurrenten und nicht zu vermeidenden Ausgaben des Landes zu bestreiten."

Dass Schulenburg so warm für das hannoversche Land eintrat, ist ihm um so höher anzurechnen, als die Hannoveraner das keineswegs um ihn verdienten. Sie hatten ihn vielmehr bei der ersten Besetzung des Kurfürstentums durch Preussen im Jahre 1801, wo er ebenfalls die Okkupationstruppen kommandiert hatte, auf eine sehr unfreundliche und geradezu beleidigende Weise behandelt[1]), und begegneten ihm auch jetzt durchweg mit verletzender Kälte.

Dem König Friedrich Wilhelm gereicht es seinerseits zu Ruhm und Ehre, dass er auf die Vorstellungen Schulenburgs sogleich von jenem Verlangen abstand, so dringend notwendig es für den preussischen Finanzhaushalt auch sein mochte, für den Wegfall der ansbachischen und cleveschen Einkünfte durch die neuerworbenen Gebietsteile entschädigt zu werden. — Thatsächlich sind während der preussischen Okkupation die gesamten Einkünfte des Kurfürstentums fast ausschliesslich zum Besten des Landes selbst verwandt worden. Ausgaben, wie die für Ausbesserung der Festungswerke zu Hameln und Nienburg wurden aus den altpreussischen Kassen bestritten. So viel sich aus den Akten ersehen lässt, ist ausser der Ausgabe für die dem preussischen Militär zu liefernde rauhe Fourage[2]), welche monatlich etwa 10 000 ℳ betrug, und dem Zuschuss zum Solde über den Friedensetat von dem Lande nichts an Preussen gezahlt worden.

Es war auch keine blosse Redensart, wenn Schulenburg in dem oben erwähnten Berichte behauptete, es geschehe von preussischer Seite alles, um die hannoverschen Finanzen, welche durch die französische Okkupation in die grösste Verwirrung geraten waren, zu heben. Die Administrations- und Organisations-Kommission liess es sich in dieser Hinsicht namentlich angelegen sein, die bedeutenden Wechsel- und Kommissariatsschulden, welche noch aus der französischen Zeit her rückständig waren und mit 9—10 % verzinst

---

[1]) Vgl. Ompteda, Politischer Nachlass I, 24.
[2]) Brot und glatte Fourage wurden aus den preussischen Magazinen geliefert.

werden mussten, zu tilgen. Anfänglich trug sie sich mit dem Plane, von dem Könige für jene Schulden ein Moratorium zu erwirken. Am 16. April forderte sie von der Regierung ein wohldurchdachtes Gutachten, ob „es nicht notwendig und selbst nach rechtlichen Grundsätzen zulässig sei, in Hinsicht auf die gegenwärtige Insufficienz sämtlicher Landeskassen, ihren Verbindlichkeiten in Ansehung der fälligen oder fällig werdenden Kapitalzahlungen ein Genüge zu leisten, für selbige bei des Königs Majestät auf Erteilung eines moratorii generalis auf 2—3 Jahre anzutragen". Das Regierungskollegium und ebenso das Landesdeputations-Kollegium, mit welchem das erstere über diese Frage in Kommunikation trat, waren aber der sehr richtigen Ansicht, dass ein solches Moratorium den schädlichsten Einfluss auf den Kredit der Landeskassen, den Geldumlauf und die Erhaltung der Erwerbsquellen haben werde, und rieten daher auf das Entschiedenste von jener Massregel ab.

Die preussische Kommission schlug nun einen anderen Weg zur Tilgung der oben genannten Schulden und Rückstände ein. Es wurde ein Amortisationsplan entworfen (23. Mai), nach welchem in dem Zeitraum vom 1. Juni bis zum 30. September an Wechsel-, Verschreibungs- und Kommissariatsschulden, sowie rückständigen Administrationskosten 317 603 ₰ 17 ₰ 1 ₰ abgetragen werden sollten. Davon sollte die Kammerkasse die 175 000 ₰ übernehmen, welche der Marschall Bernadotte bei seinem Abzuge nach Süddeutschland von den Ständen erpresst hatte [1]); den Rest sollten die landschaftlichen Kassen tragen: was nach dem 30. September rückständig bleiben würde — etwa 70 000 ₰ — sollte dann bis zum Ende des Jahres abgetragen werden. — Es verdient hervorgehoben zu werden, dass die Administrations-Kommission dieses Ziel zu erreichen suchte, ohne dem erschöpften Lande neue ausserordentliche Steuern aufzulegen. Nichts charakterisiert das milde Regiment der Administrations-Kommission besser als der Umstand, dass während der ganzen preussischen Okkupation keinerlei neue Steuern, Naturallieferungen oder sonstige ausserordentliche Abgaben ausgeschrieben worden sind[2]).

[1]) Bernadotte hatte damals den Ständen die schriftliche Zusicherung erteilt, die 175 000 ₰ sollten in kurzer Frist aus dem Ertrage eines auf 1 600 000 Fr. veranschlagten ausserordentlichen Holzhiebes in den landesherrlichen Forsten erstattet werden.

[2]) Soviel man sehen kann, sind in den meisten Landschaften die im Jahre 1805 ausgeschriebenen Kriegssteuern während der preussischen Okkupation nicht mehr erhoben worden. Nur im Lüneburgischen sah man sich genötigt die interimistische, monatliche Kriegssteuer fortdauern zu lassen; aber auch hier verringerte man die bisher entrichteten Beiträge um ein Drittel. (Ausschreiben der Provinzialregierung vom 18. August, Hannöv. Anzeigen St. 68.) Und da behauptet

Sollte man es glauben, dass die Administrations- und Organisations-Kommission für die Not des hannoverschen Militärs, welches aus der Zeit der französischen Okkupation noch bedeutende Rückstände zu fordern hatte, mehr Teilnahme und ein wärmeres Herz bewiesen habe, als die hannoverschen Behörden? Wirklich ist dem so! Nach dem Abzuge des Bernadotteschen Armeekorps hatte das hannoversche Ministerium mit den Provinzialständen die Vereinbarung getroffen, dass die Landschaften statt des ordnungsmässigen jährlichen Beitrages an die Kriegskanzlei von 1 010 018 ℳ bis auf weiteres monatlich bloss 30 000 ℳ zahlen sollten. Es stellte sich aber bald heraus, dass die Kriegskanzlei mit dieser bescheidenen Summe nicht einmal die laufenden Ausgaben für das hannoversche Militär, geschweige denn die aus der Zeit der ersten Okkupation rückständigen Pensionen und Wartegelder berichtigen konnte [1]). Die preussische Kommission schrieb darum am 11. August an das Landesdeputations-Kollegium, bei der Notlage der landschaftlichen Kassen wolle sie zwar keineswegs die volle Zahlung des jährlichen Kontingents von 1 010 018 ℳ fordern; so viel müsse sie indessen verlangen, dass vom 1. Oktober an, wo nach Massgabe des Amortisationsplanes der grösste Teil der am meisten drückenden Schulden und Rückstände abgetragen und die landschaftlichen Kassen mithin merklich erleichtert sein würden, monatlich mindestens 50 000 ℳ an die Kriegskasse zur Ablieferung kämen. Die drückende Lage der hannoverschen Soldaten, ja selbst Billigkeit, Staatsinteresse und Gerechtigkeit erforderten die endliche Berichtigung jener Rückstände.

Das Landesdeputations-Kollegium zeigte sich aber wenig geneigt, die wohlthätige Absicht der Administrations- und Organisations-Kommission zu befördern. Es bat in seiner Antwort (30. August), man möge angesichts der erschöpften Lage des Landes es mindestens bis zum Eintritte günstigerer Zeiten bei dem Beitrage von 30 000 ℳ für den Monat bewenden lassen. — Die preussische Kommission erklärte darauf (6. Sept.), sie wolle das geforderte Quantum auf 45 000 ℳ ermässigen, dabei müsse es aber auch bleiben.

Heinemann (III, 392), die Abgaben seien während der preussischen Okkupation gewachsen.

[1]) Insgesamt beanspruchte das ausser Dienst befindliche hannoversche Militär jährlich die Summe von 419 484 ℳ 26 gr 2 ₰, also monatlich fast 35 000 ℳ. Die Gagen der noch vorhandenen Offiziere vom hannoverschen Korps, die Wartegelder für Unteroffiziere und Mannschaften, nebst den Gnadengeldern für Offiziere und deren Witwen und Töchter betrugen 296 896 ℳ 26 gr 2 ₰. Dazu kamen die aus der hannoverschen Hospital- und Invalidenkasse erfolgenden Gnadengehälter für die hannoverschen Invaliden mit 122 588 ℳ.

Um die gleiche Zeit führte die Administrations-Kommission Verhandlungen mit der osnabrückschen Landschaft, welche den Beitrag derselben zu der Kriegskasse regeln sollten. Nach der Vereinigung von Osnabrück mit Hannover hatten die Landstände des Fürstentums sich am 6. April 1803 verpflichtet, jährlich 120 000 ℳ „ad statum militiae" zu bezahlen. In den ersten Monaten der preussischen Okkupation hatten sie aber bloss die Summe von 3029 ℳ Kassenmünze nach Hannover geliefert. Jetzt, bei den Verhandlungen mit der Administrations-Kommission, erboten sie sich (29. Sept.), diese Summe bis auf 5000 ℳ Konventionsmünze zu erhöhen. Zu einem Abkommen scheint es nicht mehr gekommen zu sein.

Besondere Aufmerksamkeit wandte man preussischerseits dem hannoverschen Kassenwesen zu. Gleich nach der Besitznahme des Landes war von Schulenburg die Einrichtung getroffen worden, dass alle Kassen, welche bisher unter dem Ministerium, resp. den Departements gestanden hatten, hinfort allein von der Administrations-Kommission ressortieren sollten. Desgleichen war bestimmt worden (2. April), dass ohne vorherige Genehmigung der preussischen Behörde keine extraordinäre Geldzahlung, sie sei noch so gering, aus den öffentlichen Kassen geschehen dürfe. Unter dem 16. April wurde ferner festgesetzt, dass ohne Vorwissen und Genehmigung der Kommission keinerlei Auszahlung von Gehältern und Pensionen an solche Personen stattfinden dürfe, welche ihren Aufenthalt im Auslande hätten. Im Mai wurde allen Domanial-, Amts- und Zollrecepturen der Befehl gegeben, „ihre Überschüsse nicht wie sonst vierteljährlich unter Zurückbehaltung ansehnlicher Vorschüsse sub sperati, sondern ohne den geringsten Abzug von Monat zu Monat an die Kammerkasse abzuliefern"[1]. — Die Administrations-Kommission suchte sich daneben durch geforderte Berichte auf das genaueste über alle landesherrlichen und landständischen Kassen zu unterrichten. Am 5. April bestimmte Schulenburg, dass jener monatlich Kassenextrakte von den Rechnungsführern der öffentlichen Kassen eingereicht werden sollten, welche übersichtlich und nach der preussischen Form

---

[1] Gleichwohl musste Schulenburg noch am 1. Juni in einem Schreiben an die Administrations-Kommission darüber Klage führen, dass die Kammer die Verfügung, wonach ohne Genehmigung der preussischen Behörde keine extraordinäre Ausgabe geschehen solle, dadurch zu vereiteln suche, dass sie jene Ausgaben von den zur Kammerkasse einzusendenden Überschüssen der Ämter abrechnen und in den Amtsregistern verrechnen lasse. Diese unerlaubten Auszahlungen sollten derart ins Grosse gehen, dass der Kammerkasse fast alle Domanialeinkünfte entzogen würden.

einzurichten seien. Auch sollten von Monat zu Monat Kassenrevisionen stattfinden.

Am 25. Juli gab die preussische Kommission der Regierung die Absicht kund, „demnächst mit Fertigung der Etats für alle landesherrlichen und anderen öffentlichen Kassen in den hannoverschen Provinzen, als einer notwendigen Massregel zur ordentlichen Verwaltung und Verwendung öffentlicher Gelder und Landesprodukte nach den solcherhalb in den älteren preussischen Staaten stattfindenden Grundsätzen nach und nach vorzuschreiten." Für eine Anzahl von Kassen ist wirklich der Etat für das Jahr 1806/7 aufgestellt worden: eine bislang im hannoverschen Finanzwesen unbekannte Einrichtung. Zur allgemeinen Durchführung dieser Massregel konnte es aber bei der kurzen Dauer der preussischen Okkupation nicht kommen.

Die preussische Behörde war aber weit entfernt, ihre Aufmerksamkeit auf das hannoversche Finanz- und Kammerwesen zu beschränken. Im Gegenteil, da war kein Gebiet der Verfassung, kein Zweig der öffentlichen Verwaltung, über welchen sie sich nicht auf das Sorgfältigste und Eingehendste zu unterrichten gesucht hätte. Die Zahl der Berichte, welche die Kommission zu diesem Zwecke von den hannoverschen Behörden forderte, ist eine ungemein grosse. So verlangte sie unter anderem am 10. April eine Darstellung der Ressortverhältnisse der verschiedenen oberen und niederen Landesbehörden, am 12. Mai einen erschöpfenden Bericht über die verschiedenen geistlichen und weltlichen Gerichtsbarkeiten im Lande und deren gegenseitiges Verhältnis, über die Fonds zur Unterhaltung der Rechtspflege und über das Sportelwesen. Ein anderes Mal (6. Mai) forderte sie eine Nachweisung der bislang im Kurfürstentum vorgenommenen Gemeinheitsteilungen, wieder ein anderes Mal (18. Mai) einen Bericht über das Einquartierungs- und Serviswesen. Es würde zu weit führen, wollten wir auf diese Berichte näher eingehen oder sie auch nur alle aufzählen.

Erwähnt sei, dass die Administrations- und Organisations-Kommission keineswegs bei den Nachforschungen über Verfassung und Verwaltung des Landes stehen blieb, sondern sich auch detaillierte statistische Kenntnisse zu verschaffen strebte. Es wurden von ihr mehrere „statistische Tableaus" entworfen, welche den verschiedenen Behörden des Landes zur Ausfüllung zugingen. Tableau A handelte im allgemeinen von der Lage, den Grenzen, dem Flächeninhalte und der physischen Beschaffenheit einer jeden Provinz; Tableau B bezog sich auf die Ortschaften und die Volksmenge, Tableau C auf den Viehstand, Tableau D auf die natürlichen

Produkte aus dem Pflanzen-, Tier- und Mineralreiche und endlich Tableau E auf den Kunstfleiss, den Handel, die Fabriken und die Manufakturen des Kurfürstentums. — Das Regierungskollegium zu Hannover bemerkte in einem Berichte vom 2. September dazu ganz richtig, diese Sache fasse im Grunde die Verfertigung einer Statistik der hannoverschen Provinzen in sich. Die Ausführung werde sehr schwierig sein, da die Materialien grossenteils erst gesammelt werden müssten. Die etwa früher zu gleichem Zwecke gemachten Anläufe und Versuche seien nie zu Ende geführt, die eingezogenen Nachrichten auch längst wieder veraltet, so dass ganz von neuem begonnen werden müsse. — Übrigens ging die Regierung mit Eifer auf die Sache, deren grosser Nutzen einleuchtend war, ein. Doch sind während der preussischen Okkupation keine Berichte mehr eingegangen, und nachher blieb die Sache liegen.

Wenn die Administrations- und Organisations-Kommission dergestalt sich bemühte, das Kurfürstentum auf das genaueste kennen zu lernen, so war dabei der leitende Gedanke, bei der demnächstigen Organisation Hannovers mit voller Sachkenntnis verfahren zu können und eine sichere Grundlage für dieselbe zu gewinnen. Wir finden diesen Gedanken mehrfach in den Berichten Schulenburgs ausgesprochen. So schrieb der Graf am 17. März an den König: mit Ausnahme einzelner Gegenstände griffen sämtliche Zweige der Verwaltung zu tief in die verwickelte Landesverfassung und das Schuldenwesen ein, als dass man vorerst etwas anderes thun könnte, als sich genau von allem zu unterrichten, um nicht lauter Verwirrung anzurichten und einzureissen, ehe man wieder aufzubauen vermöge. — An die Administrations-Kommission schrieb Schulenburg am 5. April, was die Organisation des Kurfürstentums betreffe, so könne davon im allgemeinen die Rede noch nicht sein; denn diese müsse durch die vorangehende Administration erst so weit vorbereitet werden, dass ein zweckmässiger Plan gemacht werden könne, auf den die Organisation selbst sich gründen lasse. — Und am 4. Juni berichtete Schulenburg nach Berlin, die Organisation der hannoverschen Lande werde sich nicht rasch betreiben lassen; denn das Hannoversche bestehe aus vielen verschiedenen Provinzen, von denen mehrere erst successive hinzugekommen seien. Diese hätten daher ihre besondere, sehr verwickelte Verfassung, welche man zunächst genau kennen lernen müsse. Auch liege noch ein anderer Grund vor, weshalb die Organisation Hannovers langsamer von statten gehen werde, als es bei den früher erhaltenen Entschädigungsprovinzen der Fall gewesen sei. Dort habe man, wenn die frühere Geschäftsführung auch nicht zu rühmen gewesen sei, die Akten und

Papiere vollständig vorgefunden. Hier müsse man diese aber entbehren, weil das hannoversche Staatsministerium einen Teil der Akten bereits bei dem Beginne der französischen Okkupation in das Mecklenburgsche gebracht und von dort nach England befördert, und ausserdem der Graf von Münster bei seiner Abreise nach England im Februar 1806 die wichtigsten und nötigsten Papiere mit sich genommen habe.

Die völlige Organisation der hannoverschen Provinzen gedachte man preussischerseits erst nach der endgültigen Erwerbung derselben in dem allgemeinen Frieden vorzunehmen. Um jedoch den Hannoveranern zu zeigen, „dass die Besitznahme ernstlich und dauernd sein solle und an eine Zurückgabe und Abtretung des Landes nicht zu denken sei", hielt man es für notwendig, gleich nach der Besitznahme einige Gegenstände, „welche nicht in die Verfassung eingriffen und darin nichts änderten", auf preussischem Fusse einzurichten. Schulenburg empfahl zu solchem Zwecke in einem Immediatberichte vom 13. März in erster Linie das Postwesen. Hier sei eine Reform, meinte er, um so nützlicher und notwendiger, als das Postwesen sich nichts weniger als im besten Zustand befinde, sondern viele Missbräuche aufweise. — Ferner sei die Organisation des Gestütswesens vorzuschlagen, welche für Hannover um so wichtiger sei, als in den letzten Jahren, wo die Franzosen eine grosse Menge der besten Pferde aus dem Lande entnommen hätten, nicht nur der Pferdebestand, sondern auch die Pferdezucht sehr gelitten habe. Ein dritter Gegenstand sei das bei Hildesheim belegene Kloster Marienrode, welches von Rechtswegen zu dem preussischen Fürstentume Hildesheim gehöre. Die hannoversche Regierung habe den Besitz von Marienrode ganz unbefugter Weise nach dem westfälischen Frieden[1]) usurpiert, indem sie einen Abt des gedachten Klosters, welcher sich einer Mordthat schuldig gemacht und von dem Fürstbischofe von Hildesheim nach Gebühr habe gestraft werden sollen, unter ihren Schutz genommen habe. Er (Schulenburg) finde gar kein Bedenken dabei, das Kloster sofort nach der erfolgten Besitznahme aufzuheben, wie es seinerzeit (1801/2) auch mit den übrigen katholischen Klöstern im Fürstentume Hildesheim geschehen sei.

Die Schulenburgschen Vorschläge fanden in Berlin sofortige Genehmigung. Am 20. März trug der König dem Grafen auf, alsbald zu der Organisation der erwähnten Gegenstände vorzuschreiten;

---

[1]) Das ist wohl ein Irrtum. Bereits 1538 war das Kloster Marienrode an Hannover übergegangen. Vgl. Havemann II, 532.

auch bezüglich der ersten Einrichtung des Salzwesens im Hannoverschen sollten sogleich Schritte gethan werden.

Demgemäss wurde das Kloster Marienrode gleich nach der preussischen Besitznahme säkularisiert. Als Aufhebungskommissar fungierte der Kriegs- und Domänenrat Malchus aus Halberstadt, der einige Jahre vorher bei der Organisation des Fürstentums Hildesheim sich durch Geschäftsgewandtheit und Eifer ausgezeichnet hatte und später im Königreiche Westfalen eine hervorragende Rolle spielen sollte. In betreff des Salzwesens erhielt der Kriegs- und Domänenrat Meyer am 12. April den Auftrag, „eine nähere und gründlichere Untersuchung desselben zu beschleunigen". — Am 30. April wurde dann die Ausfuhr des hannoverschen Salzes in das Ausland „einstweilen" verboten. Nur an das General-Salzdepartement der altpreussischen Provinzen und die demselben untergeordneten Provinzial-Salzdebitsbehörden durfte Salz verkauft werden; ausserdem konnte in einzelnen Ausnahmefällen die Administrations-Kommission Ausfuhrpässe erteilen [1]). Im Inlande durfte das hannoversche Salz nach wie vor frei cirkulieren [2]).

Die Veränderungen im Post- und Gestütswesen während der preussischen Okkupation scheinen nicht tief gegangen zu sein. Wir wissen darüber bloss, dass den Postillons preussische Monturen geliefert wurden [3]), und dass ein Ausschreiben des General-Postdirektoriums vom 10. Oktober das Tragen derselben vorschrieb [4]). Dass im Juni und Juli eine direkte reitende und fahrende Post von Hannover über Burgdorf, Gardelegen, Tangermünde, Rathenow und Wustermarck nach Berlin eingerichtet wurde, wird man als eine prinzipielle Veränderung nicht bezeichnen können.

In Aussicht genommen ward ferner die Organisation des Forstwesens. Schulenburg berichtete darüber am 17. Juni an König Friedrich Wilhelm, die bedeutenden hannoverschen landesherrlichen Forsten seien in einem ziemlichen Zustande, da die der Forstwirtschaft vorstehenden Beamten Männer seien, die mit dem Forstfache wohl vertraut wären und nach Kräften für die Forsten sorgten. Mit dem preussischen Etats-, Kassen- und Rechnungswesen seien sie aber nicht bekannt; in dieser Hinsicht finde

---

[1]) Hannöverische Anzeigen J. 1806, St. 36. Am 6. Oktober 1806 wurde die Ausfuhr wieder freigegeben.

[2]) Es ist gänzlich unrichtig, wenn Heinemann (III, 332) behauptet, das preussische Salzmonopol sei in Hannover eingeführt und habe auf den ärmeren Klassen schwer gelastet.

[3]) Ompteda, Politischer Nachlass I, 155.

[4]) Spangenberg, Sammlung der Verordnungen und Ausschreiben IV, 1, S. 647.

man überall Unordnung und nicht gehöriges Verfahren. Nach preussischer Verfassung „verdiene das Etats-, Kassen- und Rechnungswesen ganz vorzügliche Rücksicht, um überall die nötige Ordnung zu bewirken, von dem Zustande der Forsten, von den nachhaltigen Revenuen, die sie bringen könnten, unterrichtet zu sein, um stets Übersicht und Kontrole zu haben und Zusammenhang und Harmonie im ganzen wie im einzelnen hervorzubringen". Da dieses alles hinfort auch im Hannoverschen stattfinden müsse, so sei es nötig, die bisherige Verfahrungsart zu verändern und zu verbessern. Zu solchem Zwecke möge man ausgezeichnete, längst routinierte Fachmänner aus den älteren Provinzen berufen, welche die hannoverschen Forsten bereisen und untersuchen, Forstetats entwerfen, die Kontrole einrichten und überhaupt das Forstkassen- und Rechnungswesen auf preussischem Fusse organisieren sollten. — Bei der grossen Ausdehnung der hannoverschen Provinzen, meinte Schulenburg, werde diese Arbeit wohl 6—9 Monate in Anspruch nehmen. Als geeignete Fachmänner schlug er den halberstädtischen Oberforstmeister von Hünerbein und den magdeburgischen Oberforstmeister von Kleist vor. In Berlin war man mit diesem Vorschlage einverstanden und gab die entsprechenden Befehle. — Leider sind wir nicht unterrichtet, wie weit die Organisation des Forstwesens im Verlaufe der preussischen Okkupation vorgeschritten ist[1]).

Die Aufhebung des Klosters Marienrode und die Befürchtung weiterer Eingriffe in die Verfassung des Landes bewog das Landesdeputations-Kollegium, zu Anfang Juni eine Deputation an Friedrich Wilhelm III. abzusenden. Sie bestand aus dem Ober-Appellationsrate Grafen Hardenberg und dem Landrat Freiherrn Grote. Die beiden Deputierten sollten nach der ihnen erteilten Instruktion[2]) bei dem Könige Vorstellungen wegen der Säkularisation des Klosters Marienrode machen, ebenso wegen des Verbotes der Salzausfuhr, welches den hannoverschen Salzwerken, namentlich der Saline zu Lüneburg, und überhaupt vielen hannoverschen Bürgern zu schwerer Schädigung gereiche. Des weiteren sollten sie sich nach Kräften dafür verwenden, „dass in der seit Jahrhunderten bestandenen Verfassung der Kurlande, zumal so lange die jetzige Lage und Ordnung

---

[1]) In einem Ausschreiben vom 3. Juli 1806 forderte das Kammerkollegium sämtliche Forstämter im Auftrage der Administrations-Kommission auf, genaue und tabellarische Übersichten über die sämtlichen Forstreviere einzusenden. — Die Berichte sind indessen während der preussischen Okkupation nicht mehr eingegangen.

[2]) Hannover, 29. Mai.

der Dinge fortwähre, nichts alteriert werde". Wenigstens möge es nicht geschehen, „ohne die einheimischen Landesbehörden mit den dagegen eintretenden Bedenklichkeiten und Gegengründen zu hören". Insbesondere sollte auch die Erhaltung der landschaftlichen Verfassung von den Deputierten befürwortet werden. Zu guterletzt hatten sie noch um eine Verminderung der preussischen Okkupationstruppen zu bitten.

In Berlin erfuhren die Abgesandten von dem Kabinettsrate Beyme, es sei der feste Beschluss gefasst, die hannoverschen Provinzen auf beständig mit den übrigen preussischen Staaten zu vereinigen und ihren Besitz durch die Macht der Waffen zu behaupten. In der Audienz, welche die Deputierten am 18. Juni bei dem Könige hatten, soll dieser gesagt haben, die Okkupation Hannovers sei durch die Umstände notwendig geworden. Die Verbindung der Kurlande mit England sei für andere Mächte sehr embarassant gewesen; er wünsche, dass ein baldiger Friede alles konsolidieren möge. Bis zum Frieden solle alles in der alten Ordnung verbleiben [1]).

Auf die Vorstellungen, welche die Deputierten im Sinne ihrer Instruktion machten, wurde ihnen vom Könige ein schriftlicher Bescheid erteilt (21. Juni) [2]). Das Kloster Marienrode, hiess es darin, gehöre von Rechts wegen zu Hildesheim. Was den Beitrag des Klosters zu den Landesabgaben und Schulden betreffe, so solle darin provisorisch nichts geändert werden. Man sei weit entfernt, die Bestimmung der Klostergüter und deren Einkünfte zu milden Zwecken und Anstalten zu ändern. Die von den Domänen abgesonderte Verwaltung derselben solle daher immerwährend fortdauern [3]), und es solle

---

[1]) Promemoria der Deputierten vom 30. Juni.
[2]) Gedruckt in Archenholz, Minerva J. 1806, III, 119 ff.
[3]) Schulenburg machte hiergegen am 27. Juni Vorstellungen. Die von den Domänen abgesonderte Verwaltung der Klostergüter sei, wie auch in Hannover allgemein gefühlt werde, die „partie honteuse" der hannoverschen Administration, weil sie von Männern geführt werde, die solches nicht verständen. Die Verwaltung der Klostergüter könne füglich durch die Kammer geschehen, selbst wenn der König ihre Einkünfte ausschliesslich den milden Stiftungen zuwenden wolle. Friedrich Wilhelm erwiderte darauf am 3. Juli, er würde in der Bestimmung der Einkünfte von diesen Gütern zu einem so nützlichen Zwecke nie eine Änderung gemacht haben, und habe darum den Antrag der Stände auf immerwährende, von den Domänen abgesonderte Verwaltung der Klostergüter um so lieber bewilligt, als durch die steigenden Einkünfte die ebenfalls steigenden Bedürfnisse am besten gesichert und lästige Anträge auf Zuschüsse vermieden worden. Doch habe er sich ausdrücklich vorbehalten, Missbräuche der bisherigen Verwaltung abzustellen. Es hindere sogar nichts, die Administration der Klostergüter der Kammer aufzutragen, wenn nur die Einnahme und Ausgabe von den landesherrlichen Kassen getrennt bleibe.

die grösste Sorgfalt angewandt werden, die Einkünfte derselben durch eine gute Administration zu vermehren und ihre Verwendung durch Abstellung aller etwaigen Missbräuche zu verbessern. — Das interimistische Verbot der Salzausfuhr sei als eine zur Sicherung des eigenen Bedarfs unumgänglich notwendige Polizeimassregel anzusehen. Nachteilige Folgen könne es nicht haben, da der Salzdebit bloss eine andere Richtung erhalte. — Die Beibehaltung der bisherigen Landesverfassung überhaupt und der landschaftlichen Verfassung insbesondere setze eine genauere Bekanntschaft mit derselben voraus, als die Administrations-Kommission sich bisher habe erwerben können. Er (der König) werde keine willkürlichen, sondern nur solche Veränderungen vornehmen lassen, welche notwendig seien, um die hannoverschen Lande mit seiner Monarchie auf das innigste zu vereinigen und sie nach den Grundsätzen zu regieren, die sich als Grundpfeiler der Macht, der Sicherheit und des Wohlstandes des preussischen Staatskörpers bewährt hätten. Eine landschaftliche Verfassung streite dagegen keineswegs. — Vor der Ausführung der einen oder anderen neuen Einrichtung, welche in Vorschlag kommen möchte, werde die Administrations-Kommission sich mit den Ständen und anderen Behörden, welche von den betreffenden Gegenständen besondere Kenntnis hätten, „wegen der etwa dagegen obwaltenden Bedenklichkeiten und besorglichen nachteiligen Folgen" ins Einvernehmen setzen. — Die gewünschte Verminderung der Truppen solle so bald wie möglich eintreten [1]).

„Ich gebe Euch mit Freuden die feste Zusicherung", hiess es zum Schluss, „dass mein ganzes Bestreben darauf gerichtet ist, die Wunden zu heilen, die bisherige unglückliche Ereignisse dem Lande geschlagen haben, und es ganz glücklich zu machen. Weder ehrgeizige noch länderbegierige Absichten, sondern nur die durch Erfahrung begründete Überzeugung, dass die Einverleibung der hannoverschen Lande in die preussische Monarchie zur beiderseitigen Wohlfahrt und Sicherheit schlechthin notwendig sei, haben mich zu dieser Vereinigung und den damit verbundenen grossen Opfern bestimmen können. Die Vergangenheit hat es Euch bewiesen, dass England Euch nicht schützen konnte, und dass Ihr nur von Preussen beschützt werden könnt. Preussen hat nun diesen Schutz über sich genommen, von dem Ihr in Zukunft mehr Sicherheit der Person

[1]) Der Generalleutnant von Gensan sagte zu den Deputierten freilich, vorläufig dürfe man sich zu einer Verminderung des preussischen Armeekorps noch keine Hoffnung machen. So lange Preussen vor einer anderen Seite nicht ganz sicher sei, gehe eine Verminderung nicht an.

und des Eigentums, sowie die Abstellung mancher drückenden Missbräuche, die die Entfernung des Regenten erzeugte, zu erwarten habt."

Man merkt dem königlichen Schreiben deutlich die Absicht an, die Hannoveraner davon zu überzeugen, dass die Verbindung Hannovers mit Preussen unwiderruflich sei und bleiben werde. Daher die Ankündigung von Veränderungen in der Verfassung, welche das Kurfürstentum auf das innigste mit der preussischen Monarchie verschmelzen sollten. In Wirklichkeit gedachte der König, wie bereits erwähnt ist, solche Veränderungen erst nach dem Frieden, der ihm den Besitz Hannovers bestätige, vorzunehmen. Die hannoverschen Abgesandten brachten selbst die Nachricht nach Hause[1]), die Einführung der preussischen Accise und der Militärkonskription werde nicht zu hintertreiben sein, indessen werde man vorerst damit verschont bleiben.

Wir hören denn auch fernerhin von keiner tief in die Verfassung des Landes eingreifenden Veränderung. Einen Antrag der Administrations- und Organisations-Kommission, die in Hannover noch immer zu Recht bestehende und zur Anwendung gebrachte Tortur[2]) abzuschaffen, lehnte Schulenburg mit der Motivierung ab: er halte es für bedenklich, vor wirklicher Organisation und Einführung der preussischen Gesetze und Gerichtsverfassung eine förmliche Verordnung zu erlassen, wodurch die Tortur in den hannoverschen Landen gänzlich beseitigt werde. Man möge lieber einen anderen Weg einschlagen und den sämtlichen Justizkanzleien und Hofgerichten, sowie dem Oberappellations-Gerichtshofe zu Celle eröffnen, dass auf den Gebrauch der Tortur in den einzusendenden Kriminalrelationen nicht mehr angetragen werden solle, weil solcher preussischerseits nie Genehmigung finden würde.

Auch ein anderer Antrag der Administrations-Kommission, welcher auf eine Veränderung in der Verfassung des Kammer-Kollegiums hinauslief, fand nur teilweise die Genehmigung Schulenburgs. Nach der Verfassung der Kammer nahmen die referierenden Kammer-

---

[1]) Es ist völlig aus der Luft gegriffen, wenn der Verfasser der Erinnerungen aus Hannover und Hamburg aus den Jahren 1803—13 (S. 24) erzählt, die Steuern hätten auf preussischem Fusse eingeführt werden sollen; da die hannoverschen Unterthanen sich aber dagegen gesperrt hätten, habe die preussische Regierung von der Einführung des preussischen Steuersystems abgesehen.

[2]) U. a. trug die Justizkanzlei zu Celle im April 1806 in einer Kriminaluntersuchungssache wider eine gewisse Johanne Otte und deren Mutter, Witwe Otte, wegen Kindesmordes und Vergiftung darauf an: die erste Inquisitin mit den 3 Graden der Tortur, nämlich den Daumstöcken, den Beinstiefeln und den Schnüren, die zweite Inquisitin aber nur mit den beiden ersten Graden zu belegen. Administrations- und Organisations-Kommission an Schulenburg, 16. April.

sekretäre, 14 oder 15 an der Zahl, an den Beratungen in dem sogenannten Ratszimmer nicht teil. Vielmehr begaben sich die Sekretäre einzeln in das Ratszimmer, hielten dort ihren Vortrag, gaben ihr votum consultativum ab und kehrten dann in die Sekretarienstube zurück, um dem folgenden Kollegen zu einem gleichen Zwecke Platz zu machen [1]). In der Regel lasen und bearbeiteten die Sekretäre die Akten allein, die Räte entschieden bloss nach dem Vortrage und dem votum consultativum der ersteren. Der Administrations-Kommission konnten die grossen Unvollkommenheiten eines solchen Geschäftsganges nicht verborgen bleiben. Ihr Antrag ging dahin, die sämtlichen Kammersekretäre sollten den Kammersessionen in dem Ratszimmer beiwohnen und ein votum decisivum erhalten. — Der preussische Administrationschef verfügte hierauf (6. Juli), „dass den sämtlichen referierenden Kammersekretarien zur Pflicht gemacht werden solle, den Kammersessionen, wenn sie auch nicht zu referieren haben sollten, regelmässig beizuwohnen, um teils dadurch eine fortlaufende Kenntnis von allen vorkommenden Geschäften zu erhalten, teils in vorkommenden Fällen durch ihren guten Rat auch ausserhalb des Umfangs ihrer eigenen Expeditionen zum Besten des Dienstes mitwirken zu können". Den Sekretären nach dem Antrage der Administrations-Kommission ein votum decisivum beizulegen, lehnte Schulenburg ab, da dies eine erhebliche Veränderung in der Verfassung des Landes bedeutet haben würde.

Grössere Veränderungen wurden allein im Münzwesen getroffen. In Preussen, wie in den meisten Staaten Deutschlands, herrschte damals der Konventionsfuss, nach welchem aus der Mark feinen Silbers 21 Gulden geprägt wurden. In Hannover wurde zwar ebenfalls Konventionsmünze geprägt; die offizielle Landesmünze war aber das Kassengeld, wovon 18 Gulden auf die Mark feinen Silbers gingen. — Das preussische Geld hatte in dem Kurfürstentume bis zum Jahre 1806 keinen gesetzlichen Kurs gehabt. Im allgemeinen stand es im Hannoverschen in Misskredit, eine Folge der verwerflichen Münzverschlechterungen, die noch in letzter Zeit im Preussischen mehrfach stattgefunden hatten. Doch ging man in Hannover in dem Misstrauen gegen die preussische Münze entschieden zu weit. Während der preussische Thaler nach genauer Berechnung in hannoverschem Kassengelde 20 ₲ 6⁶⁄₇; ₰ wert war, war es schon viel, wenn für denselben 20 ₲ gegeben wurden: meist wurden nur 19 oder auch nur 18 ₲ dafür gezahlt[2]). Die preussische

---
[1]) Vgl. von Bülow, Bemerkungen, S. 116 Anm.
[2]) Schulenburg an Landesdeputations-Kollegium 19. Februar.

Scheidemünze war im Hannoverschen gänzlich verboten. — Dadurch wurden die preussischen Soldaten, welche nach Hannover kamen und ihre Löhnung in preussischem Gelde empfingen, schwer geschädigt. Es war deshalb eine der ersten Forderungen Schulenburgs nach dem Einrücken der Preussen im Februar gewesen, dass dem preussischen Kurantgelde ein gesetzlicher Kurs im Lande gestattet werde. Am 24. Februar 1806 war von dem Kommerzkollegium eine mit der preussischen Behörde vereinbarte Verordnung erlassen[1]), welche den Wert des preussischen Geldes gegenüber dem hannoverschen Kassen- und Konventionsgelde tarifmässig festsetzte. Diese Festsetzung entsprach ungefähr dem wahren Wertverhältnisse: doch war sie eher zu Gunsten des hannoverschen als des preussischen Geldes gehalten.

Später ging man preussischerseits einen Schritt weiter. Am 29. August wurde für die hannoverschen Provinzen mit Ausnahme von Osnabrück und Lauenburg eine Münzverordnung erlassen[2]). Nach derselben sollte vom 1. Oktober an das preussische Silbergeld als die Hauptmünze des Landes angesehen und nach dem vollen Zahlenwerte ausgegeben und angenommen werden. Handlungs- und Gewerbetreibende sollten im Verkehre nach dem preussischen Münzfusse rechnen. Steuern und öffentliche Abgaben durften nach Belieben in den bisher bei den Landeskassen gangbaren Münzsorten oder mit preussischem Gelde bezahlt werden. Wer sich weigern sollte, die festgesetzten Münzsorten anzunehmen, sollte in eine Strafe von 5—50 ℳ verfallen. — Auch die preussische Scheidemünze, welche in die Verordnung vom 24. Februar nicht einbegriffen gewesen war, sollte jetzt gesetzlichen Kurs erhalten, und zwar sollte sie den entsprechenden hannoverschen Münzen gleich gesetzt werden, weil auch diese durchweg nicht das volle Gewicht hätten.

Wie in der erwähnten Verordnung ausdrücklich angegeben war, war es keineswegs beabsichtigt, das hannoversche Geld ausser Kurs zu setzen, vielmehr sollte dasselbe bis auf die geringeren Münzsorten bei allen Zahlungen den ihm nach seinem Werte zukommenden Vorzug vor dem preussischen Gelde behalten.

Allerdings ging die Tendenz dahin, mit der Zeit das preussische Geld zur alleinigen Landesmünze in Hannover zu machen. Um diesen Zweck zu erreichen, sollte die Prägung von hannoverschem Gelde auf der Münzstätte zu Klausthal möglichst eingeschränkt und mit dem Ende des Jahres 1806 völlig eingestellt werden. Von dem Beginn des Jahres 1807 ab sollte nur noch preussisches Geld

[1]) Hannoverische Anzeigen J. 1806, St. 16.
[2]) Das. St. 75.

geprägt werden. — Mit Fug berief man sich preussischerseits auf die Thatsache, dass der schwere Münzfuss in Hannover allgemein für ein grosses Übel gehalten wurde, und dass nur die französische Invasion im Jahre 1803 die kurfürstliche Regierung an der Abschaffung desselben und der Einführung eines leichteren Geldes gehindert hatte [1]).

Auf hannoverscher Seite äusserte man gleichwohl grosse Bedenken gegen die Einführung des preussischen Münzfusses. Man gab sich den übertriebensten, ganz ungegründeten Besorgnissen hin und glaubte die schwerste Schädigung der öffentlichen Kassen und der Unterthanen, eine grosse Steigerung der Lebensmittelpreise und wer weiss, was noch alles, befürchten zu müssen. Das Landesdeputations-Kollegium entsandte daher um die Mitte September den Landrat von Grote an den König Friedrich Wilhelm mit der Bitte, die Verfügung vom 29. August zurücknehmen zu wollen. Man sei der Überzeugung, hiess es in der Eingabe des Kollegiums, dass „die urplötzliche Einführung des neuen Münzfusses für die öffentlichen Kassen ebensosehr, als für das Publikum und insonderheit für die erwerbende und handelnde Klasse der Bürger einen nicht zu berechnenden, aber gewiss auf mehrere Tonnen Goldes anzuschlagenden unwiederbringlichen Verlust mit sich führen, und ohne den gesamten Staaten des preussischen Königs einen reellen Vorteil zu gewähren, zur alleinigen Bereicherung gewinnsüchtiger Agioteurs und Wucherer dienen und den Ruin einer grossen Anzahl diesen in die Hände fallender und mit den Kunstgriffen nicht vertrauter Landeseinwohner zur unvermeidlichen Folge haben werde" (16. September). Wie vorauszusehen, hatte das Gesuch der Stände keinen Erfolg. Am 22. September hatte Grote zu Halle a. S. eine Unterredung mit dem Geheimen Kabinettsrat Beyme, in welcher sich der letztere entschieden weigerte, die Petition bei dem Könige zu unterstützen. Als der hannoversche Abgesandte an Beyme die Bitte richtete, man möge wenigstens die Verordnung für das erste suspendieren, erhielt er zur Antwort: „Daraus kann gar nichts werden, lieber 8 Tage früher als später. Wäre der Herr von Ingersleben, der jetzt Minister geworden ist, schon eher Chef der Administration gewesen, so würde es längst geschehen sein. Wir haben schon über eine halbe Million Thaler dadurch verloren, und einen solchen Verlust können wir jetzt um so weniger ertragen. Entweder Sie sind Preussen,

---

[1]) Administrations- und Organisations-Kommission an Landesdeputations-Kollegium, 15. September. Vgl. auch Patje, Kurzer Abriss des Fabriken-, Gewerbe- und Handlungszustandes, S. 38 f. und Luden, Das Königreich Hannover nach seinen öffentlichen Verhältnissen, S. 329 ff.

oder Sie sind es nicht; im ersteren Falle können Sie keine Vorzüge verlangen und im letzteren Falle ist gar kein Grund dazu vorhanden"[1]). Dementsprechend lautete die Antwort des Königs, aus dem Hauptquartier zu Naumburg a. S. (26. Sept.) datiert[2]), ablehnend. Sie enthielt sogar einen scharfen Verweis, dass das Landesdeputations-Kollegium „zu einer Zeit, wo Se. Majestät mit den wichtigsten Angelegenheiten beschäftigt sind, Höchstdenselben mit dieser Vorstellung beschwerlich falle und sogar eine Deputation in das Feldlager nachsende". Die Supplikanten sollten sich in diesen und allen anderen Angelegenheiten lediglich an den Staatsminister von Ingersleben wenden, dem der König die Führung der hannoverschen Angelegenheiten mit vollkommenem Vertrauen übertragen habe.

Unverkennbar tritt in den Äusserungen Beymes und dem Schreiben Friedrich Wilhelms eine gewisse Gereiztheit gegen Hannover hervor. Auch der Landrat von Grote wollte auf seiner Sendung bemerkt haben, dass auf preussischer Seite eine Erbitterung gegen die Hannoveraner herrsche. Man gebe ihnen, schrieb er nach Hause, schlechte Behandlung des preussischen Militärs, Vorliebe für die Franzosen und anderes mehr schuld. Das giebt uns Anlass, auf die öffentliche Stimmung in Hannover während der preussischen Besitznahme, welche wir bisher nur flüchtig gestreift haben, einzugehen.

Die Hannoveraner waren den Preussen von vorn herein wenig günstig gesinnt. Nach hannoverscher — wohl nicht unparteiischer — Angabe war der Wunsch, dass statt der Preussen Bernadotte eingerückt sein möchte, „in Hannover ganz allgemein, bei allen Behörden, bei Grossen und Kleinen"[3]). Doch liessen die Bewohner des Kurfürstentums ihre Abneigung diesmal nicht so offen zum Vorschein treten, wie anno 1801. „Die klugen Leute im Lande", schrieb der hannoversche Gesandte am sächsischen Hofe von Bremer unter dem 24. März an den Gesandten von Ompteda in Berlin, „haben so viel zum Voraus auf eine vorsichtige Aufführung gegen die Preussen gedrungen, sie so oft laut empfohlen, und die Konduite von 1801, da wir noch nicht so zahm sein konnten, als so unpolitisch allenthalben dargestellt, dass das Benehmen unserer Landsleute, wenigstens so viel ich in der Hauptstadt gesehen habe, allen Beifall verdient. Man ist höflich und kalt, niemand geht zu weit, jeder weit genug"[4]).

[1]) Bericht Grotes an das Landesdeputations-Kollegium. Halle 22. September.
[2]) St.-A. Hann.
[3]) v. Bremer (hannoverscher Gesandter zu Dresden) an den Gesandten von Ompteda in Berlin, 3. April. v. Ompteda, Politischer Nachlass I, 162.
[4]) Das. S. 140.

Schulenburg selbst konnte am 13. März nach Berlin berichten, dass die geringeren Klassen der Bevölkerung im allgemeinen die Veränderung in der Regierung nicht ungern sähen. Nur zwei Gegenstände erregten unter ihnen einige Besorgnis, nämlich das preussische Kantonswesen und die Accise. Bei näherer Bekanntschaft werde man sich aber sicher damit aussöhnen, um so eher, als auch im Hannoverschen schon sehr bedeutende indirekte Abgaben unter dem Namen Licent beständen. Allerdings walte hierbei der Unterschied ob, dass der Licent sehr nachlässig erhoben und allein von dem ehrlichen Manne vollständig entrichtet werde; die Ungerechtigkeit eines solchen Zustandes werde aber bereits vielfach gefühlt. — Was die vornehmen Hannoveraner angehe, so würde ein grosser, er möchte sagen, der grösste Teil von ihnen, damit zufrieden sein preussisch zu werden, wenn sie nur die gewisse Überzeugung hätten, dass dies ihr wirkliches und endliches Schicksal sein würde. Daran glaube man jedoch nicht.

In einem anderen Berichte vom 10. April führt Schulenburg diesen Gegenstand weiter aus. Die Meinung des Publikums über den Zustand der Dinge, bemerkt er, sei dreifach geteilt. Nur eine kleine Minorität der Hannoveraner halte sich überzeugt, dass Friedrich Wilhelm III. den Besitz des Kurfürstentums behaupten werde. Ein zweiter, etwas, obgleich nicht viel zahlreicherer Teil, glaube, dass England beim Frieden Aufopferungen zur See an Frankreich machen und dadurch bewirken werde, dass die hannoverschen Lande an Georg III. zurückgegeben würden. Der weitaus stärkste Teil der Bevölkerung sei aber fest überzeugt, dass man in ganz kurzer Zeit statt des preussischen schwarzen Adlers wieder den goldenen französischen anschlagen würde.

Es fehlte der preussischen Regierung unter den Hannoveranern nicht an Anhängern. Als die entschiedensten bezeichnet Schulenburg einmal den Generalmajor von Wangenheim und den Schlosshauptmann von Hardenberg, einen Verwandten des preussischen Ministers[1]). Manche angesehene hannoversche Beamten, wie der uns bereits bekannte Oberappellations-Rat von Ramdohr, traten in den preussischen Staatsdienst über. Einen wenig sympathischen Eindruck macht das Gebahren des ehemaligen Hofrichters von Berlepsch, welcher dem Könige wiederholt seine Dienste in den hannoverschen Landen anbot[2]). Schulenburg riet von der Wiederanstellung desselben entschieden

---

[1]) Immediatbericht vom 2. April.
[2]) Kabinettsordre vom 7. Juni. Der König sprach sich dahin aus, dass es zwar nicht rätlich scheine, Berlepsch in seine vormalige Stellung wieder einzusetzen, indessen sei es auch nicht angebracht, „so viel guten Willen, Kraft und Kenntnisse"

ab. Die Anhänglichkeit des Herrn von Berlepsch für die preussische Monarchie, schrieb er am 10. Juni an den König, sei zweifelhafter Natur. Berlepsch habe sich schon früher gegenüber den französischen Marschällen in Lobeserhebungen und Schmeicheleien erschöpft, um wieder in Amt und Würden zu kommen. Im Lande werde er von niemandem geliebt und geachtet, sondern allgemein gehasst, und man könne wohl sagen verabscheut, nicht bloss von den Beamten, sondern auch von dem Publikum. Seinem Kopfe und seinen Kenntnissen lasse man Gerechtigkeit widerfahren; um so mehr sei man aber gegen seine Grundsätze und selbst gegen seine Moralität eingenommen. Man halte ihn für einen Unruhestifter, der die Unterthanen gegen ihre Obrigkeit aufzuwiegeln suche. Eine Wiederanstellung des abgesetzten Hofrichters könne nur den bereits existierenden Widerwillen gegen die neue Regierung vermehren. — Natürlich wurde nach diesem Berichte in Berlin von einer Anstellung Berlepschs im Hannoverschen Abstand genommen.

Im Laufe der Okkupation scheint die Abneigung der Einwohner gegen das preussische Regiment trotz der überall bethätigten Milde der preussischen Regierung eher zu- als abgenommen zu haben. Am 24. August berichtete Ingersleben nach Berlin, der König kenne aus den früheren Berichten Schulenburgs die Abneigung, welche in Hannover wenigstens zum Teil gegen die jetzige Ordnung der Dinge bestehe. Ein Teil der Einwohner würde es vielleicht sogar vorziehen, wenn die französische Okkupation zurückkehrte, weil man den Aufenthalt der Franzosen in dem Kurfürstentum immer nur als vorübergehend betrachte. Es sei zu befürchten, dass im Hannoverschen mit den Franzosen Verbindungen unterhalten würden, oder doch angeknüpft werden könnten, die man weder in militärischer noch in sonstiger Beziehung dulden dürfe [1]).

von sich zu weisen. Schulenburg möge sein Gutachten darüber abgeben, auf welche Weise Berlepsch demnächst in hannoverschen Diensten angestellt werden könne.

[1]) Auch Hausmann (Erinnerungen, S. 51) berichtet von der ungünstigen Stimmung der Hannoveraner gegen Preussen. — Dagegen erzählt Mierzinsky, Erinnerungen aus Hannover und Hamburg, S. 30 ff., dass das Verhältnis der Hannoveraner zu dem preussischen Militär ein gutes gewesen sei. Das letztere habe sich freundlich, nicht anmassend benommen. Desgleichen seien die Offiziere bemüht gewesen, mit den Einwohnern in gutem Einverständnisse zu leben. Wie stimmt das zu dem von Havemann behaupteten „breiten Übermute von Offizieren welche z. T. kaum dem Knabenalter entwachsen waren"? (III, 739). — Havemann zeigt überhaupt in seinen Anklagen gegen die preussische Administration eine grosse — man kann nicht anders sagen — Leichtfertigkeit. So, wenn er von der bis dahin nicht bekannten Strenge spricht, mit welcher die neuen Abgaben eingetrieben, oder von dem Zwange, welcher bei der Aushebung

Es begreift sich leicht, dass solche Nachrichten an dem preussischen Hofe eine Missstimmung gegen Hannover erzeugen mussten. Vermehrt wurde diese ungünstige Stimmung noch durch die diplomatischen Verlegenheiten, in welche Preussen im Sommer 1806 wegen der Kurlande geriet[1]), und welche schliesslich zum Ausbruch des Krieges mit Napoleon führten.

Angesichts der gefährlichen Lage, in die der preussische Staat durch die Verwickelungen mit Frankreich kam, kann es nicht Wunder nehmen, dass der König die Hilfskräfte, welche der Besitz Hannovers bot, und auf die er bis dahin grossmütig verzichtet hatte, bei dem Ausbruche des Krieges sich nutzbar zu machen strebte.

Eine Kabinettsordre Friedrich Wilhelms III. vom 2. Oktober[2]) kündigte dem Landesdeputations-Kollegium an, dass Hannover einen angemessenen Beitrag zu den Kriegskosten liefern müsse. „Es ist den Deputierten bekannt", hiess es darin, „mit welcher Sorgfalt Se. Majestät es sich haben angelegen sein lassen, den hannoverschen Provinzen wieder aufzuhelfen, und dass Allerhöchst dieselben, weit entfernt, das Geringste aus dem Lande zu beziehen, vielmehr sehr bedeutende Summen aus den Kassen der älteren Provinzen zum Besten von Hannover verwandt haben. Se. Majestät würden Ihre Freude daran gefunden haben, dem Lande auch ferner nur beizustehen, um die Wunden, die der Krieg ihm zugefügt, zu heilen, wenn Ihre ernstlichen Bemühungen, den so teuer erkauften Frieden zu befestigen, von einem glücklichen Erfolge wären gekrönt worden. Jetzt aber, da Allerhöchst dieselben sich genötigt sehen, Ihre ganze

---

der jungen Mannschaft zum Kriegsdienst geübt worden sei. — Wie wir gesehen haben, sind während der preussischen Okkupation überhaupt keine neuen Abgaben ausgeschrieben worden. „Eine bis dahin nicht gekannte Strenge" bei der Eintreibung der Steuern haben die preussischen Behörden schon aus dem Grunde nicht zeigen können, weil die Erhebung der Steuern lediglich den heimischen Behörden überlassen blieb. Dass von „einer Aushebung der jungen Mannschaft zum Kriegsdienste" während der preussischen Besitznahme keine Rede war, wird sich nachher zeigen. — Auch O. von Heinemann ergeht sich in ungerechten Beschuldigungen gegen die preussische Verwaltung. Man höre: „Die preussische Okkupation vollendete den Ruin des Landes. — Alle Zweige der Verwaltung erlitten eine völlige Umwandlung nach preussischem Muster. — Die Abgaben wuchsen. — Staatsmonopole, wie namentlich das Salzmonopol, lasteten schwer auf den ärmeren Klassen. Handel und Verkehr aber erlagen unter der strengen Sperre, die auf Befehl Napoleons gegen England auf den Flüssen und in den Häfen des Landes gehandhabt werden musste. (Geschichte von Braunschweig und Hannover III, 331 f.) Aus unserer Darstellung dürfte sich zur Genüge ergeben, wie haltlos solche Beschuldigungen sind.

[1]) Vgl. darüber Bailleu a. a. O., II, Einl. S. LXXII, und Hoffer a. a. O., S. 235 ff.
[2]) St.-A. Hann.

Macht aufzubieten und die Kräfte der Monarchie aufs äusserste anzustrengen, um die Sicherheit des Friedens zu erringen oder den Krieg mit dem grössten Nachdruck zu führen, müssen Sie Ihrer Wohlthätigkeit Schranken setzen; und indem Sie von Ihren älteren Staaten ganz ausserordentliche Opfer zu fordern genötigt sind, von Hannover wenigstens soviel als Beitrag zu den Kriegskosten erhalten, wie diese Provinzen vor der französischen Okkupation zu Erhaltung des eigenen Militärs geleistet haben."

Ingersleben teilte darauf dem Landesdeputations-Kollegium am 8. Oktober mit, der König rechne auf einen jährlichen Beitrag von wenigstens einer Million Thaler und habe ihm befohlen, unverzüglich Anstalt zu treffen, dass diese Summe dem Kriegsfonds überwiesen werde. Das Kollegium solle daher mit den verschiedenen landschaftlichen Behörden (exklusive Osnabrück) wegen der Aufbringung einer jährlichen Summe von einer Million Thaler in Korrespondenz treten, auf jede Provinz die verfassungsmässige Quote legen und für prompte Ablieferung vom 1. November ab Sorge tragen. Es verstehe sich unter solchen Umständen von selbst, dass die Abbezahlung von Schulden und Rückständen vorläufig ganz eingestellt werden, und dass man sich bei der Auszahlung der Zinsen auf das durchaus Notwendige beschränken müsse.

Schon vorher (24. September) hatte Ingersleben dem Landrate von Meding mitgeteilt, dass er durch eine königliche Kabinettsordre befehligt sei, die Ergänzung des Regiments von Tauenzien durch eine Rekrutenaushebung im Hannoverschen zu bewerkstelligen. Meding richtete im Verein mit zwei anderen Mitgliedern des Deputations-Kollegiums eine Vorstellung gegen die beabsichtigte Massregel an Ingersleben. Darin hiess es u. a., bekanntlich habe im Kurfürstentum niemals eine ordentliche und regelmässige Militärkonskription stattgefunden. Vielmehr seien die hannoverschen Truppen in Friedenszeiten lediglich durch freiwillige Rekrutierung ergänzt worden. Nur bei dem Ausbruche eines Krieges und zuletzt kurz vor dem Eintritte der französischen Okkupation habe man zu einer ausserordentlichen Aushebung gegriffen. Diese habe aber nur unter dem Beistande der militärischen Macht von den Obrigkeiten bewerkstelligt werden können, so hartnäckig habe man sich gegen sie gesträubt, und jedesmal hätten mehr junge Leute ihr Vaterland verlassen, als wirklich ausgehoben worden seien. Bei der entschiedenen Abneigung der Bevölkerung gegen den Militärdienst könne und dürfe keine obrigkeitliche Person, ohne Ansehen, Gesundheit und Leben auf das Spiel zu setzen, es wagen, eine solche Aushebung zu unternehmen, indem gewiss in den meisten Ortschaften Widersetzlichkeiten erfolgen würden.

Sei es nun, dass diese Vorstellung auf die preussischen Behörden Eindruck machte, sei es, dass man die Hannoveraner schonen wollte: man nahm von einer Aushebung in dem Kurfürstentume Abstand. Dagegen erschien am 7. Oktober eine königliche Proklamation, welche die Landeseinwohner und unter ihnen namentlich das hannoversche Militär aufforderte, sich freiwillig unter die preussischen Fahnen zu stellen. In diesem Aufrufe war gesagt, der König wolle zwar von dem Rechte einer Aushebung der kriegstüchtigen Mannschaft, das ihm als der gegenwärtigen obersten Staatsgewalt unzweifelhaft zustehe, keinen Gebrauch machen, indessen solle dem ehemaligen, jetzt noch auf Wartegeld stehenden Militär Gelegenheit gegeben werden, „unter begünstigenden und die Verbesserung ihres eigenen Nahrungszustandes zusichernden Umständen ihre vormalige ehrenvolle Bestimmung — zur Verteidigung ihrer Heimat und ihres eigenen Herdes gebraucht zu werden — erfüllen zu können" [1]). Aus den zahlreichen Vergünstigungen, welche der hannoverschen Mannschaft zugesagt wurden, heben wir hervor, dass sie in den hannoverschen Landen verbleiben und nur zur Verteidigung derselben angestellt werden sollte. Um dem Aufrufe desto mehr Nachdruck zu geben, war auch die Bestimmung aufgenommen worden, wer sich von dem hannoverschen Militär nicht bis zum 15. November in der Hauptstadt gestellt haben würde, solle sofort seines Wartegeldes verlustig gehen und nie Hoffnung haben in Zukunft Wartegeld, Pension oder irgend eine Bedienung zu erhalten.

Es liegt auf der Hand, dass diese Proklamation keinen Erfolg mehr haben konnte. Die Schlacht bei Jena machte der preussischen Herrschaft in Hannover ein schnelles Ende [2]). Am 19. Oktober

---

[1]) Vgl. Lehmann, Scharnhorst I, 409.

[2]) In Lauenburg waren bereits gegen Ende August nach dem Abzuge der dort befindlichen preussischen Truppen die Schweden wieder eingerückt. Durch ein Patent der Regierung zu Ratzeburg vom 31. August war dort die alte Verfassung wieder hergestellt worden. Die Administrations-Kommission hatte darauf (9. Sept.) allen Behörden befohlen, „von nun an und bis zu einer abändernden Verfügung weder öffentliche Gelder und Effekten, noch Zahlungen an irgend eine öffentliche Behörde in Lauenburg zu entrichten und verabfolgen zu lassen, und ferner alle offizielle Kommunikation und Korrespondenz mit den öffentlichen Behörden Lauenburgs gänzlich aufzuheben". Vgl. Politisches Journal J. 1806. II, 919 ff. und Zander, Das Herzogtum Lauenburg in dem Zeitraum von der französischen Okkupation im Jahre 1803 bis zur Übergabe an die Krone Dänemark im Jahre 1816 II, 20 ff.

schrieb die Administrations-Kommission an das Regierungskollegium, unter den jetzigen Verhältnissen würden die hannoverschen Behörden am besten im stande sein, diejenigen Massregeln zu ergreifen, welche gegenwärtig für die hannoverschen Lande am zuträglichsten seien. Sie wolle die innere Landesverwaltung um so eher der Regierung völlig überlassen, als sie selbst vielleicht Hannover bald verlassen müsse. Sie vertraue, dass die Regierung keine Verfügung erlasse, durch welche die bisherige Regierung blossgestellt werde; keinenfalls dürfe „die einstweilen nachgelassene Leitung der Landesverwaltung auf einen Vorgriff oder einseitige Veränderung in Bezug auf die politischen Verhältnisse und Formen" ausgedehnt werden.

Demzufolge traten die hannoverschen Minister von der Decken, von Grote und von Bremer wieder an die Spitze der Verwaltung und eröffneten am 20. Oktober ihre offiziellen Zusammenkünfte unter der Bezeichnung „Landesregierung". Sie versprachen Ingersleben, „in Absicht der preussischen Behörden und der von ihnen getroffenen Verfügungen thunlichst allen Anstoss vermeiden zu wollen"[1]). Dennoch ordneten die Minister bereits am 21. Oktober durch ein Ausschreiben an, dass an allen Orten, wo keine preussischen Truppen vorhanden seien, die preussischen Adler in aller Stille abgenommen und unbeschädigt in sichere Verwahrung genommen werden sollten. An deren Stelle sollten überall an der Grenze Tafeln mit der Aufschrift „Pays d'Hanovre" angeschlagen werden. Man hoffte dadurch zu bewirken, dass das Kurfürstentum von den heranrückenden Franzosen nicht als preussische Provinz, sondern als neutrales Land behandelt würde. Nichts beweist die Ohnmacht der Administrations- und Organisations-Kommission seit dem Abzuge der preussischen Garnison (20. Oktbr.) besser, als der Umstand, dass sie es unterliess, gegen die Abnahme der Adler zu protestieren. Nach wenigen Stunden musste auch sie die Hauptstadt des Landes verlassen.

Ein Vergleich der preussischen mit der ersten französischen Okkupation ist recht geeignet, die Noblesse in das Licht zu setzen, mit welcher die preussische Regierung das Kurfürstentum während der Besitznahme behandelt hat. Die französischen Generäle haben in der Ausbeutung des Landes und seiner Bewohner das Möglichste geleistet. Wenn sie die heimische Verfassung und Verwaltung im grossen und ganzen unangetastet liessen, so geschah es nur, weil sie auf diese Weise am ersten auf die Befriedigung ihrer ungeheuren Forderungen rechnen konnten und, was vielleicht noch

---

[1]) Bericht der Minister an Georg III. vom 24. Oktober.

schwerer in die Wagschale fiel, weil sie ihren persönlichen Vorteil dabei fanden. Wehe dem Lande, wenn die Landesbehörden sich geweigert hätten, den Forderungen der französischen Befehlshaber Genüge zu leisten. Die hannoversche Verwaltung würde alsdann sofort über den Haufen geworfen sein. An ihre Stelle wäre eine französische Administration getreten, welche es sicherlich verstanden hätte, auch den letzten Heller von den unglücklichen Bewohnern des Landes zu erpressen. Die Geschichte der ersten Okkupation ist im Grunde bloss eine Geschichte der französischen Forderungen und der Anstrengungen, welche auf hannoverscher Seite zu ihrer Befriedigung gemacht wurden.

Wie anders war es während der preussischen Besetzung! Die ganze preussische Administration war in uneigennützigster Weise darauf berechnet, die Wunden zu heilen, welche dem Lande durch die französische Herrschaft geschlagen waren, und namentlich die zerrütteten Finanzen des Kurfürstentums wieder in Ordnung zu bringen. Pekuniäre Vorteile hat die preussische Regierung so wenig aus der Besetzung des Landes gezogen, dass sie vielmehr die beträchtliche Summe für den Sold der Hamelnschen Besatzung und manche andere Ausgaben, welche eigentlich von dem Lande zu tragen gewesen wären, aus altpreussischen Kassen bezahlen liess. Erst der Ausbruch des Krieges mit Frankreich zwang Preussen an sich selbst zu denken. Die Uneigennützigkeit und Humanität der preussischen Verwaltung ist von keinem Geringeren als dem Könige Georg IV. von England öffentlich anerkannt worden, indem er im Jahre 1821 dem Oberpräsidenten von Ingersleben wegen der Verwaltung des Kurfürstentums im Jahre 1806 das Grosskreuz des Guelfenordens verlieh[1]).

---

[1]) Neuer Nekrolog der Deutschen J. IX, T. 1, S. 415.

Drittes Buch.

Die zweite Okkupation Hannovers durch die Franzosen.

1806—1810.

Erster Abschnitt.

Die französischen Forderungen[1].

Kapitel I.
Verhandlungen der Exekutivkommission und des Landesdeputations-Kollegiums mit den französischen Behörden.
November 1806 bis September 1807.

Kaum war die Schlacht bei Jena zu Gunsten der französischen Waffen entschieden, so gab Napoleon die Befehle zur abermaligen Besetzung Hannovers. Die Ausführung derselben übertrug der französische Kaiser seinem Bruder Louis, dem Könige von Holland. Diesem stand dazu eine Heeresabteilung von etwa 12 000 Mann zu Gebote. Auch war der Marschall Mortier, derselbe, welcher im Jahre 1803 die Besetzung des Kurfürstentums vollzogen hatte, angewiesen, ihn mit etwa 10 000 Mann zu unterstützen[2]. Da der holländische König sich aber gerade damals, angeblich aus Gesundheitsrücksichten, veranlasst sah nach Holland zurückzukehren, so ging der Oberbefehl über das Okkupationsheer auf den Marschall Mortier über. Am 26. Oktober 1806 besetzte die Vorhut unter dem General Grandjean die Stadt Osnabrück. Am 9. November rückte Mortier von Kassel herziehend in die Hauptstadt der Kurlande ein.

---

[1] Für die Geschichte der zweiten französischen Okkupation kommen namentlich die Akten des Staatsarchivs zu Hannover in Betracht. Nur das Kapitel über die Okkupation des Fürstentums Osnabrück beruht in der Hauptsache auf archivalischem Material aus dem Staatsarchiv zu Osnabrück. Für einzelne Abschnitte bilden auch die Aufzeichnungen des Oberamtmanns Meyer eine wichtige Quelle. Die Litteratur ist für die Geschichte der Jahre 1806—1810 von keinem grossen Belang; nur für das Kapitel über die Domanialverwaltung bietet (Mierzinsky), Erinnerungen aus Hannover und Hamburg aus den Jahren 1803—1813 eine ausführliche, aber vielfach unzuverlässige Quelle.

[2] Vgl. das Schreiben Napoleons an seinen Bruder vom 4. November 1806. Correspondance de Napoléon I. XIII, 475 f.

Durch ein Publikandum vom 12. November ergriff er im Namen des Kaisers Besitz von dem Kurfürstentum. Mit schmachvoller Eile ergaben sich die preussischen Besatzungen zu Hameln (20. November) und Nienburg (25. November)[1]). Ende November war ganz Hannover in den Händen der Franzosen.

Das hannoversche Ministerium stellte bei dem Einmarsche des französischen Militärs seine eben erst angetretenen Funktionen wieder ein. Einen Augenblick erwogen die Minister, ob sie ihre Geschäfte nicht unter den Befehlen der französischen Behörden fortsetzen sollten[2]), wie das um die gleiche Zeit in dem benachbarten Braunschweig geschah. Sie kamen aber zu dem Schlusse, dass dies sich nicht zieme. Ihr Augenmerk war nun darauf gerichtet, wie man den Geschäftsgang in den inneren Landesangelegenheiten gleichwohl in den gewohnten Bahnen und unter ihrer Leitung erhalten könne. Man adoptierte zu diesem Zwecke die von den preussischen Behörden im Jahre 1806 getroffene Einrichtung, indem man aus den Geheimen Kabinettsräten und den Geheimen Kanzleisekretären ein „Regierungskollegium" schuf. Dies Kollegium, welches am 3. November in Thätigkeit trat, erhielt den Auftrag, alle Departementsangelegenheiten, mit Ausnahme der Justizsachen, welche wieder von dem Staatsminister von der Wense in Celle versehen werden sollten, nach den „verfassungsmässigen Prinzipien" zu besorgen.

Die Mitglieder des Regierungskollegiums erhielten am 30. Oktober eine Instruktion, welche darauf berechnet war, den Einfluss der Minister so viel als möglich zu wahren. „Wenn es die Umstände erlauben sollten", hiess es darin, „dass einer oder mehrere der Herren Minister Excellenzen den Versammlungen des Kollegiums beiwohnten, so verstehe es sich, dass diesen die Leitung der vorkommenden Geschäfte zustehe". Überhaupt wollten die Minister sich vorbehalten haben, „von allen vorfallenden erheblichen Angelegenheiten nach Beschaffenheit der Umstände eine genaue Notiz zu nehmen". So lange als möglich waren die Konzepte der Ausschreiben und Verfügungen dem betreffenden Departementsminister vorzulegen; die offiziellen Ausfertigungen hatten hingegen mit den Namensunterschriften der drei Kabinettsräte zu erfolgen. Die bisher in dem Plenum des Staatsministeriums behandelten Sachen, sollten

---

[1]) Über die Vorgänge in Hameln vgl. Sprengers Geschichte der Stadt Hameln, bearbeitet von Amtmann von Heitzenstein 2. Aufl., S. 118 ff. und v. Höpfner, Der Krieg von 1806 und 1807 II, 370 ff. In betreff der Übergabe Nienburgs vgl. Höpfner II, 379 ff.

[2]) Promemoria des Ministers von Bremer vom 6. Januar 1807.

jetzt von den Geheimen Kabinettsräten unter geheimer Leitung der anwesenden Minister besorgt werden¹).

Man war auf hannoverscher Seite besorgt, ob die Franzosen das neu eingerichtete Regierungskollegium bestehen lassen würden. Das Landesdeputations-Kollegium sandte deshalb die beiden Landräte von Münchhausen und von Grote der französischen Armee in das Göttingische entgegen, um dem kommandierenden General neben der Schonung des Landes insbesondere auch die Beibehaltung der bestehenden Autoritäten ans Herz zu legen²). Man empfing erfreulichen Bescheid: Mortier erklärte in dem Publikandum vom 12. November, alle Behörden sollten in ihrer gegenwärtigen Verfassung bestehen bleiben, es sei denn, dass der Kaiser ein anderes beschliessen würde. Zugleich setzte Mortier wie im Jahre 1803 eine Exekutivkommission nieder. Von ihren drei Mitgliedern hatten der Geheime Kabinettsrat Patje und der Landrat von Meding bereits der früheren Kommission angehört, neu hinzu trat nur der uns als Mitglied des Landesdeputations-Kollegiums bekannte Landrat von Münchhausen³). Die Befugnisse der Kommission waren dieselben geblieben. Ihre Befehle sollte sie von derjenigen Person empfangen, welche Napoleon mit dem Gouvernement von Hannover beauftragen würde.

Auffallend erscheint, dass französischerseits von den hannoverschen Behörden kein Huldigungseid verlangt wurde, während die Beamten in den meisten deutschen Territorien, welche den Franzosen zur Beute gefallen waren: in dem Herzogtume Berg, den westfälischen Provinzen Münster und Mark, in Kurhessen u. s. w. schwören mussten, „das ihnen von dem französischen Kaiser anvertraute Amt treu und redlich auszuüben, sich desselben nur allein zur Aufrechterhaltung der guten Ordnung und der öffentlichen Ruhe zu bedienen, aus allen ihren Kräften zur Vollführung der für den Dienst der französischen Armee anzuordnenden Massregeln zu wirken und keinerlei Einverständnis mit den Feinden derselben zu unterhalten". Auch im Osnabrückschen, welches gleich nach dem Einmarsche der Franzosen von dem übrigen Hannover getrennt und mit dem Bistum

---

[1] Von dieser Verfügung gab das Ministerium dem Könige am 5. November Nachricht. Georg III. hiess „die Formierung eines unter der Direktion der Geheimen Kabinettsräte aus diesen und den Geheimen Kanzleisekretären bestehenden Regierungskollegii" unter dem 11. November gut.

[2] Bericht des Ministeriums an Graf Münster, 5. November 1806.

[3] Die Minister von der Decken, von Grote und Bremer bemerken in einem Berichte an Münster (14. November) von den Mitgliedern der Exekutivkommission, „diese treuen, patriotisch gesinnten Staatsdiener" hätten sich dem ihnen gewordenen Auftrage höchst ungern und nur aus Liebe zum Lande unterzogen.

Münster, den Grafschaften Mark, Tecklenburg und Lingen zu dem „Premier gouvernement des pays conquis" vereinigt worden war, sahen sich die Behörden zur Ableistung jenes Eides gezwungen.

Dass Napoleon einen solchen Unterschied zwischen Hannover und anderen eroberten Provinzen machte, lässt darauf schliessen, dass er in Bezug auf das erstere andere politische Pläne verfolgte, als hinsichtlich der letzteren. Offenbar stand es schon jetzt bei ihm fest, Osnabrück, Münster, Hessen u. s. w. an Mitglieder seiner Familie zu vergeben, wie sie nachher thatsächlich an den jüngsten Bruder Napoleons, Jerome Bonaparte, und an seinen Schwager Murat gefallen sind. Bei Hannover wollte Napoleon aber freie Hand behalten. Vorläufig gedachte er das Kurfürstentum wie in den Jahren 1803—1805 als ein Pfandobjekt in den Händen zu behalten, um es bei dem künftigen Friedensschlusse in die Wagschale zu werfen.

Es war aber nicht die Absicht des französischen Kaisers, der hannoverschen Administration so viel Freiheit zu lassen, wie während der ersten Okkupation. Vielmehr hatte er gleich nach der Besetzung des Landes die Einsetzung eines eigenen Generalgouverneurs und eines Intendanten für Hannover in das Auge gefasst. Eine solche Massregel schien um so mehr geboten, als die kommandierenden Generäle, wie sich in den Jahren 1803—1805 gezeigt hatte, nicht im stande waren, der hannoverschen Verwaltung die gebührende, im Interesse des Kaisers notwendige Aufmerksamkeit zu widmen. Auch blieb der Marschall Mortier nur kurze Zeit innerhalb der hannoverschen Grenzen. In den ersten Decembertagen erliess er noch den Befehl, dass statt der preussischen Wappenschilder französische Adler angeschlagen werden sollten. Kurz darauf verliess er mit dem grössten Teile seiner Truppen das Kurfürstentum und marschierte durch das Lauenburgische nach Hamburg und nach dem schwedischen Pommern. An seiner Stelle führte einige Wochen hindurch der General Schramm das Kommando in Hannover. Im Januar 1807 trafen dann als kaiserliche Bevollmächtigte der Divisionsgeneral Lasalcette und der bisherige Präfekt im „Departement de la Loire inférieure" Belleville in der Hauptstadt des Kurstaates ein, der erstere mit dem Generalgouvernement, der letztere[1]) mit der Intendantur von Hannover beauftragt[2]). Ihnen schloss sich eine

---

[1]) Durch kaiserliches Dekret vom 10. December 1806.

[2]) Lasalcette nahm seine Wohnung im Palais des Herzogs von Cambridge, Belleville im Fürstenhofe. Die Exekutivkommission hatte dem Oberhofmarschallamte bereits um die Mitte December die Weisung zugehen lassen, jenes Palais auf das schleunigste in Bereitschaft setzen zu lassen.

Anzahl untergeordneter französischer Beamten an, von denen hier der „Receveur des contributions" Grozier de Vaux namhaft gemacht sei.

Die Obliegenheiten des Generalgouverneurs waren wesentlich militärisch-polizeilicher, die des Intendanten finanzieller Natur. Hatte jener insbesondere die Ruhe im Lande aufrecht zu erhalten, so sollte dieser genaue Aufsicht über die ganze hannoversche Verwaltung insbesondere über das Finanz- und Kassenwesen führen, ein wachsames Auge darauf richten, dass die kaiserlichen Dekrete und Verordnungen in dem Kurfürstentume strikt befolgt würden.

Die Einwohner Hannovers hatten allen Grund sich der Wahl Napoleons zu freuen. Lasalcette und Belleville waren beide Männer von mildem und wohlwollendem Charakter, denen das Unglück des hannoverschen Landes sehr zu Herzen ging, und die alles gethan haben, was in ihren Kräften stand, um das Schicksal der Hannoveraner zu erleichtern. Zahlreiche Äusserungen Bellevilles beweisen, dass er nur mit innerem Widerstreben die harten Befehl Napoleons ausführte. Mehrfach musste er sich von seinen Vorgesetzten Vorwürfe darüber machen lassen, dass er in der Ausführung der kaiserlichen Befehle nicht die nötige Entschiedenheit und Festigkeit an den Tag lege. Dieses menschenfreundliche Verhalten des Intendanten verdient um so höhere Anerkennung, als die hannoverschen Behörden seine Geduld wieder und wieder auf harte Proben stellten. Wie man aus dem weiteren Verlauf der Darstellung sehen wird, haben sie nicht nur allen Massnahmen des französischen Gouvernements einen hartnäckigen Widerstand entgegengesetzt, sondern auch unzählige Male versucht, den Intendanten und die übrigen französischen Autoritäten hinter das Licht zu führen und zu täuschen. Man wäre versucht zu glauben, dass Belleville sich in der That habe dupieren lassen, wenn nicht alle Zeugnisse übereinstimmten, dass er — im Gegensatze zu Lasalcette, der als ein „sehr beschränkter Kopf „bezeichnet wird [1]) — ein ungewöhnlich gescheuter Mann und gewiegter Menschenkenner gewesen sei. Von massgebender Seite wird er ein „durchtriebener, erfahrener, tiefblickender Schlaukopf, der alle Schulen der Revolution und Intrigue durchgemacht habe", genannt [2]).

Aber vielleicht verfolgte Belleville unter der Maske der Menschenfreundlichkeit und Milde persönliche Interessen? Vielleicht hat er sich sein Wohlwollen teuer bezahlen lassen? Auch dieses trifft nicht zu. Belleville war durchaus uneigennützig. Folgende

---
[1]) Aufzeichnungen des Amtmanns Meyer.
[2]) Das.

Geschichte mag zum Beweise seiner Unbestechlichkeit dienen. Im Februar 1807 bot der Geheime Ausschuss des Landesdeputations-Kollegiums dem Generalgouverneur und dem Intendanten monatliche Tafelgelder im Betrage von 1500 und 1000 Thalern an[1]). Lasalcette griff unbedenklich zu; Belleville erklärte dagegen, er könne das Geld nicht eher anrühren, als bis er dazu die Erlaubnis des Generalintendanten Daru erhalten habe. Als Daru die Annahme untersagte, boten die Stände dem Intendanten ein Geschenk von 20000 Francs an, um ihn „wegen der Tafelgelder zu entschädigen". Belleville schlug aber das Geschenk aus und sagte, als man von seiten der Stände wiederholt in ihn drang zu dem Landrate von Meding[2]): er könne jetzt nichts nehmen; wolle man aber nach hergestelltem Frieden seiner Tochter ein kleines Präsent machen, so würde er solches „als ein Zeichen der Zufriedenheit mit seinem Benehmen" nicht zurückweisen. Nun indossierte der Landrat von Meding einen Wechsel über 20000 Fr. auf die Tochter des Intendanten, und schickte ihm denselben mit einem verbindlichen Schreiben. Belleville sandte aber den Wechsel sofort wieder zurück[3]). In gleicher Weise wies er auch die Anträge gewinnsüchtiger Unternehmer auf Verpachtung von Landesrevenuen und andere für das Land unvorteilhafte Geschäfte ohne weiteres ab[4]). — Dem General Lasalcette muss gleichfalls das Lob eines uneigennützigen Mannes erteilt werden, wenn er auch Wagen, Pferde und andere ihm angebotene Geschenke nicht ausschlug.

Als Lasalcette und Belleville in Hannover eintrafen, waren sie noch nicht darüber instruiert, ob und welche finanziellen Anforderungen der Kaiser an das Kurfürstentum stellen werde. Auch der Marschall Mortier hatte den hannoverschen Behörden keine Aufklärung über diesen wichtigen Punkt zu geben vermocht. Er hatte ihnen darum anheimgegeben, eine Abordnung an Napoleon, welcher

[1]) Anregung dazu hatte ein Wink Bellevilles gegeben: man möge Lasalcette Gelder anbieten, da selbiger kein Vermögen besitze und bei den hohen Preisen in Hannover nicht mit seinen Appointements auskommen könne.

[2]) Bei dieser Gelegenheit schrieb Belleville an die Mitglieder des Geheimen Ausschusses: „Les ordres de l'Empereur et la situation du Hanovre ne me permettent de recevoir que l'assurance de l'estime des Messieurs les Hanovriens. Cette résolution est irrévocable, parce qu'elle est en même temps commandée par le devoir et par l'honneur".

[3]) Protokolle des Geheimen Ausschusses des Landesdeputations-Kollegiums vom 23. Februar, 4. März, 21. März, 27. Mai.

[4]) Das einzige Geschenk, welches Belleville von den hannoverschen Behörden angenommen hat, bestand in einer Summe von 100 Pistolen, die ihm für die bei dem Einzuge des Herzogs Friedrich Wilhelm von Braunschweig in Hannover (August 1809) eingebüssten Pferde und Wagen als Schadenersatz angeboten wurden.

damals in Berlin weilte, zu schicken: dort würden sie ihr Schicksal erfahren. In Hannover beeilte man sich dem Rate des französischen Marschalls Folge zu leisten. Zu Deputierten wurden Abt Salfeld, Kammerherr Graf Schwicheldt, die Landräte von Marschalk und von Grote und der Geheime Kanzleisekretär Hofrat Rehberg erkoren[1]). Nach der ihnen von dem Landesdeputations-Kollegium erteilten Instruktion sollten die Abgesandten in der nachzusuchenden Audienz dem Kaiser das Hannoversche „im allgemeinen dringend anempfehlen". Insbesondere sollten sie ihre Bemühungen darauf richten, dass das Land so wenig als möglich mit Truppen belegt werde, und zu diesem Zwecke die vielen bisher erlittenen Drangsale geltend machen. Auch waren die Deputierten angewiesen, sich nachdrücklich für die Erhaltung der Integrität der Kurlande zu verwenden und alles aufzubieten, damit man von „einer französischen Interimsadministration" verschont bleibe.

Die gleichen Wünsche waren in einer Eingabe an Napoleon, welche den Deputierten mitgegeben ward, ausgesprochen. Der französische Kaiser wurde hierin angegangen, er möge die Verfassung des Kurfürstentums in dem Zustande belassen, in welchem sie sich zur Zeit der ersten französischen Okkupation befunden habe. In dem weiteren Verlaufe des Schreibens trat das Landesdeputations-Kollegium den Beweis an, dass Hannover in der That durch die jahrelang andauernden Kriegslasten völlig erschöpft sei, dass es an jedwedem Kredite mangele und dass der unfruchtbare Boden des Landes nur spärliche, selbst in Friedenszeiten kaum hinreichende Hilfsquellen biete. Kurz man suchte dem Kaiser plausibel zu machen, dass der einzige Tribut, den Hannover zu gewähren vermöge, der eines dankbaren Herzens sei. Wie wenig kannte man doch Napoleon!

Die hannoverschen Deputierten kamen am 18. November in Berlin an. Von der Umgebung Napoleons leidlich zuvorkommend aufgenommen, glaubten sie auf einen günstigen Erfolg ihrer Sendung rechnen zu dürfen. Es war aber ein wenig günstiges Omen, dass Napoleon bald nach ihrer Ankunft nach Posen aufbrach, ohne dass sie vorgelassen worden wären. Da es nicht rätlich schien, dass sämtliche Abgesandte dem Kaiser folgten, kehrten Graf Schwicheldt und der Loccumer Abt nach Hannover zurück. Die übrigen drei

---

[1]) Nach einem Berichte der hannoverschen Minister an Münster vom 14. November 1806 haben „sämtliche Deputierte, die vielen Unannehmlichkeiten wohl voraussehend, die ihnen bevorstanden, sich nur auf dringendes Anhalten und aus wahrem Patriotismus zu dieser Reise entschlossen".

Deputierten reisten dem Kaiser nach. In Posen erhielten sie endlich am 10. December eine Audienz. "Wir sind weit über unsere Erwartung gnädig behandelt", berichteten sie darüber nach Hause[1]), "und es missfiel nicht, dass wir unsere Anhänglichkeit an Verfassung und Landesherrn bezeugten. Mit den wohlwollendsten Versicherungen wegen Schonung unseres Landes wurden wir entlassen."

Die schönen Worte Napoleons erwiesen sich aber als Heuchelei. Das zeigte sich gleich in der ersten Unterredung der Deputierten mit dem Generalintendanten Daru, welcher von dem Kaiser mit den weiteren Verhandlungen beauftragt war. Daru eröffnete den Abgesandten ohne Umschweife, sie hätten anzugeben, welche Summen das Kurfürstentum (ausser einer von Napoleon zu bestimmenden ausserordentlichen Kriegskontribution) von den ordinären Einkünften erlegen könne und wolle. Die Deputierten erwiderten, sie hätten nach den huldreichen Äusserungen des Kaisers erwartet, von einer ausserordentlichen Kriegskontribution ganz verschont zu bleiben. Was die ordinären Einkünfte des Landes betreffe, so überschreite es ihre Vollmachten, irgend welche Anerbietungen zu machen. Daru möge lieber angeben, wie viel man von den Kurlanden erwarte; alsdann würden sie von ihren Auftraggebern in Hannover die Erklärung einholen, wie weit es möglich sei solcher Forderung nachzukommen[2]).

Da der Generalintendant hierauf nicht eingehen wollte, erbaten die Deputierten sich von Hause weitere Instruktion. Ehe diese eintraf, verliess Napoleon (16. December) Posen und begab sich nach Warschau. Nun kehrten auch Marschalk und Rehberg nach Hannover zurück. Der eine Grote setzte die Reise nach dem äussersten Osten fort. In Warschau erreichte ihn ein Schreiben des Landesdeputations-Kollegiums vom 31. December. Grote ward darin angewiesen, sich "nur dann auf ein gewisses Aversionalquantum einzulassen", wenn von einer extraordinären Kriegskontribution Abstand genommen werde, wenn ferner die Administration der Domanial- und ständischen Kassen den heimischen Behörden ohne französische Einmischung überlassen bleibe, und wenn von dem "Aversionalquantum" alle Lieferungen für die französische Armee in Abzug kämen. Vorausgesetzt, dass diese Bedingungen genehmigt würden, aber auch nur dann, könne man "nach einem sorgfältigen Überschlage, mit Einschluss des Überschusses von den Domänen monatlich höchstens 300 000 Fr. (oder mit Osnabrück zusammen 350 000 Fr.) offerieren".

[1]) Bericht an das Landesdeputations-Kollegium, Posen 10. December.
[2]) Bericht vom 17. December.

Es war von dem Landesdeputations-Kollegium nicht wohl gethan, eine so geringfügige Summe zu bieten. Hätte man in Hannover nur die geringste Kenntnis von dem Charakter Napoleons gehabt, so hätte man sich sagen müssen, dass ein solches Benehmen nur den Erfolg haben könne, den Kaiser gegen die Kurlande und deren Behörden einzunehmen. Nahm doch der Unterhalt des damals in Hannover liegenden französischen Militärs bereits mehr als 300000 Fr. monatlich in Anspruch. Es würde also darauf hinausgekommen sein, dass die Franzosen dem hannoverschen Lande Vergütungen zu zahlen gehabt hätten. Das Landesdeputations-Kollegium scheint selbst die Geringfügigkeit der gebotenen Summe gefühlt zu haben. Wenigstens wurde Grote in dem erwähnten Schreiben instruiert, er solle das Anerbieten damit begründen, dass die Landeseinkünfte bei der gänzlichen Stockung des Handels und der anderen Erwerbszweige, bei den fortwährend andauernden Durchzügen fremder Truppen und der immer fühlbarer werdenden Verarmung der Unterthanen in beständiger Abnahme begriffen seien, während die Ausgaben sich durch die Verzinsung der so ungeheuer angewachsenen Landesschuld ungemein vermehrt hätten.

Auf französischer Seite war man begreiflicherweise über das Anerbieten der hannoverschen Stände höchlich aufgebracht. Daru herrschte den Landrat Grote entrüstet an, man müsse ihm sehr wenige statistische Kenntnisse zutrauen, um ein solches Gebot zu wagen[1]). Napoleon scheint von dem Augenblicke an, wo ihm das Benehmen des Landesdeputations-Kollegiums hinterbracht wurde, den Entschluss gefasst zu haben, die Hannoveraner seinen Zorn fühlen zu lassen.

Bereits am 15. Oktober 1806 hatte der französische Kaiser ein Dekret erlassen, durch welches dem hannoverschen Lande „in Anbetracht dessen, dass die Schlacht bei Jena die Eroberung der preussischen Provinzen bis zur Weichsel zur Folge habe", eine ausserordentliche Kriegskontribution von 9,1 Millionen Francs auferlegt und der Generalintendant Daru ermächtigt wurde, zu deren Bezahlung die landesherrlichen Domänen anzugreifen. Den hannoverschen Behörden war eigentümlicherweise von der Existenz des Dekretes vom 15. Oktober bis in den Januar hinein keine Kenntnis gegeben worden. Daru hatte in den ersten Unterredungen mit den hannoverschen Deputierten wohl in allgemeinen Worten von einer Kriegskontribution, deren Höhe der Kaiser bestimmen werde, gesprochen, aber jenes Dekret mit keinem Worte erwähnt. Man darf

[1]) Bericht Grotes an das Landesdeputations-Kollegium, Warschau 11. Januar 1807.

daraus vielleicht schliessen, dass Napoleon nicht von vornherein entschlossen war, die ganze Kriegskontribution von dem Lande einzufordern, sondern mit sich handeln lassen wollte [1]). Jetzt war natürlich von Schonung keine Rede mehr. Daru teilte dem hannoverschen Abgeordneten am 11. Januar 1807 in dürren Worten mit, dass die Kontribution ein für allemal auf 9,1 Millionen Francs festgesetzt sei, und dass davon nichts erlassen werden könne. Gleichzeitig (19. Januar 1807) schrieb Napoleon an den Kriegsminister Berthier zur weiteren Übermittelung nach Hannover: „Die hannoverschen Stände haben die Unverschämtheit gehabt, mir für den Monat 300 000 Fr. von den Einkünften des Landes zu bieten; sie müssen 1 200 000 Fr. monatlich zahlen, nach dem Massstabe von 100 000 Thalern in der Woche. Gehen sie darauf nicht ein, so werde ich die Verwaltung des Landes auf meine Rechnung nehmen und die Stände fühlen lassen, dass dieser Vorschlag allein vernünftig, alles andere lächerlich ist" [2]).

Die beiden gewaltigen Forderungen — die Kriegskontribution vom 9,1 Millionen Fr. und die monatliche Kontingentssumme von 1 200 000 Fr. — erregten in Hannover die äusserste Bestürzung. Als man sich von dem ersten Schrecken erholt hatte, suchte man sein Heil in Vorstellungen. Am 3. Februar reichte das Landesdeputations-Kollegium eine Supplik an Napoleon ein. In dieser war weitläufig auseinandergesetzt, dass es dem Lande gänzlich unmöglich falle, die Kriegskontribution zu bezahlen. Auch habe Hannover, so stellte man dem Kaiser vor, eine solche harte Behandlung nicht verdient. Das Dekret vom 15. Oktober habe Preussen treffen sollen; die Kurlande aber seien in keiner Weise als ein Teil dieser Monarchie anzusehen. Die hannoverschen Unterthanen hätten sich an dem Kriege gegen Frankreich nicht beteiligt. Als die preussische Regierung den Versuch gemacht habe, eine Aushebung zu veranstalten, sei sie überall auf heftigen Widerstand gestossen und habe trotz lockender Anerbietungen keinen Erfolg erzielt. Ein Volk, welches sich so gut benommen habe, werde der Kaiser doch nicht bestrafen wollen!

In Betreff des monatlichen Aversionalquantums schrieb das Landesdeputations-Kollegium unter dem 14. Februar an Grote, falls

---

[1]) So schrieb auch die Exekutivkommission am 23. Januar 1807 an Belleville: „Comme le décret même ne nous a pas été communiqué pendant la longue époque qui s'est écoulée depuis son émanation, nous nous flattons, que S. M. l'Empereur et Roi se soit déterminé de ne pas la laisser exécuter." — Erst am 30. Januar wurde der Exekutivkommission das Dekret von dem französischen Intendanten übersandt.

[2]) Correspondance de Napoléon Ier XIV, 214.

man französischerseits auf der Forderung von 1,2 Millionen Francs pro Monat bestehen sollte, so würde es sich gezwungen sehen von seinen Geschäften zurückzutreten. „Um jedoch alles aufzubieten, was durch die äussersten Anstrengungen zu erschwingen sein möchte, haben wir bei einer nochmaligen Prüfung aller noch übrigen Kräfte und mit Berücksichtigung dessen, was irgend durch Kriegssteuern und sonstige extraordinäre Moyens aufzubringen möglich sein könnte, die Summe von 500 000 Fr. auf sechs Monate vom 1. Januar an von dem Domanio und den Landschaften zu offerieren uns entschlossen". Doch müsse dabei nach wie vor Voraussetzung bleiben, dass von einer ausserordentlichen Kriegssteuer weiter keine Rede sei, und dass alle an die französische Armee zu liefernden Verpflegungsartikel in Anschlag gebracht würden. — Als auch dieses Gebot von Daru mit Verachtung zurückgewiesen wurde [1]), erklärte die hannoversche Behörde, sie wolle ihr Möglichstes thun, um monatlich 600 000 Fr. herbeizuschaffen, alsdann könne man sich aber bloss auf fünf Monate einlassen (!) [2]).

Welch' ein Abstand gegen die französischen Forderungen! Napoleon verlangte eine Kriegskontribution von 9,1 Millionen Francs und eine Abgabe von monatlich 1,2 Millionen Francs aus den ordinären Einkünften des Landes; die hannoverschen Stände wollten die erstere überhaupt nicht, von der letzteren aber bloss fünf Monate hindurch je 600 000 Fr., insgesamt also 3 000 000 Fr., zahlen, und auch dies nur unter Bedingungen, welche den Wert der Leistung sehr fragwürdig machten.

Angesichts des herausfordernden Benehmens der hannoverschen Stände muss man es dem Generalintendanten Daru hoch anrechnen, dass er es sein Bestreben sein liess, die Sachlage unbefangen zu prüfen. Er liess sich wirklich durch Belleville überzeugen, dass das Kurfürstentum nicht im stande sei, die ihm auferlegten Lasten zu tragen. Auf Grund der Berichte aus Hannover stattete er um die Mitte März dem Kaiser Napoleon einen ausführlichen Rapport über die Lage des Kurfürstentums ab. Hannover, hiess es darin, sei die Provinz, wo die französische Administration bislang mit den meisten Schwierigkeiten zu kämpfen gehabt habe. Es zähle, wenn man Osnabrück ausser Betracht lasse, 510 Quadratmeilen und 835 633 Einwohner. Die landesherrlichen Einnahmen betrügen 7 833 040 Fr. 73, die ständischen 7 266 827 Fr. 64, das gesamte öffentliche Einkommen mithin 15 099 868 Fr. 37. Dem stehe eine

---
[1]) Bericht Grotes, Warschau 20. Februar.
[2]) Exekutivkommission an Lasalcette, 16. Februar 1807. Landesdeputations-Kollegium an Grote, 3. April.

Ausgabe von 10 743 746 Fr. 58 gegenüber; wovon auf den Landesherren 6 447 814 Fr. 14 und auf die Stände 4 295 932 Fr. 44 entfielen[1]). Es sei demnach ein ziemlich grosser Überschuss, fast eine Million Thaler jährlich, vorhanden. Doch versichere man in Hannover, dass auch dieser durch Besoldungen, Pensionen, Meliorationen und Akte öffentlicher Munificenz nahezu ganz absorbiert werde. Daraus ergebe sich, dass in den Friedenszeiten in den Kurstaaten keine grossen Schätze aufgehäuft und auch keine Gelder ausser Landes gegangen sein könnten. Nur wenn die Söhne des Königs von England sich in Hannover eingefunden hätten, sei der etwa vorhandene Überschuss der Einnahme zu deren Unterhalt verwandt worden.

In der letzten Zeit hätten sich nun die Einkünfte des Landes sehr gemindert, denn es sei von den Domanialpächtern während der ersten französischen Okkupation eine Vorausbezahlung der Pachtgelder auf zwei Jahre verlangt worden, wodurch jetzt ein erheblicher Ausfall entstehe. In den Forsten seien während derselben Zeit ausserordentliche Hauungen im Werte von zwei Millionen Francs vorgenommen, was die Forsteinkünfte gleichfalls mindern müsse. Die Zollintraden brächten seit der Sperrung der Weser und Elbe bloss den dritten Teil des früheren Ertrages ein, und das Postwesen werfe kaum noch einen Überschuss ab. In dieser Weise seien die öffentlichen Einkünfte auf angeblich neun Millionen Francs herabgesunken. — Auch seien die Hilfskräfte des Landes durch die erste französische Okkupation sehr erschöpft worden. Die Kosten, welche den öffentlichen und städtischen Kassen durch die letztere erwachsen seien, würden auf 67 230 009 Fr. angegeben. Diese Angabe möge etwas übertrieben sein; doch hätten die Stände während der Okkupationszeit ihre Schulden um 22 Millionen Francs erhöhen müssen. Die gesamte öffentliche Landesschuld betrage jetzt 48 Millionen; davon entfalle ein Viertel auf den Landesherrn und drei Viertel auf die Stände.

Daru kommt nunmehr auf die Kriegskontribution und das monatliche Aversionalquantum zu reden. Die Anerbietungen der hannoverschen Stände, erklärt er, seien ungenügend. Es frage sich, was eine französische Administration aus dem Lande ziehen könne. Auf dem Wege der Steuern lasse sich die Kriegskontribution nicht beitreiben, da die hannoverschen Behörden ihre Mitwirkung dazu ausdrücklich verweigerten. Die Vornahme der Steuerrepartition durch französische Beamte aber sei nicht thunlich. Denn es mangele diesen gänzlich an den erforderlichen Ortskenntnissen, so dass die

---

[1]) Mit den 4 295 932 Fr. 44 kann nur der Beitrag der Stände an die landesherrlichen Kassen gemeint sein.

Veranlagung der Kontribution sehr willkürlich ausfallen würde, und deren Erhebung nur mit militärischer Macht erfolgen könne. — Ebensowenig lasse sich die Summe von 9,1 Millionen Francs durch Anleihen aufbringen, da die hannoverschen Stände steif und fest dabei blieben, dass sie nicht mehr den geringsten Kredit fänden. Auch sei keine Aussicht vorhanden, die Stände zur Nachgiebigkeit zu bringen. Die Anwesenheit der fünf hannoverschen Minister, von denen drei zu Hannover, einer zu Celle und der fünfte zu Stade sich aufhielten, könne die Schwierigkeiten, mit denen man gegenüber den hannoverschen Behörden zu kämpfen habe, nur vermehren. Mit der Drohung diese aufzulösen habe man es bereits versucht, ohne dass es Eindruck hervorgebracht hätte. Löse man die Stände und die Domänenkammer wirklich auf, so werde man in die Notwendigkeit versetzt, eine verwickelte und unbekannte Administration selbst zu übernehmen [1]). Hiermit seien aber so schwere Nachteile verknüpft, dass er die Erhaltung jener Behörden für durchaus geboten halten müsse.

Auf Grund dieser Erwägungen schlägt der Generalintendant dem Kaiser vor, von den ursprünglichen Forderungen so viel nachzulassen, dass die Stände ausser der Kriegskontribution vom 1. Januar 1807 ab monatlich nur 600 000 Fr. zahlen sollten, von denen jedoch die zur Unterhaltung des französischen Militärs zu liefernden Naturalien nicht abgerechnet werden dürften. Vielleicht lasse sich ausserdem durch ausserordentliche Hauungen in den landesherrlichen Forsten eine Einnahme von zwei Millionen Francs erzielen. Zusammen mit der monatlichen Kontribution würde das pro 1807 9,2 Millionen Francs ergeben.

Daru übersandte eine Kopie des Rapports am 19. März an den Intendanten Belleville. Dieser war unvorsichtig genug, sie dem Landesdeputations-Kollegium mitzuteilen. Das letztere konnte durch die so deutlich ausgesprochene Abneigung des Generalintendanten gegen die Auflösung der Stände und die Einführung einer französischen Verwaltung in seiner Widersetzlichkeit nur bestärkt werden. Es richtete am 3. April ein Schreiben an den Landrat Grote, worin die Erklärung abgegeben ward, es sei ganz unmöglich, auf den Plan Darus in seinem ganzen Umfange einzugehen. Bei dem Anerbieten von 600 000 Fr. habe man sich durchaus auf fünf Monate beschränken müssen, weil man schon dahin nicht anders gelangen könne, als indem man in ausgedehntem Umfange zu ausserordentlichen Mitteln, wie zur Ausschreibung von Kriegssteuern, zur

---

[1]) „De saisir tous les fils d'une administration compliquée et peu connue."

Suspension vieler regulären Ausgaben u. s. w. greife. Der von Daru vorgeschlagene Holzhieb könne aus dem Grunde nicht eintreten, weil ein solcher bereits unter den Massregeln begriffen sei, mit welchen die Kammer ihren Anteil an den 600 000 Fr. aufzubringen habe. Auch könne man sich von einem Holzschlage keinen pekuniären Erfolg versprechen, da in der gegenwärtigen Jahreszeit bloss Feuerholz geschlagen werde. Schiffsbauholz werde bei der Seesperre überhaupt nicht ausgeführt; auch setze der allgemeine Geldmangel die Einwohner ausser stand, beträchtliche Ankäufe zu machen.

Weiter erklärte das Landesdeputations-Kollegium, unbedingt an der Forderung festhalten zu müssen, dass die an die französische Armee gelieferten und ferner zu liefernden Verpflegungs- und sonstigen Bedarfsartikel von der monatlichen Abonnementssumme abgerechnet würden. Denn die geographische Lage der Kurlande bringe es mit sich, dass die Strassen, welche zum Kriegsschauplatze im Osten führten, zum grossen Teile durch Hannover hindurch gingen, so dass die Truppendurchzüge und Militärtransporte ununterbrochen fortdauerten. Auch sei das Land von den Verfügungen sechs verschiedener französischer Behörden abhängig. Um von Lasalcette abzusehen, so verlege der in den Hansestädten kommandierende Marschall Brune seine Truppen nach Gutdünken in die hannoverschen Provinzen. Marschall Mortier dirigiere die zu seinem Armeekorps in Mecklenburg und Pommern stossenden Heeresabteilungen über die Schiffsbrücke bei Artlenburg und veranlasse durch die Unterhaltung dieses Werkes, welche dem Lande zur Last falle, grosse Ausgaben. Mit der grössten Willkür verführen der Kommandant von Hameln, General Dorsner, und der dortige Kriegskommissar Teillard bei der Verproviantierung dieser Festung. Teillard dringe auf ein Approvisionement, das Millionen koste, und verlange unter anderem ausser der beständigen Verpflegung von 6000 Kranken die Anlage eines Belagerungshospitals für 12 000 Mann, das 200 000 Francs erfordere. Ferner würden von Erfurt aus durch den Kriegskommissar Lemarquant zum Zweck der Bildung von Magazinen unaufhörlich Requisitionen an die hannoverschen Behörden gerichtet, denen man allerdings bis jetzt sich erfolgreich widersetzt habe. Endlich verursachten auch die über Elbingerode am Harz gehende Etappenroute und die Verlegung französischer Truppen aus Ellrich und Umgegend in das Hohnsteinsche erhebliche Kosten. — Wie hoch dies alles dem hannoverschen Lande zu stehen komme, möge man daraus entnehmen, dass seit dem Einmarsche der französischen Truppen für den Dienst der Armee 304 438 Thaler verwandt worden seien. Falls die Abrechnung solcher ungeheuren Prästationen von dem

Aversionalquantum nicht zugestanden werde, würden in wenigen Monaten aus Mangel an Geld alle Lieferungen für die französische Armee von selbst aufhören müssen. Des langen Schreibens kurzer Sinn war der, dass die Stände sich entschieden weigerten, auch nur einen Schritt über ihr letztes Angebot hinauszugehen.

Es hätte dieser Widerspenstigkeit wohl nicht einmal bedurft, um Napoleon zu bestimmen, den Vorstellungen der Hannoveraner kein Gehör zu geben. Schon am 23. März 1807 hatte der französische Kaiser an Daru geschrieben, er solle den ständischen Deputierten (Grote) mit dem Bescheide, dass die Hannoveraner alles bezahlen müssten, nach Hause zurückschicken. Die hannoverschen Minister möge Daru verhaften und aus dem Lande jagen lassen. Zum Schlusse hiess es in dem Schreiben: „Machen Sie den Ständen begreiflich, dass man, wenn sie nicht gutwillig bezahlen, demnächst ausserordentliche Massregeln ergreifen wird, um sie zur Zahlung zu zwingen" [1]). Die auf eine Herabminderung der französischen Forderungen abzielenden Anträge des Generalintendanten waren somit von Napoleon gänzlich abgewiesen.

Demgemäss teilte Daru dem Landrat von Grote zu Anfang April mit, dass Napoleon nicht für gut befunden habe, auf die hannoverschen Vorstellungen hin seine ersten Befehle zu widerrufen. Im gleichen Sinne erklärte der Intendant Belleville der Exekutivkommission am 7. April, die Reklamationen wegen des Aversionalquantums seien erfolglos geblieben. Der Kaiser beharre darauf, dass seine ersten Befehle ausgeführt würden und verlange, dass die Zahlung der wöchentlichen 300 000 Francs vom 1. December 1806 ab ihren Anfang nehme. Der hannoverschen Nation werde der ihr innewohnende „gute Geist" [2]) sagen, dass Napoleon, welcher den Ständen ihre Administration, den Einwohnern ihre Ruhe, ihre Gesetze und ihre Behörden lasse, das Recht habe, von dem Lande Opfer zu verlangen, die sowohl durch die Pflicht der Dankbarkeit als durch das eigene Interesse der Hannoveraner geboten würden.

Was den Befehl Napoleons, die fünf hannoverschen Minister aus den Kurlanden auszuweisen, betrifft, so nahm Belleville es auf sich, die Härte desselben zu mildern. Er urteilte, dass die Herren von der Wense und von Hake von diesem Gebote überhaupt nicht getroffen werden könnten, da sie sich in der Ausübung „einer wirklichen, für das Land nicht zu entbehrenden Amtsverrichtung befänden" [3]).

---

[1]) Correspondance XIV, 504 f.
[2]) „le bon esprit".
[3]) von der Wense war bekanntlich Präsident des Ober-Appellationsgerichts zu Celle; von Hake Chef der Kriegskanzlei und der Regierung zu Stade.

Daher teilte er den kaiserlichen Willen nur den drei übrigen Ministern: von der Decken, von Bremer und von Grote mit. Gegen den erstgenannten Herrn liess sich der französische Intendant aus, er sehe wohl ein, dass dessen wankende Gesundheit den Antritt einer Reise nicht erlaube, er möge darum bis auf weiteres in Hannover verbleiben. Den Ministern von Bremer und von Grote eröffnete Belleville, er vermute, dass sie sich auf ihre — wie er wohl wusste, in den hannoverschen Landen belegenen — Güter begeben würden[1]). Dem entsprechend blieb von der Decken ruhig in der Hauptstadt zurück, während von Bremer und von Grote für eine Zeit lang in das Exil nach ihren Besitzungen im Bremischen und Göttingischen gingen. Später finden wir auch den Minister von Bremer wieder in Hannover.

Um auf die Verhandlungen über das Aversionalquantum zurückzukommen, so beruhigte sich das Landesdeputations-Kollegium durchaus nicht bei dem Bescheide vom 7. April[2]), sondern übersandte sofort eine neue Vorstellung (8. April). Das Kollegium wiederholte in derselben die frühere Behauptung, dass es schlechterdings unmöglich sei, monatlich 1 200 000 Fr. zu zahlen. Zur Begründung des Unvermögens führte man dieses Mal an, man sei keineswegs in der Lage, alle Einkünfte des Landes in die Kasse des „Receveur des contributions" abzuliefern. Vielmehr werde ein grosser Teil der öffentlichen Einnahmen notwendigerweise durch die Verpflegung der französischen Truppen und durch mannigfache Lieferungen für den Dienst der Armee absorbiert. Bislang sei es nicht einmal gelungen, die Bedürfnisse der Armee sämtlich zu befriedigen. In den vier Monaten vom December 1806 bis zum März 1807 habe man zu solchem Zwecke 1 359 170 Fr. verausgabt, und doch seien noch 759 501 Fr. rückständig. Auch könnten die Landesbehörden sich nicht der Pflicht entziehen, die Zinsen der Staatsschuld, die Gehälter und Pensionen der Beamten und des verabschiedeten hannoverschen Militärs, die Kosten der Justiz, der Polizei und der übrigen Zweige der öffentlichen Verwaltung zu zahlen. Man habe zu viel Vertrauen auf die Gerechtigkeit der französischen Regierung, als dass man fürchten sollte, sie würde die Verwendung eines Teils der Staatseinkünfte zu so geheiligten Zwecken untersagen. Woher denn nun die monatlichen 1 200 000 Fr. nehmen[3])?

Allmählich sahen die hannoverschen Stände aber doch ein, dass es geraten sei, wenigstens etwas mehr zu bieten, als bislang geschehen war. Am 22. April erklärte das Landesdeputations-Kollegium

---
[1]) Promemoria des Ministeriums vom 8. April 1807.
[2]) S. S. 201.
[3]) Landesdeputations-Kollegium an Belleville, 8. April 1807.

in einem Schreiben an Belleville, es wolle sich verbindlich machen, vom 1. April ab sechs Monate hindurch je 600000 Fr. zu liefern. An der Voraussetzung, dass die Kriegskontribution erlassen werde, dass alle Geldsummen in Abrechnung kämen, welche seit jenem Zeitpunkte aus öffentlichen Kassen für die französische Armee verwandt seien und fernerhin verwandt würden, und dass den Landesbehörden die freie Disposition über sämtliche Einkünfte des Kurfürstentums verbleibe, hielt man aber auch jetzt fest. Dagegen erbot das Kollegium sich, den von Daru geforderten Holzhieb im Werte von zwei Millionen Francs mit einer Million Francs (!) in Wechseln abzukaufen. Zu diesem Zwecke überlieferte die hannoversche Behörde dem französischen Intendanten zehn Wechsel über je 100000 Francs, welche nach und nach eingelöst werden sollten.

Belleville entgegnete am 28. April, Daru habe ihm unter dem 17. geschrieben, es sei der ausgesprochene Wille Napoleons, dass von den monatlich zu zahlenden 1200000 Fr. nicht das Geringste zur Verpflegung des im Hannoverschen liegenden französischen Militärs verwandt werden solle; vielmehr sollten die Soldaten allein von den Unterthanen beköstigt und unterhalten werden[1]). Die Deklaration der Stände vom 22. April müsse demnach als gänzlich verworfen angesehen werden. Was den ausserordentlichen Holzschlag betreffe, so solle er doch zwei Millionen Francs, nicht eine Million bringen; die Stände müssten also die zweite Million in Wechseln nachliefern.

Das Deputationskollegium versuchte es darauf noch einmal mit mündlichen und schriftlichen Vorstellungen. In der neuen Eingabe an Belleville (29. April) war ausgeführt, wenn es bei der ursprünglichen Höhe des Aversionalquantums verbleiben sollte, so würden für die Zeit vom 1. December bis zum gegenwärtigen Augenblicke bereits 6300000 Fr. zu zahlen sein. Davon habe Grozier de Vaux vorläufig bloss 750000 Fr. erhalten, so dass ein Arriéré von 5550000 Fr. vorhanden sei, eine Summe, die sich nun und nimmer aus dem Hannoverschen würde herauspressen lassen. — Im weiteren Verlaufe der Vorstellung entwarf die hannoversche Behörde eine klägliche und ohne Zweifel sehr übertriebene Schilderung von der traurigen Lage des Landes. Es gebe Dörfer, hiess es u. a., wo kein Stück Brot vorhanden sei, und wo die Einwohner froh seien, wenn sie sich durch Fischfang in den Flüssen vor dem Hungertode

---

[1]) Napoleon an Daru, 15. April 1807: „Je n'entends payer aucune subsistance pour le 8. corps d'armée. Il occupe des cantonnements riches, où les paysans peuvent le nourrir sans argent. Correspondance XV, 70.

retten könnten¹). Der Preis des Getreides sei gegen früher auf den dritten Teil herabgesunken, nicht weil dieses im Überfluss vorhanden sei, sondern weil es an Geld mangele. Vor dem Kriege sei die Bevölkerung Hannovers auf 835 000 Seelen geschätzt; die neuerlichen Listen ergäben bloss 720 000 Einwohner²). Die Zahl der im letzten Jahre Verstorbenen übersteige die Durchschnittsziffer um 7755 Tote. Diese Vorstellung wurde von den französischen Behörden einfach ignoriert. Sie waren es müde geworden, die Eingaben der Stände, welche ihnen nur den Zweck der Verschleppung zu haben schienen, zu beantworten. Auf hannoverscher Seite glaubte man aber, oder gab wenigstens vor zu glauben, dass die Franzosen endlich in ihren Forderungen nachgelassen hätten. Man wurde in solcher Meinung durch ein Schreiben des Generalintendanten vom 11. April bestärkt, in welchem von der „prestation mensuelle" von 600 000 Fr., welche der Kaiser erwarte, die Rede war. Es handelte sich aber, wie Belleville der Exekutivkommission am 28. April mitteilte, hierbei um einen Schreibfehler des Kopisten. Gleichwohl schrieb die Kommission am 4. Mai ganz unbefangen an den Intendanten, man habe die eingegangene Verpflichtung 600 000 Fr. monatlich zu zahlen für den April nicht nur vollkommen erfüllt, sondern noch 446 075 Fr. über diese Summe hinaus bezahlt. Hierauf erwiderte Belleville (5. Mai), man habe doch monatlich 1 200 000 Fr. und nicht 600 000 Fr. zu zahlen, und zwar vom 1. December 1806 ab. Auch dürften, wie schon wiederholt erklärt sei, die Lieferungen für die französische Armee nicht abgerechnet werden. Da nun im Laufe des April nur 200 000 Fr. in die Kasse des Kontributionseinnehmers geflossen seien, so seien die Stände, weit entfernt mit der Zahlung voraus zu sein, im Gegenteil allein für den genannten Monat mit einer Million Francs im Rückstande. Er (der Intendant) wolle das Schreiben der Kommission bloss als eine Auskunft über die geleisteten Zahlungen ansehen. Denn, wenn er es dem Generalintendanten Daru übermitteln wollte, so würde dieser in demselben nur Trotz und Eigenwillen erblicken können. Ein solches hartnäckiges Festhalten an längst abgelehnten Vorschlägen sei weder geziemend noch respektvoll und werde unausbleiblich böse Folgen haben³).

---

¹) „de pêcher un petit poisson dans les rivières pour se nourrir".
²) Man wird gut thun, diese und ähnliche Behauptungen der hannoverschen Behörden mit der grössten Vorsicht aufzunehmen. Sie scheuten vor Übertreibungen und Unwahrheiten um des guten Zweckes willen nicht zurück.
³) Dass Napoleon zeitweise entschlossen gewesen sei, sich mit 600 000 Fr. zu begnügen, wie man aus einer Ordre Napoleons an Daru (Correspondance XV, 296)

Wir müssen hier auf verschiedene Massregeln zurückgreifen, welche von den französischen Machthabern in den Kurlanden nach erfolgter Besetzung getroffen worden waren. Bereits im Anfang des Decembermonats (1806) hatte Marschall Mortier an die Exekutivkommission die Weisung ergehen lassen, bei der Verwaltung der öffentlichen Gelder sei überall die strengste Sparsamkeit zu beobachten, da man demnächst genaue Rechenschaft abzulegen haben werde. Auf die etwa fälligen Besoldungen der Staatsdienerschaft dürfe darum nur eine Abschlagszahlung entrichtet werden, und zwar nicht an alle Beamten, sondern nur an solche, welche dessen dringend bedürftig seien. Ausser Landes befindliche Staatsdiener sollten ganz übergangen werden. Gleichfalls seien dem hannoverschen Militär bloss abschlägliche Zahlungen auf die Gagen und Pensionen zu leisten. Gänzlich unterbleiben müsse die Auszahlung der Pensionen an Civilbediente. Die Zinsen der öffentlichen Schuld endlich dürften nur so weit berichtigt werden, als sie nicht dem englischen Könige zuständen.

Mortier kam mit dieser Verfügung dem ausdrücklichen Befehle Napoleons nach, welcher ihm am 5. November 1806 geschrieben hatte: „Richten Sie Ihre ganze Aufmerksamkeit darauf, dass die Staatseinkünfte nicht verschleudert werden, und dass alles in grösster Ordnung zugeht. Ich werde keinerlei Verschleuderung dulden, alle Hilfskräfte des Landes müssen der Armee dienstbar gemacht werden" [1]).

hat schliessen wollen (vgl. Goecke, Das Königreich Westfalen S. 29), halte ich nicht für wahrscheinlich. Jene Ordre enthält bloss den Befehl, die von den Ständen gebotene monatliche Summe von 600000 Fr. sofort beizutreiben. Übrigens trägt die betreffende Note einen unfertigen Charakter, insofern bei der Aufzählung der Titel, welche Hannover gezahlt haben sollte, die Zahlen nicht ausgefüllt sind. Goeckes Meinung, Napoleon habe das Total der von Hannover gezahlten Summen = 0 gezogen, ist ohne Zweifel falsch. Das Datum der Ordre fehlt gleichfalls; der 30. Mai wird vom Herausgeber der „Correspondance" nur als „date présumée" bezeichnet. Wir haben es demnach bei der Ordre wohl nur mit einem Entwurfe zu thun, der von Napoleon nicht vollzogen worden ist.

Bei dieser Gelegenheit sei erwähnt, dass die Angaben Goeckes über die französischen Forderungen in Hannover von Irrtümern strotzen. Goecke verwechselt zunächst das Aversionalquantum und die Kriegskontribution. Dass das erstere bei der „Bevölkerung" auf grossen Widerstand gestossen sei, ist nicht richtig; man kann dies höchstens von den hannoverschen Behörden sagen. Ganz falsch ist die Angabe, von der ausserordentlichen Kriegssteuer von 9,1 Millionen Francs habe Goslar allein 200000, Hildesheim 100000 Fr. zahlen sollen. Weder Goslar noch Hildesheim gehörten damals zu Hannover. Falsch ist auch die Behauptung, der General Lasalcette habe die enorme Gesamtforderung noch auf 13½ Millionen hinaufgeschraubt. Die wahre Sachlage ergiebt sich aus unserer Darstellung.

[1]) Correspondance XIII, 481.

Am 21. Januar 1807 übersandte Belleville der Exekutivkommission ein kaiserliches Dekret vom 13. November 1806, welches die Bestimmung enthielt, dass die Auszahlung von Besoldungen an die Staatsdienerschaft und von Pensionen an Civil- und Militärpensionärs so lange suspendiert bleiben solle, bis ein namentliches Verzeichnis der Bezugsberechtigten eingereicht und höheren Orts genehmigt worden sei. — Tags darauf lief von dem Generaladministrator Estève aus Berlin die Erlaubnis ein, den Beamten das Gehalt bis zum Ende des verflossenen Jahres auszuzahlen. Vom 1. Januar 1807 ab sollte dagegen eine neue Einrichtung statthaben. Bis zum 15. eines jeden Monats sollten die Provinzialintendanten die Etats der unter ihrer Aufsicht stehenden Dienerschaft an den Generaladministrator einsenden. Dem letzteren kam es zu, die Listen vor Ablauf des Monats zu prüfen und mit seiner Genehmigung versehen zurückzusenden. Erst dann durfte zur Auszahlung geschritten werden.

Am 25. Januar verfügte Belleville auf Darus Befehl des weiteren, dass vorläufig alle und jede Zahlungen aus den öffentlichen Kassen eingestellt werden sollten. Daran knüpfte sich die Forderung, die hannoverschen Behörden sollten ihm Tag für Tag ein Verzeichnis über die Einnahme und Ausgabe der Generalkassen [1]) und desgleichen wöchentlich einen Auszug aus den Rechnungen der verschiedenen Provinzialkassen einreichen. Auch wurde vorgeschrieben, die Erhebung der Provinzialeinkünfte und deren Übersendung an die Centralkassen hätten möglichst schleunig von statten zu gehen.

Hannoverscherseits beeilte man sich durchaus nicht, den französischen Befehlen nachzukommen. Am 15. Februar 1807 musste Belleville Klage führen, dass die Kammerkasse seit dem 24. Januar nur höchst geringe und die ständische Generalkasse fast gar keine Einnahmen gehabt habe. — Am 23. Februar beschwerte sich der Intendant von neuem bei der Exekutivkommission, dass in den Provinzialkassen seit dem 24. Januar beträchtliche Summen ohne triftigen Grund zurückgehalten würden. Zu Stade, Lüneburg und anderwärts seien mehr als 60 000 Thaler in Stagnation. Wenn die dortigen Bestände nicht bis zum Ende der Woche eingegangen seien, drohte Belleville, so werde er sie durch Zwangsmittel herbeischaffen lassen. Die hannoversche Kommission erwiderte am 25. Februar, wenn die Provinzialkassen nur schwache Summen an

---

[1] An solchen Generalkassen gab es damals: 1) Die Kammerkasse. Mit dieser war bei Beginn der Okkupation die im Jahre 1801 von ihr abgezweigte und dem Ministerium unterstellte „Generalkasse" wieder verbunden worden. 2) Die Kriegskasse. 3) Die der Exekutivkommission und dem Landesdeputations-Kollegium unterstehende ständische Generalkasse.

die Centrallandeskassen ablieferten, so liege das daran, dass der Dienst der Armee, die Zinsen der öffentlichen Schuld und die unumgänglich notwendigen Kosten der Verwaltung die ordinären Einnahmen verzehrten.

Aus dieser Antwort ergiebt sich zur Genüge, dass die hannoverschen Behörden keineswegs der Weisung, alle Zahlungen für die heimische Verwaltung einzustellen und die dadurch freiwerdenden Einnahmen an den „Receveur des contributions" abzuliefern, gehorsam waren. Dies gilt nicht bloss von den Provinzialbehörden, sondern auch von der Regierung, der Kriegskanzlei, der Kammer u. s. w. Aus der Kammerkasse sind im Januar 1807 an den Receveur de Vaux 43 956 ℳ abgeliefert und daneben für das französische Militär 1634 ℳ verausgabt worden. Dagegen wurden während dieses Zeitraumes aus derselben Kasse 86 955 ℳ, also nahezu die doppelte Summe, auf die heimische Administration verwandt. In den folgenden Monaten wiederholte sich das gleiche Spiel.

Allerdings war Belleville menschenfreundlich genug, den Befehl, dass alle Zahlungen für die hannoversche Verwaltung eingestellt werden sollten, nicht in seiner ganzen Härte auszuführen. Vielmehr hatte er am 29. Januar auf seine Verantwortung hin die Erlaubnis erteilt, eine nicht unbeträchtliche Summe zur Bestreitung der dringendsten Bedürfnisse der hannoverschen Administration zu verwenden. Die Bewilligung erstreckte sich auf die Unterhaltungskosten der Hospitäler und Gefängnisse, auf die durchaus erforderlichen Reparaturen an Deichen, Strassen und öffentlichen Gebäuden, auf das Unterrichtswesen, die Zinsen der Staatsschuld, die den Armeelieferanten geschuldeten Rückstände und endlich auf Besoldungen und Pensionen einschliesslich des rückständigen Soldes der hannoverschen Armee. Dabei stellte der französische Intendant nur die Bedingung (3. Februar), die Auszahlung von Besoldungen und Pensionen dürfe nicht etwa in der Weise geschehen, dass ein jeder Beamte einen verhältnismässigen Teil seiner Bezüge empfange, sondern es sollte lediglich an solche Staatsdiener eine Abschlagszahlung geleistet werden, die sich in dringender Notlage befänden. — Als dann gegen Ende Februar die den hannoverschen Behörden zur Verfügung gestellten Fonds erschöpft waren, bewilligte Belleville wiederum 50 000 Fr.[1]). In Hannover aber war man hiermit noch nicht zufrieden. Das Kammerkollegium allein gab (25. Februar) seinen wöchentlichen Bedarf für die notwendigsten Ausgaben auf 5500 ℳ an. Schon am 5. März suchte die Exekutivkommission um

---

[1]) Belleville an Exekutivkommission, 28. Februar.

anderweitige 50 000 Fr. für die Kammer und um 10 000 ₰ für die Kriegskanzlei nach. Dies Ansinnen musste Belleville freilich abschlagen[1]). Doch verfügte er unter dem 10. März, dass die Justizbeamten für das erste Quartal 1807 ihre gewöhnliche Besoldung erhalten sollten, da die Rechtspflege nicht unterbrochen werden dürfe. Ebenso gestattete der Intendant, dass die Zahlungen an die Universität Göttingen in dem hergebrachten Umfange fortgesetzt würden.

Am 25. März ging Belleville den Generaladministrator Estève um die Erlaubnis an, jetzt, wo die verlangten Generaletats in dessen Händen seien, wenigstens die Hälfte der Besoldungen für das erste Quartal 1807 anweisen zu dürfen[2]). Die Genehmigung ward indessen von Estève verweigert. So sah Belleville sich genötigt, der Exekutivkommission anzukündigen (15. April): so lange Hoffnung auf das Zustandekommen des „abonnement mensuel" gewesen sei, habe man einige Nachsicht geübt. Seit aber die Verhandlungen gescheitert seien, könne davon laut höheren Befehls keine Rede mehr sein. Von nun an müsse eine jede Ausgabe unterbleiben, die nicht ausdrücklich genehmigt worden sei. Alle bisherigen Autorisationen seien als nicht gegeben anzusehen. Hinfort dürften die öffentlichen Einkünfte, ordinäre sowohl als auch extraordinäre, nur noch zu der Herbeischaffung der monatlichen 1 200 000 Fr. und zum Unterhalte der französischen Armee verwandt werden[3]). Belleville wollte hiermit nicht die Zahlungen für die hannoversche Verwaltung ganz und gar verboten haben; er verlangte aber, dass in einem jeden einzelnen Falle zuvor seine Erlaubnis eingeholt werde. Man glaube nicht, dass die hannoverschen Behörden das Verlangen des Intendanten erfüllt hätten. Ende Mai hielt der letztere der Exekutivkommission vor, dass seinem ausdrücklichen Befehle entgegen aus der Kammerkasse Gehälter und Pensionen an die Beamten der Hofdepartements ausgezahlt würden. Ein Gleiches geschah ohne Zweifel auch bei den übrigen Centralkassen. Die Provinzialstände vollends verwandten einen grossen Teil der ordinären Steuereinkünfte ganz nach ihrem Gutdünken, ohne sich an die Befehle Bellevilles zu kehren. Begünstigt wurde dies dadurch, dass die Landschaften ja nur einen Teil ihrer Einkünfte an die herrschaftlichen Kassen abzuliefern hatten, über die Verwendung des anderen Teils aber von jeher unbeschränkt und ohne jede Kontrole der landesherrlichen Behörden zu disponieren pflegten. — Am 9. Juli

[1]) Belleville an Exekutivkommission, 6. März.
[2]) Belleville an Kammerkollegium, 25. März.
[3]) Am 28. April wurde, wie schon erwähnt (vgl. S. 203), auch die Verwendung der öffentlichen Einkünfte zur Verpflegung der französischen Truppen untersagt.

musste Belleville von neuem über den Ungehorsam der Stände Beschwerde führen. In gereizten Worten wiederholte er bei dieser Gelegenheit das Verbot, dass weder Zinsen noch Gehälter und Pensionen ohne seine expresse Genehmigung ausgezahlt werden sollten, selbst wenn es sich um die geringfügigsten Summen handele [1]). — Kassenbeamte, welche sich in Zukunft solche eigenmächtigen Zahlungen zu schulden kommen lassen würden, drohte der französische Intendant, sollten sofort ihrer Stelle entsetzt und als „dilapidateurs des revenus de Sa Majesté l'Empereur" bestraft werden.

Nun musste das Landesdeputations-Kollegium sich wohl dazu bequemen, den Provinzialständen die Suspension der Zahlungen für die heimische Verwaltung, welche den meisten landschaftlichen Behörden bis dahin nicht einmal mitgeteilt war, einzuschärfen. Aber man brachte es auch jetzt noch fertig, die Befehle des Intendanten zu umgehen. Die Handhabe dazu musste das Bellevillesche Schreiben vom 9. Juli selbst bieten. In einer Plenarsitzung vom 10. Juli, in welcher dasselbe erörtert wurde, beschloss das Landesdeputations-Kollegium, das Verbot der Auszahlung von Pensionen lediglich auf die Militärpensionen, nicht aber auf die Pensionen der Civildienerschaft zu beziehen [2]). An dieser — natürlich falschen — Auslegung hielt man mit Hartnäckigkeit fest. Noch drei Wochen später behauptete der Geheime Kabinettsrat E. Brandes im Schosse des Kollegiums, dass Belleville bei seinem letzten Verbote ausser den Zinsen nur die Pensionen und Gagen des Militärs, nicht aber die Civilbesoldungen gemeint habe [3]), und gründete darauf den Antrag, „dass man hinfüro über alle solche Zahlungen aus den landschaftlichen Kassen, welche nicht ausdrücklich untersagt wären, keine Anfragen thun, sondern solche wie bisher kontinuieren lassen möge". Der Antrag ward einstimmig genehmigt.

Kaum bedarf es der Erwähnung, dass die Zahlungen aus den Landeskassen für die Verpflegung der französischen Truppen fortgesetzt wurden, obwohl auch sie am 28. April durch den Intendanten untersagt worden waren [4]).

[1]) „de ne payer aucune position d'intérêt, de pension et de traitement de militaires sans un ordre exprès et nominatif."
[2]) Protokoll der Sitzung des Landesdeputations-Kollegiums vom 10. Juli.
[3] Der Wortlaut des Belleville'schen Schreibens vom 9. Juli (vgl. Anm. 1) lässt allerdings eine solche Auslegung zu. Den hannoverschen Behörden war aber aus den früheren Erklärungen des französischen Intendanten sehr wohl bekannt, dass dieser alle Zahlungen ohne Ausnahme eingestellt wissen wollte. Wir haben hier wieder eine Probe davon, wie geschickt jene es verstanden, die Befehle der französischen Machthaber zu verdrehen und illusorisch zu machen.
[4]) Vgl. S. 203.

Nicht weniger Widersetzlichkeit legten die hannoverschen Behörden, insbesondere die Stände, bei den Verhandlungen über die Massregeln an den Tag, vermittelst deren die Kriegskontribution und das Aversionalquantum aufgebracht werden sollten. Da die Stände keinen Kredit mehr hatten oder doch nicht zu haben behaupteten, musste die Deckung in erster Linie durch ausserordentliche Steuern geschehen. Belleville hatte denn auch frühzeitig auf die Anlage von Extrasteuern gedrungen. Wie die französischen Befehlshaber während der ersten Okkupation, so wünschte auch er, dass die höheren Volksklassen besonders herangezogen würden, und empfahl zu solchem Zwecke die Einführung von Mobiliar- und Luxussteuern. Scheinbar auf seine Intentionen eingehend, gab das Landesdeputations-Kollegium ihm unter dem 8. April die Absicht kund, die adlig-freien Güter nicht zu verschonen, und namentlich die Besoldungen, Pensionen und Zinsen zu der Steuer heranzuziehen. Ernst gemeint war das kaum: die letztgenannten Gegenstände führte das Kollegium wohl nur aus dem Grunde an, um ein Argument gegen die Suspension der Gehälter etc. zu gewinnen. Wie könne man, so fragte es den Intendanten, ein Objekt besteuern, welches in dem gleichen Augenblicke vernichtet werde?

Dass die Landschaften bei den im April 1807 zunächst auf sechs Monate ausgeschriebenen Kriegssteuern das Hauptgewicht auf die besser situierten Klassen der Bevölkerung gelegt hätten, lässt sich nicht behaupten. In allen wesentlichen Bestimmungen ward auf die Kriegssteuern der Jahre 1803—1805 zurückgegriffen[1]). So schloss sich das calenbergische Steuerausschreiben vom 15. April fast Wort für Wort an die Auflage vom 15. Juli 1803 an. Nur ward die neue Steuer auch auf die Equipagen ausgedehnt, für deren jede 30 ₰ erlegt werden sollten[2]). — Im Lüneburgischen wurde der am 13. April 1807 verordneten Kriegssteuer das Ausschreiben vom 20. Juli 1803 zu Grunde gelegt, nur dass eine Verdreifachung der früheren Ansätze stattfand. Auch im Herzogtume Lauenburg wurden die Sätze der zu Beginn der ersten französischen Okkupation angelegten Steuer verdreifacht. Im Hoyaschen ward den ritterschaftlichen Gütern und den der Klassensteuer unterworfenen Personen das Zweifache des bisherigen Betrages, den „Pflichtigen" aber ein „Triplum contributionis extraordinarium" auferlegt.

[1]) Vgl. die Ausführungen über die Kriegssteuern der Jahre 1803—1805, S. 98 ff.
[2]) Dies hatte den Erfolg, dass die Zahl der Equipagen in der Hauptstadt des Kurfürstentums sich rasch auf den vierten Teil verminderte. Gouvernementskommission an Belleville, 13. November 1809.

Den mutmasslichen Ertrag der ausserordentlichen Kriegssteuer gaben die verschiedenen Provinzialstände folgendermassen an:

Calenberg-Grubenhagen	auf 96 000	ℳ
Lüneburg	. 96 000	.
Bremen-Verden	„ 36 000	.
Lauenburg	. 11 000	.
Hoya	. 45 000	.
Hadeln	. 10 265	.
	Sa. 294 265	ℳ

Das thatsächliche Ergebnis war in:

Calenberg-Grubenhagen	70 763	ℳ	18	mgr	7 ₰
Lüneburg	122 819	„	20	„	— .
Bremen-Verden	34 411	.	26	.	6 „
Lauenburg	17 050	.	9	.	7 .
Hoya	38 198	.	34	.	3 .
Diepholz	4 241	„	3	„	5 „
Hadeln	9 899	.	6	„	4 „
	Sa. 296 984	ℳ	9	mgr [1]).	

Hält man das Resultat mit dem verfassungsmässigen Beitragsfusse zusammen — von je 100 000 ℳ entfielen auf Calenberg-Grubenhagen 34 640 ℳ, Lüneburg 30 183 ℳ, Bremen-Verden 22 304 ℳ, Lauenburg 2132 ℳ, Hoya 8149 ℳ, Hadeln 1257, Diepholz 1331 ℳ [2]) — so ergiebt sich, wie ungleich die Steuern in den verschiedenen Provinzen angelegt waren. Während der Ertrag der Steuer sich im Lüneburgischen nicht unbeträchtlich über die verhältnismässige Quote erhebt, bleibt er im Calenbergischen und Hoyaschen weit hinter derselben zurück. Ein einsichtiger Beamter, der Konsistorialrat und Gerichtsschulze der Stadt Hannover Kaufmann, dem wir später noch begegnen werden, führt diese Thatsache darauf zurück, dass man wahrscheinlich in einer jeden Provinz bei der Anlage der extraordinären Kriegssteuer besondere Zwecke im Auge gehabt und bald mehr bald weniger als „das eigentlich erforderliche Quantum extraordinarium" aufzubringen beabsichtigt habe [3]).

Mit dem von Kaufmann erwähnten „Quantum extraordinarium" hatte es die Bewandtnis, dass laut einer geheimen Vereinbarung des Landesdeputations-Kollegiums mit den Provinzialständen von dem Ertrage der ausserordentlichen Kriegssteuern monatlich eine Summe von 50 000 ℳ an die landschaftliche Generalkasse abgeliefert werden

---

[1]) Promemoria des Konsistorialrats Kaufmann, Hannover 1. März 1808.
[2]) Vgl. S. 98, Anm. 1.
[3]) Promemoria vom 1. März 1808.

musste. Ein ähnliches Abkommen bestand hinsichtlich der gewöhnlichen Steuern. Hier belief das von den verschiedenen Landschaften monatlich zur Generalkasse einzusendende „Quantum ordinarium" sich in der ersten Zeit der französischen Okkupation auf 60 000 ₰. Späterhin wurde es auf 80 000 ₰ erhöht. Wenn nun die ordinären Steuern in der einen oder anderen Provinz mehr einbrachten, als die vereinbarte Quote betrug, so brauchte man nur geringe ausserordentliche Auflagen auszuschreiben. Zu Beginn des Jahres 1810 waren, wie hier erwähnt sei, die Provinzen Calenberg, Hoya, Bremen, Lauenburg und Hadeln mit ihren Zahlungen so weit im voraus, dass die unter dem 31. Januar dieses Jahres für die Monate Januar bis März angeordnete ausserordentliche Kriegssteuer in denselben nicht eingefordert zu werden brauchte. Bis Ende 1809 dürfte allerdings die im April 1807 ausgeschriebene monatliche extraordinäre Kriegssteuer in sämtlichen Provinzen erhoben worden sein, wenn auch nicht überall in der gleichen Höhe. Von Zeit zu Zeit ward sie erneuert. Die Verlängerung erfolgte:

 am 7. Oktober 1807   bis Ende März 1808,
 „ 14. März 1808   „ „ September 1808,
 „ 17. September 1808   „ „ December 1808,
 „ 4. Februar 1809   „ „ März 1809,
 „ 21. März 1809   „ „ April 1809,
 „ 1. Mai 1809   „ „ September 1809,
 „ 21. September 1809   „ „ December 1809,
 „ 31. Januar 1810   „ „ März 1810.

Auch die Naturallieferungen wurden regelmässig fortgesetzt. Insgesamt sind vom Beginn der zweiten französischen Okkupation bis zum Ende des Jahres 1809 neun solcher Lieferungen ausgeschrieben worden. Die volle Ration betrug in der Regel 8 Pfd. Hafer, 10 Pfd. Heu, 10 Pfd. Stroh und 1 Himpten Roggen.

Um auf die im April 1807 ausgeschriebene extraordinäre Kriegssteuer zurückzukommen, so machte Belleville am 14. Mai der Exekutivkommission wegen des geringen, weit hinter seinen Erwartungen zurückbleibenden Ertrages der Steuer Vorwürfe. Nach der ausdrücklichen Erklärung der Stände, führte der Intendant aus, sei doch die ausserordentliche Steuer lediglich dazu bestimmt, das Aversionalquantum mit monatlich 1 200 000 Fr. aufzubringen. Gleichwohl würden die Erträge derselben, wie sich aus den ihm überreichten Etats ergebe, zu Ausgaben verwandt, die sonst mit den Einkünften aus den ordinären Steuern bestritten seien. Bislang sei von den auf die Kriegssteuer eingehenden Geldern noch nicht das Geringste in die Kasse des Receveurs abgeliefert worden. Überhaupt herrsche seit langer Zeit in dem Provinzialkassen- und Rechnungswesen ein undurchdringliches Dunkel. Auch durch die wöchentlich eingereichten Rechnungsextrakte werde man nicht über den Ertrag und die Verwendung der Steuern aufgeklärt. Die Exekutivkommission solle den landschaftlichen Behörden den gemessenen Befehl erteilen, dass die bei den Landrentereien eingehenden Gelder unverzüglich an die ständische Generalkasse abgesandt würden, und dass deren eigenmächtige Verwendung hinfort unterbleibe.

Die Exekutivkommission kam dem Befehle des Intendanten nach, erlaubte sich aber in ihrem Antwortschreiben vom 16. Mai die Bemerkung, die ausserordentliche Steuer sei nicht als eine Vermehrung der zur Disposition der französischen Regierung stehenden Mittel oder als eine neue Geldquelle anzusehen, sondern nur als ein Ersatz für die Mittel, mit denen die Stände bisher die Bedürfnisse der Armee befriedigt hätten, und die jetzt auf jeden Fall fortfallen müssten. Das hiess mit anderen Worten: Die Einkünfte aus den gewöhnlichen Steuern werden dem französischen Gouvernement ganz entzogen. Zur Unterhaltung der Armee dienen hinfort nur die ausserordentlichen Kontributionen. — Natürlich konnte da von dem Ertrage der Kriegssteuer nichts zur Ablieferung an den Receveur übrig bleiben.

Weil der französischen Armeekasse aus der ausserordentlichen Steuer ein nennenswerter Ertrag nicht erwuchs, nahm Belleville auf andere Hülfsquellen Bedacht. Bereits zu Anfang April hatte er die Kammer angewiesen, in den herrschaftlichen Forsten alles Holz fällen zu lassen, wofür man irgend Käufer finden könne. Hannoverscherseits beeilte man sich aber auch hiermit nicht. Vorläufig begnügte man sich damit, Vorstellungen gegen die Vornahme von Holzhauungen einzureichen, in denen namentlich auf den Mangel an Käufern hingewiesen wurde. Dann erklärte man, wie uns bereits bekannt ist [1]), den Holzhieb mit einer Million Francs in Wechseln abkaufen zu wollen, und stellte dem Intendanten zu dem Ende zehn Billets à 100 000 Francs zu. In den ersten Junitagen nahm man aber die Einstellung der Zahlungen für die hannoversche Verwaltung zum Vorwande, um die Einlösung der Billets — es handelte sich noch um 800 000 Francs — zu verweigern. Das Landesdeputations-Kollegium beschloss in einer Sitzung vom 3. Juni, man könne sich weder zur Realisierung jener Verschreibungen, noch zur Ausstellung neuer Wechsel verbindlich machen, indem man die besagten Billets nur in der Voraussetzung ausgestellt habe, dass man solche mit den

---

[1]) S. S. 203.

laufenden Einnahmen, deren Verwendung nun untersagt sei, einlösen
könne. Eine neue finanzielle Massregel brachte Belleville zu Beginn
des Juni in Vorschlag. Er sei überzeugt, schrieb er am 2. Juni
an die Exekutivkommission, dass auf eine höfliche Aufforderung der
Stände hin 500—600 der wohlhabendsten Einwohner sich mit Freuden
würden bereit finden lassen, der Regierung die nötigen Summen
mittelst eines freiwilligen Darlehens vorzustrecken. Sollte eine solche
Aufforderung wider Erwarten resultatlos bleiben, so müsse an Stelle
der Freiwilligkeit Zwang treten. Die hannoverschen Behörden
sollten also eine Liste der reichsten Personen im Lande anfertigen,
deren Vermögen taxieren und ihnen befehlen, ein halbes Jahr hindurch in jedem Monate 500 000 Francs an die Kammerkasse zu
zahlen. Die üblichen Zinsen und die successive Rückzahlung der
Darlehen möchten zugesichert werden; auch sei man französischerseits
bereit, jede gewünschte Garantie zu übernehmen.

Dieser Vorschlag stiess aber sowohl bei der Exekutivkommission
als auch bei dem Landesdeputations-Kollegium auf heftigen Widerstand.
Beide Behörden versagten rundweg ihre Mitwirkung zu einer solchen
Massregel [1]). Belleville antwortete am 5. Juni mit Drohungen. „Eure
Halsstarrigkeit und Eure Weigerungen", schrieb er, „sind nicht mehr
zu entschuldigen. Man wird sie als einen feindseligen Widerstand und
als einen Missbrauch der Schonung, welche Hannover bislang in besonderem Masse erfahren hat, kurz als eine strafbare Undankbarkeit
ansehen und unterdrücken. Sicherlich werden militärische Exekutionen
an die Stelle der erfolglosen Aufforderungen treten".

Jetzt lenkte das Landesdeputations-Kollegium ein. Am 12. Juni
erging „an alle Einwohner des hiesigen Landes, welche sich dazu im stande
befanden, und insonderheit die vermögenderen derselben" die Aufforderung, dass sie „dem bedrängten Vaterlande, so weit ihre noch
übrigen Kräfte reichten, mit zinsbaren Darlehen auf einige Jahre zu
Hülfe kommen möchten"[2]). Der Mindestbetrag eines Darlehens war
auf 100 ℳ festgesetzt. Übrigens war weder die Höhe des Zinsfusses
angegeben, noch von irgend welcher Garantie, dass die Zinsen auch
wirklich ausgezahlt werden sollten, die Rede. Unter diesen Umständen kann es nicht Wunder nehmen, dass das Ausschreiben
keinen Erfolg hatte. Der Gesamtbetrag der eingezahlten Gelder
belief sich auf — 2850 ℳ (!)[3]). — Belleville geriet darüber in

[1]) Exekutivkommission an Belleville, 4. Juni 1807.
[2]) Hannöversche Anzeigen J. 1807, St. 48.
[3]) Aktenstücke der provisorischen oder ersten allgemeinen Ständeversammlung
des Königreichs Hannover IV, 61.

grossen Zorn. In scharfen Worten hielt er am 9. Juli der Exekutivkommission ihr unziemliches Benehmen vor. „Man hat", schrieb er, „sich den Anschein gegeben, als ob man eine Kriegssteuer anlegen wolle, man hat eine Anleihe angekündigt; leere Scheinbilder der Nachgiebigkeit und ein würdiges Seitenstück zu den Versicherungen der Unterwerfung, welche die Stände nicht hindern, beständig nach ihrem eigenen Willen zu thun. Was hat die Kriegssteuer eingebracht? was die Anleihe? Antworten Sie nicht mit Ausflüchten, sondern mit Ziffern und barem Gelde. Es ist die höchste Zeit, dass einem solchen Zustande ein Ende bereitet wird." Zugleich gab Belleville an, er habe den Kaiser von dem fortdauernden Ungehorsam der Stände in Kenntnis gesetzt.

Es konnte nicht fehlen, dass Napoleon über das Benehmen der hannoverschen Stände immer mehr aufgebracht wurde. Mehrfach musste Daru dem Intendanten Belleville Vorwürfe machen, dass Hannover gar nichts bezahle; Vorwürfe, welche der letztere nur in der Weise von sich abwehren konnte, dass er auf die Nutzlosigkeit seiner wiederholten Aufforderungen an die hannoverschen Behörden und auf die hartnäckige Opposition der Stände hinwies.

Am 22. Juli erteilte Napoleon dem Marschall Berthier den Auftrag, sich gelegentlich einer grösseren Inspektionsreise auch nach Hannover zu begeben, dort die Kommission der Stände zu versammeln und ihr zu verkünden, „dass die Zeit der Winkelzüge (tergiversations) vorbei sei, und dass die neun Millionen Kriegskontribution unverzüglich bis auf den letzten Sou bezahlt werden müssten. Von einer Anwesenheit des französischen Marschalls in Hannover ist jedoch nichts bekannt. Hingegen liess Napoleon zu Anfang August dem Intendanten Belleville durch Daru mitteilen, er solle die Stände einberufen und von ihnen die sofortige Berichtigung des ganzen Rückstandes fordern. Es sei sein (Napoleons) fester und unwiderruflicher Entschluss, von seinen Forderungen auch nicht im geringsten abzugehen.

Die Ansprüche des französischen Kaisers betrugen damals 19,9 Millionen Francs (9,1 Millionen Kriegskontribution und $9 \times 1{,}2$ Millionen Francs monatliches Abonnement)[1]. Davon kamen in Abrechnung bloss die an den Receveur abgelieferten Gelder und einige Ausgaben, deren Absetzung ausdrücklich von Napoleon zugestanden worden war, so die für die Lieferung von Pferden an die französische Armee und für die Verproviantierung der Festung Hameln. Alles in allem waren 3 009 721 Fr. zur Absetzung qualifiziert, so dass die Gesamtsumme der französischen Forderungen bis Ende Juli sich auf 16 890 721 Fr. stellte.

[1] Correspondance de Napoléon Ier XV, 438.

Eine Zusammenberufung der Provinzialstände, wie sie Mortier im September 1803 vorgenommen hatte, hat dem Anschein nach nicht stattgefunden. Es dürfte dabei geblieben sein, dass Belleville persönlich in einer Sitzung des Landesdeputations-Kollegiums erschien, um den kaiserlichen Willen kund zu thun. — Das Kollegium entschloss sich nunmehr (10. August) den Versuch zu machen, ob sich nicht im Auslande eine Anleihe abschliessen lasse. Man ersuchte zu dem Ende den Landrat von Meding, sich nach Holland zu begeben und dort auf den Kredit der gesamten hannoverschen Landschaften und unter Verpfändung sämtlicher ständischen Einkünfte eine Anleihe von mindestens vier Millionen Francs aufzunehmen[1]). Da Meding es aber ablehnte, sich einer solchen Mission zu unterziehen — er behauptete, die hannoverschen Lande seien schon zu sehr mit Schulden überhäuft, als dass sie weitere Anleihen zu tragen vermöchten —, so wurde der Justizrat von Bülow mit der Sendung beauftragt. Die Reise verlief, wie zu erwarten stand, ohne positives Ergebnis. Alle Versuche, die Bülow in Amsterdam und Rotterdam machte, um Geld zu erhalten, schlugen fehl. Von dem berühmten Bankhause Hope und Comp. zu Amsterdam erhielt der hannoversche Abgesandte die Antwort, dass die gegenwärtigen Verhältnisse es ihrem und jedem anderen reellen Hause unmöglich machten, sich mit dem Geschäfte zu befassen. Noch nie seien die Zeiten für derartige Kreditgeschäfte so ungünstig gewesen wie jetzt. Die holländische Regierung habe kürzlich eine im eigenen Lande unter den lockendsten Bedingungen ausgeschriebene Anleihe nur mit grosser Mühe zu stande bringen können. Die sächsische Krone habe auf ihre in der holländischen Bank deponierten Brillanten nur zwei Drittel des noch dazu sehr gering angeschlagenen Wertes zu schweren Bedingungen angeliehen erhalten. Andere Regierungen hätten vergeblich um Darlehen nachgesucht. So habe Ungarn keinen Kredit gefunden, trotz der angebotenen Verbürgung der reichsten Magnaten und der kaiserlichen Garantie. Auch Preussen sei abgewiesen worden, obwohl die ersten Banquiers: Splittgerber, Schickler u. a. m. ihre Bürgschaft angetragen hätten[2]). Ebenso hätten sich die deutschen Kleinstaaten ohne Erfolg um holländisches Geld bemüht. — Hannover habe noch viel weniger Aussichten als jene Länder; denn es sei eine vom Feinde besetzte Provinz, deren Schicksal unentschieden sei,

---

[1]) Landesdeputations-Kollegium an Meding, 10. August 1807.
[2]) Das war nicht ganz richtig. Man hatte vielmehr auf preussischer Seite die Verhandlungen abgebrochen, weil die gestellten Bedingungen zu ungünstig schienen. Vgl. v. Bassewitz, Die Kurmark Brandenburg im Zusammenhange mit den Schicksalen des Gesamtstaates Preussen II, 31 ff., 65, Anm.

während die anderen Staaten doch einen Herrn und Frieden hätten. Wenn das Kurfürstentum zu Beginn der ersten französischen Okkupation von den Hansestädten Geld erhalten habe, so sei das auf die französische Dazwischenkunft zurückzuführen. Jetzt, wo Hannover um vieles ärmer und verschuldeter geworden sei, werde sich erst recht niemand freiwillig dazu verstehen, den Ständen ein Darlehen zu gewähren, selbst dann nicht, wenn das Landesdeputations-Kollegium 50 Prozent verlieren wolle [1]). In ähnlicher Weise äusserten sich die anderen Bankhäuser, bei welchen Bülow anklopfte. Nicht als ob es in den reichen holländischen Handelsstädten an Geld gefehlt hätte. Allein in Amsterdam waren, wie der hannoversche Deputierte in einem jener Handelshäuser erfuhr, 50 Millionen Gulden an barem Gelde vorhanden und gegen hinlängliche Sicherheit zu haben. Für sicher wurde aber — so gross war die Unsicherheit der damaligen Weltlage — nur ein hinterlegtes Pfand gehalten. Unverrichteter Sache musste Bülow nach Hannover zurückkehren.

Hier hatten inzwischen die Stände ihre Opposition gegen die Massnahmen der französischen Autoritäten fortgesetzt. Recht offenkundig trat dieselbe in der zweiten Hälfte des August hervor. Um diese Zeit (18. August) erhielt das Landesdeputations-Kollegium von dem Generalgouverneur Lasalcette die offizielle Mitteilung, dass die Fürstentümer Göttingen und Grubenhagen dem neuerrichteten Königreiche Westfalen einverleibt seien. Lasalcette richtete zugleich an das Kollegium die Aufforderung, zwei oder drei Deputierte aus der Provinz Göttingen nach Paris zu senden, um dem neuen Landesherrn zu huldigen. Die hannoversche Behörde beschloss aber in einer sofort anberaumten Plenarsitzung, dem General mitzuteilen, „die Pflichten des Landesdeputations-Kollegiums machten es ihm wie den Ständen überhaupt zu einer moralischen Unmöglichkeit einen solchen Schritt zu thun; man müsse sich also davon dispensieren, den gegebenen Wink zu befolgen" [2]).

Der französische General war nicht gesonnen, eine solche Weigerung ruhig hinzunehmen. Die Mitglieder des Kollegiums mussten sich auf sein Geheiss am 19. August, abends 6 Uhr zu einer ausserordentlichen Sitzung einfinden. In dieser Versammlung erschien der Generalgouverneur in Begleitung des Intendanten Belleville

---

[1]) Bericht Bülows an das Landesdeputations-Kollegium, Amsterdam 1. September 1807.

[2]) Sitzungsprotokoll vom 18. August. In demselben heisst es eingangs: „Die Botschaft (Lasalcettes) erregte in der Versammlung eine allgemeine Sensation und Niedergeschlagenheit. Dass man in den Antrag nicht hineingehen könne, darüber herrschte in der Versammlung nur eine Stimme".

und überhäufte die Deputierten wegen ihres Ungehorsams mit den bittersten Vorwürfen. Er sei gekommen, behauptete er, um den Beratungen ein Ende zu machen und das Kollegium aufzulösen. Im Falle weiterer Widersetzlichkeit werde er dessen Mitglieder durch militärische Exekution zur Raison bringen. — Wirklich wurde noch an demselben Abend dem Landrat von Grote und dem Geheimen Kabinettsrat Brandes ein Kommando von je zwei Gendarmen und einigen zwanzig Mann Soldaten in das Haus gelegt [1]). In einem Berichte an Napoleon schilderte Lasalcette das ganze Benehmen der Stände in den schwärzesten Farben.

Jetzt war auch die Geduld des französischen Kaisers erschöpft. Eine Gesandtschaft der hannoverschen Stände — bestehend aus dem Hofmarschall von Löw, dem Hofrat Rehberg und einem nicht weiter bekannten Herrn von Lenthe — welche kurz zuvor in Paris eingetroffen war und um Verminderung der Kontribution, Freigebung der Zahlungen für die heimische Administration, Abwendung der gefürchteten Zerstückelung des Landes etc. nachsuchen sollte, liess Napoleon gar nicht vor sich. Der Minister des Auswärtigen, Champagny, musste den Deputierten ankündigen, der Kaiser sei mit den Ständen unzufrieden, Göttingen sei und bleibe für immer von Hannover getrennt, und man habe in Hannover augenblicklich alle auferlegten Kontributionen zu bezahlen. Wenn das nicht alsbald geschehe, so werde der Kaiser die Stände auflösen und Hannover als erobertes Land behandeln [2]).

Napoleon wartete aber nicht mehr ab, ob die Stände gehorchen würden, sondern erteilte dem General Lasalcette durch den Kriegsminister Berthier den Befehl, die Stände sofort aufzulösen und deren einflussreichste Mitglieder gefangen nach der Festung Hameln abzuführen [3]). Dementsprechend erfolgte am 17. September die Aufhebung des Landesdeputations-Kollegiums und der Provinzialstände. Am 20. September erliess Lasalcette einen Aufruf an das hannoversche Volk [4]), durch welchen die Auflösung der ständischen Behörden zur allgemeinen Kenntnis gebracht wurde. Es hiess darin u. a.: Seit langer Zeit seien die Stände den Befehlen der französischen Behörden ungehorsam gewesen. Oft hätten sie sich herausgenommen, über den Grund der Befehle zu beraten, statt dass es ihre Pflicht gewesen sei, die Mittel zu deren Ausführung

---

[1]) Sitzungsprotokoll vom 19. August.
[2]) Napoleon an Champagny, 6. September. Correspondance XVI, 9.
[3]) Napoleon an Berthier, 4. September. Das. S. 8.
[4]) Hannöversche Anzeigen J. 1807, St. 77.

ausfindig zu machen und zur Kenntnis des französischen Gouvernements zu bringen. So habe eine lange Erfahrung erwiesen, dass das Dasein der Stände nicht vereinbar sei mit der energischen Verwaltung, welche die Sicherheit und die Bedürfnisse der Armee in einem eroberten Lande erforderten. Der Kaiser habe sich darum genötigt gesehen, die Aufhebung der Stände anzuordnen [1]).

Gleichzeitig wurden fünf Mitglieder des Landesdeputations-Kollegiums, welche sich als besonders renitent erwiesen hatten, dem Befehle Napoleons gemäss verhaftet. Es waren: Abt Salfeld, Konsistorialrat Sextro, Landsyndikus Hofrat Meyer, Landrat von Grote und Kabinettsrat Brandes. Den beiden letzteren ward Hausarrest angekündigt, die anderen wurden nach der Festung Hameln abgeführt und dort mehrere Monate gefangen gehalten. Übrigens ward ihnen während ihrer Gefangenschaft eine anständige Behandlung zu teil. Namentlich gab der Festungskommandant, General Dorsner, ihnen „bei jeder Gelegenheit überzeugende Beweise von seiner Gewogenheit" [2]).

Man kann nicht anders sagen, als dass das Landesdeputations-Kollegium die Auflösung der ständischen Kollegien durch sein unkluges Verhalten selbst verschuldet habe. Hätte es sich aufrichtig bemüht, den Befehlen Napoleons nach Möglichkeit nachzukommen, so würde nicht allein die Aufhebung der Stände vermieden worden sein, sondern es wäre auch das Land sicher billigeren Kaufes davongekommen. Mannigfache Zeugnisse sprechen dafür, dass die Franzosen vor allem den guten Willen sehen wollten. So sagte „ein wohlunterrichteter Mann aus der Umgebung des Kaisers" zu dem Landrat von Grote in Warschau, man müsse anfangen zu zahlen und gutwillig leisten, wozu man im stande sei, dann werde man auch auf Rücksicht rechnen können [3]). — In gleichem Sinne schrieb Belleville am 3. Februar 1807 an die Exekutivkommission, es sei möglich, dass man den völligen oder doch wenigstens teilweisen Erlass der ausserordentlichen Kriegskontribution erhalten werde. Diese Gnade hänge allein von dem Eifer ab, den man an den Tag legen würde, um den Eingang der Steuern zu beschleunigen, und deren Ertrag so zu verwenden, dass die Armee keinen Mangel leide. — Jenen guten Willen haben die hannoverschen Stände aber ganz und gar nicht bewiesen. Vielmehr zeigten sie sich von vornherein

---

[1]) Was Mierzinsky in den „Erinnerungen aus Hannover und Hamburg" S. 36 über den Grund berichtet, aus welchem die Stände aufgelöst seien, ist barer Unsinn.

[2]) Schreiben der drei Gefangenen an die Gouvernementskommission, Hameln, 3. November. Vgl. Fr. Rupstein, H. Ph. Sextro, eine Gedächtnisschrift S. 55.

[3]) Bericht Grotes an das Landesdeputations-Kollegium, Warschau, 5. März.

beflissen, den Intentionen der französischen Autoritäten entgegenzuarbeiten und deren Befehle zu umgehen, kaum, dass man sich Mühe gab, den Widerstand vor den Augen der französischen Behörden zu verschleiern. Ob die Stände sich dabei auf die ihnen nicht unbekannt gebliebene Abneigung des französischen Gouvernements, die ständischen Kollegien aufzulösen und eine französische Administration einzuführen, verliessen, ob sie auf einen Wechsel des Kriegsglücks im Osten hofften und darum die Verhandlungen möglichst in die Länge zu ziehen suchten, oder durch welche Motive sie sonst geleitet wurden, lässt sich nicht entscheiden. Das eine aber steht fest: die Opposition der Stände gegen die französischen Behörden hat nur unheilvolle Folgen für das Kurfürstentum gehabt.

— —

Kapitel II.
Verhandlungen der Gouvernementskommission mit den französischen Behörden bis zu der Aufstellung eines Budgets für die hannoversche Verwaltung.

Es war von grosser Bedeutung für den Kurstaat, dass nach der Auflösung der Stände die innere Verwaltung des Landes nicht französischen Behörden übertragen wurde, sondern in den Händen einheimischer Beamten verblieb. Dem General Lasalcette war von Paris aus befohlen worden, an Stelle der Stände eine „administrierende Kommission" einzusetzen. Der Generalgouverneur bediente sich zu diesem Zwecke der Exekutivkommission. „Beseelt von dem völligen Zutrauen in diejenige Kommission", liess er sich in der Proklamation an das hannoversche Volk vom 20. September vernehmen, „welche unter dem Namen der Exekutivkommission vorhanden ist, auch nicht zweifelnd, dass dieselbe den Eifer, von welchem sie mir oft Beweise gegeben, verdoppeln werde, bestätige ich sie in ihrem Posten mit allen ihren Zuständigkeiten." „In Erwägung jedoch des Umfanges ihrer neuen Obliegenheiten" vermehrte Lasalcette die Mitgliederzahl der Exekutivkommission auf neun Personen und bekleidete diese mit „aller der administrierenden Macht", welche die Stände in den verschiedenen Provinzen gehabt hatten. Die sechs neu hinzutretenden Mitglieder waren der Hofrichter Graf von Hardenberg, die Kammerräte von Arnsswaldt

(Sohn des ehemaligen Ministers) und von Schulte, der Konsistorialrat Kaufmann, der Landrat von Marschalk und der Kammersekretär Baring. Ausserdem sollte der Direktor des Truppenverpflegungswesens, Landesökonomierat Meyer, zu den Sitzungen der Kommission hinzugezogen werden, wenn die Verhandlungen sich um das Verpflegungswesen drehten.

Die neue Behörde nannte sich „Kommission des Gouvernements" [1]). Für gewöhnlich hielt sie viermal in der Woche Versammlungen ab: des Montags, Dienstags, Donnerstags und Freitags. Nicht selten nahm auch der Intendant Belleville an den Sitzungen teil. Das Direktorium der Kommission wechselte wöchentlich nach einem bestimmten Turnus. Dem jedesmaligen Vorsitzenden kam es zu, die einkommenden Sachen zu öffnen und unter die verschiedenen Mitglieder zu verteilen. Auch hatte er alle Originalien und Verordnungen, soweit sie nicht besonders wichtiger Natur waren, allein zu unterschreiben. Die Konzepte hingegen wurden von allen Mitgliedern der Kommission signiert.

Das thätigste und zugleich einflussreichste unter den Mitgliedern der Gouvernementskommission war ohne Frage Patje. Bei seiner ungewöhnlichen stilistischen Gewandtheit und vollkommenen Beherrschung der französischen Sprache, verstand es sich von selbst, dass er die schriftlichen Kommunikationen der Kommission mit den französischen Autoritäten zu entwerfen hatte. Wenn die Gouvernementskommission mit der Zeit auf einen leidlich guten Fuss mit den französischen Behörden gelangte, so war das lediglich das Verdienst Patjes, welcher seine Kollegen bei manchen Gelegenheiten von einer nutzlosen Widersetzlichkeit gegen die französischen Anordnungen zurückhielt. Der einsichtige Kabinettsrat schloss ganz richtig: wenn man das Vertrauen der französischen Machthaber besitze, so werde man leichter Gehör finden und des Guten viel mehr wirken können, als wenn man jene durch fortwährende Opposition aufbringe.

Freilich gab es unter den Mitgliedern der Gouvernementskommission manche, welche sich nur mit innerem Widerstreben dem Gebote der Klugheit fügten. Namentlich den Landräten von Meding und Münchhausen war als echt niedersächsischen Charakteren jede Nachgiebigkeit ein Greuel. So hatte Patje oft einen schweren Stand. Nicht selten kam es in den Sitzungen über die Frage, wie man sich den französischen Machthabern gegenüber zu verhalten habe, zu lebhaften und erregten Auseinandersetzungen. Auf die Dauer

---

[1]) Aus stilistischen Gründen werden wir im folgenden die Bezeichnung Gouvernementskommission gebrauchen.

aber vermochten die widerstrebenden Elemente in der Kommission sich dem dominierenden Einflusse Patjes nicht zu entziehen.

Leider finden sich bei den Akten nur wenige Sitzungsprotokolle der Kommission. Vermutlich sind dieselben grösstenteils ebenso wie die Akten des Landesdeputations-Kollegiums bei dem Brande des Ständehauses in Hannover (6. Januar 1809) zu Grunde gegangen. Ihre erste Verordnung erliess die Gouvernementskommission am 21. September 1807. Es ward den sämtlichen landschaftlichen Rechnungsführern und Einnehmern darin befohlen, ihre Erhebungen und Berechnungen in der hergebrachten Weise fortzusetzen. Die Lokaleinnehmer sollten die erhobenen Gelder wie bisher an die oberen Recepturen, diese sie an die Provinzialkassen abliefern. Die letzteren hatten die empfangenen Summen, sobald 1000 ℳ vorrätig waren, an die jetzt der Gouvernementskommission unterstellte landschaftliche Generalkasse einzusenden. Die sonstigen Ausgaben und Zahlungen der landschaftlichen Kassen sollten bis auf weitere Verfügung unterbleiben. Nur wenn von der General-Verpflegungskommission — einer Behörde, welche durch Kombination der ehemaligen General-Magazindirektion und des General-Kriegskommissariats entstanden und am 8. December 1806 ins Leben getreten war, — Anweisungen auf einzelne landschaftliche Kassen erteilt wurden, durften diese berichtigt werden.

Bei der Einsetzung der Gouvernementskommission hatte Lasalcette zugleich angeordnet, dass in jeder Provinz ein Subdelegierter ernannt werden sollte, um die Befehle der Kommission auszuführen. Im Hinblick auf frühere unliebsame Vorkommnisse wurde von dem Generalgouverneur ausdrücklich vorgeschrieben, dass die Subdelegierten niemals über die Befehle, welche ihnen zu teil würden, ratschlagen, sondern nur deren prompteste Ausführung besorgen sollten.

Für jeden Subdelegiertenposten hatte die Gouvernementskommission dem Gouverneur drei geeignete Persönlichkeiten vorzuschlagen. Wohlweislich präsentierte sie nur solche Kandidaten, welche durch ihre frühere Stellung mit der ständischen Verwaltung wohl vertraut und daher im stande waren, die landschaftlichen Geschäfte weiterzuführen. Lasalcette wählte aus den Vorgeschlagenen für Calenberg den General und Landrat von Wangenheim, für Lüneburg den Landsyndikus Hofrat Jacobi zu Celle, für Bremen-Verden den Landsyndikus Rose zu Stade, für Lauenburg den Landsyndikus Gottschalk zu Ratzeburg, für Hoya den Landsyndikus von Reiche zu Nienburg a. W. und endlich für Hadeln den Bürgermeister Götze zu Otterndorf. — Diese Subdelegierten standen hinsichtlich aller

Angelegenheiten, welche sich auf die französischen Truppen und deren Alliierte bezogen, also in allen Verpflegungs-, Einquartierungs-, Kriegerfuhren-, Kriegssteuer- und ähnlichen Sachen, unter der Direktion der Gouvernementskommission. In den inneren Landesangelegenheiten, welche mit der französischen Okkupation nichts zu thun hatten, waren sie dagegen dem Regierungskollegium zu Hannover bzw. den Regierungen zu Stade und Ratzeburg untergeordnet.

Französischerseits erwartete man von den neuernannten Behörden vor allen Dingen die schleunige Berichtigung der rückständigen Kontribution. Am 24. September trat die Gouvernementskommission zu einer Beratung über die Frage zusammen, ob man sich überhaupt auf die Bezahlung der Kontribution einlassen solle. Die meisten Mitglieder sprachen sich dafür aus, weil die Franzosen sonst zu den härtesten und gewaltsamsten Massregeln greifen würden. Eine gegenteilige Ansicht vertrat allein der Landrat von Meding. — Es kam dann zur Besprechung, wie viel man bieten wolle. Patje meinte, man werde keine bestimmte Summe zu versprechen haben; indessen müsse doch etwas Bedeutendes herauskommen, etwa drei Millionen Francs. Was den Modus der neuen Steuer betraf, so hielt der Geheime Kabinettsrat eine Erneuerung und etwaige Erhöhung der alten Kriegssteuern für unthunlich. Denn, führte er aus, die Beibehaltung derselben bringe es mit sich, dass in den einzelnen Provinzen verschiedene Steuern ausgeschrieben werden müssten. Hierzu werde Belleville aber seine Einwilligung nicht geben, da er eine Absonderung der verschiedenen Landschaften nicht mehr anerkenne. Nach seiner Meinung müsse daher ein ganz neuer, allgemein anwendbarer Steuerplan, bei dem ein bedeutender Ertrag zu erwarten sei, gewählt werden. Zu einer solchen Steuer eigne sich entweder eine Kopf- oder eine Vermögenssteuer. Die letztere dürfte aus Billigkeitsgründen den Vorzug verdienen. Er stelle also den Antrag eine Vermögenssteuer einzuführen. Um Weitläufigkeiten zu vermeiden, würde diese nicht nach dem Kapitalvermögen, sondern nach der vorjährigen Einnahme, welche ein jeder an Eidesstatt deklarieren müsste, anzulegen sein. Am besten würde die Abgabe progressiv sein, dergestalt, dass sie bei einem Einkommen von 10 000 ₰ bis auf ein Fünftel der ganzjährigen Einnahme steige.

Nicht alle Mitglieder der Gouvernementskommission waren mit dem Vorschlage Patjes einverstanden. Der Kammerrat von Schulte sprach für die Anlage einer Kopfsteuer. Auf diese Weise, gab er an, werde auch die zahlreiche Klasse derjenigen Leute zu der Steuer herangezogen, welche keine 100 ₰ Einnahme hätten, aber doch ein Weniges beitragen könnten. Einer Überbürdung der geringeren Leute lasse sich dadurch vorbeugen, dass man die Unterthanen wie bei der bereits bestehenden Klassensteuer in gewisse Klassen einteile. Die Beiträge der unteren Stände könnten dabei ja ganz gering, die der höheren aber sehr hoch bemessen werden.

Unter den Gründen gegen eine Vermögenssteuer, wie sie Patje vorgeschlagen hatte, ward namentlich angeführt, dass es dem französischen Intendanten durch die Vermögensdeklarationen erleichtert würde, zu erzwungenen Anleihen und anderen harten Massregeln gegen die wohlhabenden Klassen zu greifen. Diesem Einwurfe hielt aber Patje entgegen: wenn Belleville sich mit solchen Plänen trage, so könne er sie auf eine noch ungleich härtere Weise durch Vervielfältigung der bisherigen Kriegssteuerbeiträge oder durch willkürliche Taxation der vermögenderen Einwohner bewirken. Zudem werde der Intendant schwerlich einem Plane seine Zustimmung geben, welchem eine Kopfsteuer zu Grunde gelegt sei.

Schliesslich einigte man sich in der Gouvernementskommission dahin, bei Belleville eine kombinierte Kopf- und Vermögenssteuer in Vorschlag zu bringen. Für diejenigen Personen, deren jährliches Einkommen weniger als 300 ℳ betrug, wurde eine Kopfsteuer in Aussicht genommen, und zwar sollten sie für sich und jedes Mitglied ihrer Familie über 14 Jahre 18 *mgr* zahlen; doch sollte der Höchstbetrag für eine solche Familie die Summe von 3 ℳ nicht überschreiten. Die progressive Vermögenssteuer wollte die Kommission bei einem Einkommen von 300 ℳ und darüber eintreten lassen. Die Progression sollte von $1\,^0/_0$ bei 300 ℳ Einkommen bis zu $25\,^0/_0$ bei 12 000 ℳ fortschreiten. Hierbei sollten aber bloss wirkliche Einkünfte in Betracht kommen: Zinsen, Pensionen und Besoldungen, welche nicht ausgezahlt worden waren, sollten auch bei der Vermögensdeklaration nicht berechnet werden. Um Belleville zu bewegen, künftighin von einem gezwungenen Anlehen Abstand zu nehmen, sollte in dem Steuerausschreiben erklärt werden, dass die neue Steuer ein Vorschuss der Landeseinwohner auf die nach dem Frieden zu entrichtenden Abgaben sei, dergestalt, dass sie bereits den Charakter eines Darlehens trage[1].

Belleville war mit dem vorgelegten Plane, von dem er nur einen geringen, der Höhe der Kriegs-Kontribution bei weitem nicht entsprechenden Ertrag erwarten zu dürfen glaubte, durchaus nicht zufrieden. Er machte seine Zustimmung davon abhängig, dass die Ansätze der Steuer verdoppelt würden (3. Oktober). Als die

[1] Sitzungsprotokoll der Gouvernementskommission vom 24. September 1807.

Gouvernementskommission hierauf nicht eingehen wollte, drohte der Intendant das Benehmen der Kommission, welches nur eine Fortsetzung der von den Ständen geübten Taktik sei, höheren Orts anzeigen zu wollen. Die Vorstellungen der Kommission beschwichtigten ihn aber soweit, dass er sich mit dem vorläufigen Erlasse der geplanten Steuerverordnung einverstanden erklärte; mit dem Vorbehalte freilich, dass man hannoverscherseits sich zur Verdoppelung der Ansätze für den Fall anheischig machen müsse, dass Daru den vorgelegten Steuerplan nicht annehmbar finde. Auch gab der französische Intendant anheim, man möge einige Deputierte an Daru absenden, um dessen Zustimmung zu erwirken.

Demgemäss erfolgte das neue Kontributionsausschreiben am 21. Oktober [1]). Es war nicht von der Gouvernementskommission unterschrieben, sondern von Belleville, der sich bereit erklärt hatte, alle Massregeln, deren Odium die Kommission nicht gern auf sich nehmen möchte, mit seinem Namen zu decken. Nach der Verordnung war zu bezahlen bei einem jährlichen Einkommen von

300—400 ℳ	1 % des Einkommens
400—600 „	2 „ „ „
600—800 „	3 „ „ „
800—1 000 „	4 „ „ „
1 000—2 000 „	5 „ „ „
2 000—3 000 „	8 „ „ „
3 000—5 000 „	10 „ „ „
5 000—7 000 „	12 „ „ „
7 000—9 000 „	15 „ „ „
9 000—12 000 „	20 „ „ „
12 000 und darüber	25 „ „ „

Alle Personen mit einem Einkommen von weniger als 300 ℳ sollten, wie die Kommission vorgeschlagen hatte, für sich und jede Person ihres Haushalts über 14 Jahre ein Kopfgeld von 18 *mgr* entrichten. Für Dienstboten und Handwerksgesellen hatte die Herrschaft zu zahlen; dafür war sie berechtigt, deren Lohn um den Betrag der Abgabe zu kürzen. Frei von der Steuer gingen bloss die Lehrburschen der Handwerker und die geringeren Dienstboten aus, ferner das ehemalige hannoversche Militär, so weit es keine liegenden Gründe oder anderweitige erhebliche Einnahmen besass, und zugutterletzt die notorisch Armen. — Nonvalenten sollten bei der eigentlichen Einkommensteuer ein für allemal nicht statthaben.

Für die Berechnung des Einkommens ward das Jahr vom 1. Oktober 1806 bis dahin 1807 zu Grunde gelegt. Es kamen bei

---

[1]) Hannöversche Anzeigen J. 1807, St. 86.

Thimme, Okkupation Hannovers.

der Deklaration in Betracht die Besoldungen, Dienstemolumente und Pensionen, welche in dem gedachten Zeitraume ausgezahlt waren, nebst allem damit verknüpften Nebenerwerbe; ferner die eingekommenen Zinsen von ausstehenden Kapitalien, die Einkünfte von allen liegenden Gründen, Häusern, Mühlen, Zehnten, Lehen, von Bergwerken und Salinen (sogenannte Kuxanteile), von Präbenden, Stiftern und Klöstern, Leibrenten, Apanagen u. s. w.; endlich der Erwerb aus dem Handel, den Manufakturen, Handwerken und Fabriken und alles sonstige Einkommen. Unumgänglich notwendige Betriebskosten für Ackerbau, Handel und Gewerbe durften von der Gesamtsumme der Einnahme abgerechnet werden.

Die Veranlagung der Steuer sollte in den Ämtern durch die „Beamten", in den geschlossenen Gerichten durch die Gerichtshalter und in den mit der Jurisdiktion versehenen Städten durch die Magistrate geschehen. Bei diesen Behörden hatten die Unterthanen ihre an Eidesstatt abzugebenden Deklarationen einzureichen. Nach den Deklarationen berechneten dann die Beamten die zu zahlenden Steuerbeträge. Doch stand es einem jeden Steuerzahler frei, die Berechnung der nach seinem Einkommen zu entrichtenden Steuer selbst vorzunehmen.

Für den Fall, dass der Verdacht falscher Angaben vorliegen sollte, war die Einsetzung besonderer Kommissionen vorgesehen. Vor diesen hatte der Betreffende seine Deklaration eidlich zu erhärten. Stellte sich bei der darauf folgenden detaillierten Berechnung des Einkommens die Unrichtigkeit der gemachten Angaben heraus, so sollte den Schuldigen schwere Strafe treffen. — Die Erhebung der Steuer sollte von den gewöhnlichen Receptoren vorgenommen werden. Drei Termine waren für dieselbe festgesetzt: der 15. November und 15. December 1807 und der 15. Januar 1808. Spätestens bis zum 15. des jedesmal folgenden Monats sollten die bei den Recepturen eingegangenen Beträge an die Provinzialkasse eingesandt und von diesen wöchentlich an den Rechnungsführer der Generalkasse der Gouvernementskommission, Kommissar Eisendecher, abgeliefert werden.

Die im vorstehenden beschriebene Kriegskontribution, neben der übrigens die „ausserordentliche monatliche Kriegssteuer" bestehen blieb, wird durch den Umstand besonders merkwürdig, dass sie die erste Steuer war, welche in dem ganzen Umfange des Kurfürstentums (Göttingen-Grubenhagen und Osnabrück ausgenommen) nach einerlei Massstab angelegt worden ist.

Leider sind wir nicht darüber unterrichtet, wie weit der Deklarationszwang sich bei dieser Steuer bewährt hat. Die

Gouvernementskommission suchte die Deklaranten dadurch zur richtigen Angabe des Vermögens anzuspornen, dass sie die Wiedererstattung der Steuer in späterer Zeit in Aussicht stellte. So hiess es in einer „Instruktion für sämtliche Obrigkeiten und Beamte der hiesigen Lande, die unter dem 21. Oktober 1807 ausgeschriebene Kriegskontribution betreffend" (23. Oktober): da die gegenwärtige Auflage für diejenigen, welche erhebliche Summen bezahlen müssten, mehr wie ein gezwungenes Anlehen, denn wie eine eigentliche Kontribution zu betrachten sei, und da man als gewiss voraussetzen dürfe, es „werde selbigen nach wiederhergestellter Ruhe ein verhältnismässiger Ersatz der von ihnen zu erlegenden grossen Summen zu teil werden" [1]), so sei dies ein um so dringenderer Grund, dass sich niemand in seinem Beitrage zu gering ansetze. — Bei der Rechtlichkeit des hannoverschen Charakters dürfen wir wohl annehmen, dass die Angaben im allgemeinen nicht allzuweit hinter dem wahren Betrage zurückgeblieben sind. Aus einigen eingegangenen Reklamationen ergiebt sich, dass die auf Grund der eingereichten Deklarationen angesetzten Beitragssummen zum Teil ausserordentlich hoch waren. So musste ein Oberst von Hodenberg im Lüneburgischen, der im Jahre 1804 98 ₰, im Jahre 1805 187 ₰ und im Jahre 1807 174 ₰ an Kriegssteuern entrichtet hatte, jetzt wegen der am 21. Oktober ausgeschriebenen Kontribution nicht weniger als 400 ₰ erlegen.

Auch der Totalertrag, den die Kontribution vom 21. Oktober gehabt hat, ist recht erheblich: er beläuft sich auf 413 997 ₰ 34 mgr. Auf die einzelnen Provinzen verteilt sich diese Summe folgendermassen:

Calenberg	111 042 ₰	19 mgr	5 ₰
Lüneburg	130 312 „	9 „	0 „
Bremen-Verden	86 132 „	22 „	6 „
Hoya	42 226 „	30 „	4 „
Lauenburg.	26 894 „	2 „	2 „
Hadeln	11 708 „	6 „	6 „
Diepholz	5 681 „	1 „	1 „
Sa.	413 997 ₰	34 mgr.	

Der weitaus grösste Teil des Ertrages, nämlich 392 939 ₰ 9 mgr 2 ₰, ist an den Receveur de Vaux abgeliefert worden.

Die französischen Behörden waren indessen durch das Ergebnis der Kontribution nicht zufriedengestellt. Die Deputation, welche die Gouvernementskommission gemäss der Aufforderung Bellevilles zu

---

[1]) Das ist natürlich nie geschehen.

Anfang Oktober 1807 an den Generalintendanten Daru abgeschickt hatte, um ihn zu bestimmen, dass er sich mit der geplanten Steuer begnügen möge, hatte sich keiner günstigen Aufnahme zu erfreuen. Daru wies den Intendanten Belleville vielmehr nachdrücklich an, geeignete Schritte zu unternehmen, damit endlich die Kriegskontribution von 9,1 Millionen Francs und die seit einem Jahre zahlbaren monatlichen 1 200 000 Fr. berichtigt würden, und machte zu dem Ende selbst eine Reihe von Massregeln namhaft. Die Vorschläge Darus wurden von Belleville und der Gouvernementskommission in zwei Konferenzen am 20. und 21. Oktober gemeinschaftlich beraten. Obenan stand die Verdoppelung der geplanten Kriegssteuer. Die Mitglieder der Kommission machten hierzu bemerklich, es werde besser sein, wenn man bei dem einfachen Betrage bleibe. Je geringer die Abgabe sei, um so eher stehe zu hoffen, dass die Deklarationen der Wahrheit entsprechen würden, und um so leichter könnten dieselben als Basis für die Anlage einer gleichen Steuer dienen. Ebenso wenig erhielt eine zweite von Daru empfohlene Massregel, die Vornahme ausserordentlicher Hauungen in den Domanialwaldungen, den Beifall der Gouvernementskommission. Letztere stellte vor, dass solche Holzhiebe bei dem Mangel an Käufern aussichtslos und auch bereits mehrfach ohne Erfolg versucht seien. Erst vor kurzer Zeit habe man einen Kommissar nach den Hansestädten geschickt, um dort Holzverkäufe in das Werk zu setzen, ohne dass es gelungen sei Käufer zu finden. Man wolle die Bemühungen erneuern, um 500 000 Fr. durch Holzverkäufe zu erhalten; dies sei aber auch das Ausserste, wozu man sich Hoffnung machen dürfe. Drittens war von Daru anheimgegeben worden, man möge den Versuch machen, eine Anleihe zu erhalten, sei es nun im Inlande oder im Auslande. Dem gegenüber wurde von der Kommission auf die gänzliche Kreditlosigkeit des Landes hingewiesen. Zumal seit der Aufhebung der Stände sei alle Aussicht geschwunden, im Auslande Geld zu erhalten, da jene allein in der Lage gewesen wären, eine annehmbare Sicherheit zu bieten. — Wenn Daru speziell empfohlen hatte, auf die landesherrlichen Domänen Anleihen aufzunehmen, so erklärte die Kommission ihre Mitwirkung hierzu verweigern zu müssen. Denn entweder gehörten die Domänen dem Könige von England, dann könne man ohne dessen Einwilligung nicht darüber verfügen, oder sie gehörten dem Kaiser Napoleon, dann komme es den französischen Behörden zu, Verfügung über die Domänen zu treffen. Ohne die förmliche Garantie des Königs von England werde übrigens kein hannoverscher Unterthan sein Geld an den Ankauf hannoverscher Domänen wagen. Davon abgesehen seien die Landeseinwohner bereits zu sehr verarmt, als dass sie neue Vorschüsse herzugeben vermöchten. Vollends zerstöre die französischerseits befohlene Suspension der Auszahlung von Zinsen alle Hoffnung, irgendwo eine Anleihe bewerkstelligen zu können. Endlich erklärte die Gouvernementskommission auch die von Daru vorgeschlagene Erhöhung der indirekten Steuern für unthunlich. Einesteils seien im Hannoverschen bereits beträchtliche indirekte Abgaben vorhanden, anderenteils würde eine Erhöhung schon darum wenig Erfolg haben, weil die Unterthanen sich in der Konsumtion nach Möglichkeit einschränkten. Ausserdem verlange eine Erhöhung der indirekten Steuern längere Zeit, während der Befehl doch auf schleunige Abtragung der Kriegskontribution laute.

Da sich die Gouvernementskommission so allen Vorschlägen des Generalintendanten versagte, so musste Belleville auf eigene Faust vorgehen. Seit den Konferenzen vom 20. und 21. Oktober war es bei ihm beschlossene Sache, die Napoleonischen Forderungen, so weit sie nicht durch die auf drei Millionen Francs veranschlagte allgemeine Kriegssteuer gedeckt würden, oder wegen der Vereinigung der Fürstentümer Göttingen und Grubenhagen mit dem Königreiche Westfalen in Fortfall kämen, vermittelst einer Zwangsanleihe aufzubringen. Es handelte sich um etwa zehn Millionen Francs.

Vorläufig forderte der französische Intendant, um eine Basis für die gezwungene Anleihe zu gewinnen, am 22. Oktober 1807 von sämtlichen Beamten und Magistratspersonen ein Verzeichnis der am höchsten Besteuerten ein. Nur solche Personen waren darin aufzunehmen, deren Beitrag zu den ordinären Steuern vor den Kriegszeiten sich auf 60 ₰ und darüber belaufen hatte. Auf Exemtion der Person oder Privilegien des Eigentums sollte hierbei keine Rücksicht genommen werden. — Gleichzeitig liess Belleville an die Subdelegierten die Aufforderung ergehen, sie sollten nach dem Eingange der Verzeichnisse die Namen der 2000 Meistbesteuerten, ausziehen. Davon sollten auf Calenberg 460, Lüneburg 580, Bremen-Verden 504, Hoya 280, Lauenburg 112 und Hadeln 56 entfallen.

Die Subdelegierten konnten dem Befehle des Intendanten nur teilweise nachkommen. Der General von Wangenheim sah sich zu der Anzeige genötigt, dass im Calenbergischen überhaupt kein Steuerpflichtiger vorhanden sei, welcher 60 ₰ Steuern oder gar mehr bezahle. Da die Hauptsteuer in dieser Provinz der Konsumtionslicent war, so hat das weiter nichts Verwunderliches. Im Lüneburgischen waren nach den Berichten des Subdelegierten Jacobi abgesehen von den Exemten 117 Personen vorhanden, deren Beitrag die Summe von 60 ₰ erreichte. — Belleville war mit den Antworten der Subdelegierten sehr unzufrieden.

In besonderem Masse ereiferte er sich über den Bericht Wangenheims. Am 9. November schrieb er an die Gouvernementskommission, die Antwort des calenbergischen Subdelegierten könne nur den böswilligen Zweck haben, die Ausführung der Ordre um einen Monat zu verzögern, ein System, das man hannoverscherseits seit langer Zeit befolge. Seine Absicht sei gewesen, die vermögendsten Einwohner des Kurfürstentums kennen zu lernen, und dies habe er deutlich zu erkennen gegeben. Mit leeren Ausflüchten sei ihm nicht gedient. Die Subdelegierten sollten in kürzester Frist und bei persönlicher Verantwortung der Aufgabe nachkommen, den Namen, Stand und Wohnort der wohlhabendsten Unterthanen anzugeben. Daneben sollten sie auf Ehre und Gewissen diejenigen Personen namhaft machen, welche sie für fähig hielten, wenigstens eine Summe von 1000 Fr. zu der gezwungenen Anleihe beizutragen.

Für die „Beamten" und Subdelegierten war das eine peinliche und schwere Aufgabe. Hofrat Jacobi in Celle bezeichnete es als ein Ding der Unmöglichkeit, den Vermögensstand der Unterthanen genau zu erforschen. Namentlich sei das der Fall hinsichtlich der Exemten und der anderen der Jurisdiktion der Beamten nicht unterworfenen Personen. Hier müsse man sich bei der Beurteilung des Vermögensstandes an den Umfang der Besitzungen, die äussere Lebensweise und die öffentliche Meinung halten. Übrigens lasse sich nicht verkennen, dass auch sonst bemittelte Personen ausser stande seien, beträchtliche Geldsummen aufzubringen. Die vielen Lasten, welche die gegenwärtigen widrigen Zeitumstände mit sich brächten, die Stockung in dem Absatze der Landesprodukte, die schon seit einem Jahre andauere, und die allgemeine Kreditlosigkeit erklärten solches zur Genüge.

Wie die Sachen lagen, konnte der Intendant auf solche Vorstellungen keine Rücksicht nehmen. Am 25. December 1807 erfolgte das Ausschreiben über die gezwungene Anleihe[1]), ein böses Weihnachtsgeschenk für die hannoverschen Lande. Es hiess darin: infolge der Befehle Napoleons müssten jetzt 13 Millionen Francs vom Lande aufgebracht werden. Die Gouvernementskommission habe nur eine schwache Kopfsteuer (24. Oktober) aufgelegt, welche ein Dritteil jener Summe liefern solle, allein wahrscheinlich nicht einmal ein Sechstel aufbringen werde. Er, Belleville, habe daher den Auftrag erhalten, 10 Millionen Francs vermittelst einer Anleihe herbeizuschaffen, und zwar in der Weise, dass er die wohlhabendsten

---

[1]) Gedruckt im Hamburger Korrespondenten J. 1808, Nr. 1.

Eigentümer von Grundstücken, Häusern und Renten, und überhaupt alle Personen, welche durch den Ertrag ihres Gewerbes in den Stand gesetzt seien zur Anleihe beizutragen, ex officio schätzen lasse. Napoleon wolle, dass das Volk allenthalben seine wohlthätige Grossmut empfinde, indem der grösste Teil der Kriegslasten von denen getragen werden solle, welche in Hinsicht ihres Vermögens, ihrer Privilegien und des damit verbundenen Ansehens während des Friedens alles Gute und alle Vorteile genossen hätten. Der französische Kaiser habe seinen Agenten darum befohlen, die Hütte des Armen, die Arbeit des Familienvaters zu verschonen und nur solche Personen zu der Anleihe heranzuziehen, welche dadurch nicht in ihrer Existenz gefährdet würden. — Wenn die Ansätze zur Anleihe nicht überall gerecht seien, so hätten die hannoverschen Behörden das verschuldet. Wären die Beamten und Magistrate ihren Pflichten nachgekommen, so würden sie in den eingelieferten Berichten einen Massstab geliefert haben, nach welchem sich der Beitrag eines jeden zu der Anleihe zu regeln habe. Statt dessen hätten die Beamten sich beschränkt Namen anzuzeigen, ohne die verlangten Bemerkungen über das mutmassliche Vermögen der betreffenden Personen beizufügen. Dadurch sei der Intendant, dem es bei der Einforderung der Berichte nur darum zu thun gewesen sei gerecht zu verfahren, genötigt worden, zu einer ungewissen Schätzung Zuflucht zu nehmen, welche zu einer sehr ungleichen Verteilung führen könne.

Kontribuenten, welche beweisen konnten, dass sie zu hoch angesetzt waren, waren berechtigt, Reklamationen einzureichen. Doch durfte dies erst dann geschehen, wenn sie das erste Drittel ihres Beitrags entrichtet hatten. Das Surplus der zu hohen Schätzungen, welche der Mangel an Lokalkenntnissen und insbesondere das Stillschweigen der hannoverschen Beamten etwa veranlasst haben könnte, versprach der Intendant auf diejenigen Eigentümer zu legen, welche zu niedrig angesetzt oder ganz übersehen seien. Die Anleihe müsse, hiess es in dem Ausschreiben weiter, in drei Terminen von 20 zu 20 Tagen entrichtet werden. Wenn nach Ablauf des ersten Termins das erste Drittel nicht bezahlt sei, so werde den Säumigen ein aus wenigstens vier Soldaten und einem Unteroffizier bestehendes Exekutionskommando eingelegt werden. Jedem der Soldaten seien von dem Hauswirte, bei welchem sie einquartiert seien, täglich 1 ₰, dem Unteroffizier aber 2 ₰ zu zahlen. Habe diese Massregel binnen zwanzig Tagen keinen Erfolg, so solle der Eigentümer aus seinem Hause vertrieben und das Mobiliar, erforderlichenfalls auch die Immobilien, versteigert werden.

In welcher Art und Weise der französische Intendant die Einschätzung der wohlhabendsten Einwohner vornahm, lässt sich leider nicht genau feststellen. Wie sich schon aus dem Ausschreiben vom 25. December ersehen lässt, blieb er bei dem Minimalansatze von 1000 Fr. keineswegs stehen. Vielmehr forderte er durchweg das Doppelte, Dreifache u. s. w.¹). Ansätze von 10 000, 20 000, ja 30 000 Fr. waren nichts Seltenes; in einzelnen Fällen, wie bei dem Grafen Bernstorff auf Gartow, stieg die Beitragssumme bis auf 40 000 Fr. In der Stadt Hannover belief sich die Summe aller Beiträge nahezu auf 850 000 Fr., in Lüneburg²) auf 398 000 Fr., in Nienburg a. W. auf 131 000 Fr.³) u. s. w. Ohne Willkür ging es bei der Einschätzung nicht ab. Hatte Belleville doch die Vervielfältigung der Beiträge ohne die Zuziehung der hannoverschen Behörden vorgenommen. Allerdings suchte der Intendant, so gut er es verstand, gerecht zu sein, indem er vorzugsweise die exemten Personen und unter diesen vor allem den Adel zu der Anleihe heranzog. In der etwa 600 Namen zählenden calenbergischen Beitragsliste befinden sich allein gegen 120 Adlige⁴).

Die Durchführung der Zwangsanleihe stiess begreiflicherweise auf erhebliche Schwierigkeiten. Fast alle zu der Anleihe herangezogenen Personen reklamierten. Allseitig wurde behauptet, es sei unmöglich, die ganze auferlegte Summe zu zahlen. Zum wenigsten müsse man von den beiden letzten Terminen befreit werden. Manche Kontribuenten erklärten sogar, nicht einmal das erste Drittel entrichten zu können. Mit gutem Grunde durften sie dabei anführen, dass die seit 4—5 Jahren getragenen schweren Kriegslasten, die Suspension der Besoldungen, Pensionen und Zinsen, und der fast gänzlich mangelnde Kredit⁵) es zu einem Dinge der Unmöglichkeit machten, die nötigen Geldsummen herbeizuschaffen. — Auch die Obrigkeiten beschwerten sich, sie hätten in den geforderten Berichten

¹) Im Lande Hadeln befand sich unter 56 Angesetzten kein einziger, der nur 1000 Fr. zu zahlen gehabt hätte. Vgl. Chronik des Landes Hadeln nebst interessanten Auszügen aus der Geschichte der Ämter Ritzebüttel, Bederkesa und Neuhaus, des Landes Wursten und des Landes Kehdingen S. 597 f.

²) Die Vorschlagsliste, welche der Lüneburger Magistrat eingereicht hatte, wies nur 90 000 Fr. auf.

³) Gade, Geschichte der Stadt Nienburg an der Weser S. 135.

⁴) In der Provinz Lauenburg waren 20 Adlige mit 172 000 Fr., also durchschnittlich mit 8600 Fr. angesetzt. Die Gesamtzahl der Kontribuenten betrug hier ca. 110 Personen.

⁵) Kreditvereine und ähnliche Anstalten gab es damals im Hannoverschen noch nicht. Eine Ausnahme bildete allein der im Jahre 1790 für den im Fürstentum Lüneburg mit immatrikulierten Gütern ansässigen Adel gegründete ritterschaftliche Kreditverein.

eine grosse Anzahl von Personen nur unter der Voraussetzung angeführt, dass diese allenfalls 1000 Fr., aber unter keinen Umständen mehr zahlen sollten. Es würde denselben schon schwer genug fallen die Summe von 1000 Fr. aufzubringen, und es sei völlig ausgeschlossen, dass sie einen mehrfach höheren Betrag zahlen könnten.

Belleville erblickte in den massenhaft eingehenden Reklamationen nur hartnäckige und verstockte Böswilligkeit. Unerbittlich hielt er an der Bestimmung fest, dass das erste Drittel der Anleihe von allen einmal angesetzten Personen bis auf den letzten Heller entrichtet werden müsse. Auch das zweite Drittel wollte er bezahlt wissen, vorausgesetzt dass nicht ganz besondere Gründe ausnahmsweise einen Erlass rechtfertigen sollten. — Als die Zahlungen zum zweiten Termine nur spärlich eingingen, schrieb er aufgebracht an die Gouvernementskommission (24. März 1808), er sehe, dass viele Kontribuenten unter den nichtigsten Vorwänden bei ihrer Weigerung beharrten. Die früher bewiesene Nachsicht bestärke die Säumigen in ihrem Trotze, und obwohl die Subdelegierten bereits den Befehl empfangen hätten, mit exekutorischen Massregeln zu drohen, gehe kein Geld ein. Er wolle jetzt ein letztes Mittel versuchen, indem er in der Hauptstadt ein „Exempel statuieren" lasse. Binnen drei Tagen solle die Gouvernementskommission ihm eine Liste der zehn Höchstbesteuerten in der Stadt Hannover einreichen, welche mit dem zweiten bzw. ersten Drittel im Rückstande seien. Der General von Wangenheim werde alsdann den Befehl erhalten, den namhaft gemachten Personen Garnisärs in das Haus zu legen. Sollte auch dieses Mittel keinen Erfolg haben, so würde man sofort zu noch schärferen Massregeln zu greifen haben.

Am 28. März setzte Belleville hinzu, er sei zu der erwähnten Massregel sowohl durch den Widerstand der Kontribuenten als auch durch die Vorwürfe genötigt, welche er von seiten des Generalintendanten Daru erhalte. Es widerstrebe ihm, der höheren Behörde seine Korrespondenz mit denjenigen Personen zu übersenden, welche auf die Aufforderung zu zahlen nur mit Ausflüchten und leeren Versprechungen geantwortet hätten. Man würde aus derselben nur Anlass nehmen, der Gouvernementskommission und ihm selbst neue Vorwürfe zu machen. Die Willfährigkeit des Intendanten dürfe schlechterdings nicht soweit gehen, dass er seine vorgesetzte Behörde insultieren und die Ausführung des kaiserlichen Willens von der Laune hannoverscher Unterthanen abhängen lasse.

Wenn die Drohung, militärische Exekution zu verhängen, nun auch bei jenen zehn Personen — es waren die Banquiers M. David Meyer, Abraham Cohen und Philipp Oppenheimer, die verwitwete

Präsidentin von Wallmoden, die Minister von der Decken und von Kielmansegge, die Kammerherren von dem Bussche, von dem Bussche-Münch und von Schwicheldt und der Gesandte von Reden — fruchtete, so gingen doch die übrigen Gelder nicht schneller ein. Auch scheinen die Subdelegierten und die anderen hannoverschen Behörden bei der Eintreibung der Beiträge eben keinen grossen Eifer bethätigt zu haben. — Am 15. April beschwerte sich Belleville abermals, dass die Zahlungen zum zweiten Drittel der Anleihe ganz unbedeutend seien. Die Drohungen und Vorwürfe, welche er selbst deswegen erhalte, schrieb er an die Gouvernementskommission, würden ihm nichts anderes übrig lassen, als die Provinzialbeamten, welche sich saumselig benommen hätten, abzusetzen und verhaften zu lassen. Vierzehn Tage später (30. April) berichtete die calenbergische Subdelegation, es sei noch immer ein bedeutender Teil der Beiträge zum zweiten Termine rückständig. Man habe achtunddreissig Restanten eröffnet, dass man militärische Exekution über sie verhängen würde, wenn sie ihre Schuld nicht binnen zehn Tagen berichtigt hätten. — Im Mai und Juni wurden dann in der That einer grösseren Anzahl von säumigen Zahlern im Calenbergischen, namentlich in der Stadt Hameln [1]), französische Soldaten in das Haus gelegt. Auch dem Subdelegierten Jacobi zu Celle stellte der Generalgouverneur zehn Kürassiere nebst einem Unteroffizier zur Verfügung, um die widerspenstigen Schuldner zur Bezahlung zu zwingen. Jacobi erhielt dabei die Instruktion, wenn die Einquartierung nicht binnen zehn Tagen geholfen habe, so solle er von dem Hausgerät der säumigen Personen so viel verkaufen lassen, als zur Deckung der geschuldeten Summe erforderlich sei [2]).

Auch diese scharfen Massregeln konnten jedoch nicht zu Wege bringen, dass alle zum zweiten Termine fälligen Gelder eingingen. Der Intendant selbst vermochte sich der Notwendigkeit nicht zu verschliessen, einer Anzahl von Individuen, welche ihr Unvermögen bewiesen hatten, die Bezahlung des zweiten Termins entweder ganz oder doch teilweise zu erlassen.

Es ergab sich von selbst, dass es unter solchen Umständen nicht möglich sein werde, die Bezahlung des dritten Termins zu

[1]) Nach einem Schreiben der Gouvernementskommission an Wangenheim vom 19. Mai soll Belleville mit dem Benehmen des Magistrats zu Hameln sehr unzufrieden gewesen sein.

[2]) Am 6. Juni schrieb Lasalcette an den in Lüneburg garnisonierenden General St. Sulpice: „J'espère que cette mesure fera dans le Lunebourg le même effet que dans cette province (Calenberg), c'est-à-dire que la menace seule produira la rentrée des contributions, et que ces cuirassiers ne seront que très momentanément éloignés de leurs corps".

erlangen. Belleville ordnete daher eine „Supplementaranleihe" an, welche den Betrag des dritten Termins decken sollte. Zu dieser Ergänzungsanleihe wurden solche Personen herangezogen, welche zwar nicht 1000 Fr. und darüber, aber doch 200—1000 Fr. erlegen konnten. Die Bezahlung der Ergänzungsanleihe zog sich bis in den Herbst des Jahres 1808 hinein. Am 13. Oktober waren im Calenbergischen von 230000 Fr. erst 91324 Fr. entrichtet. Die Zahl der Restanten betrug eben damals 374 Personen [1]).

Einem Promemoria des Rechnungsführers der Generalkasse Eisendecher [2]) entnehmen wir, dass von den auf die Zwangsanleihe eingehenden Geldern bis zum 8. September 1808 nur 3575000 Fr.[3]) an den französischen Receveur abgeliefert wurden. Das „Emprunt forcé" hat also nicht einmal die Hälfte der in Aussicht genommenen Summe (zehn Millionen Francs) eingebracht.

Für die mit dem Königreiche Westfalen vereinigten Provinzen Göttingen und Grubenhagen und die Berghauptmannschaft Clausthal ward, wie gleich hier erwähnt sei, von Belleville eine besondere Zwangsanleihe ausgeschrieben. Durch diese Massregel sollte der Anteil der genannten Provinzen an der Kontribution von 9,1 Millionen Francs und an dem monatlichen Abonnement bis zum Datum der Einverleibung in das neue Königreich — insgesamt 2,6 Millionen Francs — aufgebracht werden. Bereits am 10. Oktober 1807 hatte Belleville die dortigen Obrigkeiten aufgefordert, eine namentliche Liste aller Einwohner einzureichen, deren öffentliche Abgaben, ordinäre und extraordinäre zusammengenommen, über 10 ₰ hinausgingen. Diese Einwohner sollten in dem Verzeichnisse in sechs

---

[1]) Promemoria des Landrentmeister Hansing, 13. Oktober 1808. Am 14. Oktober teilte die calenbergische Subdelegation der Gouvernementskommission mit, man habe den säumigen Obrigkeiten eine solche unverantwortliche Zögerung nachdrücklich verwiesen und ihnen wiederholt aufgegeben, die Restanten sofort zur Berichtigung ihrer Rückstände mit der Verwarnung aufzufordern, dass, wenn sie nicht binnen 14 Tagen ihrer Schuldigkeit Genüge leisteten, sie es sich selbst beizumessen hätten, wenn die von Belleville zu beschliessenden Zwangsmassregeln ohne weitere Mahnung wider sie in Anwendung gebracht würden.

[2]) Hannover, 7. September 1808.

[3]) Bis zum 1. Juni 1809 erhöhte sich diese Summe auf 3925000 Fr. (Gouvernementskommission an Belleville, 1. Juni 1809). Nach der Restauration machte die hannoversche Regierung den Versuch, von Frankreich eine Entschädigung wegen der Zwangsanleihe zu erhalten. Ihre Forderungen wurden indessen von den französischen Liquidations-Kommissarien zurückgewiesen. Der allgemeine Landtag zu Hannover beschloss darum (1819), die Darleiher aus den Mitteln des Landes zu entschädigen. Vgl. Aktenstücke der provisorischen oder ersten allgemeinen Ständeversammlung des Königreichs Hannover IV, 110 ff., 193 ff.

Klassen geteilt werden, je nachdem sie 10—30, 30—80, 80—150, 150—250, 250—400 oder über 400 ℳ an Abgaben zu entrichten hätten. Als die Behörden darauf vorstellten, es sei sehr schwierig, eine hinreichend grosse Anzahl von Individuen anzugeben, die in sechs Klassen verteilt zu der Anleihe beitragen könnten, erweiterte der Intendant von Hannover seinen Auftrag dahin, dass man ein namentliches Verzeichnis derjenigen Personen einsenden solle, welche nach Verhältnis ihres Vermögens an der Zwangsanleihe teilzunehmen vermöchten (18. November 1807). Im Januar 1808 ward dann den Behörden in Göttingen, Grubenhagen und auf dem Harze die exekutorische Kontribuentenliste zugestellt. Wie in Hannover, so waren auch hier drei Termine festgesetzt, der 1., 10. und 20. Februar 1808. Reklamationen sollten, abweichend von der Bestimmung des Ausschreibens vom 25. December, erst nach der Bezahlung des zweiten Termins angenommen werden.

Auch in Göttingen-Grubenhagen fand die Aufbringung der Anleihe die grössten Schwierigkeiten. Eine Reihe von Gutsbesitzern, Beamten und anderen Personen, welche zu derselben beitragen sollten, that sich zusammen, um eine Deputation an den neuen Landesherrn, König Jerome, abzusenden. Die Abgesandten, Freiherr von Grote auf Jühnde und Konsistorialrat Ballhorn aus Göttingen, waren angewiesen in Kassel dahin zu wirken, dass der König sich bei Napoleon für eine Herabsetzung der Kriegskontribution verwenden möge. Wenn sich dieses nicht erreichen liesse, sollten jene in jedem Falle eine vierteljährliche Frist zur Herbeischaffung der geforderten Geldsummen zu erreichen suchen; denn bei dem so geringen Zwischenraume zwischen den festgesetzten Terminen schien die Bezahlung ganz unmöglich!

Die Deputierten erhielten von dem westfälischen Finanzminister Beugnot den Bescheid, die Einwohner der oben erwähnten Provinzen möchten gemeinschaftliche Schuldverschreibungen in der Höhe der abzutragenden Kriegskontribution ausstellen und sich verbindlich machen dieselben binnen sechs Monaten abzuzahlen. Zur Ausführung dieses Vorschlages scheint es aber nicht gekommen zu sein. Eine Cirkularverordnung des Präfekten von Hövel zu Göttingen (24. März 1808) trug den Obrigkeiten seines Departements auf, die schleunige Einzahlung der Rückstände von der Zwangsanleihe zu betreiben. Zugleich sollten die Behörden eine Liste derjenigen Personen einreichen, welchen die Bezahlung trotz aller Anstrengungen unmöglich sei, und welche daher eines gänzlichen oder mindestens teilweisen Erlasses durchaus bedürften. Auch sollte eine Liste solcher Einwohner eingereicht werden, welche zur Deckung des

Ausfalls eine bestimmte Summe, die jedoch nicht unter 300 Fr. betragen dürfe, zahlen könnten. Die Totalsumme der vorzuschlagenden Ergänzungsbeiträge müsse, um sicher zu gehen, die ausfallende Summe um ein Drittel übersteigen. — Es ward also auch hier eine Ergänzungsanleihe in das Werk gesetzt.

Mit ganz besonderen Schwierigkeiten war die Beitreibung der gezwungenen Anleihe auf dem Harze, in der sogenannten Berghauptmannschaft Clausthal, verknüpft. Die Harzbewohner, welche durchweg ihren Unterhalt aus dem Bergbau zogen, lebten meist in recht ärmlichen Verhältnissen. Die hannoversche Regierung hatte ihnen darum in früheren Zeiten die Exemtion von allen Steuern und Abgaben gewährt. Nur in ausserordentlichen Fällen war die Bevölkerung der Berghauptmannschaft zu den Steuern herangezogen worden, aber auch dann nur in einem geringen Masse. So hatten sie während der ersten französischen Okkupation etwa den zehnten Teil der auf die Provinz Grubenhagen entfallenden Quote zu zahlen gehabt. Jetzt war der Berghauptmannschaft aber von Belleville der neunte Teil der von den beiden Fürstentümern Göttingen und Grubenhagen zu zahlenden Totalsumme auferlegt worden, eine harte Zumutung, die bei der Harzbevölkerung die grösste Bestürzung erweckte und fast alle Kontribuenten in die bitterste Verlegenheit brachte. — Grosse Anerkennung verdienen die Bemühungen des Berghauptmanns und Geheimen Rats von Meding. Dieser reiste selbst nach Kassel, um für den Harz eine Erleichterung zu erwirken. Als dies nicht gelang, machte er — freilich wiederum vergeblich — Versuche in Braunschweig, Kassel und Frankfurt a. M., Anleihen auf den Kredit der Berghauptmannschaft abzuschliessen. Demnächst errichtete er zu Clausthal eine Anstalt zur Aufnahme freiwilliger Darlehen, wodurch besonders bedrängten Personen mit Vorschüssen unter die Arme gegriffen werden sollte. — Gleichzeitig verabredete er, um die grosse Last möglichst gleichmässig auf alle Bewohner des Harzes zu verteilen, mit den Magistraten der sieben Bergstädte die Anlage einer allgemeinen Steuer. Es lässt sich indessen aus den Akten nicht eruieren, ob dieser Plan verwirklicht worden ist.

So viel man sehen kann, ist es den Fürstentümern Göttingen und Grubenhagen und der Berghauptmannschaft Clausthal gelungen, die ihnen auferlegte Anleihe noch im Jahre 1808 völlig abzutragen. Wenigstens ward es der Gouvernementskommission in Hannover mehrfach von Belleville vorgehalten, dass jene Provinzen ihren Beitrag entrichtet hätten, während das übrige Hannover noch so sehr im Rückstande sei.

Um wieder auf die Verhandlungen zwischen der Gouvernementskommission und den französischen Autoritäten zurückzukommen, so hatte jene im Februar 1808 von neuem zwei ihrer Mitglieder, nämlich den Hofrichter von Hardenberg und den Kammerrat von Schulte, an den Generalintendanten Daru nach Berlin gesandt, um wo möglich den Erlass der beiden letzten Drittel des „Emprunt forcé" zu erwirken. Daneben sollten die beiden Deputierten bitten, dass man auf französischer Seite Milderungen in der Suspension der Zahlungen für die heimische Verwaltung, deren Rückstand sich angeblich bis zum 31. December 1807 bereits auf 1 858 312 Fr. 11 gesteigert hatte, eintreten lassen möge. Zum Beweise, dass das Kurfürstentum dieser Vergünstigungen würdig sei, sollten Hardenberg und Schulte dem Generalintendanten zwei Tableaus überreichen, in welchen der Nachweis angetreten wurde, dass Hannover nicht allein die Kontribution von 9,1 Millionen Francs vollständig abgetragen, sondern auch darüber hinaus für den Dienst der französischen Armee eine Summe von 9 978 577 Fr. verausgabt habe. Der Intendant Belleville hatte zu der Absendung der beiden Deputierten seine Zustimmung gegeben, zugleich aber bemerkt (13. Februar 1808), wenn er die Weisungen Darus ausführe, so gehorche dieser den Befehlen des Kaisers; der Erfolg der Sendung hänge also allein von dem Willen Napoleons ab.

Am 19. Februar hatten Hardenberg und Schulte eine lange Unterredung mit Daru. Der letztere wollte die Berechnung der hannoverschen Behörde, wonach die Kriegskontribution voll und ganz bezahlt sei, nicht gelten lassen. Die Bitte um den Erlass der beiden letzten Anleihetermine und um die Auszahlung von Besoldungen, Pensionen und Zinsen schlug der Generalintendant rundweg ab. Nicht eher, erklärte er, sei an irgend eine Geldbewilligung für die hannoversche Verwaltung zu denken, als bis man die ganze rückständige Kontribution abgetragen habe. Wenn dies geschehen sei — und er wolle die „prestation mensuelle" von 1 200 000 Fr. nur für ein Jahr fordern —, so wolle er sich mit einem billigen monatlichen Beitrage aus den Landeseinkünften begnügen und den hannoverschen Behörden die freie Administration des Landes zugestehen. Auch solle dem Lande alsdann keine weitere Truppenunterhaltung zugemutet werden, als etwa die „raisons politiques" erfordern möchten. Hingegen sollten bis zu dem Zeitpunkte, wo die Kontribution völlig bezahlt sein würde, fortdauernd neue Truppen in das Land geschickt werden.

Als die Deputierten mit dieser wenig tröstlichen Antwort nach Hause zurückgekehrt waren, trat die Kommission des Gouvernements am 27. Februar 1808 zu einer Beratung über die Frage zusammen, ob es unter solchen Umständen nicht das Beste sei, die Administration ganz niederzulegen. Patje sprach die Ansicht aus, so wenig Freude auch für die Mitglieder der Kommission bei der Fortdauer ihrer Funktionen zu erwarten stehe, so wenig scheine es doch geraten, dieselben freiwillig niederzulegen. Ein solcher Schritt, weit entfernt wohlthätige Folgen zu haben, werde auch das Gute, welches man noch zu wirken vermöge, ganz über den Haufen werfen; denn in sothanem Falle sei weder an eine ordentliche Verpflegung der französischen Truppen, noch an eine Vermittelung zwischen den Unterthanen und dem französischen Militär weiter zu denken. Patjes Ansicht ward von den übrigen Mitgliedern der Kommission geteilt, und man beschloss, wenigstens vorläufig die Administration fortzuführen.

Weiter wurde in der gedachten Sitzung beraten, welche Taktik man in Zukunft gegenüber den französischen Forderungen üben wolle. Patje meinte, man müsse vor allen Dingen herausbringen, was die Franzosen von Hannover forderten, und wie viel man hannoverscherseits darauf bislang geleistet habe. Lege man die von Daru am 8. August 1807 aufgestellte Schuldrechnung zu Grunde, wonach das Land 9,1 Millionen Francs Kriegskontribution und für die Zeit vom December 1806 bis August 1807 10,8 Millionen Francs „prestation mensuelle" zu zahlen habe, und halte man sich daran, dass die letztere mit dem Oktober 1807 ihr Ende haben solle, so ergebe sich als Totalschuld die Summe von 21,1 Millionen Francs. Davon sei bezahlt oder komme sonst in Fortfall:

1) die Beitragsquote für Göttingen-Grubenhagen .... 2 600 000 Fr.
2) für Gegenstände, deren Anrechnung genehmigt sei (exklus. der Verproviantierung von Hameln)...... 1 081 231 „
3) der Ertrag der Steuer vom 21. Oktober 1807 .... 1 700 000 „
4) der Ertrag der Zwangsanleihe................. 1 500 000 „
5) für die Lieferung von Pferden................. 600 000 „
6) für die eingelösten sechs Billets à 100 000 Fr. ... 600 000 „
7) die Zahlungen der Kammerkasse .... 2 500 000 „
8) der Ertrag des ausserordentlichen Holzhiebes..... 500 000 „
9) die Zahlungen für Hospitäler.................. 784 014 „

Sa. 11 865 245 Fr.

Mithin sei man noch schuldig: 9 234 755 Fr. Es sei nicht wahrscheinlich, dass sich Mittel finden würden dieses Deficit zu decken, um so weniger, als man schon seit dem Oktober 1807 von neuem eine bedeutende Schuld kontrahiert haben werde, auch wenn das neue Abonnement noch so billig ausfallen sollte. Doch brauche man die Drohungen Darus, dass er mehr Truppen in das Land schicken wolle, nicht allzusehr zu fürchten. Bereits im Oktober 1807 habe Daru gesagt, dass die Exekutionstruppen sich auf dem Marsche befänden; bislang seien sie aber noch nicht eingetroffen. Es scheine demnach das Geratenste zu sein, „auf die bisherige Weise zu kontinuieren und die an sie (die Gouvernementskommission) ergehenden Forderungen möglichst hinzuhalten und zu modifieieren". Die anderen Mitglieder der Gouvernementskommission traten der Patjeschen Ansicht bei [1]).

Dementsprechend schrieb die Gouvernementskommission am 8. März 1808 an den Gouverneur Lasalcette, Daru habe ihnen als einziges Mittel, um die rückständige Kontribution aufzubringen, eine Anleihe im Auslande in Vorschlag gebracht. Die Gouvernementskommission sei aber nicht die kompetente Behörde, um eine solche Anleihe abzuschliessen. Seit Aufhebung der Stände mangele es an jedem Kredite. Allenfalls würde eine Anleihe möglich sein, wenn Napoleon die Gnade haben wollte, für die Zukunft das monatliche Abonnement in einer den Kräften des Landes angemessenen Höhe festzusetzen und die Abrechnung der für den Unterhalt der französischen Truppen gemachten Ausgaben zu gestatten. Erst müsse man von der Höhe der Lasten genau unterrichtet sein, welche das Hannoversche für die Vergangenheit und für die Zukunft zu tragen haben werde, dann könne man zusehen, was sich machen lasse. (!)

Eine Abschrift dieses Schreibens übersandte die Kommission dem Intendanten Belleville. Der letztere schickte sie seinerseits an Daru. Daru antwortete darauf (16. März) in einem ausführlichen Schreiben, welches Belleville der Gouvernementskommission am 23. März übermittelte. Dasselbe ist zu bezeichnend für die Auffassung, welche Daru von der Lage des Kurfürstentums hatte, als dass wir nicht auf seinen Inhalt näher eingehen sollten. Der Generalintendant bemerkte in dem Eingange des Schreibens, er habe den hannoverschen Deputierten erklärt, dass an den Befehlen Napoleons so lange nichts geändert werden könne, als Hannover ihnen nicht für die vergangene Zeit nachgekommen sei. Es liege also im Interesse des Landes und sei die dringende Pflicht der hannoverschen Behörden, die Forderungen des Kaisers zu erfüllen. Nun komme aber die Gouvernementskommission und behaupte, ehe man ein Arrangement abschliessen könne, müsse man auf das genaueste wissen, was das Land in Zukunft zu zahlen haben werde. Statt zu gehorchen fange man in Hannover damit an, Bedingungen zu stellen und mit dem Kaiser handeln zu wollen. Napoleon werde sich darauf nun und nimmer einlassen. Eine Reduktion

---

[1]) Sitzungsprotokoll der Gouvernementskommission vom 27. Februar 1808.

der Kriegskontribution sei nicht möglich, schon darum nicht, weil eine solche noch nie vorgekommen sei und nur eine Masse Reklamationen von seiten anderer Länder herbeiführen werde. Dagegen sei er (Daru) einer Verminderung der monatlichen Kontingentssumme nicht abgeneigt, werde sie aber nur dann bewilligen, wenn man auf hannoverscher Seite damit begonnen habe, sich den Befehlen des Kaisers gehorsam zu erweisen. Je mehr man dieses hinausschiebe, um so höher schwelle der Rückstand an, welcher unter keinen Umständen erlassen werden könne. — Die Kraft der Trägheit (la force d'inertie), auf welcher das Oppositionssystem der hannoverschen Administration beruhe, habe nur dann Aussicht auf Erfolg, wenn die Macht, der man sich widersetze, von vorübergehender Dauer sei. Wenn deren Streitkräfte aber, wie es hier der Fall sei, täglich zunähmen, und sie die ihr zu Gebote stehenden Zwangsmittel jederzeit vervielfältigen könne, so gebe es nichts Verkehrteres, als den Versuch, jene Macht hinzuhalten und Zeit zu gewinnen. Dies falsche System habe einst die Auflösung der Stände herbeigeführt. Wenn man jetzt hannoverscherseits die Wiederherstellung der Stände als eine Notwendigkeit hinstelle, da diese allein den Kredit für eine Anleihe zu finden vermöchten, so könne er dem nicht beistimmen. Einmal frage es sich sehr, ob die Stände nach ihrer Wiedereinsetzung besseren Willen als früher zeigen würden. Auch sei zu bezweifeln, ob sie ein geeignetes Pfand für eine eventuelle Anleihe bieten könnten. Die Domänen habe der Kaiser in Besitz genommen[1]), diese könnten also nicht zum Pfande dienen. Ob die landschaftlichen Steuereinkünfte verpfändet werden dürften, hänge von der Verfassung ab, welche das Land erhalten würde. Mithin bleibe bloss das Eigentum der Unterthanen als Unterpfand übrig, und um dieses heranzuziehen, bedürfe man der Stände nicht. — Er, Daru, könne in dem Verlangen nach der Wiederherstellung der Stände nur ein selbstsüchtiges Motiv erblicken. Offenbar wollten diejenigen, welche fürchteten, zu der von ihm vorgeschlagenen Anleihe herangezogen zu werden, sich durch die Stände ein Mittel verschaffen, um den grössten Teil der Last auf das Volk abzuwälzen. Dem müsse man sich aber aus Gründen der Gerechtigkeit, der Humanität und der Politik widersetzen.

Im weiteren Verfolg seines Schreibens schlug Daru ein neues Mittel zur Befriedigung der französischen Forderungen vor. In mehreren preussischen Provinzen, führte er aus, wären zu Anfang des Jahres 1807 Associationen von Grundeigentümern zusammengetreten.

---

[1]) S. S. 252 f.

welche gegen Verpfändung des gesamten Grundbesitzes ihrer Mitglieder gemeinschaftliche Anleihen eröffnet hätten. Jeder Grundbesitzer, welcher dieser Vereinigung beigetreten sei, habe eine Hypothek auf seine Güter hergegeben; dafür sei ihm von der Gesellschaft ein Kredit bis zu $\frac{1}{2}$ oder $\frac{2}{3}$ des Wertes seiner Besitzungen gewährt worden. Die Association habe sämtliche Hypotheken garantiert, so dass die Sicherheit für den fremden Darleiher eine vollkommene gewesen sei. Die Massregel habe denn auch den besten Erfolg gehabt: man habe stets zu sehr niedrigen Zinsen Geld erhalten und sei auf solche Weise in den Stand gesetzt worden, allen Verpflichtungen gegen das französische Gouvernement nachzukommen. Warum man diese Massregel nicht auch im Hannoverschen anwenden wolle? Es könne nicht schwer halten, die hannoverschen Grundbesitzer von ihrer Notwendigkeit zu überzeugen. Der Einwurf, als ob es an barem Gelde fehle, sei nicht stichhaltig. Im Gegenteil, die zahlreich vorhandenen Besitzer grösserer Kapitalien wüssten nicht einmal, wo damit hin. Gerade die Stockung des Handels, welche dem Umlaufe des Geldes so sehr im Wege stehe, mache dieses für andere Zwecke flüssig [1]). Einen Beweis dafür liefere das Sinken des Zinsfusses: überall, wo man angemessene Sicherheit zu bieten vermöge, erhalte man auch Geld zu mässigen Zinsen. Wenn man auf hannoverscher Seite nur den aufrichtigen Willen habe Geld anzuleihen, so werde man damit schon reüssieren.

Am Schlusse seines Schreibens gab Daru an, es sei sein lebhafter Wunsch Mittel zu vermeiden, bei denen es nicht ohne Ungerechtigkeit und Härte abgehe. Aber er müsse gleichzeitig darüber wachen, dass die Befehle des Kaisers ausgeführt würden. Die einzige Möglichkeit, Erleichterungen von Napoleon zu erlangen, bestehe, um es noch einmal zu sagen, darin, dass man endlich anfange, den kaiserlichen Befehlen Folge zu leisten.

Die Gouvernementskommission lehnte es ab, den von dem Generalintendanten gewiesenen Weg zu beschreiten. In ihrem Antwortschreiben vom 25. März erklärte sie, bei der gegenwärtigen Lage des Kurfürstentums

---

[1]) Dies war nicht so unrichtig. In einer 1806 erschienenen Schrift: „Über die Errichtung einer Cirkulations- oder Zettel- und Leihbank und den davon zu erwartenden Nutzen zur Beförderung des Geldumlaufs in den Hannöverischen Landen" wird (S. 23 f.) die gleiche Ansicht ausgesprochen. „Unser Kredit", heisst es dort, „ist gelähmt, Handelshäuser, die allgemeines Zutrauen genossen, denen alle auf kürzere oder längere Zeit unbenutzt liegenden Gelder vorhin zuströmten, sind gestürzt; Misstrauen ist an die Stelle des Kredits getreten; es hat sich auf das Ganze verbreitet; grosse und kleine Kapitalien, die sonst in ununterbrochener Cirkulation waren, liegen ungenutzt im Gewahrsam ihrer Besitzer, die sie gern ausleihen würden, wenn sie nur Sicherheit fänden."

könne man sich von einer Operation, wie sie Daru vorgeschlagen habe, keinen Erfolg versprechen. Eine derartige solidarische Vereinigung von Grundbesitzern setze eine öffentliche Gewalt, welche die Vereinigung zu stande bringe, oder die einmütige Überzeugung der Grundeigentümer von der Notwendigkeit und Thunlichkeit jener Massregel, nicht minder eine Regierung, welche ihre Sanktion zu dem Unternehmen gebe, u. s. w. voraus. Alle diese notwendigen Voraussetzungen seien hier nicht vorhanden. Zwang könne die Kommission des Gouvernements schon darum nicht anwenden, weil eine derartige Massnahme mit den Prinzipien streite, durch welche sie sich das Vertrauen des französischen Gouvernements erworben habe (?!). Ausserdem würde ein solcher Zwang den Erfolg der Operation im Keime ersticken. Auf ein freiwilliges Zusammentreten der Grundbesitzer sei bei den ungünstigen Zeitumständen nicht zu rechnen. Wo immer solche Associationen sich gebildet hätten, seien sie die Frucht des Friedens und der öffentlichen Ruhe gewesen. In den preussisch-westfälischen Provinzen hätten die Kreditvereinigungen Erfolg haben können, denn dort habe der König sie durch seine Sanktion unterstützt. Anders liege die Sache in Hannover, dessen Schicksal noch immer ungewiss sei.

Des weiteren ging die Gouvernementskommission auf die wiederholte Mahnung Darus ein, man möge sich endlich dem Willen des Kaisers unterwerfen. Sie argumentierte, allein der Umstand, dass man in dem Zeitraume vom 1. December 1806 bis zum 1. März 1808 mehr denn zwölf Millionen Francs bezahlt und über acht Millionen zum Dienst der französischen Armee verwandt habe, beweise hinlänglich, dass man dem Kaiser vollkommenen Gehorsam erweise. Daru dürfe sich von den ernstlichen und fortdauernden Bemühungen der Kommission, die dem Kurfürstentum auferlegten Lasten abzutragen, überzeugt halten. Nur die unüberwindlichen Schwierigkeiten könnten ihrem Eifer eine Grenze stecken.

Es konnte nicht ausbleiben, dass die Weigerung der Gouvernementskommission, die Vorschläge Darus zu befolgen, diesen von neuem in Harnisch brachte. Zwar sah er — und wir müssen ihm solche Milde sehr hoch anrechnen — von härteren Massregeln ab, aber von einer Verminderung des Aversionalquantums war hinfort keine Rede mehr.

Wenn die hannoversche Kommission in dem vorhin erwähnten Schreiben die Behauptung aufstellte, sie sei den Befehlen Napoleons gehorsam, so sagte sie damit eine direkte Unwahrheit. Im Gegenteil hat die Kommission es sich kaum weniger als vorhin das Landesdeputations-Kollegium angelegen sein lassen, den Absichten und

Massregeln der französischen Behörden entgegenzuarbeiten, nur dass sie die „verfängliche Hintergehungskunst" besser als jenes verstand. Bezeichnend für die Taktik der Kommission ist die Art und Weise, wie sie in betreff der Unterhaltung der Okkupationstruppen verfuhr. Unmittelbar nach ihrer Einsetzung war der Gouvernementskommission von Belleville das schon früher erlassene Verbot eingeschärft worden, dass die öffentlichen Fonds zu der Verpflegung des französischen Militärs nicht beitragen dürften [1]). Hannoverscherseits hatte man jenes Verbot bislang völlig ignoriert. Jetzt legte man dasselbe — wie man denn überhaupt in dem Missverstehen und dem absichtlichen Verdrehen der von den französischen Autoritäten ausgehenden Befehle eine wahre Meisterschaft entfaltete — dahin aus, dass nur die Verwendung der ordinären Landeseinkünfte zum Zweck der Armeeverpflegung untersagt sein sollte. Nach wie vor wurden der Generalverpflegungs-Kommission monatlich 60 000 ₰ aus den Einnahmen der Provinzialkassen angewiesen. Im December 1807 ward diese Summe sogar auf 80 000 ₰ erhöht, welche sich folgendermassen auf die einzelnen Provinzen verteilten:

Calenberg .... 15 863 ₰ 25 mgr 6 ₰
Lüneburg .... 29 618 . 16 . 3 .
Bremen-Verden .... 21 887 . 15 . 7 .
Hoya .... 7 997 . 19 . 5 .
Lauenburg .... 2 663 . 9 . 7 .
Hadeln .... 1 233 . 27 . 1 .
Diepholz .... 1 305 . 29 . 3 .

Sa. 80 000 ₰ — mgr — ₰ [2]).

Am 4. Januar 1808 fand dann in der Gouvernementskommission eine eingehende Beratung statt, ob man die Verpflegung des französischen Militärs auch fernerhin mit den Einkünften des Landes bestreiten dürfe und nicht vielmehr letztere gemäss den Aufforderungen Bellevilles in die Kasse des „Receveur des contributions" abliefern müsse. Patje behauptete in dieser Sitzung, das Schreiben des Intendanten besage nur, dass die Verwendung der „impositions ordinaires" zu der Unterhaltung der Truppen verboten sei. Demnach liege gar kein Bedenken vor, die Einkünfte aus den „impositions extraordinaires" fürder zu solchem Zwecke zu gebrauchen. Der

---

[1] Belleville an die Gouvernementskommission, 28 septembre 1807. „L'intention de S. M. est de ne payer aucune subsistance pour le ⁵ Corps d'armée, attendu qu'il occupe des cantonnements riches, ou les paysans peuvent le nourrir sans argent." Vgl. S. 211.
[2] Vgl. S. 212.

Ertrag der ausserordentlichen Einkünfte belaufe sich pro Monat auf 110 000 ₰. Diese Summe setze sich zusammen aus dem Ertrage

1) der Naturallieferung .... 40 000 ₰
2) der ausserordentlichen Kriegssteuer .... 40 000 "
3) der Defensionsteuer....................... 30 000 "
$$\text{Sa. } 110\,000 \text{ ₰}$$

Die Truppenverpflegung, fuhr Patje in seinen Ausführungen fort, sei im November 1807 auf 116 118 ₰ zu stehen gekommen[1]). Die Kosten derselben seien mithin, wenn man diesen Monat als Norm annehme, bis auf einen geringen Bruchteil aus den ausserordentlichen Einkünften gedeckt. Er stimme unter diesen Umständen dafür, dass man auf dem bisherigen Wege fortfahren möge. Die übrigen Mitglieder der Gouvernementskommission traten auch dieses Mal dem Votum Patjes einstimmig bei.

Es bedarf kaum des Beweises, dass man mit dem am 4. Januar gefassten Beschlusse gröblich gegen die Intentionen der französischen Behörden verstiess. Wohl hatte Belleville verschiedentlich geäussert, dass die Verwendung der ordinären Landesrevenuen zu der Truppenverpflegung nicht gestattet werden könne. Damit war aber längst nicht gesagt, dass die Einkünfte aus den extraordinären Steuern dazu benutzt werden dürften. Vielmehr hatte Belleville, wie wir vorhin gesehen haben, auch die eigenmächtige Verwendung der ausserordentlichen Steuern strengstens untersagt[2]).

Es muss freilich zugegeben werden, dass das Verhalten des französischen Intendanten mit seinen Äusserungen nicht im Einklang steht. Nichts wäre leichter gewesen, als der gegen Napoleons Anordnungen verstossenden Austeilung von Lebensmitteln an das französische Militär Einhalt zu thun. Belleville brauchte zu dem Ende nur zu erklären, dass die Lieferanten, welche die Verpflegung der Armee im Auftrage der Gouvernementskommission besorgten, keine Bezahlung aus den Mitteln des Landes zu erwarten hätten. Daran hat Belleville aber im Ernste nicht gedacht. Und das war ein Glück für das Land. Wie wir später sehen werden, war die Last der Einquartierung, auch ohne dass die Unterthanen das Militär zu beköstigen hatten, eine enorme. Hätte denselben die gesamte Ver-

---

[1]) Davon entfielen auf
1) Fourage .... 42 981 ₰
2) Mundportionen .... 67 482 "
3) kleine Requisitionen .... 655 "
4) Tafelgelder .... 5 000 "
Sa. 116 118 ₰.

[2]) Vgl. S. 212.

pflegung obgelegen, so wären die Kräfte des Landes ohne Frage in kurzer Zeit gänzlich erschöpft, und der Unterhalt der französischen Armee in Frage gestellt worden. Die Unterhaltung des französischen Militärs erfolgte also mittelst der Einkünfte aus den ausserordentlichen Steuern. Darnach sollte man glauben, dass die hannoverschen Behörden wenigstens die „contributions ordinaires" bar an das französische Gouvernement abgeliefert hätten, wie das ja auch zu wiederholten Malen von Belleville verlangt worden war. Das war aber nicht der Fall. Es liegt ein Memoire Patjes aus dieser Zeit vor, welches sich über die Frage verbreitet, wie man sich eventuell wegen der Nichtablieferung jener Einkünfte bei den französischen Autoritäten rechtfertigen könne. Die ordinären Landesrevenuen, heisst es darin, seien von den landschaftlichen Behörden für das Jahr 1807 auf 1 144 740 ₰ veranschlagt worden. Davon gehe infolge der Vereinigung von Göttingen und Grubenhagen mit dem Königreiche Westfalen ein Sechstel, etwa 190 000 ₰, ab, so dass jener Betrag sich auf 954 740 ₰ verringere. Letztere Summe werde in folgender Weise verwandt: Der französische Receveur erhalte monatlich auf die wegen Ablösung des ausserordentlichen Holzhiebes ausgestellten Billets 100 000 Fr. oder 22 435 ₰ [1]). Für Hospitalkosten, zu deren Berichtigung man sich nach einer mündlichen Äusserung des Intendanten für befugt halten dürfe, würden monatlich 15 196 ₰ angewiesen. Der von Belleville bestätigte Besoldungsetat der Gouvernementskommission betrage monatlich 1535 ₰; der Besoldungsetat der General-Verpflegungskommission, den er (Patje) ebenfalls als genehmigt voraussetze, 1297 ₰. Zu der allmählichen Abtragung der Rückstände, die den Lieferanten geschuldet würden, und die am 30. November 1807 418 232 ₰ betragen hätten, seien monatlich 30 000 ₰ bestimmt. Da der Intendant schriftlich zugestanden habe, dass man die von den Ständen wegen des Unterhalts der Armee gemachten Schulden tilgen dürfe, so sei auch die letztgenannte Ausgabe als gerechtfertigt anzusehen [2]).

[1]) Danach scheint die von dem Landesdeputations-Kollegium sistierte Einlösung der ständischen Wechsel von der Gouvernementskommission wieder aufgenommen worden zu sein.

[2]) Der betreffende Passus in Bellevilles Schreiben (18. Oktober 1807) lautete: „Sans doute pour le passé il faut bien couvrir l'administration des subsistances sur l'exécution des mesures que l'assemblée des Etats a cru pouvoir se permettre d'ordonner, et en ce sens, quand la commission aura vérifié les comptes qui lui seront présentés, je confirmerai son approbation pour le passé". Das war aber doch keine Erlaubnis, ohne weiteres beträchtliche Summen aus den ordinären Einkünften zur Bezahlung jener Rückstände verwenden zu dürfen. Vgl. auch S. 208.

Zähle man die namhaft gemachten Posten zusammen, so ergebe sich eine monatliche Ausgabe von 70 463 ℳ, was im Jahre 845 556 ℳ ausmache. Somit würden jährlich 109 184 ℳ zur Ablieferung an den Receveur übrig bleiben. Wenn man aber erwäge, 1) dass die Provinzialadministrationen doch auch Ausgaben verursachten, welche von den 109 184 ℳ abgehen müssten, 2) dass die ordinären Landeseinkünfte sich seit dem Ende des Jahres 1806, wo jener Etat angefertigt sei, infolge der ausserordentlich schweren Kriegslasten beträchtlich vermindert hätten, und 3) dass die 109 184 ℳ sich keineswegs sämtlich zur Ablieferung an den Receveur qualificierten und zwar aus dem Grunde nicht, weil darunter ansehnliche Summen begriffen seien, welche zu ganz bestimmten Zwecken aufgebracht würden und darum von den eigentlichen Landeseinkünften geschieden und besonders berechnet werden müssten, wie z. B. die Gelder behufs der Universität Göttingen, des Ober-Appellationsgerichts, der Hofgerichte, Waisenhäuser und Leggeanstalten, der Zinsen nicht einmal zu gedenken, so sei die Gouvernementskommission sattsam gerechtfertigt, dass der französische Receveur nichts von den Einkünften der ordinären Steuern empfange.

Wir müssen nach dem Promemoria Paljes annehmen, dass die Zahlungen für das Ober-Appellationsgericht etc. trotz des wiederholten Verbotes von der Gouvernementskommission noch immer fortgesetzt wurden. Glücklicherweise kam dieser Sachverhalt nicht zur Kenntnis des französischen Gouvernements. Erklärlich wird das nur durch den vertrauensvollen Charakter Bellevilles. Vielleicht, dass der französische Intendant auch ein Auge zudrückte und den hannoverschen Behörden absichtlich einige Freiheit liess. Jedenfalls hat er sich darauf beschränkt, der Gouvernementskommission ab und zu die Befehle des Kaisers in das Gedächtnis zurückzurufen. So übersandte er am 31. December 1807 der Kommission eine Instruktion Darus vom 26. December, in welcher das Verbot, ohne die Autorisation des Generalintendanten von den Einkünften des Kurstaates etwas zu verwenden, wiederholt war. Wenn die hannoverschen Behörden um die Genehmigung zur Vornahme öffentlicher Arbeiten einkommen sollten, hiess es in dem besagten Schreiben, so solle Belleville zunächst deren Dringlichkeit konstatieren und, falls sie vorhanden, von der Kammer und einem französischen Genieoffizier gemeinschaftlich einen Kostenanschlag anfertigen lassen. Den Anschlag habe Belleville mit seinem motivierten Gutachten an Daru zu übersenden, ohne dessen Genehmigung nichts geschehen dürfe. Unter dringlichen Ausgaben verstand Daru in erster Linie die Ausbesserung von Brücken, Schleusen, Kanälen und solchen

Strassen, die für den Dienst der Armee von Wichtigkeit waren, ferner Ausgaben, welche den Zweck hatten, die Verbreitung epidemischer Krankheiten zu verhindern und überhaupt alle Verwendungen, welche die öffentliche Ordnung und Sicherheit betrafen und ohne erhebliche Gefahr nicht aufgeschoben werden konnten. — In Notfällen durfte Belleville auf eigene Hand die vorläufige Verausgabung von Summen bis zu 500 Fr. verfügen; in solchen Fällen musste aber dem Generalintendanten jedesmal genaue Rechenschaft abgelegt werden.

Die Gouvernementskommission teilte diese Anordnungen den ihr untergebenen Behörden, der Kammer, den Regierungen u. s. w. zur Nachachtung mit. Die Antwort, welche das Kammerkollegium (9. Januar 1808) an die Kommission abgehen liess, liefert wiederum eine Probe von der Virtuosität, mit der die hannoverschen Behörden die Befehle der französischen Autoritäten zu missdeuten pflegten. Das Kollegium verhiess nämlich darin, es werde die in Darus Schreiben aufgeführten Ausgaben nicht machen, ohne vorher die Genehmigung Bellevilles eingeholt zu haben. Bei allen besonderen Gnadenbewilligungen, bei Bauangelegenheiten aller Art, bei den Forstkulturen, den Kosten behufs Vermessungen, den Kommissionen zur Verbesserung der Amtsintraden und bei allen extraordinären Ausgaben solle dieser Weg stets innegehalten werden. Hingegen glaube man, dass die feststehenden Administrationskosten nicht zu den Gegenständen zählten, in betreff derer die Bewilligung durch den Intendanten erforderlich sei. Hierher gehörten die Besoldungen und Deputate der Beamten und Amtsunterbedienten sowie der Forstbeamten, ingleichen die fixierten Zahlungen für die Geistlichkeit und die milden Stiftungen, ferner die Amtsverwaltungs- und Jurisdiktionskosten und endlich die sich auf Kontrakte oder Gesetze gründenden Remissionen für Pächter, Meier oder Neubauer.

Die Gouvernementskommission scheint das Verfahren des Kammerkollegiums gebilligt zu haben, denn sie liess dessen Schreiben ohne Antwort. Die Gefahr einer Entdeckung war nicht eben gross. Die Zahlungen, welche die Kammer fortzusetzen beabsichtigte, konnten um so unauffälliger vor sich gehen, als sie nicht aus der Hauptkammerkasse, sondern aus den Amtsregistern erfolgten, und als die Beamten nur die Überschüsse an die Kammerkasse abzuschicken gehalten waren, welche nach Abzug aller feststehenden Administrationskosten blieben. In der That blieb dem französischen Intendanten der Sachverhalt lange verborgen. Erst in der zweiten Hälfte des April 1808 scheint er dahinter gekommen zu sein. Wenigstens gab er damals den Befehl, alle vierzehn Tage solle ihm ein

Verzeichnis sämtlicher Einnahmen der Domanial-Unterreceptüren eingesandt werden. Zugleich untersagte Belleville strengstens, von diesen Intraden das Geringste zu verwenden, ehe man seine specielle Genehmigung eingeholt habe. — Aber auch jetzt kehrte man sich auf hannoverscher Seite nicht an das Verbot des Intendanten. Im December 1808 musste die Gouvernementskommission im Auftrage Bellevilles dem Kammerkollegium wiederum den Befehl zugehen lassen, dass alle, selbst die notwendigsten Verwendungen aus der Kammerkasse sowohl, als auch aus den Amtskassen eingestellt werden sollten: ein sicherer Beweis, dass bis dahin dergleichen Ausgaben noch immer stattgefunden hatten.

Ob Belleville von dem Generalintendanten Daru ermächtigt worden war, den hannoverschen Behörden, von den provisorischen Bewilligungen (bis zu 500 Fr.) für die öffentlichen Arbeiten u. s. w. abgesehen, monatlich die Verwendung einer gewissen Summe für die dringendsten Bedürfnisse der Landesverwaltung zu gestatten, muss zum mindesten zweifelhaft erscheinen. Wir werden schwerlich fehlgehen, wenn wir hierin eine Eigenmächtigkeit, aber zugleich einen neuen Beweis für die milde und wohlwollende Gesinnung des französischen Intendanten erblicken. In der zweiten Hälfte des Jahres 1807 ist der Gouvernementskommission von Belleville achtmal ein Betrag von je 5000 ℳ für jene Bedürfnisse, namentlich zu Abschlagszahlungen auf Besoldungen und Pensionen, angewiesen worden [1]). — Um die Verwendung dieser Summen kümmerte Belleville sich in der ersten Zeit überhaupt nicht, da er sich damals noch unbedingt auf den Takt der Gouvernementskommission verliess. Wie wenig sein Vertrauen gerechtfertigt war, sollte sich im December 1807, als er eine genaue Angabe über die Verwendung jener Fonds forderte [2]), zeigen. Es stellte sich heraus, dass mit denselben mehrfach Ausgaben bestritten worden waren, welche den Absichten des französischen Gouvernements durchaus zuwiderliefen. So hatte man unter anderem an verschiedene Mitglieder der aufgelösten Stände Besoldungen und Pensionen ausgezahlt! Dem französischen Intendanten war dies sehr empfindlich. Er beruhigte sich indessen bei dem Versprechen der Gouvernementskommission [3]), dass dergleichen in Zukunft nicht mehr vorkommen solle, und setzte seine Anweisungen fort. Im Jahre 1808 sind regelmässig monatlich 5000 ℳ für die hannoversche Verwaltung bewilligt worden.

---

[1]) Vgl. S. 207 f.
[2]) Belleville an Gouvernementskommission, 16. December.
[3]) Gouvernementskommission an Belleville, 21. December.

Kapitel III.

Verhandlungen der Gouvernementskommission mit den französischen Behörden von der Aufstellung eines Budgets für die hannoversche Verwaltung bis zur Einverleibung des Kurfürstentums in das Königreich Westfalen.

Oktober 1808 bis Februar 1810.

Wiederholt hatte sich Belleville bei Daru dafür verwandt, dass die Suspension der Zahlungen für die hannoversche Administration aufgehoben werden möge. Um die Mitte des Jahres 1808 schienen die Bemühungen des Intendanten endlich Erfolg zu haben. Am 27. Juni konnte er der Gouvernementskommission mitteilen, Daru wünsche dem Kaiser einen Bericht über die Notwendigkeit zu unterbreiten, den Kurlanden für die verschiedenen Verwaltungszweige Unterstützungen zu gewähren. Man möge daher hannoverscherseits Etats über die Kosten der Landesverwaltung und deren Rückstände einreichen. Dass alle rückständigen und laufenden Ausgaben bewilligt werden könnten, dürfe man freilich nicht erwarten.

Die Gouvernementskommission beschränkte sich bei ihrer Antwort darauf, Verzeichnisse der rückständigen Verwaltungskosten einzusenden (12. Juli 1808). Diese betrugen bis zum 1. Juli 1808:

I. Bei der Kammerkasse
1) Besoldungen . . . . 162 789 ℳ 17 *mgr* 4 ₰
2) Pensionen . . . . 31 102 . 1 . 4 .
3) Zinsen der Domanialschuld . . . . . . 153 142 . 19 . 6 .
4) Verschiedene kleinere Ausgaben . . . 10 155 . 22 . 1 .

Sa. 357 189 ℳ 24 *mgr* 7 ₰

II. Bei der Generalkasse der Gouvernementskommission
1) Besoldungen .... 49 965 ℔ 25 gr 6 ₰
2) Pensionen .... 20 645 „ 31 „ 7 „[1])
3) Ausgaben für milde Anstalten .... 4 225 „ — „ — „
4) Ausgaben für öffentliche Institute (Chausseebau, Universität Göttingen u. s. w.) .... 30 635 „ — „ — „
5) Zinsen der landschaftlichen Schuld
   a. Gemeinschaftliche Schulden der sämtlichen Provinzen .... 260 303 „ 21 „ — „
   b. Provinzialschulden .... 225 937 „ 7 „ 5 „

                                  Sa. 591 712 ℔ 14 gr 2 ₰

III. Der Rückstand bei den Militärpensionen[2]) war nur für die Zeit bis zum 31. December 1807 angegeben. Er belief sich auf insgesamt 109 860 ℔. Davon waren zu zahlen an

1) Offiziere .... 29 389 ℔
2) Unteroffiziere und Invalide .... 53 433 „
3) Civilbediente der Kriegskanzlei .... 27 038 „

                                  Sa. 109 860 ℔

Bis zum ersten Juli 1808, meinte die Gouvernementskommission, würde der Betrag der rückständigen Militärpensionen sicher auf 150 000 ℔ gestiegen sein[3]). Der gesamte Rückstand der hannoverschen Verwaltung stelle sich demnach am 1. Juli 1808 auf 1 098 902 ℔ 3 mgr 1 ₰.

Es darf nicht ausser Acht gelassen werden, dass bei dieser Berechnung nur die im Lande und in Aktivität befindliche Staatsdienerschaft berücksichtigt ist. Alle nicht wirklich dienstthuenden oder sich ausser Landes aufhaltenden Beamten, sowie die, welche durch das französische Gouvernement ausdrücklich von dem Genusse der Besoldungen ausgeschlossen waren, wie z. B. die Minister, Gesandten und adeligen Hofchargen, sind nicht in Anschlag gebracht. Ein gleiches Verfahren ist bei der Angabe der Pensionen beobachtet. Bei den Zinsen der Domanial- und Landesschuld kommen lediglich die den Privatpersonen, nicht aber die den öffentlichen Kassen zustehenden Kapitalien in Betracht. Bei den Rückständen endlich,

---

[1]) Davon entfielen auf calenbergische Witwenpensionen 20 267 ℔ 4 gr 7 ₰.

[2]) Ein von dem Generalleutnant von Hammerstein unter dem 21. Februar 1807 eingereichter „Summarischer Extrakt der bei sämtlichen Regimentern annoch vorhandenen und in Gage und Wartegeld stehenden Offiziere, Unteroffiziere und Mannschaften des Hannoverschen Korps" weist 265 Offiziere, 547 Unteroffiziere und 4795 Gemeine auf.

[3]) Thatsächlich belief er sich am 1. Juli nach Angabe der Kriegskanzlei vom 21. Juli auf 198 890 ℔ 27 gr 7 ₰.

die dem hannoverschen Militär geschuldet wurden, sind nur die Pensionen der verabschiedeten Soldaten und Invaliden berücksichtigt, nicht aber die Besoldungen der Offiziere und die Wartegelder der Unteroffiziere und Mannschaften, welche doch nach der Artlenburger Konvention vom 5. Juli 1803 fortgezahlt werden sollten [1]). Die Rückstände stellten sich also im Grunde noch weit höher, als sie von der Gouvernementskommission angegeben worden waren.

Die Kommission suchte nun in dem vorhin erwähnten Schreiben vom 12. Juli um die Erlaubnis nach, aus den Domanialintraden nach und nach zwei Millionen Francs entnehmen zu dürfen, um damit einen Teil jener Ausgabenrückstände zu tilgen. Daru lehnte das Gesuch indessen ab. Wenn man auf französischer Seite bereit war, den hannoverschen Provinzen eine Erleichterung zu gewähren, so ging die Absicht dahin, nicht die Rückstände zu berichtigen, sondern die Auszahlung der laufenden Ausgaben wenigstens teilweise freizugeben. Am 8. September teilte Belleville der Gouvernementskommission mit, Daru sei bei Napoleon um einen Kredit von 1200000 Fr. eingekommen, um den Staatsgläubigern, Beamten, Pensionären etc. Abschlagszahlungen auf ihre Bezüge zu erteilen und notwendige Reparaturen an den Deichen und Flussufern vornehmen zu lassen, welche durch eine im Frühjahr 1808 eingetretene, aussergewöhnlich starke Überschwemmung sehr gelitten hatten. Bis die Entscheidung des Kaisers eingelaufen sei, müsse allerdings die Suspension der Zahlungen aufrecht erhalten bleiben.

Napoleons Entscheidung (1. Oktober 1808) fiel dahin aus, dass zunächst für die hannoverschen Provinzen ein Budget auf das Jahr 1809 aufgestellt werden solle. Unter dem 20. November 1808 beauftragte der Generalintendant Villemanzy — diesem war im Oktober die Administration der von der neu gebildeten „Armée du Rhin" besetzten Staaten, zu denen auch die hannoverschen Lande gehörten, übertragen worden — den Intendanten Belleville mit der Aufstellung eines Budgets der Einnahmen und Ausgaben für Hannover. Die Einkünfte aus den Domänen sollten in dasselbe nicht aufgenommen werden, da sie demnächst von der hannoverschen Verwaltung getrennt und unter eine besondere Administration gezogen werden sollten. Hinsichtlich der Ausgaben war die möglichste Beschränkung und Sparsamkeit vorgeschrieben; was irgend entbehrlich schien, sollte gestrichen werden.

Was die Domänen betrifft, so hatte Napoleon bereits durch ein Dekret vom 4. August 1807 angeordnet, dass alle öffentlichen Domänen in den Kurlanden für ihn und in seinem Namen in Besitz

[1]) Kammerkollegium an Gouvernementskommission, 7. Juli.

genommen werden sollten. Nicht als ob er beabsichtigt hätte, sie für eigene Rechnung verwalten zu lassen; er gedachte aus ihnen vielmehr Dotationen für seine Generäle und Günstlinge zu bilden. — Ein französischer Kommissar, der Inspecteur de l'Enregistrement Boileux, musste sich nach Hannover begeben, um genaue Inventarien von den Domänen aufzunehmen. Bei dieser Aufnahme, welche in der ersten Hälfte des Jahres 1808 vor sich ging, ward mit grosser Leichtfertigkeit verfahren. Die hannoverschen Behörden, welche damals noch nicht wissen konnten, dass es auf eine Verschenkung der Domänen abgesehen sei, lieferten dem französischen Kommissar ein Verzeichnis aller in die Kammerkasse[1]) fliessenden Intraden. Boileux verzeichnete infolgedessen in seinen „Etats de consistance" sämtliche Einkünfte der Kammerkasse, ohne zu gewahren oder Anstoss daran zu nehmen, dass in dieselbe eine Menge öffentlicher Einnahmen flossen, die keineswegs zu den Domänen gehörten, z. B. die Einkünfte der Posten, Zölle, Forsten u. s. w.[2]). Dies sollte dem Kurfürstentume bald zu grossem Nachteile gereichen.

Am 15. Oktober 1808 erliess der Generalintendant Daru ein Arrêté über die „Organisation der Verwaltung der kaiserlichen Domänen" in dem Kurfürstentum Hannover und den anderen „reservierten", zur Disposition des Kaisers stehenden Provinzen[3]). Danach sollten die Domänen, die infolge der Besitzergreifung Privateigentum Napoleons geworden seien, „abgesondert von den übrigen Zweigen oder Einkünften, welche in diesen Ländern unter dem Namen von Steuern, gewöhnlichen oder extraordinären Kontributionen beständen, bewirtschaftet, und ihr Ertrag erhoben, gehörig nachgewiesen und besonders abgeführt werden". Hinfort sollten den Domänen nur die zu ihrer Bewirtschaftung und zu der Erhebung ihrer Intraden notwendigen Kosten zur Last fallen. Alle anderen Ausgaben, welche bisher aus den Erträgen der Kammergüter bestritten worden waren: die Besoldung der nicht zur eigentlichen Domanialverwaltung gehörigen Beamten, die Pensionen der Civilbeamten und Militärpersonen, die Zahlungen für das Unterrichtswesen, für die wissenschaftlichen Institute und für die milden Stiftungen, sollten in Zukunft als „Regalitäts- und Souveränitätslasten" aus den Landeseinkünften oder Steuern gedeckt werden.

Das war ein schwerer Schlag für die hannoversche Administration! Woher die nötigen Mittel nehmen, wenn die Domanialeinkünfte

---

1) Nicht Generalkasse, wie Mierzinsky in den Erinnerungen aus Hannover und Hamburg aus den Jahren 1803—1813 S. 45 behauptet.
2) Vgl. Mierzinsky S. 45 f.
3) Dies waren Hanau, Katzenelnbogen, Fulda, Erfurt, Bayreuth und Münster.

nicht mehr zu der Bestreitung der Verwaltungskosten des Landes verwandt werden durften? Wie beträchtlich die aus jenen Intraden für öffentliche Zwecke aufgebrachten Geldsummen waren, und wie viel davon in Verfolg des erwähnten Arrêtés gestrichen wurde, mag man aus folgender Zusammenstellung ersehen, bei der Kolumme I die sonst aus den Domanialintraden verwandten Summen, Kolumme II die vorgenommenen Streichungen bezeichnet.

	I	II
Besoldungen der Civildienerschaft	579 843 Fr.	538 993 Fr.
Ober-Hofbau- und Gartendepartement	102 219 .	102 219 .
Hofdepartement	257 125 .	257 125 .
Ober-Marstallsdepartement	53 278 .	53 278 .
Ober-Jagddepartement	29 150 .	29 150 .
Pensionen und Unterstützungen	160 497 .	160 497 .
Unterhaltung der Brücken und Chausseen	76 663 .	76 663 .
Bureaukosten	63 234 .	31 617 .
Hohe Polizei	72 197 .	72 197 .
Öffentliche Institute	102 590 .	102 590 .
Zinsen der Domanialschuld	492 947 .	—
Besoldungen der Amtmänner und Amtsunterbedienten	493 485 .	493 485 .
Besoldungen der Forstbeamten	221 285 .	—
Besoldung verschiedener anderer Beamten	78 282 .	78 282 .
Sa.	2 782 795 Fr.	1 996 096 Fr.

Dass die Steuereinkünfte bei weitem nicht hinreichen würden, um die Kosten der Landesverwaltung zu bestreiten, trat in dem dem Intendanten Belleville am 24. December 1808 von der Gouvernementskommission überreichten Entwurfe eines Budgets für das Jahr 1809 klar zu Tage. Die öffentlichen Einkünfte oder ordinären Steuern waren darin auf 979 497 ₰ veranschlagt, die Ausgaben auf 1 429 110 ₰. Mithin stellte sich ein mutmassliches Deficit von 449 613 ₰ heraus. — Drei Wege gebe es, liess sich die Gouvernementskommission vernehmen, diesen Fehlbetrag zu decken. Entweder verringere man die Ausgaben auf das Niveau der Einnahmen und schiebe die Berichtigung des bis zum 1. Oktober auf 1 536 307 ₰ gestiegenen Rückstandes weiter hinaus, oder man mache den Versuch, die fehlende Summe durch ausserordentliche Steuern aufzubringen. Von beiden Massregeln müsse man abraten; die erste würde ebenso schwer durchzuführen als gehässig und die zweite bei der grossen Erschöpfung der Unterthanen gleichfalls verderblich sein. Es gebe noch einen dritten Ausweg, der darin bestehe, dass die fehlende Summe von 449 613 ₰ aus den Erträgen der kaiserlichen Domänen hinzugeschossen würde. Dieses Mittel scheine um so gerechter, als der grössere Teil der öffentlichen Ausgaben bislang von der Kammer bestritten worden sei. Auch sei eine grosse Anzahl von Einkünften bei der Besitzergreifung zu den Domänen geschlagen, welche ihrer eigentlichen Natur nach zu den Regalien gehörten.

Die bereits angewiesenen Dotationen könnten kein Hindernis sein diesen Ausweg zu ergreifen, da der Bruttoertrag der Domänen sich nach den Anschlägen des Jahres 1806/7 auf 1 583 637 ₰ belaufe, die bisherigen Dotationen aber erst eine Höhe von 561 470 ₰ erreicht hätten. Die zur Verfügung stehenden Domanialeinkünfte betrügen also noch immer 1 022 167 ₰. Müsse man von dieser Summe auch die Kosten für die Verwaltung der Forsten und Gewässer mit 103 367 ₰[1]) abrechnen, so kämen auf der anderen Seite zu den eigentlichen Domanialeinnahmen noch die Überschüsse der Posten, die Weggelder etc. hinzu. Es liege demnach nicht die geringste Schwierigkeit vor, das Deficit mittelst der Kammerintraden zu tilgen.

Dass dieses Gesuch, wie so manches andere von dem französischen Intendanten rundweg abgeschlagen wurde, kann nicht überraschen. Napoleon hatte einmal befohlen, dass die Domänen von der hannoverschen Verwaltung gänzlich abgetrennt sein sollten: dies war die unabänderliche Richtschnur für Villemanzy und Belleville. So beharrte man französischerseits auf dem Verbote, dass aus den Kammereinkünften keine noch so geringe Summe mehr für die hannoversche Administration gezahlt werden dürfe, und griff, um das Gleichgewicht zwischen den Einnahmen und Ausgaben in derselben herzustellen, zu dem Mittel, die Ausgaben zu reducieren.

Im folgenden gebe ich das Budget über Einnahme und Ausgabe der hannoverschen Verwaltung wieder und zwar in der Fassung, wie es von dem Intendanten Belleville auf Grund der ihm von der Gouvernementskommission gelieferten Daten aufgestellt und von dem Generalintendanten Villemanzy bestätigt worden ist. Der Einnahmeetat ist einmal nach Provinzen und zweitens nach den verschiedenen Steuerarten, aus denen sich die Einnahme zusammensetzte, geordnet; der Ausgabeetat nur nach den Ausgabegattungen. Hingegen ist bei dem letzteren nicht allein der frühere Betrag der Ausgaben angegeben, sondern auch die von Belleville vorgenommenen Reduktionen und die nunmehrige Höhe der Verwendungen. Bei beiden Etats ist die französische Währung zu Grunde gelegt.

[1]) 1) Besoldung der Forstbeamten.................. 49 647 ₰
2) Unterhaltung der Forstgebäude .... 8 346 „
3) Kultur- und Konservationskosten............. 35 374 „
Sa. 103 367 ₰

A. Einnahme.

Provinz	Bezeichnung der Einnahmen				Total-summe
	Grund- und Vieh- steuern	Verbrauchssteuern auf Getränke	feste Nahrungs- mittel	Personen- steuern	
Calenberg	94 500	259 650	675 000	161 000	1 190 250
Lüneburg	1 101 175	31 500	374 724	98 496	1 605 895
Bremen-Verden	901 083	67 500	67 500	—	1 036 083
Hoya	325 795	24 889	—	7 533	358 217
Lauenburg	122 192	—	—	8 127	130 319
Hadeln	45 864	5 400	—	—	51 264
Diepholz	50 706	—	—	—	50 706
Sa...	2 641 215	388 939	1 117 224	275 256	4 422 734

B. Ausgabe.

Bezeichnung der Ausgaben	Betrag der Ausgaben		
	Früherer Betrag der Ausgaben	Von Bellavillle vorgenommene Reduktionen	Nunmehriger Betrag der Ausgaben
1) Pensionen (Pensionnaires civils)	528 945	154 847	374 098
2) Ruhegehälter (Pensions de retraite)	248 647	102 703	145 944
3) Gratifikationen und Verehrungen	16 096	—	16 096
4) Militärpensionen	584 631	292 315	292 316
5) Pensionen der verabschiedeten und ausser Landes befindlichen Offiziere	66 726	66 726	—
6) Pensionen der Militärs, welche ihren Wohnsitz im Königreich Westfalen haben	43 912	—	43 912
7) Gagen und Pensionen der ausser Dienst befindlichen Offiziere	418 653	418 653	—
8) Besoldung und Bureaukosten der Gouvernementskommission	100 192	—	100 192
9) Besoldung der Amtsbedienten und Magistrate	577 304	288 652	288 652
10) Besoldung der Provinzialadministrationen (Subdelegierte, Provinzialregierungen)	233 691	113 691	120 000
11) Besoldung der Kriegskanzlei	159 057	99 057	60 000
12) Besoldung der Justizhöfe und Tribunale	322 983	125 735	197 248
13) Kosten der Institute, frommen Stiftungen und Hospitäler	143 572	—	143 572
14) Kosten des Kultus u. d. kirchlichen Einrichtungen	117 000	—	117 000
15) Kosten der Bauten und Reparaturen an den öffentlichen Gebäuden	146 236	—	146 236
16) Kosten der Brücken, Chausseen, Deiche	238 635	—	238 635
17) Regiekosten (Erhebung der öffentlichen Einkünfte, Polizei, Zuchthaus zu Celle, Gefängnisse)	419 436	—	419 436
18) Ausserordentliche und unvorhergesehene Ausgaben	37 800	—	37 800
19) Zinsen der öffentlichen Schuld	2 021 607	821 607	1 200 000
Sa...	6 425 123	2 483 986	3 941 137

Aus dem Ausgabeetat ersehen wir, dass alles in allem 2 483 986 Fr. abgesetzt wurden. Dergestalt ermässigte sich die ursprünglich 6 425 123 Fr. betragende Ausgabe für die hannoversche Administration auf 3 941 137 Fr., so dass statt des gefürchteten Deficits sich ein Überschuss von 481 597 Fr. herausstellte.

Wie Belleville der Gouvernementskommission am 5. Februar 1809 mitteilte, hatten die Streichungen namentlich stattgefunden 1) bei den Besoldungen der Amtsbedienten und Magistrate: denn die ersteren würden von der kaiserlichen Domanialverwaltung besoldet, und auch die letzteren erhielten für ihre Funktionen einiges Geld aus den städtischen Kassen; 2) bei den Provinzialverwaltungen: denn alle Personen, welche zu den ehemaligen Ständen gehörten, seien ausser Funktion und hätten keinen Anspruch auf Besoldung; 3) bei den Gerichtshöfen, aus dem Grunde, weil die Abtrennung von Göttingen und Grubenhagen und die Situation des Landes die Geschäfte der Justizbeamten vermindert und weniger mühsam gemacht hätten. Bei der letztgenannten Kategorie waren von Belleville besonders die Gehälter der Ober-Appellationsgerichts-Beamten beschnitten worden. Er stellte jedoch der Gouvernementskommission anheim, wenn sie solches nicht für richtig halte, möge sie die Reduktionen unter die übrigen hannoverschen Tribunale verteilen.

Man darf nun ja nicht glauben, als sei den hannoverschen Behörden ohne weiteres vom 1. Januar 1809 ab die Berichtigung der im Budget beibehaltenen Ausgaben gestattet worden. Villemanzy schrieb im Gegenteil am 16. Januar an Belleville, unter keinem Vorwande dürfe man über die im Einnahmeetat auf 4 432 734 Fr. angeschlagenen ordinären Landeseinkünfte disponieren; vielmehr müssten diese mit alleiniger Ausnahme der jährlich 240 000 Fr. betragenden Erhebungskosten [1]) samt und sonders an die Armeekassen abgeliefert werden. Wohl sei es der Wille des Kaisers, dass die Pensionen für die Invaliden und die übrigen Ausgaben für die hannoversche Verwaltung gezahlt werden sollten; das könne aber nur auf Grund von Spezialkredits geschehen, welche Napoleon vielleicht auf die Regaleinkünfte anweisen werde.

Auf die Vorstellungen, welche Belleville darauf zu Gunsten der hannoverschen Verwaltung einreichte, antwortete Villemanzy (29. Januar 1809), es sei nicht seine Absicht, die Gesamtsumme der hannoverschen Revenuen zu fordern, ohne die Gehälter derjenigen Personen zu zahlen, welche bei deren Erhebung beteiligt seien. Belleville möge daher die Erhebungskosten, die Besoldungen der Gouvernementskommission, der Amtsbedienten, Magistrate, Provinzial-

¹) Vgl. Nr. 17 des Ausgabeetats.

behörden und Gerichtshöfe, sowie die Kosten für die Polizei, das Zuchthaus zu Celle und die Gefängnisse — insgesamt monatlich 93 794 Fr. — auszahlen lassen. Die übrigen Ausgaben müssten aber vorläufig noch suspendiert bleiben.

Am 3. März 1809 genehmigte der Generalintendant auch die Auszahlung der gesetzlichen Remissionen und Entschädigungen, der ausserordentlichen Ausgaben und der Reparaturkosten. Was die anderen im Budget verzeichneten Ausgaben betraf, also namentlich die Pensionen und die Zinsen der öffentlichen Schuld, so bestimmte Villemanzy, dass nur die eine Hälfte derselben aus den laufenden Einnahmen berichtigt werden dürfe, die andere sei hingegen auf das Arriéré, welches Hannover dem Kaiser schulde, anzuweisen. Erst wenn dieses Arriéré völlig abgetragen sein würde, sollten die auf dasselbe assignierten Ausgaben mit den laufenden Einnahmen bestritten werden. Es waren nicht weniger als 1 158 356 Fr. 50, deren Auszahlung auf solche Weise in die ungewisse Ferne hinausgeschoben wurde. Die im Budget bewilligte Summe von 3 941 134 Fr. schmolz dadurch thatsächlich auf 2 782 770 Fr. 50 zusammen [1]).

In dem vorhin erwähnten Schreiben vom 3. März erkannte Villemanzy auch die Pflicht des französischen Gouvernements an, die beträchtlichen Ausgaberückstände, welche die hannoversche Administration bis zum Jahre 1809 aufzuweisen hatte, zu berichtigen. Er wies sie gleichfalls auf das Arriéré an, welches das französische Gouvernement von dem Kurfürstentum beanspruchte, ein Kunstgriff, welcher die Bewilligung freilich illusorisch machte. Gänzlich suspendiert sollten vorläufig die rückständigen Zinsen der öffentlichen Schuld und die rückständigen Gagen und Pensionen der ausser Dienst befindlichen oder sich ausserhalb Hannovers aufhaltenden hannoverschen Offiziere — zusammen 3 665 876 Fr. — bleiben; nicht einmal ihre Anrechnung auf das Arriéré wurde gestattet.

Die Gouvernementskommission hatte sich zu Ende Januar, als die ersten Ausgaberubriken bewilligt waren, beeilt, den Betrag derselben auf die hannoverschen Kassen anzuweisen. Damit hatte sie aber den Intentionen des Generalintendanten entgegen gehandelt. Denn dieser hatte eben erst die Vorschrift erlassen, dass die Auszahlung der Besoldungen, Pensionen u. s. w. gemäss den Bestimmungen

---

[1]) Es hat übrigens den Anschein, als ob Belleville sich an diese Reduktionen nicht streng gebunden habe. Nach den Akten hat der französische Intendant an Pensionsgeldern im Jahre 1809 effektiv zur Zahlung angewiesen 262 494 Fr., während die Hälfte der im Budget bewilligten Summe bloss 187 029 Fr. betrug. — In einem Promemoria Patjes vom 22. Oktober 1809 wird bemerkt, die Pensionierten erhielten sämtlich drei Viertel ihrer Pension, wenn sie gleich nach der Meinung des französischen Intendanten bloss die Hälfte beziehen sollten.

des französischen Rechnungswesens nur auf Grund vorher eingereichter namentlicher Etats vor sich gehen solle. — Unter dem 10. April machte Villemanzy der Gouvernementskommission wegen ihres voreiligen Handelns Vorwürfe. Man habe, rügte er, ihm die Etats übersenden und mit der Auszahlung warten müssen, bis er dieselbe erlaubt haben würde. In Zukunft dürfe ohne vorherige Einsendung der Listen und vor Eingang seiner daraufhin zu erteilenden Genehmigung auch nicht die geringste Zahlung angewiesen werden. Als dies Verfahren auf hannoverscher Seite nicht innegehalten wurde, drohte der Generalintendant am 5. Mai, wenn die vorgeschriebenen Formen bei den Auszahlungen nicht pünktlicher beobachtet würden, so werde er die Bewilligung der Besoldungen zurücknehmen. Ein anderes Mal verstieg Villemanzy sich sogar zu der Drohung, die Zahl der hannoverschen Staatsdiener erheblich herabmindern und von den im Dienst Verbleibenden die Ableistung eines Huldigungseides verlangen zu wollen. Doch nahm er auf die dringenden Vorstellungen der Gouvernementskommission davon wieder Abstand.

Da die Verfertigung der von Villemanzy vorgeschriebenen Listen mehrere Monate in Anspruch nahm, so dauerte es längere Zeit, bis die bewilligten Geldsummen wirklich zur Auszahlung kamen[1]). Immerhin ward der grösste Teil derselben noch im Jahre 1809 ausbezahlt. Insgesamt sind in diesem Zeitraume aus der Generalkasse der Gouvernementskommission 553 640 ℳ 9 mgr 7 ₰ oder ca. 2 491 158 Fr. auf die hannoversche Verwaltung verwandt worden. Auf die einzelnen Monate verteilt sich diese Summe folgendermassen:

Januar	1 577	ℳ	—	mgr	— ₰
Februar	8 888	„	35	„	— „
März	51 521	„	22	„	5 „
April	62 455	„	35	„	6 „
Mai	35 836	„	—	„	6 „
Juni	49 174	„	2	„	1 „
Juli	41 366	„	8	„	3 „
August	40 542	„	30	„	6 „
September	61 604	„	28	„	6 „
Oktober	56 288	„	6	„	7 „
November	62 811	„	19	„	3 „
December	61 572	„	35	„	4 „
Sa.	553 640	ℳ	9	mgr	7 ₰.

[1]) Noch Ende Juni 1809 waren die meisten Etats nicht eingegangen. Am 3. Juli schrieb die Gouvernementskommission an Belleville: „Le travail des listes est vivement activé". Aber erst am 25. und 28. Juli gingen die rückständigen Listen ein.

Nachdem wir die partiellen Bewilligungen verfolgt haben, welche die französischen Machthaber während des Jahres 1809 zu Gunsten der hannoverschen Verwaltung machten, gehen wir zu den Forderungen über, welche französischerseits seit dem Oktober des Jahres 1808 an das Kurfürstentum gestellt wurden.

Wie schon erwähnt ist, war Hannover zu jener Zeit dem Bezirke der neugebildeten „Armée du Rhin", an deren Spitze der Marschall Davout stand, zugeteilt worden. Dies hatte eine Vermehrung des in den Kurlanden liegenden Militärs auf 20 000 Mann und 7000 Pferde zur Folge [1]). Ein Dekret Napoleons vom 12. Oktober 1808 setzte fest, dass diese Truppen — es waren zwei Kürassierdivisionen unter den Generalen St. Sulpice und Nansouty und eine Infanteriedivision unter dem General Gudin, alles in allem 15 Regimenter — aus den kaiserlichen Magazinen verpflegt werden sollten. Anscheinend war das für die Kurlande gegen früher ein grosser Vorteil. Bislang hatte ja die Bestimmung gegolten, dass von den Einkünften des Landes nichts auf die Verpflegung des französischen Militärs verwandt werden dürfe: eine Bestimmung, an die man sich freilich in Hannover wenig gekehrt, und auf deren strikte Durchführung auch Belleville nicht bestanden hatte. Jetzt, hiess es, sollte die Unterhaltung der Truppen dem Kurfürstentum nicht weiter zur Last fallen. Der Gewinn war aber nur ein scheinbarer. Denn da in Hannover keine kaiserlichen Magazine — mit Ausnahme der in der Festung Hameln aufgespeicherten Vorräte — vorhanden waren, so erging an die hannoverschen Behörden die Forderung, dass die nötigen Subsistenzmittel für die in die Kurlande einrückenden Truppen, darunter für eine Anzahl von 2000 Kranken, vorläufig von dem Lande beschafft werden sollten [2]). Zu dem Ende waren um so mehr Vorräte erforderlich, als die übliche Portion Brot für die Rheinarmee von $1^1/_2$ Pfd. auf $1^3/_4$ Pfd. und die Portion Fleisch von $^1/_2$ Pfd. auf $^5/_8$ Pfd. erhöht wurde, und als die schweren Pferde der Kürassiere den Maximalbetrag der Fourageralionen (14 Pfd. Heu, 10 Pfd. Stroh, 8 Liter Hafer) erforderten. Im December 1808 berechnete der Direktor der Generalverpflegungs-Kommission, Landesökonomierat Meyer, den monatlichen Bedarf für die Truppenverpflegung auf 285 015 ℳ.

Nach Meyer waren erforderlich

---

[1]) Villemanzy an Belleville, Berlin 2. November 1808.
[2]) „Instruction pour assurer le service dans le pays d'Hanovre", am 4. November von Villemanzy an Belleville geschickt.

1) für Fourage	142 095 ℳ
2) für Lebensmittel	78 980 „
3) für Tafelgelder	23 351 „
4) für die Verpflegung durchmarschierender Truppenteile	7 553 „
5) für Hospitäler	33 066 „
Sa.	285 045 ℳ.

Der Ökonomierat Meyer bemerkte bei der Übersendung seiner Anschläge an die Gouvernementskommission (23. December 1808), er müsse es für ausgeschlossen halten, dass die Landeskassen selbst bei der äussersten Anstrengung fähig sein würden, auch nur die Hälfte des monatlichen Bedarfs herbeizuschaffen. Folglich müsse über die Hälfte aus den kaiserlich-französischen Kassen zugeschossen werden. Dazu dürfe man sich ja auch nach den Äusserungen der französischen Autoritäten — Davout hatte in einem Briefe an den General St. Sulpice eine dahin zielende Äusserung gethan[1]) — Hoffnung machen.

Die Gouvernementskommission, von gleicher Überzeugung durchdrungen, wandte sich am 3. Januar 1809 an den Generalintendanten Villemanzy und stellte ihm das grosse Missverhältnis zwischen den Einkünften des Landes und den französischen Forderungen vor. Die Verpflegung der Truppen und die Unterhaltung der Hospitäler, bemerkte sie, habe im December 1808 1 200 000 Fr. (269 667 ℳ) gekostet, und im Januar werde die Ausgabe wahrscheinlich noch erheblich höher steigen. Die ordinären Kontributionen brächten aber monatlich bloss 360 000 Fr. (80 000 ℳ) und die Naturallieferungen 160 000 Fr. (35 000 ℳ) ein. Daraus ergebe sich, dass die vorhandenen Mittel in keiner Weise zum Unterhalte der französischen Truppen genügten. Von der Erneuerung der ausserordentlichen Steuern könne man bei der Erschöpfung des Landes nur wenig erwarten; andere ausserordentliche Mittel aber ständen nicht zu Gebote. Bei solcher Sachlage vermöge man keinen anderen Ausweg zu sehen, als dass die Verwendung der Domanialeinkünfte für die Erfordernisse des Heeres freigegeben werden möge.

Um ihren Vorstellungen mehr Gewicht zu geben, entsandte die Gouvernementskommission zwei ihrer Mitglieder, den Geheimen Kabinettsrat Patje und den Geheimen Kammerrat von Arnsswaldt

---

[1]) Davout an St. Sulpice, 5. November 1808: „L'intention de l'Empereur est, que les troupes vivent de ses magasins; les autorités du pays seront chargées de faire les magasins, mais toutes les denrées qui y seront versées seront payées avec les contributions du pays; si elles etaient insuffisantes, les caisses françaises y pourvoiraient. La solde sera payée régulièrement par les caisses françaises".

an den Generalintendanten Villemanzy und den Marschall Davout nach Erfurt, dem derzeitigen Hauptquartier der Rheinarmee. Die Sendung blieb aber erfolglos wie so manche andere. Als einziges Ergebnis ihrer Bemühungen brachten die Abgesandten die Zusicherung nach Hause, dass die in der Festung Hameln aufgehäuften Proviantvorräte zu der Truppenverpflegung gebraucht werden sollten. Das Gesuch, die Domanialintraden zum Unterhalte der Armee verwenden zu dürfen, ward dagegen von Villemanzy als gänzlich unstatthaft abgewiesen. Auch Davout wollte davon nichts wissen und ebensowenig etwas von einer Verminderung der Truppen in den Kurlanden. Andere Provinzen, behauptete der Marschall, seien weit stärker mit Militär belegt, als das Hannoversche, so dass es ungerecht sein würde, jenen zu Gunsten der Kurlande noch mehr aufzubürden. — Der Generalsekretär Villemanzys, Miège, mit dem die hannoverschen Abgesandten dann in Verhandlungen traten, liess sich vernehmen, kein General oder Intendant habe die Befugnis, die kaiserlichen Domanialeinkünfte zum Zwecke der Truppenverpflegung anzugreifen. Den französischen Behörden seien die Hände nicht weniger gebunden, als den hannoverschen. Der Kaiser aber, welcher hier allein zu entscheiden habe, werde die Einkünfte aus den Domänen sicherlich nicht wieder freigeben. Liege doch bereits der Befehl vor, dass sämtliche Intraden, welche nicht in die Dotationen aufgenommen seien, an den Amortisationsfonds zu Paris eingeliefert werden sollten. Als Patje und Arnswaldt hierauf erwiderten, bei einer solchen Verwendung der Kammereinkünfte sei es unverständlich, weshalb die französischen Kommissäre viele Objekte als Domänen in Besitz genommen hätten, welche gar nicht dazu gehörten, sondern dem Lande als Regaleinkünfte verbleiben müssten, z. B. die Posten und Zölle, hielt der Sekretär Villemanzys den Abgesandten vor, man hätte das vorhin abwenden sollen. Auf den Einwurf, die Landesbehörden seien garnicht darüber gehört und hätten um den Zweck und die Folgen der Besitzergreifung nicht wissen können, sagte Miège achselzuckend, der Fehler sei nun einmal gemacht und lasse sich nicht mehr abstellen [1]).

Als Patje und Arnsswaldt nach Hannover zurückgekehrt waren und ihren Kollegen von dem Misslingen der Sendung Mitteilung machten, ward in einer Sitzung der Gouvernementskommission vom 21. Januar von neuem die Frage aufgeworfen, ob es überhaupt möglich und ratsam sei die hannoversche Administration fortzusetzen. Sämtliche Mitglieder der Gouvernementskommission waren aber auch dieses Mal der Ansicht, dass die Niederlegung der Verwaltung dem Lande zum höchsten Nachteil gereichen würde. Es stehe nicht zu

---
[1]) Protokoll der Gouvernementskommission vom 20. Januar 1809.

bezweifeln, erwog man, dass die Möglichkeit noch vorhanden sei, die französische Armee im Lande zu ernähren. Unterziehe man sich dieser Aufgabe nicht selbst, so würden die Franzosen zu harten Massregeln greifen, dem Lande die schwersten Abgaben auflegen und auf Kosten der Unterthanen Magazine aufhäufen. Man wolle darum den Versuch auf sich nehmen, die Mittel zum Unterhalt der französischen Truppen für die drei nächsten Monate herbeizuschaffen. Die Ausgaben dafür würden sich nach einem Überschlage auf 1 200 000 Fr. pro Monat, für die drei Monate also auf 3 600 000 Fr. stellen. Hiervon seien fundiert durch

1) die ordinären Steuern (monatlich 80 000 ℳ).. 1 080 000 Fr.
2) die Naturallieferungen (40 000 ℳ) .... 540 000 „
3) die zu erneuernde Kriegssteuer (50 000 ℳ) ... 675 000 „
4) einen extraordinären Holzhieb .... 300 000 „
5) die von Villemanzy in Aussicht gestellte Überlassung der Hamelnschen Proviantvorräte ..... 200 000 „
6) die Reste von der Zwangsanleihe und der Supplementaranleihe .... 400 000 „

Sa. 3 195 000 Fr.

Folglich werde nach Ablauf des Vierteljahres ein Deficit von 405 000 Fr. vorhanden sein. — Zur Deckung desselben wurden von der Gouvernementskommission Ersparungen in Aussicht genommen. Unter anderem beriet man, ob nicht die an die Truppen zu liefernden Fleischportionen eingezogen werden könnten, wie man bereits im Oktober 1807 die Lieferung der Reis- und Bierportionen eingestellt und den Quartierwirten auferlegt hatte. Auf solche Weise würde eine monatliche Ersparung von 170 000 Fr. erzielt worden sein. Die Kommission nahm aber, um die Unterthanen zu schonen, von diesem Plane Abstand. Aus dem gleichen Grunde ward die Einziehung der den Offizieren und Employés ausgesetzten Tafelgelder und die Wiedereinführung der Naturalbeköstigung abgelehnt. Dagegen beschloss man, die den Soldaten der Rheinarmee über die gewöhnliche Portion hinaus bewilligten Zulagen von $1/4$ Pfd. Brot und $1/8$ Pfd. Fleisch den Unterthanen aufzulegen, was eine monatliche Ersparung von 50 000 Fr. für die Landeskassen bedeutete. Ferner ward eine Verminderung der Kosten für die Hospitäler und eine Herabsetzung der starken Heurationen, welche monatlich an die 50 000 Centner Heu erforderten, von 14 Pfd. auf 10 Pfd. ins Auge gefasst[1]).

Wenn die Gouvernementskommission aber des Glaubens war, die Einkünfte aus den ordinären Steuern zur Verpflegung des Heeres

---
[1]) Der Antrag, die Heurationen herabzusetzen, wurde von Davout freilich zurückgewiesen.

gebrauchen zu dürfen, so irrte sie. Wie uns aus den Verhandlungen über das Budget bekannt ist, hatte Villemanzy den hannoverschen Behörden unter dem 16. Januar 1809 eröffnet, es sei Napoleons ausdrücklicher Wille, dass die Totalsumme der im Budget verzeichneten ordinären Landeseinkünfte (4 423 234 Fr.) bis auf einige wenige Bewilligungen für die hannoversche Verwaltung in die Armeekassen abgeliefert werden sollte [1]). Auch den Ertrag des in Aussicht genommenen ausserordentlichen Holzhiebes wollte der Generalintendant unverkürzt an die französischen Kassen abgeführt wissen [2]).

Die hannoversche Kommission that aber nach bewährtem Rezepte, als seien diese Befehle nicht vorhanden. Im Januar 1809 entnahm sie aus den budgetmässigen Staatseinkünften die bedeutende Summe von 82 032 ₰ für die Verpflegung der Armee. Im Februar ward zu gleichem Zwecke eine nicht viel geringere Summe aus den Landeskassen angewiesen. Auch im März wurden immer noch 18 382 Thaler für Verpflegungsartikel verausgabt.

Villemanzy geriet über solchen Ungehorsam in grossen Zorn. Er weigerte sich (13. Februar) entschieden, die geschehenen Anweisungen gut zu heissen und schärfte der Kommission wiederholt das Verbot ein, von dem Ertrage der ordentlichen Steuern etwas zu verwenden. Der Refrain seiner Weisungen war, bis Napoleon über diese Materie entschieden habe, dürfe man die Truppen nur vermittelst ausserordentlicher Moyens unterhalten.

Die Entscheidung Napoleons, auf welche Villemanzy hinwies, erfolgte durch ein kaiserliches Dekret vom 19. Februar. Danach sollten die auf 46 Millionen Francs veranschlagten Ausgaben für die Rheinarmee im Jahre 1809 teils aus den Fonds der Amortisationskasse zu Paris, teils aus den Revenuen der zur Verfügung des Kaisers stehenden deutschen Territorien bestritten werden. Die ersteren sollten zu solchem Zwecke 36 Millionen Francs, die letzteren 10 Millionen hergeben. Der Generalintendant der Rheinarmee wurde in dem Dekrete angewiesen, Sorge zu tragen, dass Hannover und die übrigen „reservierten" deutschen Provinzen monatlich mindestens eine Summe von 800 000 Fr. in Geld oder Verpflegungsartikeln entrichteten. — Wie viel davon auf Hannover entfallen sollte, war nicht gesagt. Von den französischen Behörden wurde angenommen, dass Hannover pro Monat 400 000 Fr. zu zahlen habe. Später rechnete Villemanzy den genauen Anteil des Kurfürstentums auf 391 794 Fr. 90 aus [3]).

---
[1]) Vgl. S. 257.
[2]) Schreiben an die Gouvernementskommission vom 29. Januar 1809.
[3]) Villemanzy an Belleville, 25. Oktober 1809.

Bei der Übersendung des Dekretes an den Intendanten Belleville (3. März) bemerkte der Generalintendant: der Überschuss, den das Budget gewähre, sei trotz der grossen Streichungen in den Ausgaben, und obgleich man einen Teil der beibehaltenen Ausgaben für die hannoversche Verwaltung auf das Arriéré angewiesen habe, bei weitem zu gering, um den Beitrag Hannovers zu den monatlichen 800 000 Francs zu decken. Man müsse also ausserordentliche Quellen flüssig machen. Zunächst seien grössere Hauungen in den landesherrlichen Waldungen, so weit sie nicht in die Dotationen einbegriffen seien, vorzunehmen. Zweitens solle eine ausserordentliche Steuer unter dem Namen „Impôt additionnel" auf die Grundeigentümer, die wohlhabenden Partikuliers und auf das bewegliche Vermögen ausgeschrieben werden, deren Ertrag sich wenigstens auf eine Million Francs belaufen müsse. Belleville möge zu dem Ende den hannoverschen Behörden Befehl erteilen, eine namentliche Liste derjenigen Personen einzureichen, auf welche jene Auflage Anwendung finden würde. Ferner sei die Grundsteuer um den zehnten Teil zu erhöhen. Da deren Bruttoertrag nach dem Budget sich auf 2 641 215 Fr. belaufe, so müsse diese Massregel 264 121 Fr. 50 einbringen. Endlich sollten auch die Naturallieferungen soweit erhöht werden, dass durch sie im Laufe des Jahres 1809 eine Summe von 750 000 Fr. aufkomme.

Weiter bestimmte Villemanzy, die aus diesen Massnahmen herrührenden ausserordentlichen Einnahmen seien samt und sonders an die in Hannover befindliche Armeekasse abzuliefern. Auch die gewöhnlichen, budgetmässigen Einkünfte sollten in dieselbe eingezahlt werden, soweit sie nicht durch die Bewilligungen für die hannoversche Verwaltung absorbiert würden. Aus der Armeekasse sollten sodann die Ausgaben für die Unterhaltung der französischen Truppen bestritten werden. Was Hannover auf solche Weise mehr liefere, als sein Beitrag zu den 800 000 Fr. betrage, werde er (Villemanzy) auf das Arriéré anrechnen lassen[1]).

Auch dieses Mal stiessen die Anordnungen der französischen Behörden auf zähen Widerstand seitens der Hannoveraner. Die Gouvernementskommission richtete am 17. März ein Schreiben an Belleville, in welchem sie besonders wegen des „Impôt additionnel" Vorstellungen erhob. Da der geplanten Auflage nur vage und unbestimmte Daten zu Grunde liegen könnten, machte sie geltend, so müsse die Repartition mehr oder weniger willkürlich ausfallen. Zudem hätten gerade die wohlhabenden Klassen der Bevölkerung

---

1) Villemanzy an Belleville, 3. März 1809.

schon so viele Lasten getragen, dass es ihnen unmöglich sein würde, eine neue Abgabe zu entrichten. Selbst Zwangsmittel könnten da nichts ausrichten. Unter solchen Umständen sehe sie sich nicht in der Lage, die verlangten Listen zu liefern. Der Intendant möge sich deshalb bei Villemanzy dahin verwenden, dass von dem „Impôt additionnel" Abstand genommen werde. Belleville liess sich in der That herbei, die Sache der Hannoveraner bei dem Generalintendanten zu befürworten, erhielt aber von dem letzteren eine herbe Abweisung. Unter dem 9. April musste der Intendant der Gouvernementskommission mitteilen, Villemanzy beharre auf dem „Impôt additionnel" und verlange, dass die Steuerrollen sofort ausgearbeitet und eingeschickt würden. Wenn die Kommission bei ihrer Weigerung die Repartition vorzunehmen bleiben wolle, so solle sie ihn sofort davon benachrichtigen; in diesem Falle werde er die Repartition der Steuer selbst vornehmen. Ohne Zweifel werde aber seine Verteilung weniger gerecht ausfallen, als wenn sich die hannoverschen Behörden dem Geschäfte unterziehen würden.

Jetzt hielt die Gouvernementskommission es doch für geraten ein wenig einzulenken. In einer am 18. April abgehaltenen Sitzung verfocht nur der starrsinnige Landrat von Meding die Ansicht, dass man ein für allemal alle Mitwirkung abzulehnen habe. Der Konsistorialrat Kaufmann und der Landrat von Münchhausen sprachen sich dahin aus, man könne es vorläufig darauf ankommen lassen, ob der Intendant sich an die Liste machen werde. Dies sei zum mindesten zweifelhaft, da im Augenblicke sich nur ganz schwache Truppenabteilungen — bei dem drohenden Ausbruche des französisch-österreichischen Krieges waren die zur Rheinarmee gehörenden Truppen nach dem südlichen Deutschland aufgebrochen — im Lande befänden. Schreite Belleville wirklich zu der Repartition der Auflage, so gewinne man zunächst drei bis vier Wochen Zeit. Ändere sich inzwischen der Zustand der Dinge nicht, so sei zu vermuten, dass der Intendant auch nachher noch gern bereit sein werde, andere vorgeschlagene Mittel zu ergreifen. Denn so lange es an einer hinlänglichen Truppenzahl im Hannoverschen mangele, sei auch das „Impôt additionnel" nicht durchführbar.

Die übrigen Mitglieder der Gouvernementskommission vertraten den Standpunkt, man wolle zwar nicht die ganze Million, aber doch eine Teilsumme bieten. Patje vor allem bat seine Kollegen zu erwägen, dass man bislang noch nichts entrichtet habe, nicht einmal die Erhöhung der Grundsteuer mit monatlich 22 010 Fr. Wenn man die Franzosen nicht auf das höchste reizen wolle, so werde man endlich mit der Bezahlung auf die eine oder andere Weise anfangen müssen. Ihm scheine es gleich gefährlich, das Impôt rundweg abzuschlagen, oder es ganz zu übernehmen. Man möge darum den Mittelweg einschlagen und dem Intendanten die Hälfte der geforderten Summe, eine halbe Million Francs, bieten. Um die letztere Summe herbeizuschaffen, würden an Stelle einer ganz neuen Auflage die rückständigen Beiträge zur Supplementaranleihe mit Nachdruck heranzuziehen, der Rest aber durch die extraordinäre Kriegssteuer und durch die Naturallieferungen zu decken sein. Dabei empfehle es sich, dem Intendanten die Hülfsquelle zu verheimlichen, welche man an den Supplementargeldern habe, und allein die von neuem anzulegende Kriegssteuer als das Mittel zu bezeichnen, wodurch die halbe Million aufgebracht sei.

Nach langem Hin- und Herreden einigten sich die Mitglieder der Gouvernementskommission dahin, dass man sich zu einer halben Million verstehen wolle, aber nur unter dem Vorbehalte, dass keine französischen Truppen wieder in das Land geschickt würden. Doch sah die Kommission über Nacht ein, dass es gefährlich sei, den Franzosen eine solche Bedingung vorzuschreiben. Man liess sie daher fallen, beschränkte sich aber nun in einem Schreiben an Villemanzy vom 23. April darauf, nur 400 000 Fr. aus den Einkünften einer ausserordentlichen Steuer zu bieten.

Um die gleiche Zeit erklärte die Gouvernementskommission dem Intendanten Belleville, die Erhöhung der Grundsteuer sei, weil mit grossen Schwierigkeiten verknüpft, unthunlich. Sie beabsichtige darum den monatlichen Betrag derselben ebenfalls vermittelst der extraordinären monatlichen Kriegssteuer aufzubringen.

Villemanzy fand das Anerbieten, statt der geforderten Million nur 400 000 Fr. zu zahlen, begreiflicherweise nicht annehmbar und beharrte sowohl auf der Repartition des „Impôt additionnel", als auch auf der Erhöhung der Grundsteuer[1]). Die hannoversche Kommission blieb ihrerseits dabei, die Mitwirkung bei der Anlage des Impôt versagen zu müssen, und zwar unter dem Vorwande, dass dieselbe, um nicht ungerecht und willkürlich auszufallen, genauere Kenntnisse von dem Vermögensstande der Unterthanen erfordere, als sie besitze[2]). Belleville warnte, eine solche Unbotmässigkeit könne böse Folgen für die Kommission haben, ohne dem Lande irgendwie zu nützen. Auch wollte der Intendant nicht einsehen, dass die Repartition so schwierig sein sollte. Ihm schien es ein Leichtes, dass 500—600 der wohlhabendsten Einwohner, die Steuer entrichten könnten, selbst wenn der Weg der Zwangsanleihe

---

[1]) Villemanzy an Belleville, 11. Mai.
[2]) Gouvernementskommission an Belleville, 23. Mai.

eingeschlagen werde [1]). — Die Kommission liess sich aber nicht einschüchtern. Es gelang ihr in der That, den Intendanten bis zu dem Ende des Jahres 1809 mit der nichts weniger als ernst gemeinten Versicherung hinzuhalten, man wolle sehen, wie die Summe von einer Million Francs sich auf eine zweckmässigere Weise als durch das „Impôt additionnel" aufbringen lasse. Unbegreiflich erscheint die Langmut, welche die französischen Behörden angesichts solcher offenkundigen Widersetzlichkeit bewiesen. Noch im December 1809 hatte die Gouvernementskommission weder die geringsten Vorkehrungen zur Repartition des Impôts getroffen, noch letzteres durch irgendwelche anderen finanziellen Massregeln ersetzt.

So konnte es nicht ausbleiben, dass das zu Ende des Jahres 1808 vorhandene Arriéré im Laufe des Jahres 1809 noch mehr anwuchs. Schon am 5. Mai 1809 führte Villemanzy bei Belleville darüber Beschwerde, dass die hannoverschen Provinzen am Schlusse des ersten Quartals mit ihren Zahlungen an die französischen Kassen um 923 021 Fr. zurück seien. — Am 1. Oktober berechnete der Generalintendant den Rückstand Hannovers vom 1. Januar bis zum 31. August 1809 auf 2 658 629 Fr. 66. Davon entfielen auf

1) die ordinären Einkünfte.................. 1 025 932 Fr. 38
2) das Impôt additionnel .... 666 666 „ 64 [2])
3) die Erhöhung der Grundsteuer........... 66 030 „ 64
4) die Naturallieferungen.................. 500 000 „ —
5) die Einlösungsgelder für englische Waren.. 400 000 „ —

Sa. 2 658 629 Fr. 66

Bei dem letzten Posten von 400 000 Fr. handelte es sich, nebenbei bemerkt, um sequestrierte englische Waren, welche auf den Befehl Napoleons nur gegen die Erlegung erheblicher Strafgelder den Eigentümern herausgegeben werden sollten.

An Aufforderungen, die sich mehr und mehr häufenden Rückstände zu bezahlen, hat es Villemanzy nicht fehlen lassen. So ermahnte er in dem vorhin erwähnten Schreiben vom 1. Oktober die hannoversche Kommission, sich endlich mit der Berichtigung derselben ernstlich zu befassen. Dies sei um so dringender, als er damit umgehe, dem Kaiser über die Situation der Zahlungen, welche die reservierten Provinzen bis zum 30. September geleistet hätten, Rechenschaft abzulegen, und als er nicht umhin könne, dabei des

---

[1]) Belleville an Gouvernementskommission, 23. Mai.
[2]) Hiernach könnte es erscheinen, als ob das Impôt eingeführt gewesen wäre. Wir haben aber schon gesehen, dass dem nicht so war. Die unter dieser Rubrik aufgenommene Summe stammt aus den Einkünften, welche die ausserordentliche Kriegssteuer brachte.

Eifers oder der Nachlässigkeit zu gedenken, welche von den Behörden in dieser Hinsicht an den Tag gelegt seien.

Die Gouvernementskommission antwortete wiederum mit leeren Phrasen und Ausflüchten. Sie glaube, führte sie unter anderem aus, genügende Beweise von dem Eifer gegeben zu haben, „der sie antreibe, die Bestimmungen des französischen Gouvernements stets zu befolgen". Es sei allerdings nicht zu läugnen, dass die Zahlungen an die Caisse de l'armée bis zum 31. August nur 483 896 Fr. 68 betrügen. Dass diese Summe sich nicht höher belaufe, habe aber seinen Grund nicht etwa in einer Nachlässigkeit der hannoverschen Behörden, sondern nur in der gänzlichen Erschöpfung des Landes. Mit Unrecht beklage man sich französischerseits über den Rückstand des „Impôt additionnel". Da es überhaupt nicht angelegt sei, könne es auch keinen Rückstand gelassen haben. Im übrigen müsse man wiederholen, dass es unmöglich falle, durch das Impôt die geforderte Summe beizutreiben. — Die Erhöhung der Grundsteuer mit monatlich 22 010 Fr. und die Naturallieferungen mit 62 500 Fr. habe man regelmässig gezahlt (?). Was die 400 000 Fr. für die beschlagnahmten englischen Waren betreffe, so sei es ihre Pflicht, wieder und wieder dahin vorstellig zu werden, dass den hannoverschen Kaufleuten eine so ruinierende Auflage erlassen bleiben möge [1]).

Es konnte nicht anders sein, als dass diese Vorstellungen den Generalintendanten, den das Benehmen der Kommission längst mit steigendem Unwillen erfüllt hatte, höchlich erbitterten. Er machte jetzt dem französischen Kaiser von dem Ungehorsam der hannoverschen Behörden Mitteilung. Sicherlich wäre es infolgedessen zu harten Massregeln gegen die Kurlande und insbesondere gegen die Gouvernementskommission gekommen, wenn nicht die Verhandlungen über die Einverleibung von ganz Hannover in das Königreich Westfalen im Jahre 1810 den Dingen eine neue Wendung gegeben hätten.

Über die Geschichte der drei letzten Monate des Jahres 1809 sind wir leider nur wenig unterrichtet, weil von der Korrespondenz zwischen den hannoverschen und französischen Behörden sich aus dieser Zeit nur einzelne Bruchstücke bei den Akten finden. Erwähnt sei, dass Villemanzy unter dem 25. Oktober die Aufstellung eines Budgets pro 1810 forderte. Der Generalintendant veranschlagte die Ausgaben desselben auf 9 506 937 Fr. 88, nämlich auf 4 701 538 Fr. 80 für die Verpflegung der französischen Truppen (monatl. 391 794 Fr. 90) [2]), auf 3 941 132 Fr. für die Bedürfnisse der Landesverwaltung und auf 864 267 Fr. 8 für Ausfälle. Daran knüpfte Villemanzy die Forderung,

---
[1]) Gouvernementskommission an Belleville, 26. Oktober.
[2]) Vgl. S. 264.

dass die Einkünfte gleichfalls auf 9 506 937 Fr. 88 gebracht werden müssten, sei es durch Erhöhung der Steuern, sei es durch Suspension von Zahlungen für die hannoversche Administration. — Die Gouvernementskommission erklärte dem gegenüber, es sei ganz unmöglich, die sich auf 4 686 854 Fr. belaufenden ordinären Steuerintraden auf jene Summe zu erhöhen. Das Land befinde sich in einem Zustande gänzlicher Erschöpfung und vermöge nichts mehr zu tragen. Welche Antwort die französischen Behörden hierauf gegeben haben, muss dahingestellt bleiben. Die Aufstellung des Budgets pro 1810 ist jedenfalls nicht mehr vollendet worden. Aus einem Promemoria Patjes vom 27. Februar 1810 entnehmen wir, dass „das vorjährige Budget bekanntlich bisher tacite kontinuiert sei".

Besser unterrichtet sind wir über Verhandlungen, welche die Gouvernementskommission in der zweiten Hälfte des Jahres 1809 mit Belleville und Villemanzy wegen des von den hannoverschen Landen bis zum Ende des Jahres 1808 geschuldeten Arriéré führten[1]). Graf Daru hatte Villemanzy eine Rechnung hinterlassen, die den Rückstand bis zum 10. Oktober 1808 auf 16 975 891 Fr. 82 angab. Danach hätte Hannover liefern müssen: 1) Die ausserordentliche Kriegskontribution von 9,1 Millionen Francs. Für Göttingen und Grubenhagen rechnete Daru 1 820 000 Fr. ab, so dass für die übrigen hannoverschen Provinzen eine Summe von 7 280 000 Fr. blieb. Von dieser Summe waren nach dem Generalintendanten 5 964 047 Fr. 71 in Geld entrichtet. An sonstigen Lieferungen kamen insgesamt 1 606 122 Fr. 88 in Abrechnung. Demnach hatte Hannover in Bezug auf die Kriegskontribution bereits ein Surplus von 290 170 Fr. 59 bezahlt. 2) Das Aversionalquantum wegen der ordinären Einkünfte des Landes. Der Kaiser, führte Daru über diesen Punkt aus, habe eine monatliche Abgabe von 1 200 000 Fr. verlangt. Davon kämen für Göttingen und Grubenhagen 223 799 Fr. 75 in Wegfall, so dass die Abonnementssumme sich auf 976 200 Fr. 25 reduziere. Da ferner im Jahre 1808 ein Teil der Domänen zu Dotationen verwandt worden sei, so müsse auch vom 1. Januar 1808 ab deren Ertrag mit monatlich 193 216 Fr. 66 abgerechnet werden. Mithin sei seit Januar 1808 von den ordinären Einkünften bloss eine Abgabe von 782 984 Fr. 29 pro Monat zu zahlen.

Insgesamt ergebe das
1) vom Beginn der französischen Okkupation
   bis zum 31. December 1807 . . . . 13 243 792 Fr. 89
2) vom 1. Januar 1808 bis zum 15. Oktober 7 438 350 „ 75

                                                 Sa. 20 682 143 Fr. 64.

---
[1]) Vgl. S. 239.

Thatsächlich entrichtet habe Hannover bis zum 15. Oktober 1808
4 599 782 Fr. 58. Es verbleibe also rückständig eine Summe von
16 082 361 Fr. 06. Letztere erhöhe sich wieder um 1 393 530 Fr. 76,
die der französische Kriegsminister als rückständigen Sold aus der
Zeit der ersten französischen Okkupation reklamiere, und auf die
erst 500 000 Fr. bezahlt seien. Rechne man die 1 393 530 Fr. 76
minus 500 000 Fr. (= 893 530 Fr. 76) zu den oben angeführten
16 082 361 Fr. 06 hinzu, so ergebe sich als Totalsumme des Arriéré
bis zum 15. Oktober 1808

16 975 891 Fr. 82.

Einem späteren Schreiben Villemanzys an Belleville vom 3. März
1809 entnehmen wir, dass der Gesamtbetrag von 16 975 891 Fr. 82
sich bis zum 31. December 1808 auf 18 833 352 Fr. 55 vermehrt
habe. Der Generalintendant war indessen jetzt gewillt, von dem
Arriéré auch die rückständigen Ausgaben für die hannoversche Verwaltung, ausschliesslich der Zinsen (3 165 876 Fr.) und diverser
anderer Ausgaben (500 000 Fr.), bei deren Suspension es sein Bewenden haben sollte, in Abrechnung zu bringen. Nach Villemanzy
reduzierte sich das Totalarriéré solchergestalt auf 15 557 620 Fr. 55.

Die Gouvernementskommission antwortete am 17. März mit
einer Gegenrechnung. In dem Eingange derselben stellte sie die
Behauptung auf, die Landesintraden betrügen nicht, wie Daru bei
der Festsetzung des monatlichen Abonnements auf 1 200 000 Fr.
angenommen habe, jährlich 14 400 000 Fr., sondern bloss 11 549 100 Fr.[1]).
Nehme man hierauf bei der Berechnung des Arriéré die gebührende
Rücksicht, so vermindere sich die Gesamtsumme, welche man von
den ordinären Einkünften schulde, von 22 539 604 Fr. auf
17 362 666 Fr. Nun seien an die französische Armeekasse bis zum
Ende des Jahres 1808 abgeliefert 5 053 163 Fr. Ferner habe man
auf die Kriegskontribution bereits ein Zuviel von 1 446 081 Fr. entrichtet[2]). Ebenso seien die Ausgaberückstände der hannoverschen

---

[1]) Anscheinend handelte es sich bei dieser Angabe um einen plumpen Versuch, die französischen Behörden zu hintergehen. — Der Generalintendant Villemanzy bemerkte in einer Konferenz, welche er mit dem Landesökonomie-Rate Meyer am 24. Juni zu Hanau hatte, wenn man zu dem angeblichen Betrage der Landeseinkünfte (11 549 100 Fr.) die Göttingen-Grubenhagenschen Intraden mit 2 685 588 Fr. hinzurechne, so ergebe sich eine Totalsumme von 14 234 588 Fr., und alsdann sei die Differenz gegen Darus Anschlag (14 400 000) nicht mehr allzu gross. Danach dürfte die Gouvernementskommission die Einkünfte von Göttingen-Grubenhagen doppelt in Anrechnung gebracht haben.

[2]) Man behauptete hannoverscherseits, auf die Kriegskontribution 10 546 081 Fr. entrichtet zu haben. Davon sollten bar abgeliefert sein:

Verwaltung mit insgesamt 6 941 608 Fr. abzurechnen. — Von der Forderung des französischen Kriegsministers für rückständigen Sold hoffe man, nachdem man 500 000 Fr. bezahlt habe, freizukommen und halte sich demnach für berechtigt, den Rest mit 893 530 Fr. 76 bei der Berechnung ausser acht zu lassen. Aus all diesem ergebe sich, dass der gesamte Rückstand nur

3 921 814 Fr. betrage.

Am 6. Mai teilte Villemanzy dem Intendanten Belleville mit, er stehe im Begriffe, alles was auf die wechselseitigen Ansprüche des französischen Gouvernements und der Provinz Hannover Bezug habe, definitiv zu ordnen. Belleville möge ihm daher alle Reklamationen zukommen lassen, welche ihrer Natur nach geeignet schienen, in die Abrechnung aufgenommen zu werden. Er werde diese Gegenstände alsdann untersuchen, deren Betrag feststellen und auf das Arriéré bis zum 31. December 1808 anweisen.

Hannoverscherseits entsandte man den Landesökonomierat Meyer nach Hanau, dem Aufenthaltsorte Villemanzys, um die Interessen der Kurlande zu vertreten. Von wesentlichem Nutzen war den Hannoveranern bei diesen Verhandlungen die warme Fürsprache des Intendanten Belleville. Letzterer erkannte in einem Schreiben an Villemanzy vom 16. Juli die von der Gouvernementskommission erhobenen Ansprüche durchweg als begründet an. Namentlich trat er für die hannoversche Sache in betreff der Hamelnschen Verproviantierung ein. Für diese hatten Stände und Gouvernementskommission nach und nach 530 638 Fr. 70 verausgabt. Der Generalintendant wollte aber nur die geringe Summe von 69 519 Fr. 28 gelten lassen, weil der Transport der zu Nienburg, Münster und Paderborn befindlichen Vorräte nach Hameln die Ausgabe für die

1) Der Reinertrag des ausserordentlichen Holzhiebes	500 000 Fr.
2) der Ertrag der ausserordentlichen Kriegskontribution vom 21. Oktober 1807	1 750 000 ,
3) der Ertrag der Zwangsanleihe	3 925 000 ,
4) durch die Einlösung von acht ständischen Wechseln (vgl. S. 246 A.)	800 000 ,
Ferner sollten in Abrechnung kommen:	
5) Die Quote für Göttingen und Grubenhagen	1 820 000 ,
6) für Pferdelieferungen	1 417 704 ,
7) für die Lieferung von 1200 Centner Pottasche	132 537 ,
8) Lieferungen an die Besatzung von Hameln	200 000 ,
	Sa. 10 546 081 Fr.

Bei dieser Aufstellung waren nach Angabe der Gouvernementskommission weder die Kosten der Verproviantierung von Hameln, noch die Ausgaben für die Unterhaltung der französischen Truppen im Lande, oder die Lieferungen, welche das Armeekorps des Marschalls Brune im Sommer 1807 beansprucht hatte, in Betracht gezogen.

Verproviantierung der Festung sehr verringert haben sollte. In Wirklichkeit waren jene Vorräte aber nie nach Hameln gekommen [1]). Eben dies stellte Belleville jetzt dem Generalintendanten vor. Auch machte er dem letzteren bemerklich, dass die hannoverschen Provinzen vom Beginn der Okkupation bis zur Mitte des Jahres 1809 etwa 37 Millionen Francs für den Dienst der französischen Armee verwandt hätten, was dem vierfachen Betrage der Bruttoeinnahme Hannovers gleichkomme. — In seinem Antwortschreiben vom 30. Juli zeigte Villemanzy sich nicht ganz abgeneigt, auf die Mehrzahl der hannoverschen Reklamationen einzugehen. Nur das Ansinnen der Gouvernementskommission, die monatliche Abonnementssumme von 1 200 000 Fr. nach Massgabe des thatsächlichen öffentlichen Einkommens zu vermindern, wies der Generalintendant mit Entschiedenheit zurück [2]).

Das Entgegenkommen Villemanzys gab der Gouvernementskommission den Mut, auch die Anrechnung der Kosten für die Truppenverpflegung zu beantragen, obwohl dieselbe mit dem mehrfach kund gegebenen Willen Napoleons in schroffem Widerspruch stand. Dabei hütete man sich, um die französischen Behörden nicht von vornherein abzuschrecken, wohlweislich merken zu lassen, dass die Ausgaben für die Verpflegung bis zum November 1808 mehr als 13 Millionen Francs betrügen. Villemanzy hatte, wie der Landesökonomie-Rat Meyer am 7. Oktober nach Hannover berichtete, gegen eine Liquidation jener Kosten nichts einzuwenden. Offenbar hofften der Generalintendant und seine Vertrauten bei einer solchen Kostenberechnung ihren persönlichen Vorteil zu finden. War Meyer doch bei seiner Abreise von der Gouvernementskommission ermächtigt worden, den französischen Behörden in Hanau einen Rabatt bis zu 10 % von dem Betrage der liquidierten Summe zu versprechen [3]). — Die Verhandlungen rückten gleichwohl nicht vorwärts und dürften abgebrochen worden sein, als Villemanzy infolge seiner Beförderung zum Generalintendanten der Grossen Armee in der zweiten Hälfte des Oktober nach Wien abreiste. In ein ganz neues Stadium rückte die Liquidationsangelegenheit mit der Inkorporation der Kurlande in das Königreich Westfalen.

Die Frage, wie gross die Kosten der zweiten französischen Okkupation gewesen seien, lässt sich bei dem Mangel an wirklich zuverlässigem Materiale nicht genau beantworten. Nach Angaben

---

[1]) Belleville an Villemanzy, 6. Juli.
[2]) Vgl. S. 271, Anm. 1.
[3]) Protokoll der Gouvernementskommission vom 2. März 1809.

der hannoverschen Behörden sind bis zum 1. Oktober 1808 aus den öffentlichen Kassen des Landes bezahlt worden
1) auf die Kriegskontribution .... 9 503 702 Fr.
2) für den Dienst der französischen Armee.... 20 918 446 „
Sa. 30 422 148 Fr.
Am 1. December stellten sich diese beiden Posten auf
10 297 647 Fr.
und 21 449 842 „
Sa. 31 747 489 Fr.
Ende Januar 1809 wird die Totalsumme der Aufwendungen auf 35 021 733 Fr. angegeben. Im weiteren Verlaufe des Jahres 1809 kamen zu der letzteren Summe hinzu 4 420 914 Fr. Daneben wurden aus den von der hannoverschen Administration abgesonderten Domänen im Jahre 1809 insgesamt 4 005 229 Fr. an die französischen Kassen abgeliefert [1]). Das ergiebt bis zum Ende des Jahres 1809 den Betrag von 43 447 876 Fr. Rechnen wir dann noch für die beiden ersten Monate des Jahres 1810 eine Ausgabe von je einer Million Francs, so würde sich eine Gesamtsumme von ca. 44 $^1/_2$ Millionen Francs herausstellen.

Wir sind aber weder im stande zu prüfen, ob bei den Aufstellungen der hannoverschen Behörden nicht erhebliche Übertreibungen vorliegen, noch anzugeben, ob nicht diese oder jene stattgefundene Ausgabe ausser Betracht geblieben ist. Nur so viel wird man mit einiger Sicherheit behaupten dürfen, dass die Gesamtsumme der Ausgaben, welche den öffentlichen Kassen durch die französischen Forderungen zur Last gefallen sind, zwischen 40 und 50 Millionen Francs schwanke.

Ihrer Natur nach zerfallen die durch die Okkupation verursachten Ausgaben in direkte Zahlungen an die „Caisse du Receveur des contributions" und in Aufwendungen für den Dienst der französischen Armee. Die ersteren erfolgten zu einem Teile aus der (ständischen) Generalkasse, zum anderen aus der Kammerkasse, und zwar in der Weise, dass der Intendant Belleville, welcher ja durch tägliche Situationsetats über die Bestände der Landeshauptkassen genau unterrichtet war, von Zeit zu Zeit Zahlungsbefehle auf bestimmte Summen an die Exekutiv-, bzw. Gouvernementskommission ergehen liess. Die hannoversche Behörde übermittelte die Anweisungen alsdann den Rechnungsführern der beiden genannten Kassen. Beispielsweise sind im ersten Quartale des Jahres 1808 aus der Kammerkasse an den französischen Receveur entrichtet worden:

---

[1]) Nach Angaben des Landesökonomie-Rats Meyer.

Am 6. Januar	100 000	Fr.
„ 15. „	100 000	„
„ 27. „	50 000	„
„ 5. Februar	100 000	„
„ 19. „	100 000	„
„ 28. „	50 000	„
„ 9. März	100 000	„
„ 18. „	50 000	„
„ 29. „	75 000	„
	Sa. 725 000	Fr.

Alles in allem mögen die direkten Zahlungen an die Kontributionskasse 18—20 Millionen Francs betragen haben.

Unter den Aufwendungen für die französische Armee nehmen natürlich die Kosten für die Truppenverpflegung den ersten Platz ein. Nach Aufstellungen des Landesökonomie-Rats Meyer hat dieselbe erfordert:

November 1806	748 355	Fr.	76
December „	332 974	„	68
Januar 1807	310 377	„	86
Februar „	198 413	„	26
März „	210 935	„	—
April „	284 521	„	79
Mai „	303 552	„	31
Juni „	324 414	„	52
Juli „	337 487	„	32
August „	561 164	„	20
September „	1 242 156	„	93
Oktober „	830 568	„	38
November „	532 796	„	3
December „	407 256	„	7
Januar 1808	555 047	„	26
Februar „	605 299	„	93
März „	641 558	„	—
April „	547 184	„	73
Mai „	583 998	„	66
Juni „	562 094	„	96
Juli „	567 931	„	99
August „	460 614	„	65
September „	383 715	„	49
Oktober „	348 308	„	88
November „	360 076	„	97
	Sa. 12 307 005	Fr.	63.

Die Meyersche Berechnung erstreckt sich lediglich auf die Kosten, welche durch die Lieferung von Lebensmitteln und Fourage an das französische Militär verursacht wurden. Nicht aufgenommen sind: 1) Die Verwendungen für die französischen Hospitäler, welche zu Hannover, Hameln, Nienburg, Verden, Celle, Lüneburg, Stade, Ratzeburg und Northeim bald dauernd, bald für geringere Zeiträume bestanden haben. 2) Die den Offizieren ausgezahlten Tafelgelder. Erstere betrugen in der oben angegebenen Zeit 1 349 738 Fr. 29 [1], letztere 585 216 Fr. 23 [2]. Rechnet man beide Beträge zu den Verpflegungskosten hinzu, so steigt die Totalsumme der für den Unterhalt der französischen Truppen bis Ende November 1808 verwandten Summen auf 14 235 660 Fr. 15.

Im Jahre 1809 haben die Verpflegungskosten einschliesslich der Tafelgelder betragen: [3]

Januar	1 076 359 Fr.	82
Februar	986 304 .	53
März	743 624 .	91
zu übertragen	2 806 289 Fr.	26

[1] Die Hospitalkosten haben sich nach einem Promemoria von Meyer (21. December 1808) für die Zeit vom 1. November 1806 bis 30. November 1808 belaufen

in Hannover	auf 81 393	11 mgr	6 ₰
„ Hameln	. 48 199	. 29	. 5 .
„ Nienburg	. 14 219	. —	. — .
„ Verden (September 1807 bis Februar 1808)...	. 17 493	. 29	. 1 .
„ Celle	. 12 910	. 6	. 2 .
„ Lüneburg	. 73 986	. 18	. 2 .
„ Stade	. 43 362	. 21	. — .
„ Ratzeburg (November 1807 bis Februar 1808)	. 3 995	. 2	. 5 .
„ Northeim (Mai bis September 1807)	. 1 524	. 3	. 3 .

[2] Die Tafelgelder haben betragen:

15. November 1806 bis 31. Juli 1807	78 164 Fr.	August 1808	...	61 136 Fr. 15
August 1807	17 740 . —	September	. ...	40 164 . 90
September	25 480 . —	December	. ...	104 868 . 90
Oktober	26 109 . —	Januar 1809	...	104 868 . 90
November	23 188 . —	Februar	. ...	104 868 . 90
December	12 780 . —	März	. ...	51 609 . 25
Januar 1808	33 780 . 74	April	. ...	53 556 . 70
Februar	30 862 . 43	Mai	. ...	24 441 . 61
März	32 438 . 58	Juni	. ...	17 295 . 77
April	34 360 . 78	Juli	. ...	30 750 . 99
Mai	45 847 . 17	August	. ...	27 510 . 43
Juni	51 763 . —	September	. ...	20 840 . 26
Juli	37 516 . —	Oktober	. ...	15 415 . 61

[3] Promemoria des Landesökonomie-Rats Meyer vom 14. Januar 1810.

Übertrag...	2 806 289 Fr.	26
April	234 520 .	93
Mai	149 725 .	67
Juni	66 120 .	15
Juli	85 117 .	51
August	319 664 .	6
September	164 127 .	26
Oktober	110 511 .	80
November	79 069 .	47
December	82 297 .	59
	Sa. 4 097 443 Fr.	70.

Dazu kommen die Aufwendungen für die Hospitäler mit 449 130 Fr. 96 [1]), so dass sich die gesamte Ausgabe für die Truppenverpflegung im Jahre 1809 auf 4 546 574 Fr. 66 stellt.

In den Monaten December 1808, Januar und Februar 1810, welche in den angeführten Rechnungen fehlen, hatte die General-Verpflegungs-Kommission an Ausgaben zu verzeichnen:

December 1808	148 668 ₰	22 mgr	— ₰
Januar 1810	46 958 .	30 .	7 .
Februar 1810	60 369 .	20 .	7 .
	Sa. 255 997 ₰	1 mgr	6 ₰
	oder 1 151 986 Fr. 72.		

In dieser Summe sind die Kosten für Hospitäler und Tafelgelder, welche von jener Kommission bestritten wurden, jedenfalls schon enthalten.

Demnach hat die Verpflegung des französischen Militärs in Hannover inklusive der Hospitalkosten und Tafelgelder beansprucht:
1) Vom Beginn der französischen Okkupation
    bis Ende November 1808 . . . . 14 235 660 Fr. 15
2) im Jahre 1809 . . . . 4 546 574 „ 66
3) in den Monaten December 1808, Januar
    und Februar 1810 . . . . 1 511 986 . 72
                            Sa. 20 294 221 Fr. 53.

Aus diesen Aufstellungen lässt sich bereits erkennen, zu welchen Zeiten sich die meisten französischen Truppen in den Kurlanden aufgehalten haben. Eine ständige Besatzung hat das Land nicht gehabt, wohl aber zogen, wie schon die geographische Lage Hannovers mit sich brachte, unaufhörlich grössere oder kleinere Truppenkorps von den verschiedensten Waffengattungen und Nationalitäten durch dasselbe, welche in der Regel Wochen, ja

---

[1]) Promemoria des Landesökonomie-Rats Meyer vom 11. Januar 1810.

oft Monate hindurch im Lande verweilten. So lag fast beständig Einquartierung im Lande, eine grosse Bürde für die Unterthanen, welche an derselben vielfach schwerer zu tragen hatten, als an den Kriegssteuern und sonstigen Abgaben. Am stärksten war die Einquartierung wohl im Spätsommer und Herbst 1807, als das französische Militär von seinem siegreichen Feldzuge im östlichen Preussen nach Frankreich zurückkehrte. Damals lagen zeitweilig 30 000 Mann und darüber im Hannoverschen: ein Teil der kaiserlichen Garde (circa 12 000 Mann mit 6000 Pferden) unter dem Kommando des Generals Walter, die dritte Dragonerdivision unter dem General Milhaud, eine holländische Division von 8 Regimentern und andere Truppen mehr. Zu einer kaum geringeren Höhe stieg die Anzahl der Truppen im December 1808, wo ein grosser Teil der neugebildeten Rheinarmee unter Davout in das Hannoversche einrückte. Doch wurden die Kurlande schon nach wenigen Monaten durch den österreichisch - französischen Krieg wieder von den ungebetenen Gästen befreit. Im Mai 1809 und in den folgenden Monaten befanden sich in Hannover fast gar keine fremden Truppen; nur die Verfolgung Schills und des Herzogs von Braunschweig - Öls zog holländische, dänische und westfälische Heeresabteilungen herbei. Letztere verweilten jedoch nicht lange; auch blieb das Land im weiteren Verlaufe des Jahres von Durchmärschen und Einquartierung einigermassen verschont. Wir werden die schweren Lasten, welche die Anwesenheit des fremden Militärs den Unterthanen brachte, Einquartierung, Kriegerfuhren u. s. w. in anderem Zusammenhang näher zu erörtern haben.

Mit der Leitung der Truppenverpflegung war auf hannoverscher Seite die General - Verpflegungskommission, an deren Spitze der Landesökonomie-Rat Meyer stand, betraut. Die Lieferung der Lebensmittel an die Soldaten erfolgte unter der Aufsicht jener Kommission durch eine Anzahl von Lieferanten, deren jeder einen bestimmten Distrikt zugewiesen erhielt[1]). Für gewöhnlich wurden mit den Lieferanten halbjährliche Verträge abgeschlossen. Im September 1808 ward die Herbeischaffung sämtlicher Verpflegungsartikel an eine Lieferungskompagnie, in welcher ein Banquier David Jaques und

---

[1]) Lieferanten waren 1) für Calenberg, Göttingen, Grubenhagen und die lüneburgischen Ämter Ilten, Burgwedel, Burgdorf und Dissendorf die Handlungsgesellschaft Jaques & Comp. zu Hannover, für Celle und Umgegend Berring & Gans zu Celle, für den Rest der Provinz Lüneburg Hyam Marks zu Lüneburg, für Verden, Rethem und Umgegend Holst & Comp. zu Verden, für Hoya, Diepholz Ritscher & Uhrlaub zu Nienburg, für das Herzogtum Bremen Stadeschen Teils Severin zu Stade, für den Bremerleheschen Teil, inkl. Hadeln Schwabe, für Lauenburg ein Kaufmann Schroeder zu Ratzeburg.

ein Hauptmann Cropp die Hauptrolle spielten, verdungen. Doch musste die Gesellschaft die Bedingung eingehen, die bisherigen Distriktslieferanten als Unterlieferanten anzunehmen.

Die den Lieferanten bewilligten Preise waren ziemlich hoch: sie schwankten für die Mundration zwischen 6 und 7 *mgr* und für die Fourageration [1]) zwischen 9 und 13 *mgr*. Für die damalige Zeit muss das recht viel gewesen sein. Wenigstens haben die französischen Befehlshaber, welche sonst mit der Verpflegung durchweg sehr zufrieden waren [2]), mehrfach an der Höhe jener Preise Anstoss genommen. Auch in der Gouvernementskommission kam es wiederholt zur Sprache, dass „ein sehr grosser Missbrauch und Bereicherung der Lieferanten zum Schaden des Landes herrsche". — Freilich wurden die Lieferanten nur sehr unregelmässig bezahlt. So ward ihnen beispielsweise am 1. Oktober 1807 (nach ihrer Angabe) eine Summe von mehr als eine Million Francs geschuldet. Am 31. Oktober waren über 384 000 ₣, am 7. März 1808 sogar 500 000 ₣ rückständig. Solche Unpünktlichkeit in der Zahlung brachte namentlich manche Unterlieferanten in grosse Verlegenheit. Die Gouvernementskommission wurde deshalb immer wieder von den Lieferanten mit Klagen und Vorstellungen überlaufen. Auch hat die hannoversche Behörde sich ihretwegen mehrfach an den französischen Intendanten gewandt und um die Autorisation nachgesucht, den Verpflichtungen gegen dieselben wenigstens durch Abschlagszahlungen teilweise gerecht werden zu dürfen [3]).

Weniger kostspielig als die Truppenverpflegung waren andere Ausgaben, welche von den Kurlanden behufs der französischen Armee geleistet werden mussten. Manche von ihnen sind bereits gelegentlich erwähnt, so die Verproviantierung der Festung Hameln und die Errichtung einer Schiffsbrücke über die Elbe bei Artlenburg. Jene ging in dem ersten Semester des Jahres 1807 vor sich und wurde von den französischen Behörden mit grösstem Eifer betrieben. Belleville gestattete zu dem Ende selbst die Verwendung ordentlicher Staatseinkünfte. Die eigentliche Verproviantierung hat dem Lande

---

[1]) Übrigens waren die Lieferanten verbunden, die aus den Naturallieferungen aufkommenden Vorräte zu einem bestimmten Preise zu übernehmen.

[2]) So schrieb Belleville am 6. Juli 1809 an Villemanzy: „Dans les moments les plus difficiles, dans les saisons les plus ingrates, et quand 25 à 30000 hommes, 12 à 13000 chevaux se sont trouvés en Hanovre et pendant longtemps aucun militaire n'a manqué de ce qui a pu lui être nécessaire et agréable.

[3]) Vgl. S. 246. — Zum Teil sind die Forderungen der Lieferanten erst nach der Fremdherrschaft berichtigt worden. Vgl. Aktenstücke der provisorischen oder ersten allgemeinen Ständeversammlung des Königreichs Hannover IV, 70, 101.

530 638 Fr. 70 gekostet. Dazu kamen aber noch verschiedene Aufwendungen für die Garnison von Hameln: für Bekleidung (249 341 Fr. 94), für Artillerie und Geniewesen (75 738 Fr. 49), für die Ausrüstung von Pferden (22 096 Fr.) u. s. w. [1]). Man kann die Kosten der auf sechs Monate berechneten Verproviantierung gut und gern auf eine Million Francs veranschlagen.

Auch die Errichtung der Artlenburger Schiffsbrücke geht auf die erste Zeit der Okkupation zurück. Den Befehl zu derselben erteilte der Marschall Mortier[2]). Baumeister war ein hannoverscher Leutnant Namens Müller aus Lüneburg. Die Brücke lag auf 56 Fahrzeugen, welche aus den Städten Lüneburg, Winsen und Harburg requiriert worden waren, und hatte eine Länge von 1370 Fuss. Am 17. Januar 1807 wegen des Eisgangs auf der Elbe abgebrochen, ward sie im April von neuem geschlagen und so noch mehrfach im Laufe der Jahre 1807—1810. Die den Landeskassen aus ihrer Errichtung und Unterhaltung erwachsenen Kosten haben etwa 75 000 Fr. betragen.

Hierher gehört ferner die Lieferung von Lebensmitteln an das in Pommern stehende Observationskorps des Marschalls Brune im Sommer 1807 (318 247 Fr. 87), der Ankauf von 1200 Centnern Pottasche (132 537 Fr. 60)[3]), die Stellung von mehreren tausend Pferden, die Vornahme von Küstenbefestigungen an den Mündungen der Weser und Elbe und die Demolition der Festungswerke zu Nienburg und Hameln.

Was die Pferdelieferungen angeht, so mussten im Jahre 1807 auf Grund zweier kaiserlichen Dekrete vom 12. December 1806 und vom 19. Mai 1807 1500 Pferde gestellt werden. Im folgenden Jahre wurden deren sogar 2260 verlangt. Dagegen scheinen im Jahre 1809 keine neuen Lieferungen erfolgt zu sein. Die Ausgabe für diesen Gegenstand erhöhte sich dadurch, dass die Pferde auf hannoversche Kosten nach entfernt liegenden Örtern, meist nach Potsdam und Magdeburg, transportiert werden mussten. Die Gesamtausgabe für Remontierung wird von den hannoverschen Behörden auf 1 417 704 Fr. angegeben.

Die Niederlegung der Nienburger Festungswerke war durch eine Ordre Napoleons d. d. Posen, 2. December 1806 befohlen worden. Der französische Kaiser wollte, dass dieselbe bis zum Ende

---

[1]) Gouvernementskommission an Villemanzy, 1. Juni 1809.
[2]) Vgl. S. 260.
[3]) Vgl. S. 272, Anm. und das Ausschreiben der Exekutivkommission vom 27. Januar 1807. Hannöversche Anzeigen J. 1807, St. 9.

des Jahres 1806 vollendet sein sollte [1]). So schnell ging das nun freilich nicht, die Ausführung zog sich vielmehr bis Ende April 1807 hin. Auf französischer Seite leitete der General Schramm, auf hannoverscher der Ingenieur Hauptmann Kahle und der Amtsschreiber Wehner zu Nienburg die Arbeiten. Da es an Arbeitskräften fehlte, war man genötigt, in den umliegenden Ämtern Hand- und Spanndienste auszuschreiben [2]). Die von einer jeden Ortschaft in bestimmter Anzahl zu stellenden Arbeiter erhielten täglich 1½ Pfd. Brot nebst 3 *mgr*, mussten aber im übrigen sich selbst beköstigen. In der ersten Zeit wurden im ganzen 1500 Mann angestellt; später ward ihre Anzahl auf 900 und am 14. März 1807 auf 200 verringert [3]). Zu Anfang Mai wurden auch die letzten Arbeiter entlassen [4]). Dass man bei der Schleifung gründlich vorgegangen sei, lässt sich nicht sagen. Im Januar 1808 musste Napoleon den Befehl schicken, die in Nienburg noch vorhandenen, bislang nicht völlig demolierten Festungswerke von Grund aus zu schleifen [5]). Zu solchem Zwecke stellten die benachbarten Ortschaften von neuem an die 200 Arbeiter. — Insgesamt hat die Demolition von Nienburg den Landeskassen einen Kostenaufwand von 144 697 Fr. verursacht [6]).

Weit umfangreicher waren die Arbeiten zu Hameln. Die Abtragung der dortigen Festungswerke gründete sich auf ein kaiserliches Dekret vom 14. Januar 1808. An den Kriegsminister Clarke schrieb Napoleon am gleichen Tage, man solle bei dem Zerstörungswerke das Pulver nicht sparen. Es sei sein Wille, dass keinerlei Trümmer bleiben sollten, die zum Wiederaufbau der Befestigungen benutzt werden könnten. Auch die Kasernen und bombensicheren Gewölbe habe man zu sprengen, wie denn überhaupt nichts in Hameln (und Nienburg) zurückzulassen sei, woraus jemand militärische Vorteile zu ziehen vermöchte [7]).

Demgemäss ward die Demolition sofort in Angriff genommen und in wenig mehr als einem halben Jahre beendet. An Handdiensten wurden zu solchem Zwecke requiriert für die Zeit

---

[1]) Berthier an General Schramm: „L'intention expresse de S. M. est que cette démolition soit exécutée sur-le-champ et que les travaux de démolition de cette place soient terminés au 1. Janv. 1807.
[2]) Exekutivkommission an Amtsschreiber Wehner, 13. December 1806.
[3]) Bericht Wehners vom 15. März 1807.
[4]) Exekutivkommission an Landesdeputations-Kollegium, 11. Mai 1807.
[5]) Gouvernementskommission an Amtmann Olbers zu Nienburg, 26. Januar 1808.
[6]) Vgl. auch Gade, Geschichte der Stadt Nienburg an der Weser S. 134.
[7]) Correspondance de Napoléon I*er* XVI, 252.

				Arbeiter	Aufseher
vom	24. Januar	bis	30. Januar	1483	30
„	31. Januar	„	6. Februar	1500	52
„	7. Februar	„	13. Februar	3000	99
„	14. Februar	„	5. März	4000	124
„	6. März	„	12. März	4998	152
„	13. März	„	19. März	6000	183
„	20. März	„	26. März	7040	211
„	27. März	„	2. April	8000	235
„	3. April	„	14. Juni	7988	209
„	15. Juni	„	30. Juli	7955	208

Alles in allem sind während des Zeitraums vom 24. Januar bis zum 30. Juli, also in 189 Tagen, der Tag als Einheit gerechnet, 32 772 Aufseher und 1 215 109 Arbeiter beschäftigt gewesen, ausserdem noch 4705 Oberaufseher. In gleicher Weise wurden an Spanndiensten 26 052 Pferde und 6339 Wagen gestellt.

Natürlich war es nicht angängig, eine solche schwere Last allein der Umgegend von Hameln aufzubürden. Die Requisition von Arbeitern wurde im Gegenteil von der Gouvernementskommission, die auch hier den Amtsschreiber Wehner mit der Leitung des Zerstörungswerkes beauftragte, nach und nach auf die sämtlichen hannoverschen Provinzen ausgedehnt[1]). Bei der Repartition auf die einzelnen Bezirke ward die Häuserzahl der Ämter, Gerichte und Städte zu Grunde gelegt.

Die entfernteren Ämter entledigten sich ihrer Pflicht meist in der Weise, dass sie die ihnen auferlegte Mannschaft nicht in natura stellten, sondern die erforderlichen Arbeiter resp. Aufseher mieteten. In der ersten Zeit blieb es den Ämtern selbst überlassen, die nötigen Akkordarbeiter zu dingen. Da dies aber zu vielen Unzuträglichkeiten führte, ward einigen zuverlässigen Bürgern der Stadt Hameln der Auftrag gegeben die Tagelöhner herbeizuschaffen. — Bei der grossen Nachfrage nach Arbeitskräften steigerte sich der Tagelohn recht erheblich, so dass die Ämter, Gerichte und Städte oft das für die Löhnung erforderliche Geld nicht aufzubringen wussten und von der

---

[1] So hatte die Altstadt Hannover vom 10. Februar bis zum 2. April täglich 5 Aufseher und 237 Arbeiter, vom 3. April bis zum 14. Juni 3 Aufseher und 93 Arbeiter, vom 15. Juni bis zum 30. Juli einen Aufseher und 63 Arbeiter zu stellen. Die Stadt Celle stellte vom 2. Februar bis zum 3. April täglich 5 Aufseher und 167 Arbeiter, in der folgenden Zeit nur 2 Aufseher und 73 Arbeiter. Die höchstbelasteten Ämter waren Lauenstein mit insgesamt 798 Aufsehern und 29 286 Arbeitern, Stolzenau (842 : 29 648), Hadeln (714 : 30 359), Hoya (791 : 30 934) und Calenberg (1218 : 51 731). In betreff Hadelns vgl. auch Chronik des Landes Hadeln S. 599.

Gouvernementskommission wiederholt zur Zahlung ermahnt und mit exekutorischen Massregeln bedroht werden mussten [1]). Für die Verpflegung der Arbeiter wurde von der Gouvernementskommission durch die Errichtung von Baracken, die Anlage eines besonderen Hospitals, die Einführung Rumfordscher Suppenanstalten u. s. w. nach Möglichkeit Sorge getragen. Im grossen und ganzen waren die Arbeiter mit der Verpflegung und Behandlung zufrieden; doch wird über sehr grosse Mortalität unter ihnen geklagt, eine Folge der ungünstigen, feuchten Witterung, die mancherlei Krankheiten herbeiführte. Die Arbeit begann um 6 Uhr Morgens und hörte 5 $1/2$ Uhr Abends auf. Kein einziger Tag wurde mit der Thätigkeit ausgesetzt, nicht einmal die Osterfeiertage. Die Kosten der Demolition von Hameln werden auf 1 889 352 Fr. 12 angegeben. Davon entfielen auf die Landeskassen 381 497 Fr. 50 — für die den Arbeitern verabreichten Brot- und Branntweinportionen 281 793 Fr. 75, für Anschaffung der erforderlichen Utensilien und Gerätschaften und für Direktionskosten 86 130 Fr. 75 und endlich für Transport von Artillerie und Munition 13 573 Fr. —, auf die einzelnen Distrikte und Ämter aber 1 507 854 Fr. 62.

Von geheimen Ausgaben zur Bestechung der französischen Befehlshaber konnte während der zweiten französischen Okkupation nur in beschränktem Masse die Rede sein, schon weil den hannoverschen Behörden die freie Disposition über die öffentlichen Fonds entzogen war. Dass Belleville die ihm angebotenen Geschenke auf das uneigennützigste ausschlug, haben wir schon erwähnt. Später, im September 1807, machte das Landesdeputations-Kollegium einen erfolglosen Versuch, den Generalintendanten Daru durch ein Geschenk von 50 000 Fr. zu gewinnen [2]). Der Deputation, welche eben damals nach Paris an den Kaiser Napoleon abging, ward ein Kreditbrief von 200 000 Fr. mitgegeben [3]), ohne Zweifel, um damit

---

[1]) Ausschreiben der Gouvernementskommission vom 20. April, 29. Juni, 23. Juli und 30. Juli.

[2]) Die Anregung zu solchem Versuche war von Belleville ausgegangen. Dieser hatte schon um die Mitte August zu dem Landrate von Meding geäussert, man möge einen Deputierten an den Generalintendanten absenden und den letzteren auf die eine oder andere Weise für das Land zu gewinnen suchen. Hannoverscherseits hatte man darauf (31. August) bei Belleville angefragt, ob er 50 000 Fr. für hinreichend halte. Der Intendant antwortete, eine solche Summe scheine ihm ganz anständig. Natürlich müsse der an Daru abzuordnende Deputierte mit Delikatesse zu Werke gehen, und wenn er merke, dass die Sache nicht Beifall finde, bei Zeiten abbrechen. — Da der mit der Mission betraute Kommerzrat Heise die mitgegebenen 10 000 ₰ wieder nach Hannover zurückgebracht hat, so muss der Versuch fehlgeschlagen sein. (Protokolle des Geheimen Ausschusses.)

[3]) Protokoll des Geheimen Ausschusses vom 17. August 1807.

gewisse hochstehende und einflussreiche Persönlichkeiten dem Lande geneigt zu machen. Den in Hannover garnisonierenden Generalen etc. wurden nicht selten Wagen und Pferde zum Präsent angeboten. Doch erreichten solche Geschenke längst nicht den Umfang, den sie im Laufe der ersten Okkupation gehabt hatten. Auch scheinen die hannoverschen Behörden in den Jahren 1806—1810 von Zumutungen und Forderungen, wie sie früher von den Generalen Mortier, Dulauloy, Berthier, Bernadotte und anderen so häufig gemacht worden waren, verschont geblieben zu sein. Nur ein Fall dieser Art ereignete sich gleich zu Beginn der Besetzung. Er ist zu charakteristisch, sowohl für den französischerseits dabei beteiligten General und späteren Polizeiminister Savary, als auch für die Handlungsweise der hannoverschen Behörden, als dass er hier nicht erzählt werden sollte. Als die Franzosen nämlich die Festung Nienburg besetzt hatten und von der Hoyaschen Landschaft die Berichtigung des den preussischen Offizieren bei der Kapitulation ausbedungenen Reisegeldes [1]) forderten, verweigerte der uns als Mitglied des Landesdeputations-Kollegiums bekannte Assessor und Hofrat von Pape namens des Provinzialdeputations-Kollegiums die Auszahlung, unter dem Vorgeben, dass in der Landrenterei keine 500 ₰ vorrätig seien. Dies war nun freilich nicht wahr, vielmehr befanden sich in der Kasse an die 12000 ₰. Da eine Revision zu befürchten stand, entsandte Pape den Landsyndikus von Reiche und den Landrentmeister Schneidel nach Hoya, wohin die Kasse bei der Annäherung der Feinde transportiert worden war, mit dem Auftrage, alles Geld über 500 ₰ bei Seite zu schaffen und in das Manual unter einem fingierten Datum als abgeliefert einzutragen. Die beiden landschaftlichen Beamten wurden aber von dem General Savary auf frischer That ertappt. Der Umstand, dass die Tinte, mit der man jenen Posten von 11500 ₰ in Ausgabe gebracht hatte, noch feucht war, verriet alles. Pape und Reiche wurden alsbald arretiert und mit nach Bremen geschleppt.

Das Landes-Deputationskollegium setzte alle Hebel in Bewegung, um die Freilassung seines Mitgliedes zu erwirken. Die hannoverschen Abgesandten, welche kurz vorher in das kaiserliche Hauptquartier nach Berlin abgegangen waren, wurden eilends von dem Vorgange benachrichtigt und angewiesen, bei Napoleon Reklamationen zu erheben. Den Deputierten sei bekannt, schrieb das Kollegium, „dass dem Herrn von Pape seines offenen und biederen Charakters unbeschadet die Gabe des leichten Vortrages fehle und hierdurch könne es veranlasst sein, dass er in seinen mündlichen Verhand-

[1]) Vgl. Gade, Geschichte der Stadt Nienburg an der Weser S. 131.

lungen mit dem General Savary zu jener widrigen Vermutung Anlass gegeben habe" (!). — Gleichzeitig entsandte das Landesdeputations-Kollegium den Landrat von Münchhausen und den Landesökonomie-Rat Meyer nach Bremen, um mit Savary zu unterhandeln. Der französische General fuhr die beiden Abgesandten mit barschen Worten an. Gegen die beiden Gefangenen drohte er kriegsgerichtlich vorgehen zu wollen[1]). Er beschwerte sich dann darüber, dass die Magazine zu Nienburg und Hameln durch die Bevölkerung unter den grössten Excessen geplündert worden seien (?). Das Land habe dafür Ersatz zu leisten und die Thäter auszuliefern, von denen einige fusiliert werden müssten. Weiter drohte Savary, er werde alle Partikularkassen genau nachsehen lassen und dem Kaiser von den vorgefallenen Missbräuchen Anzeige erstatten. Auch werde er anzeigen, welche Bestechungen und Präsente vorhin im Lande vorgekommen seien, damit nicht nur die, welche unerlaubter Weise etwas genommen, sondern auch die, welche die öffentlichen Fonds auf solche Art verschleudert hätten, zur Rechenschaft gezogen würden. Die tugendhafte Entrüstung, mit welcher der General sich über die Bestechungen äusserte, war aber eitel Heuchelei. Der „Secrétaire intime" Savarys musste den Abgesandten insinuieren, wenn man sofort 100000 ₰ (!) zahlen wolle, so sollten Pape und Reiche sofort in Freiheit gesetzt und von jeglicher Untersuchung wegen der Partikularkassen Abstand genommen werden. Auch sei Savary in diesem Falle erbötig, die Kurlande von der Erstattung der Magazinvorräte zu entbinden, die Einquartierung so viel als möglich zu mildern und auf den Märschen die grösste Ordnung zu beobachten. Die geforderte Summe war den beiden Abgesandten aber zu viel. Sie boten ihrerseits 10000 ₰ und ein englisches Pferd für den General. Hiermit war wieder der Sekretär nicht zufrieden. Doch ging er allmählich in seinen Ansprüchen herab, und erklärte schliesslich mit dem Angebot zufrieden sein zu wollen, wenn noch 2500 ₰ für den Adjutanten Savarys zugelegt und dem General ein Ordensstern mit Brillanten „wegen der schnellen Beendigung der Belagerung von Nienburg und Hameln" verehrt werde. Demgemäss erhielt Savary 12500 ₰ in bar, zwei englische Reitpferde und einen Ordensstern im Werte von 4000 ₰ [2]).

[1]) Dass die Franzosen sich keineswegs scheuten, solche Drohungen auszuführen, beweist die Erschiessung des Kämmerers Schulz und des Kaufmanns Kersten zu Kyritz in der Prignitz im April 1807. Ihnen wurde ebenfalls Unterschlagung von Geldern schuld gegeben. Vgl. v. Bassewitz, Die Kurmark Brandenburg I, 207 ff.

[2]) Promemoria des Landrats von Münchhausen und des Landesökonomie-Rats Meyer vom 4. December.

Wie hoch sich die Gesamtsumme beläuft, welche das Landesdeputations-Kollegium und die Gouvernementskommission zu Präsenten etc. verwandt haben, lässt sich nicht einmal annähernd angeben. Nur so viel dürfte sicher sein, dass sie den Betrag von 200 000—300 000 Francs nicht überschritten hat. Die Gesamtsumme der während der zweiten Okkupation aus den öffentlichen Kassen behufs der französischen Forderungen verwandten Gelder (40—50 Millionen Francs) wird dadurch nicht merklich verändert.

Kapitel IV.
Die Okkupation des Fürstentums Osnabrück.
Oktober 1806 bis September 1807.

Eine besondere Darstellung erfordert die Geschichte der Provinz Osnabrück vom Beginne der zweiten französischen Okkupation bis zu der Vereinigung mit dem Königreiche Westfalen. Wie bereits früher erwähnt ist [1]), war der Befehlshaber der holländischen Avantgarde, General Grandjean, am 26. Oktober 1806 in die Hauptstadt des Fürstentums eingezogen. Ein Schreiben des holländischen Generals von demselben Tage an die Regierung erklärte die Besitznahme im Namen des Königs von Holland und bestätigte die genannte Behörde unter der Bezeichnung „Regierung des Landes Osnabrück" in ihren Funktionen. Mündlich versprach Grandjean, das Fürstentum solle möglichst geschont werden, da es durch die vorhergehende französische und preussische (?) Okkupation sehr gelitten habe. Wenige Tage später (31. Oktober) erhielt der Chef der osnabrückschen Regierung, Geheimer Rat von dem Bussche, aus Münster die Nachricht, dass das ehemalige Hochstift [2]) dem zum „Generalgouverneur von Westfalen" ernannten holländischen General Dändels untergeben sei und mit dem Münsterschen unter eine Administration kommen solle [3]). Am 3. November ging dann eine Bekanntmachung des letztgenannten Generals ein, des Inhalts: die

[1]) Vgl. S. 188.
[2]) Seit der Besitzergreifung von Osnabrück durch Georg III. (vgl. das Patent vom 4. November 1803 Spangenberg, Sammlung der Verordnungen und Ausschreiben IV, 1, 367), war die Bezeichnung „Hochstift" nicht mehr üblich.
[3]) E. A. von Ketteler an den Geh. Rat von dem Bussche, Münster 31. Oktober 1806.

öffentlichen Einkünfte seien für den König von Holland in Verwahrung zu nehmen. Ohne besondere Erlaubnis dürfe man von denselben nichts verausgaben. Wöchentlich solle dem Generalkontroleur van Rymsdyck zu Münster ein genauer Etat von den verfügbaren rückständigen Revenuen eingereicht werden. Ferner seien Anschläge über die Domänen und deren Verwaltung, die Steuern und die Landesausgaben einzusenden, desgleichen statistische Nachrichten über die Bevölkerung und den Viehstand, die Produktion und Konsumtion im Fürstentume u. s. w. Um die gleiche Zeit setzte der neue Generalgouverneur ein aus siebzehn Personen bestehendes Administrations-Kollegium zunächst für die Provinz Münster ein. Innerhalb desselben wurde ein engerer Conseil aus dem Kammerpräsidenten von Vincke, dem Regierungspräsidenten von Sobbe, dem Minister von Fürstenberg und dem Geheimen Rat von Druffel gebildet. Die Regierung zu Osnabrück ward unter dem 3. November angewiesen, sofort den Kanzleirat von Bar nach Münster abzuordnen, damit er dort die Funktion eines Generalsekretärs 'des Gouvernements für die osnabrückschen Angelegenheiten ausüben möge. Damit war die Trennung des Fürstentums von dem übrigen Hannover ausgesprochen.

Der Umstand, dass die Okkupation Osnabrücks durch holländisches Militär erfolgte, liess dort die Vermutung aufkommen, als sei das Fürstentum bestimmt an den König von Holland zu fallen. In der That dürfte König Louis sich Hoffnung auf den Besitz von Osnabrück und Münster gemacht haben. Der französische Kaiser aber, welcher damals mit seinem Bruder nicht zufrieden war, hatte andere Pläne [1]. Am 5. November 1806 musste Dändels der Regierung zu Osnabrück mitteilen, dass das „erste Generalgouvernement der eroberten Länder", bestehend aus den Provinzen Münster, Mark, Tecklenburg, Lingen und Osnabrück, dem französischen Divisionsgeneral Loison als Generalgouverneur übertragen sei. Schon am folgenden Tage verliess der holländische Befehlshaber die Stadt Münster, um sich zu seinem Könige nach Paderborn zu begeben.

In Osnabrück schloss man hieraus ganz richtig, dass Louis Napoleon nicht der künftige Herrscher des Fürstentums sein werde. Man riet jetzt auf den Grossherzog von Berg. Am 11. November schrieb der Landdrost von Böselager aus Münster an den Geheimen Rat von dem Bussche: „Ueber das künftige Schicksal der hiesigen Länder lässt sich noch nichts Bestimmtes angeben. Indessen glaubt man allgemein, dass solche dem Grossherzog von Berg zu teil

---

[1] Vgl. das Schreiben Napoleons an seinen Bruder vom 3. December 1806. Correspondance de Napoléon I" XIV, 28.

werden. Gestern sind dessen Truppen hier eingerückt. Von der Ankunft eines Gouverneurs ist bis hierhin noch keine Rede." Auch diese Annahme sollte sich als irrig erweisen, wenigstens so weit sie sich auf Osnabrück bezog. Vorläufig blieb das Schicksal des Landes ungewiss. Am 14. November traf der neue Gouverneur in Münster, der Hauptstadt des „Premier Gouvernement", ein. Loison verblieb hier bis gegen Ende Februar 1807, wo er durch den General Canuel ersetzt wurde. Als Intendant ward dem Gouverneur der Inspecteur des revues Fririon beigegeben, ein Mann, der zwar nicht so mild und vertrauensvoll war als Belleville, sich aber doch gerade um das Osnabrücksche manches Verdienst erwerben sollte.

Unmittelbar nach seiner Ankunft in Münster erliess Loison eine hochtönende Proklamation an die „Einwohner Westfalens". Es hiess darin, Napoleon habe ihm aufgetragen, in seinem Namen von Münster, Osnabrück, Mark und Tecklenburg Besitz zu ergreifen, und feierlich zu erklären, dass diese Provinzen nie wieder unter die preussische Herrschaft geraten sollten. Ihm (Loison) werde es zu lebhaftem Vergnügen gereichen, die Einwohner Westfalens mit den väterlichen Gesinnungen des grossen Monarchen bekannt zu machen, die allein auf ihr höchstes Glück abzielten. Durch sorgfältige Vollziehung der erhabenen Beschlüsse des Kaisers, hoffe er den Wohlstand jener Länder auf immer zu begründen. Der zweite Teil der Bekanntmachung, in welchem der Generalgouverneur den Unterthanen die ersten Befehle Napoleons kund that, war freilich mit solchen pomphaften Versprechungen nicht recht in Einklang zu bringen. Die preussischen Adler sollten abgenommen, auf die landesherrlichen Schlösser, die Magazine und öffentlichen Einkünfte Beschlag gelegt und die letzteren hinfort für kaiserliche Rechnung verwaltet werden. Die Zeughäuser und sämtliche Kriegswaffen waren dem Kommandierenden der französischen Artillerie zu übergeben. Keinem Einwohner sollte es verstattet sein, ohne Erlaubnis von seiten des Generalgouvernements ein Gewehr zu tragen. In allen Städten und Flecken hatten die Magistrate aus der ihnen untergebenen Bürgerschaft eine gewisse Anzahl Männer auszuwählen, an deren „gutem Willen, wohlbegründetem Eigentum und untadelhaftem Betragen" nichts auszusetzen war. Aus ihnen musste überall eine Wache gebildet werden, der die Erhaltung der öffentlichen Ruhe oblag. — Den Gerichtshöfen endlich wurde aufgetragen, die Justizpflege nach alter Weise, jedoch im Namen Napoleons auszuüben.

Das von Dändels eingesetzte Administrations-Kollegium der Provinz Münster ward von Loison beibehalten. Nur ordnete der letztere an, es solle durch je zwei Mitglieder der Provinzialkammern von Osnabrück und Mark verstärkt werden und künftig den Namen: „Administratives Kollegium des ersten Gouvernements der eroberten Länder" führen. Doch war der französische General es auch zufrieden, dass das ehemalige Hochstift bloss einen Deputierten, den schon erwähnten Kanzleirat von Bar, nach Münster entsandte. Neben dem Administrations-Kollegium trat in den ersten Decembertagen ein Kontributionskomitee aus Abgeordneten der Provinzen Münster, Mark und Osnabrück zusammen. Es bestand aus dem Kanzleirat von Bar für Osnabrück, dem Domdechanten von Spiegel und einem Herrn von Ketteler für Münster, dem Ständedirektor von Bodelschwing sowie den Kriegs- und Domänenräten von Erdmannsdorf und Stemmer für die Mark und aus einem Herrn von Grütter für Tecklenburg und Lingen. In einer Sitzung dieses Komitees vom 24. December ward beschlossen, dass die Auslagen für Truppenverpflegung, Hospitäler etc. seit dem Beginn der Okkupation von dem zum Gouvernement gehörigen Gebietsteilen gemeinschaftlich getragen werden sollten. Zu dem Ende wurde in Münster um die Mitte des Februar eine gemeinsame Kasse errichtet, die einem Kammerrendanten Namens Leuthaus untergeben ward. Bis Ende Mai 1807 sind aus derselben etwa 65000 ℳ verwandt worden. Die Hauptausgabe (ca. 50000 ℳ) wurde durch eine dem Gouvernement auferlegte Lieferung von 530 Pferden verursacht. Neue Auslagen führte die im Mai 1807 erhobene Forderung herbei, das Gouvernement solle 1200 Mann neu angeworbener französischer Truppen vollständig kleiden und ausrüsten. Die Ausgabe für diesen Posten ward auf 180 000 Fr. veranschlagt.

Wenn die Kosten der Truppenverpflegung in dem „Premier Gouvernement" verhältnismässig weit geringer waren, als in dem benachbarten Hannover, so ist dies darauf zurückzuführen, dass die zu dem Gouvernement gehörigen Provinzen von den holländischen Truppen bald wieder geräumt wurden, und dass hernach längere Zeit hindurch dort weiter kein Militär lag als die Garde des Generals Loison: ein Bataillon des 22. Linienregiments und eine Kompagnie des 5. Chasseurregiments. Einer von dem General Dändels am 3. November 1806 an die osnabrücksche Regierung erlassenen Requisition von 200 Centner Weizenmehl, 500 Centner Roggenmehl, 2000 Centner Heu und 2000 Centner Stroh ward man durch dessen Abgang entledigt. Erst im Februar 1807 sind aus dem Fürstentume grössere Mengen von Naturalien an das französische Hauptmagazin zu Münster abgegangen.

Bedeutender als die Aufwendungen für die Truppenverpflegung waren die ausserordentlichen Kriegskontributionen, welche das erste

Gouvernement zu zahlen hatte. Bereits im Oktober 1806 hatte Napoleon dem Bistum Münster und der Grafschaft Mark eine Kriegskontribution von 4,4 Millionen Francs auferlegt. Hiervon entfielen auf die erstere Provinz 2,5, auf letztere 1,9 Millionen Francs. Osnabrück blieb fürs erste verschont. Möglich, dass Napoleon anfänglich beabsichtigte, dass das Fürstentum einen Teil der dem Kurfürstentum Hannover auferlegten Kriegssteuer von 9,1 Millionen Francs tragen sollte. Von diesem Gedanken, wenn er ihn überhaupt gehegt hat, kam der Kaiser aber bald ab. Schon am 30. November verlautete gerüchtweise, dass das Fürstentum eine Kriegskontribution von zwei Millionen Francs erlegen solle [1]). Zu Beginn des Jahres 1807 entschied Napoleon auf eine Vorstellung aus Münster, Osnabrück solle an der den Provinzen Münster und Mark auferlegten Kriegskontribution teilnehmen. Am 21. Januar 1807 wurde das Administrations-Kollegium durch den Intendanten Fririon angewiesen, mit Beihülfe der Provinzialkammern eine neue Repartition der 4,4 Millionen auf die drei Provinzen vorzunehmen. Fririon bemerkte dabei, nach seiner Ansicht müsse bei der Umlage die Volkszahl, die Ergiebigkeit des Bodens, der Handel und die Industrie zu Grunde gelegt werden.

Zwischen den münsterschen, märkischen und osnabrückschen Abgeordneten erhoben sich nun lebhafte Auseinandersetzungen über den Modus der Verteilung. Die von Fririon vorgeschlagene Basis wurde im Prinzip als gerecht anerkannt, aber gleichwohl verworfen, unter dem Vorwande, dass keine Anhaltspunkte für das Verhältnis des Ackerbaus, der Industrie und des Handels in den drei Provinzen vorlägen. Der Kanzleirat von Bar wollte die Repartition nach der alten Reichsmatrikel angelegt wissen. Die übrigen Deputierten widersprachen aber, da die auf den Reichstag von 1683 zurückgehende Matrikel für die gegenwärtigen Verhältnisse nicht mehr passe. Die märkischen Abgesandten plaidierten dafür, dass die frühere Repartition der Kontribution auf das Bistum Münster und die Grafschaft Mark und daneben die Anzahl der Pferde zur Grundlage genommen werde. Hiergegen ward jedoch eingewandt, dass die erste Verteilung sehr zu Gunsten der Grafschaft ausgefallen sei, und dass hinsichtlich der Pferde es nicht sowohl auf die Quantität, als auf die Qualität ankomme. Schliesslich kam man überein, eine Kombination der beiden Potenzen Flächeninhalt und Bevölkerung zum Massstabe anzunehmen; nur der Kanzleirat von Bar erhob wiederum Einspruch [2]). Der französische

---
[1]) Böselager an Dussche, Münster 30. November 1806.
[2]) Fririon an das Administrations-Kollegium, 8. Februar.

Intendant schenkte indessen den Vorstellungen des letzteren kein Gehör. Am 8. Februar ward folgende Repartition für exekutorisch erklärt:

Münster .... 1 455 563 Fr. 25
Mark .... 1 540 858 „ —
Osnabrück .... 1 403 578 „ 75

Davon hatte das Bistum Münster bereits 812 039 Fr. 95 und die Grafschaft Mark 735 432 Fr. 37 entrichtet, so dass beide zusammen nur noch 1 448 948 Fr. 93 schuldig waren. Der Provinz Osnabrück setzte Fririon drei Zahlungstermine; am 10. März und 10. April sollten je 500 000 Fr., der Rest am 1. Mai bezahlt werden [1]).

Im März teilte der französische Intendant der Regierung zu Osnabrück mit, die Kontribution für Münster, Mark und Osnabrück belaufe sich nicht, wie bisher angegeben, auf 4,4 sondern 4,5 Millionen Francs. Der Anteil des Fürstentums erhöhe sich dergestalt auf 1 435 478 Fr. 25.

Als die Nachricht, das ehemalige Hochstift habe an der den Provinzen Münster und Mark auferlegten Kriegskontribution teilzunehmen, in Osnabrück eingetroffen war, hatten sich die sämtlichen Mitglieder der Ritterschaft und die Deputierten der Städte am 31. Januar zu einer Beratung zusammengefunden. Laut des Sitzungsprotokolls waren „Herrn Landstände vollkommen überzeugt, dass bei den grosen Beschwerden und Schulden, die die französische Okkupation dem hiesigen Lande zugezogen, und bei dem völlig erschöpften Zustande aller Ressourcen, es schlechterdings unmöglich sei, ohne völligen Ruin der Unterthanen die geforderte Kontribution aufzubringen". Am liebsten hätten die Stände sogleich eine Deputation an Napoleon abgesandt, um eine abänderliche Verfügung zu erwirken. Man liess diesen Gedanken aber fallen, da Loison zu dem Kanzleirate von Bar gesagt hatte, eine Abordnung an den französischen Kaiser sei nicht rätlich; man möge lieber eine Bittschrift an denselben richten und erst, wenn dieser Schritt ohne Wirkung bleiben, oder wenn inzwischen der Befehl zur Eintreibung der Kontribution kommen sollte, eine Deputation absenden.

So stellten die Stände denn dem Generalgouverneur unter dem 14. Februar eine Eingabe an den französischen Kaiser zur Weiterbeförderung zu. Auch übersandten sie dem Generalintendanten Daru und dem Generaladministrator Villemanzy, dem Nachfolger Estèves, besondere Bittschriften. Es war in diesen Schreiben vorzugsweise geltend gemacht, dass ein Land, welches mehrere Jahre hindurch

---

[1]) Fririon an das Administrations-Kollegium, 8. Februar.

die Drangsale des Krieges erlitten habe, nicht solchen Provinzen gleichgestellt werden dürfe, die bisher davon gänzlich verschont geblieben seien.

Die auf die Eingaben gesetzten Hoffnungen wurden aber durch ein Antwortschreiben Darus d. d. Thorn 11. März 1807 vernichtet. Der Generalintendant behauptete, für Osnabrück nichts thun zu können, da er nur die Befehle des Kaisers ausführe, und dieser beharrlich den Willen kund gegeben habe, die Kontribution in ihrem ganzen Umfange aufrecht zu erhalten. Nach Daru gab es nur Ein Mittel, welches für die Folge einige Erleichterungen verschaffen könne: dasselbe, auf welches er auch die Behörden in Hannover wiederholt hingewiesen hatte. Es bestehe darin, führte der Generalintendant in dem erwähnten Schreiben aus, dass man wirksamere Massregeln als bislang ergreife, um die Befehle Napoleons zu vollziehen, und dass man den Eingang der Kontribution beschleunige. Erst wenn reelle Beweise des Eifers gegeben, und die dem Lande auferlegte Summe zum grössten Teile abgetragen worden sei, würde er (Daru) sich für befugt halten, dem Kaiser die osnabrückschen Reklamationen vorzulegen und eine Erleichterung für das Fürstentum zu beantragen.

Die osnabrückschen Stände aber folgten dem durch die Behörden zu Hannover gegebenen Beispiele und liessen jeglichen Eifer, den ihnen auferlegten Verpflichtungen nachzukommen, vermissen. Zwar hatten sie schon am 14. Januar 1807 ein neues Extrasteuer-Patent erlassen, das fünfte seit dem Beginn der französischen Okkupation. Von dieser Massregel stand aber ein grosser Ertrag nicht zu erwarten. Es handelte sich bei der ungemein verwickelten und wenig rationell veranlagten Steuer in erster Linie um eine Auflage auf den Grundbesitz. Zu Grunde gelegt war der Pacht- oder, wie man dort sagte, der Heuerertrag. Im allgemeinen galt als Norm, dass vom Thaler Heuergelde ein guter Groschen entrichtet werde. Von Wiesen und Weiden war die Hälfte, von Forstgründen der vierte Teil zu erlegen. Ausserdem hatten die Besitzer der bäuerlichen Höfe oder Erbe einen Erbschatz zu zahlen: die Vollerben 1 ℳ, die Halberben 14 Schillinge, Erbkötter 7 Schillinge und Markkötter $3^1/_2$ Schillinge. In den Städten ward eine Haussteuer entrichtet; ferner eine Handels- und Gewerbesteuer, welche $3^0/_0$ des jährlichen Ertrages in Anspruch nahm. Die Staatsdienerschaft musste $1^1/_2^0/_0$ vom Diensteinkommen hergeben. Des weiteren schrieb das Patent eine Rentensteuer und eine Hundesteuer vor. Schliesslich kam für besondere Verhältnisse und Personen noch eine ganze Reihe von Ansätzen in Betracht, auf die wir nicht eingehen können. Um den Schwierigkeiten einer Veranlagung aus dem Wege zu gehen, wurde die Form der Deklaration gewählt. Ein jeder Steuerzahler war gehalten, sein pflichtiges Einkommen nach bestem Wissen und Gewissen anzugeben. Diejenigen, welche „hierunter etwas vernachlässigen und zum Bedruck der übrigen Kontribuenten irrige Angaben machen würden", sollten nicht allein die Untersuchungskosten tragen, sondern auch das Vierfache des amtlich ermittelten Ansatzes erlegen.

Hinsichtlich des Ertrages dieser Extrasteuer gaben sich die Stände keiner Illusion hin. In einer Konferenz zwischen Mitgliedern der Land- und Justizkanzlei und ständischen Deputierten (18. Februar), ward festgestellt, dass vermittelst der genannten Auflage nicht einmal der dritte Teil der Kriegskontribution aufkommen werde. Man sah sich daher genötigt einen Teil der Steueransätze zu erhöhen. Dies geschah durch ein Supplementar-Extrasteuer-Patent vom 24. Februar. Der Erbschatz ward durch dasselbe auf das Doppelte, die Abgabe vom Handel und Gewerbe von 3% auf 4%, vom Diensteinkommen von 1 $\frac{1}{2}$% auf 2% und die Rentensteuer auf 2% erhöht. Weiterhin verknüpfte man mit der extraordinären Steuer eine Viehsteuer, nach welcher für Kutsch- und Reitpferde 1 ℳ 7 β, Ackerpferde 14 β, Füllen unter zwei Jahren 3 β 6 ₰, Rinder und Kühe 7 β, Kälber unter einem Jahre 1 β 9 ₰, Schweine 3 β 6 ₰, Schafe, Lämmer und Ziegen 1 ₰ pro Stück zu erlegen war.

Ungeachtet der Einführung solcher Extrasteuern hatten die osnabrückschen Stände am 10. März kein Geld vorrätig, um den ersten Termin der Kriegskontribution zu entrichten. Als dann das oben erwähnte Antwortschreiben Darus vom 11. März einlief, kamen die Stände auf den Gedanken zurück, einen Deputierten in der Person des Kammerherrn von Schele-Schledehausen an Napoleon abzusenden. Auch schrieb man an das Landesdeputations-Kollegium zu Hannover, es möge sich bei dem französischen Kaiser auf die eine oder andere Art für das Fürstentum kräftig verwenden[1]) und den Ständen mit einem guten Rate an die Hand gehen, was bei der gegenwärtigen misslichen Lage zu thun sein möge. Bezahlen wollten die Stände aber auch jetzt nicht. Noch am 25. März war kein einziger Heller an die französische Kasse zu Münster abgeliefert. Erst als der Intendant Fririon, durch solche Saumseligkeit gereizt, der Regierung zu Osnabrück mit strengen Massregeln drohte[2]),

---

[1]) Das Landesdeputations-Kollegium kam dieser Bitte nach, indem es dem an den französischen Kaiser abgeordneten Landrat von Grote in Warschau schrieb, er möge in „vorsichtiger Weise intercessieren", damit man nicht etwa französischerseits das dem Fürstentum abgenommene Quantum auf das Hannoversche abwälze.

[2]) Fririon an die Regierung, 28. März 1807.

entschlossen die Stände sich am 2. April, alles Geld, welches in der Extrasteuer-Kasse vorhanden sei und irgend entbehrt werden könne, behufs der Kontribution nach Münster abgehen zu lassen. Am 10. April, dem Tage, wo der zweite Termin fällig war, sandte man eine Summe von 120000 Fr. — kaum den vierten Teil des ersten Termins — ein. Der französische Intendant war über die Geringfügigkeit dieser Zahlung sehr aufgebracht und drohte, wenn das erste Drittel nicht binnen acht Tagen abgetragen sei, so würden die Behörden und das ganze Fürstentum es schwer zu büssen haben. Auch der Kanzleirat von Bar betonte wiederholt die Notwendigkeit, den ersten Termin schleunig zu berichtigen. So schrieb er unter dem 9. April an den Geheimen Rat von dem Bussche: „Man müsse zu ganz ausserordentlichen Mitteln und etwa zu solchen Massregeln schreiten, wie man ergreifen würde, wenn eine Armee vor den Thoren der Stadt stehe und diese anzuzünden drohe, wenn nicht auf der Stelle eine grosse Summe Geld herbeigeschafft werde". Ausführlicher liess sich von Bar in einem Schreiben vom 10. April aus. Es sei schlechterdings erforderlich, hiess es darin, in kurzer Frist wenigstens noch 300000 Fr. zusammenzubringen. Osnabrück liege dem Hauptsitz des Gouvernements zu nahe, als dass dem Intendanten nicht alles bekannt sein sollte, was dort geschehe. So lange man sich in Osnabrück damit begnüge, von der Staatsdienerschaft und den Rentiers 2 % ihres Einkommens zu fordern, werde es in Münster nicht an Leuten fehlen, welche dem Intendanten insinuierten: die Einwohner des Fürstentums hätten sich noch garnicht angestrengt, es seien viele vermögende Leute vorhanden, die wohl etwas leisten könnten. Er (von Bar) wisse genau, dass „ein sehr kluger und gewandter Mann" in solchem Sinne mit Fririon gesprochen und ihm den Reichtum der Osnabrücker Kaufleute und die Wohlhabenheit der Landbevölkerung herausgestrichen habe. Dadurch werde begreiflicherweise der Eindruck ausgelöscht, den die Vorstellungen der osnabrückschen Behörden und seine mündlichen Unterredungen auf den Intendanten gemacht hätten. — Im Münsterschen, fuhr der Kanzleirat in seinem Schreiben fort, seien die grössten Beiträge von seiten der grossen Gutsbesitzer erfolgt, deren einige bis zu 7000 ℳ erlegt hätten. Ebenso seien in der Grafschaft Mark von fast allen Kaufleuten in den kleineren Städten und Flecken 2000 bis 3000 ℳ entrichtet worden, wenn auch nicht als Steuer, so doch als Vorschuss für die Gemeinden, denen sie angehörten. Überhaupt habe man sich sowohl in Münster, als in der Mark bemüht, die Kontribution auf die Gemeinden zu repartieren. Wenn es diesen nicht gelungen sei, freiwillige Darlehen zu erhalten, so habe man die wohlhabendsten Partikuliers genötigt, die erforderlichen Summen vorzustrecken. Ein gleiches Verfahren würde auch im Osnabrückschen am Platze sein. Man möge etwa einem jeden Kirchspiel den Betrag eines ganzjährigen Monatsschatzes auflegen, diesen zunächst von den vermögenderen Leuten vorschussweise bezahlen und alsdann von den Eingesessenen nach und nach wieder aufbringen lassen.

In der Hauptstadt des Fürstentums trug man gegen die Einführung einer solchen Zwangsanleihe grosse Bedenken. Lieber hätte man alles Silberzeug, welches im Besitze von Privatpersonen befindlich war, gegen Ausstellung von Landesobligationen eingefordert und eingeschmolzen. Dieser Plan musste aber aufgegeben werden, weil er sich in der von Fririon gesetzten achttägigen Frist nicht ausführen liess. Da nun erst recht keine Möglichkeit vorhanden schien, den Rest des ersten Termins in dieser Zeit vermittelst Steuern aufzubringen, so beschlossen die Stände, die Kaufmannschaft der Stadt Osnabrück anzugehen, dass sie dem bedrängten Vaterlande mit ihrem Kredite beispringen möge. Die patriotischen Handelsherren täuschten denn auch das in sie gesetzte Vertrauen nicht. Bereitwilligst stellten sie Wechsel im Betrage von 50 000 ℳ auf Bremen aus[1]). Diese wurden um die Mitte des April nebst 100 000 Fr. aus der Extrasteuer-Kasse und 30 000 Fr. von den ordinären Einkünften des Landes an Fririon abgesandt.

Es dauerte aber nicht lange, so äusserten die französischen Machthaber von neuem Ungeduld. Am 18. Juni schrieb der Intendant an die Regierung zu Osnabrück, Daru beklage sich darüber, dass die Kontribution noch immer nicht berichtigt sei, und habe ihn für deren Eintreibung verantwortlich gemacht. Da es sich von selbst verstehe, dass die Verantwortlichkeit auf die Behörden des Fürstentums zurückfalle, so müssten diese die promptesten Massregeln ergreifen, um die seit geraumer Zeit eingestellten Zahlungen fortzusetzen. — Daraufhin ward von der Land- und Justizkanzlei ein neues Extrasteuer-Patent erlassen (11. Juli 1807), welches sich in den Ansätzen an die unter dem 24. Februar ausgeschriebene Auflage anschloss. Auch wurden die Kaufleute wiederum aufgefordert, dem Lande mit einer Summe von 50 000 Fr. zu Hülfe zu kommen.

In der zweiten Hälfte des Juli erlangte das Fürstentum endlich einen nicht unbeträchtlichen Nachlass an der Kriegskontribution. Dies war dem Intendanten Fririon zu danken, welcher mehrfach für

---

[1]) Zur Deckung der Wechsel wurde durch ein Kriegsnebensteuer-Patent vom 19. Mai 1807 von den Landkirchspielen eine viermonatliche Schatzung, von den Städten und Flecken eine halbe Extrasteuer eingefordert.

das überlastete Osnabrück eingetreten war. So hatte er unter anderem dem Generalintendanten eine neue Repartition vorgeschlagen, nach der auch die Provinzen Lingen und Tecklenburg an der Kontribution teilnehmen, der Beitrag von Osnabrück aber herabgesetzt werden sollte.

Danach entfielen auf:

Münster	1 488 644 Fr. 25
Mark	1 575 877 „ 50
Osnabrück	1 050 000 „ —
Lingen und Tecklenburg	485 478 „ 25
Sa.	4 600 000 Fr.

Daru hatte gegen diese neue Verteilung nichts einzuwenden [1]. Das ehemalige Hochstift erhielt somit einen Nachlass von etwa 385 000 Fr.

Trotz dieser Erleichterung war Osnabrück zu Beginn des September noch immer mit 565 126 Fr. rückständig. Teilweise mochte das an dem Widerstande liegen, den die Erhebung der Extrasteuer bei den Unterthanen fand. Die Regierung musste in einem Ausschreiben vom 8. September ihrem Bedauern darüber Ausdruck geben, „dass in einigen Gegenden des Fürstentums die Eingesessenen die Zahlung absichtlich weigerten, ja sogar durch böse Ratschläge und Beispiele sich verleiten liessen, sich den Pfändungen mit gefährlichen Drohungen und Gewaltthätigkeiten zu widersetzen" [2]. Auch hat es den Anschein, als ob die Regierung in Osnabrück von der bevorstehenden Einverleibung des Fürstentums in das Königreich Westfalen, welche ihr am 19. August offiziell angekündigt worden war, den gänzlichen Nachlass der Kontribution erwartet und darum mit weiteren Zahlungen zurückgehalten habe. Diese Hoffnung war aber so wenig begründet, dass die provisorische Regentschaft des neu errichteten Königreichs am 5. September die Regierung zu Osnabrück aufforderte, alle in ihrer Macht liegenden Mittel anzuwenden, um die rückständige Summe noch im Laufe des Septembers herbeizuschaffen. Zu dem Ende sollte sie das Mobiliar der widerspenstigen Kontribuenten verkaufen, deren Häuser und Ländereien in Beschlag nehmen und den säumigen Zahlern Militär in das Haus legen.

Jetzt erst entschloss sich die Regierung zu Osnabrück mit der Zahlung Ernst zu machen. Am 7. oder 8. September sandte sie eine Summe von 100 000 Fr. nach Münster ab. Wenige Tage später (10. September) teilte sie dem Intendanten Fririon mit, sie habe die Landstände auf

[1] Daru an Fririon, 14. Juli.
[2] Vgl. Heinrich David Stüve S. 71.

den folgenden Tag einberufen, um ihnen ein „Emprunt forcé" vorzuschlagen. Die Ausführung desselben werde freilich bei dem allenthalben herrschenden grossen Mangel an barem Gelde auf erhebliche Schwierigkeiten stossen. Unter anderem werde man genötigt sein, Silberzeug an Zahlungsstatt anzunehmen. Da dieses sich aber nicht ohne Unzuträglichkeiten in die Armeekasse überführen lasse, so gedenke sie (die Regierung), die Kaufmannschaft der Stadt Osnabrück aufzufordern, dass diese gegen Überlieferung des Silberzeuges Verschreibungen über die in Frage kommende Summe ausstellen möge. In der That versagten die wackeren Kaufleute sich auch dieses Mal dem Lande nicht, sondern gaben ohne Zögern 320000 Fr. in 48 Wechseln auf drei Monate her. Dieselben wurden unter dem 20. Oktober nebst 79318 Fr. in bar an Fririon übersandt.

Zur Deckung für diese Schuld ward am 29. September eine „temporelle gezwungene Anleihe" angeordnet. Es hiess in dem Ausschreiben, alle gutgesinnten Landeseingesessenen würden eingeladen, den Vermögenderen aber, wes Standes sie auch seien, Leibeigene ausgenommen, werde es zur Pflicht gemacht, zu der Anleihe beizutragen. Für vermögend, also beitragspflichtig, seien diejenigen zu halten, welche an liegenden Gütern und ausstehenden Geldern nach Abzug der auf den Gründen ruhenden Lasten und Schulden ein reines Kapitalvermögen von wenigstens 2500 ₰ besässen. Vorerst möge ein jeder seinen Beitrag selbst bestimmen. Man hege zu allen Eingesessenen das billige Zutrauen, dass sie dabei auf das Mass ihres Vermögens sehen und eher mehr als weniger thun würden. Der geringste Beitrag müsse 25 ₰ betragen. Von denen, welche im Besitze eines reinen Grund- und Kapitalvermögens von 2500 ₰ seien, erwarte man wenigstens 50 ₰, von 5000 ₰ Wert 100 ₰, von 10000 ₰ Wert 200 ₰ u. s. w. Die Vermögendsten im Lande hätten mindestens 2000 ₰ beizusteuern. Die Schwierigkeit, das erforderliche Geld anzuschaffen, könne niemanden entschuldigen, denn die höchste Not gebiete, dass jeder Rat schaffe, und einer dem anderen aushelfe.

Dieser kräftige Appell an den Patriotismus der Einwohner des Fürstentums verfehlte seine Wirkung nicht. Die Beiträge zu der Anleihe liefen — ein schöner und ehrender Beweis für den damals in Osnabrück herrschenden, in den anderen Provinzen des Kurfürstentums unerhörten[1]) Gemeinsinn — so zahlreich ein, dass nicht nur die Wechselschuld gänzlich berichtigt, sondern auch noch eine erhebliche Summe erübrigt wurde, welche sofort wieder unter den Kontribuenten durch das Los verteilt ward[2]). Die übrigen Beiträge,

---
[1]) Vgl. S. 214.
[2]) Land- und Justizkanzlei an Regierung, 13. Januar 1808.

welche nach Massgabe des Ausschreibens später durch eine Extrasteuer abgetragen werden sollten, sind erst nach der Fremdherrschaft zur Rückzahlung gekommen ¹).

Nach der Übersendung der letzten Wechsel an den französischen Intendanten hatte die Provinz Osnabrück etwa 900 000 Fr. von der Kontribution bezahlt. Ausserdem waren nicht unbeträchtliche Summen für die Herbeischaffung von Verpflegungsartikeln für die französische Armee verwandt. Freilich bemühte die Regierung sich vergeblich, von den französischen Behörden die Autorisation zu erlangen, dass der Geldbetrag dieser sämtlichen Lieferungen von der Kriegskontribution abgesetzt werden möge. Fririon hielt daran fest, dass bloss die baren Geldzahlungen bzw. Wechsel und der Betrag solcher Lieferungen in Abrechnung kommen könnten, welche von Napoleon selbst oder doch von Daru befohlen, und bei denen die Abrechnung höheren Orts ausdrücklich genehmigt worden sei. Dazu gehörten die Armeeverpflegungskosten nicht.

Indessen hatte Osnabrück auch auf die von dem französischen Kaiser dekretierten Lieferungen so viel geleistet, dass der Rest der Kontribution dadurch gedeckt wurde. Am 20. Oktober ward von Fririon und dem Regierungssekretär Buch die provisorische Liquidation über die „nunmehr völlig abgetragene Kriegskontribution" abgeschlossen. Daru erteilte derselben seine Genehmigung. Damit war das Fürstentum Osnabrück seiner Verpflichtungen gegen das französische Gouvernement ledig.

Was die Verwaltung des ehemaligen Hochstifts während der zweiten französischen Okkupation betrifft, so trat in derselben eine tiefgehende Veränderung nur insofern ein, als die administrativen Beziehungen zu Hannover gelöst wurden. Im übrigen blieb das Stift von erheblichen Eingriffen der französischen Behörden in Verfassung und Verwaltung verschont. Eine Verfügung des Generalgouverneurs Loison (Mitte December 1806), wonach der zum Kommandanten von Osnabrück ernannte Oberstleutnant Coisel als kaiserlicher Kommissar an den Sitzungen der Stände teilnehmen sollte, ist, wenn überhaupt ausgeführt, doch ohne alle praktische Bedeutung geblieben. Auch dass die Staatsdienerschaft geloben musste, die Massregeln, welche für den Dienst der französischen Armee getroffen würden, aus allen Kräften zu fördern und keinerlei Korrespondenz mit deren Feinden zu unterhalten ²), war ohne

¹) In einem Schreiben des Kabinettsministeriums vom 1. Oktober 1816 an die Allgemeine Ständerversammlung wird angegeben, von dem Zwangsanlehen de 1807 seien noch 87 141 Thaler Konventionsmünze unbezahlt. Aktenstücke der provisorischen oder ersten allgemeinen Ständerversammlung des Königreichs Hannover IV, 100 f. Vgl. auch S. 185 f.
²) Vgl. S. 189.

Einfluss auf die Landesverwaltung. In der Stadt Osnabrück fand diese Eidesleistung am 16. December 1806 in Gegenwart des Generalgouverneurs Loison und des Intendanten Fririon im grossen Saale des Schlosses statt.

In den „inneren Regierungsangelegenheiten" blieb der Geschäftsgang fast ganz unverändert. Nach wie vor teilte die Regierung bei wichtigen Anlässen, wo verfassungsmässig die Stände zu konkurrieren hatten, also namentlich bei Massregeln finanzieller Natur, ihre Vorschläge der Land- und Justizkanzlei zur weiteren Übermittelung an die Landstände mit. Jede der drei ständischen Kurien erwog darauf die Vorschläge in gesonderter Beratung. Demnächst einigten die Stände sich über ein gemeinschaftliches Votum. Liess sich über den betreffenden Gegenstand eine Einigung nicht erzielen, so fassten die Kurien Separatbeschlüsse. Die Vota wurden alsdann der Kanzlei präsentiert und von dieser mit den etwaigen Erläuterungen an die Regierung zur Approbation übersandt [1]).

Da die „Kriegsangelegenheiten" eine häufige, über das gewöhnliche Mass hinausgehende Kommunikation zwischen den landesherrlichen Behörden und den Landständen nötig machten, so hatte man bereits zu Beginn der ersten französischen Okkupation Konferenzen zwischen den Mitgliedern der Land- und Justizkanzlei und mehreren ständischen Deputierten zum Zweck besserer und schnellerer Verständigung ins Werk gesetzt. Diese Einrichtung dauerte auch in den Jahren 1806 und 1807 fort. Die Kanzlei entsandte dazu gewöhnlich den Kanzleidirektor Lodtmann, die Kanzleiräte Dyckhoff und Vezin und den Sekretär Friderici. Von ständischen Abgeordneten waren in der Regel der Landdrost von Schele, die Landräte und Bürgermeister der Stadt Osnabrück Dr. Stüve und Stock, der ritterschaftliche Syndikus von Lengerke und der Stadtsyndikus Kemper zugegen. Das Recht, bindende Beschlüsse zu fassen, stand der Konferenz freilich nicht zu, vielmehr beschränkte sich ihre Kompetenz darauf Vorschläge zu machen. Diese wurden indessen durchweg von den Ständen und der Regierung angenommen.

Blieb nun auch die heimische Administration im wesentlichen auf dem alten Fusse bestehen, so ward sie doch durch die auch in Osnabrück angeordnete Einstellung der Auszahlung von Besoldungen, Pensionen, Zinsen etc. sehr behindert. Wir haben schon gesehen, dass durch die Proklamation Loisons vom 14. November 1806 auf die öffentlichen Einkünfte Beschlag gelegt war. Am 22. December hatte dann der Generaladministrator Estève wie

---

[1]) Regierung an Loison, 20. December.

an Belleville[1]), so auch an Fririon geschrieben: Man dürfe keinerlei Verwendungen aus den ordinären Einkünften des Fürstentums für die Zwecke der Landesverwaltung zulassen, ehe nicht Etats über sämtliche Kategorien von Ausgaben eingereicht und von ihm (Estève) genehmigt seien. Auch hätten die Provinzialbehörden ohne Verzug ein Generalverzeichnis von allen Ausgaben des Fürstentums aufzustellen, das dem Kaiser vorgelegt werden solle. Die osnabrücksche Regierung kam diesem Befehle nur zur Hälfte nach, indem sie dem Generaladministrator die Etats über die Ausgaben der vier ersten Monate des Jahres 1807 einreichte. Darauf lief von dem Nachfolger Estèves, Villemanzy, die Antwort ein, er könne seine Autorisation zu jenen Verwendungen nicht eher erteilen, als bis das längst verlangte Budget über sämtliche Ausgaben der Provinz eingegangen sei[2]). Ständischerseits machte man sich nun an die Aufstellung eines solchen Finanzetats. Um die Mitte Juni wurde derselbe dem französischen Generaladministrator übersandt. Ob dieser ihn genehmigt hat, vermögen wir, da die Akten uns hier im Stiche lassen, nicht anzugeben. Anscheinend sind die Zahlungen für die Landesverwaltung bis zum Ende des Jahres 1807 untersagt gewesen[3]).

Freilich wurde das Verbot, die Kosten der heimischen Administration aus den öffentlichen Kassen zu bestreiten, in der Provinz Osnabrück ebensowenig befolgt, wie in dem benachbarten Hannover. Die Stände zumal liessen sich in der Verwendung der Steuerintraden zu den Bedürfnissen des Landes nicht beirren. Nicht einmal die Einkünfte aus den ausserordentlichen Steuern scheinen samt und sonders an die französischen Kassen abgeliefert worden zu sein[4]). Es muss demnach als unwahrscheinlich gelten, dass bei der Einverleibung von Osnabrück in das westfälische Königreich ein beträchtlicher Rückstand in den Zahlungen für die Verwaltung des Fürstentums vorhanden gewesen sei.

[1]) Vgl. S. 206.
[2]) Fririon an die Regierung zu Osnabrück, 31. Mai 1807.
[3]) In der „Konferenz" vom 12. November 1807 wurde (laut Protokoll) bemerkt, in den benachbarten Provinzen Minden, Ravensberg, Paderborn, Tecklenburg und Lingen würden dem Vernehmen nach Salarien und Zinsen ungehindert bezahlt. Danach muss deren Auszahlung in dem Fürstentum noch um die erwähnte Zeit verboten gewesen sein.
[4]) Am 17. April wurde von der „Konferenz" beschlossen, dem Generalgouverneur Canuel vorzustellen, man habe ihm nur aus dem Grunde noch keine Vorstellung über die peinliche Lage des Fürstentums eingereicht, weil man „bei den mancherlei sonstigen Ausgaben" nicht im stande gewesen sei, auch nur einiges auf die geforderte hohe Kriegskontribution abzutragen.

Zweiter Abschnitt.

Die Hauptverwaltungszweige während der zweiten französischen Okkupation.

Kapitel I.
Die ständische Verwaltung.

In den früheren Kapiteln war die Rede von der Administration des Kurfürstentums im allgemeinen: von den Forderungen, welche die Franzosen an das Land gestellt haben, und von den Massregeln, die von den französischen und hannoverschen Behörden ergriffen worden sind, um diese Ansprüche zu erfüllen. Wir gehen jetzt zu den einzelnen Verwaltungszweigen über und greifen unter ihnen diejenigen heraus, welche in der damaligen Zeit allein auf den Namen selbständiger Verwaltungszweige Anspruch erheben konnten: das landständische Finanz- und Steuerwesen, die Domanialverwaltung und das Justiz- und Polizeiwesen. Andere Verwaltungszweige von geringerer Bedeutung wie das Forst-, Bergwerks-, Post-, Chaussee- und Wegebau-, Zoll- und das Gestütswesen werden wir am besten im Anschlusse an die Domänen behandeln, zu denen sie ohnehin grossenteils gerechnet wurden.

Was zunächst die landschaftliche Verwaltung, insbesondere das Finanz- und Steuerwesen, betrifft, so können wir uns bei demselben kürzer fassen. Bis zu der Aufhebung der Stände im September 1807 ist hinsichtlich der ständischen Verwaltung alles geblieben, wie es zur Zeit der ersten französischen Okkupation gewesen war, nur dass in der Zusammensetzung der verschiedenen Deputations-Kollegien einige Änderungen eintraten. So wurde in dem Bremen-Verdenschen Deputations-Kollegium im März 1807 der Ritterschaftsdeputierte von Marschalk durch den Landrat von Gruben in Neuhaus a. d. Oste ersetzt. Im Landesdeputations-Kollegium [1]) kam seit der Abtrennung Osnabrücks von den Kurlanden die Vertretung für das ehemalige Hochstift in Wegfall. Der Präsident des Kollegiums, Staats- und Kabinettsminister von Bremer, musste sich im April 1807 von den Geschäften zurückziehen; wie wir wissen, war ihm von französischer Seite der Aufenthalt in der Hauptstadt des Landes untersagt worden [2]). Ein neuer Präsident scheint nicht gewählt worden zu sein; vermutlich wechselte nach Bremers Abgang der Vorsitz nach einem bestimmten Turnus, wie denn auch in den verschiedenen Ausschüssen des Landesdeputations-Kollegiums das Direktorium wochenweise alternierte [3]).

Zusammenberufungen von Landtagen haben während der zweiten französischen Okkupation nicht stattgefunden. Auch im Lüneburgischen, wo sich die Stände in den Jahren 1803—1805 doch mehrfach versammelt hatten, hielt man es jetzt für geraten, von der Einberufung solcher grösseren landständischen Versammlungen Abstand zu nehmen. So viel man sehen kann, haben nicht einmal die grösseren landschaftlichen Ausschüsse in Calenberg und Hoya und die „landschaftlichen Kollegien" in den übrigen Provinzen getagt. Dagegen blieben in dem Calenbergischen der „engere landschaftliche Ausschuss" und das Schatzkollegium in Wirksamkeit. In der Grafschaft Hoya ist das Schatzkollegium zum letzten Male im Herbste 1806 zusammengetreten.

Wie verfuhren aber die Provinzialstände in den Fällen, wo landschaftliche Wahlen etc. verfassungsmässig die Konkurrenz der Landtage erforderten? Hier musste man sich wohl „einige Beiseitesetzung der bisherigen Formen" gefallen lassen oder aber die Wahlen auf gelegenere Zeiten aufschieben. Im Calenbergischen schlug man das eine Mal diesen, das andere Mal jenen Weg ein. Im Frühjahr 1807 waren in dem Fürstentume nicht weniger als 5 Ämter erledigt, deren Besetzung dem Landtage zustand: die Stellen zweier Ober-Appellationsräte bei dem Tribunal zu Celle, eines Assessors bei dem Hofgerichte zu Hannover, eines ritterschaftlichen Deputierten

---

[1]) Nachträglich sei hier auf den der ersten allgemeinen Ständeversammlung im Januar 1815 von einer zu solchem Zwecke eigens niedergesetzten Kommission erstatteten „Kommissarischen Bericht, die während der feindlichen Okkupation kontrahierten Schulden betreffend", verwiesen. (Aktenstücke der provisorischen oder ersten allgemeinen Ständeversammlung des Königreichs Hannover IV, 47 ff.). In diesem Berichte findet sich eine aktenmässige Darstellung der Einrichtung, Zusammensetzung und der Attribute des Landesdeputations-Kollegiums und der von demselben aufgenommenen Anleihen.
[2]) Vgl. S. 202.
[3]) Vgl. Hausmann, Erinnerungen S. 258.

und eines Landrats aus dem hannoverschen Quartier. Am einfachsten lag die Sache bei den Wahlen zu dem Appellationshofe, da sich zu diesen überhaupt nur zwei Bewerber, die Hof- und Kanzleiräte Wedemeyer und Hartmann, beide von der Justizkanzlei zu Hannover, gemeldet hatten. Die beiden Kabinettsräte Nieper und Brandes, die von dem engeren Ausschusse der Calenberg-Grubenhagenschen Landschaft in dieser Angelegenheit um Rat angegangen waren, urteilten darum, da auf der einen Seite „unter den gegenwärtigen Umständen durchaus so wenig an Zusammenberufung eines Wahltages als an Einholung der Meinung der zur Wahlfähigkeit Berechtigten zu denken sei", und da auf der anderen Seite zu den beiden vakanten Stellen nur zwei Bewerber vorhanden seien, auf einem versammelten Wahltage also eine andere Wahl gar nicht erfolgen könne, so könne und müsse der engere Ausschuss die beiden betreffenden Wahlen vornehmen [1]). Der engere Ausschuss hielt sich indessen zu einem solchen selbständigen Vorgehen nicht für berechtigt. Er ergriff deshalb den Ausweg, „bei sämtlichen wahlberechtigten Mitgliedern der Stände in Vorschlag zu bringen, dass in diesem ausserordentlichen Falle das jetzt versammelte landschaftliche Kolleg von der gesamten Landschaft autorisiert werden möge, die genannten beiden Kompetenten ohne vorgängige förmliche Wahl zu den erledigten Ratstellen im Tribunal namens der Landschaft höchsten Orts zu präsentieren" [2]). Dieser Weg fand bei den Wahlberechtigten allgemeine Billigung. Demnach wurden die beiden genannten Männer dem Justizdepartement als von den Ständen erwählte Ober-Appellationsräte in Vorschlag gebracht und auch von diesem bestätigt.

Einen gleichen Modus auch bei den übrigen Wahlen zu befolgen, schien nicht ratsam. Für die Stelle eines Assessors am Hofgerichte zu Hannover waren vier Bewerbungen eingelaufen. Hier lag die Befürchtung nahe, dass die zurückgewiesenen Bewerber die Rechtmässigkeit einer Wahl, bei der nicht alles streng verfassungsmässig zugegangen sein möchte, anfechten würden. Ähnliches stand bei der Vornahme der Wahl eines Landrats zu erwarten. Es handelte sich um dieselben Stellen, die einst der Hofrichter von

---

[1]) Nieper und Brandes an den engeren Ausschuss der Calenberg-Grubenhagenschen Landschaft, 28. Juli 1807. — Verfassungsmässig geschah die Erwählung der Ober-Appellationsräte durch die calenbergischen Stände in der Weise, dass jede der drei Kurien für sich die Wahl vornahm. Der durch die Mehrheit von zwei Kurien Gewählte, wurde alsdann dem Landesherrn zur Bestätigung präsentiert. Manecke, a. a. O., S. 247.

[2]) „Im Fürstentum Calenberg-Grubenhagen verordnete Land- und Schatzräte, auch Schatzdeputierte" an das Regierungskollegium, 29. August 1807.

Berlepsch bekleidet hatte, und die nachmals dem nunmehrigen Minister von Bremer übertragen worden waren. Bekanntlich lebte Berlepsch, der seiner Ämter mit Unrecht entsetzt zu sein glaubte, nur für seinen „Kampf ums Recht". Es war vorauszusehen, dass der streitsüchtige Mann es sich nicht nehmen lassen würde, bei einer Neubesetzung der fraglichen Ämter die ihm zugefügte Unbill von neuem urbi et orbi zu verkünden. Dadurch würde aber das französische Gouvernement auf die Vornahme landschaftlicher Wahlen aufmerksam geworden sein, und dies wollten die hannoverschen Behörden eben möglichst vermeiden. Daher entschieden sie, dass man die erwähnten Wahlen für das erste aufschieben möge.

Geringeren Bedenken als in dem Fürstentum Calenberg schien die Wahl eines Landrats im Lüneburgischen, wo der Landrat von Behr im Frühjahr 1807 mit Tode abgegangen war, unterworfen zu sein. Denn hier erfolgte die Wahl eines Landrats nicht wie im Calenbergischen durch eine Generalversammlung der Ritterschaft im landschaftlichen Hause [1]), sondern durch einen Ausschuss, der sich aus dem Landschaftsdirektor, dem Landratskollegium und aus acht zu dem Ende jedesmal neu zu „konstituierenden" Wahldeputierten zusammensetzte. Von diesen Wahldeputierten hatte ein jeder der vier Kantone [2]), in welche die lüneburgische Landschaft zerfiel, Celle, Gifhorn, Lüneburg und Lüchow, zwei zu stellen. Die hier ansässigen Begüterten nahmen die Wahl auf „Tagefahrten" nach dem Kantonshauptorte vor [3]). — Ein solcher Wahlmodus war nicht dazu angethan, die Aufmerksamkeit der französischen Behörden auf sich zu ziehen. Der Landschaftsdirektor von Lenthe nahm darum keinen Anstand, den ständigen Ritterschaftsdeputierten, denen die Anordnung und Leitung der Tagefahrten oblag, unter dem 23. Mai aufzutragen, dass sie binnen einer bestimmten Frist zur Vornahme der Vorwahlen schreiten sollten [4]). In der That sind die acht Wahldeputierten bis Mitte Juli 1807 erwählt worden. Zu der Wahl eines Landrats ist es jedoch nicht mehr gekommen. Ob man es im letzten Augenblicke für geboten hielt von derselben Abstand zu nehmen, oder ob die Aufhebung der Stände die Abhaltung des Wahltages unmöglich gemacht hat, muss dahingestellt bleiben. In einem Ausschreiben des Landschaftsdirektors von Lenthe vom 27. Oktober 1814, welches die Landräte und die im Jahre 1807

---

[1]) Vgl. Manecke S. 234 f.
[2]) Im Calenbergischen Quartiere, im Bremischen Zirkel genannt.
[3]) Manecke S. 222.
[4]) Lenthe, Archiv für Geschichte und Verfassung des Fürstentums Lüneburg I, 226 f.

gewählten Wahldeputierten zur Vornahme der durch den Tod des Herrn von Behr erledigten Landratsstelle einberief, heisst es, die Wiederbesetzung derselben sei „bekanntlich durch widrige Schicksale bisher verhindert" [1]).

Nach der Aufhebung der Stände im September 1807 konnte natürlich von der Vornahme ständischer Wahlen nicht mehr die Rede sein. Die Auflösung erstreckte sich ja nicht allein auf das Landesdeputations-Kollegium und die Provinzial-Deputationen, sondern auch auf die grösseren und engeren landschaftlichen Ausschüsse; mithin war gar kein Kollegium vorhanden, das derartige Wahlen hätte vornehmen können. Nur die Ritterschaftsverbände haben die Auflösung der Stände überdauert. Im Bremischen konnte es geschehen, dass nach dem Absterben des Ritterschaftspräsidenten Baron von Marschalk auf Geesthof (Anfang 1809) die Ritterschaft sofort eine Neuwahl vornahm. Dieselbe unterschied sich von früheren Wahlen dadurch, dass der Ritterschaftspräsident sonst zugleich die Stelle eines Landschaftsdirektors eingenommen hatte, während es sich für die Ritterschaft jetzt nur darum handelte, „jemand aus ihrem Mittel zur Direktion ihrer gemeinschaftlichen Angelegenheiten, abgesehen von den sonstigen ständischen Verhältnissen" zu erwählen. Zu diesem „Direktor der die Ritterschaft privative angehenden Angelegenheiten" ward — vermutlich nicht auf einem allgemeinen Wahltage, sondern unter der Hand, durch „Einholung" der in Frage kommenden Stimmen — der Landrat von Marschalk, der uns bereits als Mitglied der Gouvernementskommission bekannt ist, erkoren. Marschalk nahm die Wahl an, erklärte aber, „den Charakter des Ritterschaftspräsidenten für jetzt noch nicht annehmen zu können".

Was die „die Ritterschaft privative angehenden Angelegenheiten" betrifft, so haben sie durch die Auflösung der Stände eine Veränderung nicht erlitten. Dies gilt namentlich von der Ritterakademie zu Lüneburg und dem ritterschaftlichen Kreditinstitut zu Celle, Anstalten, welche beide der lüneburgischen Ritterschaft unterstanden und von ritterschaftlichen Mitgliedern geleitet wurden. Das Kreditinstitut musste freilich, um drohende Kündigungen zu vermeiden, die den Gläubigern zu zahlenden Zinsen von 3 auf 4 % erhöhen. Doch gelang es, die fälligen Zinsen stets rechtzeitig zu entrichten, so dass die Anstalt das Vertrauen des Publikums fortgesetzt genoss und immer Anlehen fand, so oft man deren benötigt war [2]). Es

---

[1]) Lenthe, Archiv für Geschichte und Verfassung des Fürstentums Lüneburg, I, 252.
[2]) Bericht der Kreditkommission an das königliche Ministerium vom 27. November 1818. Lenthe, Archiv V, 166 f.

konnte in einem Berichte der Kreditkommission an das Ministerium aus der Zeit nach der Fremdherrschaft heissen: „Mit gestärkter Kraft entrann die Anstalt den Gefahren ihres Umsturzes, und nie haben sich die grossen Vorteile derselben deutlicher bewährt, als in jenen Zeiten, wo Geldmangel an der Tagesordnung und aller Kredit tief gesunken war. Mit sehr viel leichteren Sorgen konnten die Teilnehmer des Instituts die damals gehäuften Widerwärtigkeiten ertragen. Keine Kündigung beunruhigte sie, kein Wuchergeist verschlimmerte ihre Lage durch lästige Negociationsgebühren und drückende Zinserhöhungen, und desto eher ist es ihnen möglich geworden, sich von den Nachwehen der erduldeten Drangsale wieder zu erholen" [1]).

Man darf überhaupt nicht glauben, dass durch die Aufhebung der Landstände die ständische Verfassung über den Haufen geworfen sei. Im Grunde handelt es sich bei dieser Aufhebung nur um eine Übertragung der Befugnisse und Verrichtungen der landschaftlichen Kollegien auf die Gouvernementskommission und die Subdelegierten. Der ersteren fielen dabei die Funktionen des Landesdeputations-Kollegiums zu, letzteren „alle von den landschaftlichen Provinzialbehörden vorhin besorgten Geschäfte". Beide Behörden liessen es sich nach Möglichkeit angelegen sein, „die Geschäfte nach bisheriger Einrichtung fortzusetzen". Sie vermochten dies um so eher, als ihre Mitglieder durchweg von Haus aus mit den ständischen Verhältnissen wohl vertraut waren. Die Mitglieder der Gouvernementskommission hatte grossenteils auch dem Landesdeputations-Kollegium angehört. Zu Subdelegierten aber waren bekanntlich auf Betreiben der Gouvernementskommission in sämtlichen hannoverschen Provinzen — das eine Calenberg ausgenommen — die ehemaligen landschaftlichen Syndiken ernannt worden, welche wie niemand anders in das Detail der landschaftlichen Verhältnisse und Geschäfte eingeweiht waren. Es wird denn auch verschiedentlich bestätigt, dass die Amtsthätigkeit der Subdelegierten nur eine Fortsetzung der vorhin von den ständischen Kollegien versehenen Obliegenheiten vorgestellt habe. So heisst es von den Geschäften des calenbergischen Subdelegierten, Landrat und Generalmajor von Wangenheim (December 1807), dass sie „völlig dieselben geblieben seien, wie sie in der vormaligen landschaftlichen Verfassung im calenbergischen Landesdeputations-Kollegio, dem landschaftlichen engeren Ausschusse und dem Schatzkollegio expediert worden seien" [2]).

[1]) Bericht der Kreditkommission an das königliche Ministerium vom 27. November 1818. Lenthe, Archiv V, 166 f.

[2]) Eingabe des expedierenden Sekretärs bei der calenbergischen Subdelegation Hartmann an die Gouvernementskommission vom 1. December 1807.

Von grosser Bedeutung war es ferner, dass hinsichtlich der niederen Organe der ständischen Finanz- und Steuerverwaltung: der Land-, Licent- und Quartalverschlags - Kommissarien, der Kontributions-, Licent- und Schatzeinnehmer, der Landrentmeister und anderen Rechnungsführer, und wie die ständischen Unterbeamten alle heissen mochten, alles beim Alten blieb. Der Generalgouverneur Lasalcette hatte in seiner Proklamation vom 20. September 1807, durch welche die Aufhebung der Stände bekannt gemacht wurde, ausdrücklich erklärt: „In allen anderen Teilen der öffentlichen Geschäfte in den hannoverschen Landen wird nichts verändert. Alle in Diensten stehenden Personen und Gegenstände bleiben wie bisher beibehalten"[1]. Die Gouvernementskommission hatte sich daraufhin beeilt, den Einnehmern und Rechnungsführern der landschaftlichen Intraden die Weisung zu erteilen, sie sollten ihre Hebungen und Berechnungen nach bisheriger Einrichtung fortsetzen und die erhobenen Gelder in der gewohnten Weise an die höheren Kassen abführen[2]. In einer anderen Verfügung jener Behörde wird betont, dass in der Finanz- und Steuerverwaltung „alles völlig in eben dem Masse wie bisher" geschehen müsse. Von diesem Grundsatze ist die Gouvernementskommission nur einmal abgewichen, indem sie unter dem 21. Oktober 1807 eine einheitliche und von dem hergebrachten „Besteuerungsmodus" durchaus abweichende Kriegssteuer ausschrieb. Sie befand sich aber damals in einer Zwangslage, indem einerseits unter allen Umständen eine grosse Summe Geldes herbeigeschafft werden musste, und anderseits der französische Intendant von einer Erhöhung der alten Kriegssteuern nichts wissen wollte[3]. Sonst hat die Gouvernementskommission stets an dem herkömmlichen Steuerfusse festgehalten. Allerdings forderte sie am 5. April 1809 von den Subdelegierten „gutachtliche Vorschläge darüber" ein, ob die veränderten Zeitumstände es vielleicht ratsam machen möchten, in Bezug auf die ausserordentliche monatliche Kriegssteuer einen anderen Steuerfuss einzuführen. Sie liess aber ihre eigene Meinung deutlich durchblicken, wenn sie in dem betreffenden Schreiben bemerkte, ohne erhebliche Ursachen sei eine Veränderung in dem Besteuerungsmodo niemals ratsam.

Die Subdelegierten sprachen sich, wie nicht anders zu erwarten stand, für die Beibehaltung des bisherigen Steuerfusses aus. Der Subdelegierte für Calenberg klagte zwar darüber, dass diese Provinz gegenüber den anderen prägraviert sei, war aber

---

[1] Hannöversche Anzeigen J. 1807, St. 77.
[2] Das. Vgl. S. 218.
[3] Vgl. S. 213.

übrigens der Ansicht, dass „ein vorhin (1798) in der Versammlung der Stände reiflich erwogener, von seiten der Landesherrschaft approbierter und nun schon in das elfte Jahr mit einzelnen Modifikationen befolgter Steuermodus, gegen dessen Prinzipien, solange die Notwendigkeit direkter Steuer subsistiere, sich nichts Erhebliches einwenden lasse, vor jeder neu auszumittelnden Steuerart um so mehr den Vorzug verdiene, als die kontribuierenden Unterthanen an diesen Steuerfuss einmal gewöhnt und Obrigkeiten sowohl als Steuerbediente und Taxtsammler mit diesem modo collectandi vertraut seien, überdem aber auch die öffentlichen dringenden Bedürfnisse jeden Versuch eines neu einzuführenden Besteuerungsmodi gefährlich machten". Kürzer äusserte sich der Subdelegierte Dodt zu Stade, die Einwohner seien dem Anscheine nach mit dem bestehenden Steuerfusse zufrieden, jedenfalls aber schon zu sehr daran gewöhnt, als dass sich eine Abänderung empfehle.

Dagegen befürwortete der Subdelegierte Jacobi zu Stade eine Erleichterung der durch das Emprunt forcé hart mitgenommenen höheren Stände. Seine Absicht ging dahin, dem Bauernstande noch ein Mehreres aufzubürden. Dass dieser bereits allein zwei Drittel von der Kriegssteuer zu tragen hatte, während die 133 Besitzer immatrikulierter Rittergüter noch nicht ganz ein Achtzehntel aufbrachten, kümmerte Jacobi nicht. Glücklicherweise dachte die Gouvernementskommission gerechter. Sie entschied am 1. Mai, unter den jetzigen Umständen erscheine es nicht angemessen, in dem Modo der Besteuerung eine Veränderung vornehmen zu lassen, sondern es müssten alle Steueransätze so bleiben wie bisher.

Konservativ, wie die Gouvernementskommission gesinnt war, zeigte sie sich auch stets beflissen, den verfassungsmässigen Einfluss der Regierungskollegien auf das Steuerwesen zu wahren. Dieser hergebrachte Einfluss war nirgends grösser als in der Provinz Bremen-Verden. Hier erfolgte nicht allein die Anlage, Erhebung und Eintreibung der Auflagen durch landesherrliche Beamte, sondern es ergingen auch sämtliche auf das Steuerwesen bezügliche Verfügungen im Namen der Stader Regierung. Nun geschah es, dass die letztere im Oktober 1807 ein ihr von dem Subdelegierten Rose übersandtes Restantenverzeichnis mit der Resolution zurückgehen liess, dass die Beitreibung der Steuerrückstände nach einer den Subdelegierten von der Gouvernementskommission erteilten Instruktion lediglich diesen zukomme. Die Kommission schrieb darauf am 27. Oktober an die Bremen- und Verdensche Regierung, es sei niemals die Absicht gewesen, den bisherigen Wirkungskreis der Regierungen in den verschiedenen Provinzen in irgend einem

Punkte zu beschränken. Auch die Subdelegierten hätten die bestimmte Anweisung erhalten, in allen zum Ressort der Regierungen gehörenden Sachen sich von denselben die nötigen Verfügungen zu erbitten. Mithin seien auch die Steuersachen in den Herzogtümern Bremen und Verden in demselben Masse wie bislang der Direktion der Stader Regierung unterworfen, und es sei deren Sache, nicht nur wegen Beitreibung der Steuerrückstände die von den Subdelegierten beantragten Verfügungen zu erlassen, sondern auch alle sonstigen Bestimmungen und Anordnungen behufs Veranlagung, Erhebung und Beitreibung der Steuern in den Herzogtümern Bremen und Verden zu treffen.

Den Subdelegierten wurden durch diese Mitwirkung der Regierungskollegien ihre schwierigen Funktionen wesentlich erleichtert. Trotzdem blieb eine übermässige Arbeitslast auf ihnen haften. Es ergiebt sich ja von selbst, dass der eine Subdelegierte mit seinem expedierenden Sekretär nicht gut allein den ausgedehnten Wirkungskreis versehen konnte, in den sich bis dahin mehrere Kollegien, als die Provinzialdeputationen, die landschaftlichen engeren Ausschüsse, die Schatzkollegien u. s. w., geteilt hatten. Daher kann es nicht befremden, dass hier und da eine Stockung in den landschaftlichen Angelegenheiten eintrat. Sie machte sich namentlich im Calenbergischen geltend, wo nach Wangenheims eigenem Zeugnisse gegen das Ende des Jahres 1807 in den „affaires intérieures du pays" und besonders in den landschaftlichen Processsachen Verwirrung und Stagnation herrschte. Der General trug deshalb um jene Zeit bei der Gouvernementskommission darauf an, dass ihm der ehemalige Landsyndikus der calenbergischen Landschaft, Hofrat Meyer, der soeben aus seiner Haft in Hameln entlassen war[1]), adjungiert werden möge. Es gelang der Kommission auch, die Genehmigung des Intendanten Belleville zu dieser Entlastung des calenbergischen Subdelegierten zu erhalten. Um dieselbe Zeit ward dem Subdelegierten Rose zu Stade der Regierungssekretär Dodt zur Aushilfe beigegeben. Als Rose später starb, wurde Dodt zu seinem Nachfolger ernannt und zum Adjunkten des letzteren ein Richter Dr. Ribbentrop (Januar 1809).

In den übrigen Provinzen des Hannoverschen scheint eine Ernennung von Adjunkten nicht stattgefunden zu haben. Hier wird denn auch fernerhin über eine zunehmende Verwirrung im landschaftlichen Finanzwesen geklagt. So verlautet aus der Grafschaft Hoya (1810), dass wegen der „durch die Okkupation so unendlich

---

1) Vgl. S. 219.

gehäuften Geschäfte" die landschaftlichen Rechnungen seit langem nicht mehr hätten aufgestellt und eingereicht werden können[1]). Mehr oder weniger dürfte dies für sämtliche Landschaften zutreffen. Es konnte ja gar nicht anders sein, als dass durch die Suspension der Zahlungen für die heimische Verwaltung und nochmals durch die Aufstellung eines Budgets das Rechnungswesen der Landschaften immer verwickelter und damit auch verworrener ward.

Was die rückständigen Ausgaben für die ständische Verwaltung betrifft, auf die wir zum Schluss einen Blick werfen wollen, so beliefen sie sich bis zum Ende des Jahres 1808 auf insgesamt 785 865 ₰ 1 mgr 4 ½ ₰.

Davon entfielen auf
1) Besoldungen .... 74 678 ₰ 16 mgr 7 ½ ₰
2) Witwengehalte und Pensionen... 23 975 „ 30 „ 1 „
3) milde Stiftungen .... 4 288 „ 18 „ — „
4) nützliche Anstalten .... 36 545 „ 3 „ 3 „
5) Zinsen .... 646 377 „ 5 „ 1 „

Sa. 785 865 ₰ 1 mgr 4 ½ ₰[2]).

Leider sind wir nicht darüber unterrichtet, um wie viel die Rückstände im Laufe des Jahres 1809 angewachsen sind. Erwägt man aber, dass namentlich von den landschaftlichen Zinsen während dieses Zeitraumes nur ein ganz geringer Bruchteil zur Auszahlung gekommen ist[3]), so wird man zu dem Schlusse berechtigt sein, dass der gesamte Rückstand Ende 1809 wenigstens eine Million Thaler betragen habe.

---

[1]) Bericht der Subdelegation an die Gouvernementskommission vom 9. Mai 1810.
[2]) Tableau sämtlicher Rückstände aller Provinzen bis zum 31. December 1808. Aufgestellt am 28. Januar 1809.
[3]) Auf die gesamte Staatsschuld ist im Jahre 1809 an Zinsen nur die Summe von 134 615 ₰ entrichtet worden. Der grössere Teil davon dürfte auf die Domanialschuld entfallen.

Kapitel II.

Die Domanialverwaltung [1]).

1. Die Dotationen.

Kein Zweig der hannoverschen Staatsverwaltung hat während der zweiten französischen Okkupation so eigentümliche Schicksale gehabt als die Domänen. Dies giebt uns Veranlassung ausführlicher auf die Geschichte derselben einzugehen. Sieht man davon ab, dass die hannoverschen Minister sich der öffentlichen Teilnahme an den Geschäften der Kammer enthalten mussten, und dass die Kammereinkünfte, statt für die Bedürfnisse der heimischen Administration verwandt zu werden, grossenteils in die Caisse de l'Armée flossen, so ging in der ersten Hälfte des Jahres 1807 in der Domanialverwaltung alles den gewohnten Gang. Die erste Andeutung, dass Napoleon mit den hannoverschen Domänen Besonderes vorhabe, finden wir in einem Schreiben des Kaisers an den Staatssekretär Maret d. d. Königsberg, 13. Juli 1807, worin dieser angewiesen wird, sich von dem Intendanten Belleville den Etat der königlichen Domänen übersenden zu lassen und daraus einen Güterkomplex bis zu dem Werte von 30 Millionen Francs zu extrahieren, welcher zur Belohnung wohlverdienter französischer Militärs verwandt werden sollte [2]). Demnächst erliess Napoleon das uns bereits bekannte Dekret vom 4. August 1807, nach welchem

---

[1]) Eine ausführliche Quelle für die Geschichte der Domanialverwaltung während der Jahre 1807—1810 besitzen wir in den „Erinnerungen aus Hannover und Hamburg aus den Jahren 1803—1813". Da deren Verfasser, Mierzinsky, an der Verwaltung der Domänen im Jahre 1809 als Generalsekretär der französischen Domänendirektion einen hervorragenden Anteil genommen hat, so sollte man erwarten, dass seine Mitteilungen durchaus zuverlässig seien. Dies ist aber nicht der Fall. Mierzinsky geht in dem Bestreben, seine eigene Wirksamkeit in das Licht zu setzen, weit über die Linie der Wahrheit hinaus. Über den wirklichen Zusammenhang der Begebenheiten zeigt er sich vielfach schlecht unterrichtet. Auch in Einzelheiten lässt er sich viele irrige Angaben zu Schulden kommen. Vgl. Hausmann, Erinnerungen S. 58.

[2]) Correspondance de Napoléon Ier XV, 418.

alle öffentlichen Domänen im Umfange des Kurfürstentums in seinem Namen in Besitz genommen werden sollten. Zu dem Ende sollte sich ein Inspecteur de l'Enregistrement nach Hannover begeben, von den Domänen genaue Inventarien aufnehmen und dann gemeinschaftlich mit dem Intendanten Belleville die Besitzergreifung vollziehen [1]). In Verfolg dieses Dekrets stellte sich der Inspecteur Boiteux in Hannover ein; mit ihm kam ein Domänendirektor Ginoux, um die gleiche Massregel in den mit dem Königreich Westfalen vereinigten Provinzen Göttingen und Grubenhagen auszuführen.

Boiteux erhielt auf seine Frage nach den Domanialeinkünften von der Gouvernementskommission ein Verzeichnis aller in die Kammerkasse fliessenden Intraden. Hiernach liess er Tabellen anfertigen, welche allen Landesbehörden zur Ausfüllung zugesandt wurden. In diesen „États de consistance" musste der jährliche Ertrag aller Domanialparcellen und sonstigen Kammereinkünfte genau angegeben werden. Bei Gegenständen, welche keine bestimmte Einnahmen aufwiesen, wie den Gerechtsamen, sollte der jährliche Ertrag nach dem Durchschnitt mehrerer Jahre veranschlagt werden. Ebenso waren die Naturaleinnahmen (Kornintraden etc.) nach einem mässigen Anschlage in Geld zu berechnen. Damit keinerlei hierher gehörige Revenuen ausgelassen würden, mussten alle Beamten, denen die Etats zugegangen waren, ausdrücklich bezeugen, dass in ihrer Verwaltung sich weiter keine Domanialobjekte befänden, als die in die Tabellen aufgenommenen [2]).

Boiteux liess hierbei bekanntermassen gänzlich ausser acht, dass die Kammerkasse viele Einnahmen zählte, welche mit den Domänen nichts zu thun hatten, wie die Einkünfte aus dem Postwesen, dem Zollwesen, der Landeslotterie und dem Intelligenz-Comptoir, die Weg- und Brückengelder u. s. w.[3]).

Alle diese Gegenstände wurden von Boiteux unbedenklich in die Inventarien aufgenommen. Es wäre an den hannoverschen Behörden gewesen, hiergegen bei Zeiten Einspruch zu erheben. Auf hannoverscher Seite betrachtete man aber die Besitzergreifung als einen lediglich formalen Akt, der weiter keine Folgen nach sich ziehen könne. Hätte man geahnt, dass Napoleon sich mit der Absicht trug, aus den Domänen Dotationen für seine Generäle und Günstlinge zu bilden, so würde man ohne Zweifel alles gethan haben, um jenen Missgriff zu verhindern [4]).

---
[1] Vgl. S. 253.
[2] Vgl. Mierzinsky S. 45 f.
[3] Vgl. S. 253 und Mierzinsky S. 46.
[4] Vgl. S. 262.

Wie gleich hier erwähnt sein mag, wurden später, im Laufe des Jahres 1809, einige von den zu Unrecht in Besitz genommenen Gegenständen, nämlich die Weg-, Brücken- und Fährgelder und die Einkünfte aus den Kalksteinbrüchen zu Lüneburg und dem Landgestüt zu Celle, durch kaiserliche Entscheidungen von dem Domanium abgetrennt und der „Regalverwaltung" überlassen. Freilich geschah dies nicht sowohl, um den begangenen Fehler wieder gut zu machen, als weil mit der Unterhaltung jener Gegenstände bedeutende Kosten verbunden waren, welche die Franzosen nicht auf sich nehmen wollten.

Um auf die États de consistance zurückzukommen, so wurden sie, nachdem sie von den hannoverschen Behörden ausgefüllt waren, von dem Inspektor Boileux und dem Intendanten Belleville gemeinschaftlich revidiert und am 21. December 1807 abgeschlossen. Sie wiesen eine Gesamteinnahme von 1 656 364 ₰ 19 mgr oder 7 382 653 Fr. 32 auf[1]).

Hiervon entfielen auf

Calenberg	377 396	₰ 1	mgr
Lüneburg	543 494	. 18	„
Hoya und Diepholz	241 104	„ 14	.
Bremen und Verden	310 964	„ 13	.
Lauenburg und Hadeln	183 405	„ 9	„
Sa.	1 656 364	₰ 19	mgr

Ihrer Natur nach setzten sich diese Einkünfte folgendermassen zusammen:

Ländereien { in Zeitpacht	193 507	₰ 33	mgr
{ in Regie	22 838	. 15	„
Mühlen (Zeit- oder Erbpacht)	58 125	. 21	.
Schäfereien	8 289	„ 32	„
Fischereien	2 986	. 23	„
Official-Grundstücke und Gebäude (nach dem Mietwert)	46 301	„ 7	.
Brauereien, Konzessionserteilungen	26 022	„ 15	„
Hüttenwerke, Bergwerke, Fabriken, Mineralwasser, Salinen (Reinertrag nach sechsjährigem Durchschnitte)	18 735	„ 16	.
zu übertragen...	376 807	₰ 18	mgr

[1]) In einem Schreiben Villemanzys an den Domänendirektor d'Aubignose vom 28. Marz 1810 wird die Generalsumme der in den États de consistance verzeichneten Einnahmen auf 9 082 321 Fr. angegeben. Der Unterschied rührt daher, dass später noch Kapitalien, Vorschüsse etc. in die Etats aufgenommen waren. Die Angaben von Mierzinsky (S. 46), als sei die ursprüngliche Summe unter den Händen der Franzosen auf 16 Millionen Francs angeschwollen, ist danach weit übertrieben.

		Übertrag...	376 807	₰	18	mgr
Forsten	{ Hauungen in den Forsten		167 384	.	15	.
	Nebeneinkünfte: Jagd-und Mast-					
	gelder, Forstwrugen		24 012	.	1	.
Feste Gefälle (droits fixes et invariables) ..			8 413	.	—	.
Zinsen	{ Grundzins		96 965	.	3	.
	Erbpachtz.(censemphytéoliques)		20 679	.	26	.
	Viehzins....................		19 501	.	16	.
Zwangs-Dienste und Gerechtigkeiten (corvées)			203 124	.	12	.
Zehnten (dixmes).......................			214 678	.	32	.
Kornintraden..........................			123 953	.	12	.
Gutsherrliche Abgaben (droits seigneuriaux)			12 545	.	11	.
Zölle (nach zehnjährigem Durchschnitte)...			241 164	.	9	.
Weg- und Brückengelder			37 626	.	8	.
Abgaben von den Handwerken und dem Handel			6 418	.	10	.
Polizeistrafgelder.......................			9 968	.	34	.
Mietzinsen (droits dûs par les locataires) [1]).			19 084	.	22	.
Ausserordentliche Einnahmen.............			9 171	.	29	.
Verschiedene unbeträchtliche Einnahmen...			2 182	.	17	.
Schlösser, Gestüte, Postgebäude, Hospitäler,						
Civil- und Militär-Baulichkeiten und Grund-						
stücke................................			30 473	.	34	.
Reinertrag des Postwesens (im Jahre 1807)			23 450	.	—	.
Zinsen von Kapitalien; Grundrenten (rentes						
foncières ou constituées)...............			8 758	.	34	.

Sa. 1 656 364 ₰ 19 mgr
oder 7 382 653 Fr. 32.

Den Kapitalwert der Domänen berechnete Boiteux, indem er deren Ertrag mit der Zahl zwanzig multiplicierte. Auf diese Weise ergab sich eine Summe von 33 127 380 ₰ 20 gr. Hierzu kamen noch die rückständigen Einnahmen und der Wert des vorhandenen Mobiliars mit insgesamt 1 404 641 ₰ 6 gr, so dass sich der gesamte Kapitalwert der Domänen auf 34 532 021 ₰ 26 mgr oder 153 914 153 Fr. 96 stellte.

Nachdem Boiteux die Besitznahme der hannoverschen Domänen vollzogen hatte, kehrte er (Anfang 1808) nach Paris zurück und übergab die États de consistance dem französischen Finanzminister Gaudin. Am 10. März 1808 erfolgte ein kaiserliches Dekret, welches 72 Dotationen in der Höhe von 2 311 000 Fr. auf das hannoversche Domanium anwies. Der Jahresertrag der einzelnen Dotationen

[1]) Es ist nicht ganz klar, was für Einnahmen unter dieser und anderen französischen Bezeichnungen zu verstehen sind.

schwankte zwischen 141 000 Fr. und 10 000 Fr. Es befanden sich darunter 25 Dotationen mit einem Betrage von je 25 000 und 17 Dotationen mit einem solchen von je 20 000 Fr. Im Laufe des März kam zu den 72 Dotationen noch eine dreiundsiebzigste in der Höhe von 10 000 Fr. hinzu, dergestalt dass die Gesamtsumme der Dotationen auf 2 321 000 Fr. stieg.

Derselbe Boiteux, welcher die États de consistance aufgenommen hatte, erhielt nunmehr den Auftrag sich wiederum nach Hannover zu begeben, um die Dotationslose zusammenzusetzen. Er ward dabei von dem Finanzminister Gaudin angewiesen (14. März), darauf zu achten, dass die einzelnen Dotationen ein revenu net von der vorgeschriebenen Höhe bildeten, welches weder durch Betriebskosten, noch durch öffentliche Lasten geschmälert werden dürfe. Nach seiner Ankunft in Hannover erhielt Boiteux von dem Generalintendanten Daru eine ausführliche Instruktion (d. d. Berlin, 4. April 1808). Es liege im Interesse der Donatäre, führte Daru darin aus, dass ihr Einkommen aus möglichst sicheren und leicht zu verwaltenden Gegenständen zusammengesetzt werde. Daher möge Boiteux zu den Dotationen nur Pachtobjekte und ständige Gefälle nehmen, und zwar in erster Linie die Grundstücke, in zweiter die Mühlen, in dritter die Grund- und Erbzinsen, in vierter die Zehnten, in fünfter die Abgaben höriger Pächter[1]) und endlich in sechster Linie die gutsherrlichen Gefälle. Von den Wäldern hingegen solle Boiteux absehen, da diese sich in sehr schlechtem Zustande befänden, und mitsamt den Berg- und Hüttenwerken, den Jagd- und Fischereigerechtsamen etc. zu den Einkünften zählten, welche besser durch die Staatsverwaltung, als durch Privatpersonen ausgebeutet würden. Ebenso seien die Officialwohnungen ausser acht zu lassen, welche den Donatären doch nicht anstehen würden. Wichtig sei ferner, dass die Lose aus wenigen und möglichst abgerundeten Artikeln gebildet würden. Zu den grössten Losen sollten auch die grössten Güter, über welche man zu verfügen habe, genommen werden. Überhaupt müsse man danach streben, dass die Hälfte oder lieber noch der grössere Teil jeder Dotation aus einem zusammenhängenden Güterkomplexe gebildet werde; den Rest möge man alsdann mit Zehnten, Zinsen und anderen kleineren Objekten ausfüllen.

Weiter ging Daru in der Instruktion vom 2. April auf verschiedene Detailfragen ein. Einige Güter, behauptete er u. a., seien unter der Bedingung verpachtet, dass das letzte Jahr der Pacht im

---

[1]) Redevances de fermes tenues par des colons serfs.

voraus bezahlt werde. In solchem Falle würden die neuen Besitzer einen Ausfall an ihrer Einnahme erleiden, was man nicht zugeben dürfe. Um dem zu begegnen, müsse man die betreffende Dotation in entsprechender Weise erhöhen. Ein anderer Umstand, der Beachtung verdiene, liege in den Rechtsstreitigkeiten, welche sich an die eine oder andere Domäne knüpfen möchten. Hier sei grosse Vorsicht geboten, wie man denn überall darauf sehen müsse, dass den Donatären kein Grund zu Reklamationen gegeben werde.

Die Zusammensetzung der Dotationslose, mit welcher Boiteux beauftragt war, erwies sich als eine mühsame und zeitraubende Arbeit. Mussten doch sämtliche Pachtkontrakte, Recesse und anderen Akten, welche die zu den Dotationen herangezogenen Gegenstände betrafen, sorgfältig berücksichtigt werden. Wie Boiteux der Gouvernementskommission am 11. Juli 1808 mitteilte, hatte er 3158 solcher Aktenstücke in seinem Bureau liegen, ohne dass ein Ende abzusehen gewesen wäre. Der französische Kommissar liess sich von den hannoverschen Behörden eine Anzahl Hilfsarbeiter zuweisen, so mehrere Subalternbeamte der Kammer und einen früheren Handlungsgehilfen, Namens Mierzinsky, mit dessen Person wir uns noch zu beschäftigen haben werden. Von Paris aus ward Boiteux unaufhörlich zur Eile gedrängt. So konnte nur eine eilfertige und mangelhafte Arbeit zu stande kommen. Ein hervorragender hannoverscher Beamter bezeugt, die Verteilung in Lose sei „in grösster Eile und höchst leichtsinnig" vorgenommen und habe „unendliche Verwirrung" hervorgebracht [1]). In den ersten Tagen des Juli 1808 sandte Boiteux den Entwurf der Zusammensetzung der ersten Dotation von 141 000 Fr. an den Generalintendanten Daru ein. In rascher Folge gingen dann die übrigen Entwürfe ein, bis zu Anfang Oktober die sechs letzten Lose von je 10 000 Fr. beendet waren.

Daru überreichte die eingegangenen Entwürfe dem Finanzminister Gaudin, welcher sie seinerseits dem Kaiser zur Genehmigung vorlegte. Napoleon erteilte seine Sanktion durch Dekrete. Über die erste Dotation im Werte von 141 000 Fr., welche sich aus den Ämtern Coldingen, Blumenau, Rehburg und Ricklingen zusammensetzte, verfügte der französische Kaiser durch ein Dekret vom 11. August 1808 zu Gunsten des Reichsmarschalls und Viceconnetable Berthier. Die nächstfolgenden Dotationen (Dekret vom 3. September 1808) erhielten die Reichsmarschälle Bernadotte (100 000 Fr.), Mortier (100 000 Fr.), der Palastmarschall Duroc (85 000 Fr.), die Marschälle Ney (83 000 Fr.), Augereau (80 000 Fr.), Massena (80 000 Fr),

[1]) (Ilehberg), Zur Geschichte des Königreichs Hannover in den ersten Jahren nach der Befreiung S. 20.

der Grossstallmeister Caulaincourt (66 000 Fr.) und der Reichsmarschall Davout (60 000 Fr.). Die übrigen Dotationen wurden durch Dekrete vom 16. September (Nr. 10, 13, 15, 16), vom 5. Oktober (Nr. 11, 12, 14, 17, 18), vom 21. November (Nr. 19—61) und vom 26. November (Nr. 62—73) vergeben. Unter ihren Empfängern sind viele wohlbekannte Namen. Ausser den bereits Genannten finden wir auf der Liste der Donatäre die Marschälle Soult, Lefèbvre, Lannes, Bessières, Oudinot, Pérignon, Serrurier und Moncey, den Erzschatzmeister Lebrun, die Generale Sebastiani, Junot, Friant, Bisson, Victor, St. Hilaire, Gardanne, Gazan, Caffarelli, Dupas, Lasalle, Klein, Soulès, Dorsenne, Rapp, Hullin, Drouet, Compans, Gudin, Verdier, Bourcier, Lacoste, Mornud, Loison, Vatier, St. Sulpice, Durosnel, Marmont, Lemarrois, Bertrand, Marchand, Dupont, Mouton, Belliard, Savary, Lauriston, Becker, Grouchy und Nansouty, die Minister Maret, Fouché, Decrès, Regnier, Mollien, Gaudin, Champagny, Clarke, Déjean, Cretet, Regnault, Defermon, Lacuée und Bigot de Préameneu, den Generalintendanten Daru und den Grossceremonienmeister Ségur [1]).

Wie in Hannover, so hat Napoleon auch in den anderen eroberten Provinzen und Ländern eine grosse Anzahl Dotationen kreiert und an seine Günstlinge verliehen. Er that dies nicht sowohl aus Grossmut, als aus egoistischen Motiven, um seine Generäle, Minister etc. unauflöslich an sich zu ketten. Es lag ja auf der Hand, dass die Dotationen nur so lange Bestand haben würden, als Napoleon sich auf der Höhe seiner Macht behauptete. Mithin lag es im eigensten Interesse der Donatäre, den Kaiser nach Kräften zu unterstützen.

Mehrere kaiserliche Dekrete, vor allem die „Lettres patentes" vom 1. März 1808 setzten eine Reihe von Bestimmungen über die Dotationen fest. Danach wurden die Dotationen als Majorate, die nur auf die legitime und männliche Nachkommenschaft der Donatäre vererbt werden durften, gestiftet. Bei dem Erlöschen des direkten Mannesstammes fielen die Güter an die französische Krone zurück. Ohne höhere Genehmigung durften die verliehenen Güter weder im Ganzen noch teilweise veräussert oder vertauscht werden. Öffentliche Abgaben und Lasten sollten auf die Dotationen keine Anwendung finden, nur die „contribution ordinaire" oder Grundsteuer sollte von ihnen getragen werden.

---

[1]) Die Liste der Donatäre findet sich bei Mierzinsky S. 149 ff. Warum Kleinschmidt (Geschichte des Königreichs Westfalen S. 191) an einer Stelle, wo er von den in dem Königreich Westfalen angewiesenen Dotationen spricht, die hannoverschen Donatäre aufzählt, ist unerfindlich. Kleinschmidt kann doch nicht gemeint haben, dass Hannover schon damals zu Westfalen gehörte?

Ferner ward bestimmt, dass die Donatäre vom 1. Januar 1808 ab in den Genuss ihrer Güter treten sollten. Nun waren aber die Domanialeinkünfte im Hannoverschen auch nach diesem Zeitpunkte grösstenteils in die Armeekasse abgeliefert worden. Napoleon traf daher die Verfügung, dass die Armeekasse den Donatären ihre Bezüge für das Jahr 1808 auszahlen sollte. Über die künftige Verwaltung der Dotationen verlautete noch nichts. Vorläufig ward der Inspecteur Boiteux angewiesen, im Namen der Donatäre von den Dotationen Besitz zu ergreifen und darüber ein Protokoll aufzunehmen.

Weitere Bestimmungen über die Dotationen enthielt das uns bereits bekannte Arrêté des Generalintendanten Daru über die „Organisation der Verwaltung der kaiserlichen Domänen" in den reservierten Ländern vom 15. Oktober 1808[1]). Dieses setzte fest, dass die Dotationen so lange durch die kaiserlichen Kommissäre (Boiteux etc.) zu verwalten seien, als die Donatäre nicht die Verwaltung selbst übernehmen würden. Bis dahin sollten die Kosten der Regie mit 5 Prozent von der Bruttoeinnahme der Dotationen in Abzug gebracht werden. Den Kommissären ward befohlen, für jeden einzelnen Donatär eine besondere Rechnung zu führen. Halbjährlich hatten sie den Donatären eine Nachweisung über den Stand der Revenuen zu liefern. Ebenso oft sollte denselben der erzielte Reingewinn ausgezahlt werden.

Manche von diesen Anordnungen haben zu weitläufigen Auseinandersetzungen mit den hannoverschen Behörden und zu neuen Massregeln Anlass gegeben. So führte die Bestimmung, dass auf den Dotationen, von der „ordinären Kontribution" abgesehen, keine öffentlichen Lasten ruhen dürften, zu einer Erörterung darüber, ob die Schuldverschreibungen, welche in früherer Zeit auf die Domänen ausgestellt waren, ihre Geltung auch in Zukunft behalten dürften. Boiteux verlangte, um die Tragweite dieser Frage übersehen zu können, am 20. April 1808 von der Gouvernementskommission ein namentliches Verzeichnis der Gläubiger, welche Hypotheken auf die hannoverschen Domänen besässen, sei es Generalhypotheken auf das gesamte Domanium, sei es Spezialhypotheken auf die eine oder andere Domäne. Die hannoversche Kommission liess sich die erforderlichen Listen von dem Kammerkollegium liefern. Danach belief die Totalsumme der auf den Domänen ruhenden Schulden sich auf 4 000 283 ℳ. Von dieser Summe entfielen auf private Personen 2 868 492 ℳ, auf öffentliche Kassen 1 131 791 ℳ (darunter auf die königliche Schatullkasse 674 028 ℳ). In den ausgestellten

[1] Vgl. S. 253.

Obligationen waren den Gläubigern nicht einzelne Domanialparzellen verschrieben, sondern vielmehr „generaliter" alle und jede Amts-, Kammer- und Bergwerksintraden und in der Regel ausserdem noch ein besonderes Amt mit allen Einkünften und Zubehörungen. Der Zinsfuss hatte sich in Friedenszeiten durchweg auf 3% belaufen. Zu Ende des Jahres 1805 aber war die hannoversche Regierung, um den massenhaft eingehenden Kapitalkündigungen vorzubeugen, genötigt gewesen, denselben auf 4% zu erhöhen.

Sowie Boiteux diese Nachrichten erhalten hatte, fragte er bei dem Generalintendanten Daru an, ob man es bei der hypothekarischen Verschreibung der sämtlichen Domänen belassen könne. Daru antwortete (4. Juni 1808), dies sei unverträglich mit der Absicht des Kaisers, dass die Dotationen frei von allen Lasten sein sollten. Es empfehle sich deshalb, die Hypotheken auf die öffentlichen Landeseinkünfte zu übertragen, welche den Gläubigern nicht weniger Sicherheit als die Domänen bieten würden. Boiteux gab darauf (31. Juli 1808) der Gouvernementskommission die Einkünfte aus den Forsten, Berg- und Hüttenwerken, die Viehzinsen, Kornintraden, Zwangsdienste, Zölle, Weggelder u. s. w. als die Gegenstände an, auf welche die Obligationen am besten transskribiert würden. Ob eine solche Übertragung wirklich vorgenommen worden ist, muss dahingestellt bleiben.

Um jeder Verschuldung der Dotationen vorzubeugen, setzte ein kaiserliches Dekret vom 28. Oktober 1808 fest, dass die Domanialgüter, aus denen die Dotationen sich zusammensetzten, weder verpfändet und zur Hypothek verschrieben noch beschlagnahmt werden könnten. Daneben wiederholte das Dekret das Verbot, die Donatäre dürften ohne die ausdrückliche Genehmigung des Kaisers ihre Güter weder veräussern noch umtauschen. Letztere Vorschrift ist indessen nicht immer befolgt worden. Im März 1809 erhob die Gouvernementskommission z. B. darüber Beschwerde, dass der Bevollmächtigte des Marschalls Soult damit umgehe, die Wohnungen des zweiten Beamten und des Amtsvogts zu Westen samt Zubehör meistbietend zu verkaufen. Der französische Domänendirektor D'Aubignosc, welcher Boiteux im Februar 1809 in der Verwaltung der hannoverschen Domänen abgelöst hatte, vindicierte in seiner Antwort an die Kommission vom 23. März dem Marschall das Recht, alle Artikel, die ihm vom Kaiser geschenkt seien, zu verkaufen, zu demolieren oder umzutauschen. In der That haben derartige Verkäufe wiederholt stattgefunden. Später erteilte ein kaiserliches Dekret (d. d. Trianon, 3. August 1810) dem Generalintendanten die Befugnis, die Veräusserungen, welche die Donatäre in Hannover vorgenommen hätten, und nicht minder die Ablösungen von Gerechtsamen, welche denselben von den Pflichtigen angeboten seien, zu bestätigen. Voraussetzung müsse für die Bestätigung sein, dass bei Verkauf und Ablösung wenigstens der zwanzigfache Betrag des jährlichen Ertrages erzielt werde, und dass das gelöste Geld in gewissen französischen Staatspapieren angelegt werde. Nur soweit die Dotationen in liegenden Gründen beständen, sollten sie ein für allemal unveräusserlich sein.

Im Jahre 1809 ward die Bestimmung, wonach die Dotationen mit Ausnahme der ordinären Grundsteuer keinerlei öffentliche Lasten und Abgaben tragen sollten, von den französischen Behörden dahin ausgedehnt, dass die Domanialpächter nur nach Massgabe ihres Privatvermögens, nicht aber nach dem Umfange der gepachteten Domanialparcellen zu den ausserordentlichen Lasten und Requisitionen herangezogen werden sollten. So sollten dieselben u. a. von Einquartierung, Naturallieferungen und Kriegerfuhren gänzlich verschont bleiben. Die Gouvernementskommission erhob hiergegen lebhafte Vorstellungen. Sie überreichte am 27. April 1809 dem Generaldirektor der Domänen D'Aubignose eine Vorstellung, in der geltend gemacht war, dass die ausserordentlichen Kriegslasten, vor allem die Naturallieferungen, ebenfalls als Grundsteuern angesehen und deshalb von den Pächtern der Domanialgrundstücke entrichtet werden müssten. D'Aubignose blieb jedoch dabei, dass die Domanialpächter nicht zu den Naturallieferungen etc. herangezogen werden dürften, und erklärte, hieran um so mehr festhalten zu müssen, als eine solche Exemtion nur günstig auf die wünschenswerte Steigerung der Pachtgelder bei der Erneuerung der Kontrakte wirken könne.

Die hannoverschen Behörden waren aber nie um Mittel und Wege verlegen, Vorschriften, die ihnen nicht behagten, zu umgehen. In diesem Falle handelten sie den Bestimmungen D'Aubignoses einfach zuwider. War es bei den Naturallieferungen bisher so gehalten worden, dass die Domanialpächter den Betrag derselben vorschossen und sodann die zwei Drittel, welche gesetzmässig dem Verpächter, hier dem Domanium, zur Last fielen, von der Pachtsumme abzogen, das letzte Drittel aber „ex propriis" leisteten, so wurden sie auch fernerhin genötigt das eine Drittel zu entrichten. Die beiden sonst vorschussweise bezahlten Drittel wurden allerdings nicht weiter eingefordert. Was die Kriegerfuhren und Einquartierungen betrifft, so haben die Domanialpächter nach wie vor daran teil nehmen müssen. Doch empfahl die Gouvernementskommission den Behörden, hierbei mit einiger Vorsicht vorzugehen, damit die Pächter sich nicht mit Beschwerden an den französischen Domänendirektor wenden möchten.

Erwähnt zu werden verdient, dass eine Reihe von Erbenzinsmeiern mit Hinweis auf die französischen Bestimmungen über die Befreiung der Domanialpächter von den Kriegslasten den Versuch machten, sich der Zahlung der Kriegssteuern, Naturallieferungen u. s. w. zu entziehen. Die Gouvernementskommission setzte sich aber diesem Unterfangen mit der grössten Entschiedenheit und, wie es scheint, mit Erfolg entgegen.

Ebensowenig wie eine Heranziehung der Domanialpächter zu den ausserordentlichen Kriegslasten wollten die französischen Behörden zugeben, dass die Dotationsgüter an den Deich- und Strombaukosten teil nähmen. Das Kammerkollegium schrieb (28. Juni 1809) dieserhalb an die Gouvernementskommission, soweit die Deich- und Strombaukosten von den Domänen „ex gratia, ob rationes salutis publicae" übernommen worden seien, würden sie freilich in Zukunft den Landeskassen zur Last fallen müssen. Höchst unbillig erscheine eine solche Übertragung aber in betreff derjenigen Kosten, welche von den Domänen lediglich um ihres eigenen Vorteils willen oder nach den Societätspflichten eines Deichverbandes getragen würden. Die Kammer beantragte daher bei D'Aubignosc, dass die Donatäre nach wie vor an jenen Lasten participieren sollten. Wolle man aber von dem Grundsatze, dass die Donatäre ihre Einkünfte ohne jede Schmälerung geniessen sollten, nicht abweichen, so möge man ihnen zur Entschädigung Supplementardotationen bewilligen.

Auf den letzteren Vorschlag ging man französischerseits ein. Unter dem 2. August 1809 verordnete Napoleon, die Instandhaltung der Deiche im Hannoverschen sollte einer permanenten Kommission, bestehend aus dem französischen Domänendirektor, zwei Mitgliedern der Kammer und einem Architekten obliegen. Die Kosten der Unterhaltung sollten nach dem Dekrete durch eine jährliche Steuer aufgebracht werden, zu der ein jeder Donatär nach der Grösse seiner Einkünfte und nach dem geringeren oder grösseren Interesse, welches er an der Unterhaltung der Deiche habe, beitragen müsse. Auch Napoleon selbst habe wegen derjenigen Domanialgüter, welche noch nicht verschenkt und folglich noch in kaiserlichem Besitze seien, an den Deich- und Strombaukosten teilzunehmen. Damit aber die Donatäre in ihren Einkünften nicht geschädigt würden, seien ihnen Supplementardotationen in der Höhe der durch die Unterhaltung der Deiche verursachten Lasten anzuweisen. In Verfolg dieses Dekrets erliess der Domänendirektor D'Aubignosc am 10. November 1809 ein Ausschreiben, nach welchem die Donatäre von dem Augenblicke an beitragspflichtig sein sollten, wo sie in den Genuss der Dotationen gelangt seien, Napoleon aber von dem Augenblicke an, wo er die Domänen in Besitz genommen habe (4. August 1807). Die dem Kaiser zur Last fallenden Kosten sollten aus den rückständigen Domanialeinkünften bestritten werden.

In die Deichbaukommission wurden ernannt: der Geheime Kammerrat von der Wense und der Geheime Kabinettsrat Patje zu Kommissären, der Hofrat Flebbe zum Rechnungsführer, der Kammersekretär Heiliger zum Referenten, Expedienten und Registrator und der Oberdeichinspektor Dammert zum Architekten. Die Kommission arbeitete unter dem Vorsitz von D'Aubignosc mit grosser Geschwindigkeit. Nach Ausweis der Akten ist zu den Supplementardotationen eine Reihe von Gütern mit einer jährlichen Einnahme von 108 030 Fr. verwandt worden[1]).

Als Entschädigung für anderweitige Ausfälle sind im Jahre 1809 an verschiedene Donatäre Revenüen im Betrage von 33 904 Fr. verliehen worden. Es hatte sich nämlich bald herausgestellt, dass bei der eilfertigen Zusammensetzung der Dotationslose im Jahre 1808 viele Irrtümer eingedrungen waren. Manche Artikel, welche Boiteux in die Dotationen aufgenommen hatte, existierten gar nicht mehr. Andere waren doppelt zum Ansatze gebracht worden, oder hatten doch nicht den Wert, der ihnen in den Dotationsurkunden beigelegt ward. Daher erhielt der „Agent principal des Domaines" Laurent im Juni 1809 von D'Aubignosc den Auftrag, sämtliche Ämter zu bereisen und die Dotationen nachzusehen und zu rektifizieren. Das Ergebnis dieser Untersuchungen waren die oben genannten Entschädigungen.

Der Domänendirektor D'Aubignosc zeigte sich überhaupt sehr bemüht, die Einkünfte der Dotationen zu erhöhen. Unter anderem arbeitete er eifrig dahin, dass bei dem Abschluss neuer Pachtverträge höhere Pachtsummen als zuvor erzielt würden. Auch suchte er Generalpächter für die gesamten Objekte der einzelnen Dotationen zu finden, welche bisher durchgehends an eine grössere Anzahl von Pächtern überlassen waren. Mit solchen Bemühungen hatte er indessen wenig Erfolg.

Ein anderer Gegenstand, durch den D'Aubignosc die Einkünfte der Dotationen zu erhöhen suchte, waren die Amtsgebäude. Diese Gebäude, welche gewöhnlich die Officialwohnungen der Beamten enthielten und daneben als Amtsstuben, Gefängnisse, Kornböden (zur Aufbewahrung der Zinsfrüchte) öffentlichen Zwecken dienten, waren von Boiteux in die Dotationsurkunden aufgenommen worden, aber ohne dass ihnen Einkünfte beigelegt worden wären, und mit

---

[1]) Mierzinskys Angaben (S. 73) sind danach zu berichtigen.

der von Daru gebilligten Klausel: „Sauf l'usage pour l'administration publique des bâtiments et locaux y destinés". Trotzdem äusserten mehrere Donatäre die Absicht jene Gebäude zu vermieten. Der Finanzminister Gaudin, welchem diese Angelegenheit unterbreitet wurde, entschied, die hannoverschen Behörden dürften jene Gebäude zwar so lange zu öffentlichen Zwecken benutzen, als ihnen nicht andere Räumlichkeiten zur Verfügung ständen; dagegen sollten sie gehalten sein, den Donatären einen von dem Domänendirektor und den Lokalbehörden gemeinschaftlich auszumittelnden Mietpreis zu zahlen. Den Donatären sollte hinwieder die Verpflichtung obliegen, die Reparaturkosten für jene Gebäude zu tragen.

Die Gouvernementskommission erhob gegen die Entscheidung Gaudins den Einwand, dass für eine solche Ausgabe in dem Budget auf das Jahr 1809 kein Fonds vorgesehen sei. Der Intendant Belleville ordnete darauf an, die notwendigen Summen sollten vorläufig aus dem Fonds für unvorhergesehene Ausgaben entnommen werden. Übrigens ward der Mietpreis allerorten sehr gering angesetzt. Im Calenbergischen z. B., wo die Kammersekretäre Baring und Niemeyer mit der Festsetzung der Mietpreise beauftragt wurden, betrugen die Anschläge für die zum öffentlichen Dienst benutzten Gebäude nur 641 ℳ und für die Officialwohnungen der Beamten 1395 ℳ. Was letztere angeht, so fiel die Miete natürlich den Beamten selbst zur Last; eine Ausgabe, die diesen um so empfindlicher war, als ihre Besoldungen nur teilweise ausgezahlt wurden.

Die ersten dreiundsiebzig Dotationen betrugen, wie wir gesehen haben . . . . 2 321 000 Fr. —

Dazu waren gekommen:
1) Zur Entschädigung für Deich- und Strombaukosten . . . . 108 030 „ —
2) Für anderweitige Ausfälle . . . . 33 964 „ 57
Sa. 2 462 994 Fr. 57.

Eine beträchtliche Anzahl neuer Dotationen — fünfhundertzweiundzwanzig — wurden durch ein kaiserliches Dekret vom 15. August 1809 geschaffen. Der Gesamtbetrag derselben belief sich auf 2 198 000 Fr. Die grosse Mehrzahl dieser Dotationen (500) betrug je 4000 Fr., nur wenige (22) wiesen einen höheren Betrag auf. Später kamen noch fünf weitere Dotationen mit 60 000 Fr. hinzu, so dass die im Jahre 1809 dekretierten fünfhundertsiebenundzwanzig Dotationen eine Höhe von 2 258 000 Fr. erreichten. Die Totalsumme der bis zum Jahre 1810 ausgeschriebenen Dotationen stellte sich solchergestalt auf
4 720 994 Fr. 57.

Die im Jahre 1809 kreierten Dotationen waren vorzugsweise für solche Offiziere bestimmt, welche sich in dem Kriege gegen Österreich ausgezeichnet hatten. Die neuen Donatäre sollten vom 1. Juli 1809 ab in den Genuss der ihnen verliehenen Einkünfte treten. Es verging jedoch längere Zeit, ehe sie in den Besitz derselben gesetzt werden konnten. Daher wurde durch ein kaiserliches Dekret vom 3. August 1810 dem Generalintendanten der ausserordentlichen Krondomänen ein Spezialkredit eröffnet, um die Rückstände bis zum 1. Januar 1810 auszuzahlen. Dagegen sollten dem Kaiser die sämtlichen Einkünfte der neuen Dotationen bis zum gleichen Zeitpunkte verbleiben.

Um den „Donatären der vierten und fünften Klasse", welche nicht mehr als 4000 Franken erhielten, die Notwendigkeit zu ersparen, zur Verwaltung und Erhebung ihrer Einkünfte Bevollmächtigte nach Deutschland zu schicken, wurden sie durch ein kaiserliches Dekret zu Aktiengesellschaften vereinigt, in der Weise, dass ein jeder Donatär eine Aktie über den Betrag seiner Dotation erhielt[1]). Solche Gesellschaften traten ins Leben für die Donatäre im Königreich Westfalen, in Bayreuth, in Hanau und Fulda, in Erfurt und in Hannover. Die Centraldirektionen, an deren Spitze Generaladministratoren standen, befanden sich zu Paris. In die Provinzen, wo die Dotationen lagen, wurden von seiten der Gesellschaften je ein Direktor und mehrere Inspektoren, Verifikatoren und Erheber zur Verwaltung der Dotationseinkünfte geschickt. Einmal jährlich traten die Societäre zu einer Generalversammlung zusammen, um den Rechenschaftsbericht des Generaladministrators entgegenzunehmen. Der entsprechende Anteil an dem erzielten Überschuss wurde einem jeden derselben halbjährlich als Dividende ausgezahlt[2]).

Die Zusammensetzung der neuen Dotationen stiess in Hannover auf erhebliche Schwierigkeiten. Die Gouvernementskommission, welche dieselbe gern vereitelt hätte, stellte wiederholt vor, dass zu der Bildung der neuen Lose nur noch unbedeutende Gefälle und Intraden vorhanden seien. Darauf antwortete Villemanzy — seit November 1808 im Nebenamt Generalintendant der ausserordentlichen Krondomänen —, die Klosterkammerämter seien noch nicht zu Dotationen verwandt und müssten jetzt dazu genommen werden. Wenn dies nicht hinreiche, so sollten die Schatull- und anderen landesherrlichen Kapitalien, welche in Verfolg des Dekretes vom

---

[1]) Dekret vom 23. September 1810.
[2]) Über die Thätigkeit der Société de Hanovre vgl. Fournel, Précis des opérations de l'administration de la Société de Hanovre. (Auf der Göttinger Universitätsbibliothek befindlich.)

4. August 1807 in Besitz genommen seien, herbeigezogen werden[1]). Die hannoverschen Behörden brachten es jedoch fertig, diese Absichten zu hintertreiben. Die Dotationen mussten somit thatsächlich aus jenen geringeren Gefällen, Zinsen etc. zusammengesetzt werden. Auch die bisher verschonten Forsten mussten jetzt herhalten.

Die Klöster und Stifter, deren in Hannover zwanzig an der Zahl mit einer Gesamteinnahme von über 100 000 ℳ waren, gehörten keineswegs zu den Domänen. Die Mehrzahl derselben stand nicht unter der Direktion des Kammerkollegiums, sondern unter dem Klosterdepartement, bzw. unter der dem letzteren direkt untergeordneten Klosterkammer. Ein und das andere Kloster, wie das bremische Neuenwalde, erfreute sich als ein rein ständisches Institut völliger Unabhängigkeit von den landesherrlichen Behörden. Von den Einkünften der Klöster floss nur im Lüneburgischen ein Teil in die Amtsregister. Gleichwohl hatte Boiteux die Einkünfte der meisten calenbergischen Klöster, nämlich der sogenannten Klosterämter Barsinghausen, Mariensee, Marienwerder, Wennigsen und Wülfinghausen in die „États de consistance" aufgenommen. Wenn das Gleiche nicht auch mit den übrigen Klöstern und Stiftern geschehen war, so lag dies daran, dass der französische Kommissar von der Existenz derselben vorläufig nichts erfahren hatte. Erst bei seinem zweiten Aufenthalt in Hannover im April 1808 ward er davon zufällig durch eine deutsche Statistik in Kenntnis gesetzt. Jetzt forderte Boiteux von der Gouvernementskommission (20. April 1808) ausführliche Nachrichten über diese Klöster und Stifter ein, in der ausgesprochenen Absicht, von ihnen als von Gütern, welche durch die Säkularisation Eigentum des Landesherrn geworden seien, im Namen des Kaisers Besitz zu ergreifen und aus ihnen Dotationen zu bilden. In demselben Sinne berichtete er auch an den Generalintendanten Daru. Gleichzeitig teilte er diesem mit, die Einkünfte der bereits in Besitz genommenen calenbergischen Klosterämter würden bis auf 500—800 ℳ durch Kultuskosten und Pensionen an Äbtissinnen und Kanonissinnen absorbiert. Daran knüpfte Boiteux die Frage, ob derartige Ausgaben in Zukunft beizubehalten seien. Darus Antwort fiel dahin aus, die Kultuskosten, welche eng mit der Verfassung des Landes verknüpft seien, müssten auch fernerweit entrichtet werden; die Pensionen an das Stifts- und Klosterpersonal würden aber mit dem Tode der Nutzniesser erlöschen und somit von der Domanialverwaltung nach und nach eingezogen werden können.

Es kam jedoch nicht zu der von Boiteux geplanten Besitznahme der Klöster und Stifter. Man verzögerte hannoverscherseits die Ein-

---

[1]) Vgl. Mierzinsky S. 69.

sendung der verlangten Nachrichten so lange, bis Boiteux die ersten dreiundsiebzig Dotationen aus anderen Objekten zusammengesetzt hatte. Nachher richtete man an den französischen Kommissar Vorstellungen, in welchen ausgeführt war, jene Stifter und Klöster könnten nicht als säkularisiert angesehen werden, da sie wirklich mit geistlichen Personen besetzt seien. Diese Deduktion machte auf Boiteux so viel Eindruck, dass er es unterliess, in der Verwendung der Klostereinkünfte aus dem Calenbergischen etwas zu ändern und die Besitzergreifung der übrigen Stifter und Klöster zu vollziehen.

Nach Boiteux' Abgang suchten die hannoverschen Behörden seinen Nachfolger, den Domänendirektor D'Aubignose, zu einem gleichen Verhalten zu bewegen. Mit Nachdruck machte das Regierungskollegium in zwei Schreiben vom 14. und 30. Mai 1809 geltend, dass die hannoverschen Stifter und Klöster nicht als weltliche anzusehen seien. Eine Reihe von Klöstern sei freilich im 16. Jahrhundert säkularisiert worden, aber bloss in dem zum Königreich Westfalen geschlagenen Fürstentum Göttingen, wo die Klostereinkünfte grossenteils für die Universität Göttingen verwandt worden seien [1]). Auch die Bestimmungen des Luneviller Friedens, welcher den deutschen Souveränen das Recht gegeben habe, die in ihren Ländern befindlichen geistlichen Stiftungen zu säkularisieren, hätten, von dem Osnabrückschen abgesehen, in den hannoverschen Provinzen nirgends Anwendung gefunden. Die in dem gegenwärtigen Umfange des Kurstaats vorhandenen Stifter und Klöster seien sämtlich „rein kirchliche Institute, welche in ihrer ursprünglichen Form existierten, und mit Personen besetzt seien, die nach den Regeln des protestantischen Kultus in religiöser Gemeinschaft lebten" [2]).

Dies war nun freilich nicht ganz wahrheitsgemäss. Einen rein kirchlichen Charakter trugen die hannoverschen Klöster schon seit langer Zeit nicht mehr. Nicht kirchliche Gemeinschaften stellten sie vor, sondern zum grössten Teil Versorgungsanstalten für ledige und unbemittelte Damen aus dem Adel und dem Beamtenstande: so die fünf calenbergischen Klosterämter, die lüneburgischen Klöster Ebstorf, Lüne, Medingen, Walsrode, Wienhausen und Isenhagen, das bremische Kloster Neuenwalde und die hoyaschen Klöster Heiligenrode und Bassum. Das calenbergische Stift Loccum war in ein Seminar für angehende Prediger umgewandelt, das Kloster St. Michaelis zu Lüneburg in eine Ritterakademie. Die Einkünfte des Stiftes zu

---
[1]) Dies geschah doch erst im 18. Jahrhundert.
[2]) „des établissements réellement ecclesiastiques, existant sous leur forme originaire, composés de personnes qui se trouvent réunies en communauté réligieuse, vivant sous les règles du culte protestant".

Hameln wurden verwandt, um verdienten Staatsdienern Präbenden zu gewähren. Dem gleichen Zwecke und daneben als öffentliche Lehranstalt diente endlich das Stift zu Wunstorf. Das hamelnsche Stift und das „freiweltliche Fräuleinstift" Bassum werden in Akten aus jener Zeit ausdrücklich als weltliche Stiftungen bezeichnet. Wenn also auch die Säkularisation der hannoverschen Stifter und Klöster durch keinen Rechtsakt förmlich ausgesprochen war, faktisch war sie längst eingetreten.

Wir sehen hier wieder, die hannoverschen Behörden scheuten keineswegs davor zurück, die Franzosen hinter das Licht zu führen und zu betrügen. In diesem Falle ward der damit verfolgte Zweck erreicht. D'Aubignosc trat bei dem Generalintendanten Villemanzy dafür ein, dass von der Besitznahme der Klostereinkünfte und von deren Verwendung zu den Dotationen abgesehen werde. Der französische Domänendirektor machte hierbei zunächst den praktischen Gesichtspunkt geltend, dass man mit der Besitzergreifung auch die Verpflichtung übernehmen müsse, die Ausgaben für die Pensionen, Präbenden etc. aus den Domanialeinkünften zu bezahlen, und dass infolgedessen die Einverleibung der Klöster in das Domanium mehr als eine Last, denn als ein Gewinn anzusehen sei. Das Hauptgewicht legte D'Aubignosc aber auf die Rechtsfrage. Da die Klöster nicht säkularisiert worden seien, behauptete er, müsse Napoleon erst durch einen „acte souverain" die Säkularisation verfügen, ehe man die Güter jener geistlichen Stiftungen in Besitz nehmen könne. Darauf entschied Villemanzy (18. Mai 1809), da die Säkularisation nicht ausgesprochen worden sei, so habe man kein Recht, die Klostergüter als domanial zu betrachten und in Besitz zu nehmen. Die bereits in Besitz genommenen Einkünfte der calenbergischen Klosterämter seien demnach mit Unrecht dem kaiserlichen Domanium einverleibt; der Fehler sei nun aber einmal gemacht, und daher müsse es dabei auch bleiben.

Später — nach dem kaiserlichen Dekrete vom 15. August 1809, durch welches die neuen Dotationen angeordnet waren — kam Villemanzy, wie wir gesehen haben, auf die Notwendigkeit zurück, die Klöster zu den Dotationen heranzuziehen. Glücklicherweise gelang es auch dieses Mal den vereinten Bemühungen der hannoverschen Behörden und des wohlwollenden Domänendirektors D'Aubignosc, das den Klöstern drohende Unheil abzuwenden. Mierzinsky berichtet darüber[1], man habe von Villemanzy eine Resolution erlangt, die wie das Sprichwort besage, nicht gehauen und nicht gestochen ge-

---

[1] S. 69 f.

wesen, von der Generaldirektion in Hannover aber so ausgelegt worden sei, dass die Klosterämter nicht verschenkt, sondern vielmehr ihrer bisherigen Bestimmung belassen werden sollten.

Was ferner die ausstehenden landesherrlichen Kapitalien anbelangt, welche durch das Dekret vom 4. August 1807 als kaiserliches Eigentum erklärt worden waren, so hatte Napoleon unter dem 30. Januar 1809 verordnet, dass alle Kapital- und Schuldforderungen, die ihm in den eroberten Ländern jenseits des Rheines zuständen, bis zum 1. April 1809 zurückgezahlt werden sollten [1]). Denjenigen Schuldnern, welche diesem Gebot in der festgesetzten Frist nachkommen würden, ward ein Nachlass von 10—15% an Kapital und rückständigen Zinsen versprochen. Ebenso wurden allen Personen bedeutende Vergütungen zugesichert, welche dergleichen Schuldforderungen durch Kauf an sich bringen würden. — Die in Frage kommenden Kapitalien, welche zum Teil von der General-, zum Teil von der Schatullkasse ausgeliehen waren, beliefen sich sehr hoch. Das Meiste davon, über 4 Millionen Thaler, war ja in englischen Fonds angelegt und somit den Franzosen entzogen. Doch waren auch anderweitig erhebliche Summen verliehen, so an die Herzöge von Mecklenburg-Schwerin und Strelitz (375 000 ℳ), und an verschiedene hannoversche Behörden, z. B. die calenbergische Landschaft (500 000 ℳ) und die Wegebauintendanz. Auch Private, namentlich Fabrikanten, hatten aus den landesherrlichen Kassen ansehnliche Gelddarlehen erhalten. Die Kloster- und Stiftskapitalien, welche ebenfalls hierher zu rechnen sind, sollen allein über 600 000 ℳ betragen haben [2]).

Von allen diesen Kapitalien ward indessen nichts zurückgezahlt, obwohl die Frist bis zum 1. Juli verlängert und den säumigen Schuldnern mit Exekution gedroht wurde. Die französischen Behörden scheinen sich dabei beruhigt und von der Eintreibung der Kapitalien Abstand genommen zu haben. Der mehrerwähnte Mierzinsky misst sich das Verdienst hierfür zu. Er erzählt [3]), gelegentlich einer Mission an den Generalintendanten Villemanzy in Hanau sei ihm durch den Hofrat Rehberg der geheime Auftrag zu teil geworden, er solle die „États de consistance", welche die Namen der Schuldner und die Summe der geschuldeten Beträge enthielten, „aus den Archiven der Intendanz zur Vernichtung herauszukriegen zu suchen". In Hanau habe er die Archivisten Villemanzys durch gute Worte und Soupers zu bewegen gewusst, ihm die Etats des Nachts zum Kopieren zu überlassen. Auch am Abend vor der That sei

---

[1]) Dekret vom 30. Januar 1809. Hannöversche Anzeigen 1809, St. 20.
[2]) Mierzinsky S. 69.
[3]) S. 69 ff.

noch tüchtig Champagner gespendet worden, so dass jene bemerkt hätten, Mierzinsky werde über Nacht wohl nicht viel kopieren. Am folgenden Morgen seien die Etats samt den Kopien teilweise angebrannt in einem Zustande gewesen, dass sie nicht wieder in die Archive hätten gelegt werden können. Die anfängliche Verzweiflung und den Zorn der Archivisten habe er (Mierzinsky) dadurch beschwichtigt, dass er ihnen eine haltbare Entschuldigung für den Fall, dass das Fehlen der Etats bemerkt werden sollte, an die Hand gegeben und versprochen habe, D'Aubignosc werde sich für die Gefälligkeit der Herren dankbar erweisen, was dann auch geschehen sei. Die halbverbrannten Abschriften seien in den Ofen gesteckt, die Originale aber habe er mit nach Hannover genommen und dort dem Hofrat Rehberg überliefert. Hierdurch sei die Eintreibung der Kapitalien für eine geraume Zeit unmöglich gemacht worden.

Ob diese abenteuerliche Geschichte sich wirklich so zugetragen hat, muss bezweifelt werden. In die von Boiteux angefertigten États de consistance waren die ausstehenden Kapitalien, obwohl das Dekret vom 4. August 1807 dies angeordnet hatte, nicht aufgenommen worden. So findet sich auch in den Akten nicht der geringste Anhalt dafür, dass Villemanzy jemals namentliche Listen derjenigen Individuen empfangen habe, an welche Kapitalien ausgeliehen waren. Ausserdem muss es als ganz unwahrscheinlich gelten, dass der französische Domänendirektor D'Aubignosc zu einer solchen heiklen Angelegenheit seine Hand geboten habe.

Bei dieser Gelegenheit müssen wir ein anderes Dekret Napoleons erwähnen, welches gleichfalls die Einkünfte der kaiserlichen Domänen vermehren sollte. Mierzinsky berichtet darüber[1], es habe sich um die Sequestration des gesamten Vermögens derjenigen Personen gehandelt, die im feindlichen Militärdienste standen, oder deren Kinder dem Feinde dienten. Hannoverscherseits habe man sehr gefürchtet, dass diese Massregel auf die von Wallmodenschen Besitzungen und auf die Güter und Häuser der in der englischen Legion dienenden Hannoveraner extendiert würde. Man habe daher der französischen Domänendirektion gegen das Versprechen, keine weiteren Sequestrationen vornehmen zu wollen, die Grafschaft Spiegelberg, welche dem angeblich in österreichischen Diensten stehenden Fürsten Wilhelm von Nassau-Oranien, nachmaligem Könige der Niederlande, gehörte, in die Hände gespielt. — Mierzinsky mengt bei diesen seinen Angaben Wahrheit und Dichtung bunt durcheinander. Das betreffende

---

[1] S. 64 f.

Dekret Napoleons, vom 24. April 1809 datiert, war lediglich gegen die Reichsfürsten, Grafen und Ritter gerichtet, welche es mit Österreich hielten (qui ont conspiré avec l'Autriche). Es bestimmte, dass deren Güter samt und sonders konfisziert werden sollten, und zwar zur einen Hälfte als Kriegsentschädigung zu Gunsten der Rheinbundsfürsten, zur anderen Hälfte zu Gunsten Napoleons, ebenfalls als Kriegsentschädigung, und um diejenigen Militärs zu belohnen, welche sich in dem Kriege gegen Österreich besonders auszeichnen würden. Hiernach hätten allerdings die Wallmodenschen Güter der Konfiskation anheimfallen müssen, da ein Sohn des uns vom Jahre 1803 her bekannten Feldmarschalls von Wallmoden als Generalleutnant in österreichischen Diensten stand. Von einer Konfiskation des Vermögens derer, welche in der englischen Legion dienten, ist jedoch gar keine Rede gewesen.

Die Grafschaft Spiegelberg war ein kurbraunschweigisches Lehen und stand in weltlichen und geistlichen Sachen unter der Landeshoheit des Kurhauses. Die Domanial- und ein Teil der Territorialrechte waren jedoch dem Besitzer reserviert. Der regierende Graf bezog alle Einkünfte der Grafschaft, sowohl die Einkünfte der Domäne Coppenbrügge als auch die Steuerintraden. Dafür hatte er seinerseits sämtliche Ausgaben für Besoldungen etc. zu zahlen. Die Direktion über alle Geschäftszweige stand der Justizkanzlei zu Coppenbrügge zu, nur die finanzielle Verwaltung lag einer besonderen Renterei ob.

Zu Beginn der ersten französischen Okkupation hatte Fürst Wilhelm von Oranien durch die Verwendung seines Schwagers, des Königs Friedrich Wilhelm III. von Preussen, bei Napoleon das Versprechen erlangt, „dass in gedachter Grafschaft weder eine militärische Requisition irgend einer Art, noch Durchmärsche oder Einquartierungen der französischen Truppen. stattfinden sollten" [1]). Auf Grund dieser Zusicherung war es der Gräflich Spiegelbergischen Kanzlei, an deren Spitze der Justizrat Terlinden stand, gelungen, die Grafschaft während der ersten französischen Okkupation aller Konkurrenz zu den ausserordentlichen Kriegslasten, zu denen sie von Rechts wegen hätte beitragen müssen, zu entziehen.

Nach dem Sturze Preussens im Jahre 1806 erklärte Napoleon den Fürsten von Oranien, welcher sich geweigert hatte dem Rheinbunde beizutreten, seiner sämtlichen Länder für verlustig. Wilhelms nassauische Besitzungen wurden unter seine gefügigeren Stammvettern von Nassau-Usingen und Nassau-Weilburg und den Grossherzog

---

[1]) Schreiben Mortiers an Laforest vom 27. Prairial an 11.

Murat von Berg verteilt. Ein anderes Los war der Grafschaft Spiegelberg bestimmt. Am 9. Mai 1808 forderte der Generalintendant Daru den Inspecteur Boiteux auf, von derselben unverzüglich im Namen des Kaisers Besitz zu ergreifen und die spiegelbergischen Einkünfte vom 13. November 1806 ab, als dem Datum des Beginns der zweiten Okkupation, an die Caisse de l'armée abzuliefern. Es gelang dem Fürsten Wilhelm indessen, von dem Generalintendanten einen Befehl an die französischen Behörden in Hannover zu erwirken, dass man ihn vorerst wieder in den ungestörten Besitz der Grafschaft setzen solle.

Ende August 1809 wurde die Grafschaft von D'Aubignosc von neuem provisorisch in Besitz genommen. Ob es auf Antreiben der hannoverschen Behörden geschah, wie Mierzinsky behauptet, müssen wir bezweifeln. Ein Brief des Domänendirektors an das Regierungskollegium vom 1. September 1809 führt als Veranlassung der Sequestration einen Artikel der französischen Zeitungen an, wonach der Prinz von Oranien in der österreichischen Armee diene. Justizrat Terlinden in Coppenbrügge erhob gegen die angeordnete Sequestration Einspruch. In einem Schreiben vom 17. September behauptete er, der Fürst von Oranien befinde sich nicht in österreichischen Diensten, wie mehrere aus Berlin datierte Schreiben desselben zur Genüge bewiesen. Überdies sei die Grafschaft schon unter dem 23. Mai 1809 von dem Fürsten förmlich an seine Schwester, die verwitwete Erbprinzessin Friderike Louise Wilhelmine von Braunschweig, abgetreten worden, um diese wegen eines Darlehens von 100 000 ₰ bezahlt zu machen. In der That habe die Prinzessin sich durch verschiedene Rechtshandlungen bereits als Besitzerin von Spiegelberg erwiesen. — Die Behauptung Terlindens, dass Fürst Wilhelm nicht in österreichischen Diensten gewesen sei, beruht auf Unwahrheit. Allerdings war derselbe als Freiwilliger in das Heer des Erzherzogs Karl eingetreten und hatte als solcher an der Schlacht von Wagram teil genommen. Es blieb darum auch bei der Sequestration des spiegelbergischen Ländchens. Die Verwaltung desselben wurde auf dem bisherigen Fusse fortgeführt, nur ging sie im Namen und für die Rechnung Napoleons vor sich. Das Regierungskollegium zu Hannover benutzte den Umstand, dass für die Gläubiger der Grafschaft bestimmte Einkünfte ausschliesslich reserviert waren, um zu verfügen, dass diese „als ein besonderes Corpus behandelt und weder mit anderen Geldern vermischt, noch in der gewöhnlichen Rentereirechnung aufgeführt werden sollten". Auf solche Weise wurden nicht nur die Zinsen an die Gläubiger der Grafschaft bezahlt, sondern es konnten auch mehrere Kapitalien zurückgezahlt werden [1]). Den Absichten D'Aubignoses, welcher an monatlichen Ausgaben für die spiegelbergische Verwaltung bloss 500 ₰ erlauben wollte, war dies freilich zuwider. Wann hätten die hannoverschen Behörden sich aber auch an die französischen Vorschriften gebunden? Die provisorische Besitznahme der Grafschaft Spiegelberg dauerte etwa drei Viertel Jahre. Im März 1810 eröffnete D'Aubignose dem Hofrat Rehberg, er habe aus Paris den bestimmten Befehl erhalten, noch einige Dotationsgegenstände für französische Generale in Vorschlag zu bringen. Da weiter keine Objekte vorhanden seien, müsse er das Amt Coppenbrügge vorschlagen. Wenn ihm aber ein Douceur von 30 000 Fr. gemacht würde, so sei er erbötig, die französische Regierung zu versichern, dass es schlechterdings nichts mehr zu verschenken gebe. Die Verhandlungen über diesen delikaten Gegenstand scheiterten an dem Fürsten von Oranien selbst, welcher für die Aufhebung des Sequesters höchstens 500—1000 ₰ hergeben wollte. Im Juni 1810 erhielt D'Aubignose den Befehl, von der Domäne Coppenbrügge definitiv Besitz zu ergreifen und aus ihr eine Dotation zu bilden. Der französische Domänendirektor sandte einen Kommissar Namens Bergmann dorthin, um diese Massregel auszuführen und an Stelle des bisherigen Rentmeisters von Strobel die Erhebung und Berechnung der sämtlichen Revenuen zu führen. Durch ein Dekret vom 3. Juli 1810 ward die Domäne den kaiserlichen Unterrichtsinstituten zu Écouen und St. Denis überwiesen. Die Totalsumme der Einkünfte von den im Hannoverschen belegenen Dotationen wurde dadurch um 50 000 Fr. erhöht.

Schon vorher — gegen Ende des Jahres 1809 — hatte D'Aubignose den hannoverschen Behörden mitgeteilt, es sei die Absicht Napoleons, auch den Rest der hannoverschen Domanialeinkünfte, welcher bislang noch intakt geblieben war, zu Dotationen zu verwenden. Der Vertrag vom 14. Januar 1810, durch welchen ganz Hannover an das Königreich Westfalen fiel, vereitelte jedoch 'die Verwirklichung dieses Planes. Wir werden an anderer Stelle auf die Verhandlungen zwischen der westfälischen und der französischen Regierung über die Dotationen im Hannoverschen näher einzugehen haben.

[1]) Vgl. Mierzinsky S. 65.

2. Die innere Verwaltung der Domänen.

Haben wir im Vorstehenden mehr die äussere Geschichte der Domänen ins Auge gefasst, so müssen wir jetzt auch einen Blick auf ihre innere Verwaltung werfen. Von grösster Bedeutung für dieselbe ist das mehrfach erwähnte Arrêté Darus über die „Organisation der Administration der kaiserlichen Domänen in den Ländern und Provinzen Katzenelnbogen, Hanau, Fulda, Erfurt, Bayreuth, Hannover und Münster" vom 15. Oktober 1808. Danach sollten die Domänen — als solche betrachtete das Arrêté alle diejenigen Güter, welche von den französischen Kommissarien in die Besitznahmeprotokolle aufgenommen waren, — von den übrigen Zweigen der Staatsverwaltung ganz und gar abgesondert werden. Demgemäss sollten sie nur die zu ihrer Bewirtschaftung und zu der Erhebung ihrer Einkünfte erforderlichen Ausgaben tragen. Alle sonstigen Verwendungen, die bislang dem Dominium zur Last gefallen waren, wurden als „Regalitäts- oder Souveränitätslasten" auf die „anderweitigen Einkünfte der gedachten Länder und Provinzen" abgewälzt. Dies galt insbesondere von der Besoldung der Staatsdienerschaft, soweit diese nicht an der Domanialverwaltung beteiligt war. Nach dem Arrêté sollten „zur Administration der Domanialgüter und Erhebung der Revenuen" im Dienste bleiben: die bisherigen Ober- und Untereinnehmer, als welche meist die „zweiten Beamten" [1]) oder Amtsschreiber fungierten, die Spezialadministrationen der Berg-, Salz-, Hüttenwerke und Fabriken, die Forstbeamten und das Personal der Domänenkammern. An neuen Beamten wurden für das Hannoversche ein Domänendirektor und fünf „vérificateurs ambulants" oder Controleure in Aussicht genommen.

Über die Amtsverrichtungen dieser verschiedenen Beamten enthält das Arrêté vom 15. Oktober 1808 folgende Bestimmungen: Die Untereinnehmer haben die fälligen Einkünfte in derselben Weise wie vorhin zu erheben und saumselige Debenten zu verfolgen. Alle vierzehn Tage liefern sie die eingelaufenen Gelder an den „Receveur de l'Armee" ab; ein Gleiches geschieht in der Zwischenzeit, sobald mehr als 5000 Fr. in einer Unterreceptur vorhanden sind. In den

---

[1]) Bei jedem Amte war einer der Beamten, gewöhnlich der „zweite Beamte", zum Domanialreceptor und Rechnungsführer gegen eine angemessene Kaution bestellt. Diese erhoben die Domanialrevenuen entweder in eigener Person oder doch auf eigene Kosten und Gefahr durch ihre Schreiber, bei grösseren Ämtern auch wohl durch die Amtsunterbedienten. Daneben führten sie die Amtsregister, sowohl das Hauptregister als die Nebenregister (Forst-, Korn-, Dienstregister u. s. w.).

fünf ersten Tagen eines jeden Monats haben die Untereinnehmer dem Domänendirektor eine Übersicht über die Einnahmen und Ausgaben des vorhergehenden Monats einzusenden. Ferner liegt es ihnen ob, über notwendige Reparaturen und Meliorationen ihr Gutachten abzugeben, „präparatorische Arbeiten zu Erneuerung der Verpachtungen von Domänengütern" vorzunehmen, über die Vollziehung der von den Pächtern eingegangenen Verbindlichkeiten zu wachen und überhaupt für die gehörige Instandhaltung der Domanialgüter zu sorgen.

Die Verifikatoren haben vierteljährlich sämtliche Unterreceptguren zu bereisen und zu visitieren. Dabei müssen sie nicht allein die im Laufe des vergangenen Quartals stattgefundenen Einnahmen und Ausgaben nach den Registern nachrechnen und diese Rechnungen abschliessen, sondern auch „alle übrigen Teile der Amtsführung und des Betragens der Einnehmer" einer Untersuchung unterziehen. Die in den Recepturen vorrätigen Gelder nehmen sie an sich, um sie nach ihrer Rückkunft dem Generalreceveur zu überliefern. Über die Ergebnisse ihrer Quartalsreisen statten sie dem Domänendirektor genauen Bericht ab. Auch sind sie verpflichtet, die vierteljährliche Generalrechnung über die Einnahmen und Ausgaben in ihren Distrikten aufzustellen und sie nebst den Belegen dem Domänendirektor zu übergeben [1]).

Die Domänenkammern — in Hannover das Kammerkollegium — haben die Befehle und Instruktionen der Domänendirektoren den Untereinnehmern zu übermitteln und diese zu deren genauer Befolgung anzuhalten. Sie müssen dem Domänendirektor die neuen Pachtkontrakte, Reparaturanschläge etc. zur Genehmigung vorlegen. Ist diese erfolgt, so erteilen sie dem Meistbietenden resp. dem Mindestfordernden den Zuschlag. Ferner statten die Domänenkammern dem Direktor über die Anträge der Pächter auf Remissionen und Entschädigungen, sowie über die Prozesse und Rechtshändel, in welche die Domänen verwickelt sind, Bericht ab. Hinsichtlich der letzteren haben sie die Justizbehörden selbst zu instruieren, wie es ihnen denn überhaupt obliegt, nicht nur als Kläger, sondern auch als Beklagte die Interessen der Domanialgüter in allen Instanzen wahrzunehmen.

In den Funktionen der Forstkollegien und der Spezialverwaltungen der Berg-, Salz- und Hüttenwerke nimmt das Arrêté vom 15. Oktober keine Veränderungen vor. Nur sollten diese Behörden in den beiden letzten Monaten eines jeden Jahres ein Ausgabebudget für die ihnen

[1]) Vgl. Mierzinsky S. 51.

unterstellten Institute anfertigen und dem Domänendirektor zur Genehmigung einreichen.

Sehr umfassender Natur waren die den Domänendirektoren beigelegten Befugnisse. Wir können dieselben dahin zusammenfassen, dass den Direktoren die gesamte Leitung und Überwachung der Domanialverwaltung zustand. Hervorzuheben ist, dass sie sowohl die Verifikatoren, als auch bei entstehenden Vakanzen, die Untereinnehmer, Forstbeamten etc. zu ernennen hatten. Doch durften sie nur solche Persönlichkeiten wählen, welche der deutschen Sprache mächtig waren.

Wenn bei den Domänendirektoren Reparaturen an den Domanialgebäuden, Neubauten, Meliorationen etc. in Vorschlag gebracht wurden, so durften sie solche im allgemeinen selbständig anordnen. Nur wenn es sich um die Forsten handelte, oder wenn die vorzunehmenden Massregeln beträchtliche, über 1000 Francs hinausgehende Kosten beanspruchten, musste die Genehmigung des Generalintendanten eingeholt werden. In keinem Falle aber durften die Arbeiten begonnen werden, ehe von einem Sachverständigen ein Kostenanschlag aufgestellt worden war. Wies dieser weniger als 200 Fr. auf, so war es der Domanialverwaltung gestattet, den Weg der Submission oder der Veraccordierung aus der Hand einzuschlagen, andernfalls mussten die Arbeiten öffentlich an den Mindestfordernden verdungen werden. Für Neuverpachtungen schrieb das Arrêté vom 15. Oktober ausdrücklich den Modus der öffentlichen Versteigerung vor. Fand sich bei den dazu angesetzten Terminen nicht eine hinlängliche Anzahl von Pachtlustigen ein, so hatte der die Versteigerung leitende Untereinnehmer einen neuen Termin auszuschreiben. Der Zuschlag durfte nur in Gegenwart eines Mitgliedes der Domänenkammern oder eines von diesen besonders dazu delegierten Beamten geschehen. In die Pachtkontrakte war jedesmal die Bedingung aufzunehmen, dass die Pächter alle Grund- und Nebensteuern von den Pachtgütern entrichten sollten, ohne sie auf das Pachtgeld anzurechnen. Dagegen durften weder Weinkäufe und Einlandsgelder noch Vorausbezahlungen irgend welcher Art stipuliert werden.

Ausführliche Bestimmungen enthielt das Arrêté vom 15. Oktober 1808 auch über die Besoldung der Domanialbeamten. Ein eigentliches Gehalt sollte denselben nicht gezahlt werden, wohl aber sollten sie gewisse Prozente von sämtlichen Domanialeinkünften beziehen, und zwar 10% von den Rückständen aus der Zeit vor dem 1. Januar 1808, 5% von den Einkünften aus den eigentlichen Domänen seit diesem Zeitpunkte und 2% von der laufenden Einnahme aus den Berg- und Hüttenwerken, Salinen, Fabriken, aus dem Verkaufe von Mobilien und aus eingezogenen Kapitalien.

Diese Prozente sollten folgendermassen unter die Domanialbeamten verteilt werden:

Es erhielten von den 5 bzw. 10 %

die Untereinnehmer	2,00 % bzw.	4,50 %[1])
„ Verifikatoren	0,80 „ „	2,00 „
„ Domänenkammern	1,00 „ „	2,00 „
„ Registratoren oder Archivisten	0,10 „ „	0,10 „
„ französischen Kassenbeamten	0,12 „ „	0,20 „
„ Domänendirektoren (für sich und ihre Bureaux)	0,50 „ „	0,60 „
der Domanialkommissar bei dem Generalintendanten	0,10 „ „	0,20 „
Ferner wurden angesetzt für Porto, Gratifikationen und unvorhergesehene Ausgaben	0,20 „ „	0,40 „
„ Bureaukosten und ausserordentliche Ausgaben	0,18 „ „	— „
Sa.	5,00 % bzw.	10,00 %

Von den zwei Prozent für den Reinertrag der Waldungen, den Erlös aus verkauften Mobilien und die zurückgezahlten Kapitalien erhielten die Untereinnehmer 0,60, die Verifikatoren und die Domänenkammern 0,45, die Archivisten 0,08, die französischen Kassenbeamten 0,06, die Domänendirektoren 0,15 und der Domanialkommissar bei dem Generalintendanten 0,06 %, während für Bureaukosten 0,10, und für ausserordentliche Ausgaben 0,05 % festgesetzt waren. Endlich bezogen von den zwei Prozent für den reinen Ertrag der Berg- und Hüttenwerke, Salinen und Fabriken die Verifikatoren 0,70, die Domänenkammern 0,80, die Archivisten 0,08, die Domänendirektoren 0,20, die französischen Kassenbeamten 0,12 und der Domanialkommissar 0,10 %.

Es war vorauszusehen, dass ein grösserer Zeitraum vergehen würde, bis die Verteilung der Prozente oder Remisen unter die einzelnen Beamten bewerkstelligt sein würde. Daher gab das Arrêté den Domänendirektoren auf, unter Zugrundelegung der Hälfte von dem mutmasslichen Gesamtbetrage der Remisen einen vorläufigen Verteilungsplan auszuarbeiten, der bis zu der definitiven Erledigung dieser Materie befolgt werden sollte.

Gänzlich ausgeschlossen von der Teilnahme an den Remisen waren alle Berg-, Hütten-, Salinen- und Fabrikbeamten, ferner die

[1] Übrigens wurden die Domänendirektoren durch das Arrêté vom 15. Oktober ermächtigt, die Prozente der Untereinnehmer zu ermässigen, falls die Einnahmen unerwartet hoch sein sollten.

Forst- und Jagdbeamten, die Wiesen- und Zehntenaufseher, die Kastellane, Aufseher und Gärtner der Domanialwohnungen und Gebäude, die Administrationen der säkularisierten Güter u. s. w. Diese verschiedenen Beamtenkategorien sollten vorläufig ihre Besoldungen behalten und im allgemeinen aus den Einkünften derjenigen Domänenbranchen bezahlt werden, in welchen sie angestellt waren. Die Auszahlung der Gehälter durfte indes nur auf Grund eines von dem Domänendirektor aufgestellten und von dem Generalintendanten approbierten Budgets erfolgen. Ein Gleiches galt von den übrigen Ausgaben der Domanialverwaltung. Den Unterneinnehmern ward durch das Arrêté bei Strafe der Absetzung verboten, aus den Domanialkassen Zahlungen zu leisten, welche der eigentlichen Domanialverwaltung fremd waren und hinfort aus den Regalitätskassen bestritten werden sollten.

Dies waren die hauptsächlichen Bestimmungen des Arrêté vom 15. Oktober. Ergänzt wurde dasselbe von Boiteux durch eine Reihe von Instruktionen (14), welche die Einrichtungen des französischen Kassenwesens auf die hannoverschen Domanialkassen übertrugen. Die erste Instruktion vom 6. Januar 1809 schrieb die Einführung eines Registre d'ordres vor, in welches die Befehle und Instruktionen einzutragen waren. Die zweite und dritte Instruktion enthielten eingehende Vorschriften über die Anlage eines Einnahme- und Ausgabejournals bei sämtlichen Domanialrecepturen. Für die Donatäre sollte nach Instruktion 4 ein besonderes Abrechnungsbuch geführt werden. Ferner ward den Domanialrechnungsführern die Führung von Hauptregistern über die kaiserlichen Domänen und die Dotationen und die Einsendung monatlicher Etats von den stattgehabten Einnahmen und Ausgaben zur Pflicht gemacht (Instruktion 5 und 6). Das Kammerkollegium und die Regierung hatten aus den eingehenden monatlichen Etats der Unterneinnehmer fünf Divisionsetats nach den Distrikten (Divisions) der Verifikatoren und einen Generaletat über sämtliche Domanialeinnahmen und -ausgaben zusammenzustellen und der Domänendirektion einzureichen (Instruktion 8). Auch die Verifikatoren wurden angehalten, Ausgabe- und Einnahmejournale zu führen und in jedem Vierteljahre genaue Rechnung abzulegen (Instruktion 9—11). Mit Recht wies Boiteux in diesen Instruktionen wiederholt darauf hin, dass die monatlichen Etats eine der Hauptgrundlagen einer ordentlichen Administration seien. Die Einführung derselben bedeutete ohne Zweifel einen ungemeinen Fortschritt gegenüber der in Hannover üblichen jährlichen Rechnungsablage, die obendrein nur in ganz oberflächlicher Weise erfolgte. —

Die dreizehnte und vierzehnte Instruktion endlich (vom 2. und 4. Februar 1809) handelten von der Neuverpachtung der Domanialparzellen und den zu solchem Zwecke vorzunehmenden öffentlichen Versteigerungen. Danach sind die neuen Pächter verpflichtet, als Kaution das Pachtgeld auf sechs Monate im Voraus zu erlegen. Gegenstände wie Wiesen, Weiden, Zehnten, Mastberechtigungen etc. sind möglichst nur auf ein Jahr zu verpachten, bei Ackerländereien hingegen sind Verpachtungen auf mehrere Jahre vorzuziehen. Wo die Versteigerung in kleinen Parzellen vorteilhafter ist, kann sie zugelassen werden, bei gleichem Gebote aber sollen die auf das ganze Pachtobjekt Bietenden den Vorzug erhalten. Ist das höchste Gebot niedriger als die bisherige Pachtsumme, so hat die Kammer dem Domänendirektor darüber einen detaillierten Bericht mit Angabe der Ursachen für den Niedergang der Pacht einzureichen. Erst wenn der Direktor daraufhin seine Genehmigung erteilt hat, darf der Zuschlag erfolgen.

Die Ausführung der in dem Arrêté vom 15. Oktober 1808 und den Instruktionen Boiteux' enthaltenen Bestimmungen ist im wesentlichen identisch mit der Geschichte der Domänen im Jahre 1809. Die französische Domänendirektion trat mit dem 1. Januar 1809 in Thätigkeit. Als Direktor fungierte zunächst der Inspecteur Boiteux. Im Februar 1809 ward er durch D'Aubignosc ersetzt. D'Aubignosc[1], welcher zuvor in Berlin unter Daru und Estève thätig gewesen war, stand bei seinen Vorgesetzten in hoher Gunst, obwohl er kein Freund der Napoleonischen Herrschaft gewesen sein soll[2]. Auch in Hannover erwarb der neue Domänendirektor sich viele Sympathien. Der damalige Polizeidirektor, spätere Oberamtmann Meyer, bemerkt in seinen Aufzeichnungen, er könne nicht umhin, D'Aubignosc, welcher ihm bei allen Gelegenheiten, in denen er sich an denselben gewandt habe, oft auch unaufgefordert, die „grössten Beweise des Edelmuts und des Vertrauens" gegeben, das grösste Lob zu erteilen. Von anderer Seite wird das „gentlemannmässige Auftreten" D'Aubignoscs gerühmt. Er soll „gutmütig, vielem Aufwand, besonders den Tafelfreuden ergeben und sehr gastfrei" gewesen sein[3]. In der That entfaltete er mit seiner schönen und eleganten Frau, die er nebst seinem Vater aus Frankreich kommen liess, in Hannover ein sehr

---

[1] Die Schreibweise dieses Namens ist verschieden. Ich folge derjenigen, welche D'Aubignosc in der ersten Zeit seiner Anwesenheit in Hannover gebrauchte. Später schrieb er vorzugsweise d'Aubignosc.
[2] Aufzeichnungen des Amtmanns Meyer.
[3] Mierzinsky S. 54. Vgl. auch Hausmann S. 58.

glänzendes Haus[1]). Dies stürzte ihn oft in Geldverlegenheiten, aus denen er sich in nicht immer ehrenhafter Weise herauszuziehen suchte. Wir haben schon an einem Beispiele gesehen, dass der Generaldirektor der Bestechung in hohem Grade zugänglich war[2]). Die Protektion und wohlwollende Behandlung, welche er den Hannoveranern zu teil werden liess, dürfte daher ebensosehr auf die pekuniären Vorteile, welche ihm von den hannoverschen Behörden zugewandt wurden, als auf seine natürliche Gutmütigkeit zurückzuführen sein. Den Zwischenträger gab dabei der Generalsekretär der Domänendirektion Mierzinsky ab. Dieser, ein Pole von Geburt, war ein äusserst gewandter Mann, der in allen Sätteln gerecht war. Früher Handlungsgehilfe in einem kaufmännischen Geschäfte in der Stadt Hannover, trat er bald nach dem Beginn der zweiten Okkupation in Beziehungen zu der französischen Generalität und versah unter anderem eine Zeitlang die Stelle eines Dolmetschers bei dem französischen Spezialkriegsgerichte. Seine vollkommene Beherrschung der französischen Sprache machte ihn zu einer Vermittlerstelle zwischen den französischen und hannoverschen Behörden vorzüglich geeignet. Er wurde alsbald von „thätigen vaterlandsliebenden Männern", namentlich dem Hofrat Rehberg, für das hannoversche Interesse gewonnen. Durch „geschickte Benutzung der Schwächen des Mr. D'Aubignosc" gelang es Mierzinsky, nach dem Urteil eines Zeitgenossen, „vielfaches Unheil abzuwenden und wesentliche Erleichterungen für das Land zu erlangen"[3]). Ob Mierzinsky indessen wirklich den Einfluss gehabt habe, dessen er sich in seinen „Erinnerungen" rühmt, und ob er so viele Verdienste um die Kurlande hat, wie er sie dort sich zuschreibt, ist eine Frage, die man kaum zu Gunsten des eitelen und nicht sonderlich zuverlässigen Autors entscheiden darf.

Die erste Massnahme der Generaldirektion der Domänen bestand darin, dass sie die bisherigen geldhebenden Domanialbeamten, 105 für die Domanialämter und 5 für die calenbergischen Klosterämter, als „Receveurs élémentaires oder Untereinnehmer" bestellte oder vielmehr bestätigte[4]). Die übrigen Beamten und Amtsunterbedienten verblieben zwar in ihrer Abhängigkeit von dem Kammer-

---

[1]) Hausmann S. 58.
[2]) Vgl. S. 332. Der Amtmann Meyer führt in seinen Aufzeichnungen an, was an D'Aubignosc zu tadeln gewesen sei, habe hauptsächlich „in dem Einfluss seiner Frau, die viel Geld verbrauchte, und seines Vaters, eines durch alle Schulen der Schlechtigkeit gegangenen Emigranten", gelegen.
[3]) Hausmann S. 58. Vgl. Mierzinsky S. 49, 54 f. Der Amtmann Meyer rühmt Mierzinsky nach, derselbe habe sich ihm immer als „ein rechtlicher wohlwollender Mann gezeigt".
[4]) Mierzinsky S. 49 f.

kollegium¹), gingen aber die Domänendirektion nichts an, wie denn auch ihre Besoldung auf das Landesbudget übernommen wurde.

Zu Verifikatoren wurden ernannt: für Calenberg der Kammersekretär Niemeyer, für den grösseren Teil der Provinz Lüneburg (22 Ämter) der Kammersekretär Frankenfeld, für die übrigen lüneburgischen Ämter bis auf Ahlden und Rethem und für das Lauenburgische der Kammerschreiber Niebour, für die beiden namhaft gemachten lüneburgischen Ämter und die Grafschaften Hoya und Diepholz der Advokat Braun und schliesslich für Bremen-Verden und Hadeln der Kammerschreiber Warnecke. Durch die Ernennung dieser Beamten zu Verifikatoren trat eine Verringerung des Personals der Kammer ein. Auch sonst wurden verschiedene „Kameralen" an die Bureaux der Domänendirektion abgegeben. Dagegen ward in dem Personal der Post-, Zoll-, Forst- und Bergbeamten eine Veränderung nicht vorgenommen. Insbesondere verblieb auch die Rechnungsführung hier und bei den Hofdepartemants in den Händen der bisherigen Beamten ²).

Den bei der Domänendirektion angestellten Subalternbeamten der Kammer und namentlich den Verifikatoren wird nachgerühmt, dass sie sich immer wie echte Hannoveraner benommen hätten. Sie sollen ihre neue Stellung nicht missbraucht haben, um „für Napoleons Kasse herbeizuziehen, was die Umsicht einiger Administrationen, wie z. B. die Kriegskanzlei u. a. m., nicht angegeben hatten", sondern redlich dazu beigetragen haben, „Anträge zu Käufen zu vereiteln und die den Unterthanen wohlwollenden Prinzipien der Behörden befördern zu helfen"³).

Dies erscheint um so anerkennenswerter, als die den Domanialbeamten ausgezahlten Gehälter resp. Remisen unzureichend waren. Am besten standen sich noch die Elementarerheber, welche ihre Prozente vierteljährlich von den Controleuren angewiesen erhielten und deren Betrag aus den von ihnen verwalteten Kassen entnehmen durften. Erheblich war dieser Betrag nun freilich nicht. Bei einem präsumtiven Überschusse der Domänen von 4,5 Millionen Francs würde jeder der 110 Receveurs élémentaires im Durchschnitte ca. 820 Fr. erhalten haben. Für den grössten Teil der „Beamten" hatte aber die Haupteinnahme nicht in dem baren Gehalt bestanden, sondern in den überaus billigen Domanialpachtungen, welche reichlichen Gewinn abwarfen.

¹) Mierzinsky S. 52.
²) Das. S. 50.
³) Das. S. 50 ff.

Übler als die Elementarerheber waren die Beamten des Kammerkollegiums daran. Früher hatten sie an Besoldungen insgesamt 143 516 Fr. 29 bezogen, jetzt betrugen die dem Kollegium in Aussicht gestellten Remisen bei einem mutmasslichen Reinertrage von 4,5 Millionen Francs nur 45 000 Fr., also kaum den dritten Teil der früheren Besoldungssumme. Obendrein sollte nach den Bestimmungen des Arrêtés vom 15. Oktober 1808 vorläufig bloss die Hälfte jener Remisen ausgezahlt werden. Somit erhielt das Personal des Kammerkollegiums noch nicht einmal den sechsten Teil seines gewöhnlichen Gehaltes [1]). Mit Recht durfte die Kammer daher in einer Bittschrift an D'Aubignosc vom 28. Februar 1809 bemerken, dass keine andere Beamtenklasse eine so grosse Verringerung ihrer Gehälter erlitten habe, als gerade sie, obwohl sie doch lediglich damit beschäftigt sei die Interessen des Kaisers wahrzunehmen. D'Aubignosc und Villemanzy erkannten die Berechtigung der Vorstellung bereitwillig an und bemühten sich wiederholt bei dem französischen Finanzminister, eine Gehaltserhöhung für das Kammerpersonal zu erlangen. Aber erst im December 1809 wurde D'Aubignosc autorisiert, die zweite Hälfte der Remisengelder für das Jahr 1809 auszuzahlen. Von einer weiteren Erhöhung der Gehälter resp. Remisen war keine Rede.

Da befanden sich diejenigen „Angestellten", welche von dem Empfang der Remisen ausgeschlossen waren, noch in einer besseren Lage, so die Mitglieder des Regierungskollegiums, soweit sie domaniale Funktionen zu versehen hatten (Post-, Wegebau- und Klosterdepartement), die Forstbeamten, die Kammerkonsulenten, die Land- und Wasserbaubedienten etc. Wir erinnern uns, dass dieselben nach dem Arrêté vom 15. August 1808 vorläufig ihre hergebrachten Besoldungen behalten sollten. Thatsächlich wies D'Aubignosc, nachdem bei Beginn des Jahres 1809 die Budgets der betreffenden Verwaltungszweige eingegangen waren, noch im ersten Quartal 1809 einige Zahlungen für jene Beamten an. Im zweiten Quartal kamen folgende Summen zur Zahlung:

Für die Beamten des Ober-Hofbau- und Gartendepartements	7 168 Fr. 89
Für die Hof- und Schlossbeamten [2])	6 323 „ 04
„ die Beamten des Oberjagddepartements	5 343 „ —
zu übertragen . . .	18 834 Fr. 93

---

[1]) Im zweiten Quartal des Jahres 1809 sind dem Kammerpersonal ausgezahlt worden 5625 Fr. Das war nicht ganz ein Sechstel der ordinären Besoldungssumme.
[2]) Das Verzeichnis derselben s. bei Manecke S. 141 f.

Für die Forstbeamten¹)	Übertrag...	18 834 Fr. 93
a) in Geld...........................		51 618 „ 84
b) in Naturalien.....................		13 490 „ 66
„ die Beamten des Regierungskollegiums.....		3 318 „ 42
	Sa.	87 262 Fr. 85.

Im dritten Quartal kamen dazu noch 5297 Fr. 98 für die Kammerkonsulenten und 8089 Fr. 71 für die Land- und Wasserbaubeamten, so dass die Gesamtsumme der für die fraglichen Beamten bestimmten Besoldungen sich auf 100 650 Fr. 54 erhöhte. Für das vierte Quartal endlich sind 99 665 Fr. 46 angewiesen worden. So viel man sehen kann, sind die Ansprüche jener Beamten dadurch wenigstens zum grössten Teile befriedigt worden.

Im ersten und zweiten Quartale des Jahres 1809 wurden die Gehälter monatsweise ausbezahlt, ohne dass D'Aubignose es nötig gehabt hätte, zuvor die Autorisation des Generalintendanten einzuholen. Anfang Juli 1809 verfügte Villemanzy aber, dass die Auszahlung erst nach Ablauf eines jeden Quartals und zwar auf Grund einer ihm zur Genehmigung einzureichenden namentlichen Liste der Bezugsberechtigten vor sich gehen solle. Dementsprechend konnten die Gehälter für das dritte Quartal 1809 erst zu Beginn des November und für das vierte Quartal erst Mitte Januar 1810 angewiesen werden.

Auffallend erscheint, dass bei den Bewilligungen für die Domanialbeamten nicht der Post- und Zollbeamten gedacht wird. Es dürfte aber keinem Zweifel unterliegen, dass auch diese einen Teil ihrer Bezüge erhalten haben, und zwar der Bestimmung des Dekrets vom 15. Oktober gemäss aus den eigenen Einnahmen jener Verwaltungszweige. Allerdings reichten die Einnahmen vielfach nicht hin, um die Besoldungen zu berichtigen²). So war z.B. der Ertrag der Zölle bei manchen Zollrecepturen infolge der ungünstigen Zeitverhältnisse, insbesondere der Kontinentalsperre, derart herabgegangen, dass es unmöglich war, mit den gebliebenen Einkünften die Administrationskosten zu decken. Hier gerieten die Beamten in grosse Not. In besonders schlimmer Lage befanden sich die Zollbeamten zu Brunshausen an der Elbe. Wiederholt wandten diese sich mit Bittschriften an die Gouvernementskommission. Im August 1809 schickte die Brunshäuser Schiffsmannschaft, welche den Wachtdienst auf dem Zollschiffe und der Schwinger Schanze versah, einen der Ihrigen, den Quartiermeister Meyer nach Hannover, um vorzustellen, dass sie mit Frauen und

---
¹) Es ist danach unrichtig, wenn Mierzinsky (S. 59) angiebt, die Forstbeamten hätten sich selbst bezahlt zu machen gewusst. Auch die Behauptung Mierzinskys, dass die Forstbeamten an der Remise Anteil gehabt hätten, ist falsch.
²) Vgl. Mierzinsky S. 47 f., 58, 60.

Kindern dem Hungertode entgegensehen müssten, falls nicht bald Hülfe erfolge. Seit acht Monaten, jammerten sie, hätten sie nicht die geringste Gehaltszahlung empfangen. — Gouvernementskommission und Kammerkollegium verwandten sich bei D'Aubignosc auf das wärmste für die unglücklichen Leute. Sie machten dabei vor allem geltend, dass dieselben es in ihrer Hand hätten, die Kontinentalsperre unwirksam zu machen, und mit Notwendigkeit zu Defrauden gedrängt würden, wenn man ihnen nicht zu leben gäbe[1]). Der französische Domänendirektor, auf den eine solche Deduktion Eindruck machte, konnte aber zunächst nichts weiter thun, als bei Villemanzy um die Autorisation zur Auszahlung der rückständigen Gehälter nachzusuchen. Als hierauf keine Antwort erfolgte, ordnete D'Aubignosc auf eigene Verantwortung die provisorische Berichtigung der auf das erste Quartal des Jahres 1809 entfallenden Besoldungen der Brunshäuser Schiffsmannschaft an. Am 23. November wurden dann die Gehälter für das zweite Quartal angewiesen und am 11. Januar 1810 die für das dritte. Die Rechnungsbeamten bei der Zollreceptur zu Brunshausen hatten ihre Besoldung für die drei ersten Monate des Jahres 1809 schon einige Zeit früher als die Schiffsmannschaft, nämlich im Juni, bezogen.

Wir gehen jetzt zu der Ausführung anderer Bestimmungen des Arrêtés vom 15. Oktober 1808 über. Wenn dieses verfügte, dass die Neuverpachtungen der Domanialgüter nur auf dem Wege öffentlicher Versteigerungen erfolgen sollten, so kam man in der Praxis bald hiervon ab. Mierzinsky berichtet darüber, die Kammer sei von dem Wunsche erfüllt gewesen, die Pachtungen in den Händen der alten soliden Pächter zu belassen. Um darzuthun, dass dies bei den bestehenden Verhältnissen auch das Vorteilhafteste sei, habe sie „bei passenden Lokalitäten mit eben nicht lockenden Gegenständen und Bedingungen einige Versuche von öffentlichen Versteigerungen" gemacht, die denn auch kein erfreuliches Resultat geliefert hätten. Infolgedessen sei der französische Generaldirektor gänzlich von der Vornahme solcher Versteigerungen abgekommen[2]). Diese Erzählung hat bei der bekannten Taktik der hannoverschen Behörden gegenüber den französischen Anordnungen die volle Wahrscheinlichkeit für sich. Übrigens würden schon der allgemein herrschende Geldmangel und die drückende Verpflichtung, die Pacht auf sechs Monate im Voraus zu erlegen, es verständlich machen, dass die Versteigerungen ohne Erfolg blieben. Gewiss ist, dass D'Aubignosc fast in allen Fällen der Kammer die Erlaubnis erteilte.

[1]) Vgl. Mierzinsky S. 59.
[2]) Das. S. 57.

mit den bisherigen Pächtern die alten Kontrakte zu verlängern. Er konnte dies um so eher thun, als er von dem Generalintendanten Villemanzy ermächtigt worden war, die Neuverpachtungen allemal unter der Hand vorzunehmen, wenn zwischen ihm und den hannoverschen Behörden über die Unthunlichkeit einer öffentlichen Versteigerung Übereinstimmung herrsche.

Was die öffentlichen Bauten und die Reparaturen an den „herrschaftlichen" Gebäuden, den Brücken, Strassen u. s. w. angeht, so hatte das Kammerkollegium sich schon unter dem 13. Februar 1807 genötigt gesehen zu verfügen, dass von der Ausführung aller bereits bewilligten Bauten Abstand zu nehmen sei. In der Folge waren die nötigen Summen für die Ausbesserung der öffentlichen Gebäude, Strassen und Deiche zwar von den französischen Behörden bewilligt worden, aber nur, insofern es sich um dringliche und unaufschiebbare Arbeiten handelte[1]). Nach dem Dekret vom 15. Oktober 1808 sollten die Ausgaben hierfür den Domanialkassen nur soweit zur Last fallen, als sie wirkliche Domanialobjekte beträfen. Am 11. März 1809 gab der Domänendirektor D'Aubignose dem Kammerkollegium zu erkennen, dass die öffentlichen Arbeiten an Brücken und Strassen dazu nicht gehörten, sondern als eine Regalitätslast angesehen werden müssten. Die Ausgaben für dieselben wurden, wie uns bereits bekannt ist, auf das (Regalitäts-) Budget für das Jahr 1809 übernommen, und zwar ward für öffentliche Gebäude und Bauten eine Summe von 146 236 Fr., und für Brücken, Strassen und Deiche eine solche von 238 635 Fr. angesetzt[2]). Natürlich stand den hannoverschen Behörden nicht die freie Disposition über diese Gelder zu, sie hatten vielmehr bloss ihr Gutachten über die erforderlichen Reparaturen einzureichen. War die in Frage kommende Summe gering, so autorisierte Belleville selbst deren Auszahlung, war sie eine erhebliche, so berichtete er zuvor an Villemanzy. Bei dringenden Ausgaben wies Belleville vorläufig wenigstens einen Teil der Kosten an. Da das Interesse der französischen Armee die Instandhaltung der Strassen, Brücken und Deiche notwendig machte, so wurden die von der Gouvernementskommission hierfür beantragten Ausgaben auch regelmässig bewilligt. Doch ward den hannoverschen Behörden bei solchen Anlässen wiederholt die äusserste Sparsamkeit zur Pflicht gemacht.

Ähnlich ward es mit den Reparaturen der Domanialgebäude gehalten, welche nach wie vor aus den Domänenkassen bestritten

---

[1]) Vgl. S. 207, 247.
[2]) Vgl. S. 256.

wurden. Am 20. Februar 1809 forderte D'Aubignosc das Regierungskollegium auf, mit der grössten Sorgfalt darauf zu achten, dass keine Ausbesserungen und baulichen Veränderungen angeordnet würden, welche nicht unumgänglich notwendig seien. Auf hannoverscher Seite hat man sich jedoch an diese Vorschrift nicht immer gebunden. Bereits im März 1809 musste der französische Domänendirektor rügen, dass die hannoverschen Beamten bei den Anschlägen über die vorzunehmenden Reparaturen keineswegs immer die erforderliche Sparsamkeit beobachteten, sondern eine „ebenso übermässige wie unehrliche Schätzung" zu Grunde legten. Als Beweis führte D'Aubignosc eine im Amte Lüne belegene herrschaftliche Mühle an, für deren Ausbesserung amtsseitig 2515 Fr. 73 gefordert worden waren. Ein französischer Genieoffizier Namens de Castillion hingegen, der im Auftrage des Inhabers der betreffenden Dotation, General Dorsenne, zu Lüne verweilte, versicherte, dass der Schade an der Mühle sich mit weniger als 50 ₰ herstellen lasse. D'Aubignosc legte begreiflicherweise der Aussage des französischen Offiziers mehr Gewicht bei, als den Versicherungen der hannoverschen Beamten. Er erklärte dem Kammerkollegium, dass er in Zukunft den von hannoverscher Seite eingereichten Anschlägen nicht mehr das geringste Vertrauen schenken könne. Das Kollegium erwiderte (6. April), bislang habe es keinen Anlass gefunden, den Baumeistern, denen die Ausführung der Reparaturen übertragen worden sei, das Vertrauen zu entziehen, vielmehr setze es in deren Integrität nicht den geringsten Zweifel. Doch werde es sich angelegen sein lassen, die Kostenanschläge mit verdoppelter Sorgfalt zu prüfen. Der französische Domänendirektor liess sich hierdurch beschwichtigen.

Viel war es nicht, was in der Okkupationszeit für die Erhaltung der Amts- und sonstigen Domanialgebäude geschah. Immerhin ward dem völligen Verfall derselben gewehrt, und es heisst weit übertreiben, wenn von späteren Schriftstellern behauptet wird, dass für öffentliche Gebäude während jener Zeit nichts gethan worden sei [1]).

3. Das Forst-, Berg-, Post-, Wegebau-, Zoll- und Gestütswesen.

Nachdem wir bisher die eigentliche Domänenverwaltung betrachtet haben, wenden wir uns zu einigen Verwaltungszweigen von geringerer Bedeutung, welche in jener Zeit noch durchgehends zu den Domänen gerechnet wurden. Wir beginnen mit dem Forst-

[1]) Übbelohde, Über die Finanzen des Königreichs Hannover und deren Verwaltung S. 2.

wesen. Bereits in den ersten Tagen seiner Anwesenheit in Hannover (23. Januar 1807) hatte der französische Intendant Belleville von der Exekutivkommission einen ausführlichen Bericht über die landesherrlichen Forsten verlangt. Dabei hatte er bemerkt, es sei die Absicht des Kaisers, dass die Holzverkäufe in Zukunft durch französische Agenten vorgenommen werden sollten. Von dem Kammerkollegium als der zuständigen Behörde war darauf am 30. Januar eine längere Denkschrift über die Forsten eingereicht worden. Danach teilten die Forsten sich in zwei Klassen, in Waldungen, die dem Landesherrn ohne irgend eine Einschränkung gehörten, und in solche, bei denen ihm wohl das Grundeigentum und die Forstpolizei zustand, deren Ertrag aber durch zahlreiche Holzberechtigungen der Unterthanen wesentlich geschmälert wurde. Der grösste Teil der Forsten war nicht vermessen, so dass die Ausdehnung der Forstgründe nur nach einem ungefähren Überschlage angegeben werden konnte. Hiernach umfassten die Forsten der ersten Klasse 380000, die der zweiten 433000 Morgen, der gesamte Flächeninhalt der Domanialwaldungen also 813000 Morgen. Ein beträchtlicher Teil davon bestand freilich in Waldblössen.

Auf die sechs Oberforstämter verteilten sich die 813000 Morgen folgendermassen:

1) Oberforstamt Hannover ..... 47000 Morgen erster Klasse
    (17 Ämter umfassend) 120000 . zweiter .
2) Oberforstamt Göttingen ..... 68000 . erster .
    (20 Ämter) 62000 . zweiter .
3) Oberforstamt Celle .... 58000 . erster .
    (22 Ämter) 72000 . zweiter .
4) Oberforstamt Ratzeburg ..... 100000 . erster .
    (17 Ämter, darunter mehrere 84000 . zweiter .
    lüneburgische)
5) Oberforstamt Harburg .... 64000 . erster .
    (22 Ämter) 50000 . zweiter .
6) Oberforstamt Nienburg ...... 43000 . erster .
    (16 Ämter) 45000 . zweiter .

Sa. 813000 Morgen.

Die Forsten auf dem Harze, welche etwa 18000 Morgen betrugen, waren hierbei nicht in Betracht gezogen. Sie dienten fast ausschliesslich zum Betrieb der Berg- und Hüttenwerke.

Die Hauptbestände der Waldungen wurden gebildet durch Fichten, Kiefern, Eichen, Buchen, Birken und Erlen. Wie die Kammer mehr vorsichtig als wahrheitsgemäss[1]) bemerkte, befand

[1]) Vgl. S. 349.

sich darunter kein zum Schiffsbau geeignetes Holz. Dies sollte sich namentlich während der ersten französischen Okkupation gezeigt haben, wo der ehemalige Inspecteur, jetzige Generaladministrator der Forsten Chauvet und der Marine-Genieoffizier Olivier nebst verschiedenen französischen Forstagenten die hannoverschen Forsten wiederholt bereist und auf Schiffsbauholz hin untersucht hätten [1]). Allerdings hatte Olivier einige Hunderte von Stämmen für die französische Marine niederschlagen lassen, aber kaum der zehnte Teil davon war in den französischen Magazinen zu Hamburg als tauglich befunden worden. Der Holzhandel, führte das Kammerkollegium des weiteren aus, beschränke sich auf Brenn-, Bau- und Stellmacherholz. In erster Linie diene er dem inländischen Bedarf, doch gehe auch ein grosser Teil des Absatzes nach den Hansestädten. In Friedenszeiten sei der jährliche Erlös aus den herrschaftlichen oder Domanialwaldungen auf 250 000 ℳ anzuschlagen gewesen [2]). Während der ersten Okkupation seien aber umfangreiche extraordinäre Hauungen im Gesamtbetrage von 1 824 000 Fr. vorgenommen worden [3]). Überdies habe man in jenem Zeitraume beträchtliche Mengen Holz für den Dienst der französischen Artillerie, die wiederholte Verproviantierung der Festungen Nienburg und Hameln und behufs der Einquartierung liefern müssen. Dazu komme noch ein starkes Sinken der Holzpreise. Durch alle diese Umstände sei der Ertrag der Domanialforsten auf etwa 203 000 ℳ verringert worden. — Thatsächlich belief, wie hier bemerkt werden muss, der Ertrag der Forsten sich weit höher als auf 250 000 resp. 203 000 ℳ. Ob in dieser Summe bereits die Einkünfte an Forstwrugen oder Forststrafgeldern, Mastgeldern und sonstigen Nebeneinnahmen enthalten sind, ist nicht ersichtlich, aber unwahrscheinlich. Sicher ist, dass die bedeutenden Verabfolgungen von Holz an die ärmeren Volksklassen, an die Handwerker und Fabrikanten, an die sogenannten Deputatisten und vor allem an die Interessenten und Berechtigten, Verabfolgungen, welche zum grössten Teile ganz unentgeltlich erfolgten, dabei nicht in Betracht gezogen sind. Wir dürfen unbedenklich annehmen, dass der wahre Ertrag der hannoverschen Domanialforsten sich mindestens auf 400 000—500 000 ℳ gestellt habe.

[1]) Vgl. S. 69.
[2]) Vgl. S. 15.
[3]) Davon entfielen auf:

1803	112 000 Fr.
1804	1 012 000 „
1805	700 000 „
Sa.	1 824 000 Fr.

Belleville antwortete auf den Bericht der Kammer, die Interessentenforsten möge man in der hergebrachten Weise ausnutzen, damit die Rechte der Unterthanen ungekränkt blieben. Dagegen müsse die Verwertung der „privativen" herrschaftlichen Waldungen höher getrieben werden; so dass der auf 203 000 ₣ veranschlagte Erlös aus den Forsten sich um ¹/₂ Million Francs oder wenigstens um 100 000 ₣ steigere. Auch möge das Kammerkollegium die Einrichtung treffen, dass die Einkünfte, statt bis zu den im Herbst vorzunehmenden Hauungen ausgesetzt zu bleiben, bereits in den nächsten Monaten durch Anticipationen herbeigeschafft würden¹).

Das Kammerkollegium erhob am 10. Februar gegen die von dem französischen Intendanten vorgeschriebene Massregel nachdrückliche Vorstellungen. Ein Holzhieb in der Höhe von 500 000 Fr., führte es aus, würde die hannoverschen Forsten für immer ruinieren, da man, um diesen Preis zu erzielen, ungeheure Holzmassen niederschlagen müsse. In Anbetracht des ungemein gesunkenen Holzhandels sei überhaupt zu bezweifeln, dass das gefällte Holz sich werde an den Mann bringen lassen. Das Kammerkollegium wolle überall Erkundigungen über die Möglichkeit Holzverkäufe zu bewerkstelligen einziehen und demnächst dem Intendanten darüber Bericht erstatten.

Gleichzeitig wandte die Kammer sich an die Oberforstämter mit der Anfrage, welche Summen aus ihren Bezirken ohne zu grosse und offenbare Schädigung der Forsten wohl eingehen könnten. Die darauf erfolgenden Berichte der Oberforstmeister geben so viel Aufklärung über die Lage der hannoverschen Forsten, dass sich ein näheres Eingehen auf dieselben verlohnt. Der hoyasche Oberforstmeister von Voss meldete (18. Februar 1807), die Forsten seines Departements hätten vom 1. Mai 1803 bis dahin 1806 ausser den gewöhnlichen Einnahmen noch eine Summe von 36 472 ₣ 27 *mgr* aufgebracht und daneben beträchtliche Holzvorräte für Militärbureaux, Hospitäler, Wachen und für die Festung Nienburg liefern müssen. Der vorgeschriebene Forstetat sei dadurch in sämtlichen Ämtern zerrüttet worden. Für die Forstkulturen hingegen sei in den letzten drei Jahren fast nichts bewilligt worden, so dass man sich genötigt gesehen habe, die Thätigkeit in den Forsten nahezu ganz einzustellen. Nach allem diesem sei nichts mehr zu wünschen gewesen, als dass die Abholzung in dem gegenwärtigen Jahre möglichst eingeschränkt werde. Und nun sollten wiederum ausserordentliche Hauungen vorgenommen werden! Mehr als 7000 Thaler

¹⁾ Exekutivkommission an das Kammerkollegium, 5. Februar 1807.

könnten durch dieselben keinenfalls aufkommen. Die in den verschiedenen Ämtern abgehaltenen Holzversteigerungen ergäben zur Genüge, wie wenig Kauflustige vorhanden und wie sehr die Holzpreise heruntergegangen seien. Die Ursache dafür habe man in dem allgemeinen Geldmangel zu suchen, infolgedessen sich jedermann scheue etwas zu unternehmen.

Der lauenburgische Oberforstmeister von Düring berichtete an dem gleichen Tage wie sein hoyascher Kollege, es sei nur zu bekannt, wie sehr die Forsten in den vergangenen Jahren gelitten hätten. Ganze Distrikte, wie im Amte Neuhaus die Craatz, im Amte Bleckede das Bleckeder Holz, seien vollständig abgetrieben. In vielen Ämtern könne überhaupt kein Holz mehr geschlagen werden, andere könnten nur ein Geringes liefern. Von schwerwiegendem Einflusse sei auch die Verschlechterung der Absatzverhältnisse. Früher, zur Zeit der ersten Okkupation, hätten die lauenburgischen Forstbehörden fast alles gefällte Holz nach Lübeck verkauft. Seien doch die lauenburgischen Ämter die einzigen (?) gewesen, welche den Bedarf des Lübecker Holzmarktes gedeckt hätten. Dies habe sich aber seit November 1806 geändert. Lübeck habe enorme Geldsummen verloren, sein Handel liege danieder, die dortigen Fabriken und Gewerbe seien grossenteils ins Stocken geraten, und die Armut nehme mehr und mehr in der Stadt an der Trave überhand. Obendrein sei nun auch Mecklenburg durch die Kriegsdrangsale genötigt worden, zu thun, was man in Lauenburg schon seit vier Jahren ohne alle Rücksichten notgedrungen gethan habe: nämlich die Forsten anzugreifen. Die Holzvorräte in Lübeck hätten sich auf diese Weise derart angehäuft, dass beinahe alle Stapelplätze damit überfüllt seien. Natürlich werde dem lauenburgischen Holzhandel dadurch der grösste Schade verursacht, und es sei schon mehrfach der Fall eingetreten, dass die angesetzten Holzverkäufe aus Mangel an Käufern nicht zu stande gekommen seien. Unter solchen Umständen könne er aus den ihm untergebenen lüneburgischen Ämtern nicht mehr als 8000, aus den lauenburgischen 6—7000 Thaler versprechen.

Der Oberforstmeister von Zastrow zu Stade klagte in seinem Berichte vom 1. März 1807 ebenfalls über schlechte Handelskonjunkturen. Die Sperrung der Ströme, führte er darüber aus, gestatte die Ausfuhr des Schiffsbauholzes nicht. Daher lägen allerwärts an den Ufern der Ströme grosse Vorräte von Schiffsbauholz (!), für die sich keine Käufer gefunden hätten. Auch seien die Preise sehr herabgegangen, so dass man, um die benötigten Gelder herbeizuschaffen, die Forsten weit stärker als sonst angreifen müsse. Die äusserste Summe, welche durch ausserordentliche Hauungen in den bremischen

Forsten beschafft werden könne, belaufe sich auf 5000 ℳ. Ähnlich lauteten die Berichte der Oberforstmeister zu Hannover und Celle. Das calenbergische Oberforstamt erklärte, man vermöge höchstens 6000 ℳ aufzubringen und auch dies nicht ohne die Forsten merklich zu schädigen, welche so wie so schon seit beinahe vier Jahren durch wiederholte ausserordentliche Hauungen und beträchtliche Lieferungen von Nutz- und Brennholz für die französische Artillerie, für die Festungen Hameln, Nienburg und die Stadt Hannover, desgleichen für Lager, Vorposten, Wachen und Wäscherinnen sehr heruntergekommen seien. Weiter ging noch das lüneburgische Forstamt in seiner Antwort; es behauptete kurzab, in seinen Waldbeständen könne ein extraordinärer Holzhieb ohne den grössten Nachteil überhaupt nicht stattfinden.

Das Kammerkollegium, von dem Bestreben erfüllt, die Vornahme des Holzschlages möglichst hinauszuschieben, legte die Berichte der Oberforstmeister vorläufig ad acta. Erst als Belleville Anfang April 1807 seinen Unwillen darüber zu erkennen gab, dass noch nichts geschehen sei, reichte das Kollegium am 14. April ein Memoire ein, in dem die alten Einwände gegen den Holzhieb wiederholt waren. Bei dem rapiden Sinken der Holzpreise, versicherte die hannoversche Behörde, würde die Vornahme ausserordentlicher Hauungen höchstens 50 000—60 000 ℳ einbringen. In den Jahren 1801 und 1802 habe der Preis für ein Klafter Holz in Hamburg und Lübeck noch 9—10 ℳ betragen. Zur Zeit der ersten französischen Okkupation sei er auf 4—5 ℳ herabgegangen, und gegenwärtig könne man sich Glück wünschen, wenn man nur 3 ℳ erhalte[1]). Die Kaufleute aber seien bei dem allerwärts herrschenden grossen Geldmangel und dem Verfall des Handels so wenig in der Lage, von den niedrigen Holzpreisen zu profitieren[2]), dass sie nicht einmal ihre aufgehäuften Vorräte loszuwerden ver-

---

[1]) Ob diese Angaben der Wahrheit gemäss sind, erscheint mindestens zweifelhaft. Mir liegt ein Verzeichnis der Holzpreise der Flossholzanstalt zu Hannover (vgl. über dieselbe Guthe, Die Lande Braunschweig und Hannover S. 399) vom Jahre 1801—1809 vor. Danach betrug der Preis für das Klafter:

1800	3 ℳ 3 mgr	1801	3 ℳ 12 mgr
1802	3 . 12 .	1803	3 . 12 .
1804	3 . 15 .	1805	3 . 25 .
1806	3 . 12 .	1807	3 . 15 .
1808	3 . 18 .	1809	3 . 18 .

Somit hätte ein Sinken der Holzpreise überhaupt nicht stattgefunden. Der hohe Preis im Jahre 1805 erklärt sich daraus, dass Bernadotte in demselben zu Gunsten milder Stiftungen eine Abgabe von 10 mgr auf jedes Klafter Flossholz gelegt hatte.

[2]) Dies war wiederum nicht wahrheitsgemäss. Vgl. Mierzinsky S. 56 f.

möchten. Zum Schlusse versprach die Kammer, sie wolle zunächst einen geeigneten Agenten zur Abschliessung von Holzverkäufen nach Hamburg und Lübeck schicken und 'alles aufbieten, um die eingangs erwähnte Summe von 50 000—60 000 Thalern durch ausserordentliche Hauungen aus den Forsten herauszuschlagen.

Belleville, der von dem in Aussicht genommenen Holzhiebe eine Einnahme von zwei Millionen Francs erwartete [1]), war begreiflicherweise mit dem Angebot der Kammer nicht zufrieden. Umgehend (15. April) erteilte er ihr den strengen Befehl, ohne Rücksicht auf forstwirtschaftliche Grundsätze alles Holz in den privativen herrschaftlichen Forsten fällen zu lassen, wozu sich Käufer finden würden, die den Kaufpreis sofort zu erlegen geneigt wären [2]). Dieser Befehl ward indessen nicht ausgeführt. Wir erinnern uns, dass die Stände dem Intendanten eine Million Francs in Wechseln überlieferten, um den ausserordentlichen Holzhieb abzukaufen [3]). In der That dürfte Belleville von demselben eine Zeitlang Abstand genommen haben. Erst am 24. November 1807 hören wir wieder von dem ausserordentlichen Holzschlage. Unter diesem Datum schrieb die Kammer an die Gouvernementskommission, der Intendant verlange, dass die seit längerer Zeit geplante Hauung mindestens 500 000 Fr. einbringe [4]).

Jetzt griff das Kammerkollegium auf den Plan zurück, einen Unterhändler in der Person des Kommerzrats Baring „mobil zu machen, damit die soupçons de mauvaise volonté verschwänden, und man die Sache hinhalte" (!). Zuerst sollte Baring die hannoverschen Forstämter bereisen und die Waldbestände untersuchen, demnächst sollte er sich nach den Hansestädten begeben, um dort Holzverkäufe ins Werk zu setzen. Am 27. November berichtete der Kommerzrat aus Schwarzenbeck im Lauenburgischen, der erste Gegenstand seiner Untersuchungen sei der gewesen, ob nicht die ordinären Hauungen einen solchen

---

[1]) Vgl. S. 199.

[2]) Am 14. April teilte die Exekutivkommission der Kammer mit, Belleville habe ihr am vorhergehenden Tage eröffnet, „que Mr. l'Intendant général connait bien les difficultés qui naissent de la rareté du numéraire, mais qu'il ne peut douter qu'à des prix très bas on trouverait toujours des acheteurs; qu'il ne s'agit pas d'économiser ou de ménager les forêts, mais d'avoir des ressources extraordinaires en les sacrifiant; que le Gouvernement français ne voulait frapper que les bois de l'Électeur et qu'ainsi on ménagerait ceux des communes; qu'il ne suffisait pas d'assurer, qu'on n'avait pas trouvé des acheteurs, mais de montrer les moyens qu'on avait employés à s'en procurer et à engager les entrepreneurs à acheter des bois ou à faire des avances à cet effet."

[3]) Vgl. S. 203, 213 und Aktenstücke der provisorischen oder ersten allgemeinen Ständeversammlung des Königreichs Hannover IV, 115 f.

[4]) Vgl. S. 223.

Überschuss abwerfen würden, dass mittelst ihrer und der Masteinkünfte bereits ein Teil der „coupe extraordinaire" eingehe. Leider hätten seine Nachforschungen ergeben, dass hierauf nicht zu hoffen sei; vielmehr erleide der ordinäre Forstetat bereits einen Ausfall von 26 000 ℳ, welcher mit den Masteinkünften und anderen Nebeneinnahmen gedeckt werden müsse. Mithin könnten die verlangten 500 000 Fr. nur durch ausserordentliche Hauungen aufgebracht werden. Zu dem Ende würden in erster Linie die Forsten des lauenburgischen Departements heranzuziehen sein, sowohl ihrer Beträchtlichkeit wegen, als weil sich dort am ersten auf kaufmännischen Absatz rechnen lasse. Calenberg vermöge 10 000 ℳ zu liefern, Lüneburg 15 000 ℳ, Hoya 5000 ℳ und Bremen-Verden 6000 ℳ; das andere müsse bis auf 13 000 ℳ, die man durch ältere Ersparungen erübrigt habe, von dem Lauenburgschen aufgebracht werden.

Das Kammerkollegium erliess demgemäss die Befehle an die Oberforstämter. Die Subrepartition auf die verschiedenen Ämter ward dem Ermessen der Oberforstmeister anheimgestellt. Im Januar 1808 konnte die Kammer die ersten 250 000 Fr. an den französischen Receveur abliefern. Die zweite Hälfte der geforderten Summe folgte im Februar.

Anfang März 1809 ward von dem Generalintendanten Villemanzy eine neue ausserordentliche Hauung in den Domanialforsten, soweit sie nicht in die Dotationen einbegriffen waren, angeordnet. Der Ertrag dieses Holzschlages, welcher auf 200 000 Fr. angesetzt war, sollte lediglich zu der Unterhaltung der französischen Armee dienen. Der Domänendirektor D'Aubignose teilte der Kammer am 8. März mit, da der Hauptabsatz des hannoverschen Holzes nach den Hansestädten gehe, so beabsichtige er, in der Person des Domanialagenten Laurent einen Unterhändler dahin abzusenden, um mit den Holzhändlern Verkäufe im Grossen abzuschliessen.

Dem Kammerkollegium konnte nichts unerwünschter kommen, als eine solche französische Einmischung. Es beeilte sich daher, Vorstellungen gegen die Mission Laurents zu erheben. Noch niemals, behauptete die Kammer, sei es gelungen, mit grossen Handelshäusern bedeutende Kontrakte abzuschliessen, vielmehr habe ein jeder solcher Versuch nur den Nachteil gehabt, den „diesseitigen durch die Forstbedienten und Beamten eingeleiteten Händeln" zu schaden [1]). D'Aubignose verzichtete darauf auf die Entsendung eines Unterhändlers unter der Bedingung, dass die Kammer geeignete Massregeln

---

[1]) Kammerkollegium an D'Aubignose, 9. März 1809.

ergreife, um die 200000 Fr. in aller Kürze durch Holzschläge herbeizuschaffen. Die Kammer versprach denn auch, dass bis Ende April die geforderte Summe eingehen sollte und nahm die Repartition der Hauungen auf das schleunigste vor. Danach entfielen auf die Provinzen Calenberg und Lüneburg je 6000, auf Hoya und Bremen je 3000 und auf Lauenburg 26000 ℳ. Die starke Belastung des lauenburgischen Departements wurde damit gerechtfertigt, dass dort noch am ersten auf Absatz nach den Hansestädten zu rechnen sei. Am schwersten ward das Amt Schwarzenbeck betroffen, welches allein 11000 ℳ aufzubringen hatte. Die Oberforstmeister wurden von der Kammer am 9. März angewiesen, die Subrepartition auf die Forstreviere in aller Eile vorzunehmen und dafür zu sorgen, dass der Erlös aus den Hauungen baldigst eingehe. Gleichwohl musste der französische Domänendirektor sich am 10. Mai darüber beschweren, dass noch mehr als 150000 Fr. rückständig seien. Die Kammer entschuldigte die Forstbeamten damit, dass es sehr schwer halte, von den Käufern, welche durchweg Landesunterthanen seien, die Kaufgelder einzuziehen. Sie werde jedoch alles aufbieten, um die rückständigen Gelder einzutreiben. In der That sind dieselben noch im Laufe des Mai an den französischen Einnehmer abgeliefert worden.

Dass solche ausserordentlichen Holzschläge den landesherrlichen Forsten argen Schaden zufügen mussten, liegt auf der Hand. Man hatte sich in Hannover erst in der zweiten Hälfte des achtzehnten Jahrhunderts zu einem rationellen Betriebe der Forstwirtschaft aufgeschwungen; jetzt, wo man sich genötigt sah, ohne Rücksicht auf forstmässige Grundsätze einem Raubsystem zu huldigen, ward wieder zu Grunde gerichtet, was die vergangenen Jahre geschaffen, und grosse Verwirrung im Forstwesen herbeigeführt. Es hat später lange Zeit gedauert, bis die angerichteten Schäden wett gemacht worden sind.

Ein Glück im Unglück war es, dass die hannoverschen Forsten nicht an die Donatäre vergeben wurden. Eine solche Verschenkung würde ohne Frage die völlige Vernichtung der Waldungen zur Folge gehabt haben. Dies scheint auch der Generalintendant Daru gefühlt zu haben, wenigstens wies er den Inspecteur Boiteux unter dem 4. April 1808 an, die Forsten nicht zu der Zusammensetzung der Dotationslose zu verwenden, da ihre Ausbeutung besser der Staatsverwaltung vorbehalten bleibe [1]). Im Jahre 1809 musste freilich ein grosser Teil der Forsten mangels anderer Objekte zu den Dotationen herangezogen werden. Die Donatäre sind

---

[1]) Vgl. S. 315.

jedoch nicht mehr in den Besitz derselben gelangt; denn die westfälische Regierung beeilte sich nach der Erwerbung Hannovers, die Forsten und überhaupt die Dotationen der vierten und fünften Klasse zurückzukaufen.

In der inneren Verwaltung der hannoverschen Forsten ist in den Jahren 1807—1810 eine erhebliche Veränderung nicht eingetreten. Sie verblieb in den Händen des Kammerkollegiums, der Oberforstmeister und des übrigen Forstpersonals. Die Besoldung der Forstbeamten erfolgte, wie uns bekannt ist, im Jahre 1809 aus den ordinären Einkünften der Forstverwaltung. Vorher dürften die Gehälter des Forstpersonals, bis etwa auf die der Oberforstmeister, aus den Amtskassen bestritten worden sein, in welche die Forsteinkünfte durchgehends flossen. Die Forstbeamten befanden sich somit während der zweiten französischen Okkupation in leidlich günstiger Situation: in einer weit besseren, als die meisten anderen Beamtenkategorien. Schlimm war es dagegen um die Vornahme von Forstkulturen, Meliorationen etc. bestellt, namentlich seit dem Jahre 1809. Für Arbeiten, die nicht von unmittelbarer Notwendigkeit waren, oder doch der französischen Armee zu gute kamen, haben die französischen Behörden kaum jemals die erforderlichen Geldsummen bewilligt. So mussten in dem gedachten Jahre alle Neuaufforstungen und Kulturarbeiten aus Mangel an Fonds eingestellt werden. Den Forsten gereichte dies, wie aus mehreren Oberforstämtern übereinstimmend versichert wird, zum grössten Nachteile.

Es darf nicht unerwähnt bleiben, dass die französischen Behörden gegen das Ende der zweiten Okkupation dem Gedanken näher getreten sind, das hannoversche Forstwesen von Grund aus neu zu organisieren. Zu Beginn des Jahres 1810 übersandte Villemanzy dem Domänendirektor D'Aubignose den Entwurf zu einem Reglement über die Forstverwaltung. In demselben ward vor allem die Einsetzung einer eigenen Centraldirektion für das Forstwesen in Aussicht genommen, statt dass dieses bislang nur ein stiefmütterlich behandeltes Anhängsel der Domanialverwaltung gewesen war. An der Spitze der Direktion sollte ein Generaldirektor stehen, unter ihm ein Generalkonservator und mehrere Generalinspektoren, eine Reihe von Konservatoren und Inspektoren u. s. w. Das Forstwesen sollte also ganz nach französischem Muster eingerichtet werden.

D'Aubignose gab der Kammer und dem Regierungskollegium anheim, eine Kommission niederzusetzen, um das Projekt zu prüfen. Demgemäss traten die beiden Oberforstmeister von Malortie und von Monroy und der Geheime Kanzleisekretär Hofrat Rehberg zu Beratungen zusammen. Am 12. Februar 1810 reichten sie ein ausführliches Gutachten über die geplante Reform ein. Es war darin unumwunden eingeräumt, dass die Einsetzung einer eigenen Centraldirektion nur vorteilhaft für das Forstwesen sein könne. Dennoch fand das Projekt vor den Augen der hannoverschen Beamten keine Gnade. Sie schützten gegen dasselbe vor, es greife vielfach in die Rechte der Kommunen und Unterthanen und die Funktionen der verschiedenen Verwaltungs- und Gerichtsbehörden ein, und schliesse mithin in mehrfacher Beziehung eine Verfassungsänderung in sich, während doch der Kaiser die Aufrechterhaltung der Landesverfassung zugesagt habe. Wir sehen, die Hannoveraner wollten keinerlei Reform, welche vom Feinde ausging, mochten die Vorzüge derselben auch noch so einleuchtend sein. Die Vereinigung von ganz Hannover mit dem Königreich Westfalen, welche wenige Tage später erfolgte, machte es übrigens den Franzosen unmöglich, jenen Plan weiter zu verfolgen.

Besser als die Forsten, denen ausserordentliche Hauungen nicht erspart blieben, kamen die Bergwerke des Harzes weg. Der Harzer Bergbau warf bekanntlich zu Ende des achtzehnten Jahrhunderts keine Überschüsse ab[1]) und ward von der hannoverschen Regierung weniger aus finanziellen als aus socialpolitischen Gründen fortgeführt. Die Franzosen hätten hier durch Einführung eines auf grosse Erträge abzielenden Raubbaues ungeheuren Schaden stiften können. Dass dies nicht geschah, ist lediglich dem französischen Ingénieur des mines de Villefosse, späterem Generalinspektor der Bergwerke in Frankreich, zu danken. Villefosse war bereits Anno 1803 im Auftrage der französischen Regierung nach dem Harz gekommen, um die dortigen Bergwerke zu inspizieren. Er hatte sich damals durch den Geheimen Kammerrat und Berghauptmann von Meding überzeugen lassen[2]), dass der Harzer Bergbau nur bei einem mässigen Betriebe und bei Verzichtleistung auf bedeutende Überschüsse gedeihen könne. „Mit dieser Überzeugung und durchdrungen von wahrer, enthusiastischer Liebe zum Harz, widersetzte er sich mit eben so grosser Kühnheit als Gewandtheit den oft wiederholten dringenden Anforderungen der französischen Zwingherrschaft, die anfangs den Harz für eine Goldgrube hielt, und welche es nicht begreifen konnte, dass das Hauptmotiv der dortigen grossen technischen Anstalten darin bestehe, den Bewohnern des Gebirges Unterhalt zu verschaffen"[3]).

---

[1]) Vgl. S. 16.
[2]) Vgl. S. 69.
[3]) Worte des bekannten Göttinger Mineralogen Hausmann in einem Villefosse gewidmeten warmen Nachrufe. Abhandlungen der Königlichen Gesellschaft der

Die Bemühungen Villefosses waren von Erfolg gekrönt; die französische Regierung nahm von der ursprünglich beabsichtigten forcierten Ausbeutung der Bergwerke Abstand. Eine in Clausthal auf Villefosses Veranlassung geprägte Denkmünze auf Napoleon durfte mit Fug den dem Harzer Bergbau durch den französischen Kaiser gewährten Schutz rühmen[1]).

Bei Beginn der zweiten französischen Okkupation ward Villefosse als Generalinspektor der Bergwerke in sämtlichen damals von Napoleon eroberten deutschen Ländern abermals nach Deutschland gesandt. Er nahm seinen Wohnsitz wiederum im Harz[2]) und blieb hier bis zu der Einverleibung desselben in das westfälische Reich. Mit dieser hörte der Harzer Bergbau auf ein Zweig der hannoverschen Staatsverwaltung zu sein.

Wir wenden uns jetzt zu der Postverwaltung. Auch in ihr ward den hannoverschen Behörden grosse Freiheit gelassen. Mierzinsky berichtet darüber, auf den Vorschlag des Hofrats Rehberg sei ihm (Mierzinsky) von D'Aubignose im Jahre 1809 die Verifikation des Postwesens übertragen worden. Man habe hannoverscherseits damit insbesondere beabsichtigt, „einer künftigen Untersuchung der Briefe vorbeugen, oder, wenn solche ja stattfinden müsste, sie in guten Händen zu wissen". In der That habe man erreicht, dass die Franzosen von jeder anderen Controle des Postwesens abgesehen hätten. Auch in dem bewegten Jahre 1809, wo es nahe daran gewesen sei, dass er „mit Hülfe eines von Kassel zu requirierenden Individuums eine Untersuchung aller von nordwärts ins Land kommenden Briefe" habe etablieren sollen, habe der Hinweis auf den guten Charakter der Einwohner genügt, um die französischen Behörden in Hannover von der Untersuchung abzubringen[3]).

Beruht diese Erzählung auf Wahrheit — und die Akten bieten keine Veranlassung daran zu zweifeln — so hat Mierzinsky im Bunde mit den hannoverschen Behörden D'Aubignose, seinen unmittelbaren Vorgesetzten, direkt hintergangen. Denn ein Teil der Postüberschüsse ist nicht an die französischen Kassen abgeliefert, sondern von den hannoverschen Behörden insgeheim zur Auszahlung rückständiger Besoldungen und Pensionen, zu gewissen Douceurs etc. verwandt worden[4]). Doch kann es sich hierbei nicht um erhebliche

Wissenschaften Bd. V, Vorrede S. V, Anm. Hausmann war von 1803—1805 Bergamtsauditor in Clausthal.

[1]) Das.
[2]) Das.
[3]) Mierzinsky S. 55 f., 63.
[4]) Diese Postüberschussgelder rührten grossenteils von dem Postmeister Johanns zu Hamburg her. Dieser spielte bei der Vermittelung des Verkehrs und

Summen gehandelt haben. Nach dem für das Jahr 1809 aufgestellten Budget der Postverwaltung betrug die Einnahme und Ausgabe der verschiedenen Postämter:

	Einnahme.	Ausgabe.
Hannover	43 000 ₰	37 290 ₰
Hamburg [1])	92 300 "	66 492 "
Harburg	10 315 "	14 290 "
Lüneburg	14 619 "	10 741 "
Nienburg	11 388 "	20 328 "
Bremen	15 506 "	14 750 "
Stade	11 503 "	9 708 "
Celle	15 209 "	18 045 "
Ratzeburg	7 650 "	9 485 "
Dannenberg	5 273 "	3 381 "
Ülzen	1 432 "	1 072 "
Bodenwerder	300 "	287 "
Sa.	228 495 ₰	205 869 ₰.

Demnach beliefen die Postüberschüsse sich auf nicht mehr als 22 626 ₰. Gegen früher hatten sich die Einkünfte aus dem Postwesen beträchtlich vermindert. Ein Promemoria des Postdirektors von Hinüber vom 14. December 1809 führt den Ausfall darauf zurück, dass die Postämter Osnabrück, Münden, Göttingen, Northeim, Einbeck, Osterode und Clausthal verloren gegangen seien, und dass Wohlstand und Handel im nördlichen Deutschland überall mit jedem Tage mehr abnähmen. Eine beträchtliche Einbusse entstand nach Hinüber auch durch den fast gänzlichen Fortfall der Versendungen zwischen Holland und Hamburg. Die Schuld an demselben misst der hannoversche Postdirektor den westfälischen und grossherzoglich bergischen Posten bei, welche im Osnabrückschen und Bergischen so hohe Taxen forderten, „dass die Versendungen besonders des baren Geldes ganz aufhören müssen, weil niemand dabei weiter seine Rechnung finden kann".

Gingen die Einnahmen des hannoverschen Postwesens stark herab, so haben die Ausgaben sich umgekehrt eher erhöht. Dazu trug namentlich die unentgeltliche Beförderung der offiziellen

---

namentlich der Korrespondenz nach und von England eine grosse Rolle. Im Jahre 1815 wurde ihm „für seinen bewiesenen patriotischen Eifer" eine Gratifikation von 1200 ₰ zu teil.

[1]) Danach kann es nicht zutreffen, dass bei der Einrichtung der grossherzoglich bergischen Postämter in Hamburg im Jahre 1807 das dortige hannoversche Postamt aufgehoben sei, wie man nach Stephan, Geschichte der Preussischen Post (S. 355) annehmen müsste.

französischen Korrespondenz bei [1]). Die ordinären Ausgaben der Postverwaltung wurden in der Weise berichtigt, dass ein jedes Postamt einige Wochen nach Quartalschluss ein Verzeichnis seiner Ausgaben an das Regierungskollegium einsandte. Dieses wies alsdann den Betrag derselben selbständig auf die Postkassen an. Eine Einmischung D'Aubignoses fand hierbei nicht statt. Der Domänendirektor hielt die Beaufsichtigung des Postwesens durch Mierzinsky offenbar für hinreichend.

Wenig erfreulich stand es während der Fremdherrschaft um den Chaussee- und Wegebau [2]). Das Strassenwesen lag damals im Hannoverschen überhaupt noch sehr im Argen. Hatte man doch erst nach dem siebenjährigen Kriege mit dem Bau von Kunststrassen begonnen. Noch zu Anfang des neunzehnten Jahrhunderts bestand die grosse Mehrzahl der hannoverschen Land- und Heerstrassen aus „natürlichen" Wegen. Darunter befanden sich mehrere wichtige Poststrassen, z. B. die Strasse von Nienburg über Hoya nach Bremen, von Minden über Leese und Nienburg nach Hamburg, von Hannover über Peine nach Braunschweig u. s. w. Auch die wenigen von der Regierung angelegten Chausseen waren nur zum kleineren Teil wirklich chaussiert. Die Arbeiten an den öffentlichen Strassen erfolgten nicht durch Lohnarbeiter und Lohnfuhren, sondern auf dem Wege öffentlicher Frohnden, indem die Regierungskollegien in den Kommunen, durch deren Distrikt die betreffenden Strassen führten, Hand- und Spanndienste ausschrieben. Im Calenbergischen war der Vollmeier gehalten, jährlich im Maximum sechs, der Halbmeier drei, der Viertelmeier anderthalb Tage mit dem Spann zu dienen, ebenso der Vollkötner sechs Tage, der Beibauer drei Tage mit der Hand. In der Provinz Lüneburg galten die gleichen Ansätze, nur stand es hier dem Unterthanen frei, die Dienste in natura zu leisten oder sie mit 6 bzw. 3 *mgr* pro Tag abzukaufen. Reichten die gewöhnlichen Dienste nicht aus, so schrieb die Regierung wohl die sogenannte Landfolge für eine gewisse Zeit aus, wodurch auch die Dienstpflichtigen der benachbarten Ämter und Gerichte herangezogen wurden. Ein Entgelt wurde den Dienstpflichtigen nicht oder doch nur in geringer Höhe zu teil; dagegen waren sie grossenteils von der Entrichtung des üblichen Chausseegeldes entbunden [3]).

[1]) Vgl. Mierzinsky S. 56.
[2]) Über die hannoverschen Chausseen vgl. Schlözers Briefwechsel IV, 323 ff., (Petri), Aus deutscher Kulturgeschichte S. 168 ff. und das einleitende Kapitel S. 26.
[3]) Nach Akten aus der westfälischen Zeit.

Unter solchen Umständen erforderte der Chausseebau in Hannover nur geringe Summen. Zum Neubau wurden von der Regierung seit 1765 jährlich 12 000 ℳ aus der Kammerkasse angewiesen. An anderweitigen Zuschüssen empfing die Wegebau-Intendanz, der die Leitung des Wegebaues in den Provinzen Calenberg-Grubenhagen, Hoya-Diepholz und Lüneburg zustand, aus landesherrlichen und ständischen Kassen alles in allem 13 300 ℳ. In den übrigen Provinzen des hannoverschen Staatswesens dürften die zum Chausseebau bestimmten Fonds sehr geringfügig gewesen sein, denn dort befanden die Strassen sich in der denkbar schlechtesten Verfassung. An eigenen Einnahmen besass die hannoversche Wegebauverwaltung die Chaussee- und Weggelder, deren Ertrag in den États de consistance auf 30 379 ℳ angegeben wird. Die gesamte Einnahme der Wegebauverwaltung stellte sich demnach auf 55 000 bis etwa 60 000 Thaler. Die Ausgaben für die Unterhaltung der Chausseen in den der Wegebau-Intendanz unterstehenden Provinzen[1]) werden im Jahre 1809 auf 35 200 ℳ angegeben. Davon entfielen auf Calenberg 12 354 ℳ 12 mgr, auf Hoya und Diepholz 2483 ℳ 6 mgr und auf Lüneburg 8746 ℳ 18 mgr; den Rest bildeten allgemeine Verwaltungskosten.

Mit dem Eintritt der französischen Invasion zeigt sich in der Wegebauverwaltung dieselbe Erscheinung wie bei dem Postwesen, nur in verstärktem Masse: die Einnahmen verringerten sich, die Ausgaben wuchsen. Seit dem Jahre 1807 hörten die Zuschüsse aus den landesherrlichen und ständischen Kassen fast gänzlich auf. Im Jahre 1808 hat keine einzige Landeskasse ausser der Kammerkasse einen Zuschuss geleistet, und auch diese nur die bescheidene Summe von 1352 ℳ. In einem Berichte des Regierungskollegiums zu Hannover an die Gouvernementskommission vom 18. November 1808 wird angeführt, der Rückstand der ordinären Zuschüsse, welche sonst aus öffentlichen Fonds behufs der Unterhaltung der Chausseen verwandt seien, betrage seit dem Jahre 1803 bereits 90 000 ℳ. Auch der Ertrag der Weggelder verminderte sich entsprechend der Abnahme von Handel und Wandel immer mehr. Nach einem Promemoria des Referenten in Wegebausachen im Regierungskollegium, des Geheimen Kanzleisekretärs Heyne, vom 5. April 1810 belief sich derselbe in den Jahren 1808 und 1809 auf wenig über 17 000 ℳ. Eine Zeit lang stand sogar zu befürchten, dass die französischen Behörden die Weggelder durch Aufnahme in die

---

[1]) Für die übrigen Provinzen fehlen die Angaben. Nach dem von Belleville aufgestellten Budget betrugen die Ausgaben für die Unterhaltung der Brücken, Chausseen (und Deiche) 238 635 Fr. oder 53 030 ℳ. Vgl. S. 256.

Dotationen ihrem eigentlichen Zwecke ganz entziehen würden [1]). Ward dies nun auch durch die Überweisung der Weg- und Brückengelder an die Regalverwaltung im Jahre 1809 verhindert, so reichten doch die der Wegebauverwaltung zu Gebote stehenden Mittel in keiner Weise zu der Instandhaltung der Strassen hin, um so weniger als die unaufhörlichen Truppendurchzüge und Militärtransporte immer neue Verwüstungen auf den Heerstrassen anrichteten. Von den hannoverschen Behörden wird vielfach über den Verfall der Chausseen und Strassen geklagt. So heisst es in einem Berichte des Regierungskollegiums aus dem November 1808, man habe aus Mangel an Mitteln dem grösseren oder minderen Verfall der Chausseen nicht Einhalt thun können. Ende 1809 wird von der gleichen Behörde vorgestellt, die Strassen seien in äusserst schlechter Beschaffenheit und müssten dem gänzlichen Ruin anheimfallen, wenn nicht in Bälde beträchtliche Summen zu ihrer Ausbesserung angewiesen würden. Auch die französische Generalität äusserte sich wiederholt unzufrieden über den üblen Zustand der Heerstrassen.

Bei keinem Zweige der hannoverschen Verwaltung ist in den Jahren 1807—10 eine grössere Abnahme der Einnahme zu konstatieren als bei dem Zollwesen. Dies gilt von dem Ertrage sowohl der Wasser- oder Flusszölle als auch der Landzölle. Die Ursache für diesen Niedergang ist in der Kontinentalsperre und dem durch dieselbe herbeigeführten Verfall von Handel und Gewerbe zu suchen. Am wenigsten scheinen unter der Ungunst der Verhältnisse noch die Elbzölle oberhalb Hamburgs zu Lauenburg, Bleckede, Hitzacker und Schnackenburg gelitten zu haben. Die drei letztgenannten Zollämter haben im Rechnungsjahr vom 1. Mai 1807 bis dahin 1808 eingetragen:

Bleckede .... 21 861 ₰
Hitzacker .... 22 303 ,
Schnackenburg .... 19 088 ,

Diese Summen weichen nur unbedeutend von den zu Ende des achtzehnten Jahrhunderts erzielten Zollintraden ab. Man darf daraus unbedenklich schliessen, dass die Binnenschiffahrt auf der Elbe sich wenigstens in den ersten anderthalb Jahren der zweiten französischen Okkupation auf der alten Höhe behauptet hat. Ganz anders stand es mit dem unterhalb Hamburgs zu Brunshausen seit mehr als 700 Jahren erhobenen Elbzolle [2]). In Friedenszeiten hatte unter allen hannoverschen Zollämtern dieses den höchsten Ertrag

---
[1]) Vgl. S. 313.
[2]) Über die Geschichte des Stader oder Brunshäuser Elbzolles vgl. Soetbeer, Des Stader Elbzolles Ursprung, Fortgang und Bestand.

geliefert. In den sieben Jahren vom 1. Mai 1796 bis dahin 1803 hatte es dem Landesherrn im Durchschnitt jährlich 74 498 Banco-Speciesthaler — ca. 100 000 Thaler in Kassenmünze — eingebracht. Der Ertrag würde noch weit höher gewesen sein, wenn die den Hamburger Bürgern gehörigen Schiffsgüter nicht auf Grund alter Privilegien vollständige Befreiung von dem Stader Zolle genossen hätten.

Schon während der Jahre 1803—1805 war die Einnahme des Stader Elbzollamtes sehr gesunken. Sie hatte sich belaufen:

1803—1804 auf 23 230 Banco-Speciesthaler
1804—1805 „ 38 621 „ „
1805—1806 „ 49 903 „ „

Im Jahre 1807 betrug die Einnahme noch 18 005, im Jahre 1808 aber bloss 3580 Speciesthaler oder 4772 ₰ß in Kassenwährung[1]). Wir erkennen aus dieser rapiden Abnahme den gänzlichen Verfall des überseeischen Handels infolge der Kontinentalsperre. Der Domänendirektor D'Aubignosc wollte freilich die Ursache für das Sinken des Stader Zolles nicht sowohl in der Blockade der Elbmündung finden, als vielmehr in den gedachten Privilegien der Hamburger Kaufleute. Er trug sich daher mit der Absicht, dieselben aufzuheben. Zu der Ausführung dieses Planes ist es jedoch nicht gekommen.

Wie weit der Ertrag der hannoverschen Weserzölle bis zum 1. Mai 1808 herabgegangen war, mag man aus der folgenden Zusammenstellung entnehmen. Kolumne I bezeichnet dabei die durchschnittliche Jahreseinnahme während der 10 Jahre vom 1. Mai 1793 bis dahin 1803, Kolumne II die Einnahme vom 1. Mai 1807 bis dahin 1808.

		I	II
1)	Polle	1049 ₰ß	676 ₰ß
2)	Grohnde	1222 „	736 „
3)	Ohsen	1195 „	749 „
4)	Hameln	3919 „	2001 „
5)	Stolzenau	2429 „	1381 „
6)	Landesbergen	2268 „	1312 „
7)	Nienburg	2789 „	1875 „
8)	Hoya	3052 „	1850 „
9)	Intschede[2])	4987 „	3378 „
10)	Dreye[3])	3857 „	2372 „

[1]) Vgl. S. 342.
[2]) Weser-, Aller- und Leinezoll.
[3]) Weser- und Allerzoll.

Auch bei den übrigen Binnenzöllen macht sich ein oft recht bedeutender Rückgang in den Einnahmen bemerklich. Leider fehlt es fast gänzlich an Nachrichten über den Ertrag der Zölle im Jahre 1809, wo die Abnahme sicherlich noch weit grössere Dimensionen annahm.

Dass die Zolllintraden von den französischen Behörden als Domanialobjekt in Besitz genommen waren, haben wir schon früher gesehen. Ob sie wie die Forsten zu den Dotationen des Jahres 1809 verwandt wurden, muss dahingestellt bleiben. Jedenfalls sind sie nach der Erwerbung von ganz Hannover durch das Königreich Westfalen im Jahre 1810 der westfälischen Regierung zurückgegeben worden.

In grossen Verfall geriet endlich auch das Gestütswesen unter der französischen Zwingherrschaft. Es gab im Hannoverschen zwei Gestüte: das Landgestüt zu Celle und das Königliche Gestüt zu Hannover. Das erstere, Anno 1735 gegründet, wurde von dem Kammerkollegium verwaltet und in der Hauptsache durch Zuschüsse aus der Kammerkasse unterhalten. Das Königliche Gestüt war im Jahre 1785 im Anschluss an den Königlichen Marstall eingerichtet worden und stand unter der Direktion des Ober-Hof-Marstallsdepartements. Beide Anstalten wurden in liberalster Weise für die Unterthanen nutzbar gemacht. Die hohe Blüte, deren sich die hannoversche Pferdezucht zu Ende des achtzehnten Jahrhunderts erfreute, ist in erster Linie auf dieselben zurückzuführen. Damals zählte das Celler Gestüt etwa hundert, das andere einige dreissig Hengste. Mit der französischen Invasion im Jahre 1803 trat ein jäher Rückgang ein. Der eigentliche Marstall in Hannover ging sofort ein; wir erinnern uns, dass ein grosser Teil seines Pferdebestandes in das Mecklenburgische und von da nach England geflüchtet, der Rest aber von den Franzosen als willkommene Beute nach Paris geschleppt wurde[1]). In dem Königlichen Gestüte waren gegen Ende 1608 nicht mehr als siebzehn Hengste vorhanden. Das Landgestüt wies in den Jahren 1804 bis 1808 nur noch siebenundzwanzig, in den beiden folgenden Jahren vierundzwanzig Beschäler auf[2]).

Dem verminderten Bestande entsprechend mussten die beiden Gestüte in der Franzosenzeit ihren Wirkungskreis erheblich einschränken. An den Ankauf neuer Hengste konnte nicht gedacht werden; reichten doch die vorhandenen Fonds und Einnahmen kaum zur Bestreitung der laufenden Ausgaben hin. Sehr gefährdet ward die Lage der Gestüte seit von den Domänen im Namen Napoleons

---

[1]) Vgl. S. 81 f., 111.
[2]) Vgl. Festschrift zur Säkularfeier der Königl. Landw. Gesellsch. zu Celle II, 22 f.

Besitz genommen war. Das Königliche Gestüt wurde als Domanialobjekt sogleich von Boiteux für kaiserliches Eigentum erklärt. Das Celler Gestüt entging dem gleichen Schicksale nur dadurch, dass die hannoverschen Behörden es als ein ständisches Institut hinstellten, das mit den Domänen nichts zu thun habe. Diese fromme Lüge hatte aber die unliebsame Folge, dass die bisherigen Zahlungen aus der Kammerkasse untersagt wurden. Die Gouvernementskommission setzte das Landgestüt nun mit einer monatlichen Ausgabe von 166 ₰ 24 mgr auf das Landesbudget. Dies war freilich kaum der dritte Teil der vorher gezahlten Zuschüsse. Es gelang indessen den Bemühungen der Gouvernementskommission und der Gestütsbeamten, das Gestüt vor dem gänzlichen Eingehen zu retten.

Über das Königliche Gestüt zu Hannover berichtete der Domänendirektor D'Aubignosc unter dem 24. März 1809 an den Generalintendanten Villemanzy, es habe früher hundertundfünfzig der ausgesuchtesten Hengste gezählt[1]) und sei bestimmt gewesen, in den landesherrlichen Domänen einen schönen Pferdeschlag zu unterhalten. Dieser Zweck sei aber jetzt, wo Napoleon die Domänen verschenkt habe, hinfällig geworden. Die Beibehaltung des Gestüts würde dem kaiserlichen Domanium nur grosse Kosten verursachen; denn die Einkünfte, grossenteils aus Wiesen und Weiden in der Grafschaft Hoya bestehend, betrügen nur 32 688 Fr. 66, die Ausgaben hingegen 97 110 Fr., sodass jährlich ein Defizit von 64 421 Fr. 34 zu decken sein würde. Er müsse daher zu der Auflösung der Anstalt raten. Damit aber neben dem Interesse des Kaisers auch das der hannoverschen Provinzen nicht zu kurz komme, empfehle er, das Mobiliar des Gestüts zu Hannover mitsamt den siebzehn Hengsten an das Celler Gestüt zu verkaufen und die Beamten des ersteren an das letztere zu versetzen, die Wiesen und Weiden des Königlichen Gestüts aber für die Rechnung Napoleons zu verpachten.

Eine kaiserliche Entscheidung vom 17. Mai 1809 genehmigte die Vorschläge des Domänendirektors. Dieselben sind jedoch nur teilweise zur Ausführung gekommen. Um die Wiesen und Weiden des Gestüts zu Hannover für ihren ursprünglichen Zweck, die Aufzucht der Pferde, zu erhalten, wurden sie gegen ein Pachtgeld von 28 000 Fr. der Gouvernementskommission als der obersten Regalbehörde überlassen. Im December 1809 ward auch das Mobiliar des Königlichen Gestüts, so weit es nicht für das Landgestüt geeignet war, öffentlich versteigert. Die Überführung des übrigen Mobiliars einschliesslich der siebzehn Hengste an das Gestüt zu

---

[1]) D'Aubignosc verwechselt es offenbar mit dem Königlichen Marstalle.

Celle scheint während der zweiten französischen Okkupation nicht mehr ins Werk gesetzt zu sein. Man muss es den hannoverschen Behörden und Beamten lassen, dass sie ihr Möglichstes gethan haben, um die Domänen und die sich daran schliessenden Verwaltungszweige dem drohenden Untergange zu entziehen. Sie hatten damit besseren Erfolg als bei den Verhandlungen mit den französischen Machthabern über die finanziellen Forderungen Napoleons. Dort hatten das Landesdeputations-Kollegium und später die Gouvernementskommission unklugerweise ihren Widerstand gegen die Anordnungen und Befehle der Franzosen allzusehr hervortreten lassen. Nicht als ob die hannoverschen Behörden bei der Administration der einzelnen Verwaltungszweige sich nicht ebenfalls den französischen Autoritäten häufig widersetzt und sie bei jeder möglichen Gelegenheit hintergangen hätten, sie gingen hier aber vorsichtiger zu Werke. Zudem wurden sie durch das sehr verwickelte und den Franzosen nirgends einen klaren Einblick gewährende Verwaltungssystem des Landes unterstützt. Es gab für die Lasalcette, Belleville, Boiteux und D'Aubignosc keine Möglichkeit sich zu vergewissern, ob die Angaben und Berichte der hannoverschen Beamten Wahrheit enthielten oder nicht, und ob darin nicht wichtige Gegenstände mit Stillschweigen übergangen waren. Verräter aber gab es nicht unter den hannoverschen Beamten! So kann es nicht befremden, dass die Franzosen niemals eine vollständige Übersicht alles dessen erlangt haben, was sie als öffentliches Einkommen hätten ansehen und sich zueignen können[1]). Eine ganze Reihe von Einkünften, zumal derjenigen Kassen, welche dem Regierungskollegium unterstanden, ferner eine Anzahl ausstehender Kapitalien u. s. w. sind den Späheraugen der fremden Eindringlinge entgangen. Auf die geheime Verwendung dieser Einkünfte durch die hannoverschen Behörden werden wir bei anderer Gelegenheit einzugehen haben.

---

[1]) (Rehberg), Zur Geschichte des Königreichs Hannover S. 19.

Kapitel III.
Justiz und Polizei.

Was die hannoverschen Minister zur Zeit der ersten französischen Okkupation an den König Georg III. berichteten: dass die französischen Autoritäten sich jeden Eingriffes in die Justizverwaltung sorgfältig enthielten, das gilt auch für die Jahre 1806—1810. Man begnügte sich auf französischer Seite damit anzuordnen, dass die Justiz „im Namen Seiner Majestät des Kaisers von Frankreich, Königs von Italien" verwaltet werden solle[1]), liess aber im übrigen die Rechtspflege und die sie ausübenden Gerichte völlig intakt. So hat auch niemand von den französischen Befehlshabern daran Anstoss genommen, dass die Geschäfte des Justizdepartements durch den Staatsminister von der Wense in Celle besorgt wurden. Die einzige Schranke, die dem Justizdepartement gezogen ward, bestand darin, dass der Generalgouverneur Lasalcette im März 1808 die Vorschrift erliess, „Justizbediente und obrigkeitliche Personen, Beamte und überhaupt mit Verwaltung der Justiz und höheren Polizei beauftragte Offizialen" dürften nur mit seinem Vorwissen und seiner Genehmigung angestellt werden[2]).

Praktische Bedeutung hat diese Verfügung indessen nicht gehabt, da die nachgesuchte Autorisation jedesmal anstandslos erteilt wurde[3]). Auch dass seit Anfang März 1807 die Exekutiv- und nachmals die Gouvernementskommission dem Generalgouverneur wöchentlich einen Bericht über Justiz und Polizei einsenden musste, hat zu einer Einmischung der französischen Behörden in den Gang

---

[1]) Publikandum des Marschalls Mortier vom 12. November 1806.
[2]) Gouvernementskommission an Kammerkollegium 30. März 1808.
[3]) Bei einer solchen Gelegenheit schrieb Lasalcette (20. März 1809) an die Gouvernementskommission: „Constant dans ma confiance en votre manière d'administrer, je ne saurais qu'approuver . . ."

derselben nicht geführt. Nirgends findet sich in den Akten ein Anhalt dafür, dass man sich französischerseits etwa eine Bestätigung gerichtlicher Erkenntnisse angemasst habe. Nur einmal ward von dem Justizdepartement die Vollziehung eines wegen Mordes gefällten Todesurteils aufgeschoben, weil der Verurteilte die Gnade des Kaisers Napoleon angerufen hatte [1]). Sonst scheinen Appellationen an die französischen Machthaber nicht stattgefunden zu haben; jedenfalls ward ihnen nirgend stattgegeben.

Wie der Chef des Justizdepartements hinsichtlich solcher Erkenntnisse verfuhr, bei denen verfassungsmässig die Bestätigung des gesamten Staatsministeriums oder des Landesherrn erforderlich war, z. B. bei den Todesurteilen oder den auf Tortur lautenden Erkenntnissen, ist uns nicht bekannt. Möglich, dass von der Wense sich wie zur Zeit der ersten französischen Okkupation insgeheim der Zustimmung seiner Kollegen versicherte. In mehreren Fällen wurden die Erkenntnisse auch der Göttinger juristischen Fakultät zur Bestätigung vorgelegt. So ward um die Mitte des Jahres 1807 ein von der lauenburgischen Justizkanzlei wider eine Frauensperson und deren Sohn wegen Raubmordes erkanntes Todesurteil von der gedachten Fakultät bestätigt, worauf dasselbe ungesäumt vollstreckt wurde.

Blieb der Wirkungskreis des Justizdepartements somit im wesentlichen unverändert, so erlitten die Geschäfte mehrerer Justizkollegien, namentlich des Ober-Appellationsgerichts zu Celle, infolge der Einverleibung von Göttingen, Grubenhagen und Osnabrück in das Königreich Westfalen eine beträchtliche Einbusse. Anfangs liess die in Kassel niedergesetzte Regentschaft zwar zu, dass die schwebenden Prozesse aus Göttingen und Grubenhagen bei den hannoverschen Gerichten weitergeführt wurden. Aber schon zu Anfang Oktober 1807 erliess jene Behörde eine Verordnung, wonach die Appellationen aus Göttingen, Grubenhagen und Osnabrück hinfort nach dem Ober-Appellationsgericht zu Kassel gehen sollten [2]). Kurze Zeit darauf erfolgte eine zweite Verfügung, nach welcher auch die Civilsachen aus Göttingen und Grubenhagen, welche bisher in erster und zweiter Instanz an die Justizkanzlei oder das Hofgericht zu Hannover gegangen waren, „provisorisch bis zur definitiven Ordnung des Königreichs Westfalen" bei der Provinzialregierung von Niederhessen in Cassel angebracht werden sollten. Ebenso sollten die bisher zur Kompetenz der hannoverschen Justizkanzlei gehörenden Kriminalsachen an das Kriminalgericht zu Kassel gelangen. Zu Beginn des Jahres

---

[1]) Gouvernementskommission an Lasalcette 30. Januar 1808.
[2]) Vgl. die Bekanntmachung der Gouvernementskommission vom 19. Oktober 1807. Hannöversche Anzeigen J. 1807, St. 85.

1808 wurde auch die Fortsetzung der schwebenden Rechtsstreitigkeiten bei den hannoverschen Gerichten verboten und ihre Überweisung an die neueingerichteten westfälischen Tribunale ins Werk gesetzt.

Eine weitere, den Gerichtsbeamten namentlich in materieller Hinsicht empfindliche Einschränkung des Geschäftskreises der Gerichte ward durch die steigende Verarmung der Landeseinwohner, welche eine erhebliche Abnahme der Civilprozesse zur Folge hatte, herbeigeführt. Vor dem Kriege hatte in vielen Gegenden des Kurfürstentums eine wahre Prozesssucht geherrscht. Jetzt aber scheute mancher, der sonst keine Bedenken getragen hätte, um geringer Ursache willen eine Klage anzustrengen, die mit dem Rechtswege verbundenen Kosten. — Gegenüber dem Rückgange der Civilprozesse ist freilich eine starke Zunahme der Kriminalprozesse zu konstatieren. Dies vermochte aber die Gerichtsbeamten nicht für den Ausfall an Sporteln zu entschädigen, welcher mit der Abnahme der Civilprozesse verknüpft war.

Der Ausfall an Sporteln traf die Justizbeamten um so härter, als die Auszahlung ihrer Gehälter seit dem Beginn des Jahres 1807 eingestellt worden war. Zwar hatte Belleville sich bereit finden lassen, für das erste Quartal 1807 die Auszahlung noch einmal zu genehmigen; eine fernere Bewilligung von 10000 ₰ aber, die er am 29. Juli 1807 zu gleichem Zwecke gemacht hatte, war auf das Geheiss des Generalintendanten Daru sogleich wieder zurückgezogen worden[1]). Seither bezogen die Justizbeamten so gut wie nichts. Vergebens verwandte sich der Minister von der Wense wiederholt zu ihren Gunsten bei der Gouvernementskommission und diese wieder bei Belleville und Daru. Auf eine derartige Vorstellung erwiderte Belleville am 29. December 1807 der Kommission, er habe ihr schon mehrfach auseinander gesetzt, dass er nur die Befehle seiner Vorgesetzten befolge und diesen nicht entgegen handeln dürfe. Die Kommission möge darum den Reklamanten mitteilen, dass er gänzlich ausser stande sei, ihre Bitten, so gerecht und dringend sie auch sein möchten, zu erfüllen, und jene auffordern, sich an die höhere Behörde zu wenden.

Einige Zeit darauf (21. April 1808) richtete von der Wense in der That eine Bittschrift an den Generalintendanten Daru. Es hiess darin, die seit einem Jahre andauernde Suspension der Gehälter setze die Gerichtsbeamten in so grosse Verlegenheit, dass allenthalben eine den Geschäften nachteilige Niedergeschlagenheit überhand

---

[1]) Belleville an Exekutivkommission, 12. August 1807.

nehme¹). Ja, mehrere Beamte seien bereits gezwungen worden ihre Stellen aufzugeben, um anderweitig für sich und ihre Familien Subsistenzmittel zu suchen. Andere hätten ihre Zuflucht zu der Advokatur nehmen müssen, obwohl dies den Räten des Appellationsgerichts durch die Verfassung verboten sei. Wenn der Notlage der Justizkollegien nicht bald abgeholfen werde, so stehe deren völlige Auflösung zu befürchten. Dadurch müsse aber die öffentliche Ruhe und Ordnung auf das schwerste gefährdet werden. Selbst die Sicherheit des französischen Militärs könne leicht darunter leiden.

Die Antwort, welche Daru dem Chef des Justizdepartements am 10. Mai aus Berlin übersandte, lautete wenig tröstlich. Den Mitgliedern des Appellationshofes, hiess es darin, sei bekannt, dass die Suspension der Zahlungen für die hannoversche Verwaltung von Napoleon nur darum angeordnet worden sei, weil die Kurlande in der Bezahlung der auferlegten Kontribution so saumselig seien. Es liege nicht in seiner (Darus) Macht, von dieser Massregel einen ganzen Stand auszunehmen, „dessen Einfluss auf die anderen Landeseinwohner den Augenblick beschleunigen könnte, wo die Motive der Suspension nicht mehr existierten". Die Justizkollegien möchten daher ihren Einfluss auf ihre Mitbürger dahin geltend machen, dass Hannover endlich den Verpflichtungen gegen den Kaiser und die französische Armee nachkomme. Erst, wenn dies geschehen sei, versicherte Daru, könne er es auf sich nehmen, bei Napoleon um die nötigen Fonds für die Auszahlung der Gehälter nachzusuchen.

Auch eine erneute Eingabe der Gouvernementskommission an Belleville vom 1. September 1808 blieb erfolglos. Es war in derselben ausgeführt, dass die Gerichtsbeamten, welche fast sämtlich kein Vermögen hätten (?), ohne ihre Besoldungen nicht zu existieren vermöchten. Bereits werde den Justizkollegien ein Rückstand von insgesamt 63 315 ₰ geschuldet, wovon 42 077 ₰ auf die Domanial- und 21 238 ₰ auf die Landeskassen entfielen. Unter solchen Umständen müsse man, so unermüdlich die Beamten auch ihren

¹) Im gleichen Sinne schrieb von der Wense am 7. April an die Gouvernementskommission: „Jetzt, nachdem die Besoldungen schon seit einem ganzen Jahre rückständig sind, nimmt bei dem grössten Teile der Mitglieder und Angehörigen der Gerichte die drückendste Verlegenheit so sehr zu, dass die allgemein herrschende Niedergeschlagenheit selbst den Geschäften nachteilig zu werden anfängt. Sollen diese ihren Fortgang behalten, und soll dadurch Ruhe und Ordnung im Lande auch mit zum besten des fremden Militärs erhalten bleiben, so ist eine Verminderung der gleichfalls durch die immer fortlaufenden unerschwinglichen Auflagen und Einquartierungskosten täglich sich vermehrenden Nahrungssorgen durchaus notwendig."

mühsamen Funktionen nachkämen, doch eine Unterbrechung des Dienstes befürchten.

Jetzt wandte der Chef des Justizdepartements sich direkt an Napoleon. Schon früher, am 28. Mai 1808, hatte er eine Eingabe an den Kaiser gerichtet, welche aber ohne Antwort geblieben war und schwerlich bis zu demselben gedrungen sein dürfte. Nunmehr setzte von der Wense eine Art von Massenpetition ins Werk, indem er unter dem 30. September an sämtliche höhere Justizkollegien die Aufforderung richtete, sie möchten Gesuche um die endliche Wiederauszahlung der Besoldungen abfassen und diese dem Justizdepartement zur weiteren Besorgung anvertrauen. Am 5. Oktober teilte er der Justizkanzlei zu Hannover mit, die Absicht des Justizdepartements gehe dahin, „die noch in dieser Woche eingehenden Gesuche, ohne die fehlenden weiter zu erwarten, mit einer allgemeinen wiederholten dringenden Fürbitte an den Kaiser von Frankreich zu begleiten und dieses auf das geschwindeste nach Erfurt oder Cassel, wohin der Kaiser nach dem Vernehmen am 10. oder 11. d. M. kommen werde, auf sichere Weise zu befördern". Es geschah in der Weise, dass der Ober-Appellationsrat K. von Ompteda den Auftrag erhielt, die Bittschriften dem französischen Kaiser persönlich zu überreichen. Eine schwierige Aufgabe! Napoleon war damals auf der Rückreise von dem Fürstenkongresse zu Erfurt nach Paris begriffen und hielt sich dabei nirgends länger auf, so dass der hannoversche Abgesandte kaum hoffen durfte, eine Audienz zu erlangen. Da über die Reiseroute des Kaisers nichts Näheres bekannt war, begab Ompteda sich zunächst nach Frankfurt a. M., welches jener auf alle Fälle berühren musste. Hier suchte der Ober-Appellationsrat den Fürst-Primas auf, an dem er einen „sehr gnädigen und teilnehmenden Beschützer" fand. Er berichtete darüber am 14. Oktober an von der Wense, er sei von dem Fürst-Primas, der am 12. Oktober abends von Erfurt zurückgekehrt sei, in freundlichster Weise auf den 13. zum Diner eingeladen, hier sehr gnädig empfangen und sogleich in eine Fensterecke geführt worden. Er (Ompteda) habe dem Fürsten die doppelte Bitte vorgetragen, ein „Vorwort bei Napoleon einzulegen" oder ihm doch den Zutritt zu dem Kaiser, sei es in einer Audienz, sei es auf der Passage, zu verschaffen. Der Fürst habe ihn äusserst teilnehmend angehört, sei ungemein tief in das Detail der Sachen eingegangen und habe wiederholt versichert, dass er sich der Hannoveraner annehmen werde. Über den Zeitpunkt, wann der Kaiser ankommen würde, sei noch nichts Sicheres bekannt.

Gleich nachdem Ompteda diesen Bericht hatte abgehen lassen, verbreitete sich in Frankfurt die „positive Nachricht", Napoleon würde am Abend des 15. dort eintreffen, aber nur kurze Zeit bleiben und die Nacht vom 15. auf den 16. in Mainz zubringen. In der That wechselte der französische Kaiser in Frankfurt bloss die Postpferde und richtete dabei einige Worte an den Fürstprimas, ohne den Wagen zu verlassen, fuhr dann aber weiter nach Mainz. Der hannoversche Abgesandte eilte dem Kaiser in einem Mietwagen nach und kam eine kleine Stunde später als jener in Mainz an. In dem kaiserlichen Palast, zu dem Ompteda sich sofort begab — es war 2 Uhr nachts — vernahm er, der Kaiser schlafe mit seinem Gefolge bereits und wolle zwischen 5 und 6 Uhr abreisen. Durch „vieles Bitten und Geldversprechungen" erhielt der Appellationsrat die Erlaubnis, bis dahin in einem Zimmer des Schlosses zu verweilen. Die weiteren Vorgänge geben wir am besten mit den eigenen Worten Omptedas wieder. „Um $^1/_2 5$ Uhr", schreibt er in einem Berichte an den Minister von der Wense vom 17. Oktober, „ward es lebhafter im Palast, und nun suchte ich den General Nansouty — diesem hatte Ompteda ein Schreiben des in Hannover garnisonierenden Generals St. Sulpice zu überbringen — auf, welchem ich auch glücklicherweise begegnete. Er sagte mir, es sei unmöglich bei dem Kaiser vorgelassen zu werden, indessen möchte ich mich auf den Vorplatz zwischen der Antichambre und der Treppe stellen und ihn dann auf seiner Passage anreden. Etwa $^3/_4 6$ erschien das vortretende Cortege des Kaisers. General Nansouty, welcher sich darunter befand, gab mir ein Zeichen, dass der Kaiser nun komme, und gleich darauf erschien er auch wirklich. Ehrerbietig näherte ich mich dem Kaiser, meine Depesche in der Hand. Er blieb stehen, und sein Gefolge (ich war der einzige Mensch auf jenem Platze) in einem halben Kreise um mich herum. Die Vorsehung verlieh mir die Stärke, dass ich ohne die geringste Furcht oder Stottern ihm den Zweck meiner Sendung sagte, ihm das Unglück der hannöverschen Justizbedienten schilderte, mich weiter auf die zu überreichenden Papiere bezog u. s. w. Das Schreiben Ew. Hochwohlgeboren nahm er mir selbst aus der Hand und gab es weiter, die andere Supplique nahm mir einer von der Umgebung aus der Hand. Der Kaiser hörte meinen Vortrag mit völliger Ruhe und Freundlichkeit an und erwiderte hierauf mit einem unbeschreiblich wohlwollenden Tone: „Fort bien". Ich redete noch etwas weiter, dann sagte er: „Je donnerai mes ordres que cela soit payé", und so schritt er während meiner Danksagung, und nachdem er noch eine freundliche Bewegung der Hand gegen mich gemacht hatte, weiter, die Treppe herunter und so in den Wagen; und ich von den unbeschreiblichen Mühseligkeiten dieser Nacht, wo ich mit anhaltendem Regen, Kälte,

Hunger (ich hatte seit sechzehn Stunden nichts genossen), und was noch mehr war, mit grösster Herzensangst, meinen Auftrag nicht erfüllen zu können, und mit harten und gleichgültigen Menschen zu kämpfen gehabt hatte, fast erschöpft in meinen Gasthof zurück. Besonders empfindlich war mir der freche Hohn und die verächtliche Begegnung, welche der Kammerherr Remusat sich gegen mich erlaubte; noch glücklich, dass er mich nicht aus dem Palaste herauswies, was ich jeden Augenblick befürchtete. Ich duldete alles mit Unterwerfung, denn hätte der Kaiser einmal Mainz verlassen gehabt, ohne meine Papiere anzunehmen, so würde der ganze Zweck meiner Sendung vereitelt gewesen sein."

Wie die Sachen lagen, konnte Ompteda natürlich eine schriftliche Resolution des Kaisers nicht erlangen; doch wurde ihm von zuständiger Seite versichert, dass „durchaus nichts von demjenigen, was dem Kaiser persönlich übergeben werde, in Vergessenheit gerate, sondern zur Expedition komme".

Die Hoffnungen, welche man hannoverscherseits an die Zusicherungen Napoleons knüpfte, verwirklichten sich nicht. Zwar ward in dem Budget auf das Jahr 1809 für die Besoldung der Justizbeamten eine Summe von 197 248 Fr. angesetzt[1]). Aber nur ein Teil dieser Summe gelangte zur Auszahlung. Am 25. Februar 1809 teilte die Gouvernementskommission der Justizkanzlei zu Celle mit, die ihr vorgeschriebene Reduktion der Besoldungen sei so beträchtlich, dass der bisherige jährliche Betrag der Gehälter bei weitem nicht zu Grunde gelegt werden könne. Vorläufig könne „nicht mehr als ein Zwölftel der bisherigen Besoldungen abschläglich auf die laufende Besoldung des Jahres 1809" ausgezahlt werden. An die Berichtigung des Rückstandes sei fürs erste überhaupt nicht zu denken. — Dabei ist es denn auch im wesentlichen geblieben. Der Chef des Justizdepartements sah sich im Laufe des Jahres 1809 noch mehrfach veranlasst, um eine Erhöhung der abschläglich bewilligten Summen nachzusuchen. Er erhielt unter dem 20. April von der Gouvernementskommission das Versprechen, sie wolle jede sich darbietende Gelegenheit benutzen, um den Justizbeamten eine Erhöhung ihrer kärglichen Bezüge zu erwirken. Am 23. November 1809 musste die Kommission jedoch dem Minister von der Wense mitteilen, es sei wenig Hoffnung vorhanden, dass der Generalintendant Villemanzy „zu der Bezahlung eines grösseren Teils der Besoldungen der Justizbedienten" seine Einwilligung geben werde.

Nicht weniger nachteilig als die Suspension der Beamtengehälter wirkte auf die Justizpflege die der anderweitigen Jurisdiktionskosten,

---

[1]) Vgl. S. 256 f.

namentlich der Ausgaben für die Gefängnisse. Bis zum Oktober 1808 hatte man dieselben notdürftig aufbringen können, teils mittelst der monatlichen Bewilligungen des Intendanten Belleville, teils mit den Amtsintraden, aus denen die Zahlungen für die heimische Verwaltung insgeheim ja noch immer fortgesetzt worden waren [1]). Dies änderte sich aber, seit das Arrêté Darus vom 15. Oktober die Verwendung der Domanialeinkünfte zu Verwaltungszwecken, welche nicht rein domanialer Natur waren, gänzlich verbot. Es liefen nun bei dem Justizdepartement und den übrigen höheren Justizkollegien von seiten vieler Ämter Klagen darüber ein, dass man nicht wisse, wie man derartige Jurisdiktionskosten bestreiten solle. So berichtete das Amt Gifhorn unter dem 1. Februar 1809 an die Justizkanzlei zu Celle, da das Kammerkollegium sich weigere, die Atzungskosten für die Kriminalgefangenen ferner zu tragen, so bleibe nichts anders übrig, als die Gefangenen zu entlassen, da man sie doch nicht verhungern lassen könne. Begreiflicherweise müsse die öffentliche Sicherheit dadurch stark gefährdet werden. In gleichem Sinne meldete das Amt Coldingen dem Justizdepartement (2. Februar), man habe die Jurisdiktionskosten, als die Ausgaben für die Atzung und den Transport der Inquisiten und Vagabonden, für die Unterhaltung der Inquisitenkinder u. s. w. vorläufig vorgeschossen. Jetzt wolle aber der rechnungsführende Beamte sich nicht weiter dazu verstehen, und man müsse das dringende Ansuchen stellen, irgend einen disponibelen Fonds für jene Inquisitionskosten anzuweisen. Ebenso berichtete die Burgvogtei zu Celle am 12. Februar, man habe seit der Sistierung der Kammerzahlungen die Unterhaltung der Untersuchungsgefangenen, unter denen sich mehrere gefährliche Diebe und ein des Strassenraubes dringend verdächtiges Individuum befänden, aus dem Vorrate verschiedener Administrationskassen bestritten. Diese Fonds seien aber gegenwärtig erschöpft, und andere nicht vorhanden, so dass man sich in der äussersten Verlegenheit befinde und keinen Rat wisse. Von dem Amte Harpstedt endlich lief die Anzeige ein, dass man die wider eine Frauensperson erkannte sechswöchentliche Gefängnisstrafe nicht zu vollziehen vermöge, weil dieselbe bettelarm sei — soweit ihr Vermögen reichte, mussten die Gefangenen die Kosten ihrer Unterhaltung selbst bestreiten — und das Amt die Atzungskosten nicht aus dem Amtsregister bezahlen dürfe.

Das Justizdepartement wandte sich mit Bezugnahme auf diese Berichte an die Gouvernementskommission und stellte vor, dass

[1]) Vgl. S. 247 f.

das Verbot, die notwendigen Untersuchungs- und Gefängniskosten aus den Amtsregistern zu bezahlen, notgedrungen die Entlassung der gefährlichsten Verbrecher und die gänzliche Stockung der Untersuchungen zum grössten Schaden für die öffentliche Sicherheit herbeiführen müsse. — Die Gouvernementskommission, welcher inzwischen zur Bestreitung jener Ausgaben von Belleville einige wenn auch bescheidene Geldsummen zur Verfügung gestellt waren, richtete darauf am 14. Februar ein Ausschreiben an alle mit der Kriminaljurisdiktion versehenen Ämter und herrschaftlichen Gerichte [1]). Hiernach sollten diejenigen Ämter und Gerichte, welche die Jurisdiktionskosten bisher aus den Amtsregistern bestritten hatten, am Schlusse eines jeden Monats eine Rechnung über den Betrag derselben einsenden, worauf sie (die Kommission) die erforderlichen Summen auf die Provinzialkassen anweisen werde. Bei der Beschränktheit der zu Gebote stehenden Mittel sei jedoch die grösste Sparsamkeit notwendig. Die Beamten sollten daher ihr Augenmerk auf die möglichste Abkürzung der Kriminaluntersuchungen richten und mit allem Nachdrucke darauf halten, dass, wenn ein Inquisit oder Vagabonde eigenes Vermögen besitze, dieses zur Bestreitung der Untersuchungskosten herangezogen werde. Die Beköstigung unbemittelter Inquisiten dürfe täglich für eine erwachsene Person nicht mehr als drei Mariengroschen, für Kinder die Hälfte erfordern. Für die Beleuchtung der Gefängnisse könnten nur die unumgänglich notwendigen Kosten bewilligt werden, desgleichen für Feuerung nur der bare Kaufpreis des Heizmaterials, soweit dieses durchaus nicht aus Kommunal- oder Interessentenforsten entnommen werden könne. Für das Aufhauen und Spalten des Holzes und für das Stechen des Torfes sowie für die Anfuhr der Feuerung könne überhaupt keine Vergütung erfolgen; vielmehr müsse solches ebenso wie der Transport und die Bewachung der Inquisiten oder Vagabonden mittels öffentlicher Frohnden oder Reihedienste geschehen. Auch für Schliess-, Verwahrungs- und Aufwartungsgebühren, oder wie dergleichen Ausgaben für Pförtner und Schliesser sonst genannt sein möchten, könne nichts vergütet werden; doch bleibe es den Beamten für den Fall, dass diese Gebühren das hauptsächliche Diensteinkommen der Pförtner etc. ausmachen sollten, unbenommen, wegen einer fixen, monatlichen Vergütung an die Gouvernementskommission zu berichten. Ebensowenig könne man fürderhin den Amtsunterbedienten Accidenzien für Arretierungen und Haussuchungen auszahlen, oder den Advokaten wegen der ihnen aufgetragenen Ver-

---

[1]) Hannöversche Anzeigen J. 1809, St. 15.

leidigung der Untersuchungsgefangenen [1]). Gerichtlich zugezogene Zeugen und Taxatoren müssten ihre Mühewaltung hinfort als ein „unentgeldlich zu verrichtendes munus publicum" betrachten, dürften also keinerlei Entschädigung beanspruchen. Bei der Beschaffung von Stroh, Medizin, Kleidungsstücken und sonstigen Utensilien für die Gefangenen sei die möglichste Sparsamkeit zu beobachten. Alle sonstigen extraordinären und die bisher unter der Rubrik „insgemein" berechneten Inquisitionskosten könnten nur dann in Rechnung passieren, wenn zuvor eine Anfrage bei der Gouvernementskommission geschehen und diese ihre Genehmigung erteilt habe.

Das Justizdepartement hatte gegen einige von diesen Bestimmungen grosse Bedenken, welche es der Gouvernementskommission unter dem 22. Februar mitteilte. Insbesondere reklamierte von der Wense gegen die Anordnung, dass der Transport der Gefangenen und Vagabonden mittelst öffentlicher Frohnden vor sich gehen solle. Dieser Transport, bemerkte er, könne nur dann mit Sicherheit geschehen, wenn die Gefangenen geschlossen weggeführt würden. Dazu wollten sich aber die Unterthanen, die überhaupt zu solchem Geschäfte nicht geeignet seien, nicht verstehen. Die Gouvernementskommission erwiderte darauf am 28. Februar, leider vermöge sie auf die Wünsche des Justizdepartements nicht in vollem Umfange einzugehen, da die ihr zustehenden Mittel sehr beschränkt seien. Für die Jurisdiktionskosten sei in dem Budgete nur eine um die Hälfte verminderte Summe ausgesetzt worden. Sollte dieselbe überschritten werden, so würde es ganz unthunlich sein den Defekt zu decken, und es würde alsdann dahin kommen, dass man selbst für die notwendigsten Ausgaben: die Beköstigung der Untersuchungs- und Karrengefangenen etc. keinen Rat schaffen könne. Daher habe sie die bedeutenden Transport-, Arretierungs- und Taxationskosten, sowie die Zeugenvergütungen herabgesetzt, weil hier eine Einschränkung eher möglich sei als bei dem Unterhalt der Gefangenen. Doch wolle sie genehmigen, dass der Transport eines schweren und mindestens auf ein Jahr zu Karrenstrafe verurteilten Verbrechers durch einen mitzugebenden Schliesser besorgt werde.

Um möglichst zu sparen und mit den angewiesenen Geldern auszukommen, ordnete das Justizdepartement am 16. März 1809 an, diejenigen Verbrecher, welche voraussichtlich nur eine sich nicht über ein halbes Jahr erstreckende Zuchthaus- oder Karrenstrafe zu erwarten hätten, sollten nicht eher gefänglich eingezogen werden,

---

[1]) Vgl. darüber auch das Ausschreiben der Justizkanzlei in Hannover vom 13. März 1809. Hannöversche Anzeigen J. 1809, St. 21.

als bis der dringende Verdacht entstehe, dass sie landflüchtig werden möchten. Bei den Vergehen gegen das Eigentum solle von der Taxation des Wertes der entwandten Gegenstände in allen den Fällen abgesehen werden, wo der Dieb und der Bestohlene über denselben einig seien, oder wo es auf eine genaue Ermittelung nicht ankomme. Unter allen Umständen müsse sofort eine sorgfältige Untersuchung und Sicherstellung des Vermögens der Untersuchungsgefangenen vorgenommen werden, damit die Inquisitionskosten so viel als möglich von denselben beigetrieben werden könnten.

Als man trotz dieser Bestimmungen mit den bewilligten Fonds nicht ausreichte, schrieb das Justizdepartement (25. April 1809) an die Justizkanzleien, es möchte ratsam sein, dass „zur Ersparung der bei den Strafanstalten bis jetzt erforderlich gewesenen beträchtlichen Kosten", einige geringere Verbrechen statt mit der bislang gewöhnlich verfügten Karren- und Zuchthausstrafe einstweilen auf eine gelindere Weise bestraft würden. Hierzu würden sich vorzugsweise qualifizieren die adulteria simplicia, die stupra tertia vel quarta vice recitorata, die leichteren Wilddiebereien, die Trunkfälligkeit und namentlich die Feld- und Gartendiebstähle. Zur Verhütung „des sonst aus dieser milderen Ahndung zu besorgenden Nachteils" möge man die Bestrafung möglichst beschleunigen. Speziell werde der grossen Zunahme der Feld- und Gartendiebereien nur durch beschleunigte Aburteilung Einhalt geschehen können. Demnach sollten bis auf weitere Verfügung die nicht mit Einbruch verknüpften Diebstähle, deren Wertobjekt nicht mehr als 12 Mariengroschen betrage, von den „Beamten" selbst [1]) nach einer bloss summarischen, jedoch ad protocollum zu nehmenden Untersuchung mit einem auf höchstens acht Tage sich erstreckenden Gefängnis bestraft, daneben aber der Dieb zur völligen Restitution des gestohlenen Gutes oder im Unvermögensfall zur Entschädigung des Bestohlenen durch Arbeit angehalten werden. Die hierunter nicht begriffenen Diebstähle sollten nach wie vor von den Justizkanzleien abgeurteilt, jedoch auch von den letzteren nur dann mit einer condemnatio ad operas publicas belegt werden, wenn der Diebstahl mittelst Einbruchs verübt sei, und der Wert des entwandten Gegenstandes die Summe von fünf Thalern übersteige, oder wenn der betreffende Dieb bereits mehrfach vorbestraft sei. Anderenfalls möge lieber Gefängnisstrafe verfügt

---

[1]) Bisher hatte den Beamten in Kriminalsachen nur die vorläufige Untersuchung und die Instruktion zugestanden, während das Urteil von den Justizkanzleien gesprochen war.

werden, die sich eventuell durch Ausstellung an den Strafpfahl verschärfen lasse [1]).

Dass die beschleunigte Aburteilung der Feld- und Gartendiebereien ihrer Vermehrung Einhalt gethan habe, kann nicht behauptet werden. Vielmehr wird bis in das Jahr 1810 hinein über die stete Zunahme der Diebstähle namentlich auf dem platten Lande geklagt. Der Grund für diese unerfreuliche Erscheinung ist in erster Linie in der immer höher steigenden Verarmung der Unterthanen zu suchen, welche manchem Individuum keine andere Wahl liess als Betteln, Stehlen oder Verhungern. Auch wurde durch die unruhigen Zeiten manches Gesindel herbeigelockt, welches vor keinem Verbrechen zurückscheute.

Begünstigt wurde die Zunahme der Verbrechen durch den Umstand, dass es in dem Kurfürstentum ganz und gar an einer einheitlich organisierten Polizei fehlte. Eine eigene Polizeibehörde war überhaupt nicht vorhanden. Von der Hauptstadt Hannover, in welcher das Polizeiwesen wie in den übrigen Städten in den Händen des Magistrates lag, heisst es, dass sie „weder das Materielle noch das Personelle zu einer guten Städtepolizei" besessen habe [2]). Wie es da in den kleinen Städten und auf dem Lande, wo die Polizei von den Amtsunterbedienten unter Aufsicht der Beamten ausgeübt wurde, um dieselbe bestellt war, lässt sich denken. Beispielsweise sei erwähnt, dass in dem Ländchen Hadeln vom 1. Juli bis zum 15. December 1808 sich achtundzwanzig Diebstähle, darunter sechsundzwanzig mit Einbruch verbunden, ereigneten. Nur ein einziges Mal (!) gelang es den mit der Polizei beauftragten Beamten den Urheber des Diebstahls zu ermitteln, in den übrigen siebenundzwanzig Fällen blieben alle Nachforschungen ohne Resultat.

Auf hannoverscher Seite suchte man dem Mangel eigener Polizeiorgane durch erhöhte Wachsamkeit abzuhelfen. Schon im November 1806 hatte die Exekutivkommission alle Obrigkeiten des Landes aufgefordert, gegen die häufiger werdenden Räubereien, Einbrüche und gewaltthätigen Diebstähle möglichst Vorkehrungen zu treffen [3]). Zu dem Ende sollten überall auf dem platten Lande und in den Flecken, wo eine Störung der öffentlichen Sicherheit zu besorgen wäre, und namentlich da, wo sich Spuren von Räuberbanden zeigen möchten, „nächtliche Patrouillen aus sicheren Mitgliedern

---

[1]) Spangenberg, Sammlung der Verordnungen und Ausschreiben IV, 1, S. 640 ff. Vgl. das Ausschreiben des Justizdepartements vom 25. April an sämtliche Ämter über den gleichen Gegenstand. Das. S. 642 ff.
[2]) Aufzeichnungen des Amtmanns Meyer.
[3]) Ausschreiben vom 24. November 1806. Hannoversche Anzeigen. J. 1806, St. 95.

der Kommunen" angeordnet werden. Diese sollten „das Raubgesindel entfernt halten, verdächtige Gegenden visitieren, die öffentlichen Strassen und Zugänge zur Nachtzeit beobachten, bei eintretender Gefahr sogleich herbeieilen und Hülfe zum Schutze gegen Räuber und Diebe und zu deren Inhaftierung herbeischaffen". Einsam gelegene Krüge und Wirtshäuser seien oft zu visitieren. Endlich müssten die Obrigkeiten an den Grenzörtern ihre Aufmerksamkeit gegen das Hereinschleichen des Raub- und Diebsgesindels verdoppeln.

Ferner ward eine genaue Kontrolle der sich in den Kurlanden aufhaltenden Fremden angeordnet. Unter dem 14. April 1807 erneuerte das Regierungskollegium eine Verfügung aus dem Jahre 1802, nach welcher keine Reisepässe, deren Datum älter als vier Wochen war, als gültig angesehen werden sollten. Den einheimischen Behörden ward es ausdrücklich untersagt, solche Pässe auf längere Zeit als vier Wochen zu prolongieren. Überhaupt sollte eine Verlängerung nur dann zulässig sein, wenn die Fremden triftige Gründe für dieselbe beizubringen vermöchten. Auch durfte keinerlei Abweichung von der im Passe angegebenen Route gestattet werden. Diejenigen, welche sich des Missbrauches ihrer Pässe, oder gar des Gebrauches falscher Pässe schuldig machen sollten, wurden mit den schwersten Strafen bedroht[1]). Später (30. Juli 1808) ward von der Gouvernementskommission verfügt, dass alle Personen, welche die hannoverschen Lande verlassen hätten und dahin zurückkehrten, sowie alle Fremden, welche sich auf kürzere oder längere Zeit im Hannoverschen aufhalten wollten, verpflichtet sein sollten, sich sofort nach ihrer Ankunft bei der Kommission zu melden und ihre Pässe vorzuzeigen[2]).

Im folgenden Jahre wurde in der Hauptstadt des Kurfürstentums wenigstens ein Anfang zu einem selbständigen Polizeiwesen gemacht. Der Anstoss dazu ging von Napoleon selbst aus. Als nämlich beim Brande des landschaftlichen Hauses in Hannover (6. Januar) „viele Unordnungen vorgefallen und keine gute Polizei bemerkt worden war", liess der französische Kaiser erklären, „dass wenn nicht sofort ein tüchtiger Polizeidirektor angestellt werde, er dazu einen Franzosen schicken wolle"[3]). Die Gouvernementskommission schritt darauf selbst zu der Errichtung einer Polizeidirektion. An die Spitze derselben berief sie den Amtsschreiber Meyer aus Beden-

---

[1]) Hannoversche Anzeigen J. 1807, St. 31. Eine gleiche Verordnung erliess die Regierung zu Stade unter dem 24. April 1807. Spangenberg IV, 1, S. 601 f.

[2]) Hannöversche Anzeigen J. 1808, St. 63. Diese Verfügung ward unter dem 18. Juli 1809 erneuert. Das. J. 1809, St. 58.

[3]) Aufzeichnungen des Amtmanns Meyer.

bostel bei Celle, der bereits früher mehrfach zu schwierigen Kommissionen, u. a. als Kriegs- und Marschkommissar, verwandt worden war. Eine glücklichere Wahl hätte die Kommission kaum treffen können. Meyer vereinigte mit scharfem durchdringenden Verstande eine seltene Umsicht, Entschlossenheit und Thatkraft[1]). Wenige Hannoveraner verstanden es so gut mit den französchen Machthabern umzugehen als der neue Polizeidirektor. Nicht als ob Meyer, wie man ihm wohl nachgesagt hat, zu den Franzosen gehalten hätte. Er war im Gegenteil ein Franzosenfeind durch und durch, der nur um des guten Zweckes willen seine Abneigung unter der Maske aufrichtiger Ergebenheit verbarg. Von den französischen Autoritäten in Hannover war bloss Belleville gegen Meyer eingenommen, die übrigen vertrauten ihm blindlings und — liessen sich von ihm dupieren. In seinen hinterlassenen Aufzeichnungen bemerkt Meyer, seine Taktik gegenüber den französischen Machthabern in Hannover sei gewesen, dieselben nach Möglichkeit zu verfeinden und zu entzweien. So habe er namentlich dahin gearbeitet, den Generalgouverneur Lasalcette, den Intendanten Belleville und den Stadtkommandanten von Hannover, General Simon, „in Spannung und Misstrauen gegen einander zu halten, teils weil bei Vertrauen und Übereinstimmung Gewaltschritte leichter gewesen sein würden, teils weil so jeder ihm mehr Vertrauen geben, wenigstens ihm zu glauben scheinen musste"[2]). Dies gelang denn auch so gut, dass „das Kleeblatt von ganzem Herzen gegen einander war". Im übrigen entfaltete Meyer in seiner Eigenschaft als städtischer Polizeidirektor einen wahren Feuereifer. Vorfallenden Verbrechen spürte er unermüdlich nach. Zu solchem Ende führte er nicht bloss eine ausgedehnte Korrespondenz mit den verschiedenen Landesbehörden, sondern nahm auch Geheimagenten in Sold. In der Stadt Hannover errichtete er eine polizeiliche Bürgergarde oder Stadtmiliz von 110 Mann, welche die Thore zu bewachen und innerhalb der Stadt für die Aufrechterhaltung der Ruhe und Ordnung zu sorgen hatte[3]). Zu gleichem Zwecke erliess Meyer mit Billigung der Gouvernementskommission verschiedene Reglements, so für die Strassen-, Herbergs-, Fremden- und Gesundheitspolizei. Die energische und strenge Handhabung dieser Verordnungen zog dem Polizeidirektor unter der

---

[1]) Vgl. die Charakteristik Meyers in der auf Grund der Meyerschen Aufzeichnungen geschriebenen Erzählung A. von der Elbes, „Die Brüder Meienburg" I, 12, 22, 35 f. Meyer ist identisch mit dem älteren der beiden dort geschilderten Brüder.
[2]) Vgl. A. von der Elbe, Die Brüder Meienburg I, 60.
[3]) Vgl. Hausmann, Erinnerungen S. 61 f.

Bürgerschaft der Stadt Hannover manchen Feind zu, trug ihm dafür aber das besondere Lob seiner vorgesetzten Behörde, der Gouvernementskommission, und der französischen Machthaber ein [1]). Dass dem französischen Gouvernement an einer guten Polizei in den Kurlanden viel gelegen sein musste, ergiebt sich von selbst. Ohne eine solche hätten leicht grössere, mit der Sicherheit der französischen Truppen nicht verträgliche Unordnungen entstehen können. Man hatte sich darum in Paris gleich nach dem Eintritt der zweiten Okkupation beeilt, einen Gendarmerieoffizier Namens Moncey, einen Bruder des damaligen Generalinspektors der kaiserlichen Gendarmerie, nach Hannover zu entsenden. Moncey, welcher zugleich mit Lasalcette und Belleville in der Hauptstadt des Landes eintraf, war beauftragt, die Polizeiangelegenheiten in dem Umfange des Gouvernements Hannover zu besorgen und die Aufsicht über die daselbst befindlichen Kriegsgefangenen zu führen [2]). Bei seinem Eintreffen kündigte er die Ankunft einer Kompagnie Gendarmen von 60 Mann an. Dieselben wurden demnächst über das ganze Land verteilt. So postierte Moncey in Nienburg a. W. drei, in Syke zwei solcher Gendarmen [3]).

Am 10. Januar 1807 erliess Moncey ein Publikandum, in welchem er sämtliche hannoverschen Obrigkeiten aufforderte, in Zukunft einen Schriftwechsel mit ihm zu unterhalten, dergestalt, dass kein Verbrechen, von welcher Art es auch sein möge, ihm unbekannt bleibe. Nur wenn die hannoverschen Behörden eine „offene und freie Kommunikation" mit ihm pflegten, werde man dahin kommen, dass jede Unordnung sofort unterdrückt werde; andernfalls könne er sich von seinen Bemühungen einen günstigen Erfolg nicht versprechen [4]).

Die hannoverschen Behörden sind der Aufforderung Monceys nicht nachgekommen. Auch die französischen Gendarmen fanden weder bei den Beamten noch bei der Bevölkerung die erforderliche Unterstützung. Schon am 28. Februar 1807 musste Moncey dem Landesdeputations-Kollegium vorhalten, wie nötig es sei, dass man den

---

[1]) Das. 59 f.

[2]) Er unterzeichnete sich: „Lieutenant-Colonel de la Gendarmerie Impériale, commandant la force publique dans le gouvernement du Hanovre."

[3]) Bei ihrem Abmarsche nach Nienburg erhielten diese Gendarmen von Moncey folgende Instruktion: „En arrivant à Nienbourg, vous vous présenterez chez le 1. magistrat de cette ville. Vous lui direz que vous êtes envoyés par moi pour résider et maintenir le bon ordre dans la ville de Nienbourg et dans tout le pays environnant, et vous vous entendriez avec le magistrat pour assurer la tranquillité publique."

[4]) Hannöversche Anzeigen J. 1807, St. 6.

Gendarmen Vertrauen schenke, ihnen die vorgefallenen Verbrechen anzeige und die verdächtigen Personen namhaft mache. Am 6. Februar 1808 beklagte der französische Gendarmerieoffizier sich bei der Gouvernementskommission, dass die Amtmänner es vernachlässigten, ihm von den Excessen der französischen Soldaten gegen die Einwohner Nachricht zu geben, während er doch ohne den Beistand der Behörden nichts auszurichten vermöge. Die Kommission suchte die Beamten in ihrer Antwort damit zu entschuldigen, dass die scheinbare Nachlässigkeit mehr auf Unkenntnis der französischen Sprache als auf Pflichtvergessenheit beruhen werde.

Kurze Zeit darauf ward Moncey von dem französischen Gouvernement wieder abberufen. Auch die ihm untergebene Mannschaft, welche sich mittlerweile auf 25 Mann verringert hatte, scheint das Kurfürstentum verlassen zu haben. In der zweiten Hälfte des Jahres 1808 und in der ersten des Jahres 1809 verlautet nichts von einer Anwesenheit französischer Gendarmen in Hannover. Unruhen, welche im Juli 1809 in Hannover stattfanden, veranlassten den Generalgouverneur Lasalcette, die Errichtung einer „Gendarmerie du Gouvernement d'Hanovre" in das Auge zu fassen. Dieselbe sollte aus 20 bis 24 Mann zu Pferde bestehen, den in Hannover kommandierenden Generälen untergeben und vorzugsweise dazu bestimmt sein, die Polizei auf den Heerstrassen auszuüben und den Truppenkolonnen in einer gewissen Entfernung zu folgen [1]). Zu der Verwirklichung dieses Planes ist es aber nicht gekommen.

Das französische Gouvernement verfolgte die Vorgänge im Hannoverschen mit grosser Aufmerksamkeit. Der Generalgouverneur Lasalcette war gehalten, wöchentlich einen Bericht über die Situation im Lande nach Paris gelangen zu lassen. Um diesem Befehle nachkommen zu können, verlangte er unter dem 28. Februar 1807 von der Exekutivkommission die wöchentliche Einsendung eines Generalberichts über alle wichtigen Vorkommnisse. Diese Berichte sollten jedesmal fünf Abteilungen enthalten. Die erste handelte von der Justiz, Polizei und der öffentlichen Meinung. Die zweite Rubrik betraf den Handel und enthielt zwei Unterabteilungen: über die Lage des Handels mit besonderer Rücksicht auf den Verkehr mit Lebensmitteln und über die Durchführung der Kontinentalsperre. In der dritten Abteilung hatte die Exekutivkommission über die Truppenverpflegung und das Verhältnis des französischen Militärs zu den Landeseinwohnern zu berichten. Die vierte Rubrik war der heimischen Verwaltung gewidmet und endlich die fünfte galt

[1]) Lasalcette an die Gouvernementskommission, 7. August 1809.

besonderen Bemerkungen und Vorschlägen der Exekutivkommission.
— Im November 1808 stellte der Generalgouverneur an die Gouvernementskommission die Forderung, dass ihm hinfort statt des einen wöchentlich zwei solcher Berichte eingereicht werden sollten. Um die gleiche Zeit (13. November 1808) musste auch der Intendant Belleville, von dem der Generalintendant Daru einen täglichen Rapport über die innere Polizei in den Kurlanden verlangte, die Gouvernementskommission auffordern, ihm tagtäglich einen Bericht über alle Ereignisse von Erheblichkeit, als Diebstähle, Feuersbrünste, Morde, Bankrotte, die Ankunft und Abreise der Fremden in der Stadt Hannover, unruhige Auftritte und andere Äusserungen der öffentlichen Meinung einzusenden.

Für die Exekutiv- und Gouvernementskommission boten diese Berichte eine erwünschte Gelegenheit, um manche Wünsche und Klagen zur Kenntnis des französischen Gouvernements zu bringen, und insbesondere, um die traurige Lage der Kurlande wieder und wieder vorzustellen. Für uns sind namentlich die Berichte an den Generalgouverneur, deren Konzepte im Staatsarchiv zu Hannover ruhen, und welche insgesamt 16 starke Aktenfascikel ausfüllen, eine nicht unwichtige Quelle, obwohl sie in mannigfacher Beziehung zu optimistisch gehalten sind. So wird die öffentliche Meinung in ihnen selten anders als „loyale et tranquille" bezeichnet. Von dem Handel und Verkehr mit englischen Waren heisst es regelmässig, er sei „prohibé". Dass beides den Thatsachen nicht entsprach, werden wir später sehen.

In Paris begnügte man sich übrigens nicht mit der Aufklärung, welche die Berichte Lasalcettes und Bellevilles verschafften. Wiederholt sandte man Geheimagenten in das Hannoversche, welche die Gesinnung der Bevölkerung erkunden sollten. Einer dieser Spione, der die Kurlande im Jahre 1809 unter dem Namen Charles Schulmeister bereiste, ward in seiner Eigenschaft von dem scharfsichtigen Polizeidirektor Meyer erkannt[1]). Meyer liess ihn zu sich kommen und sagte ihm gerade heraus, dass er ihn für einen geheimen Agenten halte. Der kaiserliche Spion gab denn auch ohne weiteres zu „dass er wirklich der sei, für den ihn Meyer halte, und dass er geschickt worden, die Gesinnungen, Tendenzen, Verbindungen und Intriguen der ersten Familien zu erforschen, von welchen der Kaiser einen sehr schlechten Begriff habe". Der Polizeidirektor machte dem Agenten kein Hehl daraus, dass die öffentliche Meinung in

---

[1]) Nach den Aufzeichnungen Meyers soll der angebliche Charles Schulmeister später als ein Hauptspion der Franzosen sehr berüchtigt gewesen, und nachmals (1815) von den Preussen lange Zeit in Wesel gefangen gehalten worden sein.

Hannover den Franzosen nicht günstig sei, suchte ihn aber zu überzeugen, dass „weder bedenkliche Verbindungen noch Intriguen zu fürchten wären, noch jemals existieren würden". Meyers Argumenten ward bloss die Verbindung mit England und „eine fleissige englische Korrespondenz" entgegengehalten. Der Polizeidirektor sprach dieser Korrespondenz aber „wegen gänzlichen Mangels eines nationalen und politischen Zusammenhanges" jede Bedeutung ab und wollte in ihr nur eine „Familienkorrespondenz von Militairs, die um ihrer Existenz willen hinübergegangen" sehen. Der Agent, der einmal entlarvt, von seiner Mission weiter keinen Erfolg erwarten konnte, gab sich den Anschein, als ob er durch Meyer von der Harmlosigkeit der Hannoveraner überzeugt sei, und reiste aus Hannover ab, ohne wieder zurückzukehren. In ähnlicher Weise wusste der Polizeidirektor Meyer auch die Nachforschungen anderer Spione unschädlich zu machen.

Wie weit Meyers Äusserungen über die Gesinnungen der hannoverschen Bevölkerung auf Wahrheit beruhten, werden wir im nächsten Abschnitte zu erörtern haben.

Dritter Abschnitt.
Der Volkswohlstand und die Volksstimmung.

Kapitel I.
Der Volkswohlstand.

Das Gemälde, welches wir von dem Volkswohlstande in den Jahren 1806—1810 zu entwerfen haben, kann begreiflicherweise keine anderen als dunkle Farben zeigen. Viel Reichtum hatte sich ja von jeher nicht in den hannoverschen Landen gefunden, wohl aber war ein bescheidener Wohlstand in weiten Schichten der Bevölkerung verbreitet gewesen. Jetzt wurde dieser durch die schweren Bürden, welche die französische Okkupation den Landeseinwohnern auferlegte, mehr und mehr vermindert und vielfach in Armut und Not verkehrt.

Wir können die Lasten, welche den Unterthanen aus der Fremdherrschaft erwuchsen, in unmittelbare und mittelbare scheiden. Unter den ersteren stehen die mannigfaltigen Kriegssteuern oben an. Sie teilten sich in die Naturallieferungen und die Geldsteuern, letztere wieder, um von der Erhöhung verschiedener älteren Abgaben abzusehen, in die fortlaufend erhobene ausserordentliche monatliche Kriegskontribution, die Kontribution vom 21. Oktober 1807 und die gleichfalls den Charakter einer ausserordentlichen Steuer tragende gezwungene Anleihe vom 25. December 1807. Die Naturallieferungen fielen vorwiegend der Bevölkerung des platten Landes zur Last, die gezwungene Anleihe den wohlhabenden Einwohnern in Stadt und Land; an den übrigen Kriegssteuern hatten der Bauer und Bürger sowohl als auch die Exemten einschliesslich des Adels, kurz jedermann ohne Unterschied der Person und des Standes zu tragen. Da von diesen verschiedenen Abgaben in den früheren Abschnitten schon ausführlich die Rede gewesen ist, so brauchen wir hier nicht weiter auf sie einzugehen. Bei den anderen direkten Lasten hingegen, welche die Okkupation mit sich brachte, den Kriegerfuhren und der Einquartierung, müssen wir einen Augenblick verweilen.

Die Kriegerfuhren waren für den Landmann eine überaus grosse Plage, namentlich zu den Zeiten, wo grössere Truppenmassen durch das Land zogen. Er wurde durch sie in seiner ländlichen Arbeit tage- ja wochenlang gestört und musste froh sein, wenn seine Pferde durch die übermässige Anstrengung nicht ganz zu Schanden getrieben wurden. Anfänglich gingen die französischen Soldaten in der Requisition von Wagen und Pferden über alles Mass und Ziel hinaus. Die französischen Befehlshaber schritten freilich gegen diesen Missbrauch energisch ein. Gleich bei seinem Einrücken im November 1806 gab der Marschall Mortier den strengen Befehl, dass keinen Requisitionen Folge geleistet werden solle, die nicht in legaler Form und mit Genehmigung der kommandierenden Generale ausgestellt seien[1]). Am 17. März 1807 erliess dann der Generalgouverneur Lasalcette ein ausführliches Reglement über die Kriegerfuhren und Militärtransporte. Danach sollten in der Regel bloss ganze Detachements und Korps berechtigt sein, zur Beförderung ihrer Kasse, Papiere und sonstigen Effekten, der schweren Bagage und der verwundeten und kranken Soldaten Wagen und Pferde zu fordern, und zwar nur nach eingeholter Genehmigung der Platzkommandanten und Kriegskommissäre. Von hannoverscher Seite wurden zur Regelung des Fuhrwesens eine Generaldirektion des Fuhrwesens und eine Reihe von Fuhrstationen auf den Militärrouten errichtet[2]). Die Amts- und Lokalbehörden mussten auf diesen Stationen bei bevorstehenden Durchmärschen stets eine hinlängliche Anzahl von Fuhren zur Ablösung bereit halten. Auch wurden sie angewiesen, dafür Sorge zu tragen, dass die Kriegerfuhren möglichst gleichmässig unter die eingesessenen Unterthanen durch sogenannte Reihefuhren verteilt würden.

Trotz alledem kamen immer wieder Missbräuche bei den Requisitionen vor. Das Landesdeputations-Kollegium musste sich am 10. September 1807 bei dem Kommandeur der kaiserlichen Garde, General Walther, beschweren, dass nicht allein Offiziere, sondern

---

[1]) Vgl. das Publikandum der Exekutivkommission vom 19. November 1806. Hannöversche Anzeigen J. 1806, St. 93.

[2]) An der Spitze der Generaldirektion des Fuhrwesens stand zuerst der Amtsschreiber Lüder, seit dem 1. Mai 1808 der Kammersekretär Scriba. Publikandum der Gouvernementskommission vom 19. April 1808. Hannöversche Anzeigen J. 1808, St. 33.

auch Unteroffiziere und Mannschaften von den Einwohnern häufig ohne höhere Erlaubniss Fuhrwerk beanspruchten, oft mehr für ihren eigenen Gebrauch, als im Interesse dienstlicher Angelegenheiten [1]). Ein andres Mal ward geklagt, dass die Landleute vielfach gezwungen würden, weit über die nächste Fuhrstation hinauszufahren, wodurch ihre Pferde abgetrieben und nicht selten ganz ruiniert würden, von dem Zeitverluste und den Zehrungskosten ganz zu geschweigen. Hier und da soll es selbst vorgekommen sein, dass die französischen Soldaten die requirierten Wagen und Pferde verkauften [2]).

So drückend nun auch die Kriegerfuhren waren, so wollten sie doch nichts gegenüber der ungeheuren Last der Einquartierung besagen. Wiederholt versichern die hannoverschen Behörden in ihren Berichten, dass die Einquartierung von allen Bürden, welche die französische Invasion mit sich gebracht habe, für den Unterthanen die schwerste gewesen sei. Auf den ersten Augenblick könnte dies Wunder nehmen. Nach einer bereits zur Zeit der ersten Okkupation getroffenen Verfügung [3]) hatten die Einwohner den bei ihnen einquartierten Soldaten ausser der Lagerstätte nur noch Salz, Licht, Feuerung, Koch- und Essgerät zu liefern. Die eigentlichen Mundrationen — 1 $\frac{1}{2}$ Pfd. Brot, $\frac{1}{2}$ Pfd. Fleisch [4]), 2 Lot Reis oder 4 Lot trockene Gemüse und eine Mass Bier — sowie die Fourageralionen wurden den Truppen durch die Lieferanten verabfolgt. Erst seit Oktober 1807 fielen die Reis- und Bierportionen den Unterthanen zur Last [5]). Den Soldaten das Essen zu kochen, waren die Quartierwirte an und für sich nicht verpflichtet. Doch galt es als Regel, dass sie dieselben gegen Aushändigung der Brot- und Fleischportionen beköstigten. Später traf die Gouvernementskommission die Einrichtung, dass die Rationen nicht an die französischen Soldaten, sondern direkt an die Quartierwirte gegen obrigkeitliche Bescheinigungen abgeliefert wurden. Dies geschah, weil die Erfahrung gelehrt hatte, dass die Truppen das ganze erhaltene Brot und Fleisch nur selten ihren Wirtsleuten aushändigten [6]).

[1]) Vgl. auch den Tagebefehl des Marschalls Davout vom 3. Februar 1809. Hannöversche Anzeigen J. 1809, St. 21.
[2]) Das Landesdeputations-Kollegium erliess daher unter dem 22. November 1806 ein Ausschreiben, durch welches den Landeseinwohnern der Ankauf der zu Kriegerfuhren gestellten Wagen und Pferde verboten ward.
[3]) Arrêté des Marschalls Bernadotte vom 14. November 1804.
[4]) Nur die Soldaten der Rheinarmee erhielten 1 $\frac{3}{4}$ Pfd. Brot und $\frac{5}{8}$ Pfd. Fleisch. Vgl. S. 260.
[5]) Vgl. S. 263.
[6]) General - Verpflegungskommission an die Gouvernementskommission, 28. Januar 1809.

Wenn es nach Napoleon gegangen wäre, so hätten die hannoverschen Unterthanen seit dem April 1807 die französischen Soldaten völlig aus eigenen Mitteln beköstigen müssen [1]). Zum Glücke gewann der menschenfreundliche Belleville es nicht über sich den kaiserlichen Willen durchzuführen, sondern liess die Verpflegung der in den Kurlanden liegenden Truppen durch die General-Verpflegungskommission resp. die Lieferanten zu. Das war für die Unterthanen eine grosse Wohlthat!

Nach allem diesem wäre die Einquartierung keine übermässige Last gewesen, wenn sie nur vorübergehende Dauer gehabt hätte. Dies war aber keineswegs der Fall. Von einigen Monaten des Jahres 1809 abgesehen, lag beständig Einquartierung in den hannoverschen Landen. Nicht, dass das Kurfürstentum eine eigentliche, sich gleich bleibende Besatzung gehabt hätte. Vielmehr ward es unaufhörlich von grösseren oder kleineren Truppenkorps durchzogen, bald von Süden nach Norden, bald von Westen nach Osten, bald auch von Osten nach Westen, wie es die militärischen Anordnungen des französischen Kaisers mit sich brachten [2]). Im November 1806 zog die Besitznahme des Hannoverschen und weiterhin die Verfolgung des Blücherschen Armeekorps beträchtliche Truppenabteilungen herbei, im Sommer 1807 erfolgte in den Hansestädten und im nördlichen Teile von Hannover unter der Leitung des Marschalls Brune die Bildung eines zur Bewachung der Küsten bestimmten Observationskorps, im Herbst desselben Jahres wälzte sich ein Teil des vom Kriegsschauplatz im östlichen Preussen zurückkehrenden französischen Militärs über die Kurlande, im Spätherbste des Jahres 1808 bezogen mehrere Divisionen der neu gebildeten Armée du Rhin im Hannoverschen Quartier, im Jahre 1809 führte die Verfolgung Schills und des Herzogs von Braunschweig-Öls holländische, dänische und westfälische Truppenabteilungen herbei, bald darauf ward ein Teil der westfälischen Truppen zur Überwachung der Kontinentalsperre im Norden Hannovers dislociert etc. Alle diese Heereskörper verweilten bald längere, bald kürzere Zeit in den Kurlanden. Hatten die einen glücklich das hannoversche Gebiet verlassen, dann rückten sofort andere ein, so dass die Landeseinwohner nur selten aufatmen konnten.

Was aber die Einquartierung vollends unerträglich machte, war der Umstand, dass die einquartierten Soldaten von ihren Quartierwirten mehr verlangten, als ihnen zukam. Eine rühmliche Ausnahme bildete allein ein aus elf Regimentern bestehendes spanisches Armee-

---
[1]) Vgl. S. 203.
[2]) Vgl. S. 277 f.

korps, das unter der Führung des Marquis de la Romana im Juni und Juli 1807 das Hannoversche in seiner ganzen Ausdehnung von Süden nach Norden durchzog, und das sich nachmals durch sein kühnes Entweichen aus Fünen und Seeland einen Namen machte. Die Spanier legten allerorten grosse Anspruchslosigkeit und ein musterhaftes Benehmen an den Tag und hinterliessen darum in den hannoverschen Landen das beste Andenken [1]. Anders die übrigen in dem Kurfürstentum während der Jahre 1807—1810 einquartierten Truppen, die französischen sowohl als auch die im Dienste Frankreichs stehenden holländischen, belgischen, italienischen und rheinbündischen, welche sich sämtlich willkürliche Forderungen und Erpressungen in ausgedehntem Masse zu schulden kommen liessen. Namentlich geschah dies auf eiligen Märschen, wo die Lieferanten sich nicht immer rechtzeitig mit den Lebensmitteln einstellten, und die Soldaten genötigt waren, sich ganz an die Landeseinwohner zu halten. Bei solchen Gelegenheiten kam es mitunter zu der förmlichen Plünderung ganzer Gegenden. So häuften sich bei der Verfolgung des Blücherschen Armeekorps im November 1806 die französischen Truppen im Herzogtum Lauenburg derartig, dass innerhalb eines einzigen Tages an die 50000 Mann durch das Amt Ratzeburg zogen. Für die Verpflegung derselben war in keiner Weise Sorge getragen. Bald waren die Vorräte der Einwohner aufgezehrt und nun brach eine Plünderung herein, welche nach den Berichten der lauenburgischen Behörden „allen Glauben überstieg" [2]. Der Schade, welcher den Unterthanen dadurch erwuchs, war ungeheuer und belief sich allein in dem Amte Ratzeburg auf mehr denn 100 000 ℳ.

Auch die holländischen und westfälischen Truppen, welche im Jahre 1809 durch die Verfolgung des Majors von Schill und des Herzogs von Braunschweig-Öls herbeigezogen wurden, bezeichneten ihren Weg durch Plünderungen. Von der holländischen Einquartierung berichtet ein Zeitgenosse, sie sei „fast unerträglich und eine wahrhafte Exekution" gewesen, da die Soldaten zu jeder Forderung berechtigt zu sein geglaubt hätten [3]. Die westfälische Einquartierung erschien gegenüber der holländischen nach demselben Gewährsmann „wie fromme Schafe" [4]. Doch hausten auch die Westfalen übel genug. Ein westfälischer Lieutenant, welcher an der Verfolgung

---

[1] Vgl. Hausmann S. 53 f., Mierzinsky S. 34, Zander, Das Herzogtum Lauenburg II, 31 und Mönckeberg, Hamburg unter dem Drucke der Franzosen. 1806—1814 S. 9 f.
[2] Vgl. auch Zander, Das Herzogtum Lauenburg II, 25 f.
[3] Hausmann S. 66.
[4] Das.

des Welfenherzogs teilnahm, J. von Borcke, berichtet darüber: „Sämtliche Ortschaften, durch welche die (westfälische) Division kam, wurden während des Durchmarsches vollständig ausgeplündert. Von oben herab steuerte niemand, weil am Ende der Hunger die Soldaten zwang zu nehmen, wo etwas zu haben war; doch sah man Ausschreitungen, wie sie toller von den rohesten Truppen in Feindesland nicht verübt werden können[1]). Bei den Städtchen Burgdorf und Syke benutzten die westfälischen Truppen die schönsten Kornfelder zum Biwak und zertraten für „viele tausend Thaler" Getreide"[2]).

Blieben solche Plünderungen im Grossen auf eilige Märsche beschränkt, so standen doch übertriebene Forderungen und selbst Gewaltthätigkeiten, wie schon erwähnt, während der ganzen Dauer der zweiten französischen Okkupation auf der Tagesordnung. Immer wieder liefen bei der Exekutiv- resp. der Gouvernementskommission von seiten der Amts- und Gerichtsbehörden Klagen und Beschwerden über derartige Excesse des französischen Militärs ein. Einige dieser Berichte mögen hier im Auszuge folgen, um das oft geradezu skandalöse Benehmen der französischen Soldaten gegen ihre Quartierwirte zu illustrieren[3]).

Am 8. Januar 1808 stattete das Amt Meinersen einen ausführlichen Bericht über eine Reihe grober Ausschreitungen und Zügellosigkeiten

---

[1]) Kriegerleben des Johann von Borcke, weil. Kgl. Preuss. Oberstlieutenants 1806—1815. Nach dessen Aufzeichnungen bearbeitet vom Major von Leszczynski S. 146 f. Aus den Aufzeichnungen J. von Borckes seien hier einige interessante Angaben über die preussische Okkupation im Jahre 1806, an der von Borcke als Adjutant im Inf.-Regimente von Larisch teil genommen hat, nachgetragen. „Die Einquartierung des Regiments (in Hannover)", erzählt von Borcke, „geschah in grösster Ruhe und Ordnung, ohne die mindesten Ausschreitungen von beiden Teilen; man hörte nicht die geringste Klage, vielmehr waren Offiziere und Soldaten mit der Aufnahme und den guten Einrichtungen zufrieden, wenn ihnen auch die Menschen nicht gerade mit offenen Armen entgegenkamen. — Da wir zu einem anderen Zweck wie die Franzosen ins Land gekommen waren, keineswegs mit denselben Anforderungen auftraten und die strengste Disciplin handhabten, so wurden die Einwohner das bald gewahr, und es legte den Grund zur Zufriedenheit und Einigkeit beider Teile, die in der Hauptstadt während unseres Aufenthalts nicht einen Augenblick unterbrochen worden ist. Nach und nach wurden uns die Herzen geneigter, die Düsterkeit und Zurückhaltung im Umgange mit uns verschwand mehr und mehr, man kam uns entgegen, behandelte uns nicht mehr als Feinde und öffnete uns Häuser und gesellige Kreise. Nur allein die Familien des Adels, der bekanntlich hier stolz und aufgeblasen ist und eine abgeschlossene Kaste ausmacht, blieben uns abhold." S. S. 9 f.
[2]) Kriegerleben a. a. O. S. 147.
[3]) Ob und wie weit diese Berichte auf Wahrheit beruhen, lässt sich natürlich heutigen Tages nicht mehr feststellen.

ab, welche das 16. und 21. Dragonerregiment auf dem Durchmarsche durch das Amt begangen hatten. Das 16. Regiment hatte nur eine Nacht, das 21. drei Nächte im Amtsbezirke zugebracht. Beide hätten nach dem Urteile der Beamten kaum ärger hausen können, als wenn sie auf Exekution eingelegt gewesen wären. Nach dem amtsseitig aufgenommenen Protokolle klagte ein Einwohner Namens Lüchau aus der Ortschaft Ahnsen, er habe seinen neun Dragonern reichlich und gut zu essen und trinken gegeben. Sie seien aber damit nicht zufrieden gewesen, sondern hätten immer mehr verlangt und zwar solche Sachen, deren Anschaffung ihm unmöglich gefallen sei. Insbesondere habe er in einem fort Branntwein und Zucker herbeischaffen müssen, bis er solchen weder in Ahnsen noch in dem benachbarten Meinersen mehr habe erhalten können. Insgesamt hätten seine Dragoner über 24 Quartier Branntwein und eine ungeheure Menge Bier konsumiert, daneben ihm mehrere Pfund Zucker, Kaffee, Syrup, Pfeifen und Taback abgepresst. Für die Anschaffung dieser Sachen habe er mehr als 12 ₰ zahlen müssen. Ausserdem sei er genötigt worden, den Dragonern für ihre Pferde sechs Himpten Hafer und eine grosse Menge Heu und Stroh zu verabreichen. Dabei hätten die Soldaten allen möglichen Mutwillen und Unfug getrieben, Handtücher zerrissen, Geschirr zerbrochen, aus einer Lade ein Stück feines Linnen von 30 Ellen und andere Sachen mehr entwandt[1]) und ihn obendrein beständig mit Schlägen misshandelt, so dass er zweimal habe aus dem Hause flüchten müssen. Beschwerdeführung bei dem kommandierenden Offizier habe nichts genützt, dieser habe ihn vielmehr gewaltig angefahren und jegliche Hülfe verweigert. — Ein anderer Einwohner aus demselben Dorfe meldete, die Soldaten hätten mit einem dicken, zackigen Knüppel auf ihn losgeschlagen, bis er die Flucht ergriffen und die Nacht auf dem Hofe zugebracht habe. Gewaltsam weggenommen seien ihm 5½ Himpten Hafer und eine ungeheure Menge Stroh und Heu. Ferner habe man ein grosses Laken von 19½ Ellen entwandt, die Fenster eingeschlagen u. s. w. Ein dritter Bauer aus Ahnsen wollte von seinen fünf Dragonern ebenfalls auf das äusserste gequält worden sein. Nachdem dieselben gegessen und getrunken hätten, erzählte er, seien von ihm vier Flaschen Wein nebst Zucker gefordert worden.

---

1) Auch die holländischen Truppen werden vielfach beschuldigt, ihren Quartierwirten die verschiedensten Gegenstände gewaltsam entwandt zu haben. In erster Linie sollen die Holländer es auf bares Geld abgesehen haben; doch waren sie nicht wählerisch, eigneten sich Kleidungsstücke, Leinenzeug, Schuhwerk, Pfeifen, Viktualien aller Art und was sie sonst kriegen konnten, an. Nichts war vor ihren räuberischen Händen sicher. Ein Gleiches gilt von den bayrischen Truppen, welche sich im Juli und August 1807 im Hannoverschen aufhielten.

Als er nicht im stande gewesen sei, das Verlangte anzuschaffen, habe man ihn mit einem Besenstiel aus dem Hause geprügelt. Seine Beschwerde bei dem Kantonnementschef sei ohne Erfolg geblieben; selbst dass man ihm amtsseitig einen schriftlichen Befehl des kommandierenden Obersten an jenen ausgewirkt habe, sei nutzlos gewesen. Als er von dem Gange zu dem Offizier zurückgekehrt sei, habe seine Frau ihn gewarnt, nicht wieder in das Haus zu gehen, da die Dragoner ein Gewehr geladen und dasselbe mit mehreren Knüppeln zur Hand gesetzt hätten, alles unter den schlimmsten Drohungen. So sei er genötigt gewesen, die ganze Nacht draussen zu bleiben. Die Dragoner hätten inzwischen ein reichliches Abendessen verzehrt, dann spät abends noch sieben Hühner erwürgt und seine Frau mit vielen Stössen gezwungen, dieselben zu reinigen und in Butter zu braten. Am folgenden Morgen hätten sie die Hühner mitgenommen, ohne davon im Hause zu geniessen. An Getränken hätten die Dragoner während ihres kurzen Aufenthalts 14 Quart Bier und Branntwein vertilgt.

Ähnliche Klagen kamen aus anderen Ortschaften des Amtes Meinersen. In Ölerse war ein Bauer angehalten worden, mit einem Dragoner nach der benachbarten Stadt Peine zu reiten und dort für sein Geld Mützen für zwei Wachtmeister zu kaufen, welche 4 ₰ kosteten. Der in Ölerse kommandierende Offizier hatte einen Einwohner, der sich beschweren wollte, ohne weiteres hinter die Ohren geschlagen und dabei gesagt, der Bauer müsse geben, was die Dragoner irgend verlangten. In Eddesse hatte man den einquartierten Offizieren 14 Flaschen Rotwein und 2 Flaschen Rum liefern müssen. Auch die gemeinen Soldaten hatten durchweg Wein verlangt und ihre Wirte mit Schlägen traktiert, wenn diese sich darauf nicht gleich einlassen wollten. Die Zahl der Erpressungen ging ins Grosse; u. a. waren verschiedene Einwohner gewaltsam gezwungen worden, Hemden und Leinen herauszugeben. Aus der Dorfschaft Dedenhausen verlautet, dass die Dragoner enorme Quantitäten Wein erpresst hätten. So hatte ein Einwohner dem bei ihm einquartierten Korporal eine Flasche Rum und 15 Flaschen Wein verabfolgen müssen. Ein anderer war genötigt worden, 13 Flaschen Wein und $2^1/_2$ Pfd. Zucker herzugeben. Ausserdem hatte er seinem Wachtmeister 2 Ellen weisses Tuch aus Peine holen lassen und ihm dazu noch $4^1/_2$ Ellen feines Leinen liefern müssen. Schliesslich war der Bauermeister der letztgenannten Ortschaft wie zum Hohn angehalten worden, einen Schein über das Wohlverhalten der Truppen auszustellen. Im Dorfe Eltze hatten die Offiziere am Abend vor dem Abmarsche ein Gastmahl gegeben, wozu die Vorräte von der Gemeinde herbeigeschafft werden mussten. Auch hier war der Ortsvorsteher unter schweren Drohungen gezwungen worden, die gute Aufführung der Soldaten zu bescheinigen. In gleicher Weise hatte sich die Gemeinde Edemissen, um Schlimmerem vorzubeugen, dazu verstehen müssen, den Offizieren ein Essen zu geben, dessen Kosten sich auf 15 ₰ beliefen. Der Magistrat der Stadt Lüneburg berichtet am 3. März 1808, er habe für das daselbst einquartierte 5. französische Kürassierregiment die besten Quartiere ausgesucht und es durchweg so eingerichtet, dass auf einen Bürger nur ein Mann komme. Die Einwohner thäten alles, um sich den Soldaten gefällig zu zeigen. Viele Bürger nähmen die Einquartierten mit an ihren Tisch und gäben ihnen, was sie irgend vermöchten. Allein es sei ganz unmöglich die weitgehenden Forderungen der Kürassiere immer zu befriedigen. Mit dem Lieferantenbrote seien die Soldaten nicht zufrieden, vielmehr hielten sie ihre Wirtsleute an, ihnen statt dessen feineres Brot anzuschaffen. Ebensowenig wollten sie sich mit dem eingepöckelten und geräucherten Fleische ihrer Wirte begnügen, sondern verlangten täglich frisches Fleisch, und zwar gebraten. Viel Beschwerde errege es auch unter der Bürgerschaft, dass die Kürassiere eigene Zimmer für sich verlangten und nur in geheizten Kammern schlafen wollten. — Am 21. Juni wird weiter berichtet, der so sehr heruntergekommene Bürger entziehe sich alle nahrhafte Speise und setze sie seinem Einquartierten vor, um nur Ruhe und Frieden zu haben. Er gebe ihm Fleischsuppe, Fleisch, Gemüse, Kaffee, Bier und Branntwein, und was sein Hausstand aufzubringen vermöge, ohne ihn doch zufrieden stellen zu können. Bei dem geringsten Missvergnügen über die Bewirtung fange der Kürassier gleich an zu fluchen und zu schimpfen, ja sich an seinem Wirte thätlich zu vergreifen und ihn zu misshandeln. Das Verhalten der Offiziere könne den gemeinen Mann in solchem Benehmen nur bestärken. Habe doch selbst der kommandierende Oberst einen Bürger, der zu ihm gekommen sei, um sich zu beschweren, ohne auf dessen Klagen zu hören, die Treppe herabgeworfen. Damit noch nicht zufrieden, sei er demselben nachgeeilt, habe ihm Ohrfeigen und Fusstritte gegeben und ihn so aus dem Hause hinausgestossen.

Am 12. April 1808 richtete das Amt Springe eine Eingabe an die Gouvernementskommission, in welcher lebhafte Klage über Excesse und Ausschweifungen geführt wurde, welche das 36. französische Linienregiment daselbst verübt hatte. Kaum seien die Truppen in Springe und die benachbarten Ortschaften eingerückt, führten die Beamten aus, so habe man schon die Bauermeister verschiedener Dörfer und zahlreiche Boten in Springe umherlaufen sehen, welche in grösster Angst Wein, Rum, Citronen, Braten, Bier, Weissbrot und selbst manche Luxusartikel aufzutreiben gesucht hätten, welche im Orte gar nicht vorhanden, aber von den Offizieren und Mannschaften mit Schimpfworten, Drohungen, Schlägen etc. verlangt worden seien. Nicht einmal die Honoratioren habe man französischerseits geschont. So sei ein Pastor Krüger in Flegesen von fünf Unteroffizieren malträtiert und mit Füssen gestossen, dessen zu Hülfe eilender Schwiegersohn geprügelt, und ein anderer auf Besuch weilender Freund des Hauses mit Ohrfeigen traktiert worden. Amtsseitig habe man die zahlreich eingehenden Beschwerden der Unterthanen zunächst zurückgewiesen, weil man sich von der Verwendung beim Oberst keine grosse Wirkung versprochen habe. Als es aber zu arg geworden sei, habe sich der dritte Beamte nach Hameln begeben und seine Reklamationen bei dem dort einquartierten Oberst vorgebracht. Derselbe sei äusserst aufgebracht über das Benehmen seiner Soldaten gewesen und habe den Beamten mit den strengsten Befehlen an alle Kantonnementschefs versehen. Diese hätten die Ordres indessen sehr übel aufgenommen; ein Kapitän habe sogar gedroht: wenn er die verfluchten „baillifs" hätte, so wolle er sie in Stücke hauen lassen. Die Befehle des Obersten hätten denn auch nichts gefruchtet. Kurz nach Eingang derselben sei der Kantor Bartels zu Hachmühlen von zwei in seinem Hause einquartierten Offizieren gröblich misshandelt worden, weil er sich geweigert habe, die vor jenen geflüchtete Magd herbeizuschaffen. Als der Kantor sich darauf bei dem Kapitän beschwert habe, sei man wieder über ihn hergefallen, auch habe man ihm zur Strafe drei Unteroffiziere eingelegt. Gleich darnach sei im Hause des Küsters Feuer ausgebrochen. Der Verdacht der Brandstiftung sei alsbald auf die Franzosen gefallen. Sowie aber der zweite Beamte Beaulieu sich angeschickt habe, die Sache zu untersuchen, habe der eine im Hause des Kantors einquartiert gewesene Offizier sich mit einem Stocke auf ihn gestürzt und vier in der Nähe stehenden Soldaten zugeschrieen den Beamten anzugreifen. Andere Franzosen seien „mit unbändigen Knütteln" auf die sich um den Beamten sammelnde Volksmenge eingedrungen. Nur mit Mühe hätten die Beamten sich der Wütenden erwehren können, und kaum sei es möglich gewesen, die gegen das französische Militär aufgebrachten und ihren Vorgesetzten ergebenen Volksmassen von einem Blutbade abzuhalten.

Beschämend ist die Angabe, dass bei den von dem 36. Linienregiment begangenen Ausschreitungen die darin zahlreich vorhandenen deutschen Soldaten sich am schlimmsten aufgeführt haben sollen.

So hatten auch die bayrischen Regimenter von Isenburg und von Habermann, welche im Juni 1807 die hannoverschen Provinzen passierten, gethan, als ob die Hannoveraner ihre ärgsten Feinde wären. Verschiedentlich äusserten die bayrischen Soldaten, sie kämen nicht als Freunde, sondern als Feinde und dürften sich deswegen alles herausnehmen. Demgemäss misshandelten sie ihre Wirtsleute vielfach in einer Weise, dass die Einwohner behaupteten, eine solche Einquartierung sei ihnen noch nie vorgekommen. Beschwerdeführung bei den bayerischen Offizieren soll für gewöhnlich nichts geholfen haben [1]).

Überhaupt wird über die Subalternoffiziere meist noch mehr geklagt als über die gemeinen Soldaten. Nun kann es ja nicht wunder nehmen, dass die Offiziere höhere Ansprüche an die Quartierwirte stellten als ihre Untergebenen. In vielen Fällen scheinen sie aber darin zu weit gegangen zu sein und die übertriebensten Anforderungen an ihre oft wenig wohlhabenden Wirte gerichtet zu haben. Es war darum eine grosse Erleichterung für die Unterthanen, als der Marschall Davout im November 1808 die Verfügung traf, dass die Beköstigung der niederen Offiziere nicht mehr wie bisher den Einwohnern zur Last fallen, sondern dass sämtliche Offiziere bis zum Unterleutnant herab gegen Auszahlung bestimmter Tafelgelder selbst für ihre Beköstigung sorgen sollten. [2])

Wohlthuend gegen die Aufführung der Subalternoffiziere, welche an den Excessen der Soldaten gegen die Quartierwirte nur zu oft teilnahmen, sticht in der Regel das Verhalten der höheren Offiziere und Befehlshaber ab. Man muss ihnen durchweg nachrühmen, dass sie es sich eifrig angelegen sein liessen, gute Disciplin unter den Truppen zu halten, den Ausschreitungen der Soldaten möglichst vorzubeugen und die vorgefallenen gebührend zu bestrafen. So sprach der Marschall Bernadotte in einem Tagesbefehle vom 24. Oktober 1807 [3]) seinen Unwillen darüber aus, dass viele Militärs von ihren Wirten mehr forderten, als ihnen zukäme. Die Truppen wurden nachdrücklich ermahnt, dass sie sich mit dem, was ihnen nach den Reglements zustände, begnügen müssten, ohne von den Einwohnern Unmögliches zu verlangen, um so mehr, als das Land schon unendlich gelitten habe. Hieran knüpfte Bernadotte die Drohung, er werde gegen die Soldaten, welche in Zukunft Veranlassung zu Beschwerden geben würden, mit aller Strenge einschreiten. In

---

[1]) Gouvernementskommission an den Befehlshaber der bayrischen Truppen, General Vincenti, 24. Juli 1807.
[2]) Vorher waren nur den höheren Offizieren Tafelgelder ausgezahlt worden.
[3]) Hannöversche Anzeigen J. 1807, St. 90.

gleichem Sinne äusserte sich der Generalgouverneur Lasalcette in einer allgemeinen Ordre vom 19. Januar 1808[1]): „Das Militär muss gut verpflegt werden, aber ausserdem sind Verschwendungen und die geringsten Missbräuche ein Verbrechen bei einem Volke, welches mit treuer Bereitwilligkeit giebt, was man ihm mit Vernunft und Gerechtigkeit abfordert." Auch der Marschall Davout machte den ihm untergebenen Befehlshabern wiederholt die Beobachtung der strengsten Manneszucht zur Pflicht. Er befahl sogar, dass jedes auf dem Marsch befindliche Korps von allen Orten, wo es sich aufgehalten habe, obrigkeitliche Zeugnisse über sein Wohlverhalten mitbringen solle. So wurden auch die Orts- und Amtsbehörden von Davout und den anderen französischen Befehlshabern mehrfach aufgefordert, über die Aufführung der Truppen Bericht zu erstatten. Dass die Exekutiv- und Gouvernementskommission in ihren wöchentlichen Berichten an Lasalcette sich jedesmal auch über das Betragen der französischen Soldaten auszulassen hatte, ist uns bekannt[2]). Auf solche Weise kamen wenigstens die erheblicheren Ausschreitungen und Gewaltthätigkeiten, welche von den einquartierten Truppen begangen wurden, zur Kenntnis des Generalgouvernements.

Man glaube aber nicht, dass die Hannoveraner die schwere Einquartierungslast wirklich „mit treuer Bereitwilligkeit" getragen hätten. Die französischen Soldaten hatten im Gegenteil sehr oft über die „mauvaise volonté" ihrer Quartierwirte zu klagen. Wer möchte es auch den hannoverschen Unterthanen verargen, dass sie nicht mit fröhlichem Antlitze zusahen, wenn die ungebetenen Gäste ihre Vorräte aufzehrten, und dass sie sich nicht immer eifrig zeigten, die oft über alles Mass und Ziel hinausgehenden Ansprüche der Franzosen zu befriedigen. Ein Teil der Misshelligkeiten mag auch auf die Schwierigkeit der Verständigung zwischen den Hannoveranern und den fremdländischen Soldaten zurückzuführen sein. Aus Lüneburg wird im März 1808 berichtet, dass das Verhältnis zwischen den Quartierwirten und den Einquartierten weit erträglicher geworden sei, seit beide Parteien gelernt hätten, sich besser zu verständigen. — Die Gouvernementskommission nahm verschiedentlich Anlass, der heimischen Bevölkerung ein geziemendes Verhalten gegenüber den französischen Soldaten einzuschärfen. So erliess sie am 13. Februar 1809 ein Publikandum, in welchem die Unterthanen ermahnt wurden, sich gegen das französische Militär so zu betragen, dass keine Veranlassung zu Klagen und Beschwerden gegen sie eintrete. Dies sei um so mehr geboten, hielt die

---

[1]) Hannöversche Anzeigen J. 1808, St. 8.
[2]) Vgl. S. 380.

Kommission dem Volke vor, „als das französische Gouvernement den gegründeten Beschwerden mit ebensoviel Gerechtigkeit als Promptitüde abhelfe, indem die Militärs, welche sich Excesse gegen die Landeseinwohner erlaubten, bestraft würden, angezeigte Missbräuche abgestellt und eine vollkommene Disciplin beobachtet werde". Obrigkeiten und Beamte sollten darum genau „auf ihre Untergebenen achten, Unordnungen, welche diese begehen möchten, hindern, allen Unfug jeglicher Art ahnden, die Schuldigen bestrafen und insonderheit diejenigen, welche der angreifende Teil wären oder einen französischen Militär beleidigten oder bei irgend einem Vorfalle sich eigenmächtig Recht verschaffen wollten, arretieren lassen" [1]).

Auf welchen Provinzen die Einquartierungslast am schwersten gelegen hat, lässt sich nicht mit Sicherheit bestimmen. Durch die Durchmärsche wurden wohl das Herzogtum Lauenburg [2]) und die Grafschaft Diepholz am stärksten betroffen. Aus dem Amte Diepholz wird unter dem 9. Februar 1808 berichtet, nach Ausweis der Einquartierungslisten seien seit dem 1. Juni 1803 über 300 000 Mann den unglücklichen Unterthanen zur Last gefallen. Desgleichen ergebe sich aus den Fuhrlisten, dass seit jenem Zeitpunkte mehr denn 50 000 Pferde zu Kriegerfuhren requiriert worden seien; fast ebenso viele hätten auf Ordonnanz gehalten werden müssen. Das Amt sei dadurch so herabgekommen, dass sein Untergang nahe bevorstehe.

Im allgemeinen waren die hannoverschen Behörden, vor allem die Gouvernements- und Generalverpflegungs-Kommission bestrebt, die Einquartierung durch zweckmässige Dislokationspläne so gleichmässig als irgend möglich auf sämtliche Gegenden zu verteilen. Doch konnten sie nicht hindern, dass die an den Militärrouten belegenen Ortschaften und unter diesen vor allem die Städte und Flecken von der Einquartierung besonders hart mitgenommen wurden [3]). Zahlreiche Berichte bestätigen den Niedergang des städtischen Wohlstandes infolge der Einquartierung. Aus der Hauptstadt Hannover vernehmen wir, dass schon im Jahre 1807 mehrere grosse Häuser von den Eigentümern ganz aufgegeben und dem Magistrate zur Verfügung gestellt worden seien. Gegen das Ende

---

[1]) Hannöversche Anzeigen J. 1809, St. 14.
[2]) Über Lauenburg vgl. Zander, II, 31.
[3]) In einer Eingabe verschiedener Einwohner des Städtchens Winsen a. L. an den Intendanten Belleville vom 8. März 1808 heisst es, während Winsen selbst durch Einquartierung ganz heruntergekommen sei, befänden sich im Amte Winsen zahlreiche Dörfer, welche in den fünf Kriegsjahren überhaupt noch keinen Soldaten gesehen hätten.

dieses Jahres sollen auch die kleinen Bürger, ausser stande die
Einquartierung ferner zu tragen, angefangen haben, sich des Eigentums an ihren Wohnungen zu begeben, indem sie die Schlüssel
ihrer Häuser auf das Rathaus brachten [1]). Aus Lüneburg wird
der Gouvernementskommission Ende 1808 berichtet, die Einquartierungslast habe die Bürgerschaft dermassen niedergedrückt,
dass viele Einwohner sich genötigt sähen, ihre Häuser zu verlassen.
Die Zahl der leer stehenden Häuser belaufe sich bereits auf nicht
weniger als 48; von den in Friedenszeiten einquartierungspflichtigen Feuerstellen könne wegen der Verarmung der Bewohner
nur noch ein Drittel mit Einquartierung belegt werden. Um die
gleiche Zeit meldet der Ratzeburger Magistrat, die Bürgerschaft sei
durch die fortdauernden Kriegslasten, unter denen die Einquartierung
die erste Stelle einnehme, so sehr heruntergekommen, dass von 214
Häusern bloss noch die Hälfte belegt werden könne. Ähnliche
Klagen kommen aus Celle (Januar 1809). Dort war von den Hausbesitzern, welche auf ihren Feuerstellen Schuldverschreibungen stehen
halten, kaum einer noch im stande, die fälligen Zinsen zu entrichten.
Mahnte der Gläubiger zur Zahlung, so hielt der Schuldner demselben
die Einquartierungslast vor, welche sein ganzes Vermögen aufzehre.
Strengte der Gläubiger dann einen Prozess an, so bot ihm der
Schuldner im gerichtlichen Termin sicher das Haus dar. Dadurch
wurde die Klage alsbald gehoben, denn jedermann hütete sich auf
ein solches Gebot einzugehen. Bedeutete die Erwerbung eines
Hauses bei der schweren Einquartierungslast doch nicht sowohl
einen Gewinn als einen Verlust.

Bei dieser Sachlage mussten die Häuserpreise natürlich stark
sinken. In der Mehrzahl der Fälle soll es überhaupt nicht möglich
gewesen sein Käufer aufzutreiben. Der Magistrat von Celle führt
in dem eben erwähnten Berichte an, die Zahl der zum Verkauf ausstehenden Gebäude vergrössere sich täglich. Gleichzeitig mehrten
sich aber auch die Schwierigkeiten Käufer zu finden. Komme hier
und da der Verkauf eines Hauses noch zu stande, so werde es fast
verschenkt. Beispielsweise habe ein Bürger sein Haus um 72 ℳ
verkauft, und um den Käufer überhaupt zur Annahme desselben
bewegen zu können, Ratenzahlungen von je 3 ℳ vereinbaren müssen.
Aus Verden wird gemeldet (23. November 1808), die Wohnungen seien
so sehr im Preise gesunken, dass man Zwangsversteigerungen nach
Möglichkeit abzuwenden suche, weil die Gläubiger auf diesem
Wege ihre Forderungen nur verlieren würden. Nicht ganz so
schlimm lauten die Berichte aus Lüneburg. Immerhin waren auch

[1]) Hausmann S. 56.

hier die Preise ganz erheblich heruntergegangen und erreichten bei weitem nicht den meist sehr niedrig bemessenen Taxpreis, zu welchem die Häuser in der Brandkasse versichert waren. Um einige Beispiele anzuführen, so betrug der Taxpreis eines Gebäudes 1200 ℳ, der im Zwangswege erzielte Verkaufspreis aber nur 500 ℳ. Bei einem zweiten Hausverkaufe beliefen sich die beiden Preise auf 2250 ℳ bzw. 999 ℳ, bei einem dritten auf 600 bzw. 350 ℳ und bei einem vierten auf 150 resp. 106 ℳ.

In gleichem Masse wie der Verkaufswert der Häuser sanken die Mietspreise. Auch die Ländereien sind während der französischen Okkupation erheblich im Preise herabgegangen. Die Gouvernementskommission bemerkt in einem Berichte an Belleville vom 13. November 1809, die Grundstücke seien jetzt um zwei Drittel, ja in einzelnen Fällen um die Hälfte des früheren Wertes feil. Ehemals sei es ausserordentlich schwierig gewesen, ein Rittergut zu kaufen, so dass man jahrelang auf eine Gelegenheit habe warten müssen. Dagegen habe vor kurzem ein hannoversches Blatt dem Publikum auf einmal vier solcher Güter zum Kaufe angeboten. Im grossen und ganzen haben aber die Ländereien sich besser im Preise gehalten als die Wohnhäuser.

Begreiflicherweise lässt sich nicht zahlenmässig berechnen, in welchem Masse der Vermögensstand der Landeseinwohner sich durch die Einquartierung vermindert hat. Es fehlt zwar nicht an einzelnen Angaben darüber. Der Bürgermeister von Dassel zu Lüneburg führt in einer Eingabe an die Gouvernementskommission vom 28. Januar 1808 an, er habe in den letzten fünf Jahren durch Einquartierung, Kontributionen etc. so viel Verluste gehabt, dass seine Mittel sich um mehr als 10000 ℳ verringert hätten. Ein Amtmann Leist in Ebstorf schlägt um die gleiche Zeit die Kosten, die ihm durch die Einquartierung seit 1803 erwachsen seien, auf mindestens 9000 Fr. an, die durch Kriegssteuern, Naturallieferungen, Sauvegarden etc. verursachten Ausgaben nur auf 6000 Fr. Ein reicher Kornhändler in Ülzen Namens Hoevermann hat nach einer „von dem Landkommissar von Weyhe auf höheren Befehl gemachten Berechnung" in den Jahren 1803—1807 für Einquartierung sogar 4000 ℳ aufwenden müssen. Diese Angaben bieten einen Anhaltspunkt dafür, wie ungeheuer der Volkswohlstand unter der Einquartierungslast gelitten hat. Zu einer Abschätzung über den Gesamtverlust, der demselben durch die Einquartierung zugefügt worden ist, setzen sie uns freilich nicht in stand.

Neben den direkten Lasten, welche die französische Okkupation der hannoverschen Bevölkerung gebracht hat: den ausserordentlichen

Steuern, Naturallieferungen und sonstigen Abgaben, den Kriegerfuhren und der Einquartierung hat die Fremdherrschaft noch eine Reihe anderer Leiden im Gefolge geführt. Dahin gehört namentlich die Suspension der Gehälter und Pensionen, welche ihren Anfang im Januar 1807 nahm, freilich aber nie streng durchgeführt worden ist. Belleville selbst konnte sich, wie wir früher gesehen haben, der Notwendigkeit nicht entziehen, von Zeit zu Zeit einige Zahlungen für die hannoversche Administration, darunter auch für Besoldungen und Pensionen zu bewilligen. Ein Mehreres mochte noch von den hannoverschen Behörden zu solchem Zwecke eigenmächtig aus den öffentlichen Kassen verwandt werden, besonders in der ersten Zeit der Okkupation. Endlich erhielten nicht wenige hannoversche Beamten ihre Besoldungen resp. Pensionen, sei es ganz, sei es teilweise, aus geheimen Fonds ausgezahlt, deren Existenz den Franzosen nicht bekannt war. Auf diese geheimen Fonds müssen wir etwas näher eingehen.

Unmittelbar nach dem Eintritt der ersten französischen Invasion war unter der Direktion der Minister von der Decken und von Grote eine geheime Kasse errichtet worden. Den Grundstock derselben bildete eine Summe von 10 000 ₰, welche von dem Rechnungsführer der Generalkasse bei dem Kammeragenten Meyer Michael David in Hannover zinsbar hinterlegt wurde. Dazu kamen etwa 20 000 ₰ an Überschussgeldern aus der Manufaktur- und Allodialkasse, welche anfänglich gleich den Beständen der General- und Kammerkasse nach Schwerin geflüchtet, dann aber nach Hannover zurücktransportiert waren. Im Laufe der Jahre 1803—1805 kamen dann noch die Überschüsse verschiedener anderer Departementskassen, z. B. der Intelligenz-Comptoir-, der Kloster- und der Lotteriekasse hinzu. Auch diese wurden zum grossen Teil bei dem Kammeragenten M. M. David und dem Kriegsagenten Abraham Herz Cohen, welche sozusagen die hannoverschen Hofbanquiers waren, deponiert.

So viel sich aus den Akten ersehen lässt, hat die gesamte Einnahme der geheimen Kasse bis zum Beginn des Jahres 1806 97 789 ₰ 12 mgr betragen. Davon sind bis Ende Februar 1806 36 879 ₰ 25 mgr ausgegeben, grossenteils für Gehaltszahlungen an die in Hannover verbliebenen Minister und für Unterstützungen. Beim Beginn der preussischen Okkupation blieb somit eine Summe von 60 909 ₰ 23 mgr vorrätig. Den kurzen Zeitraum zwischen dem Ende der ersten französischen Okkupation und dem Beginn der preussischen Besetzung benutzte die hannoversche Regierung, um weitere Summen beiseite zu schaffen. So wurden insgeheim aus der Berghandlungskasse 65 500 ₰ entnommen und teils in dem

Gebäude der Königlichen Münze unter dem Glühofen eingemauert
(32 106 ℳ 5 mgr), teils dem Kriegsagenten Cohen zur Verwahrung
übergeben (33 393 ℳ 19 mgr). Um bei den preussischen Behörden
keinen Verdacht zu erwecken, stellte der hannoversche Minister von
Münster eine ostensible Empfangsbescheinigung aus, des Inhalts,
dass jene Gelder ihm als eine Abschlagszahlung auf einen Vorschuss
von 32 000 Pf. St. verabfolgt seien, welchen der König von England
den Kurlanden im Jahre 1805 zur Verhütung einer Hungersnot geleistet haben sollte. In gleicher Weise ward eine aus der Verwaltung
des landesherrlichen Kornmagazins herrührende Summe von 18 000 ℳ
als eine an Münster geleistete Zahlung in Ausgabe gebracht, in
Wirklichkeit aber von dem Kammersekretär Baring in separate
Verwahrung genommen. Dazu kam noch eine Summe von 18 621 ℳ
2 mgr 5 ₰, die den Rechnungsführern der geheimen Kasse aus der
Generalkasse ersetzt wurde.

Aus diesen Geldern ward bei Beginn der zweiten französischen
Okkupation eine neue geheime Kasse gebildet und zwar der grösseren
Sicherheit wegen nicht im Hannoverschen, sondern auf dänischem
Gebiete: zu Altona. Die Verwaltung der sogenannten „Altonaer"
Kasse lag dem Legationsrate von Hinüber und dem Geheimen
Kanzleisekretär Roscher ob, von denen der erste bereits Anfang März
1806 nach Altona übergesiedelt zu sein scheint. Der Aufenthalt
der beiden genannten Beamten in Altona dürfte neben der Ver-
waltung der geheimen Kasse auch die Vermittelung des Verkehrs
mit England und vor allem mit dem Grafen von Münster zum Zweck
gehabt haben. Insbesondere unterhielt der Geh. Kanzleisekretär
Roscher eine rührige Korrespondenz nach dem Mecklenburgischen, nach
England, Russland, ja selbst nach Kopenhagen, Stockholm u. s. w.
Später, im Juni 1808, verlegten Roscher und anscheinend auch
von Hinüber ihren Aufenthalt nach Hamburg. Hinüber kehrte im
November desselben Jahres dauernd nach Hannover zurück. Von diesem
Augenblicke an führte Roscher die Verwaltung der geheimen Kasse allein.

Die laufenden Einnahmen der geheimen Kasse bestanden hauptsächlich in den Zinsen der in den englischen Stocks und bei den
Herzögen von Mecklenburg-Schwerin und Strelitz belegten Kapitalien
und in englischen Unterstützungsgeldern. Vom 18. September 1806
bis zum 8. Januar 1810 weist die Altonaer bzw. Hamburger
Kassenrechnung eine Gesamteinnahme von ca. 136 000 ℳ auf. Die
Ausgabe betrug während derselben Zeit 122 000 ℳ. Vom 8. Januar
1810 bis zum 1. August 1813 belief sich die Ausgabe, wie gleich
hier erwähnt sei, auf ca. 191 172 ℳ. Der kleinere Teil dieser
Summen ward verwandt, um den Aufenthalt Hinübers und Roschers

in Altona und Hamburg, deren umfängliche Korrespondenz und andere damit im Zusammenhang stehende Ausgaben zu bestreiten, der grössere Teil aber ward successive nach Hannover geschickt. Den ständigen Vermittler dabei spielte ein in Hamburg lebender Sohn des Kriegsagenten Cohen, Seelig Leffmann Cohen, welcher die Gelder meist in Wechseln an die Adresse seines Vaters sandte. Das hannoversche Bankgeschäft zahlte seinerseits auf die Ordre der hannoverschen Minister von der Decken und von Bremer bestimmten Personen die Besoldungen und Pensionen aus oder lieferte jene Gelder an die beiden Minister ab, welche dann deren weitere Verteilung besorgten. Auf solche Weise haben eine ganze Reihe von hannoverschen Staatsdienern während der Jahre 1806—1810 ihre Gehälter und Pensionen bezogen. Vorwiegend wurden hierbei die höheren Beamten berücksichtigt, welche durch die Okkupation ausser Dienst gesetzt, und deren Gehalt von französischer Seite gänzlich gestrichen war, also die Minister, die adeligen Hofbeamten etc. Allen diesen ist während der französisch-westfälischen Zeit kaum etwas von ihrem Gehalte abgegangen[1]). Erst in zweiter Linie wurden solche Beamten bedacht, deren Besoldung bloss suspendiert und vom Jahre 1809 an wenigstens zum Teil wieder ausgezahlt wurde. Unter den Rechnungsakten der geheimen Kasse befindet sich ein Verzeichnis von 102 Civilbeamten, welche aus den geheimen Fonds Zahlungen empfingen. Wir bemerken darunter ausser den sämtlichen Ministern und Hofbeamten fast alle Mitglieder des Regierungskollegiums zu Hannover, eine grössere Anzahl höherer Justizbeamten, wie den Vicepräsident des Ober-Appellationsgerichts von Werlhof und die Ober-Appellationsräte von Pufendorf, von Beulwitz, Böhmer, von Hinüber und Hagemann, ferner den Oberforstmeister von Malortie, die Konsistorialräte Salfeld und Sextro, den pensionierten Geheimen Kabinettsrat Rudloff u. s. w.[2]). Ausser

---

[1]) Im Oktober 1809 führte der Kammersekretär Baring in einer Sitzung der Gouvernementskommission aus: „Es hat Unzufriedenheit erregt, dass diejenigen, welche arbeiten müssen, die Hälfte ihrer Besoldungen entbehren, während diejenigen, die nicht arbeiten, das Ganze dessen erhalten, was ihnen als Belohnung vorhin geleisteter Dienste angesetzt ist".

[2]) Viel Irriges enthält die Angabe von R. Hartmann, (Geschichte Hannovers von den ältesten Zeiten bis auf die Gegenwart 2. Aufl., S. 435) der edle Jude Banquier Abr. H. Cohen habe sich die grössten Verdienste um viele Unterbeamten erworben, welche brotlos gewesen wären, weil ihr patriotischer Sinn es verschmäht habe in französische Dienste zu treten, indem derselbe ihnen durch seine Handelsverbindungen die Gehälter aus England nicht ohne Gefahr vermittelt habe." Die Unterbeamten sind bei jenen geheimen Verwendungen fast gar nicht berücksichtigt worden. Was von der Verschmähung französischer Dienste gesagt wird, ist ganz unbegründet.

den Civilbeamten erhielten mehr als hundert hannoversche Offiziere Unterstützungen meist durch Vermittelung des Geheimen Kriegsrats Grafen von Kielmansegge. Alles in allem müssen während der zweiten französischen Okkupation zwischen 200 000 und 300 000 ℳ aus geheimen Fonds verausgabt sein.

Übrigens war man in Hannover keineswegs auf die aus Altona eingehenden Gelder beschränkt. Vielmehr waren zu Beginn der zweiten französischen Okkupation beträchtliche Summen in den Comptoirs der beiden Banquiers Meyer und Cohen zu Hannover niedergelegt oder sonst verborgen. Dazu gesellten sich im Laufe der Okkupationszeit noch die Überschüsse der Posten, der Lotterie und anderer Spezialverwaltungen, die Zinsen verschiedener ausstehender Kapitalien, Rückzahlungen mehrerer solcher Kapitalien u. s. w.

Alle die Zahlungen aber, welche von Belleville autorisiert oder von hannoverscher Seite, sei es aus öffentlichen Kassen, sei es aus geheimen Fonds geleistet wurden, konnten doch nicht hindern, dass sich mit der Zeit sehr bedeutende Rückstände anhäuften. Nach Angabe der Gouvernementskommission waren an Besoldungen und Pensionen, soweit sie nicht gestrichen, sondern bloss suspendiert waren, bis zum 1. Juli 1808 212 755 ℳ 7 *gr* 2 ₰ bezw. 51 747 ℳ 33 *mgr* 3 ₰, insgesamt also 264 503 ℳ 4 *mgr* 5 ₰ rückständig. Zu demselben Zeitpunkte sollen dem verabschiedeten hannoverschen Militär an Pensionen ca. 200 000 Thaler geschuldet worden sein [1]). Diese Angaben sind vielleicht zu hoch gegriffen; immerhin waren die Rückstände, welche zudem in der zweiten Hälfte des Jahres 1808 und im Jahre 1809 noch um ein Bedeutendes anwuchsen, erheblich genug, um einen grossen Teil der hannoverschen Staatsdienerschaft und des Militärs in grosse Verlegenheit und Not zu stürzen. Dies gilt insbesondere von der zahlreichen Klasse derjenigen Beamten, welche für ihren Lebensunterhalt lediglich auf ihre Besoldung angewiesen waren. Freilich waren diejenigen, welche ihr Vermögen in öffentlichen Papieren angelegt hatten, im Grunde nicht besser daran. Mit den Besoldungen war ja zugleich auch die Auszahlung von Zinsen aus den öffentlichen Kassen eingestellt worden. Ein schwerer Schlag, nicht nur für die „Angestellten", sondern überhaupt für die hannoverschen Unterthanen. Man muss wissen, dass die Anzahl der Leute, welche ihr Geld dem Staate dargeliehen hatten, eine überaus grosse war; das hannoversche Publikum hatte eben von jeher sein Vermögen lieber in soliden Staatspapieren als im Handel und Wandel angelegt [2]).

[1]) Vgl. S. 251, Anm. 3.
[2]) Vgl. S. 27.

Es waren viele tausend Personen, welche durch das Stocken der Zinsenzahlung auf das empfindlichste getroffen wurden. Allein in der Stadt Hannover sollen dadurch mehrere Hunderte von Einwohnern mit einem Schlage ihrer Existenzmittel ganz oder doch grösstenteils beraubt worden sein. Bis zum Ende des Jahres 1808 betrug der Rückstand der landschaftlichen Zinsen 646 377 ₰ 5 mgr 1 ₰[1]). Um das Unglück voll zu machen wurde auch in anderen Ländern, wie in dem Herzogtum Mecklenburg-Schwerin, wo die Hannoveraner höchst bedeutende Summen, angeblich mehr als fünf Millionen Thaler zinslich belegt hatten, bald nach dem Eintritt der zweiten französischen Okkupation die Auszahlung der Zinsen suspendiert. In Friedenszeiten hätten die Inhaber der Obligationen sich vielleicht durch deren Verkauf aus der Verlegenheit ziehen können. Unter den jetzigen ungünstigen Verhältnissen fanden sich aber keine Käufer. Bei dem gerichtlichen Verkaufe solcher Staatspapiere sollen noch nicht einmal 50 % des Nennwertes erzielt sein[2]).

Grossen Schaden fügte auch die Kontinentalsperre dem Volkswohlstande zu. Es würde uns zu weit führen, auf die Geschichte derselben im allgemeinen einzugehen[3]); wir müssen uns hier darauf beschränken, die Art und Weise, wie sie im Hannoverschen durchgeführt wurde, und die Bedeutung, welche sie für das Kurfürstentum gehabt hat, darzulegen.

Schon am 5. December 1806 hatte die Exekutivkommission auf den Befehl des Marschalls Mortier „allen Handelsverkehr und jede sonstige Verbindung mit England" auf das strengste untersagen und insbesondere allen Einwohnern und Behörden „förmlichst verbieten" müssen, Briefe, Packete oder dergleichen nach England hin abzulassen oder zu befördern. Gleichzeitig war die Veröffentlichung des bekannten Napoleonischen Dekrets vom 21. November 1806 in den Hannoverschen Anzeigen erfolgt, wonach jeder Verkehr mit den britischen Inseln und aller Handel mit englischen Waren verboten sein, jeder englischer Unterthan innerhalb der französischen Machtsphäre zum Kriegsgefangenen gemacht, alles englische Eigentum und überhaupt alle und jede aus England selbst oder aus englischen Kolonien stammenden Waren konfisziert werden sollten.

---

[1]) Vgl. S. 310.
[2]) Gouvernementskommission an Belleville, 13. November 1809.
[3]) Eine Geschichte der Kontinentalsperre ist noch immer nicht geschrieben. Die Schrift von W. Kiesselbach: „Die Kontinentalsperre in ihrer ökonomisch-politischen Bedeutung" ist kaum etwas mehr als eine geistreiche Skizze.

Diesem Dekrete gemäss liess der Intendant Belleville der Exekutivkommission am 27. Januar 1807 den Befehl zugehen, alles Eigentum, welches dem Könige von England und seinen Söhnen oder sonst englischen Unterthanen im Hannoverschen gehöre, zu verzeichnen und darauf Beschlag zu legen. An demselben Tage musste die Exekutivkommission alle Obrigkeiten im Lande anweisen[1]), sofort in ihren Gerichtsbezirken eine genaue Untersuchung anzustellen, „ob und welche englischen Waren, d. h. solche, welche aus englischen Fabriken oder Kolonien kämen, sich in denselben befänden, und ob solche Engländern zugehörten oder bereits in das Eigentum hannoverscher Landeseinwohner übergegangen seien". Über die vorgefundenen Waren sollten genaue Verzeichnisse aufgenommen und eingesandt werden, welche von den Eigentümern der Waren zu unterschreiben und von den Behörden zu beglaubigen waren. Die hannoverschen Behörden kamen diesem Befehle in der Weise nach, dass sie von den Kaufleuten und Krämern schriftliche Verzeichnisse der in ihrem Besitze befindlichen englischen Waren einforderten. Von einer „genauen Untersuchung" war keine Rede.

Am 2. April 1807 musste die Exekutivkommission des weiteren verordnen, alle Kaufleute, welche Verzeichnisse ihrer englischen Fabrik- oder Kolonialwaren eingereicht hätten, sollten bei persönlicher Verantwortung schuldig sein, die Waren als sequestriert zu betrachten und sie bis auf weitere Verfügung sorgfältig bei sich zu verwahren, um sie auf Erfordern jedesmal vorzeigen zu können. Zugleich wurden diejenigen Kaufleute, welche aus „Versäumnis oder Unwissenheit" die vorgeschriebenen Angaben nicht eingereicht hätten, aufgefordert, dieselben sofort nachzuliefern[2]).

Am 10. Juni desselben Jahres erliess Belleville selbst ein Publikandum, welches die Zoll-, Accise- und Postbeamten anwies, die englischen Waren, die den Vorschriften entgegen von einem Orte zum anderen geführt würden, anzuhalten und in Gewahrsam zu nehmen. Der französische Intendant versprach, allen Personen, welche solche Waren entdecken und anhalten würden, sofort den fünften Teil des Wertes auszahlen zu lassen[3]).

Viel Erfolg scheinen alle diese Verfügungen nicht gehabt zu haben. Die Deklarationen der hannoverschen Kaufleute liefen so spärlich ein und ergaben ein so geringes Resultat, dass die französischen Behörden in Paris es lange Zeit hindurch nicht für der Mühe wert hielten, dem Intendanten Belleville auf seine Anfrage, was

---

[1]) Hannöversche Anzeigen J. 1807, St. 9.
[2]) Das., St. 28.
[3]) Das., St. 48.

mit den sequestrierten Waren geschehen solle, Bescheid zu erteilen[1]). Erst im November 1809 erfolgte aus Paris der Befehl, dass die Deklaranten für die Freigebung der sequestrierten Güter 400 000 Fr. bezahlen sollten. Die Gouvernementskommission beeilte sich darauf, Vorstellungen zu Gunsten der betroffenen Kaufleute einzureichen. Als diese zurückgewiesen wurden, erklärte die Kommission ihre Mitwirkung bei der Verteilung der Abgabe versagen zu müssen. Belleville machte sich nun selbst an die Herstellung einer Repartitionsrolle[2]). Die Einverleibung des Kurfürstentums in das Königreich Westfalen hinderte ihn jedoch bald an der Durchführung der geplanten Massregel.

Von der Sequestrierung der angegebenen Güter abgesehen, sind Konfiskationen englischer Waren im Hannoverschen nicht gerade häufig vorgekommen[3]). Freilich entsprach es nicht der Wahrheit, wenn die Exekutiv- und die Gouvernementskommission in ihren wöchentlichen Berichten an den Generalgouverneur Lasalcette immer wieder versicherten: „Les marchandises anglaises sont prohibées" oder „cessent d'entrer", oder „n'entrent plus le Hanovre". Im Gegenteil, es unterliegt keinem Zweifel, dass im Hannoverschen ein beträchtlicher Schleichhandel mit den verpönten Waren stattgefunden hat. Der Ausgangspunkt für denselben war hauptsächlich die Insel Helgoland, welche sich seit 1807 in englischem Besitze befand. Helgoland war von 1808—1813 „das Eldorado eines immensen Schleichhandels, welcher des Bonapartischen Kontinentalsystems spottete. Es hiess „Klein London". Die grössten Handelshäuser Englands, Hollands und Deutschlands hatten dort Comptoirs. Handelsabenteurer ohne Zahl trieben sich herum. Ohne Beispiel in der Geschichte liefen auf dem kleinen Fleck täglich 300—400 Schiffe ein"[4]). Von Helgoland ergossen sich die ungeheuren Warenvorräte namentlich in das Holsteinische und das Oldenburgische, von hier

---

[1]) Belleville an den westfälischen Generaldirektor Malchus, 10. März 1810. „Le séquestre n'avait point eu de suite par le déplacement des autorités supérieures qui ne m'avaient pas transmis leurs ordres définitifs".

[2]) Vgl. S. 268 f.

[3]) Die einzige öffentliche Versteigerung konfiszierter englischer Waren, welche mir bekannt geworden ist, fand am 10. September 1807 zu Hannover statt. Es handelte sich dabei um „eine ansehnliche Partie Cambrics, Musseline, gestickte Tücher, Nankings, Dimitys, Manchester, Druckwaren, Shawls, wollene Zeuge etc."

[4]) v. Hormayr, Lebensbilder aus dem Befreiungskriege I, 62. Vgl. auch (Heusinger), Achtundvierzig Jahre. Zeichnungen und Skizzen aus der Mappe eines konstitutionellen Offiziers I, 113 ff, 148. Die von Ad. Stahr herausgegebenen Erinnerungen des alten Helgoländer Kapitäns John Frank Haikens, welche interessante Angaben über den Helgoländer Schleichhandel enthalten sollen (vgl. Kieselbach Die Kontinentalsperre S. 122, Anm. 1), sind mir nicht zugänglich gewesen.

wieder nach den Hansestädten, dem Hannoverschen u. s. w. In den Kurlanden sollen fast alle Küstenanwohner das Geschäft des Schmuggelns betrieben haben. Die zahlreichen Douaniers, welche von der Douanendirektion zu Hamburg an der Küste postiert waren, vermochten gegen den Schmuggel nur wenig auszurichten. Es fehlte ihnen an den nötigen Ortskenntnissen, während die Schleichhändler mit allen Wegen und Stegen genau vertraut waren. Auch thaten die Schleichhändler sich meist zu starken bewaffneten Banden zusammen, welche den Patrouillen der Mauthbeamten an Zahl überlegen waren und selten Bedenken trugen, gegen die verhassten Feinde von den Waffen Gebrauch zu machen. So fand in der Nacht vom 23. auf den 24. November 1809 zu Wohlde im Amte Harpstedt hart an der Oldenburgischen Grenze ein Zusammenstoss zwischen einer Abteilung Douaniers und einer starken Schleichhändlerbande von angeblich 56 Mann statt. Von den Franzosen wurde einer auf der Stelle durch einen Schuss getötet, zwei andere trugen schwere Verwundungen davon. Die Zollbeamten zogen den kürzeren ohne dass es ihnen gelungen wäre, jemand von der Frachtwageneskorte dingfest zu machen oder auch nur zu erkennen.

Einige Wochen vorher war in derselben Gegend bei einem Zusammentreffen zwischen Schmugglern und Douaniers ein Fuhrmann aus Leeste im Amte Syke verwundet und gefangen genommen worden. Dieser gab später bei der gerichtlichen Vernehmung an, er sei lediglich Fuhrmann, nicht Schleichhändler. Am 7. Oktober sei er zusammen mit 12—15 anderen Wagen von Delmenhorst im Oldenburgischen nach Bassum abgefahren. Unterwegs habe ein Renkontre mit Douaniers stattgefunden, wobei er gleich einen Schuss durch das rechte Bein erhalten habe. Die Wagen seien von vier jungen Leuten, welche sich für die Eigentümer der Ladung ausgegeben hätten, und von denen zwei aus Bremen gewesen wären, geführt worden. Überdies habe der Zug eine Begleitung von zehn mit Schiessgewehren bewaffneten Männern gehabt. Wer und woher diese gewesen seien, sei ihm völlig unbekannt; die Kleidung habe auf oldenburgische Einwohner schliessen lassen. Solche bewaffneten Leute pflegten gewöhnlich im Dunkel der Nacht, wenn die Fahrt begonnen habe, plötzlich aufzutauchen und den bei den Wagen befindlichen Kaufleuten ihre Dienste anzubieten.

Besonders viele Streitigkeiten mit Douaniers werden aus dem gleichfalls an oldenburgisches Gebiet grenzenden Amte Diepholz und aus dem Hamburg gegenüberliegenden Amte Harburg gemeldet. In letzterem müssen wahre Stapelplätze und Magazine von Konterbande gewesen sein, so namentlich auf der Elbinsel Wilhelmsburg und in dem dicht bei Harburg belegenen hamburgischen Dorfe Mohrburg. Im November 1809 veranstalteten die Douaniers hier eine grosse Razzia, bei der bedeutende Posten englischer Waren entdeckt und beschlagnahmt wurden. Als diese durch Harburg transportiert wurden, geriet die dortige Bevölkerung in Aufregung, es entstand ein Auflauf des Pöbels, und da sich das Gerücht verbreitete, ein Harburger Bürger Namens Henke habe sich um Einstellung bei der Douanerie beworben und jene Waren denunziert, zog man in hellen Haufen vor dessen Haus. In einem Augenblicke waren Fenster und Thüren demoliert, und nur die Dazwischenkunft des Stadtkommandanten und des Bürgermeisters verhinderte weitere Gewaltthätigkeiten [1]).

Wie hier so ergriff die hannoversche Bevölkerung überall gegen die Douanenbeamten Partei. Nirgends fanden diese bei den Einwohnern des Landes Unterstützung, während die Pascher allerorten ihre Kundschafter und Helfershelfer hatten. Die Douaniers schienen es auch darauf angelegt zu haben, die Abneigung des Volkes gegen sich wachzurufen. Sie walteten ihres Amtes durchweg in der gehässigsten Weise, schikanierten die Unterthanen, wo sie irgend konnten, und liessen sich sogar vielfach arge Gewaltthätigkeiten zu schulden kommen. Die französischen Behörden entschuldigten dies mit dem feindseligen Verhalten der Bevölkerung. Der „Directeur des Douanes" Eudel zu Hamburg behauptet in einem Schreiben an die Gouvernementskommission, das allerdings erst in die westfälische Zeit fällt (20. Juli 1810), die Douaniers seien längst nicht so strafbar, als man sie darstelle. Wie denn ein friedliches Verhältnis zwischen ihnen und den Küstenanwohnern möglich sei, wenn diese alle dem Schmugglergewerbe huldigten? In Harburg und Wilhelmsburg z. B., wo die Douaniers erst kürzlich mehrere Einwohner misshandelt haben sollten, seien bereits ungeheure Vorräte von Kolonialwaren angehalten. Die dortige Bevölkerung pflege sich aber der Konfiskation zu widersetzen. Es komme häufig vor, dass sich ganze Ortschaften empörten, die Mauthbeamten angriffen und ihnen die Waren wieder entrissen. Man scheue sich nicht einmal die Douaniers zu ermorden, wovon erst neulich ein Beispiel vorgekommen sei. Alles dieses rühre daher, dass die Lokalbehörden in der Unterstützung der Douaniers zu saumselig seien und sich nicht bemühten, die Unter-

---

[1) Einen ähnlichen Vorfall berichtet Kleinschmidt a. a. O. S. 323. — Am 16. December 1809 erliess die Gouvernementskommission ein Ausschreiben an die Justizkollegia wegen der Errichtung eines Spezialtribunals aus Mitgliedern der Hannoverschen Justizkanzlei zur Untersuchung der Schlägereien zwischen den Landeseinwohnern und den Douaniers und Militärpersonen.

thanen von dem Schleichhandel, der doch nur demoralisierend wirken könne, abzuhalten.

In der That ist nichts davon zu merken, dass die Behörden der Kurlande bei der Aufspürung der englischen Waren grossen Eifer bewiesen hätten. Mussten sie einmal, etwa infolge einer Denunziation, zu einer Untersuchung schreiten, so wurde diese doch nur lässig geführt. Belleville erhob mehrfach bei der Gouvernementskommission darüber Beschwerde, dass die hannoverschen Amtsbehörden die Versicherungen der Kaufleute, die englischen Waren auf rechtmässigem Wege erworben zu haben, ohne weiteres für bare Münze nähmen, während sie doch verpflichtet seien, die fraglichen Gegenstände zunächst in Beschlag zu nehmen und sodann in Gemeinschaft mit dem nächsten Douanenoffizier eine genaue Untersuchung über deren Herkunft zu veranstalten[1]). Aber auch die Gouvernementskommission zeigte sich nichts weniger als beflissen, den Intentionen der französischen Autoritäten nachzukommen. So waren im Amte Ottersberg im September 1809 bei einem Handelsjuden Namens Neumann auf die Anzeige eines Konkurrenten hin 340 Pfd. Zucker beschlagnahmt worden. Der Besitzer konnte die erforderlichen Ursprungszeugnisse nicht beibringen und über die Herkunft des Zuckers nur angeben, dass er ihn von einem Einwohner des Kirchspiels Lüdingworth im Hadelnschen gekauft habe. Der letztere, gleichfalls ausser stande Certifikate aufzuweisen, suchte sich damit zu rechtfertigen, dass der Zucker ihm durch einen Juden aus Ritzebüttel vor das Haus gebracht worden sei. Nach den französischen Verordnungen hätte der Zucker nun so lange beschlagnahmt bleiben müssen, bis der Beweis geliefert war, dass es sich hier nicht um Konterbande handele. Die Gouvernementskommission entschied aber auf die Anfrage des Amtes, da der Neumann völlig rechtmässig (?) in den Besitz des Zuckers gelangt sei, so möge ihm derselbe unbedenklich zurückgestellt werden. Ebensowenig Neigung, die Massnahmen der Douaniers zu unterstützen, legte die Gouvernementskommission in einer Verfügung an das Gericht Jork vom 9. August an den Tag. Danach waren die Obrigkeiten im allgemeinen weder verpflichtet noch berechtigt, auf das Verlangen der Douaniers nach Vornahme von Haussuchungen einzugehen. Nur wenn die Douaniers Verdachtsgründe gegen bestimmte Personen glaubhaft nachweisen konnten, durften die Behörden ihre Hand zu einer Hausvisitation bieten.

Seine höchste Blüte erreichte der Schleichhandel im Sommer 1809, als Napoleon wegen des Krieges mit Österreich alle Truppen

---

[1]) Belleville an die Gouvernementskommission, 22. September 1809.

aus dem Kurfürstentum herausgezogen hatte. Die wenigen zurückgebliebenen Marinesoldaten und Douaniers vermochten die Engländer nicht abzuhalten. Wiederholt unternahmen diese kleinere Landungen, welche kaum einen anderen Zweck hatten, als den Schmuggel zu unterstützen. Damals glich denn auch die ganze Küstenstrecke zwischen den Mündungen der Weser und Elbe einem gewaltigen Warenlager. Die Landstrassen waren mit unzähligen Fruchtwagen bedeckt, welche die englischen und überseeischen Erzeugnisse nach allen Himmelsrichtungen transportierten [1]).

Auch als Ende August 1809 westfälische Truppen die Elb- und Wesermündung besetzten, um die Ausführung der Kontinentalsperre zu überwachen, behauptete sich der Schleichhandel auf seiner Höhe. Das Sprichwort „den Bock zum Gärtner setzen" soll nach dem Urteil eines beteiligten westfälischen Offiziers niemals eine grössere Wahrheit gehabt haben, als hier, wo Napoleon das Geschäft der Sperre den westfälischen Soldaten übertragen hatte [2]). Die Westfälinger vergalten die glänzende Aufnahme, welche die klugen Küstenanwohner ihnen bereiteten, mit weitgehender Nachsicht gegen den Schmuggel. Als die westfälischen Truppen Mitte Februar 1810 wieder durch französische abgelöst wurden, hatten „mehrere Offiziere und viele Unteroffiziere und Soldaten recht ansehnliche Summen durch Begünstigung des Schmuggelhandels zusammengebracht, und die Einwohner machten kein Geheimnis daraus, dass sie die Westfalen sehr ungern weggehen sahen, nicht weil etwa die Franzosen unbestechlich, sondern weil sie in ihren Forderungen ein gutes Teil unverschämter als die deutschen Landsleute wären" [3]).

Wenn es nun auch dank dem Schleichhandel in Hannoverschen nie an Kolonialwaren fehlte, so gingen die Preise für dieselben doch ganz erheblich in die Höhe. Das Pfund Zucker soll in der Stadt Hannover schliesslich 29 mgr gekostet haben, das Pfund Kaffee über einen Thaler [4]). Infolgedessen ging der Konsum an Kolonialwaren ganz enorm zurück. Wie der Bürgermeister der Stadt Hannover in einem Berichte an die Gouvernementskommission anführte (Ende 1808), verhielt sich der Absatz von Zucker, Kaffee, Reis, Tabak u. s. w. nach den Versicherungen der Kaufleute gegen früher kaum wie eins zu hundert. Nur die wohlhabendsten Leute konnten sich noch den Luxus der Kolonialwaren leisten. Die

---

[1]) Chronik des Landes Hadeln S. 601.
[2]) Kriegerleben des Johann von Borcke S. 152.
[3]) Das. S. 157 f.
[4]) Hausmann S. 74. Leider fehlt es gänzlich an Preisangaben über die Kolonialwaren.

weniger bemittelten Leute griffen, da sie doch den Kaffee, Zucker etc. nicht entbehren mochten, zu Surrogaten. Man gab sich dazumal auf dem ganzen Kontinente die erdenklichste Mühe, Ersatzmittel für die ost- und westindischen Produkte zu finden. Für den Kaffee soll es im Jahre 1808 bereits an 150 Surrogate gegeben haben. Im Hannoverschen pflegte man ihn durch Cichorien, Eicheln oder auch wohl durch geröstete Brotschnitte zu ersetzen. Statt des Zuckers gebrauchte man Honig, den verdickten Saft von Birnen und Runkelrüben und andere mehr oder weniger unschmackhafte Dinge. In dem „Hannoverschen Magazine" kann man eine grosse Anzahl von Rezepten für solche Surrogate finden.

Die Teuerung der überseeischen Produkte traf aber nicht bloss die Konsumenten. Die Krämer und übrigen Zwischenhändler, welche sich sonst mit dem Vertrieb der Kolonialwaren befasst hatten, gerieten jetzt bei dem so sehr verminderten Absatze in die grösste Bedrängnis [1]). Überhaupt wurde gerade der Zwischenhandel am schwersten von der Handelssperre betroffen. Man erwäge, dass so gut wie der Handel mit Kolonialgütern auch der mit englischen Manufaktur- und Fabrikwaren von französischer Seite verboten war. Dies wollte um so mehr besagen, als bei dem Mangel einer einheimischen Industrie die englischen Fabrikate, so namentlich wollene und baumwollene Zeuge, Eisen- und Kurzwaren etc. den hannoverschen Markt allein beherrscht hatten [2]). Jetzt kam der Handel mit allen diesen Gegenständen zum grössten Teil in Fortfall. Aus Münden wird darüber zu Beginn des Jahres 1808 berichtet, der schwunghafte Warenhandel, den die Kaufmannschaft vormals betrieben habe, sei seit dem Ausbruche des Krieges ungemein gesunken. Hätten die Kaufleute früher ihre Waren mit Sicherheit aus Frankreich, Dänemark, Schweden und England beziehen können, so habe jetzt jeder überseeische Handel selbst nach neutralen Häfen aufgehört, so dass dem Kaufmann nur der Vertrieb der inländischen

---

[1]) So berichtet ein Kaufmann Berber in Celle in einer Eingabe an die Gouvernementskommission vom 28. Februar 1808, er habe früher mit Zucker, Kaffee und dergleichen westindischen Produkten gehandelt. Gegenwärtig habe der Umsatz in diesen Artikeln fast ganz aufgehört, so dass er nichts mehr verdiene. Aus Clzen berichtet ein Händler mit Kolonialwaren um die gleiche Zeit, der sonst so äusserst lebhafte Handel und Verkehr sei seit der Blockade der Elbe und Weser derart ins Stocken geraten, dass er beinahe nichts verdiene und der Armut entgegensehen müsse, falls sich der Zustand der Dinge nicht bald ändere.

[2]) Am 16. Mai 1807 schrieb die Exekutivkommission an Lasalcette: „Les marchands qui trafiquaient autrefois dans les marchandises anglaises languissent naturellement par leur prohibition, d'autant plus que les marchandises allemandes de même genre telles qu'en metaux, cuirs, coton et laine ne peuvent les remplacer ni en prix ni en qualité".

Produkte bleibe. Auch dieser sei so herabgegangen, dass er kaum den vierten Teil des früheren Absatzes aufweise. Ein Gleiches gelte von dem Speditionshandel, dem wichtigsten Erwerbszweige für Münden. Der Speditions- und Transithandel, über dessen Verfall in Münden geklagt wird, hatte in den Kurlanden vor dem Kriege in hoher Blüte gestanden und für viele Städte, ausser Münden auch Celle, Lüneburg, Harburg etc. die Hauptnahrungsquelle ausgemacht. Auch die Residenzstadt Hannover hatte sich eines lebhaften Speditionshandels erfreut [1]). Überhaupt zog das ganze Land grosse Vorteile von demselben, mochte er nun in den Händen hannoverscher oder ausländischer Spediteure und Fuhrleute liegen. Mussten doch so gut wie alle aus West- und Süddeutschland nach den Hansestädten und umgekehrt aus den letzteren nach West- und Süddeutschland gehenden Warentransporte das hannoversche Gebiet in seiner ganzen Ausdehnung passieren. Das brachte zahlreichen Klassen der Bevölkerung: den Wirten, Kaufleuten, mancherlei Handwerkern u. s. w. willkommenen Verdienst. Jetzt ging aber der Transithandel, wie gesagt, infolge der Handelssperre ungemein zurück. Aus Celle wird im Januar 1809 gemeldet, dass Spediteure, welche sonst hundert und mehrere Frachtwagen in dieser Jahreszeit zu beladen pflegten, bislang noch keinen einzigen Wagen hätten befrachten können. Einen Massstab für die Abnahme des Speditionshandels bietet der so sehr gesunkene Ertrag der Zölle und Weggelder.

Wie der Zwischenhandel mit Kolonial- und englischen Manufakturwaren und der Transithandel, so hatte auch der Exporthandel mit inländischen Produkten unter der Handelssperre zu leiden. Von besonderer Intensität war derselbe im Hannoverschen ja nie gewesen. Immerhin hatte, um von anderen Artikeln abzusehen, eine beträchtliche Ausfuhr in Getreide und Leinen namentlich nach den Hansestädten stattgefunden.

Was den Kornhandel betrifft, so war im Januar 1806 von Preussen, dem Kurfürstentum Hessen, den Fürstentümern Waldeck und Fulda und den sämtlichen zu dem obersächsischen, niedersächsischen und westfälischen Kreise (das Herzogtum Berg ausgeschlossen) gehörenden Provinzen eine Vereinbarung getroffen worden, „um die Verpflegung der zum Schutze des nördlichen Deutschlands aufgestellten Truppenkorps zu sichern und zu diesem gemeinnützigen Zweck sowie zur eigenen Konsumtion der teilnehmenden Länder die Masse des Getreides zusammenzuhalten". Danach sollte der wechselseitige freie Getreideverkehr zwischen diesen Ländern, soweit er nicht schon

---

[1]) Vgl. Patje, Kurzer Abriss S. 245 ff.

bestand, hergestellt werden, dagegen die Ausfuhr des Getreides und sonstiger Viktualien nach allen anderen Staaten und seewärts untersagt und gesperrt sein.

Diese Konvention, welche in Hannover durch eine Verordnung des Grafen Münster vom 30. Januar 1806 bekannt gemacht worden war [1]), hatte sich ursprünglich gegen Frankreich gerichtet. Die Franzosen aber machten nach der Besetzung des nördlichen Deutschlands von derselben Gebrauch, um die Ausfuhr des Getreides nach England zu hindern. Der Getreidehandel wurde dadurch überaus geschädigt. Die Nachfrage nach Getreide aus den Hansestädten, welche bisher den Hauptmarktplatz für das hannoversche Getreide abgegeben hatten, sank auf ein Minimum herab. Auf der anderen Seite konnten die hannoverschen Unterthanen ihr Getreide nicht in den Hansestädten zu Markte bringen, da sie nach der Verfügung des Grafen Münster vom 30. Januar 1806 von der Regierung erst dann Ausfuhrpässe erhielten, wenn sie eine Bescheinigung der hanseatischen Behörden beigebracht hatten, dass das zu exportierende Getreide lediglich zur Konsumtion in den Hansestädten selbst, nicht aber „zum Handel auf Spekulation oder zum Branntweinbrennereibetrieb", bestimmt sei. Dies war natürlich für das Gros der hannoverschen Landwirte ein Ding der Unmöglichkeit, so dass jene Verordnung namentlich in ihrer verschärften Durchführung seit dem Beginn der Kontinentalsperre ein förmliches Ausfuhrverbot darstellte. Wie sehr die Kornsperre in manchen Gegenden des Kurfürstentums empfunden wurde, mag ein Bericht aus dem Gerichte Dorum im Lande Wursten (26. März 1810) darthun. Darin heisst es, die allgemeine Handelssperre und die Strenge, womit bisher das Verbot der Kornausfuhr gehandhabt worden sei, habe in der ganzen Gegend einen solchen Geldmangel herbeigeführt, dass selbst die wohlhabendsten Einwohner nicht für die notdürftigsten baren Ausgaben Rat zu schaffen wüssten. Noch seien fast alle Kornvorräte von der vorigen Ernte her vorhanden, die man bei dem Ausfuhrverbot nicht an den Mann bringen könne. Sollte dieser Zustand fortdauern, so würden trotz der aufgespeicherten Getreidemassen viele Einwohner verarmen und aus Mangel an barem Gelde wohl gar zum Konkurse kommen.

Unter solchen Umständen mussten die Preise der landwirtschaftlichen Produkte seit dem Jahre 1806 mehr und mehr herabgehen. Im Folgenden geben wir eine Übersicht über die jährlichen Durchschnittspreise für Weizen, Roggen und Kartoffeln in der Stadt

---

[1]) Hannöversche Anzeigen J. 1806, St. 10.

Hannover, bei der wir bis auf das Jahr 1790 zurückgreifen. Die Preise verstehen sich für den neubraunschweigischen Himten.

	Weizen			Roggen			Kartoffeln		
1790	1 ℔	6 mgr	— ₰		29 mgr	7 ₰		8 mgr	— ₰
1791	— „	33 „	1 „		22 „	2 „		7 „	3 „
1792	— „	32 „	7 „		25 „	2 „		9 „	— „
1793	1 „	2 „	1 „		31 „	2 „		10 „	— „
1794	1 „	— „	5 „		29 „	7 „		8 „	— „
1795	1 „	22 „	— „	1 ℔	4 „	— „		9 „	— „
1796	1 „	15 „	4 „	— „	26 „	6 „		9 „	— „
1797	1 „	— „	— „	— „	23 „	2 „		11 „	4 „
1798	1 „	3 „	3 „	— „	29 „	5 „		8 „	— „
1799	1 „	14 „	3 „	1 „	3 „	1 „		7 „	— „
1800	1 „	23 „	1 „	1 „	— „	1 „		12 „	— „
1801	1 „	33 „	4 „	1 „	4 „	5 „		15 „	— „
1802	1 „	30 „	5 „	1 „	14 „	3 „		24 „	— „
1803	1 „	23 „	— „	1 „	5 „	2 „		30 „	6 „
1804	1 „	25 „	2 „	1 „	9 „	2 „		14 „	— „
1805	2 „	19 „	6 „	1 „	27 „	3 „		11 „	2 „
1806	2 „	5 „	— „	1 „	28 „	7 „		12 „	— „
1807	1 „	18 „	— „	1 „	4 „	6 „		10 „	— „
1808	1 „	18 „	3 „	1 „	7 „	4 „		11 „	4 „
1809	1 „	13 „	7 „	1 „	5 „	— „		12 „	3 „
1810	1 „	1 „	3 „	— „	22 „	6 „		12 „	— „[1]

Die Preise für die beiden wichtigsten Getreidearten waren demnach seit dem Jahre 1805, wo sie in Folge mehrerer schlechter Ernten eine früher nicht gekannte Höhe erreicht hatten[2], beständig gesunken. Im Jahre 1810 befanden sie sich wieder ungefähr auf gleicher Höhe mit den Preisen der achtziger und neunziger Jahre des achtzehnten Jahrhunderts. Das Sinken der Getreidepreise war eine schwere Kalamität für die ländliche Bevölkerung, um so mehr, als auch die Leinenindustrie, welche sonst für die ländliche Bevölkerung und namentlich für die geringeren Klassen derselben einen lohnenden Nebenerwerb abgegeben hatte, einen entschiedenen Preisrückgang ihrer Produkte erlitt. Die in den hannoverschen Provinzen verfertigte Leinewand hatte in Friedenszeiten schnellen Absatz in den Hansestädten gefunden. Von dort war sie zumeist nach Spanien, Amerika und den Kolonien befördert worden. Jetzt, wo die

[1] Nach Akten aus der westfälischen Zeit. Vgl. auch Festschrift zur Säkularfeier der Königl. Landwirtschafts-Gesellschaft zu Celle II, 411 ff, wo sich die Durchschnittspreise des Roggens und Weizens aus den Monaten November und December der hundert Jahre von 1764 bis 1863 verzeichnet finden.
[2] Vgl. S. 114.

Kontinentalsperre den maritimen Handel vernichtet hatte, hörte die Nachfrage aus den Hansestädten fast ganz auf. Die natürliche Folge davon war, dass die Preise erheblich sanken und die Leinenindustrie mehr und mehr zurückging.

Dasselbe gilt von der hier und da betriebenen Tabaksindustrie und überhaupt von allen Gewerben und Handwerken. Auf dem gesamten Erwerbsleben lag eine Lähmung, die in dem gleichen Masse zunahm, als sich der Absatz nach aussen und die Kaufkraft des heimischen Publikums verringerten. Dass bei den schweren Zeiten niemand für überflüssige Einkäufe und Bestellungen Geld übrig hatte, versteht sich von selbst. Jedermann schränkte sich auf das äusserste ein; auch die wohlhabenden Leute sahen sich genötigt in ihren Ausgaben die grösste Sparsamkeit zu beobachten. So verlautet aus der Hauptstadt des Kurfürstentums (Ende 1808), dadurch, dass die besser situierten Klassen der Bevölkerung zu strenger Ökonomie und zu Einschränkungen aller Art ihre Zuflucht nehmen müssten, werde einem grossen Teile der Bürgerschaft der Erwerb entzogen. Am meisten treffe die Verarmung neben den eigentlichen Kaufleuten diejenigen Künstler und Handwerker, deren Verdienst von der Wohlhabenheit der höheren Stände abhänge, als Uhrmacher, Maler, Stellmacher, Sattler, Tischler, Zimmerleute, Schlosser, Schmiede u. s. w. Aus Harburg vernehmen wir, die Armut nehme wie überhaupt bei der Bevölkerung so namentlich bei den Handwerkern zu, deren Arbeiten sich auf Gebäude, Möbeln, Kleider etc. erstreckten. In Stade sollen die Handwerker im December 1808 schon so sehr heruntergekommen sein, dass sie durchgehends ihre Gesellen entlassen mussten. Hier und in Ratzeburg werden die Tischler, Zimmerleute und Maurer als diejenigen bezeichnet, welche am meisten unter der Krisis zu leiden hatten. Nach diesem allem kann es nicht Wunder nehmen, dass in Handels- und Handwerkerkreisen zahlreiche Konkurse und Insolvenzerklärungen stattfanden.

Unter den Symptomen des mehr und mehr um sich greifenden Notstandes nahm insbesondere die Abnahme des baren Geldes die Aufmerksamkeit der hannoverschen Behörden in Anspruch. Durch die vielen Kontributionen, das Emprunt forcé etc. flossen gewaltige Summen in die französischen Kassen und gingen damit ausser Landes. So konnte es schon im Februar 1808 in einem Berichte an Belleville heissen, das bare Geld sei wie verschwunden[1]). Im Sommer desselben Jahres fassten mehrere Banquiers aus der Stadt Hannover

---

[1]) Dies galt namentlich von den Goldmünzen. Am 13. November 1809 schrieb die Gouvernementskommission an Belleville: „La monnaie d'or a cessé d'entrer dans les fonds publics, déjà ils abondent de monnaie de billon".

den Plan, Edelmetalle anzukaufen und daraus hannoversches Geld prägen zu lassen, um so die Masse des im Umlauf befindlichen Geldes zu vervielfältigen und dem herrschenden Geldmangel abzuhelfen. Die Gouvernementskommission schenkte dem Projekte Beachtung genug, um es zum Gegenstande eines Berichtes an Lasalcette zu machen. Zur Ausführung scheint dasselbe aber nicht gekommen zu sein; es würde auch kaum irgend welchen Nutzen gebracht haben.

In engem Zusammenhang mit dem Geldmangel steht das Schwinden des Kredits. Kreditinstitute waren damals im Hannoverschen ausser dem nur für die lüneburgische Ritterschaft zugänglichen ritterschaftlichen Kreditinstitut zu Celle nicht vorhanden, ebensowig Sparkassen oder Leihbanken [1]). Die durch eine im Jahre 1806 erschienene Schrift: „Über die Errichtung einer Cirkulations- oder Zettel- und Leihbank und den davon zu erwartenden Nutzen zu Beförderung des Geldumlaufs in den hannoverischen Landen" gegebene Anregung, man möge mit Rücksicht auf „die gegenwärtige Stockung unseres einländischen Geldumlaufs" und den allgemein mangelnden Kredit Anstalten nach Art des ritterschaftlichen Kreditinstituts oder doch wenigstens Zettel- oder Leihbanken errichten, hatte keinen Erfolg gehabt. Die Privatleute aber hielten ihr Geld möglichst zurück, da sie dessen bei den schweren Zeiten selbst bedurften. So stieg der Zinsfuss von 3—4 $^0/_0$ vor dem Kriege auf 6, 7 und höhere Procente. Aus Lüneburg verlautet zu Anfang 1808, nicht einmal um hohe Zinsen sei Geld zu erhalten. Aus dem Gerichte Achim wird um die gleiche Zeit berichtet, wer nicht so viel Immobilien zum Unterpfande bieten könne, dass deren Wert das anzuleihende Geld um mehr als das Zehnfache übersteige, bemühe sich vergeblich um Darlehen; überdies erforderten die Kapitalisten noch Bürgschaften mehrerer anderer wohlhabender Personen.

Am lautesten erschallten die Klagen über den mangelnden Kredit, als der französische Intendant die gezwungene Anleihe ausgeschrieben hatte. Man muss die zahlreich eingelaufenen Bittschriften und Gesuche um Erlass derselben gelesen haben, um sich eine Vorstellung von der peinlichen Lage machen zu können, in welche das Emprunt forcé die davon betroffenen Personen stürzte. Da war kaum ein einziger, der so viel bares Geld vorrätig gehabt hätte, um seinen Beitrag zu entrichten. Woher nun Geld nehmen? Leihen? Es gab nicht leicht jemanden, der in der Lage gewesen wäre, grössere Summen vorzustrecken. Nicht einmal in den Hansestädten war Geld zu erhalten. Oder sollte man etwaige ausstehende Kapitalien

---

[1]) Die erste Sparkasse im Hannoverschen wurde im Jahre 1801 zu Göttingen gegründet.

einziehen? Ja, wenn es nur möglich gewesen wäre, dieselben zurückzuerhalten! Aus öffentlichen Kassen ward nichts ausgezahlt; auch Privatschuldner waren nur selten im stande, angeliehene Gelder jetzt zurückzuzahlen. Da war denn guter Rat teuer. Die Landwirte sahen sich in vielen Fällen genötigt, ihr Vieh, Saatkorn etc. zu Schleuderpreisen loszuschlagen. Andere Personen verkauften ihr Silberzeug und sonstige Pretiosen; mitunter schritten sie gar zum Verkaufe des irgend entbehrlichen Mobiliars.

Ob die Städte oder das platte Land mehr unter der Fremdherrschaft zu leiden gehabt haben, dürfte nicht leicht zu entscheiden sein. Erstere waren geneigt, sich für prägraviert zu halten. Am 7. December 1809 richteten Bürgermeister und Rat der Stadt Lüneburg eine Eingabe an die Gouvernementskommission, in welcher sie den Beweis zu führen versuchten, dass der Landmann sich in einer viel günstigeren Lage befinde, als der Städter. „Rings um unsere Stadt", hiess es darin, „finden wir den Bauer, den Landmann, wenn nicht gar bemittelt, doch wohlhabend. Die gute Kultur seines Ackers, sein guter Viehbestand, seine ohne alle Einschränkung fortgesetzte Lebensart, der Besitz sogar von Kapitalien, die man noch auf dem Lande erhalten kann, die hohen Preise seiner Produkte, die er dem Städter, welcher sie nicht entbehren kann, bis auf den gegenwärtigen Augenblick vorschreibt, und wovon jetzt das Korn nur eine temporäre Ausnahme macht, zeugen von diesem Wohlstande so unwidersprechlich wie von der Schonung, die ihm in Übernahme der kriegerischen Lasten zu teil wurde." Das war nun freilich gewaltig übertrieben; auch erteilte die Gouvernementskommission den Bescheid (14. December), dass man die Bürgerschaft von Lüneburg gegenüber den Bewohnern des platten Landes nicht für benachteiligt erachten könne. Soviel dürfte aber doch sicher sein, dass die Armut in den Städten schneller um sich gegriffen hat, als auf dem Lande. Der Landmann konnte doch immer aus dem Ertrag des Ackerbaues seinen Lebensunterhalt ziehen, während die Nahrungs- und Erwerbsquellen des Städters fast ganz versiegten. Werfen wir z. B. einen Blick auf die Stadt Hannover. „Hannover", so liess sich der Kammermeister Patje im Jahre 1798 über dessen Wohlstand aus, „ist eigentlich keine Handels- und Fabrikenstadt. Die in derselben vorhandenen königlichen Kollegia und Bediente, welche eine ansehnliche Summe von Besoldungen und Pensionen verzehren, die Hofhaltung, welche ungeachtet der Abwesenheit des Landesherrn in allen ihren Zweigen fortdauert, die aus drei Regimentern bestehende Garnison, die erhebliche Anzahl begüterter Partikuliers, welche teils die Zinsen ihrer Kapitalien, teils die Einkünfte ihrer Güter hier verzehren, verursachen den grössten Teil des Wohlstandes hiesiger Stadt"[1]). Was war von diesem allen geblieben? Die Staatsdienerschaft erhielt von den Besoldungen und Pensionen entweder gar nichts oder doch nur einen geringen Bruchteil. Die Hofhaltung war aufgelöst; an Stelle der einheimischen Garnison hatte man fremde Truppen im Quartier, welche, statt Verdienst und Vorteil zu bringen, das Vermögen der Bürger aufzehrten. Die ehemals reichen Partikuliers, welche keine Zinsen erhielten und in ihrem Vermögensstande mehr und mehr zurückkamen, konnten den Einwohnern kaum noch Verdienst gewähren und verliessen zum Teil die Stadt. Endlich lagen auch Handel und Fabriken gänzlich darnieder[2]). Kein Wunder, dass die Armut in Hannover und in anderen Städten in rapidem Wachsen begriffen war. Wie sehr die Lebenshaltung der städtischen Bevölkerung gegen früher gesunken war, mag man aus der Angabe entnehmen, dass die Konsumtion in der Stadt Lüneburg im Jahre 1807 ungeachtet der zahlreichen Einquartierung kaum drei Viertel von der des Jahres 1802 betragen haben soll. Namentlich soll auch die Qualität der Ernährung abgenommen haben, was eine nicht unbeträchtliche Erhöhung der Mortalitätsziffer zur Folge hatte[3]).

Eine grosse Wohlthat für die bedürftige Stadtbevölkerung war darum die Einrichtung Rumfordscher Suppen- und Kochanstalten während der Wintermonate. Wir finden solche namentlich in Hannover und Celle, zeitweise auch in Harburg, Ratzeburg und an anderen Orten mehr. Der menschenfreundliche Belleville bewilligte zu diesem Zwecke einige Zuschüsse aus der Kammerkasse. So erhielt die Anstalt zu Hannover in dem Winter 1807/8 monatlich 100 ₰, und im Winter 1808/9 50 ₰ aus der Kammerkasse. Die übrigen Kosten wurden durch milde Gaben gedeckt, auch die geheimen Fonds haben mehrfach Beiträge dazu geliefert.

In Hannover wurden an Portionen (à 2 Pfd.) meist unentgeltlich ausgeteilt:

Im Winter 1807/8   43 017 Portionen
   „   „   1808/9   65 815   „
   „   „   1809/10   83 281   „

An die 800 Menschen sollen in der Stadt Hannnover auf solche Weise beköstigt worden sein.

[1]) Kurzer Abriss S. 429.

[2]) Der Lüneburger Magistrat fasst in einem Berichte an Belleville vom 25. Februar 1809 die Situation dahin zusammen: „En un mot, la misère chez nous est universelle".

[3]) Auch aus dem Amte Diepholz wird im Februar 1808 berichtet, dass infolge des Krieges und der schlechten Nahrung viele Krankheiten, als Nervenfieber, Faulfieber, Frieseln etc. grassiert und zahlreiche Einwohner dahingerafft hätten.

In Celle wurden verteilt:

	Im Winter	1806/7	26 008	Portionen
	„ „	1807/8	25 030	„
	„ „	1808/9	24 994	„
	„ „	1809/10	43 228	„

Den französischen Behörden muss man es lassen, dass sie für die Armut stets ein warmes Herz gehabt haben. Belleville bewirkte u. a. bei Daru, dass den städtischen Armenverwaltungen die Zinsen aus den öffentlichen Kassen ausgezahlt wurden. Bei Gelegenheit der Feier von Kaiser Napoleons Geburtstag im Jahre 1808 [1]) wurden 2000 ₰ für die Armen angewiesen und zur einen Hälfte an die bedürftigsten Militärpensionärs, zur anderen an arme Witwen ausgeteilt. Besonders zeigte sich auch der Wohlthätigkeitssinn der französischen Behörden bei verschiedenen grossen Feuersbrünsten, welche im Jahre 1808 und 1809 im Hannoverschen wüteten. Erwähnung verdienen davon die zu Bodenteich am 18. März 1808 und zu Burgdorf am 25. Juni 1809. Die erstere äscherte 106 Gebäude, darunter 58 Wohnhäuser ein. Der dadurch angerichtete Schaden wurde amtsseitig auf 108 078 ₰ 13 mgr 4 ₰ geschätzt. Schlimmer war noch die andere Feuersbrunst, welche fast das ganze Städtchen Burgdorf (201 Häuser von 283) in Asche legte [2]). Französischerseits wurden nach dem Brande zu Bodenteich sofort 2000 ₰ aus der Kammerkasse bewilligt. Auch erhielt das Kammerkollegium die Autorisation, den Abgebrannten das Holz zum Wiederaufbau der Gebäude aus den Domanialforsten zu verabreichen. Für Burgdorf ward ausser dem Bauholze aus den herrschaftlichen Waldungen eine Summe von 24 000 Fr. angewiesen. Dem Generalgouverneur Lasalcette und dem Intendanten Belleville soll es unvergessen bleiben, dass sie sich bei den Sammlungen für die Abgebrannten persönlich mit namhaften Gaben beteiligten. So gab Lasalcette im Jahre 1808 200 ₰ und im Jahre 1809 100 ₰, Belleville 1808 210 Fr. und 1809 50 ₰. Natürlich blieben hier auch die Hannoveraner nicht zurück. Von allen Seiten strömten die Gaben in Fülle herbei, so dass die erste Not der unglücklichen Abgebrannten bald gelindert werden konnte.

Der überall wachsenden Verarmung freilich vermochte die öffentliche und Privatwohlthätigkeit nicht Einhalt zu thun; um so weniger, als die immer mehr zunehmende Anzahl der Armen und die Abnahme der milden Gaben und Almosen — eine natürliche

---

[1]) Vgl. Hamburger Unparteiischer Korrespondent J. 1808, Nr. 137 und Hannöversche Anzeigen J. 1808, St. 65, 66.
[2]) Hannöversche Anzeigen J. 1809, St. 53, S. 1795 f.

Folge der schweren Zeiten — das Armenwesen vielerorts in grosse Verwirrung brachten. Unter solchen Umständen konnte nicht mehr erreicht werden, als dass dem äussersten Elend gesteuert wurde. Die grosse Masse der Hilfsbedürftigen und Verarmten musste selbst sehen, wie sie ihr Leben kümmerlich fristete.

Kapitel II.
Die Volksstimmung.

Es liegt auf der Hand, dass der wirtschaftliche Niedergang, den die Franzosenzeit mit sich brachte, wie ein Alp auf allen Gemütern lasten musste. Die Mutlosigkeit und Niedergeschlagenheit war allgemein. „Ein solcher bedrängter Zustand, der zum Bettelstabe führt", wird einmal aus Celle berichtet, „muss natürlich eine höchst traurige Stimmung hervorbringen, und diese äussert sich auch von allen Seiten durch bittere Klagen". Aus derselben Stadt verlautet ein anderes Mal (December 1808): „Die Äusserungen des Missmuts und bei nicht wenigen, die keine Hülfe glauben erwarten zu dürfen, selbst der Verzweiflung, werden immer mehr laut, und wir können die gerechte Besorgnis nicht unterdrücken, dass diese angreifende Stimmung in dem bevorstehenden Winter, in welchem sich die Bedürfnisse noch vermehren, und auf der anderen Seite der Mangel an Verdienst noch höher steigen muss, sehr traurige Folgen nach sich ziehen muss." Schon früher, im Juli 1808, hatte die Gouvernementskommission über die starke Vermehrung der Selbstmorde infolge der immer grösser werdenden Notlage zu klagen gehabt. Speziell hören wir aus Lüneburg, manche Einwohner hätten sich ihre Verarmung so zu Gemüte gezogen, dass sie sich das Leben genommen hätten, andere wären darüber wahnsinnig geworden. Auch vom Lande kommen ähnliche Berichte. So wird aus dem Amte Winsen (6. December 1808) gemeldet: „Die Moralität verschlimmert sich seit den letzten Jahren sehr, und zugleich bemerkt man eine allgemeine Mutlosigkeit, welche der Mangel an Nahrung und Gewerben und die Bezahlung unzähliger öffentlicher Abgaben veranlasst, so dass selbige hin und wieder in Verzweiflung ausarten. Einige haben sich ihrer vorherigen Äusserung zufolge wahrscheinlich selbst ums Leben gebracht; und nicht angesessene Einwohner verlassen Frau und Kinder, weil sie sich nicht mehr zu ernähren wissen und die ihnen auferlegten Abgaben nicht bezahlen können"[1]).

Die „Verschlimmerung der Moralität" zeigte sich insbesondere in der uns bekannten ungemeinen Zunahme der Vergehen wider das Eigentum. Die Verfügung der Exekutivkommission vom 24. November 1806, nach der auf dem platten Lande und in den Flecken nächtliche Patrouillen eingerichtet werden sollten[2]), scheint an den meisten Orten nicht zur Ausführung gekommen zu sein. Nur in den Städten ergriff man kräftige Massregeln zum Schutze der öffentlichen Sicherheit. In Lüneburg wurden von der Bürgerschaft z. B. sogenannte „Schleichwärter" in Dienst genommen. In Harburg, Ratzeburg, Verden und an anderen Orten mehr kam es zur Bildung freiwilliger Bürgerwachen, welche bei Nacht in den Strassen vigilierten. In der Stadt Hannover stellte man neben der Stadtmiliz noch besondere Schleichwärter an. In den Städten hört man denn auch nur wenig von Diebstählen und Einbrüchen, während auf dem Lande kaum ein Tag verging, an dem sich nicht mehrere Diebstähle ereignet hätten. Hier und da sammelten sich sogar bewaffnete Räuberbanden, welche die Einbrüche im grossen betrieben und selbst die Landstrassen unsicher machten.

Viel geklagt wird ferner über die Vermehrung der Jagdfrevel. Im Solling soll die Wilddieberei von den Waldbewohnern ganz professionsmässig betrieben worden sein. Ähnliches wird aus dem Deister und anderen waldreichen Distrikten berichtet. Als Grund dieser unerfreulichen Erscheinung wird ebenfalls die wachsende Armut und die daraus entspringende Verzweiflung der Unterthanen angegeben.

Auffallend erscheint, dass die Missstimmung, welche weite Kreise der Bevölkerung ergriffen hatte, nicht häufiger zu Thätlichkeiten gegen die Franzosen führte. Wohl herrschte überall Erbitterung gegen dieselben. Es fehlte auch nicht ganz an Ausbrüchen des Unwillens. Streitigkeiten und Schlägereien zwischen hannoverschen Unterthanen und französischen Soldaten waren nichts Seltenes; mitunter kam es dabei gar zu Mord und Totschlag. Den vereinten Bemühungen der französischen und hannoverschen Behörden aber gelang es zu verhindern, dass solche Vorkommnisse zahlreicher wurden.

---

[1]) Aus dem Amte Bissendorf verlautet (27. September 1809), die dortigen Einwohner befänden sich in der traurigsten Lage. Es sei unmöglich die Steuern einzutreiben, und man habe es selbst sehen müssen, dass ganze Höfe von ihren Wirten und Bewohnern verlassen worden seien.

[2]) Vgl. S. 376 f.

Dass die französischen Befehlshaber durchweg auf eine strenge Manneszucht achteten, haben wir schon früher erwähnt. Diejenigen Soldaten, welche sich Gewaltthätigkeiten gegen hannoversche Einwohner erlaubt hatten, wurden vor ein Kriegsgericht gestellt und schwer bestraft. Beispielsweise ward im März 1808 ein Chasseur Ruffin vom dritten leichten Infanterieregiment zum Tode verurteilt, weil er den Vollhöfner Ehlers aus Oersdorf im Amte Harsefeld erstochen hatte. Im Januar 1809 fand zu Lüneburg die Hinrichtung eines anderen französischen Soldaten statt, der sich ebenfalls eines Mordes schuldig gemacht hatte. Am 7. Februar 1809 zeigte die Gouvernementskommission dem Generalgouverneur Lasalcette an, dass zwei Kanoniere des sechsten französischen Artillerieregimentes zu Düshorn im Amt Fallingbostel die Magd ihres Quartierwirts in eine Kammer gezerrt und daselbst auf das schamloseste vergewaltigt hätten. Lasalcette veranstaltete sofort eine Untersuchung und liess in Verden ein Kriegsgericht über die Missethäter zusammentreten. Wegen eines ähnlichen Verbrechens (Notzucht verbunden mit Beraubung) verurteilte das Kriegsgericht der dritten französischen Dragonerdivision den Trompeter Didier im achten Dragonerregiment zu achtjähriger Kettenstrafe u. s. w. Um den Gelegenheiten zu Reibereien und Streitigkeiten möglichst vorzubeugen, wurde den französischen Soldaten von ihren Vorgesetzten vielfach verboten, sich des Abends auf den Strassen herumzutreiben oder in die Wirtshäuser zu gehen. Ähnliche Massregeln ergriff man auf hannoverscher Seite. Die Verordnung der Gouvernementskommission vom 13. Februar, in welcher die Landeseinwohner aufgefordert wurden, sich gegen das französische Militär so zu betragen, dass demselben kein Anlass zur Unzufriedenheit gegeben werde, ist uns bereits bekannt. Ferner wurden wie zur Zeit der ersten französischen Okkupation, so auch in den Jahren 1807, 1808 und 1809 „das öffentliche Scheibenschiessen, das Halten der Schützenhöfe und die Bauerbiere oder ähnliche öffentliche Gelage" gänzlich untersagt[1]). Am 1. März 1808 erliess die Gouvernementskommission ein Ausschreiben, welches streng verbot, bei Streitigkeiten mit dem französischen Militär die Sturmglocke zu ziehen. Dies war kurz vorher (14. Februar 1808) zu Boetersen im Amte Rothenburg geschehen, und hatte einen grossen Volksauflauf herbeigeführt[2]). Lasalcette

---

[1]) Ausschreiben des Regierungskollegiums vom 7. April 1807, vom 21. Mai 1808 und vom 25. April 1809.

[2]) Moncey schrieb bei dieser Gelegenheit an die Kommission: „Je dois vous observer que le tocsin sonné dans une commune est un des plus grands délits qu'on puisse commettre, lorsqu'il a pour but de rallier les habitants contre les Français".

schickte den Polizeioberst Moncey zur Untersuchung hin. Dieser beobachtete ein sehr mildes Verfahren, indem er je einen von den beteiligten Einwohnern und den französischen Soldaten auf 14 Tage einsperren liess.

Man darf es aber nicht allein diesen und ähnlichen Massregeln zuschreiben, dass die Erbitterung der Hannoveraner gegen die Franzosen nicht zu grösseren Ausbrüchen führte. Der Hauptgrund dafür ist vielmehr in dem schwerfälligen, zu Verschwörungen und Gewaltthätigkeiten wenig neigenden Charakter der Niedersachsen zu suchen. Mit Recht sagt der bekannte Professor Henrik Steffens: „Wenn die nördlichen Staaten Deutschlands überwältigt werden, ist ein kühnes Auflehnen gegen die fremde Gewalt fast unmöglich. Man entschliesst sich, das Verlorene aufzugeben, die harten Anforderungen des Siegers zu erdulden, aber nur, um mit desto grösserer sorgsamer Emsigkeit das Gerettete zusammenzuhalten und für eine dürftige Existenz zu retten"[1]). Diese Worte treffen für die hannoversche Bevölkerung vollkommen zu. Von aufständischen Bewegungen, wie sie z. B. in Hessen während der französisch-westfälischen Zeit wiederholt ausbrachen, ist in Hannover nichts zu merken. Wenn Steffens im Anfang des Jahres 1807 durch den hessischen Verschwörer Martin benachrichtigt wurde, dass ein geheimes von England unterstütztes Bündnis von Hessen und Hannover im Gange sei[2]), so ist das, soweit die hannoverschen Kurlande in Frage kommen, falsch.

Allerdings berichtet Mierzinsky[3]) von einem Aufstandsprojekte im Herbste 1807. Danach hätten Bauern in der Gegend von Gifhorn, Braunschweig und Halberstadt den Plan gefasst, sich der öffentlichen Kassen und des grossen Artillerieparks in Halberstadt zu bemächtigen, in der Hoffnung, alsdann eine Armee rekrutieren und die Franzosen aus dem Lande jagen zu können. Ein Schustergeselle aus Braunschweig, Namens Gelbke, habe die Umgegend von Gifhorn in einer hannoverschen Offiziersuniform bereist, um für Georg III. zu werben, sei aber ergriffen und mit mehreren Wagen voll angeworbener Bauern gefangen nach Hannover gebracht worden. Weiber und Kinder seien nachgefolgt und bald seien die Gefängnisse vollgepfropft gewesen. Bei den Spezialverhören hätten die Verhafteten aus ihrem Anschlage, die Franzosen zu vertreiben, kein Hehl gemacht. Ihre Dummheit

---

[1]) Steffens, Was ich erlebte VI, 154. Vgl. auch Boyen, Erinnerungen I, 365.
[2]) Steffens V, 232.
[3]) S. 38 ff.

bemitleidend, habe Lasalcette ihn, Mierzinsky, welcher damals Dolmetscher beim Spezial-Kriegsconseil gewesen sei, zu sich entboten und ihm aufgetragen, die Gefangenen in dem Gefängnis aufzusuchen und sie zu instruieren, wie sie beim summarischen Verhör aussagen und alles, was sie bis dahin bekannt, widerrufen sollten. Die thörichten Leute seien aber von ihren Ideen so besessen gewesen, dass er mit seinen Vorschlägen kaum Eingang gefunden hätte, wäre es ihm nicht nicht gelungen, die Weiber zu gewinnen, welche „die Verblendeten endlich auf den rechten Weg brachten, dass sie von ihren Versicherungen, die Verjagung der Franzosen, wozu sie so viele Mittel hätten, beabsichtigt zu haben, abstanden und die ihnen in den Mund gelegten Aussagen beim summarischen Generalverhör stotternd vorbrachten". Das Urteil sei dann dahin ausgefallen, dass die Gefangenen den Landesbehörden zu weiterer Untersuchung und Bestrafung übergeben werden sollten, worauf sie eiligst mittelst Kriegerfuhren abgeführt seien.

Diese Erzählung Mierzinskys ist in vielen Punkten unrichtig. Die aktenmässigen Thatsachen sind folgende. Am 22. Oktober 1807 erschienen zu Rethen im Amte Gifhorn vier fremde Männer, von denen einer mit einer roten Uniform bekleidet war und sich für einen Lieutenant im Dienste des englischen Königs ausgab. Sie versuchten in dem Dorfe Rethen einen jungen Mann anzuwerben, wurden aber auf die Anzeige hannoverscher Einwohner durch den Amtmann von Gifhorn, Wynecken, verhaftet, nebst fünf anderen verdächtigen Personen in das Amtsgefängnis geworfen und von dort nach Hannover transportiert. Die Namen der neun Gefangenen waren nach den Rapporten des Gendarmerieobersten Moncey an Lasalcette folgende: Merkel, Meyer (mit Frau), Bodden, Struby, Jäger, Kelp, Gottipruz und Firmain[1]). Kein einziger von ihnen war, wie ausdrücklich angegeben wird, aus dem Hannoverschen. Im Verhör sagte Merkel aus, es bestehe bei einem Teil der braunschweigischen Einwohner der Plan, die Waffen zu ergreifen und die französischen Truppen aus dem Lande zu jagen. Alle ehemaligen braunschweigischen und hannoverschen Soldaten würden an dem Aufstande teilnehmen, ebenso die Handwerker in der Stadt Braunschweig mit ihrem ganzen Anhange. Auch die Einwohnerschaft von Halberstadt sei im Einverständnis. An der Spitze der Insurrektion stehe ein preussischer Kapitän in dem eine Meile von Braunschweig

---

[1]) Die Namen sind durch Moncey offenbar entstellt wiedergegeben. Die Schreibweise Merkel wird richtiger sein als in den Akten vorkommende „Meerckle". Kelp dürfte mit dem von Mierzinsky erwähnten Gelbke identisch sein.

hart an der hannoverschen Grenze belegenen Dorfe Thune[1]). In Halberstadt lagen grosse Waffen- und Pulvervorräte bereit. Merkel selbst rühmte sich verschiedener Unterredungen mit dem Herzoge Wilhelm[2]) und wollte nebst mehreren anderen Personen den Auftrag erhalten haben, sich in das Hannoversche zu begeben und dort für das Unternehmen zu werben. Nach Vollziehung dieses Auftrages sollte er, wie er weiter angab, wieder in das Braunschweigische zurückkehren und in dem Dorfe Wintel (?)[3]) das Zeichen zum Losbruch durch einen Flintenschuss geben. Alle Einwohner, welche sich dem Aufstande dann nicht anschliessen würden, sollten ermordet werden.

Der zweite Angeklagte, Meyer, behauptet, von Merkel gehört zu haben, dass ihm durch einen englischen Offizier ein Petschaft und Papiere zugestellt worden seien, um damit Mannschaften zu werben. Der Offizier solle Geld versprochen und ausgesagt haben, dass bereits 3000—4000 Rekruten angeworben, und dass er der braunschweigischen und hannoverschen Soldaten völlig sicher sei. Struby, der angebliche Lieutnant — er trug im Augenblicke seiner Verhaftung eine rote Uniform und war mit einem Siegelring und mit Papieren versehen, welche den Namenszug des englischen Königs trugen — verweigerte jede Aussage. Jäger erklärte, in der Nacht vom 21. auf den 22. Oktober seien Merkel, Meyer und Struby bei ihm erschienen und hätten ihm bedeutet, sie seien von den Engländern beauftragt, möglichst viele Leute anzuwerben, um daraus ein Armeekorps zu bilden. Dieses sollte nach erfolgter Formation nach Braunschweig marschieren, wo es Geld und Waffen in Hülle und Fülle finden würde. Merkel, Meyer und Struby hätten ihm so lange zugesetzt, bis er ihnen willfahrt habe, um nur die Quälgeister loszuwerden. Bodden behauptete gleichfalls von den eben genannten Personen

---

[1]) Hiermit könnte vielleicht der preussische Offizier a. D. Tempsky gemeint sein, welcher nachmals bei den aufständischen Bewegungen im Königreich Westfalen eine Rolle spielte. Tempsky war aber nicht in Thune sondern bei Helmstedt zu Hause.

[2]) Unter dem „prince Guillaume" kann nur der Herzog Friedrich Wilhelm von Braunschweig-Öls verstanden werden. Über die angebliche Unterredung Merkels mit dem Herzoge enthält ein Rapport Monceys vom 14. Oktober 1807 folgenden Passus: „M. déclare qu'il y a environ trois mois, en sortant le soir de Brunswick, il a rencontré un homme à lui inconnu, qui après plusieurs questions lui a dit qu'il était le prince Guillaume et lui a demandé des nouvelles du pays. Merkel lui ayant parlé du projet d'insurrection et du capitaine qui était à la tête du mouvement, il en a beaucoup ri et lui a dit que c'était une bêtise; alors il a tiré sa bourse, lui a donné 5 ₰ et l'a quitté. Il déclare avoir rencontré le même homme deux fois depuis".

[3]) Ein Ort dieses Namens ist nicht vorhanden. Vermutlich ist das Dorf Wenden dicht bei Thune gemeint.

überredet worden zu sein, sich ihnen anzuschliessen und sie auf ihren Wanderungen zu begleiten. Von ihren Projekten wollte er keinerlei Kenntnis gehabt haben. Auch die übrigen Verhafteten beteuerten, von den Insurrektionsplänen nichts gewusst zu haben. Sie hätten, versicherten sie, Braunschweig verlassen, um auf dem Lande Viktualien einzukaufen. Bei der Gelegenheit habe sich Meyer zu ihnen gesellt und sie verlockt, mit nach Rethen zu gehen, wo sie das Gewünschte finden würden. So seien sie eben mitgezogen.

Merkel denunzierte des weiteren dreizehn Personen, welche an dem Aufstandsprojekte beteiligt sein sollten. Auch diese waren durchweg braunschweigische Unterthanen; nur ein hannoverscher Einwohner befand sich darunter: ein Gastwirt aus Gross-Schwülper im Amte Gifhorn, welcher seine Wirtschaft den Merkel, Struby etc. zur Verfügung gestellt hatte. Die Angeschuldigten wurden sofort gefänglich eingezogen. Allein es fand sich nichts sie Belastendes. Einige gaben allerdings zu, zur Teilnahme an der Insurrektion aufgefordert zu sein, leugneten aber, sich darauf irgendwie eingelassen zu haben. Von dem angeblichen preussischen Offizier in Thune war keine Spur zu entdecken.

Den Franzosen, die anfänglich die Untersuchung mit grossem Eifer geführt hatten, verging bei dem offenbaren Unsinn, den die Verhöre zu Tage förderten, bald die Lust dazu. Lasalcette, der die Sache gern los gewesen wäre, vertrat die Ansicht, da die Verhafteten fast sämtlich aus dem Braunschweigischen seien, so gehe ihn die Affaire überhaupt nichts an, vielmehr müsse die Untersuchung zu Braunschweig geführt werden. Der dort kommandierende General Rivaud behauptete dagegen, die Schuldigen müssten da gerichtet werden, wo sie verhaftet seien. Übrigens legten weder Lasalcette noch Rivaud der ganzen Angelegenheit irgend welche Bedeutung bei, sondern sahen das Insurrektionsprojekt für ein Hirngespinst an, dem jede materielle Unterlage fehle. Sie glaubten — wohl mit Recht — dass es sich bloss um Werbung von Soldaten für England handele. Schuldig in dieser Beziehung schienen ihnen Merkel, Meyer, Struby und Jäger zu sein; bei den übrigen nahmen sie die Unschuld als erwiesen an. Was mit den vier genannten Personen nun geschehen ist, ob sie in der von Mierzinsky angegebenen Weise vor eine Militärkommission gestellt und von dieser den Landesbehörden übergeben worden sind, oder wie man sonst mit ihnen verfuhr, darüber schweigen die Akten. Bei der grossen Strenge, mit welcher die Franzosen sonst gegen die englischen Werber vorgingen, lassen sich einige gelinde Zweifel an der Erzählung Mierzinskys nicht unterdrücken.

Die Werbung für die englisch-deutsche Legion hat während der Jahre 1806—1810 nie völlig aufgehört. Am lebhaftesten ward sie in den Küstengegenden betrieben[1]). Man darf dabei nicht an englische Emissäre denken; vielmehr waren es Landeseinwohner, welche sich dem gefährlichen Geschäfte unterzogen. Es ereignete sich auch mehrfach, dass Personen als der englischen Werberei verdächtig von den Franzosen verfolgt wurden. So fahndete man im Herbst 1808 auf einen Untervogt Kaarmann aus Müssleringen im Amte Stolzenau, ohne jedoch seiner habhaft zu werden. Im Frühjahr 1810 wurden zwei Hamelnsche Bürger Namens Goecke und Kuckuk aus dem gleichen Grunde verhaftet. Von Zeit zu Zeit wiederholten die französischen Behörden das Verbot der Werbung für den englischen Dienst[2]). Am 24. November 1809 traf Lasalcette die Verfügung, dass die Amts- und Lokalbehörden monatlich eine Versammlung der Eingesessenen einberufen und in derselben das Edikt gegen die Werbereien zur Verlesung bringen sollten. Die heimischen Behörden begünstigten indessen selbst die verbotene Werbung; so gab der Polizeidirektor Meyer vielen, die zur Legion wollten, Pässe als Kaufmannsdiener.

Vermochten die Franzosen schon die Werbung für die englisch-deutsche Legion nie ganz zu unterdrücken, so noch viel weniger den Verkehr mit Waren und die schriftliche Korrespondenz nach England. Dass der Aufenthalt des Legationsrats von Hinüber und des Geheimen Kanzleisekretärs Roscher zu Altona resp. Hamburg neben der Verwaltung geheimer Fonds auch die Vermittelung des schriftlichen Verkehrs zwischen Hannover und England zum Zweck hatte, ist uns bereits bekannt[3]). Nächst diesen beiden Männern spielten die Postmeister Meyer zu Hannover und Johanns[4]) zu Hamburg eine hervorragende Rolle als Vermittler. Auch Schirrmeister, Schenkwirte, Schiffer, Schmuggler und Harzer Vogelhändler leisteten gute Dienste[5]). Es lässt sich ohne Übertreibung behaupten, dass ein Netz geheimer Zwischenträger, dessen Maschen überall in einander griffen, über das ganze Land verbreitet war.

Man glaube nicht, dass der schriftliche Verkehr mit England nur in einer „Familienkorrespondenz von Militärs" bestanden habe,

[1]) Kriegerleben des Johann von Borcke S. 153, (Heusinger), Achtundvierzig Jahre I, 127.
[2]) Vgl. das Schreiben Lasalcettes an die Gouvernementskommission vom 22. August 1809. Hannöversche Anzeigen J. 1809, St. 69.
[3]) Vgl. S. 399.
[4]) Vgl. S. 356, Anm. 4.
[5]) Mierzinsky S. 82. Vgl. auch Ompteda, Politischer Nachlass I, 417 ff. und Heusinger I, 122 ff.

wie der Polizeidirektor Meyer jenem französischen Spion einzureden versucht hatte [1]). Nein, auch die offizielle Korrespondenz der hannoverschen Behörden mit dem englischen Könige resp. dem hannoverschen Minister bei der Person des Königs, Grafen Münster, ward in den Jahren 1806—1810 insgeheim fortgesetzt. Beispielsweise übersandte das Landesdeputations-Kollegium im Juli 1807, als die ersten Gerüchte über eine von Napoleon beabsichtigte (und kurz darauf durch die Vereinigung der Provinzen Göttingen-Grubenhagen und Osnabrück sowie des Harzes mit dem Königreich Westfalen bewerkstelligte) Zerstückelung Hannovers auftauchten, Bittschriften an den König Georg, den Prinzen von Wales und den Grafen von Münster. In denselben war ausgeführt, in dem Lande herrschten allenthalben „ängstlichste Besorgungen", dass Napoleon die dauernde Losreissung Hannovers von dem Welfenhause plane. Dem gegenüber beruhe die einzige Hoffnung der Hannoveraner auf dem von Georg III. „allergnädigst im vorigen Jahre eröffneten Entschluss, Höchstihro angestammten alten Erblande weder im ganzen noch zum Teil aufgeben oder vertauschen zu wollen" [2]). Wie das Landesdeputations-Kollegium so haben auch die hannoverschen Minister in der ersten Zeit der Okkupation noch mehrfach Eingaben und Berichte nach England gesandt. Später, als sie teilweise aus der Hauptstadt des Kurfürstentums verbannt waren und ihren geheimen Einfluss auf die Landesverwaltung mehr und mehr eingeschränkt sahen, scheinen keine fortlaufenden Berichte mehr abgegangen zu sein. Dagegen fuhren die Minister fort mit dem Grafen von Münster privatim zu korrespondieren. Münster seinerseits unterhielt einen ausgedehnten Schriftwechsel nach dem Hannoverschen und dem Festland überhaupt. Den Vermittler dabei machte der englische Vizekonsul Edouard Nicolas in Helgoland.

Als ein Wunder erscheint, dass die Franzosen trotz ihres ausgedehnten Spionagesystems nicht dieser Korrespondenz auf die Spur gekommen sind. Wir dürfen hierin einen Beweis für die Rechtlichkeit des hannoverschen Volkscharakters sehen, der einer Verräterei nicht fähig war. Auch war „bei manchen Zufällen, die hätten Licht geben können", das Glück auf hannoverscher Seite [3]). Ein interessantes Beispiel hierfür aus dem Jahre 1809 erzählt der damalige Polizeidirektor, spätere Oberamtmann Meyer in seinen hinterlassenen Aufzeichnungen.

---

[1]) Vgl. S. 381 f.
[2]) Das Welfenhaus hat dieses auch sonst wiederholte Versprechen nicht gehalten; vielmehr hat es im Wiener Kongress seine Einwilligung zu dem Umtausch des Herzogtums Lauenburg, des Amtes Klötze etc. gegeben.
[3]) Aufzeichnungen des Amtmanns Meyer.

Danach war ein kurfürstlicher Stallknecht, der heimlich mit einer
Menge Briefe aus England zurückgekehrt war, von der französischen
Gendarmerie aufgespürt und vor den Generalgouverneur geführt
worden. Die Franzosen hatten eine kindische Freude an dem Fang,
als hätte man den Hauptschlüssel zu allen Geheimnissen gefunden*.
In der That befand sich unter den dem Stallknecht abgenommenen
Papieren ein kompromittierendes Schriftstück: ein Brief des Grafen
von Münster an den Geheimen Kammerrat von der Wense, welcher
„eine Aufgabe zu einer Zahlung" aus den geheimen Fonds enthielt.
Zum Glück vermochte weder Lasalcette noch jemand aus seiner
nächsten Umgebung deutsche Schrift zu lesen. Man liess also den
Polizeidirektor Meyer holen und ersuchte ihn die Briefe vorzulesen.
Meyer hielt den Boten und seine Briefe anfänglich für ganz harmlos,
bis er bei der Durchsicht der Adressen die Handschrift des Grafen
Münster erkannte. Schnell gefasst, wie er war, beschloss der
Polizeidirektor jenes verfängliche Schreiben zu unterschlagen. Zu
dem Ende erbrach er zunächst Briefe von Stallbedienten und
Legionärs, die ihm gleichgültig schienen. Den Münsterschen Brief
schob er wie zufällig etwas zur Seite. Dann nahm er eine Prise
Taback. Dies liess es unauffällig erscheinen, dass er gleich darauf,
während er über den Inhalt der erbrochenen Briefe referierte, das
Taschentuch zog, es benutzte und gleichsam achtlos auf das Münstersche
Schreiben fallen liess. Meyer erbrach dann von neuem mehrere
Briefe, las, gab den Inhalt an und nahm schliesslich das Taschen-
tuch mit dem darunter befindlichen Briefe wieder an sich, ohne
dass die anwesenden Franzosen den Streich gemerkt hätten. Der
Inhalt der übrigen Schriftstücke war völlig belanglos, so dass die
Franzosen, welche zuerst einen Hauptfang gemacht zu haben
glaubten, sehr enttäuscht waren[1]).

Erhöhte Bedeutung erlangte der Verkehr mit England seit dem
Ausbruche des Krieges zwischen Österreich und Frankreich im
Jahre 1809. Auch für das Kurfürstentum Hannover war es eine
Frage von eminenter Wichtigkeit, welchen Anteil England an den
kriegerischen Ereignissen nehmen würde. Wir dürfen uns daher für
berechtigt halten auf diesen Punkt näher einzugehen[2]).

[1]) Vgl. auch die allerdings etwas dichterisch ausgeschmückte Darstellung
dieser Geschichte in dem Roman A. von der Elbe's Die Brüder Meienburg I, 169 ff.

[2]) Die Hauptquelle für das Folgende bietet die im Staatsarchiv zu Hannover
ruhende Korrespondenz des Grafen von Münster mit dem Grafen Ernst von
Hardenberg zu Wien, ehemaligem hannoverschen Gesandten am österreichischen
Hofe. Erst ein kleiner Teil dieser Korrespondenz ist durch Hassel in dem ersten
Bande der „Geschichte der preussischen Politik 1807—15" veröffentlicht worden.
Der bei weitem grössere Teil ist noch ungedruckt und meines Wissens nur von

Bereits im Oktober 1808 hatte der österreichische Minister Stadion bei dem englischen Gouvernement um den Abschluss eines Subsidienvertrages für den Fall eines Krieges mit Frankreich nachgesucht. Die Mittelspersonen spielten dabei der frühere hannoversche Gesandte am Wiener Hofe Graf Ernst von Hardenberg und der Graf von Münster[1]). Durch sie liess Stadion die englische Regierung wissen, dass Österreich für die kriegerischen Zurüstungen eines ersten Fonds von $2^1/_2$ Millionen Pfd. St. und daneben einer jährlichen Unterstützung von 5 Millionen Pfd. St. bedürfe[2]). Als die Antwort aus London (vom 23. December) unbefriedigend ausfiel[3]), ging der österreichische General Graf von Wallmoden, ein Sohn des uns aus der Katastrophe von 1803 bekannten hannoverschen Feldmarschalls, Ende Januar 1809[4]) in geheimer Mission nach London, um die Abschliessung eines Subsidientraktats zu betreiben und die weiteren Schritte mit dem englischen Kabinett zu vereinbaren. Unter anderem hatte er vorzuschlagen, falls England nicht selbst eine Landung im nördlichen Deutschland beabsichtige, möge die militärische Organisation der hannoverschen Provinzen dem Kurfürsten von Hessen übertragen werden. Der Oberbefehl über die Streitkräfte im nördlichen Deutschland war von der österreichischen Regierung dem Könige Friedrich Wilhelm III. von Preussen zugedacht, den man in den Krieg hineinzuziehen hoffte[5]). Wallmoden kam am 28. März in London an[6]). Er unterzeichnete am 24. April einen Friedensvertrag zwischen Österreich und Grossbritannien und kehrte mit demselben am 25. nach dem Festlande zurück. Der Vertrag legte den beiden Regierungen in allgemeinen Worten die Verpflichtung auf, „sich gegenseitig so viel als möglich wider den gemeinsamen Feind zu helfen"[7]). Zu dem Abschluss eines förmlichen Subsidienvertrags, wie ihn Österreich wünschte, wollte sich die englische Regierung nicht verstehen. Auch kargte man in London mit der

---

W. Oncken in seinem „Zeitalter der Revolution, des Kaiserreichs und der Befreiungskriege" benutzt worden, doch durchaus nicht in erschöpfender Weise.
[1]) (von Hormayr), Lebensbilder aus dem Befreiungskriege I, 52 ff.
[2]) Hassel, Geschichte der preussischen Politik I, 539.
[3]) Vgl. Lebensbilder aus dem Befreiungskriege I, 58.
[4]) Nicht im December 1808, wie A. Beer (Zehn Jahre österreichischer Politik 1801—1810 S. 425) angiebt. Vgl. Oncken, Das Zeitalter der Revolution, des Kaiserreichs und der Befreiungskriege II, 438.
[5]) Münster an Hardenberg, 6. April 1809.
[6]) Das.
[7]) „De s'aider mutuellement contre l'ennemi commun en autant que cela sera possible". Münster an Hardenberg, 22. und 29. April 1809.

Geldhülfe. Man behauptete, durch den Krieg auf der spanischen Halbinsel erschöpft zu sein und darum die von Österreich verlangte Summe nicht liefern zu können. Als ersten Fonds wollte man nur 250000 Pfd. St. nach Malta schicken; ferner verhiess man, der österreichischen Regierung 3 Millionen Piaster aus Spanien zuzuführen. Eine bestimmte jährliche Subsidie ward nicht versprochen; es hiess, dass man sich bemühen würde, Österreich während der Dauer des Krieges mittelst finanzieller Massregeln mit einer jährlichen Unterstützung bis zu 3 Millionen Pfd. St. zu Hülfe zu kommen¹).

Ebensowenig wie auf den Abschluss eines Subsidienvertrages wollte die englische Regierung sich auf eine Militärkonvention mit Österreich einlassen. Sie schlug es rundweg ab, bindende Zusagen wegen einer Expedition nach dem nördlichen Deutschland zu geben. Auf der anderen Seite aber wollte man in London auch nichts davon wissen, dass der Kurfürst von Hessen die geplante Insurrektion im Hannoverschen leiten sollte. Den Vorschlag vollends, dass der Oberbefehl über alle Truppen im nördlichen Deutschland dem Könige von Preussen übertragen werden solle, erklärte man für gänzlich unannehmbar. Graf Münster schrieb darüber am 6. April 1809 an den Grafen von Hardenberg in Wien: „Nichts wäre verkehrter als diese Idee. Wenn man auf den Patriotismus der Völker rechnen muss, die man bewaffnen will, so darf man sie nicht einem Fürsten unterstellen, der keinen Anspruch auf ihr Vertrauen hat. Noch viel weniger darf man sie durch den Gedanken beunruhigen, dass sie wieder der preussischen Regierung, die sie doch mehrfach verraten hat, unterworfen werden könnten. Die augenscheinlich in Wien gehegte Idee, dass der preussische König sich unter dem Einflusse seines Unglücks völlig gebessert habe, ist keineswegs durch die Erfahrung bestätigt. Der König will, dass Sie begreiflich machen, wie er nie seine Einwilligung dazu geben könne, dass der König von Preussen sich in die Interessen der Kurlande mische. Dagegen wird der König gern bereit sein, mit Österreich gemeinschaftliche Sache zu machen"²). Und am 22. April wiederholte Münster:

---

¹) Münster an Hardenberg 22. April 1809.
²) Rien ne saurait être plus mal conçu que cette idée. Lorsqu'on doit compter sur le patriotisme des peuples qu'on veut armer, il ne faut pas les assigner à un prince, qui n'a aucun droit à leur confiance, et beaucoup moins les allarmer par l'idée de se voir derechef soumis à la Prusse, qui les a trahi plus qu'une fois. L'idée qu'on paraît avoir à Vienne, que le Roi de Prusse ait été entièrement corrigé par ses malheurs, n'est certainement pas appuyée par les résultats de l'expérience, et le Roi veut que vous fassiez sentir, qu'il ne peut jamais consentir,

„Ich habe ausdrücklich im Namen des Königs gegen jenes Arrangement protestieren und Ihnen auftragen müssen, den Wiener Hof zu benachrichtigen, dass Se. Majestät nun und nimmer einwilligen würden, die Interessen ihrer deutschen Unterthanen einem fremden Fürsten und namentlich nicht dem preussischen Könige anzuvertrauen" [1]).

Wir wissen leider nicht, ob und wie weit diese Willensäusserungen des englischen Königs auf den Gang der österreichisch-preussischen Verhandlungen, welche den Beitritt Preussens zum Kriege gegen Napoleon bezweckten, eingewirkt haben. Wenn wir aber vernehmen, in wie unbilliger Weise Graf Stadion die preussische Hülfe forderte, ohne doch irgendwelche bestimmte Verpflichtungen gegen Preussen übernehmen zu wollen [2]), so fühlen wir uns versucht, zu glauben, dass die Mitteilungen des Grafen von Münster nicht ohne Einfluss auf das brüske Benehmen des österreichischen Ministers gegenüber Preussen gewesen sind.

So viel ergiebt sich aus den Münsterschen Äusserungen mit absoluter Gewissheit, dass König Georg III. und sein vertrauter Ratgeber Münster im April 1809 noch weit davon entfernt waren ihren Groll gegen Preussen fahren zu lassen, und dass sie von einer Mitwirkung Preussens bei der Befreiung von Hannover durchaus nichts wissen wollten. Es konnte also auch nicht in der Absicht der englischen Regierung liegen, eine Erhebung Preussens gegen Frankreich thatkräftig zu unterstützen. Wenn daher der bekannte Oberst von Steigentesch in seinem Berichte an Stadion d. d. Königsberg, 16. Juni 1809 behauptet, der englische Konsul Drusina in Königsberg habe hinlängliche Vollmacht, der preussischen Regierung alle mögliche Unterstützung anzubieten; überhaupt scheine England gegen Preussen freigebiger als gegen jede andere Macht handeln und grosse Opfer bringen zu wollen [3]), so sind wir befugt, diese Angabe für gänzlich

---

que S. M. Prussienne se mêle des intérêts de ses états au cas que la guerre éclate dans le Nord; mais qu'il saura bien aise d'agir de concert avec l'Autriche pour l'intérêt commun.

[1]) J'ai dû protester formellement au nom du Roi contre cet arrangement et vous charger en même temps de prevenir la Cour de Vienne, que S. M. ne consentirait jamais à confier les intérêts de ses sujets Allemands à un Prince étranger, surtout au Roi de Prusse, mais qu'elle serait bien aise d'agir de concert avec l'Autriche.

[2]) Vgl. darüber Duncker, Friedrich Wilhelm im Jahre 1809: Abhandlungen zur neueren Geschichte S. 281, 292 und Oncken, Das Zeitalter der Revolution, des Kaiserreichs und der Befreiungskriege II, 436 f.

[3]) Stern, Abhandlungen und Aktenstücke zur Geschichte der preussischen Reformzeit S. 74.

falsch zu halten. Thatsächlich liegt nicht der geringste Anhaltspunkt dafür vor, dass die englische Regierung während des österreichisch-französischen Krieges der preussischen Regierung irgendwelche Unterstützung, sei es mit Waffen, sei es mit Geld angeboten habe. Allerdings soll man in London einem preussischen Offizier Namens von Kleist im März 1809 den Beistand des englischen Gouvernements in Aussicht gestellt haben [1]). Wie wir aus dem Briefwechsel zwischen Münster und Hardenberg ersehen, war dieser Offizier aber nur privatim „von hervorragenden Persönlichkeiten seiner Heimat" nach London gesandt worden, „um wegen einer Insurrektion der Einwohner Preussens und Niedersachsens für den Fall des Krieges zu verhandeln"[2]). In einem späteren Schreiben des Grafen von Münster (29. April) finden wir den Passus, dass Kleist sich der englischen Hülfe für den Fall versichert habe, dass die ehemaligen (jetzt westfälischen) Unterthanen des preussischen Königs die Waffen zu dessen Gunsten ergreifen würden. Die preussische Regierung hatte mit der Mission Kleists nichts zu schaffen.

Jedenfalls bedurfte die preussische Regierung aber der englischen Hülfe auf das dringendste, wenn sie in den Krieg gegen Napoleon eingreifen wollte. Friedrich Wilhelm III. hat es selbst ausgesprochen, ehe Preussen sich zum Kriege entschliessen könne, müsse man Sicherheit haben, dass England Landungen im nördlichen Deutschland ins Werk setzen und Subsidien, Waffen und Munition herbeischaffen werde, um nicht abermals, wie im Feldzuge 1806/7, leer auszugehen. „Fielen diese Unterstützungen hinweg, so würde der Zutritt Preussens, wenn nicht unmöglich, doch von so geringer Bedeutung für den günstigen Erfolg bleiben, dass die Gefahr Preussens mit dem Vorteil für das Ganze schwerlich ins Gleichgewicht fallen würde."[3]) Wenn die preussische Regierung es gleichwohl unterliess, sofort um die englische Hülfeleistung nachzusuchen, so geschah das, weil sie der Überzeugung lebte, dass das englische Kabinett doch nicht geneigt sein werde, ihr seinen Beistand angedeihen zu lassen[4]). Erst in

---

[1]) Bericht des Gesandten von Ompteda an Georg III, London 14. Juni 1809. Ompteda, Politischer Nachlass I, 433.

[2]) „Par des individus marquants de son pays pour traiter d'une insurrection des habitans des États Prussiens et de la Basse-Saxe, au cas que la guerre de l'Autriche éclaterait." Münster an Hardenberg, 13. März 1809.

[3]) Vgl. Duncker, Abhandlungen aus der neueren Geschichte S. 270 und Lehmann, Scharnhorst II, 254.

[4]) Vgl. die Äusserung des preussischen Ministers von der Goltz zu dem Gesandten von Ompteda (24. Mai): „Je n'ignore point qu'il nous sera plus difficile qu'à tout autre cabinet de rétablir une heureuse intelligence avec cette puissance. Nous avons été si souvent accusés de perfidie et de mauvaise volonté que nous

der zweiten Hälfte des Mai nahm der preussische Minister von der Goltz eine Reise des früheren hannoverschen Gesandten am Berliner Hofe, von Ompteda, nach England zum Anlass, um dem englischen Gouvernement das dringende Bedürfnis Preussens nach Geld und Waffen kund zu thun. Nur dann könne Preussen sich dem Kriege gegen Napoleon anschliessen, erklärte der preussische Minister dem Herrn von Ompteda, wenn es von auswärtiger Seite beträchtliche Unterstützungen empfange [1]).

Ompteda kam am 11. Juni in London an. Der Graf von Münster war, wie uns Ompteda in seinen Lebenserinnerungen zu verstehen giebt [2]), von dem Zwecke der Reise nicht eben erbaut. Graf Münster sowohl als auch König Georg III. konnten sich noch immer nicht mit dem Gedanken befreunden, dem verhassten Preussen Unterstützungen zu gewähren. Man versteifte sich in London darauf, dass man erst weitere Nachrichten von dem preussischen Minister erwarten müsse, welche über den Entschluss Friedrich Wilhelms III. sich an dem Kriege gegen Napoleon zu beteiligen, zweifellose Klarheit verschaffen würden, ehe man sich über irgendwelche Hülfeleistungen schlüssig machen könne [3]). Als diese weiteren Nachrichten ausblieben — von der Goltz hatte offenbar zunächst weiter nichts beabsichtigt, als das brittische Gouvernement zu sondieren — unterliess die englische Regierung es auch gänzlich, Preussen irgendwelche Anerbietungen zu machen; ein Beweis, dass sie nichts weniger als ernstlich an eine Unterstützung Preussens dachte.

Auch die geplante englische Expedition nach dem nördlichen Deutschland kam nicht zu stande. Eine solche Landung würde von weittragender Bedeutung gewesen sein. Im ganzen Norddeutschland würde sich die Flamme des Aufstandes gegen Frankreich entzündet haben, auch die preussische Regierung würde ohne Zweifel mit fortgerissen sein [4]). Österreichischerseits drang man deshalb mit Nach-

---

aurons bien de la peine à établir la confiance indispensable à une négociation de ce genre." Bericht Omptedas an Georg III., London 14 Juni 1809. Ompteda, Politischer Nachlass I, 432.

[1] „Depourvue presque de tout après une guerre aussi desastreuse, manquant d'armes et surtout d'argent, la Prusse ne scauroit mettre en campagne des troupes, dont avec des secours suffisants, elle ne manquerait pas d'ailleurs. Ompteda, Politischer Nachlass I, 432.

[2] Das. S. 425 f.

[3] Ompteda an Goltz, 28. Juni 1809. Ompteda I, 443 f.

[4] In einem Schreiben an Hardenberg vom 29. April 1809 bezeichnet Münster als Zweck der Expedition: „Premièrement de détacher le Danemarc de son alliance avec Bonaparte, ou du moins de le forcer à déclarer la neutralité de Holstein afin de mettre le Nord à l'abri de ses incursions qu'il ne fait que trop

druck auf eine Landung an den Mündungen der Elbe oder Weser.
. Der österreichische Unterhändler, Fürst von Starhemberg, setzte die
Bemühungen des Grafen von Wallmoden fort, das englische Kabinett
für dieses Projekt zu gewinnen. Auch Graf Münster bemühte sich
eifrig in diesem Sinne. Wie der letztere sich die Mitwirkung Preussens
für den Fall einer englischen Expedition nach Norddeutschland
dachte, dürfte schwer zu sagen sein. Aufklärung darüber giebt
vielleicht ein Schreiben, welches Münster am 11. Mai 1811 an
Hardenberg richtete. Darin hiess es: „Was Preussen anbetrifft, so
existierte im Jahre 1809 eine ausgebreitete Verbindung zwischen
hervorragenden Persönlichkeiten, welche entschlossen waren, mit
einem Teile der preussischen Armee zu den Engländern überzugehen,
falls diese eine Landung an der (deutschen) Küste ins Werk gesetzt
hätten"[1]).

Übrigens vollzog sich nach und nach in dem Grafen Münster
eine Sinnesänderung. Gneisenau, der sich von August bis November 1809 in England aufhielt und viel dazu beitrug, in den
leitenden englischen Kreisen eine versöhnlichere Stimmung gegenüber
Preussen zu erwecken[2]), konnte über jenen schreiben: „Er hasste
ehemals ebenfalls Preussen, aber er fühlte das Unglück von Deutschland
so tief, dass er seinen ehemaligen Groll ganz vergessen hat (?), in
Preussens Erhaltung die Bedingung der Rettung des nördlichen
Deutschlands erblickt, und sofern man nicht sein Hannover antastet, zu allem mitzuwirken bereit ist"[3]).

Um auf die englische Expedition zurückzukommen, so war
Graf Münster noch zu Ende April überzeugt, dass es gelingen
werde, die Einwilligung des englischen Kabinetts zu der Landung an
der hannoverschen Küste zu erlangen. Wirklich wurde der Minister
Canning dafür gewonnen. Dieser konnte aber nicht gegen seine
Kollegen, namentlich den starrköpfigen Castlereagh, durchdringen.

---

attendre après qu'il aura fait sa paix avec la Suède. Secondement d'établir une
communication commerciale confidemment politique et surtout militaire avec
l'Autriche et la Prusse, et troisièmement de venir au secours des peuples qui
voudraient secouer le joug de la France, et qui ne pourraient se soulever à moins
d'avoir un point de réunion et d'être assurés de pouvoir se procurer des armes
et d'être assistés par des corps suffisants de cavallerie et d'artillerie.

[1]) „Quant à la Prusse il existait en 1809 une union étendue parmi des
personnes marquantes qui étaient résolues à passer avec une partie de l'armée
prussienne du côté des Anglais, au cas que ceux-ci eussent fait un débarquement
sur la côte."

[2]) Pertz, das Leben des Feldmarschalls Grafen Neithardt von Gneisenau
I, 566 ff.

[3]) Das S. 571.

Sei es aus persönlichen Motiven, sei es, dass man Bedenken trug, eine Landung an der Weser resp. Elbe zu unternehmen, ohne von Preussens Absichten genau unterrichtet zu sein, man beschloss in der zweiten Hälfte des Juni, die geplante grosse Expedition nicht nach dem nördlichen Deutschland, sondern nach Holland zu dirigieren, um sich Antwerpens, dieses „grossartigen Lieblingsetablissements Napoleons" [1]), mit seinen ungeheuren Arsenalen zu bemächtigen [2]). Das britische Kabinett behielt sich vor, nach erreichtem Zwecke die Hälfte der Expedition nach dem nördlichen Deutschland zu versetzen. Dazu sollte es aber nicht kommen. Die Unternehmung scheiterte an der Unfähigkeit des englischen Feldherrn und an der holländischen Sumpfluft, welche einen grossen Teil des Heeres hinraffte.

Es darf nicht verschwiegen werden, dass die Schuld an dem unseligen Beschlusse, die Expedition nach der Scheldemündung zu richten, hauptsächlich einen Hannoveraner, nämlich den General von der Decken trifft. Wenn wir uns auch dem harten Urteil, welches Gneisenau über den späteren hannoverschen Generalfeldzeugmeister fällt [3]), nicht unbedingt anschliessen können, so wird es doch richtig sein, dass von der Decken dem englischen Kabinett eine Unternehmung nach Deutschland als „zwecklos und gefährlich, und die Deutschen als unsoldatisch, feige und den Franzosen ergeben" geschildert habe. Bei den grossen Begriffen, die man in London von der Einsicht und den militärischen Kenntnissen des hannoverschen Generals hatte, war sein Rat von massgebendem Einflusse auf die Entschliessungen des britischen Kabinetts.

Für den Grafen von Münster, der auf das Zustandekommen der Expedition nach dem nördlichen Deutschland mit Sicherheit gerechnet hatte, war die anderweitige Bestimmung derselben ein schwerer Schlag. Er hatte es sich bereits angelegen sein lassen eine Insurrektion im nördlichen Deutschland vorzubereiten. Der Biograph Münsters, Hormayr, erzählt darüber, in den ersten Julitagen sei ein Herr von Wersebe „mit 15 000 ₤, einem Kredit von 5000 Pfd. St. für den ersten Anfang und einer Ladung Gewehre" die

---

[1]) Lebensbilder aus dem Befreiungskriege I, 66.
[2]) Schon am 30. Juni musste Münster Hardenberg mitteilen: „Je vous ai parlé de la peine que je me suis donné d'appuyer les efforts du Prince de Starhemberg, pour diriger l'expédition qui se prépare vers le Nord de l'Allemagne. On profère un projet qui est plus dangereux, et le but n'est que de s'emparer des arsenaux d'Anvers et de se rembarquer lorsqu'ils seront détruits". — Am 15. Juli schrieb Münster nach Wien: „L'expédition est sur le point de partir. On n'a pas changé sa destination, et je ne saurais changer ma manière de l'envisager". Am 28. Juli stach die Expedition in See.
[3]) Pertz, Gneisenau I, 570.

Weser hinaufgegangen; desgleichen sei ein Herr von Hake mit Geld, Kleidung und Munition nach Ritzebüttel aufgebrochen. Am 8. Juli habe von Emden und Hannover bis auf den Harz alles gleichzeitig in Flammen stehen sollen. Als nun im englischen Kabinett beschlossen worden sei, die Expedition nach dem Holländischen zu schicken, habe Münster eiligst Gegenbefehle gegeben, um zweckloses Unglück zu verhüten. Fast verzweifelnd habe Wersebe am 10. Juli aus Verden geschrieben: „Schon zog ein Teil meiner Leute in aller Stille gegen Hannover. Mit grösster Mühe, durch Geld und gute Worte, konnte ich sie besänftigen und auf einen anderen Zeitpunkt hinhalten. Wann aber dieser Zeitpunkt kommen soll, sehe ich nicht ein. Ich war gewiss, alles in Hannover, Braunschweig und Hildesheim aufzuheben und den Harzern die Hand zu bieten. So zurückzutreten ist schmerzlich. Die Waffen habe ich so gut als möglich verborgen" [1]).

Die Angaben Hormayrs sind indes nur zum Teile zutreffend. Die Aufzeichnungen des Amtsmanns Meyer geben uns die Mittel an die Hand, dieselben zu berichtigen und zu ergänzen. Danach war Wersebe in der That „herausgeschickt", um die französischen Behörden und Kassen in Hannover aufzuheben und die Einwohner der Kurlande mit Waffen zu versehen. Er gelangte mit seinem „Montierungs- und Waffentransport" bis Hademstorf auf der Mitte des Weges zwischen Verden und Celle. Da ereilte ihn der Amtsschreiber Palm aus Verden mit der Contreordre, „die ihm Herr von Hake, der von England geschickt war, zur Bestellung übergeben hatte". Hake war demnach nicht, wie Hormayr angiebt, gekommen, um die Insurrektion zu befördern, sondern um sie zu verhindern. Dies wird durch ein Billet des Grafen von Münster an den Gesandten von Ompteda vom 9. Juli bestätigt, in dem es ausdrücklich heisst, Hake sei mit dem Auftrage den Aufstand zurückzuhalten nach dem Festlande geschickt worden [2]). Und zwar muss Hake schon in den letzten Tagen des Juni zu solchem Zwecke abgegangen sein; denn Münster schreibt am 30. Juni an Hardenberg in Wien, er gebe sich, seitdem man der grossen Expedition die Richtung auf Holland gegeben habe, alle Mühe für den Augenblick eine Insurrektion im Hannoverschen zu verhindern.

Die französischen Behörden in Hannover haben von dem gegen sie gerichteten Anschlage nicht das Geringste geahnt [3]). Da nun

---

[1]) Lebensbilder aus dem Befreiungskriege I, 67.
[2]) Ompteda, Politischer Nachlass I, 447.
[3]) Der Amtmann Meyer bemerkt darüber in seinen Aufzeichnungen: „Es war der Herr von Wersebe — vielleicht, weil er die Ausführung seines

die Kurlande damals von französischen Truppen völlig entblösst
waren, so würde der Handstreich aller Wahrscheinlichkeit nach ge-
glückt sein, mochte auch die Mannschaft Wersebes nur aus einem
kleinen Häuflein entschlossener Männer bestehen¹). Im Falle des
Gelingens würde Wersebe ohne Zweifel die Fahne des Aufstandes
offen entfaltet und die ganze hannoversche Bevölkerung zu den
Waffen gerufen haben.

Leider sind wir nur unzureichend darüber unterrichtet, wie weit
dem Herrn von Wersebe in Hannover bereits vorgearbeitet war.
So viel steht fest, dass seit dem Beginn des Krieges zwischen
Österreich und Frankreich eine grosse und von eifrigen Patrioten
nach Kräften geschürte Gährung in den Kurlanden herrschte.
Allerorten blickte man mit grösster Spannung auf die Nachrichten
vom Kriegsschauplatze. Die bekannte Proklamation des Erzherzogs
Karl ward in der Stadt Hannover und anderwärts in vielen Exem-
plaren verbreitet und rief mächtige Aufregung hervor. Lasalcette
suchte dieser dadurch zu begegnen, dass er der Gouvernementskommission auftrug (21. April), dafür zu sorgen, dass durch die
Post keinerlei öffentliche Blätter in das Land eingeführt würden,
„welche aus Ländern kämen, die mit Frankreich im Kriege seien,
wie überhaupt solche Blätter, welche gegen das französische
Gouvernement oder die französische Armee gerichtet seien". Gleichzeitig (24. April) ward allen hannoverschen Unterthanen auf „höheren
Befehl in Erinnerung gebracht", dass alles „Reden über Kriegs-
und politische Ereignisse, an öffentlichen Orten, in zahlreichen Versammlungen, auf Kaffee- oder Wirtshäusern nicht geduldet werden
könne, und dass darauf von Polizeiwegen genau geachtet und solches
nachdrücklich bestraft werden solle". Ebenso sollte sich ein jeder
der mündlichen oder schriftlichen Verbreitung von Nachrichten oder

---

Plans für gewiss hielt — so unvorsichtig gewesen, dass es in Hademstorf und
Umgegend kein Geheimnis war; es beweist aber für die Rechtlichkeit der Hannoveraner, dass die Sache dennoch den Franzosen nicht bekannt wurde. Überhaupt waren sie in hochwichtigen Dingen schlecht unterrichtet".

¹) Meyer giebt in seinen Aufzeichnungen an, Wersebe habe „einige Mann-
schaft" bei sich gehabt. Für die Grösse des Waffentransportes finden wir einen
Anhaltspunkt in einem Berichte des Amtes Ahlden an das Königliche Staats-
ministerium vom 20. Mai 1819. Danach wären im Jahre 1809, zur Zeit als die
Absicht bestanden habe, mit Hülfe Englands einen Teil des nördlichen Deutschlands zu bewaffnen, drei hannoversche Offiziere im Civilanzug nach Eickeloh im
Amte Ahlden (dicht bei Hademstorf) gekommen und hätten bei dem Gastwirte
Rodewald drei bis vier Wagen mit Waffen und Montierungsstücken, in Kisten und
Tonnen verpackt, untergebracht. Diese Kisten und Tonnen seien damals teils
vergraben, teils versteckt, nachher aber von Eickeloh nach Hademstorf zum Post-
halter Mohlfeld transportiert und dort verborgen worden.

Manifesten, welche nicht unter der Autorität französischer Behörden bekannt gemacht seien, bei schwerer Strafe enthalten¹). Diese Verordnungen waren nicht dazu angethan, die Erregung im Volke zu beschwichtigen. Dieselbe nahm im Gegenteile mehr und mehr zu, namentlich auch unter dem Eindrucke des hessischen Aufstandes, der das Hannoversche zwar nicht direkt berührte, dessen Verlaufe man aber hier mit lebhafter Teilnahme folgte. Nur widerstrebend fügte die Gouvernementskommission sich dem Gebote des Generalgouverneurs, einen Steckbrief wider den Leiter des Aufstandes, Oberst Dörnberg, zu erlassen. Derselbe ward in den „Hannoverschen Anzeigen" veröffentlicht und gab allen Behörden auf, fleissig auf Dörnberg zu vigilieren, ihn im Betretungsfalle zu arretieren und an die westfälischen Behörden auszuliefern²).

Näher betroffen wurde das Hannoversche von dem Zuge des Majors von Schill. Die Hauptmasse des Schillschen Korps verweilte freilich nur kurze Zeit auf hannoverschem Gebiete³). Am 14. Mai quartierte sich die Freischar, angeblich 2500 Mann und 40—50 Offiziere stark, in Schnackenburg a. E. im äussersten Osten des Kurfürstentums ein. Nach einem Berichte des dortigen Amtmanns Jacobi an die Gouvernementskommission kamen auf jedes Haus 20—40 Mann Einquartierung. Die Einwohner mussten den ungebetenen Gästen alle Vorräte an eingeschlachtetem Fleisch, Kartoffeln, Brot etc. hergeben. Auf ihre Klagen wurden sie von den Schillschen Soldaten damit vertröstet, dass ihre Auslagen vom ganzen Lande vergütet werden müssten. Die Einquartierung dauerte nur eine Nacht. Früh am folgenden Tage fuhr ein Teil des Korps auf Kähnen und Fähren die Elbe hinunter, um die mecklenburgische Festung Dömitz, welche Schill zu einem Stützpunkte für seine weiteren Unternehmungen ausersehen hatte, zu überrumpeln. Die übrige Mannschaft (400—500 Mann) marschierte über Gartow und Gorleben nach Dömitz. Um 5 Uhr

---

¹) Hannöversche Anzeigen J. 1809, St. 33.
²) Hannöversche Anzeigen J. 1809, St. 40. Das Signalement Dörnbergs lautet: „Ungefähr 40 Jahre alt, 5 Fuss 8 Zoll hoch, schlank und ziemlich gut gebaut, von schwarzen, etwas in das Graue fallenden Haaren und Augenbrauen, kahlem Kopf, hoher Stirn, schwarzen Augen, grosser länglicher Nase, mittelmässigem Mund, welcher sich aber vergrössert, wenn er spricht, und sich etwas auf die linke Seite zieht, von brauner Farbe, ovalem Gesicht, etwas mager und von geradem Gange. Sein Wesen ist gefällig und sein Blick angenehm; er trägt gewöhnlich eine schwarze Perücke à la Titus, spricht gut französisch und stottert ein wenig bei der Aussprache".
³) Ganz falsch ist die Angabe von Havemann (Geschichte der Lande Braunschweig und Lüneburg III, 757), Schill sei über Ülzen und Lüneburg nach der Elbe gezogen.

Morgens (15. Mai) traf Schill in Gartow ein und stieg dort in einem Gasthause ab. Er beschied die Ortsbehörde vor sich und verlangte, dass man unverzüglich eine grosse Menge Lebensmittel und Fourage nach Gorleben schicke. Nach einem Berichte des Gerichts Gartow wurden gefordert 2850 Berliner Quart Branntwein, 11 400 Quart Bier, 11 400 Pfd. Fleisch oder halb so viel Speck, 22 800 Pfd. Brot und 600 Berliner Scheffel Hafer. Schill soll gedroht haben, wenn diese Artikel nicht bis zum Nachmittag in Gorleben seien, so werde er sie durch eine Eskadron Husaren eintreiben lassen. Die Einwohner von Gartow mussten sich bequemen, wenigstens einen Teil des Verlangten zu liefern. In den folgenden Tagen wurden in verschiedenen hannoverschen Ortschaften der Umgegend von Dömitz Schanzarbeiter aufgeboten, um die sehr verfallenen Festungswerke auszubessern. Am 18. brach die Hauptmasse des Schillschen Korps von Dömitz auf und marschierte tiefer in das Mecklenburgische hinein. In Dömitz blieb eine Besatzung von etwa 400 Mann unter dem Lieutenant K. von François zurück, um den verfolgenden Feind so lange als möglich aufzuhalten[1]). François musste indessen, von den holländischen Truppen des Generals Gratien hart bedrängt, die Festung am 24. Mai räumen.

Die französischen Behörden in Hannover hatten einen Augenblick gefürchtet, Schill würde seinen Marsch über Hannover nehmen, wie das auch der Fall gewesen wäre, wenn Schill den verständigen Rat des Majors von Lützow, sich quer durch das Kurfürstentum nach Ostfriesland zu werfen, befolgt hätte[2]). Lasalcette, Belleville und die übrigen französischen Autoritäten hielten es für geraten, der drohenden Gefahr aus dem Wege zu gehen und flüchteten teils nach dem Bückeburgischen, teils nach Pyrmont. Zurückgekehrt, schlug Lasalcette der Gouvernementskommission vor, die Unterthanen gegen die „Brigands" zu den Waffen zu rufen. Die hannoversche Behörde wollte sich aber darauf nicht einlassen. Ebensowenig fand der Vorschlag D'Aubignoses, die Forstleute, „deren Anzahl über sechshundert betrage, und die sämtlich sichere, tapfere und waffenkundige Männer seien," gegen Schill auszuschicken, den Beifall der hannoverschen Behörden. Doch musste die Gouvernementskommission sich dazu verstehen, am 26. Mai ein Publikandum Lasalcettes zu veröffentlichen[3]). Darin hiess es, da nach eingegangenen Nachrichten „der bewusste Schill mit seinen Anhängern" sich nach Wismar und Rostock

---

[1]) Vgl. v. Schwartzkoppen, Karl von François. Ein Soldatenleben. 2. Aufl., S. 68 ff.
[2]) Vgl. Bärsch, Ferdinand von Schills Zug und Tod im Jahre 1809, S. 51.
[3]) Hannöversche Anzeigen J. 1809, St. 43.

heruntergezogen habe, so könnten sich nur „einzelne schlechtgesinnte Menschen und Räuberbanden unter dem Namen, als ob sie zum Schillschen Anhange gehörten, in den hannoverschen Landen blicken lassen", um unter solchem Vorwande desto leichter ihre Räubereien ausüben zu können. Alle Magistrate, Beamte, Gemeindevorsteher, Forstbediente und Polizeibehörden sollten bei persönlicher Verantwortung die nachdrücklichsten Massregeln ergreifen, um derartigen Räubereien Einhalt zu thun. Es sei schimpflich und ohne Beispiel, wenn Ortschaften von einiger Grösse, ja sogar Städte mit bedeutender Bevölkerung durch einen umherstreifenden Haufen, der oft nur aus zwölf und weniger Menschen bestehe, ungesetzmässige Handlungen in ihrer Mitte vornehmen liessen. Allen Beamten, Magistraten und Receptoren öffentlicher Kassen werde es auf das strengste untersagt, sich irgendwelchen Requisitionen „solcher Abenteurer" zu fügen. Ein Empfangsschein, der von „einem sogenannten Chef einer solchen Bande" ausgestellt sei, könne die Obrigkeiten niemals rechtfertigen und von der Verpflichtung, die etwa verabfolgten Summen zu ersetzen, befreien. Jedem öffentlichen Beamten, der nicht seine ganze Festigkeit angewandt habe, um dem öffentlichen und Privateigentum Schutz zu gewähren, werde der Prozess gemacht werden. — Auch das Kammerkollegium musste auf den Befehl des Domänendirektors D'Aubignosc die Domanialrechnungsführer warnen (26. Mai), D'Aubignosc halte sich überzeugt, dass die Kassen den Nachsuchungen jener Räuber entzogen werden könnten, und sei darum entschlossen, jeden Rechnungsführer, der sich seine Kasse habe nehmen lassen, als mitschuldig der Räuberei gerichtlich zu verfolgen.

Diese Verfügungen der französischen Behörden kamen aber zu spät. Schill hatte schon von der Elbe aus kleinere Abteilungen von 30—50 Mann in das Hannoversche abgeschickt, um den heranrückenden Feind zu alarmieren und über die Richtung seines Zuges zu täuschen. Der eine dieser Züge war von den Lieutenants von Quistorp und von Strantz kommandiert, ein anderer von den Lieutenants von der Goltz und von Hagen. Beide Abteilungen streiften weit und breit im Lüneburgischen umher. Überall rissen sie von den öffentlichen Gebäuden die französischen Adlerschilder herab und richteten an deren Stelle die englischen oder auch wohl preussischen Wappen auf. Auch wurden an vielen Orten die bekannten Schillschen Proklamationen: „Meine in Ketten eines fremden Volks schmachtenden Brüder", und: „In einem Dekret vom 5. Mai 1809 fordert der König von Westfalen Euch, Ihr deutschen Brüder, auf, . . ." angeschlagen.

Im einzelnen sind wir nur ungenügend über die Streifzüge unterrichtet. Am besten lässt sich noch der Zug des Lieutenants von der Goltz verfolgen. Am 19. Mai, Morgens 4½ Uhr, traf von der Goltz mit seiner Schar ganz unerwartet in Lüneburg ein. Sofort wurden die Thore besetzt und Befehl gegeben, dass zwar jedermann herein, aber niemand herausgelassen werden sollte. Der Führer begab sich dann zu den öffentlichen Einnehmern und erzwang die Auslieferung ihrer Kassenvorräte. Aus der Zollkasse erhielt er 65 ₰ 12 mgr 1 ₰, aus der Postkasse 182 ₰, aus der Licentkasse 129 ₰ 17 mgr 4 ₰ und aus der Kasse des Kontributionseinnehmers Dr. Seelhorn 2935 ₰ 16 mgr 7 ₰, insgesamt also 3312 ₰ 10 mgr 4 ₰. Dann eilte von der Goltz zum Bürgermeister der Stadt, zeigte eine Ordre Schills d. d. Arneburg, 9. Mai vor und forderte mit Bezug darauf die sofortige Lieferung von 300 Ellen grauem Tuch, 10 Quartier Rotwein, 1½ Anker Branntwein, 40 Pfund kaltem Fleisch oder Speck, einer Tonne Bier und (vom Fuhrkommissariat) zweier vierspänniger Wagen. Magistratsseitig machte man geltend, dass man mit Rücksicht auf die Verordnungen der Landesbehörden sich auf keine Requisition einlassen könne. Dies half soweit, dass der preussische Offizier die Forderung von 300 Ellen Tuch fallen liess. Dagegen beharrte er auf der Lieferung der Lebensmittel und drohte für den Fall der Verweigerung mit Naturaleinquartierung. Da der Magistrat dies im Interesse der Bürgerschaft zu vermeiden wünschte, so liess er sich schliesslich auf die Herbeischaffung der verlangten Artikel ein. Nachmittags um 2½ Uhr zog die Streifschar wieder ab, nachdem ihr Führer noch angegeben hatte, dass in wenigen Stunden Schill selbst mit 3000 Mann eintreffen würde. Die Nacht zum 20. Mai brachte das Detachement in Kirchgellersen bei Lüneburg zu, die folgende Nacht zu Eimcke unweit Ülzen. Am 21. marschierte von der Goltz von Eimcke auf Soltau zu. In der Nacht vom 22. auf den 23. finden wir ihn in Nienwohlde in der Nähe von Bodenteich. Am Morgen des 23. Mai traf die Streifschar in Bodenteich ein. Von dort ging es über Isenhagen und Knesebeck (Nacht vom 23./24. Mai) nach Gifhorn (24. Mai)[1]) und am 25. Mai weiter über Meine, Campen, Hattorf, Vorsfelde, Croye in das preussische Gebiet[2]). In Bodenteich,

---

[1]) Vgl. H. Schulze, Geschichtliches aus dem Lüneburgischen. 3. Aufl., S. 46 f.

[2]) Mit diesen den Akten entnommenen Thatsachen wollen die Angaben bei Bärsch (Ferdinand von Schills Zug und Tod im Jahre 1809) nicht stimmen. Nach Bärsch hätte Schill den Lieutenant von der Goltz von Rostock aus bis Gifhorn geschickt, um den General Gratien zu alarmieren. Nach erreichter Absicht sei von der Goltz in Eilmärschen zurückgekehrt und am 25. Mai mit Schill in Stralsund eingestürmt. Hierbei habe er den Tod gefunden (S. 95, 244). Nach Ausweis der Akten war von der Goltz in der Zeit vom 19. bis zum 25. Mai im Hannoverschen, konnte also weder am 22., wo Schill in Rostock eintraf, von Rostock aus detachiert werden, noch am 25. an dem Sturm auf Stralsund teilnehmen.

Knesebeck, Isenhagen und Gifhorn wurden ebenfalls die Bestände der Domanial- und anderen öffentlichen Kassen weggenommen und zwar

in Bodenteich	556 ℔	3 mgr	2 ₰
„ Isenhagen	79 „	9 „	0 „
„ Knesebeck	27 „	17 „	4 „
„ Gifhorn	544 „	18 „	5 „
Sa.	1207 ℔	12 mgr	3 ₰ [1]).

Auch im Lauenburgischen wurden durch den Lieutenant von Rochow mehrere Kassen aufgehoben [2]). Die Einnehmer protestierten zwar gegen die Ausleerung ihrer Kassen, erreichten aber damit höchstens, dass sie von den Zugführern eine Bescheinigung über die stattgefundene gewaltsame Wegnahme der Bestände empfingen. So erhielt der Amtmann Wynecken zu Gifhorn von dem Lieutenant von der Goltz (24. Mai) eine Quittung ausgestellt, in welcher es u. a. hiess: „Zugleich muss ich bemerken, dass nur meine militärische Gewalt die Auslieferung der Kasse bewirken konnte, und dass ich insbesondere den Herrn Amtsverwalter Wynecken als einen ganz besonderen Franzosenfreund kennen gelernt habe [3]). Ich hoffe, dass diese Gesinnung bei einer neuen Expedition unserer Truppen sich ändern möge, widrigenfalls der Herr Amtsverwalter Wynecken sich äusserst grosse Unannehmlichkeiten zuziehen würde."

Alles in allem mögen die Schillschen Streifscharen zwischen 5000 und 6000 Thaler im Hannoverschen an sich genommen haben. Die Beute würde eine weit grössere gewesen sein ohne den Verifikator Niebour. Dieser Beamte, welcher sich bei der Annäherung der Schillschen Truppen gerade auf einer Inspektionsreise im Lüneburgischen befand, instruierte die Domanialeinnehmer insgeheim, ihre Kassenvorräte zu verstecken. Falsche Quittungen, die er den Einnehmern ausstellte, sollten gegenüber den Anhängern Schills als Legitimation dienen. Die List gelang vollkommen. An allen Orten, wo Niebour gewesen war, erhielten die Schillschen Detachements keinen Pfennig. Sie gerieten darüber in grossen Zorn und fahndeten eifrig auf jenen, um ein Exempel an dem Franzosenfreunde zu statuieren. Zum Glück wurden sie seiner nicht habhaft, obwohl sie

---

[1]) Vgl. Kleinschmidt, Geschichte des Königreichs Westfalen S. 278.

[2]) Vgl. C. Zander, Das Herzogtum Lauenburg II, 40 und Kleinschmidt, Geschichte des Königreichs Westfalen S. 277.

[3]) Dies bezieht sich vermutlich auf den Diensteifer, den die Beamten zu Gifhorn im Herbst 1807 gegen die fremden Unruhstifter bewiesen hatten, welche unter der Maske englischer Werbung die Bevölkerung aufzuwiegeln suchten. Vgl. S. 422.

ihm mehrfach dicht auf den Fersen waren¹). Von der französischen Behörde erhielt Niebour zur Belohnung für den bewiesenen Diensteifer die Beförderung zum Verifikator erster Klasse und eine Gratifikation. Dagegen ward wider die Beamten, welche ihre Kassenvorräte ausgeliefert hatten, eine Untersuchung eingeleitet. Nur mit grosser Mühe vermochten verschiedene derselben die französischen Behörden von ihrer Unschuld zu überzeugen²).

Enthusiasmus hat der Zug Schills nirgends unter den Hannoveranern erregt; vielmehr verhielt die Bevölkerung sich überall passiv. Aus dem Amte Bodenteich wird berichtet, dass die Einwohner bei dem Durchmarsche der Schillschen Abteilungen „sich äusserst ruhig bezeigt und weder bei Abnahme der Adlertafel noch bei Aufpflanzung der GRx³) den mindesten Anteil genommen oder durch irgend ein Zeichen ihre Teilnahme bezeugt" hätten. Ähnliches wird aus anderen Ämtern gemeldet⁴). Man fühlte allgemein die Aussichtslosigkeit des Schillschen Zuges. Auch brachte man dem preussischen Offizier von vornherein keine grosse Sympathien entgegen. Das tragische Ende Schills, welches auf Befehl Lasalcettes in den „Hannöverschen Anzeigen" bekannt gemacht wurde, erregte aber auch in den Kurlanden viel Teilnahme.

Die Entmutigung, welche der Untergang Schills hervorrufen musste, schlug bei der kurz darauf eintreffenden Kunde von dem Siege des Erzherzogs Karl bei Aspern wieder in das Gegenteil um. Grosse Aufregung weckten auch die eifrig verbreiteten Gerüchte von einer bevorstehenden Landung der Engländer an den Mündungen der Elbe und Weser. Als nun am 7. Juli der englische Kapitän Goates mit einigen hundert Mann in der Nähe von Cuxhaven landete, die dortigen Douaniers verjagte und die von den Franzosen angelegte Batterie zerstörte⁵), machte das Gerücht daraus sofort die grosse Nordseeexpedition. Überall hiess es, 36 englische Bataillone seien gelandet und im Anmarsch auf Hannover begriffen⁶). Nirgends war die Aufregung grösser als in der Hauptstadt des Landes. Hier

---

¹) Vgl. Mierzinsky S. 62.
²) Vgl. H. Schulze, Geschichtliches aus dem Lüneburgischen, S. 46.
³) Namenszug des englischen Königs.
⁴) Keinen Glauben verdient es, wenn der den Franzosen sehr ergebene Verificateur Niebour an D'Aubignose aus Lüneburg schreibt: (20. Mai) „Les ridicules proclamations des brigands de Schill ont fait rire tous les gens honnêtes".
⁵) Vgl. Chronik des Landes Hadeln, S. 601.
⁶) Selbst Lasalcette glaubte in der ersten Bestürzung an die Landung eines englischen Heeres von 20 000—30 000 Mann. Vgl. die Depesche des westfälischen Königs Jerome an Napoleon vom 17. Juli 1809. Mémoires et correspondance du roi Jérôme et de la reine Catherine IV, 274.

kam es am 10. Juli zu unruhigen Auftritten ¹). Kaum war die Nachricht von der Landung der Engländer eingetroffen — der Hauptverbreiter derselben soll der Postmeister Meyer gewesen sein — als die „bei dem Ausziehen des Flossholzes arbeitenden alten Soldaten und ihre Instigators" sich zusammenrotteten und lärmend durch die Strassen zogen. ²) Sie stiessen dabei auf einen Kassierer der Gouvernementskommission, welcher eine grössere Summe Geldes nach dem Bureau des Receveur Morell transportierte: Dies gab zu dem Verdachte Anlass, als solle die gerade sehr gefüllte Armeekasse aus dem Lande gebracht werden. Sofort sammelte sich vor dem Hause des Receveur in der Mittelbrandstrasse ein grosser Menschenhaufe an, der sich vorwiegend aus Arbeitern der Flossholzanstalt, Handwerksgesellen und Gassenbuben, aber nur aus wenigen Bürgern zusammensetzte. Wiederholt ertönten aus der Mitte der zusammengelaufenen Menge die Rufe: „Es lebe der König von England, es lebe der Erzherzog Karl!" Einer schrie dem andern zu, man wolle die Fortschaffung der Armeekasse nicht dulden und sich derselben im Notfall mit Gewalt widersetzen. Am meisten lärmten die Flossholzarbeiter, welche seit langer Zeit keinen Tagelohn empfangen hatten und nun stürmisch die Bezahlung des Rückstandes forderten. Immer mehr erhitzten sich die Gemüter; schliesslich machte der Pöbel Miene, sich gewaltsam in den Besitz der Kasse zu setzen und durchsuchte zu diesem Zwecke das Haus des Receveur nach Äxten und Beilen. Die Polizeiagenten, welche die Ordnung wieder herstellen wollten, wurden misshandelt und mussten sich zurückziehen ³). Auch die Bürgerwache vermochte den Pöbel nicht zur Ruhe zu bringen. Da erschien der allgemein beliebte Kabinettsrat Patje nebst mehreren Magistratspersonen und „haranguierte das Volk von dem Balkon des Morellschen Quartiers mit so glücklicher Wirkung, dass es von der Kassenspoliierung abstand" ⁴) und sich allmählich beruhigte. Lasalcette und Belleville konnten in Begleitung des Polizeidirektors Meyer mitten durch die Menschenmassen hindurchgehen, ohne dass ihnen eine Beleidigung zugefügt wurde, was ihnen zu der Bemerkung Anlass gab, der deutsche Pöbel scheine sehr gutmütig ⁵).

Um der Wiederkehr ähnlicher Auftritte vorzubeugen, erliess die Gouvernementskommission noch am Abend des 10. Juni ein Publikandum, durch das sie warnend auf die geringe Anzahl der gelandeten englischen Truppen hinwies und die Bevölkerung ernstlich von der

---
¹) Vgl. darüber Mierzinsky S. 61 f., Hausmann S. 60 f.
²) Aufzeichnungen des Amtmanns Meyer.
³) Das.
⁴) Das.
⁵) Das.

Verbreitung weiterer unverbürgter Gerüchte abmahnte. Ferner wurden die Einwohner aufgefordert, sich ruhig zu verhalten, um „alle die unangenehmen Folgen zu vermeiden, denen selbige durch ein unvorsichtiges und unruhiges Betragen sich aussetzen würden". Am folgenden Tage erliess die Kommission eine neue Bekanntmachung [1]), in der sie zunächst genauere Nachrichten über die Landung der Engländer brachte, sodann ihr Bedauern über die vorgefallenen Ausschreitungen aussprach und den sämtlichen Einwohnern nochmals die Beobachtung eines ruhigen Benehmens auf das dringendste an das Herz legte. Sämtliche Hauswirte und Handwerksmeister wurden persönlich dafür verantwortlich gemacht, dass von seiten ihrer Hausgenossen, Domestiken, Gesellen und Lehrburschen keine Unordnungen und Excesse begangen würden. Zum Schluss ward den Einwohnern bekannt gemacht, Lasalcette wolle die bisher vorgefallenen Unruhen, wenn sie nicht wiederkehrten, als den Ausbruch einer augenblicklichen Verirrung vergessen; bei erneuten Unordnungen würde er sich aber genötigt sehen, mit aller Strenge vorzugehen.

Gleichzeitig veranlasste die Gouvernementskommission den Zusammentritt eines Komitees aus Mitgliedern der Bürgerschaft und des Magistrats, dessen Aufgabe darin bestehen sollte, „gemeinschaftlich mit den Obrigkeiten und mit der Polizeidirektion durch gütliches Zureden auf die Mitglieder der Bürgerschaft dahin zu wirken, dass keine Unruhen weiter entständen, und diejenigen, welche etwa stattfinden möchten, sich nicht weiter verbreiteten, sondern schleunigst gedämpft würden". Auch die eben damals auf den Vorschlag des Polizeidirektors Meyer erfolgende Errichtung einer Stadtmiliz von 110 Mann [2]) hatte vorwiegend die Aufrechterhaltung der Ordnung zum Zweck [3]). Diese Massregeln hatten den erwünschten Erfolg. Wohl traten in den auf den 10. Juli folgenden Tagen noch mehrfach Symptome der Gährung hervor. Unter anderem sandten die Flossholzarbeiter am 11. Juli eine Deputation an die Gouvernementskommission mit dem nicht gerade unterthänig klingenden Antrage, die Armeekasse möge aus der Wohnung des Receveur Morell nach dem Schlosse gebracht werden, damit man sicher sei, dass deren Bestände nicht heimlich ausser Landes geschafft würden. Auch die

---
[1]) Hausmann S. 261 f.
[2]) Vgl. S. 378.
[3]) Der Polizeidirektor Meyer lässt sich in seinen Aufzeichnungen über den Zweck der Stadtmiliz folgendermassen aus: „Ich verband mit dem Vorschlage der Errichtung einer Kompagnie Stadtsoldaten mehrere nützliche Zwecke, nämlich alten Soldaten Brot zu verschaffen, gegen unzeitigen Unfug gesicherter zu sein und zeitige Massregeln unmittelbar nehmen zu können, ohne dass es einer Herausschickung von England bedurfte" (!).

Zusammenrottungen dauerten am 11. und 12. fort. In der Nacht vom 12. auf den 13. Juli wurde der französische Adler auf dem Altstädter Markt abgerissen. Zu ernstlichen Ruhestörungen kam es aber nicht weiter. Viel mochte dazu die Nachricht von dem Waffenstillstande bei Znaim — in Hannover durch ein Publikandum vom 19. Juli verbreitet — beitragen, welche sehr niederschlagend wirkte. So unterblieb auch jede Störung der öffentlichen Ruhe, als die kleinen Landungen der Engländer sich im Laufe des Juli wiederholten. Cuxhaven und Ritzebüttel blieben eigentlich während des ganzen Juli von den Engländern besetzt [1]). Von dort aus unternahmen dieselben Streifzüge und Rekognoszierungen in die umliegende Gegend. So zeigten sich mehrfach in Altenbruch kleinere Trupps von englischen Soldaten. Am 27. Juli erschienen in Lehe an der Wesermündung 200—300 Mann englische Marinesoldaten. Sie erstürmten und zerstörten die benachbarte Carlstädter Batterie und nahmen einige französische Douaniers gefangen [2]). Der kommandierende englische Offizier sagte zu dem Amtsschreiber des Amtes Stotel, diese Expedition solle nur eine Erwiderung auf einen Vorstoss sein, den die Franzosen Tags zuvor gegen das von den Engländern besetzte Ritzebüttel unternommen hätten.

Die Engländer beabsichtigten mit solchen kleinen Landungsversuchen schwerlich etwas anderes, als die Beförderung der Korrespondenz zwischen England und dem Kontinente und namentlich die Beförderung des Schleichhandels [3]). Auf eine Erhebung des Volkes gegen die Franzosen haben sie nirgends hingewirkt. Demgemäss verhielt die Bevölkerung in den Küstengegenden sich ruhig. Aus Otterndorf im Lande Hadeln wird am 24. Juli berichtet, es herrsche daselbst trotz der Nachbarschaft der Engländer durchgängig die beste Ordnung und die tiefste Ruhe. Die Obrigkeiten und Beamten thaten verständigerweise überall ihr Möglichstes, um die öffentliche Ruhe zu erhalten.

Um auf die Vorgänge vom 10. Juli zurückzukommen, so erblickte der Generalgouverneur Lasalcette in ihnen nur eine „zufällige Begebenheit" [4]). Der tiefer blickende Belleville dagegen war in Übereinstimmung mit der öffentlichen Meinung der Ansicht, dass der

---

[1]) Einen guten Stützpunkt für die Engländer gab die Insel Neuwerk ab. Die Franzosen durften es nicht wagen, eine Truppenabteilung dahin zu legen, da die Engländer, welche den Ausfluss der Elbe mit mehreren grossen Kriegsschiffen besetzt hielten, zur Flutzeit stets Herren der Insel waren. Chronik des Landes Hadeln S. 596 f.

[2]) Vgl. Chronik des Landes Hadeln S. 601.

[3]) Das. Vgl. S. 408.

[4]) Aufzeichnungen des Amtmanns Meyer.

Pöbel von geheimen Agenten durch Verabreichung von Geld und
Branntwein aufgereizt sei, und dass die Unruhen somit „nicht ohne
Zusammenhang" seien ¹). In seinen Berichten an den Generalintendanten Villemanzy schilderte er die franzosenfeindliche Gesinnung
der Hannoveraner in den schwärzesten Farben ²). Villemanzy hielt
es daher trotz der Verheissung Lasalcettes, dass alles Vorgefallene
vergessen sein sollte, für angezeigt, eine genaue Untersuchung über
die Vorgänge vom 10. Juli anzuordnen. Ein Sekretär des Generalintendanten, Barberot mit Namen, äusserte zu dem gerade in Hanau
befindlichen Landesökonomie-Rat Meyer, es sei von grosser Wichtigkeit,
dass man die eigentlichen Urheber der Unruhen ausfindig mache,
damit das dem Pöbel zur Last fallende Faktum nicht als ein Vergehen des Landes angesehen und durch Auflegung neuer Lasten
geahndet werde. — Auf hannoverscher Seite dachte man aber anders.
Der Polizeidirektor Meyer begab sich zu dem von der Gouvernementskommission mit der Untersuchung beauftragten Amtsschreiber Mejer
vom Gerichtsschulzenamte der Stadt Hannover, „um ihm begreiflich
zu machen, dass es darauf ankomme, das Dunkle im Dunklen zu
lassen". Nach „vielem verblümten Hin- und Herreden" begriff der
Amtsschreiber seine Rolle und führte die Untersuchung nun mit
Fleiss so, dass sämtliche Protokolle und Akten nichts als „unabsichtliche
Zufälligkeiten" ergaben. Auch die Gouvernementskommission suchte
in dem Berichte, welchen sie (2. September 1809) dem Generalintendanten über jene Angelegenheit erstattete, die Vorfälle vom
10. Juli nach Möglichkeit zu entschuldigen. Davon, dass geheime
Agenten die Bevölkerung aufgewiegelt hätten, wollte sie nichts
wissen. Villemanzy und Belleville scheinen sich dabei beruhigt zu
haben, wenn auch der letztere die Bemerkung nicht unterdrücken
konnte, von der Untersuchung des Polizeidirektors Meyer sei kein
anderes Resultat zu erwarten gewesen.

Ebensowenig wie die bisher geschilderten Ereignisse, brachte der
kühne Zug des Herzogs Friedrich Wilhelm von Braunschweig-Öls eine
wirkliche Volkserhebung gegen die Franzosen zu Wege. Am Nachmittage
des 2. Augusts 1809 überschritt das Korps des Herzogs, von Peine her-
kommend, die hannoversche Grenze. In der Nacht vom 2. zum 3. August
bivouakierte es vor dem abgebrannten Städtchen Burgdorf. Am folgenden Morgen um 10 Uhr rückte der Herzog mit seinen Truppen in die

---

¹) Aufzeichnungen des Amtmanns Meyer. Vgl. das Schreiben Bellevilles an
Villemanzy vom 12. Juli 1809, wo es u. a. heisst: „Ces hommes, qui se disent
pauvres, boivent, mangent, font de la depense et ne travaillent point, ils menacent
et n'agissent pas; il y a donc une main invisible qui les pousse et les retient,
qui les dirige et les salarie". Memoires et Correspondance du roi Jérôme IV, 207 f.

²) Das.

Stadt Hannover ein, welche bereits Tags zuvor von den französischen Behörden verlassen war. Bei dem Einmarsche verbreitete sich in der ganzen Stadt grosser Jubel[1]). Alt und Jung strömte herbei, um die ermüdeten Mannschaften mit Speise und Trank zu erfrischen. Mit besonderem Eifer führte die städtische Jugend die Soldaten zu den Orten, wo französisches Eigentum versteckt lag. Auch die Wohnungen des Generalgouverneurs Lasalcette und des Intendanten wurden von den „Ölsern" durchsucht. Die vorgefundenen Effekten „wurden mitgenommen, unter der Hand und in öffentlicher Auktion verkauft"[2]). Dem Herzoge, welcher in der London-Schenke abgestiegen war und hier mit einem Teile seiner Offiziere offene Tafel abhielt, jauchzten „der Pöbel und die Kurzsichtigen" ein Mal über das andere zu[3]). Weiter ging aber die Begeisterung der Menge nicht. Zuzug hat der Herzog im Hannoverschen nicht erhalten. So viel man sehen kann, hat er sich auch in den Kurlanden enthalten, die Bevölkerung aufzufordern, dass sie sich ihm anschliessen möge. Die Proklamation des Herzogs an die Deutschen: „Welcher Deutsche sollte nicht mit mir das Unglück seines Vaterlandes fühlen? Welcher ist unter uns, der nicht vereint zu den Waffen greife? Auf denn zu den Waffen! Lasst uns zeigen, dass wir Deutsche sind, die für ihre Gesetze, Verfassung und gegen Bedrückung kämpfen u. s. w." ist im Hannoverschen anscheinend nirgends angeschlagen oder verteilt worden. Der Welfenfürst ehrte die Vorstellungen der hannoverschen Behörden, welche es bei den „ungünstigen Konjunkturen" für richtig hielten „alles zu vermeiden, was die Hannoveraner kompromittieren konnte"[4]). Auch war es keinem Einsichtigen verborgen, dass selbst eine Erhebung des hannoverschen Volkes den Herzog nicht in den Stand setzen konnte, sich der auf ihn eindringenden Feinde zu erwehren. Der Herzog freilich, der wohl ein tapferer und todesmutiger Held, aber nicht gerade ein klarer Kopf war, „wusste eigentlich nicht, was und wohin er wollte. Doch da ihm nur der einzige Ausweg blieb, bestimmte er sich dazu"[5]), nämlich so schleunig als möglich zur Wesermündung zu ziehen, wo englische Schiffe zu seiner Aufnahme bereit lagen.

In eine überaus schwierige Lage gerieten die Gouvernementskommission und die übrigen hannoverschen Behörden durch den

---
[1]) Für das Folgende vgl. die ausführliche Schilderung der Vorgänge in Hannover während der Anwesenheit des Herzogs bei Mierzinsky S. 66 f und namentlich bei Hausmann S. 62 ff.
[2]) Aufzeichnungen des Amtmanns Meyer.
[3]) Das.
[4]) Das.
[5]) Das.

Aufenthalt des Herzogs in Hannover. „Es kam darauf an, dem Herzoge jede thunliche Unterstützung zu gewähren, ohne doch als Beförderer seines Zuges zu erscheinen" [1]). Der ebenso besonnene wie gewandte Patje und der nicht minder umsichtige Polizeidirektor Meyer wussten sich vortrefflich aus der Verlegenheit zu ziehen. Unter dem ostensibelen Vorwande, die Verpflegung des Korps auf dem weiteren Marsche im Interesse der Unterthanen zu regeln, gaben sie dem Herzoge bei seinem Abzuge, der schon am Nachmittage des 3. Augusts erfolgte, in der Person des Amtsschreibers Cropp aus Ricklingen einen intelligenten und der Gegend überall kundigen Marschkommissar mit. Patje und Meyer haben dadurch sehr viel zur Rettung des welfischen Helden beigetragen. Cropp führte das herzogliche Korps über Neustadt a. Rbg., Nienburg a. W., Hoya und Syke auf dem nächsten Wege in das Oldenburgische nach Elsfleth und Brake. Dort ging die Einschiffung vor sich, ehe die verfolgenden Truppen des Generals Rewbell zur Stelle waren.

In Hannover stellten die französischen Behörden sich bereits am 4. August „in aller Stille" wieder ein, am frühesten der Generalgouverneur Lasalcette, der die Ehre haben wollte, „am ersten wieder auf seinem Platze zu sein" [2]). Sie thaten, als ob nichts geschehen sei, und unterliessen anscheinend jede Untersuchung über die Vorfälle während der Anwesenheit des Herzogs. Ohne eine Art von Strafe kamen die Einwohner der Hauptstadt aber doch nicht fort. Am 7. August rückte das holländische Armeekorps des Generals Gratien in Hannover ein. Die siebzehn Tage lang dauernde Einquartierung soll kaum zu ertragen gewesen sein[3]), da die Soldaten sich als Exekutionstruppen betrachteten und die Einwohner auf alle erdenkliche Weise quälten. In den Kurlanden griff jetzt wieder tiefe Niedergeschlagenheit um sich. Mit dem Abschlusse des Friedens zu Wien (14. Oktober) sanken auch die letzten Hoffnungen in den Staub. Zu Ende des Jahres 1809 herrschte überall Mutlosigkeit und apathische Trauer.

[1]) Hausmann S. 64.
[2]) Aufzeichnungen des Amtmanns Meyer. Meyer bemerkt des weiteren in Bezug auf die Rückkehr Lasalcettes: „Zufällig war er noch einigen Ölsschen Husaren — wahrscheinlich Deserteurs — begegnet und kam in grosser Angst zu mir, um ihn zu verbergen. So lange es Tag war, blieb er versteckt in meiner Kammer, für die Nacht hielt er sich aber nicht sicher, weil er fürchtete, es habe ihn jemand ins Haus gehen sehen, und ein Verrat werde ihn an die Ölser ausliefern. Verkleidet in meinen schlechtesten Effekten brachte ich ihn zu einer Priesterin der Venus vulgivaga, wo er die Nacht zubrachte".
[3]) S. S. 387. Vgl. Hausmann S. 66 und H. Schulze, Geschichtliches aus dem Lüneburgischen S. 47 f.

www.ingramcontent.com/pod-product-compliance
Lightning Source LLC
Chambersburg PA
CBHW021547020526
44115CB00038B/273